建设工程工期
争议解决指引

袁华之　邱　闯　主编

GUIDE TO DISPUTE
RESOLUTION OF
CONSTRUCTION DELAY

法律出版社
LAW PRESS·CHINA
北京

图书在版编目(CIP)数据

建设工程工期争议解决指引 / 袁华之，邱闯主编
. -- 北京：法律出版社，2021
ISBN 978 -7 -5197 -5758 -8

Ⅰ. ①建… Ⅱ. ①袁… ②邱… Ⅲ. ①建筑工程－经济合同－研究－中国 Ⅳ. ①D923.64

中国版本图书馆 CIP 数据核字(2021)第 141304 号

建设工程工期争议解决指引
JIANSHE GONGCHENG GONGQI ZHENGYI JIEJUE ZHIYIN

袁华之 邱 闯 主编

责任编辑 赵明霞 魏艳丽
装帧设计 马 帅

出版发行 法律出版社
编辑统筹 法商出版分社
责任校对 晁明慧
责任印制 胡晓雅
经 销 新华书店

开本 787 毫米×1092 毫米 1/16
印张 42 **字数** 865 千
版本 2021 年 12 月第 1 版
印次 2021 年 12 月第 1 次印刷
印刷 三河市龙大印装有限公司

地址：北京市丰台区莲花池西里 7 号(100073)
网址：www.lawpress.com.cn
投稿邮箱：info@lawpress.com.cn
举报盗版邮箱：jbwq@lawpress.com.cn

销售电话：010－83938349
客服电话：010－83938350
咨询电话：010－63939796

书号：ISBN 978－7－5197－5758－8
定价：178.00 元

凡购买本社图书，如有印装错误，我社负责退换。电话：010－83938349

北仲争议解决新探索文库

本书编委会

主　编

袁华之　北京大成律师事务所高级合伙人、不动产与能源专业委员会主任

邱　闯　联合建管（北京）管理咨询有限责任公司董事长、总经理

副主编

常　青　北京大成律师事务所合伙人

刘　磐　联合建管（北京）管理咨询有限责任公司副总经理

编　委

姚晓培　北京大成律师事务所合伙人

李超颖　北京大成律师事务所合伙人

刘芳菲　北京大成律师事务所律师

王瑱玥　北京大成律师事务所律师

刘　薇　北京大成律师事务所律师

刘　翔　北京大成律师事务所实习律师

王姝慧　北京大成律师事务所律师

高琦梅　北京大成律师事务所律师

吉润一聃　北京大成律师事务所律师

卢人豪　北京大成律师事务所实习律师

方　兴　北京大成（南京）律师事务所顾问

姚宗国　北京大成（成都）律师事务所高级合伙人

孙　可　北京大成（昆明）律师事务所高级合伙人

吕　慧　北京大成(沈阳)律师事务所高级合伙人
刘世杰　北京大成律师事务所合伙人
李曰倩　北京大成(银川)律师事务所合伙人
张　辽　北京大成(南京)律师事务所律师
张喜东　北京大成律师事务所高级合伙人
冯伶俐　北京大成(珠海)律师事务所高级合伙人
于　奇　北京大成(哈尔滨)律师事务所高级合伙人
朱兰春　北京大成(深圳)律师事务所高级合伙人
刘廷彦　北京大成(深圳)律师事务所合伙人
梁　淼　北京大成(太原)律师事务所高级合伙人
陈晋兴　北京大成(福州)律师事务所高级合伙人

北仲争议解决新探索文库总序

北京仲裁委员会/北京国际仲裁中心(以下简称北仲)是首批依据《中华人民共和国仲裁法》重新组建的仲裁机构之一。成立二十余年来,北仲始终坚持"公正、独立、专业、高效、卓越"的价值目标,坚持专业化、国际化的发展方向,已经逐渐成为了国内领先并在国际上有一定影响力的多元争议解决中心,成为践行仲裁法精神、锐意改革创新的一面旗帜。

北仲一直致力于打造多元争议解决研究中心,不断推动知识的固化与实践经验的总结推广,助力行业前沿探索,形成体系化的研究布局。自成立伊始,北仲就编辑《北京仲裁》(前身为《北京仲裁通讯》),搭建多元化争议解决理论研究和实务经验交流的平台。从2013年起,北仲每年组织专家编写中英文同时出版的《中国商事争议解决年度观察》,对具体实体领域的上一年的争议解决进行综述,介绍新颁布的法律法规,深入分析典型案例,探究行业热点问题,展望行业发展方向,为中外专业人士研究中国争议解决发展提供详实的资料,并基于此在欧洲、亚洲、北美等地举行发布会。"中国仲裁文库"通过精选北仲经典案例,并邀请业内专家进行评析,为读者提供原汁原味的裁决书,是业界了解、研究中国仲裁的重要窗口。"北仲争议解决新视野译丛"则着力于引进国际优秀而富有影响力的作品,为国内从业者提供了解国际行业发展的动态,以期借"它山之石"攻自家之"玉"。此外,北仲还设立了科研基金项目,每年选取一些在业内引起反响且具有实践指导意义的问题给予一定的资助,推动业界形成研究合力。

作为北仲研究体系中的一个重要组成部分,"北仲文库"设立于2013年,全称为"北仲争议解决新探索文库",旨在全面分享作者学术思想观点,系统展示多元化争议解决领域的学术成果。自设立以来,"北仲文库"始终以促进争议解决行业理论研究为目标,积极鼓励和支持在多元化争议解决领域有原创性、探索性、实践性研究学术成果的研究者,力求通过资金资助、平台宣传支持等多种手段,促成具有理论和实务应用价值并与多元化争议解决主题相关著作的出版发行。

我们期待业内同仁和社会各界朋友关注"北仲文库",为"北仲文库"提供更多有思想、有创新、能够体现行业引领者对于行业发展探索的作品，也欢迎对“北仲文库”的遴选和编辑出版提出富有见地的意见和建议。北仲会继续努力，秉承北仲一以贯之的进取和务实之精神，将“北仲文库”打造成多元化争议解决研究领域的品牌项目。

是为序。

北仲争议解决新探索文库编委会

2020 年 2 月 28 日

序　一

拨开迷雾，解己之惑

众所周知，我并非法律科班出身，1992年获天津大学工学学士学位后，在大型国企中石化工作多年，几经思虑，终放弃“铁饭碗”，投身律师业。但苦于入行后无师傅带，更缺经验，一切全凭摸索，每一步皆小心翼翼，恐有疏漏。我曾数次问道于心，放弃国企优质平台，另择全新领域从零开始，究其原因，不只是对一成不变的不甘，更多是对未知领域的憧憬。入行不久即发现法律服务是一个复合型行业，尤其房地产与建设工程领域，可将我的工科背景、法律专业知识与多年的工作经验有机结合，充分发挥己之所长。至此愈加坚定方向潜心深耕，但我深知“路漫漫其修远兮”，唯有上下求索，方能取得真经。

为尽快弥补自身法律专业知识不足，迅速成长为一名合格的律师，我为自己制定短期与中长期学习计划，朝乾夕惕，分秒必争，力求每日皆能有所长进。不知不觉已打拼20年，受业界诸君的抬爱，带领的团队已跻身房地产与建设工程业内顶尖律师队伍行列，并在高端民商事争议解决领域颇具影响力。回望前路，虽略有所成，但路途之艰难，非他人能体会。

不忘初心，解人之惑

正因取得现今成绩背后所历经的辛酸与不易，才使我明白以匠人精神时时自省的重要。执业前期，我的目标乃是深耕专业知识，取得真经。执业至今，我已深刻认识到“解己之惑”仅能局限于个人成长阶段，只有致力于“解人之惑”，才能让后继之人不再迷茫，使后起之秀有例可援。反思我的求学背景及执业经历，我愈加坚定，对建设工程领域的持续研究是我能回馈社会的最好礼物。

在此之前本人曾著《建设工程索赔与反索赔》，该书从定性角度对建设工程索赔进行了脉络梳理，但在实务操作中往往定量分析才是重点与难点，科学的定量分析方法可使定性分析的结论更加具体、准确。其中，工期定量分析是建设工程争议解决的关键一环，但碍于工期管理与鉴定的相关探索在国内起步较晚,许多先进的工期分析方法均源于国外相关学会等机构的研究结论,且在国内尚未得到较为普遍的应用。当前建设工程工期争议解决理论、实务研究比较匮乏,国内目前亦缺乏较为全面、系统、专业地介绍工期争议解决方法的专著,故本书出版具有重要的阶段性意义。本书正是在定性分析的基础上,着重对工期争议解决的定量分析方法进行深入探讨和研究,以期为国内建设工程工期争议解决方法的深入探索贡献力量,让更多有志于在该领域有所建树的人士从中受益。

百尺竿头,更进一步

由于针对工期分析领域的专业分析在一定程度上突破了法律从业人士的知识边界,为保证本书的专业性与实践性均达到业界较高水准,本团队联合业内领先的法务工期领域专家——联合建管(北京)管理咨询有限责任公司的邱闯先生、刘磐先生及其团队编撰本书。经过大量前期准备工作,以及长时间理论分析和研究,凝聚众多行业精英智慧,历经多次调整与完善,方完成本书。

本书的学术价值在于将中国的建设工程工期争议解决现状与国际先进研究成果相结合,试图从进度管理、工期分析与鉴定等专业角度入手,在分析中国建设工程工期争议解决相关索赔依据与案例的基础之上,研判裁判机构以及工期鉴定等专业人员在分析延误事件、确定延误天数、责任与损失时所采用的方法和秉持的原则,以期帮助当事人成功索赔。此外,本书尽可能对工期争议解决过程中的不同重要阶段进行详解,从证据搜集到延误事件识别再到延误责任与损失量化,条理分明,深入浅出,层层剖析,并通过列示范例来模拟工期鉴定意见书出具与工期延误专家证人出庭的全流程,旨在揭开其神秘面纱,使读者掌握其中要领。

今年适逢本人律师执业20周年,兹组织编著本书与诸君共享,本书所有内容也由我本人逐字逐句、历经五轮审阅修改完成,作为对我律师执业生涯的回望与献礼,以及对本人所带领团队百尺竿头、更进一步的鞭策与勉励。愿本书的出版能对业界同人在工期争议解决专业领域的深耕有所助益,使我得偿“使人继其志”的夙愿。

袁华之

2021年10月于北京

序　二

我在重庆建筑工程学院学习的是建筑学专业，但是毕业后一直从事工程管理工作，因此对工程合同管理逐渐产生兴趣。在中国人民大学法学院学习时，硕士毕业论文也涉及工程合同。1998 年考取英国政府奖学金后，利用伦敦大学良好的图书馆体系，搜集了大量普通法系的工程法律资料，并以这些资料为基础，在 2003 年出版个人专著《国际工程合同原理与实务》。后来，虽然在牛津大学学习的是软件工程，仍然坚持继续收集工程法律资料。此后，更多的精力开始关注设计施工总承包合同。在国家发展和改革委员会的委托下，与冯志祥先生共同起草了国家九部委联合发布的《中华人民共和国标准设计施工总承包招标文件》，并在 2012 年完成个人专著《中华人民共和国标准设计施工总承包招标文件合同条件指南》。

在多年从事工程合同和法律研究后，有两件事促使我在广袤的工程合同领域中进一步聚焦在工期延误分析细分专项上。

第一件事是某中国承包商以 EPC 方式在一欧洲国家承担大型工业项目，在工程完工后与东道国业主产生争议。中国承包商按照合同约定向斯德哥尔摩商会仲裁机构申请仲裁，东道国业主则提出了工期延误巨额索赔反请求。工期是否存在延误是该案的关键争议点。中国承包商一开始聘请了来自著名国际工程管理公司的西方专家担任工期延误分析专家证人。然而西方专家的工作进展并不顺利，中国承包商一方决定选择中国专家。我非常荣幸担任了中国承包商的工期延误分析专家证人，向国际仲裁庭提交的工期延误分析报告经过交叉盘问，被国际仲裁庭完全采信。

第二件事是与袁华之老师一起在北京仲裁委员会/北京国际仲裁中心同庭审理某建设工程工期争议案件，我们共同的感受是，中国目前的工期争议解决一直缺少在科学量化分析的基础上进行的裁判。

最近这些年自己一直带领团队聚焦于工期延误专家证人的研究与工作，先后为巴黎国际商会仲裁院、斯德哥尔摩商会仲裁院、海牙永久仲裁法院、亚洲国际仲裁中心、印度国际仲裁、中国国际经济贸易仲裁委员会、北京国际仲裁中心等国际和国内知名仲裁机构以及最高人民法院和北京、深圳、宁波等地法院提供法务工期专家证人/法务工期鉴定专业支持。在实践中，我认识到工期延误争议解决是法律和法务工程管理技术的有机结合。

在英美等国家，一方面行业学会已经建立了非常体系化的工期延误分析方法，另一方面也有关于工期延误非常权威的法律学术著作。但是中国却在工期延误方面既缺少工期延误分析方法的行业标准，也缺少工期延误学术著作。

当袁华之老师提议我们合作共同编写工期延误方面的书籍时，我立即毫不犹豫地表示会全力投入这项合作编写，并希望本书的写作是中国律师与中国工期延误专业人士合作的范例。任何领域从零到一都是艰难的过程，希望本次中国律师和中国工期延误专业人士的共同努力能够为中国工期延误争议解决提供理论和实践指导的基础，并能够让更多的中国律师和中国工期延误专业人士在此基础之上更好地迭代进步。

邱 闯

2021年10月于北京

前 言

工期是建设工程项目管理控制的三大目标之一,也是建设工程合同签订与履行以及合同争议解决过程中所涉及的三大核心要素之一,做好进度管理不仅能够保障施工效率、促成按期竣工,而且还能控制施工成本、提高经济效益。当工程合同当事人产生工期相关争议时,如何利用进度管理知识搜集对己方有利的证据并有效维护权益,争取利益最大化;裁判机关又如何自行或借助工期鉴定专业人士的力量,通过适当的工期分析方法,在纷繁复杂的证据与浩如烟海的规定中厘清工期延误事件并量化工期延误责任与损失,都是建设工程工期管理与争议解决所面临的永恒课题。

本书结合法务工期分析专家与建设工程争议解决专业团队的实务经验,较好地回应和解答了上述问题。本书共分为九编,主要内容如下:

第一编"中国建设工程工期争议解决概览"是对我国建设工程工期争议解决现状的概括总结。本编第一章从宏观层面,分别以案由、数量、地域、审理法院、案件标的额为线索,系统性地分析了我国近年来建设工程工期争议案件的分布趋势;第二章以微观视角,通过对截至目前建设工程工期争议案件裁判文书中观点与结果的综合研判分析,总结提炼出目前我国工期案件争议解决思路的三种大致类型:第一种是简单加减型,第二种是比例分割型,第三种是各自承担型,并分别就上述三种情况进行详细说明。

第二编"工期管理基础知识"旨在帮助读者掌握本书的部分核心概念与重要知识点,主要包括工期管理核心概念、计划与进度表、工期管理的启动过程、工期管理的计划过程、工期管理的执行和监控过程等。工期管理和工期争议解决是一枚硬币的两面,良好的工期管理可以有效地避免工期争议,而糟糕的工期管理则会导致工期争议频频发生。因此,只有正确理解工期管理的意义、方式,才能更深入地了解工期争议的形成过程以及解决方法,为工期争议的解决奠定坚实基础。需要说明的是,鉴于国内工期管理的运用与实践仍处于发展完善阶段,因此本书借鉴援引了不少国外建设工程工期管理的先进经验。

第三编"工期争议解决应当收集整理的材料"主要介绍了工期争议解决案件中常见的证据材料类型,包括但不限于项目前期文件、合同与招投标文件、工程进度计划文件、工程实施过程记录文件、资源投入与支付记录文件、往来函件和管理记录文件、其他文件等。本编在对以上证据材料进行详细分类的基础上,具体阐述了材料释义、索赔用途并列举了与之相关联的索赔案例。需要说明的是，囿于篇幅所限，本编中的部分证据材料仅保留了材料释义内容，索赔用途与相关案例将不再于本书中体现，具体内容可参阅本书著者之一袁华之律师所著的《建设工程索赔与反索赔》一书。

第四编“工期延误事件识别”主要介绍了工期延误事件的识别方法、分类依据、判断标准以及工期索赔项目与索赔要点，从承包人可向发包人提起工期索赔的项目、发包人可向承包人提起工期索赔的项目、同期延误情形下的工期索赔三个角度详细阐述并分析了索赔项目内容、索赔处理原则，并从每个索赔类别中遴选数项工期索赔的重要、疑难、典型项目进行详细描述，每个项目均包括索赔项目释义、索赔依据、索赔案例以及提示与建议。需要说明的是，在索赔依据部分，鉴于国际咨询工程师联合会（Fédération Internationale Des Ingénieurs Conseils，FIDIC）针对其发布的2017版合同示范文本［包括FIDIC《施工合同条件》（2017版红皮书）、FIDIC《生产设备和设计－施工合同条件》（2017版黄皮书）及FIDIC《设计采购施工合同条件》（2017版银皮书）］尚未授权国内权威机构编译中英文对照本，为精准展示合同条款原貌，同时避免产生知识产权侵权等问题，故本书中引用的FIDIC 2017版本合同仅体现英文原版内容。

第五编“工程延误责任量化”。目前我国面对工期争议解决尚缺乏科学的量化方法，法务工期概念的引入就是为了回答与解决我国目前在工期司法实践当中存在的该等问题。本编第一章介绍了法务工期的特点、与其他相关概念的区别、分析专家知识体系、英国工程法学会延误与干扰准则、美国国际工程造价促进会法务工期分析；第二章介绍了工期延误责任量化的方法、选择与示例。

第六编“工期延误损失量化”，主要介绍了建筑安装工程费的构成、工期延误对建筑安装工程费各组成部分的影响以及工程延误损失量化的常用方法，并通过案例进行应用示范。本编第一章介绍了建筑安装工程费构成，并在明确了建筑安装工程费构成的基础上，定性分析了工期延误对各项费用的影响；第二章介绍了当前工程实践和司法实践中常用的损失量化的计算方法，并结合实际工程案例演示了各项损失费用的计算过程，以期为同类项目的索赔提供有益借鉴。

第七编“工期反索赔”的内容主要包括工期反索赔概述、工期索赔报告存在的普遍问题及如何对工期索赔报告进行反击或反驳。其中第一章介绍了工期反索赔的概念、作用及现状，并对工期反索赔的未来发展趋势进行了展望；第二章介绍了工期索赔报告存在的普遍问题，列举了工期索赔报告不能获得支持的主要原因，并通过举示案例的方式进行说明，旨在使读者获得更加立体和直观的认识；第三章介绍了如何对工期索赔报告进行反击或反驳，列举了可以对工期索赔报告进行反击或反驳的理由，包括超过索赔时限、索赔事件不真实、索赔责任区分不清等，并通过案例进行示范应用，以帮助读者更好地了解和掌握工期反索赔技巧。

第八编“工期鉴定”。本编从工期鉴定的需求出发，对工期鉴定机构的选择以及工期鉴定意见书的编写进行了介绍，最后展示了工期鉴定的具体实操案例。其中第一章“工期鉴定的需求"不仅描述了工期鉴定问题的提出过程,还对工期鉴定的概念、规范安排以及技术发展进行了阐释,此外,还对工期鉴定的必要性与可行性进行了讨论;第二章"工期鉴定机构的选择"重点对工期鉴定机构的产生方式以及委托方式进行了介绍,并展示了关于工期鉴定服务建议书及工期鉴定委托函的实际示例;第三章"工期鉴定意见书的编写"主要介绍了工期鉴定意见书编写的体例要求与具体内容;第四章"工期鉴定案例展示"展示了工期鉴定的相关文件,包括工期鉴定意见书、当事人的意见、鉴定机构的回复、补充鉴定分析报告等文件,让读者对工期鉴定建立起更立体、更充分的认识。

第九编"工期延误专家证人"。本编从工期延误专家证人的需求展开,介绍了工期延误专家证人的选择和聘用、工期延误证据的收集、工期延误专家报告的编制、工期延误专家报告的使用、工期延误专家证人出庭接受质询及专家证人案例。其中,第一章"工期延误专家证人的需求"不仅介绍了专家证人的概念,同时还将其与工期争议解决中出现的其他几类专业角色进行了比较说明;第二章"工期延误专家证人的选择和聘用"则向读者进行介绍专家证人的选聘流程;第三章"工期延误证据的收集"、第四章"工期延误专家报告的编制"、第五章"工期延误专家报告的使用"通过结合案例分析,更加实务地向读者展现发生工期延误时,如何通过系统化的证据收集、编制并使用专家报告来维护自身的权利;第六章"出庭接受质询"及第七章"专家证人案例",主要采用比较法,以英美法系相关案例处理方式的详细解析为我国处理类似纠纷提供参考。本编所附案例在每个关键节点均附有评论,系对前述部分的高度概括性总结与评述,旨在使读者对所述案例与相关问题有较为清晰的认知和探究路径。

关于本书所引用的各类文献资料,我们均在脚注中进行了说明,便于读者查阅参考。针对本书所引用的案例,凡为法院公开裁判案例,均附真实案号以便读者查询;凡为仲裁及涉及个人隐私、商业秘密的法院裁判案例,基于仲裁不公开原则和保护当事人权利考虑,都未体现当事人真实名称及其他指向性信息。若读者阅读过程中发现与己方名称类似的案例,请勿对号入座。为突出并深入解析每一索赔项目,书中案例均进行了简化处理。实务中稍复杂的案件往往会有多个索赔项目,但其实亦是由书中看似简单的案例对应的索赔项有机组合而成。

本书的创新性在于以下三个方面:首先,本书在突出专业性的同时,并不局限于某一专业领域,本书系由建设工程法律专业人士与法务工期相关领域专家团队共同编撰而成,既通过法律法规依据、裁判案例与实务经验介绍工期索赔的法律知识要点,又通过担任法务工期专家证人与鉴定人过程中所接触的案例研究探讨工期延误专业分析方法,是一本集学术性与实务性于一体、融进度管理与法律专业知识于一身的著作。其次,本书所引用的工期鉴定意见书、工期专家证人案例均来源于著者团队的实务经验,在成书时力求保持原貌,并对作出鉴定意见书依据的资料进行了节选展示,有助于读者厘清得出相应鉴定意见的原因;在工期专家证人案例中对各方专家在案件中的表现进行了还原,并附有相关评述性意见,以期帮助读者对专家证人在工期争议解决过程中的定位和作用有所了解。最后，本书的视角较为独特，试图从不同角度传授攻守之道，即不仅从工期索赔层面为承包人、发包人如何向对方提出索赔以及索赔的关注要点提供了优秀范式和借鉴，也从工期反索赔的角度，帮助当事人掌握在面对对方工期索赔时的反驳与反击技巧。

本书规范性文件索引及名称缩略语对照表

序号	全称	简称	备注
1	《中华人民共和国民法典》	《民法典》	
2	《中华人民共和国民法总则》	《民法总则》	已失效
3	《中华人民共和国合同法》	《合同法》	已失效
4	《中华人民共和国土地管理法》	《土地管理法》	
5	《中华人民共和国城乡规划法》	《城乡规划法》	
6	《中华人民共和国建筑法》	《建筑法》	
7	《中华人民共和国企业破产法》	《企业破产法》	
8	《中华人民共和国招标投标法》	《招标投标法》	
9	《中华人民共和国工会法》	《工会法》	
10	《中华人民共和国劳动法》	《劳动法》	
11	《中华人民共和国刑事诉讼法》	《刑事诉讼法》	
12	《中华人民共和国民事诉讼法》	《民事诉讼法》	
13	《最高人民法院关于适用〈中华人民共和国民事诉讼法〉的解释》	《民事诉讼法司法解释》	
14	《不动产登记暂行条例》	—	
15	《建设工程安全生产管理条例》	《安全生产管理条例》	
16	《建设工程质量管理条例》	《质量管理条例》	
17	《城市房地产开发经营管理条例》	—	
18	《民事案件案由规定》	—	
19	《最高人民法院关于审理建设工程施工合同纠纷案件适用法律问题的解释》	原《施工合同司法解释(一)》	已失效
20	《最高人民法院关于审理建设工程施工合同纠纷案件适用法律问题的解释(二)》	原《施工合同司法解释(二)》	已失效

续表

序号	全称	简称	备注
21	《最高人民法院关于审理建设工程施工合同纠纷案件适用法律问题的解释(一)》	《施工合同司法解释(一)》	
22	《最高人民法院关于民事诉讼证据的若干规定》	《民事诉讼证据规定》	
23	《最高人民法院关于调整高级人民法院和中级人民法院管辖第一审民事案件标准的通知》	—	
24	《北京市高级人民法院关于审理建设工程施工合同纠纷案件若干疑难问题的解答》	《北京市高院施工合同解答》	
25	《江苏省高级人民法院建设工程施工合同案件审理指南》	《江苏省高院施工合同指南》	
26	《安徽省高级人民法院关于审理建设工程施工合同纠纷案件适用法律问题的指导意见(二)》	《安徽省高院施工合同指导意见(二)》	
27	《工程建设项目施工招标投标办法》	—	
28	《房屋建筑和市政基础设施项目工程总承包管理办法》	—	
29	《房屋建筑和市政基础设施工程竣工验收备案管理办法》	—	
30	《建设工程消防设计审查验收管理暂行规定》	—	
31	《房屋建筑和市政基础设施工程施工分包管理办法》	—	
32	《住房和城乡建设部关于印发〈建筑业企业资质标准〉的通知》	《建筑业企业资质标准》	
33	《建筑业企业资质管理规定》	—	
34	《建设工程工程量清单计价规范》(GB 50500—2013)	—	
35	《建设工程司法鉴定程序规范》	—	
36	《建设工程造价鉴定规范》(GB/T 51262—2017)	—	
37	《中华人民共和国标准施工招标文件》(2007 年版)	《标准施工招标文件》	已被修改
38	《中华人民共和国简明标准施工招标文件》(2012 年版)	《简明标准施工招标文件》	
39	《中华人民共和国标准设计施工总承包招标文件》(2012 年版)	《标准设计施工总承包招标文件》	
40	《建设工程施工合同(示范文本)》(GF－1999－0201)	—	已失效

续表

序号	全称	简称	备注
41	《建设工程施工合同(示范文本)》(GF-2013-0201)	—	已失效
42	《建设工程施工合同(示范文本)》(GF-2017-0201)	—	
43	《建设项目工程总承包合同示范文本(试行)》(GF-2011-0216)	—	已失效
44	《建设项目工程总承包合同(示范文本)》(GF-2020-0216)	—	
45	《施工合同条件》(Conditions of Contract for Construction,1999年第1版)	FIDIC《施工合同条件》(1999版红皮书)	
46	《施工合同条件》(Conditions of Contract for Construction,2017年第2版)	FIDIC《施工合同条件》(2017版红皮书)	
47	《生产设备和设计-施工合同条件》(Conditions of Contract for Plant and Design-Build,1999年第1版)	FIDIC《生产设备和设计-施工合同条件》(1999版黄皮书)	
48	《生产设备和设计-施工合同条件》(Conditions of Contract for Plant and Design-Build,2017年第2版)	FIDIC《生产设备和设计-施工合同条件》(2017版黄皮书)	
49	《设计采购施工(EPC)/交钥匙工程合同条件》(Conditions of Contract for EPC/Turnkey Projects,1999年第1版)	FIDIC《设计采购施工合同条件》(1999版银皮书)	
50	《设计采购施工(EPC)/交钥匙工程合同条件》(Conditions of Contract for EPC/Turnkey Projects,2017年第2版)	FIDIC《设计采购施工合同条件》(2017版银皮书)	
51	《工期延误与干扰索赔分析准则》(The Society of Construction Law Delay and Disruption Protocol)	《延误与干扰准则》	
52	《法务工期分析推荐实践》(Recommended Practice No. 29R-03-FORENSIC SCHEDULE ANALYSIS)	《法务工期分析》	
53	《联合国国际贸易法委员会仲裁规则》(2010版)	—	
54	《联合国国际贸易法委员会关于组织仲裁程序的说明》	—	
55	《国际律师协会国际仲裁取证规则》	—	
56	《国际仲裁中当事人指定的专家证人使用指南》	—	
57	《测量师作为专家证人》	—	

目 录

第一编

中国建设工程工期争议解决概览

第一章

工期争议解决案件回顾

第一节　工期争议解决案件简介

工期争议解决主要包括诉讼和仲裁两大类型,其他如工期争议评审等类型案件数量很少,影响也很有限,本书未做统计,事实上相关数据也很难获得。同时基于仲裁案件的不公开原则,本书也未做统计,不过根据相关仲裁委员会披露的数据可知,近年来工期类仲裁案件类型及相应变化趋势与诉讼类案件工期案件大致相同。

根据《民事案件案由规定》,建设工程合同纠纷案件主要包含以下九类案由:建设工程勘察合同纠纷、建设工程设计合同纠纷、建设工程施工合同纠纷、建设工程价款优先受偿权纠纷、建设工程分包合同纠纷、建设工程监理合同纠纷、装饰装修合同纠纷、铁路修建合同纠纷、农村建房施工合同纠纷。因建设工程监理合同纠纷所涉工期案件与本书所论的工期争议解决案件相关性不强,本章暂不将其纳入分析范围。在其他八类案由中,全国法院 2011 ~ 2020 年审理的总案件数量以及其中包含"工期"的案件数量及所占比例如表 1 – 1 – 1 所示。

表 1 – 1 – 1　全国法院建设工程合同纠纷各案由工期案件数量及占比

序号	案由	2011 ~ 2020 年裁判案件数量/件	工期案件数量/件	工期案件数量占比/%
1	建设工程施工合同纠纷	1,010,553	41,643	4.12
2	装饰装修合同纠纷	262,167	12,498	4.77
3	建设工程分包合同纠纷	129,599	3755	2.90
4	农村建房施工合同纠纷	51,631	964	1.87
5	建设工程设计合同纠纷	14,284	147	1.03
6	建设工程勘察合同纠纷	3346	45	1.34
7	建设工程价款优先受偿权纠纷	1247	27	2.17
8	铁路修建合同纠纷	544	22	4.04
合计		1,473,371	59,101	4.01

由表1-1-1可知,2011~2020年,在建设工程合同纠纷案件中,工期案件数量前三的案件类型如下:第一是建设工程施工合同纠纷案件,其中工期相关案件数量为41,643件;第二是装饰装修合同纠纷案件,其中工期相关案件数量为12,498件;第三是建设工程分包合同纠纷案件,其中工期相关案件数量为3755件。这与相应案由案件总数的分布基本一致。

下文选取上述三种案件类型进行详细分析。

第二节　工期争议解决案件数量趋势分析

2011~2020年,全国法院工期案件数量整体处于增长阶段。2013年前工期案件数量整体不多、数量稳定,2013~2014年实现翻倍增长,此后年度的案件数量基本呈现不断稳步上升的趋势。其中,建设工程施工合同纠纷工期案件、装饰装修合同纠纷工期案件均于2019年达到峰值,2020年有所回落,而建设工程分包合同纠纷工期案件每一年度较之上一年度均有所增长。(如图1-1-1至图1-1-3所示)

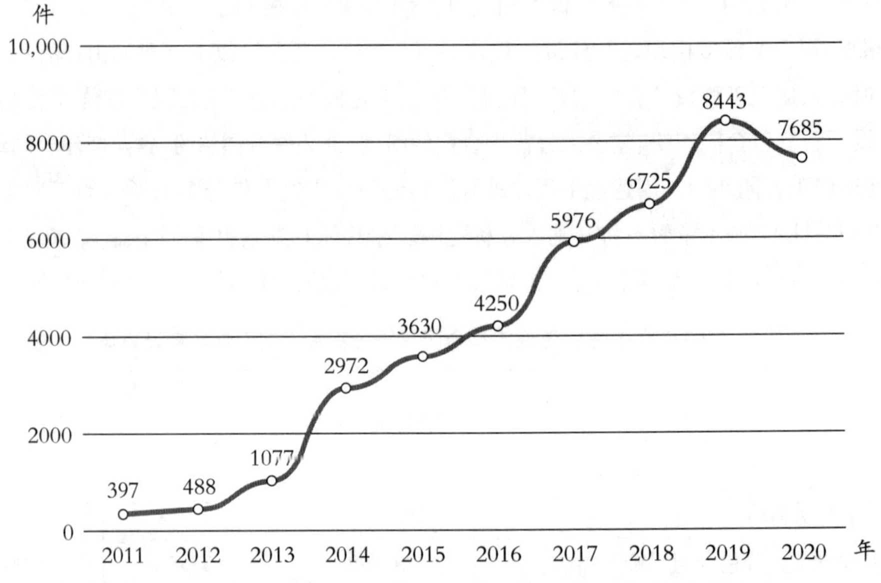

图1-1-1　2011~2020年建设工程施工合同纠纷工期案件数量趋势

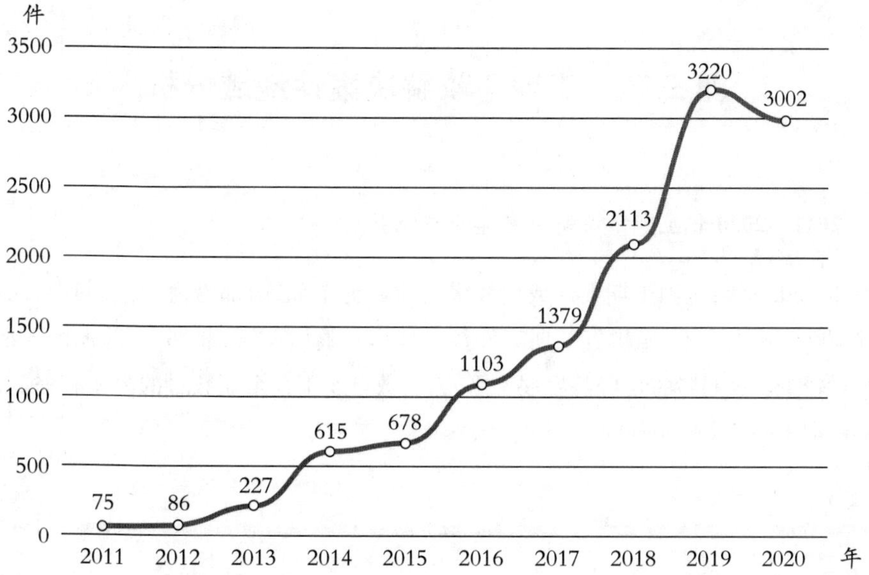

图1-1-2　2011~2020年装饰装修合同纠纷工期案件数量趋势

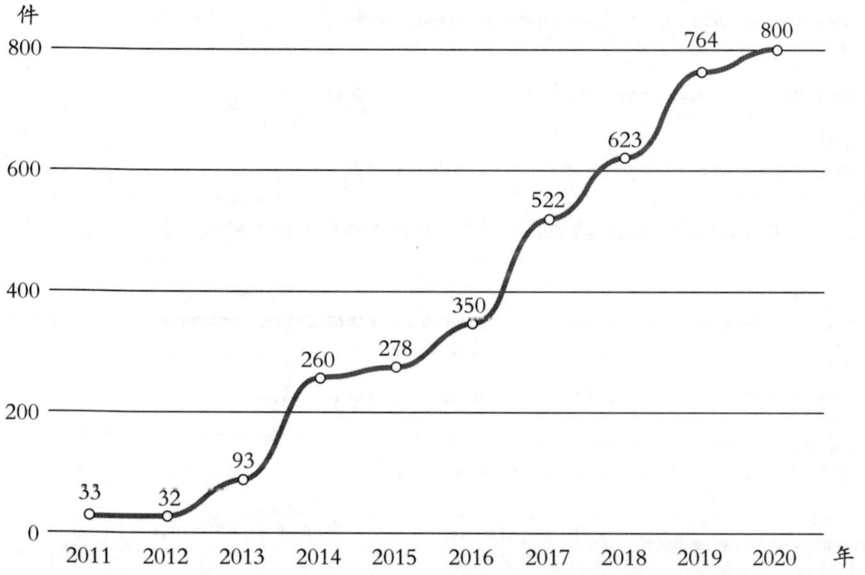

图1-1-3　2011~2020年建设工程分包合同纠纷工期案件数量趋势

我国新冠肺炎疫情直接影响了建设工程相关主体的交易行为及争议解决活动，2020年上半年几乎处于停滞状态，当事人非万不得已不去立案，法院开庭数量急剧减少，进而导致建设工程施工合同纠纷和装饰装修合同纠纷工期案件数量在2020年有所回落，其他案由工期案件的增速也有所放缓。但总体上看，工期案件数量仍增长迅速，呈现案件事实复杂、主体多、利益关联面大等特点，且常常与商品房买卖、民间借贷、劳动争议、执行异议等纠纷案件交织在一起。

第三节　工期争议解决案件地域分析

一、2011～2020 年工期争议解决案件地域分析

2011～2020 年，全国工期案件数量较多的地域为东部、南部沿海地区，其中，江苏省、广东省、浙江省、山东省、四川省工期案件数量较多。整体而言，北部、西部地区工期案件数量相对较少。这与各省份经济发展水平、人口数量及工程企业数量的分布有关。（如图 1－1－4 至图 1－1－6 所示）

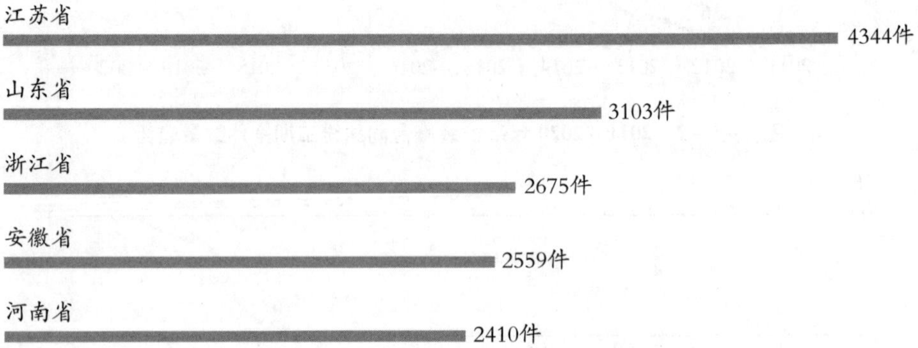

图 1－1－4　2011～2020 年建设工程施工合同纠纷工期案件地域分布

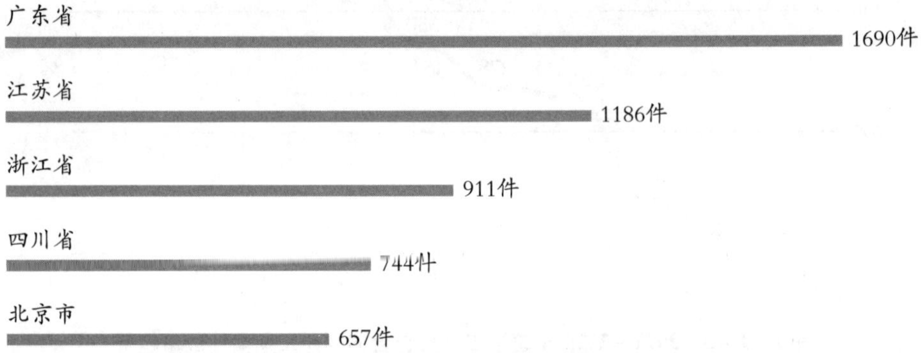

图 1－1－5　2011～2020 年装饰装修合同纠纷工期案件地域分布

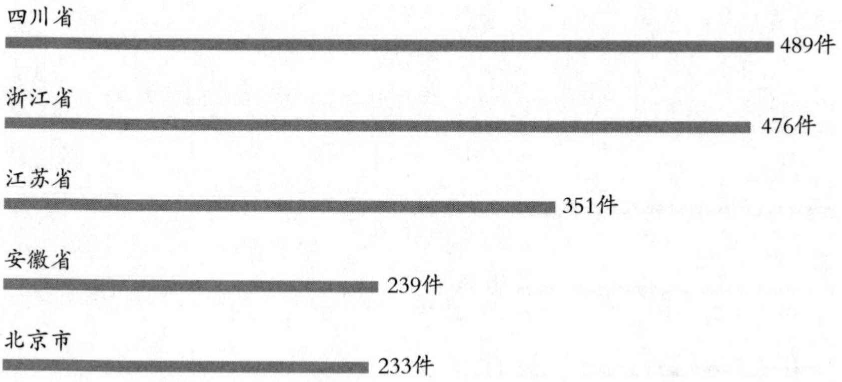

图 1－1－6　2011～2020 年建设工程分包合同纠纷工期案件地域分布

二、2018～2002 年工期争议解决案件地域分析

2018～2020 年，全国工期案件地域分布大致与 2011～2020 年全国工期案件地域分布相同，江苏省、广东省、四川省、山东省、河南省工期案件数量较多，北部、西部地区工期案件数量相对较少。（如图 1－1－7 至图 1－1－9 所示）

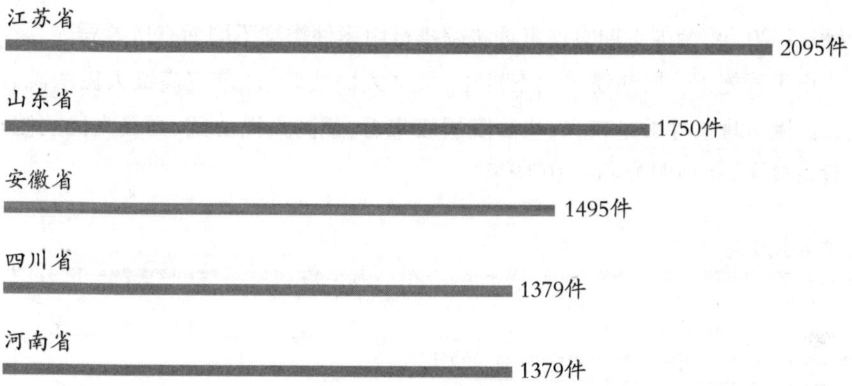

图 1－1－7　2018～2020 年建设工程施工合同纠纷工期案件地域分布

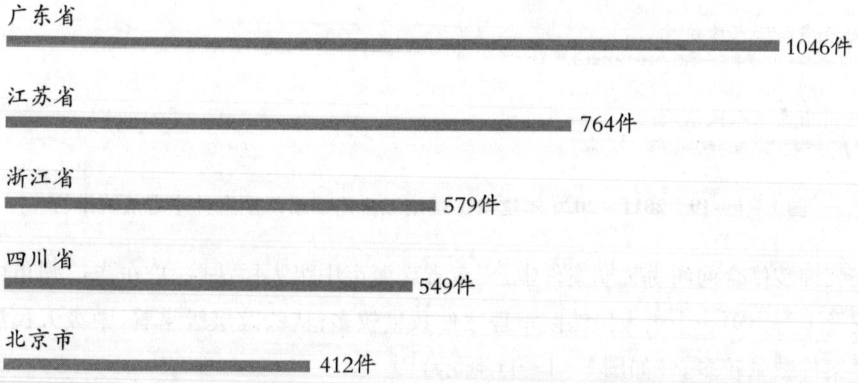

图 1－1－8　2018～2020 年装饰装修合同纠纷工期案件地域分布

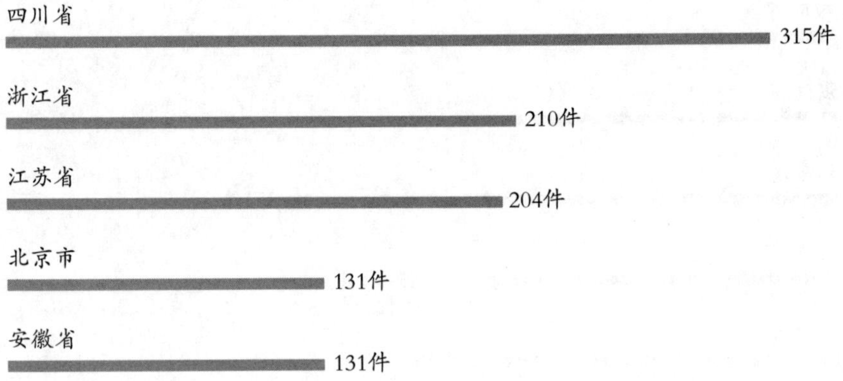

图 1－1－9　2018～2020 年建设工程分包合同纠纷工期案件地域分布

第四节　工期争议解决案件审理法院分析

一、2011～2020 年工期争议解决案件审理法院分析

2011～2020 年，全国工期案件审理法院排行因案件类型不同而有所差异。

在建设工程施工合同纠纷工期案件中，最高人民法院、江苏省高级人民法院、山东省高级人民法院审理案件数量较多；从法院层级来看，最高人民法院、高级人民法院审理该类案件数量较多。（如图 1－1－10 所示）

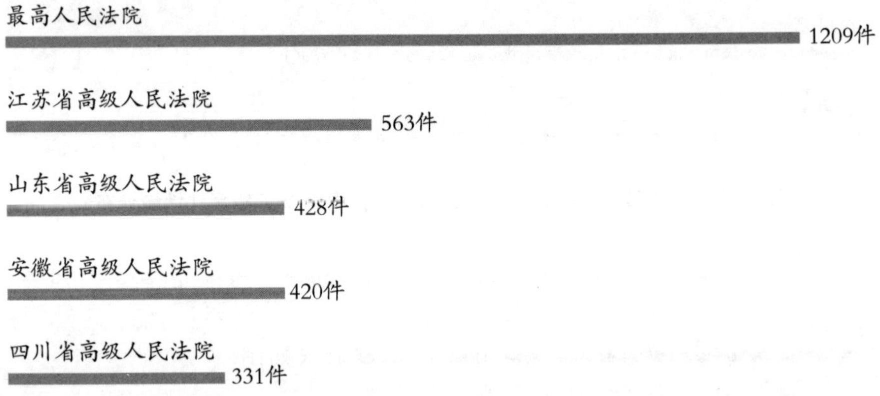

图 1－1－10　2011～2020 年建设工程施工合同纠纷工期案件审理法院排行

在装饰装修合同纠纷工期案件中，广东省珠海市中级人民法院、广东省广州市中级人民法院及上海市第一中级人民法院审理案件数量较多；从法院层级来看，中级人民法院审理该类案件数量较多。（如图 1－1－11 所示）

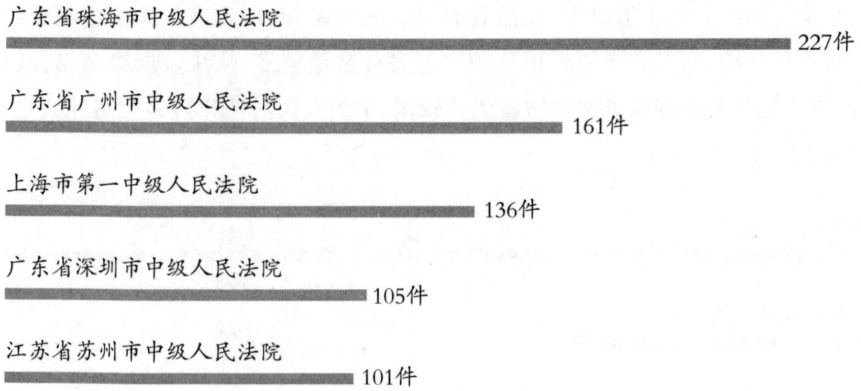

图 1－1－11　2011～2020 年装饰装修合同纠纷工期案件审理法院排行

而在建设工程分包合同纠纷工期案件中，四川省成都市中级人民法院、江苏省苏州市中级人民法院及北京市第二中级人民法院审理案件数量较多，这与劳务企业分布及当地建设工程数量有关；从法院层级来看，中级人民法院审理该类案件数量较多。（如图 1－1－12 所示）

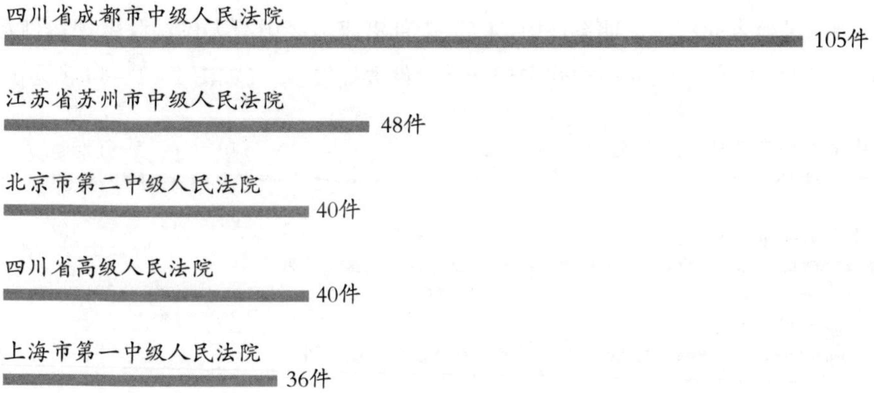

图 1－1－12　2011－2020 年建设工程分包合同纠纷工期案件审理法院排行

之所以会形成以上分布态势，是由于实践中建设工程施工合同纠纷案件的争议金额一般大于装饰装修合同纠纷及建设工程分包合同纠纷案件，而案件管辖法院级别又主要与争议金额有关，故相较于其他工期争议案件而言，高层级人民法院审理建设工程施工合同纠纷工期案件的数量也一般较多。

二、2018～2020 年工期争议解决案件审理法院分析

2018～2020 年，全国工期案件审理法院排行仍因案由不同而有所差异，与 2011～2020 年全国工期案件审理法院排行的数据相似。

在建设工程施工合同纠纷案件中，最高人民法院审理工期案件数量远超其他法院，审

理案件数量是第二名的 3 倍以上，安徽省高级人民法院、四川省高级人民法院、四川省成都市中级人民法院、山东省高级人民法院审理案件数量较多；从法院层级来看，最高人民法院、高级人民法院审理该类案件数量仍然较多，中级人民法院审理该类案件数量有所上升。（如图 1－1－13 所示）

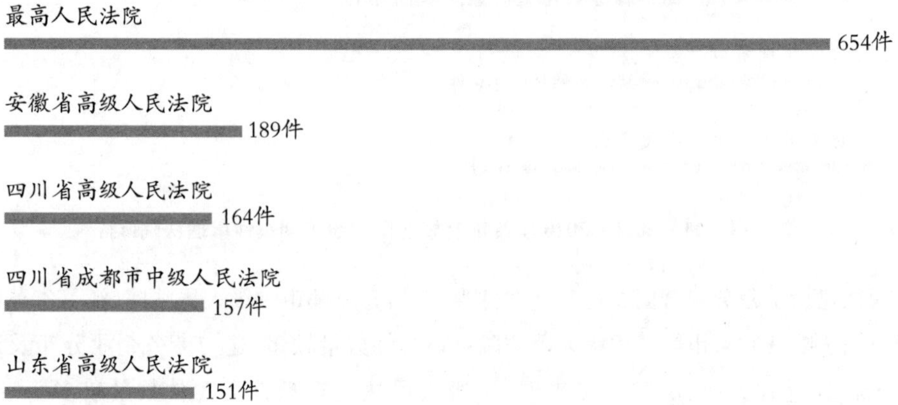

图 1－1－13　2018～2020 年建设工程施工合同纠纷工期案件审理法院排行

在装饰装修合同纠纷工期案件中，东部、南部沿海地区中级人民法院审理案件数量较多；从法院层级来看，中级人民法院审理该类案件数量较多。（如图 1－1－14 所示）

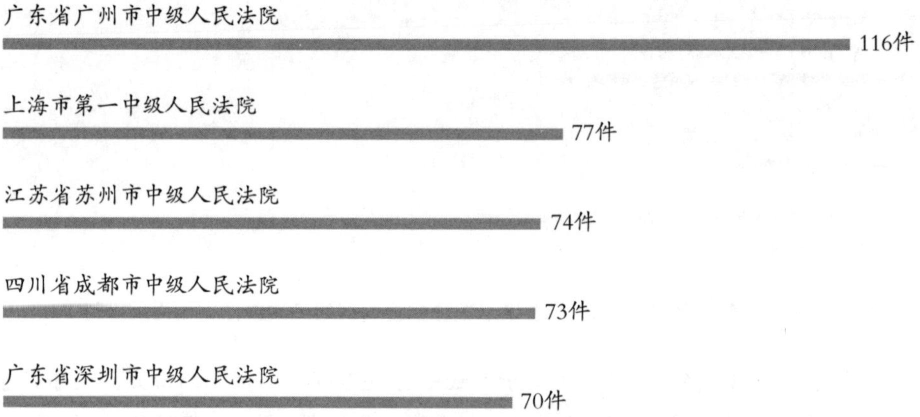

图 1－1－14　2018～2020 年装饰装修合同纠纷工期案件审理法院排行

而在建设工程分包合同纠纷工期案件中，四川省、北京市及东南沿海各省法院审理案件数量较多，与 2011～2020 年的案件数量分布具有一致性；从法院层级来看，仍是以中级人民法院审理为主。（如图 1－1－15 所示）

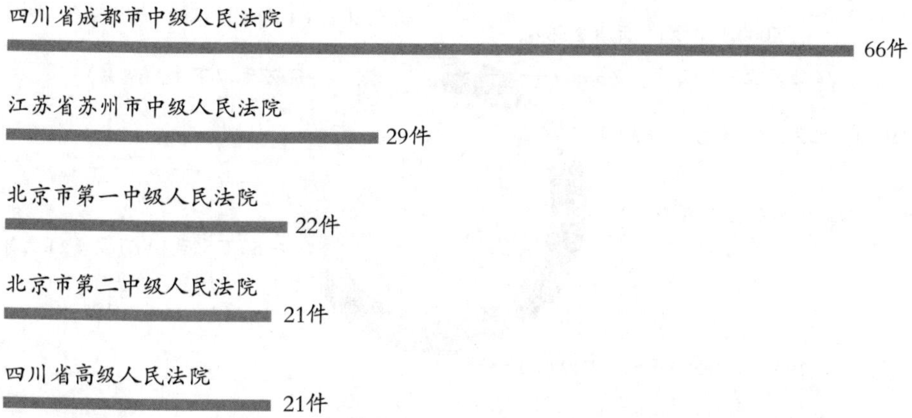

图 1-1-15　2018~2020 年建设工程分包合同纠纷工期案件审理法院排行

值得注意的是,2019 年 5 月 1 日《最高人民法院关于调整高级人民法院和中级人民法院管辖第一审民事案件标准的通知》施行,第 1 条规定:"中级人民法院管辖第一审民事案件的诉讼标的额上限原则上为 50 亿元(人民币),诉讼标的额下限继续按照《最高人民法院关于调整地方各级人民法院管辖第一审知识产权民事案件标准的通知》(法发〔2010〕5 号)、《最高人民法院关于调整高级人民法院和中级人民法院管辖第一审民商事案件标准的通知》(法发〔2015〕7 号)、《最高人民法院关于明确第一审涉外民商事案件级别管辖标准以及归口办理有关问题的通知》(法〔2017〕359 号)、《最高人民法院关于调整部分高级人民法院和中级人民法院管辖第一审民商事案件标准的通知》(法发〔2018〕13 号)等文件执行。"此规定的出台使中级人民法院一审级别管辖标的额上限显著提高,大量本应由高级人民法院一审的案件下沉至中级人民法院一审,因此,自 2019 年 5 月起新增的一审工期案件将大量集中在中级人民法院审理。

第五节　工期争议解决案件标的额分析

一、2011~2020 年工期争议解决案件标的额分析

2011~2020 年,全国工期案件标的额分布因案由不同而有所差异。

在建设工程施工合同纠纷工期案件中,标的额 100 万元至 500 万元的案件最多,占 31.99%;其次是标的额 50 万元以下的案件,占 24.90%;第三是标的额 500 万元至 1000 万元的案件,占 11.78%。(如图 1-1-16 所示)

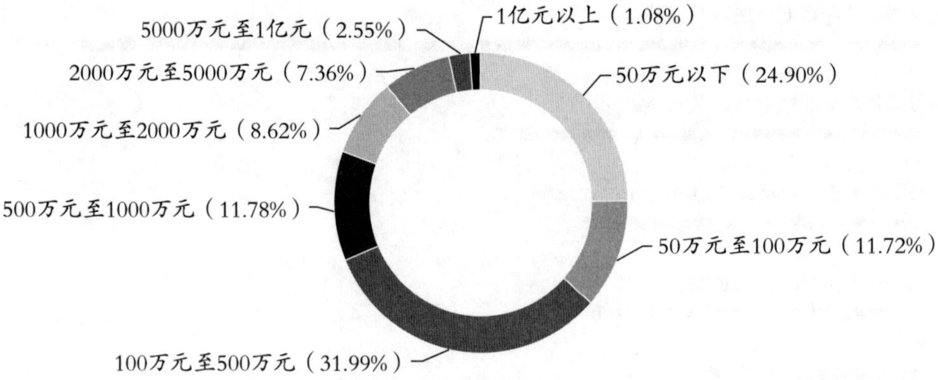

图1-1-16　2011~2020年建设工程施工合同纠纷工期案件标的额分布

在装饰装修合同纠纷工期案件中，标的额50万元以下的案件占绝大多数，占82.01%；其次是标的额100万元至500万元的案件，占9.02%；其他标的额案件占8.97%。（如图1-1-17所示）

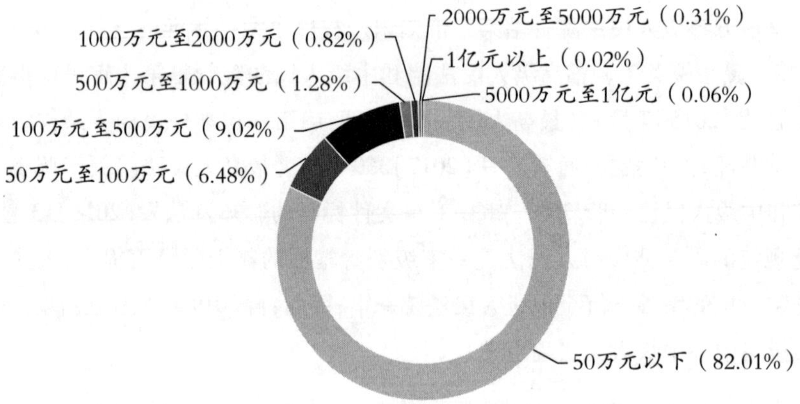

图1-1-17　2011~2020年装饰装修合同纠纷工期案件标的额分布

在建设工程分包合同纠纷工期案件中，标的额50万元以下的案件最多，占36.37%；其次是标的额100万元至500万元的案件，占32.39%；之后是标的额50万元至100万元的案件，占16.66%。（如图1-1-18所示）

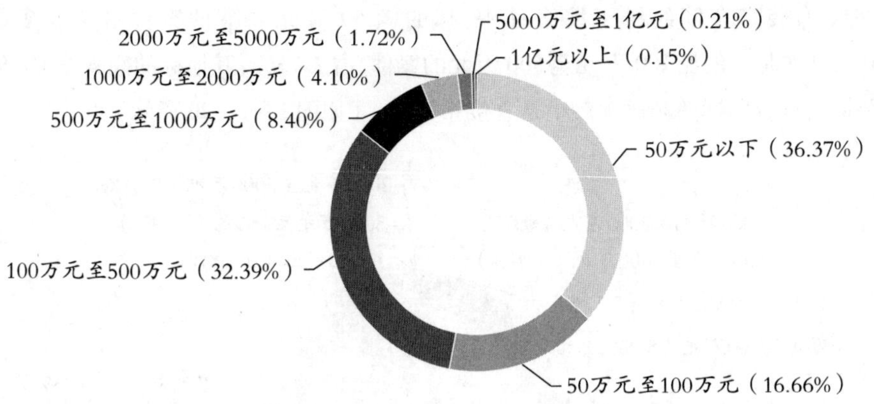

图1－1－18　2011～2020年建设工程分包合同纠纷工期案件标的额分布

以上标的额的分布，印证了建设工程施工合同纠纷标的额一般大于装饰装修合同纠纷及建设工程分包合同纠纷标的额的结论。可见，在建设工程施工合同纠纷中存在的工期争议，无论从数量上看还是从标的额上看都处于工期案件中的领先地位。

二、2018～2020年工期争议解决案件标的额分析

2018～2020年，全国工期案件标的额分布仍因案由不同而有所差异，各区间标的额占比与2011～2020年占比差异不大。

在建设工程施工合同纠纷工期案件中，标的额100万元至500万元的案件最多，占31.26%；其次是标的额50万元以下的案件，占24.36%；第三是标的额500万元至1000万元及50万元至100万元的案件，均占11.45%。案件标的额分布相对来说比较均匀。（如图1－1－19所示）

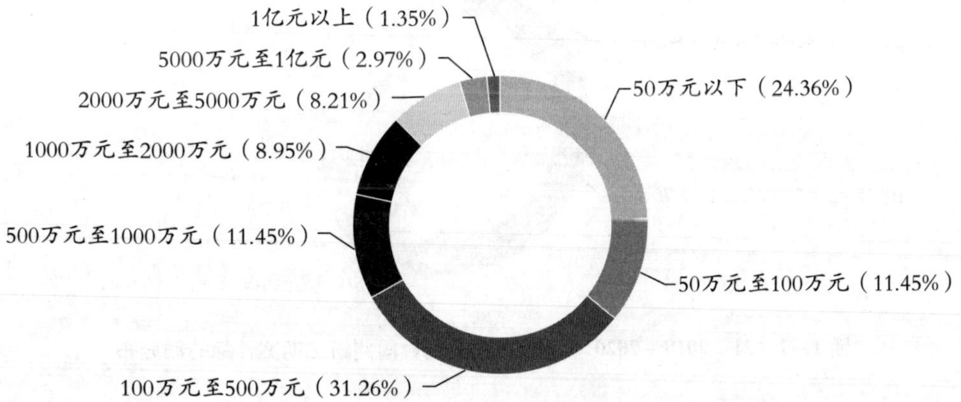

图1－1－19　2018～2020年建设工程施工合同纠纷工期案件标的额分布

在装饰装修合同纠纷工期案件中，标的额 50 万元以下的案件占绝大多数，占 84.35%；其次是标的额 100 万元至 500 万元的案件，占 7.73%；其他标的额案件占7.92%。这与装饰装修合同标的额通常较小是直接相关的。（如图 1－1－20 所示）

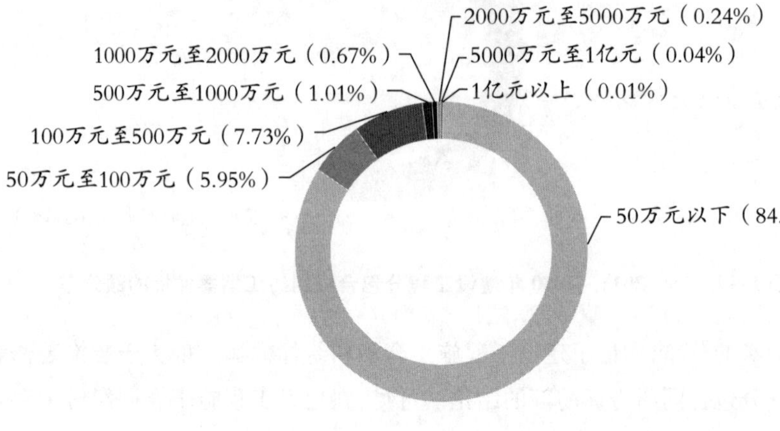

图 1－1－20　2018～2020 年装饰装修合同纠纷工期案件标的额分布

在建设工程分包合同纠纷工期案件中，标的额 50 万元以下的案件最多，占 35.88%，其次是标的额 100 万元至 500 万元的案件，占 31.79%；第三是标的额 50 万元至 100 万元的案件，占 16.53%。这与借用资质及违法分包的查处力度相关，近年来随着执法力度增强以及法律意识的提升，“包工头”式的零散分包逐渐减少，进入诉讼程序的建设工程分包合同纠纷标的额也相应有所提高。（如图 1－1－21 所示）

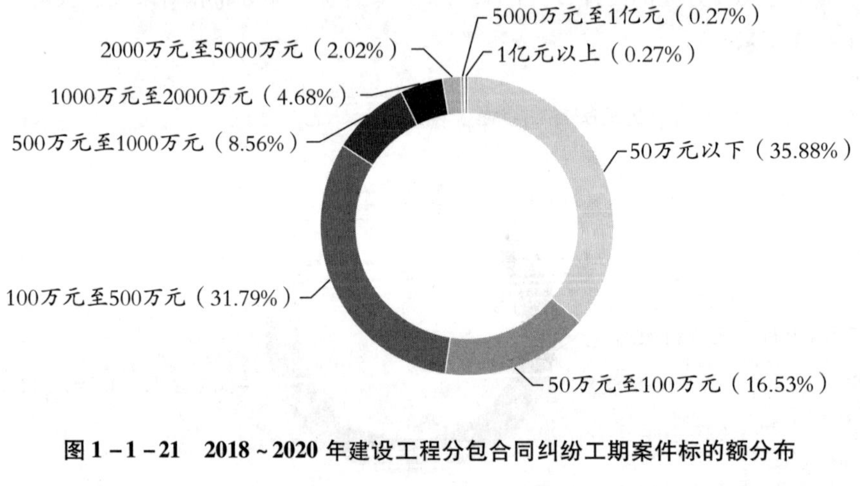

图 1－1－21　2018～2020 年建设工程分包合同纠纷工期案件标的额分布

第六节　最高人民法院工期争议解决案件分析

一、最高人民法院建设工程合同纠纷各案由工期案件数量及占比

由于最高人民法院审理工期案件数量最多且裁判结果相对较为权威,故本节选取最高人民法院的判例进行研究。2011～2020年,最高人民法院审理建设工程合同纠纷各案由工期案件数量及占比如表1－1－2所示。

表1－1－2　最高人民法院建设工程合同纠纷各案由工期案件数量及占比

序号	案由	2011～2020年裁判案件数量/件	工期案件数量/件	工期案件数量占比/%
1	建设工程施工合同纠纷	6455	1209	18.73
2	装饰装修合同纠纷	116	18	15.52
3	建设工程分包合同纠纷	162	17	10.49
4	建设工程设计合同纠纷	44	3	6.82
5	建设工程价款优先受偿权纠纷	11	2	18.18
6	铁路修建合同纠纷	14	1	7.14
7	建设工程勘察合同纠纷	5	0	0
8	农村建房施工合同纠纷	2	0	0
合计		6809	1250	18.36

由表1－1－2可知,2011～2020年,最高人民法院审理建设工程合同纠纷各类工期案件的比例高达18.36%,是全国法院该比例的4.58倍。其中,工期案件数量最多的案件类型为建设工程施工合同纠纷,工期案件数量1209件,占比18.73%。因其他案由案件数量以及包含的工期案件数量都很少,不适宜开展大数据研究,故以下选取建设工程施工合同纠纷案由进行详细分析。

二、最高人民法院工期争议解决案件数量趋势分析

2011～2020年,最高人民法院工期案件数量整体呈增长趋势。2012年前工期案件数量很少,2013年比2012年增长近18倍,此后数量持续增长,工期争议在重大建设工程施工合同纠纷案件中的出现频次迅速提升。如前所述,2020年因我国的新冠肺炎疫情,最高人民法院审理的工期案件同步有所减少。(如图1－1－22所示)

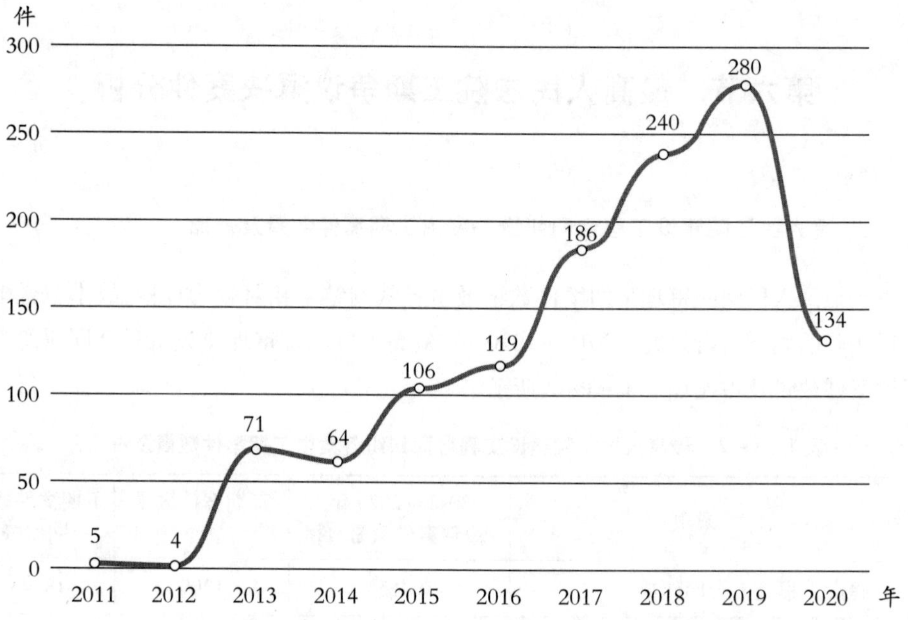

图 1-1-22　2011～2020 年建设工程施工合同纠纷工期案件数量趋势

值得注意的是，最高人民法院 2018 年 12 月 29 日发布、自 2019 年 2 月 1 日起施行的原《施工合同司法解释（二）》第 6 条①直接对工期顺延的有关规则进行了规定，承包人可依据该条进行工期顺延的抗辩。此规定的出台，一方面，改变了工期案件的审理规则，另一方面，可能导致工期案件数量发生一定变化。

三、最高人民法院工期争议解决案件标的额分析

（一）2011～2020 年最高人民法院工期争议解决案件标的额分析

2011～2020 年，最高人民法院审理的建设工程施工合同纠纷标的额 2000 万元至 5000 万元的案件最多，占 32.92%；其次是标的额 1 亿元以上的案件，占 24.58%；第三是标的额 5000 万元至 1 亿元的案件，占 20.42%。（如图 1-1-23 所示）

① 原《施工合同司法解释（二）》已失效，该条款现为《施工合同司法解释（一）》第 10 条：当事人约定顺延工期应当经发包人或者监理人签证等方式确认，承包人虽未取得工期顺延的确认，但能够证明在合同约定的期限内向发包人或者监理人申请过工期顺延且顺延事由符合合同约定，承包人以此为由主张工期顺延的，人民法院应予支持。当事人约定承包人未在约定期限内提出工期顺延申请视为工期不顺延的，按照约定处理，但发包人在约定期限后同意工期顺延或者承包人提出合理抗辩的除外。

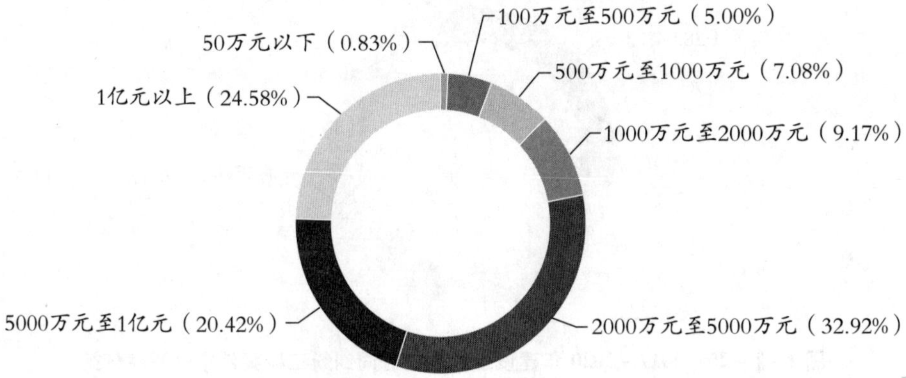

图 1-1-23　2011~2020 年建设工程施工合同纠纷工期案件标的额分布

（二）2018~2020 年最高人民法院工期争议解决案件标的额分析

2018~2020 年，最高人民法院审理的建设工程施工合同纠纷标的额 1 亿元以上的案件最多，占 29.45%；其次是标的额 2000 万元至 5000 万元的案件，占 28.77%；第三是标的额 5000 万元至 1 亿元的案件，占 23.97%。与 2011~2020 年的数据相比，标的额 1 亿元以上的案件占比增长 4.87%。（如图 1-1-24 所示）

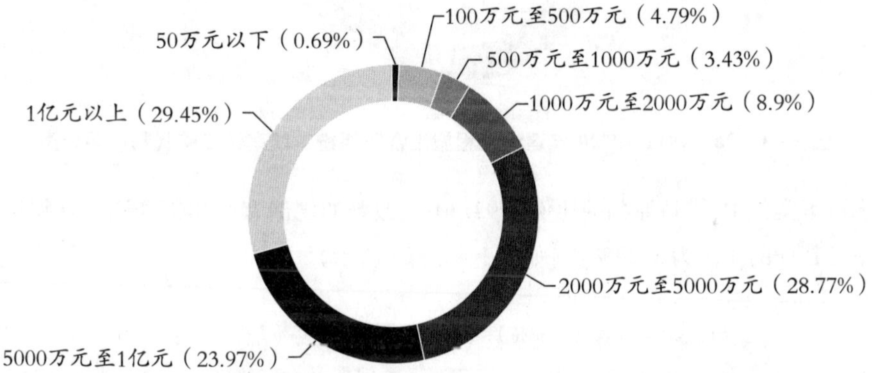

图 1-1-24　2018~2020 年建设工程施工合同纠纷工期案件标的额分布

四、最高人民法院工期争议解决案件审理程序分析

（一）2011~2020 年最高人民法院工期争议解决案件审理程序分析

2011~2020 年，最高人民法院审理的建设工程施工合同纠纷工期案件再审案件最多，占 71.96%；其次是二审案件，占 28.04%。（如图 1-1-25 所示）

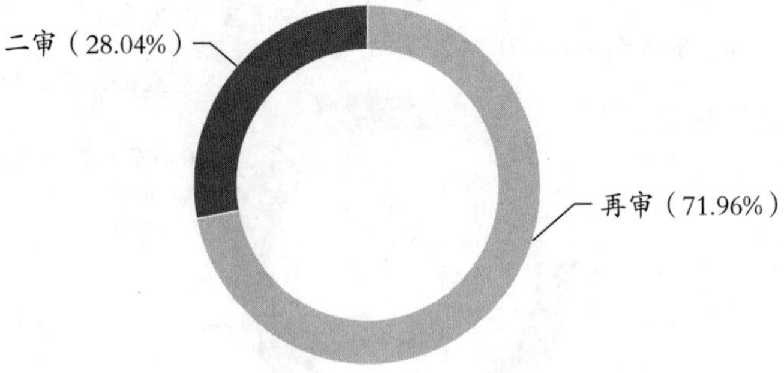

图1-1-25　2011~2020年建设工程施工合同纠纷工期案件审理程序分类

在二审案件中,维持原判的比例为52.85%;改判的比例为43.90%;发回重审及其他的比例为3.25%。(如图1-1-26所示)

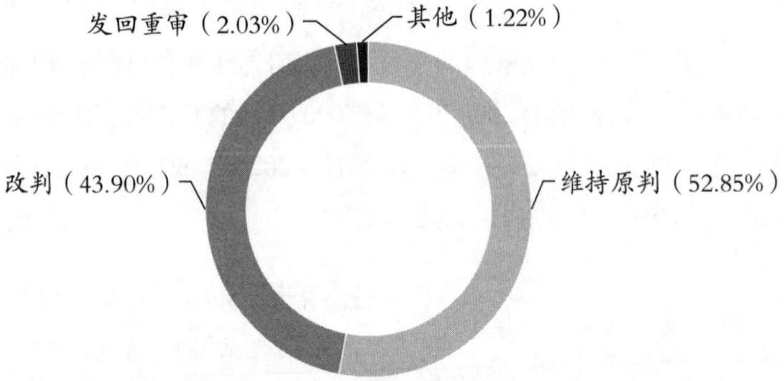

图1-1-26　2011~2020年建设工程施工合同纠纷工期案件二审裁判结果分类

在再审案件中,维持原判的比例为92.30%;改判的比例为4.48%;提审、指令审理,发回重审及其他的比例为3.22%。(如图1-1-27所示)

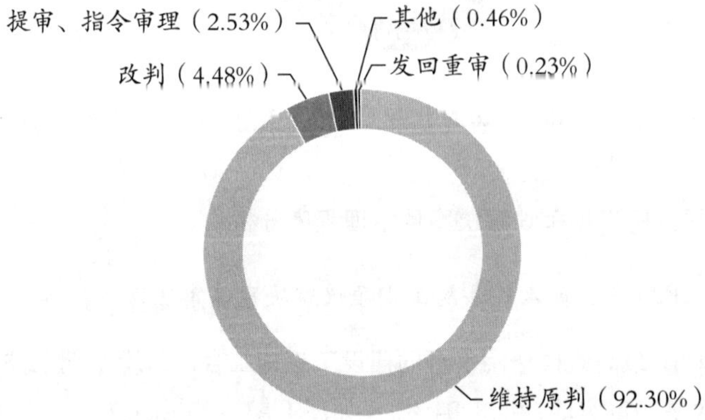

图1-1-27　2011~2020年建设工程施工合同纠纷工期案件再审裁判结果分类

（二）2018～2020年最高人民法院工期争议解决案件审理程序分析

2018～2020年，最高人民法院审理的建设工程施工合同纠纷工期案件再审案件最多，占66.36%；其次是二审案件，占33.64%。（如图1-1-28所示）

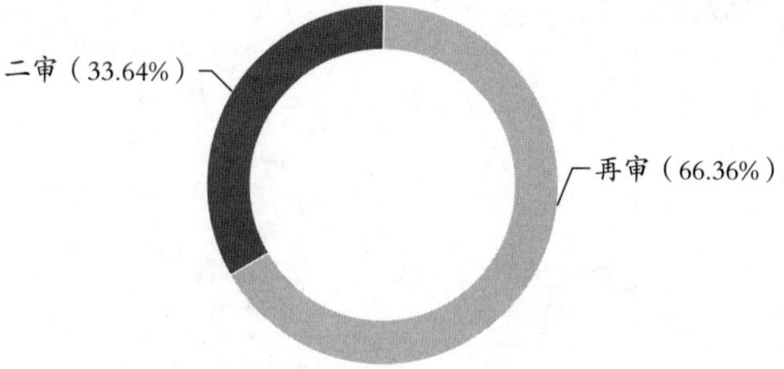

图1-1-28　2018～2020年建设工程施工合同纠纷工期案件审理程序分类

在二审案件中，维持原判的比例为51.04%；改判的比例为45.31%；发回重审及其他的比例为3.65%。（如图1-1-29所示）

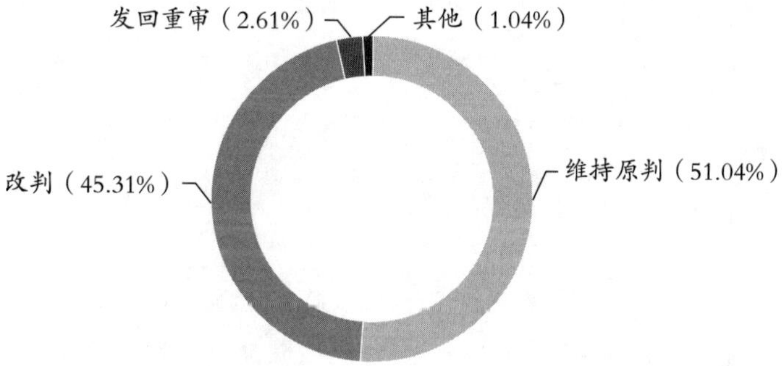

图1-1-29　2018～2020年建设工程施工合同纠纷工期案件二审裁判结果分类

在再审案件中，维持原判的比例为92.40%；改判的比例为4.61%；提审、指令审理，发回重审及其他的比例为2.99%。（如图1-1-30所示）

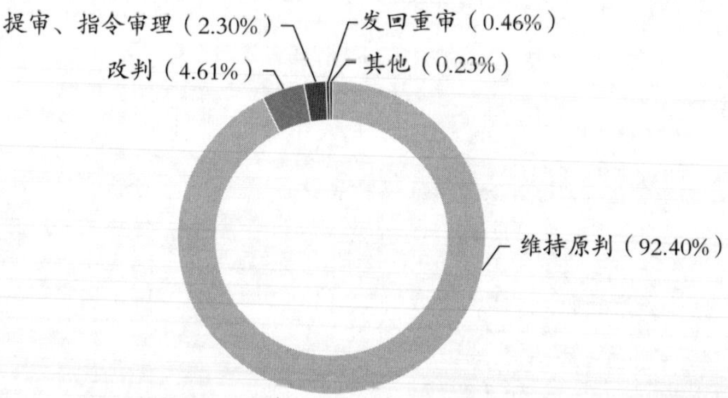

图1-1-30　2018～2020年建设工程施工合同纠纷工期案件再审裁判结果分类

与2011~2020年数据相比,再审案件比例下降5.60%,二审案件比例相应增长。二审维持原判的比例下降1.81%,改判的比例上升1.41%。再审案件结果变化很小,变化比例基本低于1.00%。

从以上数据看,最高人民法院工期案件审理情况基本是稳定的,且与民事案件总体的审理情况不存在明显差异。

第二章

工期争议解决的现状

根据对截至目前我国建设工程工期相关纠纷案件裁判文书中观点与结果的研判分析,我国工期案件争议解决现状大致可以分为三种情况:第一种是简单加减型,第二种是比例分割型,第三种是各自承担型。本章主要就以上三种情况进行详细说明。

此外,还有一种情况,即法院或仲裁委启动工期鉴定,采用法务工期分析方法,较为精准地进行工期责任定性、定量分析认定。目前工期争议解决较少采用此种分析方法,但这是工期争议解决未来发展趋势,以后章节将详细介绍法务工期分析方法。

第一节 简单加减型

简单加减型是指法官或仲裁员将发包人和承包人各自主张的工期延误天数分别进行加减法的判断,以此来具体确定工期违约方及工期违约责任的大小。比如承包人提出其认为应顺延的工期天数并提供相应证据,发包人提出因承包人原因延误工期的天数并提供相应证据,法官或仲裁员经分析研判后把双方主张的有证据支撑的天数进行简单加减,以此来区分双方的工期责任。

在海南三叶制药厂有限公司与海南盛达建设工程集团有限公司(以下简称盛达公司)及海南玖九投资开发有限公司建设工程施工合同纠纷一案①中,最高人民法院认为:关于停窝工45天的问题。法院认为,虽然盛达公司的《施工日志》显示,图纸会审期间(2010年8月1日至9月15日)工地在施工,但是根据原审查明的事实,根据《工程签证》(编号82)显示,因连续下雨,故从2010年8月1日至8月11日进行基坑排水工作,在此期间无法进行正常施工;根据《工程签证》(编号84)显示,2010年8月11日,因新旧设计图有设计变动,发生二次工作量,此处用时20个工作日。关于施工图纸变动导致工期延误还有2010年3月9日、2010年7月19日以及2010年9月15日的图纸会审记录作为佐证。故

① 参见最高人民法院民事裁定书,(2018)最高法民申330号。

原判决认定2010年8月1日至9月15日停窝工45天，并无不当。

在兰州市第一建设股份有限公司（以下简称兰州一建）、兰州市第一建设股份有限公司第五分公司（以下简称兰州一建五公司）与甘肃兴业房地产有限公司（以下简称兴业公司）及兰州华美商贸有限责任公司建设工程施工合同纠纷一案①中，最高人民法院认为：对于实际发生的停工损失，应根据双方责任予以判定。

1. 三次停工责任的认定及停工损失承担

关于三次停工责任应如何认定的问题。（1）兴业公司在一审时主张第一次停工系智业大厦项目部土建项目负责人阴某军违规指挥挖掘机开挖基坑，在基坑开挖尺寸过小后又强行挖成倒坡，造成基坑塌方，致使工期延误3个月，但并未提供充分证据予以证明。兰州一建、兰州一建五公司则主张第一次停工应为“2011年12月15日完成6层主体工程后进入冬季停工直至2012年3月1日，因兴业公司拖欠项目工程进度款，致使我们无法支付各大班组工人工资，以至于2012年不能及时开工”。鉴定意见认可兰州一建五公司所称的第一次停工，兴业公司对此未提出异议。兴业公司二审代理意见中对于第一次停工的事实亦表述为2012年4月17日之前的停工。法院庭审时，兴业公司关于第一次停工损失亦陈述主要系因付款问题，故第一次停工责任在于兴业公司，依据鉴定意见第一次停工的时间为2012年2月15日至4月23日。（2）兴业公司一审提交的《兰州智业大厦高层商住楼工程（2012年7月份监理月报）》载明“该工程因建筑单位在付款问题上处理不当，造成停工21天”，故第二次停工的责任在于兴业公司。（3）兴业公司一审提交的《兰州智业大厦高层商住楼工程（2012年8月份监理月报）》载明“智业大厦影响云峰集团日照时间，2012年8月12日18:30分，云峰堵了进砼通道停工10天”，结合鉴定意见及其他证据，可认定第三次停工的责任在于兴业公司。另，2012年8月28日兰州一建五公司向兴业公司以及甘肃金建建筑工程监理有限公司（以下简称监理公司）发出《三次停工损失明细及赔偿要求》，兴业公司及监理公司收到后均予以签章，说明监理公司对于三次停工事实亦是认可的。鉴于《三次停工损失明细及赔偿要求》均注明了停工原因，亦可与其他相关证据印证停工责任问题。依据本案证据和审理情况，可予认定三次停工的责任均在于兴业公司。

关于停工损失的承担问题。如前所述，三次停工的责任均在于兴业公司，相应的停工损失应由兴业公司承担。依据鉴定意见，第一次停工（2012年2月15日至4月23日）损失为246,261.55元，应由兴业公司承担。第二次停工（2012年6月24日至7月17日）损失为86,447.89元，第二次停工损失调整792元（停工损失调整3708元乘以22/103），共87,239.89元，应由兴业公司承担。第三次停工损失（2012年8月12日至8月28日）共17日的设备租赁费及管理人员工资损失79,380.65元（设备租赁费日均3043.78元、管理人员工资日均1625.67元之和乘以17日），停工人工费101,860.32元（停工人工费179,753.5

---

① 参见最高人民法院民事判决书，（2016）最高法民再246号。

元乘以 17/30)，第三次停工损失调整 612 元(停工损失调整 3708 元乘以 17/103)，共 181,852.97元，应由兴业公司承担。

2. 延续停工责任的认定及停工损失承担

在 2012 年 8 月 28 日兴业公司向兰州一建五公司发出《复工通知》后，至双方 2013 年 3 月 25 日一审庭审时同意解除施工合同，双方对于持续停工损失均有责任。鉴于兰州一建、兰州一建五公司应当预见到双方同意解除合同后不予及时撤场将持续扩大损失，同时考虑到拆除设备、撤出施工现场需要时间，法院酌情将应撤场时间确定为一个月，即至 2013 年 4 月 25 日，在此之前的损失由双方各承担 50%，在此之后的损失由兰州一建、兰州一建五公司自行承担。

(1)2012 年 8 月 29 日至 10 月 31 日的延续停工责任及停工损失承担：兴业公司于 2012 年 8 月 28 日向兰州一建五公司发出《复工通知》，之后双方于 2012 年 9 月对已完工程进行结算，兰州一建五公司称施工现场由兴业公司控制，其无法进场，更无法撤场，兴业公司则称施工现场被兰州一建五公司数百名工人所包围控制。对此，由于双方均无充分证据证明 2012 年 8 月 29 日未继续施工的责任应由谁承担，且双方处于协商期间，故双方对于延续损失应共同承担。因此，2012 年 8 月 29 日至 10 月 31 日共 64 日的设备租赁费、管理人员工资 298,844.8 元(设备租赁费日均 3043.78 元与管理人员工资日均 1625.67 元之和乘以 64 日)，延续停工损失调整 2304 元(停工损失调整 3708 元乘以 64/103)，双方各承担 50% 即 150,574.4 元；2012 年 8 月 29 日至 10 月 31 日停工人工费 77,893.18 元(2012 年 8 月 12 日至 10 月 31 日的工人费 179,753.5 元除以 30 日，计算出日均工人费，再乘以 13 日)，双方各承担 50% 即 38,946.59 元；以上，兴业公司应承担共计 189,520.99 元。

(2)2012 年 11 月 1 日至 2014 年 4 月 21 日的延续停工责任及停工损失承担：2013 年 3 月 25 日庭审时，双方均同意解除施工合同，酌情一个月拆除设备及撤场时间，即自 2012 年 11 月 1 日至 2013 年 4 月 25 日的延续停工损失 644,657.26 元(设备租赁费日均 3079.78 元，管理人员工资日均 541.89 元，两者之和乘以 178 日)，双方各承担 50% 即 322,328.63 元。2013 年 4 月 25 日至 2014 年 4 月 21 日的损失由兰州一建、兰州一建五公司自行承担。

本案中，法院依据双方当事人提交的证据，包括但不限于停复工通知、监理月报、签证索赔文件、鉴定报告等综合界定三次停工责任及停工损失，属于一起运用简单工期加减的方法进行分析的典型案例。

第二节　比例分割型

比例分割型是指法官或者仲裁员根据双方当事人的陈述以及证据，大致判断出工期延误的主要责任与次要责任归属，然后进行比例分摊。这种责任比例分割的判断并没有经过科学的计算，仅系根据双方的陈述和证据，进行主观认定并按照大致比例区分责任，案件裁判结果很大程度上有赖于法官的自由心证。

在中国三冶集团有限公司（以下简称三冶公司）与大连经济技术开发区自来水公司（以下简称自来水公司）、大连德泰控股有限公司（以下简称德泰公司）建设工程施工合同纠纷一案①中，最高人民法院认定案涉工程的工期应为2010年3月18日至2011年12月6日，共计628天，而直至2012年7月31日自来水公司向三冶公司出具《解除合同通知书》时，三冶公司仍未完成合同约定的工程，已经构成工期违约。就上述工期违约责任的划分问题，最高人民法院认为：第一，对于迟延支付工程进度款一节。原审法院业已查明，自来水公司和德泰公司未能在三冶公司2010年5月25日提交请款申请后的1个月内支付第一笔工程进度款，而是在2010年7月支付此款。但从自来水公司和德泰公司支付工程进度款的总体情况看，其也有超过约定比例支付工程进度款的情形，最终经过核算的进度款支付比例也已经超过约定标准，故除个别情形外，发包方基本上履行了如期支付形象进度款的合同义务。因此，三冶公司以工程款未及时支付为由主张免除其工程延期之责任依据不足。第二，对于工程设计变更和工程量增加一节。工程设计变更和工程量增加是建设工程领域的常见情况，依据双方合同15.1款的约定，三冶公司有权就发包方变更工程设计和增加工程量而要求顺延工期，但事实上三冶公司并未依据合同15.2款的规定行使要求顺延工期的权利，并且其在诉讼中提交的有关工程变更的证据中也不能反映与其不能如期完工之间的直接关联。因而，三冶公司将工程延期责任完全归责于自来水公司和德泰公司缺乏相应依据。第三，对于材料费、人工费涨价一节，此属于双方在订立合同之初即应当预见的合理市场风险，而双方并未将此风险作为三冶公司可以延期的情形加以约定，此问题可在双方结算工程款时一并处理，但不能成为三冶公司工程延期之合理理由。……从各方当事人在施工过程中形成的书面文件看，一是由发包单位、施工单位、监理单位、设计单位签字的多次会议纪要内容表明，三冶公司作为施工单位从未提出过发包方自来水公司和德泰公司未及时支付工程款、设计变更、材料人工费上涨而导致工期延误等，也未提出任何要求或异议。二是上述会议纪要的内容与三冶公司在本案的抗辩主张不符。……基于以上分析，可以认定案涉工程施工中作为发包方的自来水公司和德泰公司虽有未及时付款以及工程存在变更设计的情形，但导致案涉工程工期延误的主要责任应当在于三冶公司。因而，原判决作出的由三冶公司承担逾期竣工主要责任的认定具有事实和法律依据。对于三冶公司的此项再审申请，法院不予支持。综上，最高人民法院在该案中认定三冶公司就逾期竣工负有主要责任，故认为原判决酌定三冶公司在本案中按2/3的比例支付工期违约金，并无不当。

在淮安金旺房地产开发有限公司（以下简称金旺公司）与中纬建设工程有限公司（以下简称中纬公司）建设工程施工合同纠纷一案②中，针对工期延误责任划分问题，最高人

① 参见最高人民法院民事裁定书，(2016)最高法民申2753号。

② 参见最高人民法院民事裁定书，(2017)最高法民申3546号。

民法院认为：根据金旺公司支付本案工程款的凭证以及2012年1月17日的调解书、2012年3月9日的申诉报告、2012年6月14日的补充协议书、2012年9月18日的第二十六次例会纪要等证据，可以证明金旺公司未依照双方合同约定的付款时间支付工程款，原审判决认定金旺公司未依约支付工程款有事实依据。同时，原审中，中纬公司提供了本案工程施工中的工程技术联系单、工程联系单、设计变更通知单、图纸会审、设计变更、洽商记录等证据，证明金旺公司要求中纬公司在施工合同范围外增加了加高围墙、增加深井数量、电梯基坑回填土、场地平整、边坡塌方、渗水处理、清理清运等工程量，以及金旺公司对本案工程的楼梯结构、水电预埋、消防、给排水等项目进行了变更。因此，原审判决综合金旺公司未依约付款以及本案工程施工中工程量增加、设计变更等事实，认定上述原因是本案工期延误的主要原因，金旺公司应对此承担主要责任，并无不当。综上，最高人民法院认为本案中发包人金旺公司未按时支付工程款、多次指令增加工程量并进行多处设计变更是本案工期延误的主要原因，其对于工期延误所造成的损失应承担主要责任，原审判决认定金旺公司对工期延误损失承担约80%责任、中纬公司承担约20%责任并无不当。

以上案例裁判的共同点是法官根据双方当事人提交的证据材料，综合分析界定双方之间主次责任的划分问题，但具体到主次责任方分别应承担的责任比例，则缺乏统一的标准，也没有明确的测算依据，属于运用责任比例分割方法的典型案例。

第三节　各自承担型

各自承担型，或可以说是"各打五十大板"型，是指司法实践中，法官或者仲裁员认为双方当事人对工期延误均有责任，但根据双方提供的证据无法精确计算合理延期的时间，难以准确区分双方过错和责任大小时，一般会考虑运用对双方主张对方承担工期延误责任的请求均不予支持、工期延误损失各自承担的处理方式解决争议。

在中国二十二冶集团有限公司（以下简称二十二冶公司）与盘锦新广厦房地产开发有限公司（以下简称新广厦公司）建设工程施工合同纠纷一案①中，最高人民法院认为：新广厦公司关于二十二冶公司承担逾期交工违约金300万元的主张应否支持。第一，《补充协议》中不仅对逾期交工问题进行了约定，还对新广厦公司付款义务有明确约定。关于交工日期以及逾期交工应当承担的违约责任问题，根据《补充协议》约定，二十二冶公司应当于2008年11月30日前按照新广厦公司下发的交屋标准全部完工，否则承担最多不超过300万元的工期违约金。同时，关于工期顺延、新广厦公司付款义务等内容，《补充协议》约定，新广厦公司"每月5日及时支付工程款，如因工程款拨付不及时，二十二冶公司工期顺延"。第二……一方面，二十二冶公司直至2008年12月24日撤场时，尚遗留有未完工程，

① 参见最高人民法院民事判决书，(2013)民一终字第111号。

确实存在拖延工期问题;另一方面,新广厦公司亦并未完全按照《补充协议》约定如期、足额支付工程款,影响了工程进度。新广厦公司应当按照合同约定支付工程进度款,拒绝支付即构成违约行为,二十二冶公司主张其有权依《建设工程施工合同》及《补充协议》相关约定,对因延付进度款而拖期部分按顺延工期或合理停工处理,理由成立。因此,造成案涉工程未能在约定时间内完工,双方均有责任。综上,法院认为,结合双方实际履约行为及《建设工程施工合同》和《补充协议》中有关约定,在履约中,二十二冶公司存在开工准备不足、前期施工能力不够、工程管理存在缺陷、擅自撤场等履约瑕疵;新广厦公司存在混凝土供给不及时、支付工程进度款不足、未经竣工验收擅自使用等履约瑕疵;还存在承发包双方沟通、协调、配合等方面缺陷。以上综合原因,或先后、或交叉、或共同作用下导致工期延误,现主合同涉及工期的约定内容已几经施工现场洽商记录、补充协议等修订,二十二冶公司擅自撤场后业主已安排案外人续建,案涉工程完工后未依法办理竣工验收而又转卖他人。在此情形下,已无法确定工期延误时间,难以区分新广厦公司、二十二冶公司各自应当承担工期延误违约责任大小和因此遭受损失数额。新广厦公司不能证明自己无违约行为、工程逾期未交工与其无关的情形下,一审法院未支持其关于工期逾期违约金的请求,并无不当。

在歌山建设集团有限公司(以下简称歌山公司)与合肥创景物业发展有限责任公司(以下简称创景公司)建设工程合同纠纷一案①中,最高人民法院认为:创景公司是否应当向歌山公司支付工期延误损失费、进度款违约金、预付款利息。关于工期延误损失费。根据一审查明的事实,《总承包合同》约定单体工程执行合同工期,案涉工程工期约定在两份《建设施工合同》中。根据合同约定工期和工程实际竣工日期,案涉各单体工程工期均存在不同程度延误。其中,1#楼超过合同工期326天,2#楼超过合同工期576天,3#楼超过合同工期260天,5#楼超过合同工期154天,6#楼超过合同工期134天,7#楼、8#楼超过合同工期146天。工期延误由多种原因造成,双方对此均有责任。现有证据中,除2#楼停工111天有双方签字确认的复工报告可以确定责任归属外,其余工期延误的责任均无法明确划定。一审判决据此判令因工期延误造成的损失由双方自行承担并无不当,法院予以维持。

在中国核工业第二二建设有限公司(以下简称中核公司)与酒泉市成林房地产开发有限公司(以下简称成林公司)建设工程施工合同纠纷一案②中,最高人民法院认为:关于工期延误责任的认定问题。成林公司和中核公司均认可工程工期存在延误,关于工期延误的原因,成林公司存在提供的施工条件不符合合同要求、未按时支付进度款、工程设计变更未及时提供施工图纸、违约分包工程、协调不力等问题,而中核公司也有部分施工质量存在问题、复工不及时、中途停工拒绝复工等问题。因工期延误双方均有责任,一审据此

① 参见最高人民法院民事判决书,(2016)最高法民终485号。

② 参见最高人民法院民事判决书,(2017)最高法民终899号。

判决双方各负其责并无不当，中核公司和成林公司的上诉请求，法院均不予支持。

在沈阳溢利房地产开发有限公司（以下简称溢利公司）与中国建筑第六工程局有限公司（以下简称中建六局）建设工程施工合同纠纷一案[1]中，最高人民法院认为：关于中建六局是否应当承担案涉工程工期延误责任的问题。案涉工程工期的确存在延误问题，但案涉工程本身就是“边设计、边施工”工程，加之案涉工程存在大量设计变更的情形，而且从双方的约定看，付款方式为按形象进度付款，溢利公司又存在拖欠工程款的行为。此种情况下，一审法院认定案涉工期的延误原因是多方面的，不能归因于本案一方当事人，令双方自行承担工期延误的损失并无不当。

上述案例中，由于双方当事人在合同约定与履行，抑或证据收集与提交上均存在一定的瑕疵与过错，法院在难以准确界定与划分工期责任归属的情形下，一般会考虑采取由双方自行承担相应损失与风险的方法，对双方提出的工期相关违约责任与赔偿请求均不予支持。

① 参见最高人民法院民事判决书，(2013)民一终字第168号。

第二编

工期管理基础知识

建设工程工期争议解决的技术方法常常区别于一般建设工程项目的工期管理，但是这两者关于工期计算和分析的技术和理论基础是一致的。

英国工程法学会(The Society of Construction Law)2002年第一版《延误与干扰准则》中关于工期延误的处理程序写道："除了合同中规定的其他具体要求，承包商通常要在其认为发生业主风险事件后，尽快提交一份子网络图，并纳入更新的进度表中，以显示出业主风险事件的实际影响和预期影响。"①这说明，工期延误的实际和预期影响需要运用工期管理中有关工期计算的技术手段来完成。

2017年，英国工程法学会发布了第二版《延误与干扰准则》，其中明确指出："通常根据定义，延误分析需要确定影响完工日期的关键线路，这是因为影响完工日期的延误必须位于关键线路上。一般情况下，关键的路径是通过对剩余工程的顺序或间隙进行计算得出的。然而，在一些项目中，决定完工日期的关键线路可以通过相关工作活动的一种集合进行(例如，横跨多个区域的管道安装工程的进度情况)。"②由此可以看出，依赖于关键线路的工期计算是法务工期分析中不可或缺的技术手段。

除此之外，美国国际工程造价促进会(Association for the Advancement of Cost Engineering International)在2011年出版的《法务工期分析》中进一步明确："法务工期分析是指利用关键线路法或其他公认的工期计算方法对事件进行研究和调查。它是研究实际事件在复杂进度表的网络中如何相互作用的。目的是理解特定偏差或与某些基线进度表的一系列偏差的重要性，以及它们在复杂网络中的任务顺序方面的作用。"③结合西方的理论体系，可将法务工期定义为："法务工期是指工期延误争议解决时，使用业界认可的进度计算方法来研究和调查工期延误的责任，并使用业界认可的量化方法来量化工期延误损失。"④

鉴于进度管理的基础理论和技术与法务工期有较强关联并对后者有较大影响，在详细了解法务工期的有关内容之前，有必要对工期进度的一般性知识进行概览式回顾。这有助于理解和掌握法务工期技术内容。

---

① 英国工程法学会:《工期延误与干扰索赔分析准则》，张水波、吕文学译，北京交通大学出版社2012年版。注:本书为保留部分文献资料之原意，仍沿用了其中"业主"与"承包商"的表述，若无特殊说明，与本书"发包人"与"承包人"指代的主体一致。

② Society of Construciton Law, *Soceity of Construction Law Delay and Disruption Protocol*, 2nd edition, 2017, Clause11.4(b).

③ AACE International, *AACE International Recommended Practice No. 29R-03-FORENSIC SCHEDULE ANALYSIS*, 2011, p.9.

④ 邱闯:《从急诊医生vs法医秦明来说说什么是法务工期》，载微信公众号"法务工期评论"2018年10月12日，https://mp.weixin.qq.com/s/kurHNKt3DK__aTjQ49-8zg。

第一章

工期管理核心概念

第一节　工期管理概述

根据美国项目管理协会(Project Management Institute)在《项目管理知识体系指南》中的定义,项目是为创造独特的产品、服务或成果而进行的临时性工作。项目管理就是将知识、技能、工具与技术应用于进度活动,以满足项目的要求。① 其中,“临时性”的特点就是专门指明项目有明确的起点和终点,而工期管理就是运用各种能力实现在约定的时间范围内完成目标的活动。工期管理亦称进度管理。

在一个正常项目中,明确的起点和终点可以理解为工期范畴上的开工时间和竣工时间,而进度表反映的就是满足项目要求所采用的技能、工具与技术在时间上的顺序关系。如果缺乏有效的工期管理,就无法实现有效的资源管理、成本管理和责任分配。

为了实现有效的工期管理,必须能够做到以下四方面:(1)针对可能严重干扰或延误工作进度的各种风险进行详细评估;(2)对于可能受严重干扰或延误的工作序列,制订分割成平行路径而非连续路径的计划;(3)制作能对项目进展情况进行测算的工期模型;(4)在设计、采购和施工阶段,制定可用于处理突发事件的实用策略。

第二节　工期管理核心概念

在工期管理和法务工期中会使用很多相同的术语,为方便读者理解本书内容,并在阅读中统一理解在不同环境下可能存在歧义的常见词汇,关于工期管理相关的核心概念主

① See Project Management Institute, *A Guide to the Project Management Body of Knowledge* (*PMBOK® GUIDE*), Sixth Edition, Project Management Institute, Inc., 2017, p. 4.

要包括的释义内容如下①：

变更(variation)：由业主按照合同约定进行的改动；

变化管理(change management)：当项目实际情况与合同约定的质量、工程量、方法、造价或工期等出现偏差时，控制可能产生的影响所采取的方法和手段；

不可抗力(force majeure)：合同当事人不能预见、不能避免且不能克服的客观情况。该干扰性事件一旦发生，除非另有约定，则合同被认定为无法在该事件持续发生时继续执行；

重复循环(repetitive cycle)：执行超过两次的动作、工作或任务；

窗口(window)：进行时间分析时选取的特定时间段；

动态计划(dynamic schedule)：能实时反映项目进展中的变动及预期所造成的影响的项目计划；

短期前瞻性报告(short - term, look - ahead report)：自报告日期开始，描述未来高密度计划部分的报告；

返工(rework)：对有瑕疵的施工进行维修；

浮时/时差(float)：在进度网络中根据进度活动的持续时间和逻辑顺序计算得到的结果，该结果是允许特定进度活动出现延误情况的极限值；

负浮时/负时差(negative float)：指进度活动的逻辑进度日期晚于约束条件限制的日期的现象；

负时间间隔(negative lag)：若该时间间隔在"结束—开始"逻辑中，则表示紧后工作需在紧前工作完成之前一定时间开始；

干扰(disruption)：影响工作效率，并使同等工作量的成本开销增加，由业主或承包商承担的风险性事件；

干预事件(intervening event)：影响进度活动工作效率及进展的事件；

低密度进度表(schedule at low density)：适用于进度日期(或计划编制日)以后9个月或更远的进度安排；

中密度进度表(schedule at medium density)：适用于进度日期(或计划编制日)以后3个月至9个月的进度安排；

高密度进度表(schedule at high density)：一种适用于未来3个月以内立即需要实施的工作内容的进度安排；

关键日期(key date)：通常指项目工作的阶段性完工日期；

工序时间(duration)：活动自开始至结束的时长；

工程逻辑(engineering logic)：也被称为"硬逻辑"，是工程项目实施过程中无可争辩的

---

① See CIOB, *Guide to Good Practice in the Management of Time in Complex Projects*, Wiley - Blackwell, 2011, Glossary of term.

必要条件；

工程量清单(bills of quantities)：项目施工所需的文件，通常根据既定的施工原则计算出项目工程量，并据此得出计算工程造价时所应遵循的材料与人工的数量标准；

工作分解结构(work - breakdown structure)：是一种根据层级结构将整个项目范围的工作分解成易于管理的工作包的方法；

工作区域(zone of operation)：为加强管理和监控而划分的工作空间；

进度活动(activity)：被特定标识出的一部分项目工作；

紧后活动(successor)：在另一活动开始或结束前，因逻辑关系约束令其不能开始或结束的活动；

环境条件(environmental conditions)：通常指气候条件，但也可根据项目需要，包含其他一些条件，尤其常见于工程量较大的项目，如矿业、水坝、核电站等项目中；

集合(hammock)：一组活动中最先开始与最晚结束的活动标志，通常用于统计和小结；

规划策略(planning strategy)：促进有效管理进度偏差、工作内容、活动工序、资源和其他介入事件等，是大型项目有效进度管理的先决条件；

减轻(mitigation)：采取特定措施减少可预见的损失、花销或延期；

交货间隔期(delivery lead time)：自下订单至收货的间隔时间；

踱步(pacing)：减少某一工作的资源配给，延缓其进展，使其与其他延误的工作匹配；

区段竣工日期(sectional completion date)：合同约定某特定部分的工作必须完成的日期；

进度表(schedule)：项目工作的时间模型。对应的英文单词常被用来描述可以被计算机计算的活动数据以及逻辑，可以理解为被计算机程序调度和占用的过程，相当于一个计算机可编辑文档的过程清单；

进度表(programme)：常与 schedule 混用，某些项目合同中要求的项目时间控制文档，通常要求以纸质打印形式给出。该英文单词过去常用来描述印有需要执行工作清单的纸质文件，而不是在复杂项目中用于关联进度管理；

进度密度(schedule density)：进度表详细程度的高低就是一份进度表的密度大小；

进度表完整性(schedule integrity)：动态计划必须具备的特征，以便计算变化造成的影响；

进度表审核(schedule review)：对进度表编制、修订或更新的审核是保证工作质量的有效措施；

进度记录(progress records)：项目实际进展的记录文档；

进度更新(progress update)：当进度计划已经无法反映工程实际进展状态或出现与承包商义务不一致的情况时，用于反映工程实际进展的进度表；

进度恢复(recovery)：由承包商承担开销的弥补进度延期的措施；

竣工日期(completion date):项目工作的截止日期,项目进度计划编排的主题;

可中断活动(interruptible activity):为保证项目网络的逻辑性,某些活动的时长可能会超出理想的连续工作所需时长;或根据项目资源的间歇可用性,活动的时长可能会被延长或压缩;

里程碑(milestone):清晰表明项目工作在规定日期达到的特定程度;

带逻辑关系的横道图(linked bar chart):进度活动由一系列长度与持续时间为等比例的横道表示,且进度活动之间的逻辑关系由箭线表示;

临时性施工(temporary works):为完成永久性施工必须首先完成的工作,但工作结束后不予保留;

逻辑(logic):两个进度活动之间的约束条件;

密度设计(density design):针对不同的使用目的,进度安排的不同密度要求必须在进度设计阶段就考虑,应该在进度计划说明中确定;

目标计划(target schedule):项目计划的一种,可用于评估出现的进度偏差情况;

设计与建造(design and build):项目采购的一种方式,承包商同时负责设计和施工工作;

剩余时间(remaining time):某一活动完成前预计消耗的时间;

数据日期(data date):项目计划定期升级或进度更新的时间点,也被称为当前时间;

数据表(data schedule):按一定方式排序后的进度活动列表,包含各活动的依赖关系、工期、资源及产出率;

实际完工(as - built):已完成的项目工作;

实际完工进度表(as - built schedule):随着时间演化而成的最后的进度表,是对进度活动的高密度记录,包括项目的实际施工进展、资源的实际使用,以及生产力的实际完成等;

网络(network):项目计划的一种表现方式,进度活动由各自的紧前与紧后活动相互形成连接;

文档管理系统(document - management system):能够人工或自动录入文档相关信息的数据库,通常带有图形化接口,方便用户阅览和管理文档内容;

物流(logistics):从采购开始至项目工作完成期间对项目资源流动的管理;

现金流(cash flow):在一定期间内,按照一定规则(通常可指会计规则),计算出的现金流入与现金支出数目;

项目控制(project control):根据当前状态和信息调整未来工作策略或时间安排以完成所要求目标的工作;

项目规划(project planning):由设计、施工、成本、进度等各专业团队共同制定的项目实施策略;

信息流(information flow):从一方至另一方的信息传递;

学习曲线(learning curves):通过反复练习提高项目人工劳动力的熟练度,以练习次数为横坐标,达到的生产率为纵坐标画出的曲线;

依赖关系(dependency):项目计划中两个或多个活动之间的关系,决定活动开展的时间与先后顺序;

影响作用(impacting):计算某一干扰事件对整个动态计划造成的影响的过程;

预期完成(expected finish):时间轴上位于数据日期右侧的一个表示未来的结束的日期;

逾期时间(expired time):实际消耗时间与计划时间对比所超出的部分;

子网(fragment):一部分进度活动组成的小型网络;

自由浮时/自由时差(free float):指一个进度活动可以自由移动并且不影响任何其他进度活动的时间区间;

资源(resource):任何完成工作所必需的事物,但通常指原材料、人工、设备、场地、成本开销等;

资源平衡(resource levelling):用于消除人员和机械资源需求的波峰和波谷,避免可预测的生产力损失;

资源平滑(resource smoothing):与"资源平衡"(resource levelling)通用;

资源逻辑(resource logic):因特定资源在不同进度活动之间的连续占用而产生的逻辑关系;

资源规划(resource planning):为满足项目目标所需要的资源类型、数量和性能等进行评估、计算和安排;

资源调度(rcsource scheduling):由实际参与工作的人员完成的为满足进度要求的资源调配;

总浮时/总时差(total float):指一个进度活动可以自由移动并且不影响项目竣工日期的时间区间。

需要说明的是,不同的工程项目由于受其工程所在地的法律、法规或习惯做法等影响,以上术语可能会出现不同的定义或表述。因此,实际工程项目的参与者需要根据不同项目的特殊规定灵活掌握有关术语或概念的内涵。

第二章

计划与进度表

第一节　项目计划与进度安排概述

项目计划是一种团队协作的成果,制订项目总控计划的过程涉及项目管理团队、成本控制团队、设计团队和项目发起人等多个组织或机构。项目计划的基础工作需要一种类似设计的概念方式。高质量的项目计划是经验、交流和创新的产物,其最高标准是为项目实施提供组织策略的方案。

项目计划涉及的决策主要需考虑以下方面[①]:(1)为调控而分解项目过程的总方案;(2)设计、采购和施工的方案;(3)项目各参与方的相互联系;(4)工作区域和各区域间的联系;(5)如何优化项目成本和工期方案;(6)风险控制和机会管理。

进度安排是艺术和科学的结合,涉及如何解读项目计划的影响,并查明其他事件和活动的起止时间。进度安排一般通过计算机软件来展现,这类软件能够快速高效地处理项目计划的数据,以便进行时间管理和风险控制。实际上,项目的进度表能指导项目管理者分配时间,协助业主控制风险,并可以作为合同管理者的计算工具。

项目的进度安排是一门将项目计划阶段所作出的决策整理成可计算数据形式的艺术和科学,主要有以下作用:(1)使得进度管理人员能够按照逻辑的顺序,将合同日历时间分配到项目的不同阶段;(2)分配应急时间;(3)针对最优的工作逻辑顺序进行决策;(4)计算与可利用资源有关的浮动时间;(5)作为一种过程管理工具,以承包商、业主和合同执行人能接受的形式展现项目计划。

在将项目计划转化成进度安排(基于一个能对项目变更做出动态调整的框架,以促进项目全生命周期的进度管理)的过程中,进度管理者需要决定以下事项:(1)各个进度活动的持续时间;(2)谁来执行该进度活动;(3)进度活动需要的资源;(4)为各个进度活动建立逻辑顺序的方法。

---

① See CIOB, *Guide to Good Practice in the Management of Time in Complex Projects*, Wiley - Blackwell, 2011, p. 6.

在试图为某项工作设计进度安排的同时还在计划这项工作如何实施,这是不明智的做法。虽然在开始设计建筑的同时准备施工图纸和其他产品信息是可能的,同样,在实施项目计划的同时做进度安排也是可能的。但是无论哪种情况,这种同时操作的方式既不可能做出令人满意的设计和一致的产品信息,也不可能做出令人满意的项目计划方案和有效的进度安排。因此,项目团队应当先制订项目计划,再根据已经确定的项目计划和进度计划说明组织进度安排。

实质上,制订项目计划之前的工作步骤还包括熟悉项目、纲要计划、战略计划、详细计划和进度计划说明。只有当项目计划已经完成了,进度安排的过程才开始。

项目的进度安排对于进度管理而言,重要性不言而喻。如果没有一个能应对工程变动的动态时间模型,除非凭直觉,人们将无法预测工序的执行时间,也无法评估工序的临界状态和对后续工序的影响。

项目计划是对一个项目如何按照工期目标开展工作的整体策划和实施纲领,而进度安排则是在项目信息逐步丰富和完善的过程中将项目计划里的控制节点落实到执行层级的可计算数据以及逻辑顺序。因此,高质量进度安排的详细程度足以满足当延误和干扰事件发生时进行工期延误影响量化分析的需求,达到作为法务工期分析基准进度计划的基础和标准。

第二节 从项目计划与进度安排角度看进度管理操作要点

当我们讨论进度管理的相关概念时还应当注意,项目计划和进度安排是完全不同的。项目计划主要是一门基于经验的艺术,是一个需要各参与方共同努力的团队过程。而进度安排是一门使用数学计算和逻辑推理去预测项目在何时何地能被顺利完成的科学。从项目计划与进度安排的角度,可梳理出如下进度管理操作要点:

1. 项目计划必须在进度安排之前。它们不能同时进行,项目计划更不能在进度安排之后。

2. 为确保完整性和技术可行性,进度表的准备过程(包括任何修改和更新)需要按照一定的质量控制标准进行独立审核。

3. 进度管理从方案设计时即告开始。如果设计阶段没有考虑时效性,任何采购策略都无法挽回可能已经造成的不利后果。

4. 复杂项目的进度管理必须包含对以下各要素的管理:设计、制造、采购、分包和独立承包商合同、信息流、质量控制、安全管理,以及各关键日期、分段竣工日期和多项目管理。

5. 在初始阶段,就要进行工期风险的评估,并且在工程的全寿命周期持续更新。

6. 针对业主、设计方和承包商风险所需的应急储备工期,必须包含在有效工期控制的方案里。

7. 一个完整的进度管理根据项目类型和工程范围的不同常常需要分别包含总控进度表、设计进度表、采购进度表和施工进度表等。

8. 在总控进度表的准备过程中,其内容或细致程度不可能始终不变。随着项目信息量的增加,总控进度表的准备必定逐步加强;并且,由于信息的完善和更加准确,它需要被定期检查和修改。

9. 施工进度表的准备必须依据总控进度表,随着信息量的增加而加强。由于信息的完善和更加准确,它也需要被定期检查和修改。

10. 咨询顾问、专业承包商和分包商的进度,应当使用同一个软件准备。同时,该进度内容要与总控进度表和总承包商的施工进度表整合协调。

11. 进度的监控技术,基本以对比静态基准数据为基础。这种方法在复杂项目中的使用效果比较有限(项目中的工作内容、资源和工作序列必定随时间而变化)。

12. 对于近期需要开展的工作,必须根据可提供的资源和各工种的生产力系数进行计划安排。

13. 当进度管理的过程数据能够按照完整充分的进度表进行记录和输入时,那么实际完工记录就能成为标杆为将来的项目提供数据标准和生产力反馈,从而提高项目的可预测性和短期进度表的可靠性。

14. 过程数据的记录格式和内容也一样适用于质量控制和信息管理,使项目数据能够保持统一和对照。

15. 有效的进度管理需要包括对于延误事件后果的管理。对于延误和干扰事件的计算以及它们对于项目工期的影响应当遵循有关行业规范或标准准则。

16. 进度管理策略应当在定期更新的方法声明中以书面的形式予以确定。通常,一个完整的进度管理策略应当包含如下内容:(1)项目计划;(2)风险管理;(3)进度表准备;(4)进度表检查和修改;(5)过程更新;(6)记录保存;(7)质量控制;(8)沟通协调。

第三章

进度管理的启动过程

第一节 制定策略

大型复杂项目在设计之前必定经历了很长的构思阶段，在施工之前也必定经历了很长的设计阶段，并且在施工完成以后还有很长的使用阶段。由此可见，如果项目越庞大、复杂，则工期跨度（从开工到竣工）就会越大。这就越需要提前考虑好未来有可能发生的工程变更和其他突发事件。

以进度管理为基础的计划策略应当是大型复杂项目中进行有效时间管理的先决条件，因为它能促进对变化的主旨、工作内容、工序、资源和其他干扰事件进行有效管理。

最有效的进度管理策略应当启动于项目的设计阶段。在某种程度上，所有的项目都有可能找到一种能够实现质量目标的成本效益的方法，所以同样的，所有的项目也应可以在不降低产出成本或质量的情况下找到一种时间效益方法。如果在项目设计阶段没有包含对项目全过程进度管理的考虑，那么在施工阶段对工程变更和其他干扰/延误事件实施有效管理的机会就有可能受到限制。

为了实现最优的进度管理策略，业主、设计单位、咨询单位、承包商和分包商都应有机会为他们所关注的项目部分实现有效计划做出贡献。

项目的实际执行过程中，可以预见一个潜在风险的发生将会严重延误项目工期，则关注时间效益的计划策略就会考虑这种风险发生的可能性并将它记录在册。作为整个进度管理不断深化演进的一部分，进度管理策略需要在进度管理的计划过程开始之前进行制定。并且，进度管理策略也要根据以前没有考虑到的事件的发生情况，不时加以审查和修订。

第二节 进度表的准备

制作进度表的首要目的是要清楚展示未来的什么时候需要实施哪些工作。为准备一份行之有效的进度表,基本要求应是提供一种预测,即预测实施具体工作所需遵循的顺序及其应当发生的时间。换句话说,它必须作为一个具有预测性的、实用的进度模型能够表明项目工作是如何在未来实施的。

一份务实且有效的进度安排时间表的编制必须以一个全面、完整的进度管理策略为基础,并且在进度计划说明完成后再开始执行时间表中的工作安排。

在进度管理计划过程开始之前,应首先定义好进度管理的目标、进度计划的结构和布局。在项目设计/施工的全生命周期发展过程中,进度的内容时常会发生变化。因此,进度表的设计应能够适应内容、方法和数据来源等方面的变化,且不损害进度表和其他与时间有关的信息之间的相互关系。

由于项目实施过程中的各种影响因素,进度的内容和时间安排不可能在经过一段时间以后仍然能够保持不变,所以进度表的设计必须能够适应变化,而且进度计划必须还能预测这种变化造成的后果。在用于制订进度计划的数据和进度计划说明之间必须要有一个有效的审核跟踪机制,用以识别和判断进度表将如何编制。

第三节　进 度 审 核

随着整个项目的发展,项目管理决策中可行的选项会变化,就像驱动决策过程中对标准重要性的看法也会出现变化。例如,尽管在招标阶段可能已经想办法整合了成本或分配的时间安排,但对于大型复杂项目来说,在招标阶段不太可能得到所有实际执行工作的全部细节,甚至很多细节需要在施工阶段才能被设计或确定下来。

因此,从对有效进度管理的贡献来看,在任何时候无论做出什么选择或决定,其作用不如其所依赖的信息大。由此断定,如果在做决定的时候,所依赖的信息不完全且不清楚,尽管选项是明确的,根据以后更完善的信息,我们还是会发现曾经记录的决定有问题。

进度审核的策略必须考虑进度表的发展变化,因为随着项目的执行会出现更高质量的信息;并且从立项开始,经过现场施工,到最终交付,进度表中信息的丰富程度(密度)会逐渐增加。

无论进度表的修改是否依照合同要求,进度计划工程师都必须确保进度修正不会构成或导致以下情形:(1)非法操作;(2)违反合同;(3)在实施过程中危害健康或安全;(4)危害永久性工程的安全或稳定性;(5)不利于有效时间控制的方法或工作序列;(6)虚假陈述或不道德行为。

任何对进度表的修正都应该起到促进安全、履约、遵纪守法以及有效的时间控制的正面效果。在修改进度表的过程中,不论出于任何理由,只要修改建议一经确定,该修订版进度表就应立即提交。

提交的用于审批的修订版本应被立即讨论,并作出批准(如果批准,被修正的进度表将成为项目未来工作的进度安排依据)或否决的决定。否决的理由仅限以上列出的内容,并且针对否决理由还需提供详细的原因说明。

第四节 进度更新

进度更新的目的是要表明当前时间节点的进度状态以及待执行的工作顺序。这是因为未来工作的顺序和工期计算必然取决于当前进度已完成的程度和有效可用的资源情况。所以对于有效的时间管理而言,有必要定期更新进度信息。进度更新的合理时间间隔应该与进度报告的周期一致,且不超过报告周期。

每一次进度更新都应当特别记录当时的数据日期,或者进度数据所反映的"今天"的日期。不论使用什么进度工具或表格,所有已经开始的工作需要将开始日期显示在数据日期的左侧,而所有在未来将被完成或执行的工作的未来日期则必须显示在数据日期的右侧。为了避免认识混乱,不能使用其他方式显示进度的时间和顺序效果。

一旦发现原进度表或工作顺序中没有的任何进度活动的开始或结束,都必须对进度表的逻辑和计划方法声明进行修改,以此反映实际的进度逻辑并记录修改的原因。

第五节 变化管理

凡是不在计划中并对进度存在正面或负面影响的事件都应被视为变更。变更的风险管理要求尽早识别从开始到竣工之间可能会影响进度的各种风险,并用一种明智的策略来应对风险发生的可能。因此,一个与既定计划策略有关的、有效的延误风险管理策略,应当考虑以下问题:(1)什么会导致延误风险?(2)延误风险发生的可能性是多少?(3)什么时候可能发生?(4)是否会对关键日期或竣工日期造成连锁影响?(5)能否重新构思制订计划策略,以避免风险发生的可能性?(6)如果风险已经发生,能否重新构思制订计划策略,以避免对竣工日期产生进一步冲击?(7)是否需要应急处理时间,或者应急调整?(8)如果不需要,直接承受风险的可能性如何?将那些被合理预见为有可能影响进度的项目风险进行登记记录有助于实现风险识别的目的,而针对这些风险确定应对措施则有助于降低风险发生的概率。

建立起风险登记记录的管理框架和事件列表以后,必须有规律地针对出现的风险进行审查。必要时,根据优先次序和可预见的风险评估对风险登记记录进行修改。风险的覆盖范围应根据项目需要从设计、招投标、施工开始,一直到项目检测、试车和占有使用的服务和雇主采购结束。

虽然任何一个工期计划策略都不可能完全消除风险对于未来项目工作成果的影响,

但是,如果我们不对未来工作的执行制定计划策略,那么就更不可能合理地评估那些可能影响未来工作执行的风险。因此,一份高质量的延误风险管理策略是以高质量的满足时间效益的计划策略为基础的。

对于那些不可能被完全避免的风险,变更管理中的风险策略应该以促进损失时间按照经济、有效的方式恢复为核心。通常要达到这个目的,需要在关键的区域或部位针对可预见的延误风险设置战略性的进度缓冲来进行应对。

通常在每个项目的初始阶段,会有许多可供选择的进度顺序可以执行。但是随着项目进度不断推进,可供选择的余地逐渐减少,并且往往在项目实施的后期已经没有机会再供项目管理人员重新排列进度顺序。

如图2-3-1所示,是一个典型的延误风险图,它描述了有关离散风险事件在项目开始或结束阶段对工期延误的风险,以及处理其影响的机会和成本状态[①]:

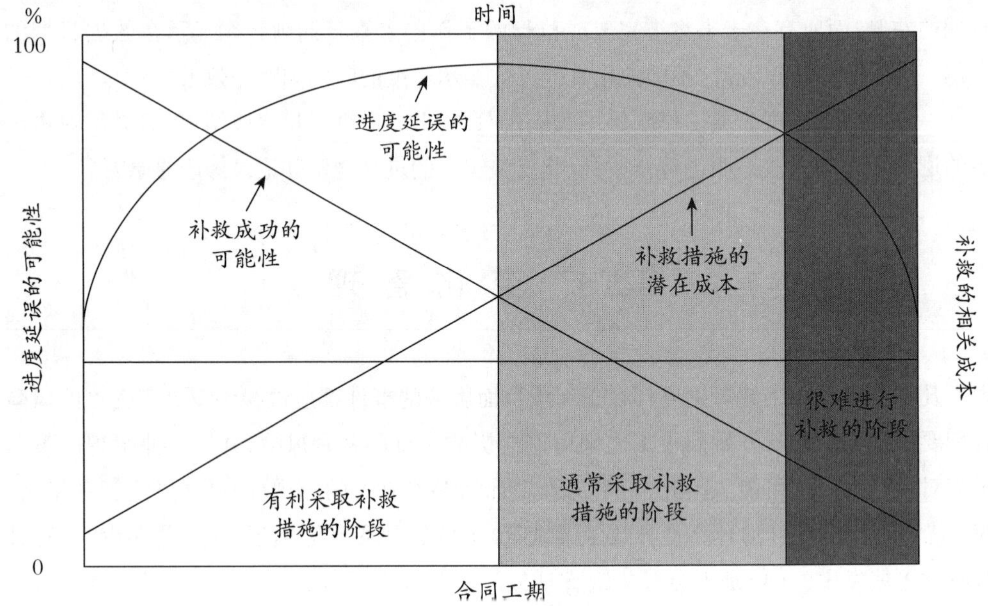

图2-3-1　进度延误风险

很明显,无论管理多么完善都不可能完全消除所有风险发生的可能性。但是这并不能成为无法或不用制定变更管理风险策略的理由,而是在变更管理风险策略中充分考虑那些有可能发展成进度干预事件的风险的概率和成熟度。通常,这也取决于项目的特点以及具体的合同约定。

综观整个项目的实施过程,当一个或多个可预见的风险逐步发展成为干预事件时,进

① See CIOB, *Guide to Good Practice in the Management of Time in Complex Projects*, Wiley - Blackwell, 2011, p. 13.

度或工期的延误一般就会发生。而对于大型复杂项目,如果认为干预事件不会发生,或者即使发生了却能轻易地处理其对进度的影响(后果),那这个项目必定会发生大错。

如果某个干预事件占用了合同中原定的约定工期或资源,则风险登记记录中必须识别该干预事件和其影响的后续工作。与该干预事件有关的工作内容、时间和工作顺序,需要被尽可能早地进行评估预测并添加到进度表中,并且在获得实际信息和数据之后,将进度表进行更新。

第六节　进度计划说明

进度计划说明是对项目各部分的进度管理策略、计划逻辑和进度约束假设的书面描述。其用来帮助理解进度计划中的信息,并确保各参与方对于设计进度计划的方式及其原因有一个清晰一致的理解。当项目管理人员开始实施对项目执行的风险评估时,应在进度计划说明中确立用于工程各个阶段的进度组织方法背后的原因,并列出进度安排中包含的各个工作和已建立的时间逻辑基础。

为了让进度计划说明能够得到有效执行和管理,有效沟通和交流是不可忽略的前提条件。在项目的初始阶段,项目的进度管理人员会在其他人的帮助与合作下起草一份恰当的进度计划说明。基于不同的项目性质,这些一同参与编制进度计划说明的人员一般包括但不限于:业主、设计团队、风险控制经理、项目经理、施工经理、进度计划工程师、HSE经理等。

随着进度计划说明中需要描述的信息不断丰富和增加,其他项目参与方也将陆续加入进来,例如:其他直接雇佣的承包商、公用事业单位和第三方项目单位、专业设计分包商、贸易物流承包商、本地分包商、专业供应商等。

进度计划说明的目的在于促进各参与方之间的理解与合作。它明确了达成共识的限制条件,以及在风险管理、计划组织、进度安排、进度审核与更新、限制约束和选择的基础原因中的假设条件。

由于在大型复杂项目的全生命周期中,编制和修改进度计划说明的工作人员有可能发生调整,所以进度计划说明的形式和内容都应该设计成不受项目具体实施人约束的状态,进而可以让项目的所有参与者来使用。这点十分重要。

进度计划说明的内容会随着项目发展而变化,因此,其必须被设计成能够适应这种变化,而不会影响进度计划说明和其他有关项目信息之间的透明度以及完整性等。当进度表需要修改、更新和审核时,配套的进度计划说明也应当接受修改、更新和审核,使其中的具体细节和进度表保持一致。

另外,任何对进度计划说明中内在假设做出的修改,也需要被清晰、准确、仔细地记录下来。

第七节　记　　录

记录的目的在于为实施的工作提供审查索引。

有效和有用的记录十分重要,因为它们是进度更新所依赖的现实证据、按照生产力系数进行进度安排的证明、项目未来生产力假设的现实基础,以及表明原因和结果的基础。

有效的记录能被轻易地理解、获取、分类、筛选和报告。因此,它们应该以数据库存档的形式被电子记录。

在进度表数据和基于现实资源实际完成工作的记录之间,必须存在一个有效的审核索引以便计划进度与实际进度之间存在关联,并基于此实施必要的管理工作。

除了在极度特殊的情况下,记录应该被定期制作和维护。根据项目特点、工作种类、记录种类,制作和维护周期可以是每月、每周、每天,甚至每小时。

此外,还需要确定一种记录管理方法,用以排除矛盾、错误的数据,接受正确、一致的数据。

第八节　进度管理的质量控制

质量控制的目的在于确保正确的方法得到正确的执行,以及充分记录任何与该方法不一致的偏离。这些记录内容可以包括:(1)偏离的原因;(2)合同各方对偏离的接受情况;(3)对偏离可能导致后果的认识。

从合同的角度,需要一种不依赖于任何合同第三方审核的有效质量控制过程。这种质量控制过程应专门用于审核进度表、进度计划说明、进度表修订、进度表更新以及记录保存的各个管理过程。

第四章

进度管理的计划过程

第一节　进度表的内容

尽管每个项目都有自己特有的特征和属性,但是进度管理人员在制作进度表时仍然应当考虑很多进度管理中普遍需要关注的一般事项。这些事项包括但不限于以下内容:

- 竣工时间
- 区段或其他关键完工日期
- 里程碑事件
- 采购策划
- 采购进度
- 材料交付和现场仓储
- 临时工程
- 临时交通组织
- 工作日和假期
- 设计责任
- 设计的复杂性
- 相邻业主
- 风险分摊方式
- 分包商和供应商
- 独立承包商
- 业主的承包商
- 业主的货物和材料
- 指定的分包商
- 公用事业和法定义务
- 第三方事务
- 进入、外出和占有
- 信息发布日期
- 交付和批准
- 工程量清单
- 当地法规
- 环境条件
- 健康与安全
- 噪声限制
- 劳动力和设备资源
- 物流
- 施工理念
- 施工方法
- 施工顺序
- 进度更新
- 更新要求
- 通知要求
- 报告要求
- 最终用户的要求
- 检测与调试
- 家具与附属装置

- 执照和许可证
- 暂定金额和主要成本
- 相关规范
- 分期占有
- 部分占有
- 占有和移交

例如,FIDIC《生产设备和设计-施工合同条件》(2017 版黄皮书)通用合同条件第 8.3 款就对进度计划中应当包含的内容作出了如下约定[①]:

(1)工程和各个区段(如果需要)的开工日期以及竣工时间。

(2)承包商根据合同数据载明的时间获得工程场地(或任何部分场地)的日期,或者在合同数据未有明确的情况下承包商要求业主提供场地(或任何部分场地)的日期。

(3)承包商实施工程的步骤与顺序以及各阶段工作持续的时间。这些工作包括设计(如果需要),合同文件的准备与提交,采购,制造,检测,交付,施工,安装,指定分包的工作、测试、试车和试运行。

(4)业主要求或合同条件中载明的提交成果的审查(review)期限。

(5)合同中载明或要求的检测和测试顺序与时间。

(6)对于修订版进度计划,应该包括修复工程(如果需要)的顺序和时间。

(7)符合业主要求中详细等级规定的所有活动,并且需用逻辑关系进行关联,并展示出各个活动的最早和最晚开始日期以及结束日期,时差(如果需要)以及关键线路。

(8)当地法定休息日和节假日(如果需要)。

(9)所有设备和材料的关键交付日期。

(10)对于修订版进度计划和每个进度活动,应包括实际进度情况,延误程度和这种延误对其他进度活动的影响(如果有)。

(11)配合进度计划的支撑报告应当包含:

①涉及所有主要阶段的工程实施情况描述;

②对承包商采用的工程实施方法的概述;

③详细展示承包商为了实施工程在各个阶段计划和要求投入的人员及设备情况估算;

④如果是修订版进度计划,则标识出与此前承包商提交的进度计划之间的变化;

⑤为了克服进度延误,承包商的建议意见。

第二节　进度表的类型

理论上,任何项目都可以不受数量上的限制制作各种类型的进度表,并且根据以往的

---

① 参见陈勇强、吕文学、张水波等编著:《FIDIC 2017 版系列合同条件解析》,中国建筑工业出版社 2019 年版,第 68 页。

经验，存在一种易于理解的趋势，那就是为每一个不同目的的项目都制作一套全新的特定的进度表。但是，从实践效果角度讲应该尽量避免这种方式。

通常，一个项目应该有不超过五种进度表类型。当进度管理人员需要为特定目的制作一份进度表时，应当审慎选择与当时工作相关的进度类型，并由组织来决定其是否满足需要。进度类型表包括启动阶段进度表、投标阶段进度表、实施阶段进度表、竣工阶段进度表和完工进度表。

一、启动阶段进度表

该进度表由业主和咨询顾问在承包商参与前制作。它的内容重点是为了形成合同并找到合适承包商开展实质工作而由业主承担并负责的工作，可能包括设计工作和为了落实合同所需获取的各类许可与审批。在这份进度表中可以适当考虑承包商的工作并按照恰当的详细程度进行展示。关于密度设计，该进度表应该与其他进度表一样遵循相同的规则（例如，在项目刚开始时，尚未开始的施工阶段现场工作应该采用低密度表现形式，如由单一条形来表示。但是，随着项目的持续发展，许多计划中的施工工作应当逐渐以中密度的形式来标识）。

二、投标阶段进度表

这应该是承包商制作的第一份进度表。如果是总承包项目，其应该包含设计团队需要的全部信息（或继承自启动阶段进度表），同时以中、低密度混合的形式完整表述承包商计划完成的工作和时间目标。

三、实施阶段进度表

这是投标阶段进度表的改进版本，用来规划和组织从开工到竣工的全部项目工作。除了中后期尚未开始的工作以外，其必须以高密度的形式显示项目前三个月的工作安排和进度计划。

四、竣工阶段进度表

这是业主关于如何从承包商的控制下逐步占有和使用建筑物的进度表。其包含了装备、调试、检测、进入、占有和培训的具体细节。该进度表通常由业主或咨询顾问根据实施阶段进度表完成，并根据最后施工过程中的变更进行审核、调整与改进。

五、完工进度表

这是项目完成后的最终进度表。其包含了项目实施过程中所有工作的实际开始、进度过程以及实际完成信息。最后一次对进度表的更新就是完成以高密度形式展现的完工进度表。在这份进度表中应该包含项目的所有实际实施过程，资源的实际使用情况以及生产力的实际水平等信息。

对于分包商而言，其投标阶段进度表可以源于启动阶段进度表，正如承包商的投标进度表源于启动阶段进度表一样，也可以源于承包商进行分包招标时已经完成的工作进展情况。在分包合同得到批准以后，分包商的投标进度表应得到细化并整合进项目的整体进度表之中。

第三节　进度技术方法

进度技术方法的适用范围很大程度上取决于项目的复杂程度和性质，以及项目管理中所需的报告的详细程度。

除非计划的进度逻辑通过监控得以反映实际进度情况，并且干预事件的影响得到控制，否则不可能实现有效的时间管理。而进度控制的细致程度又取决于计划工作的详细程度，粗糙的计划只会导致粗糙的过程管控。如果计划的进度表只是基于简单的事件列表和甘特条形图，就不可能针对项目工期开展有效管理。因此，一份带完整逻辑关系的进度活动网络图是形成有效进度表并开展项目管控措施的必要基础。

进度技术方法就是建立这样一份进度活动网络图的技术手段。无论使用哪种进度技术方法，必须预见到在项目实施过程中必然会发生各种计划以外的状况，当其发生时能够根据实际情况调整和修复进度安排并反映在工期模型中。

除了常见的甘特条形图以外，还有很多各种表现进度的技术方法，以下是部分内容：

(1)带逻辑关系的甘特条形图，指利用逻辑关系将代表不同进度活动的横道相互连接的图示方法。该图示中的横道对应工作分解结构中的特定层级，其长度与该进度活动的工期成正比例关系。这种方法被很多软件工具所采用。(如图 2－4－1 所示)

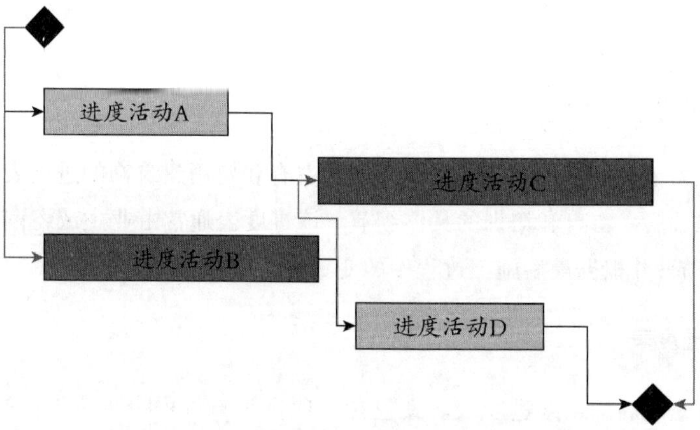

图 2－4－1　带逻辑关系的甘特条形图

(2)平衡线图,适用于包含大量重复工作的项目进度管理,其利用时间网格和逻辑关系对不断重复的进度活动进行规划。进度活动可以是工作分解结构中的一个工作包,也可以是一个包含多个工作包的子进度网络。(如图 2 –4 –2 所示)

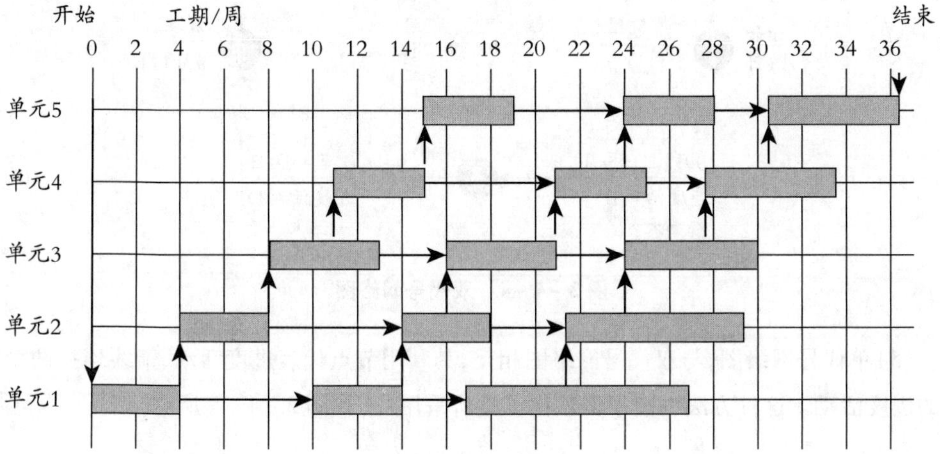

图 2 –4 –2 平衡线图

(3)流线图,同样适用于包含大量重复工作的项目进度管理。其与平衡线图的主要区别在于利用一条斜线代表多个重复进度活动的进度安排,简化了进度图示的复杂度,但是需要对进度管理人员进行适当培训以便理解和掌握该技术方法。(如图 2 –4 –3 所示)

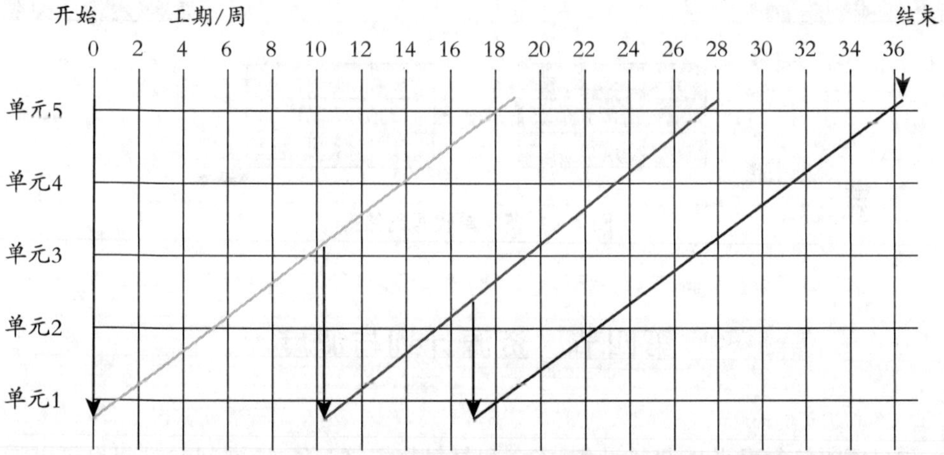

图 2 –4 –3 流线图

(4)双代号网络图,是一种传统的,常用于人工计算工期的技术方法。其利用箭线代表进度活动,节点连接两个相邻的进度活动,箭线的长度代表进度活动的相对工期。进度活动的描述常利用独立文档完成,以便简化网络图的规模和大小。(如图 2 –4 –4 所示)

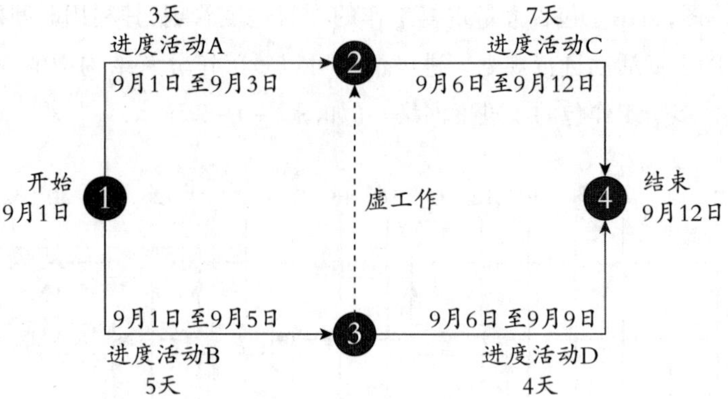

图2-4-4　双代号网络图

(5)单代号网络图,与双代号网络图相反,其利用节点代表进度活动,箭线连接两个相邻的进度活动。这种方法也被很多软件工具所采用。(如图2-4-5所示)

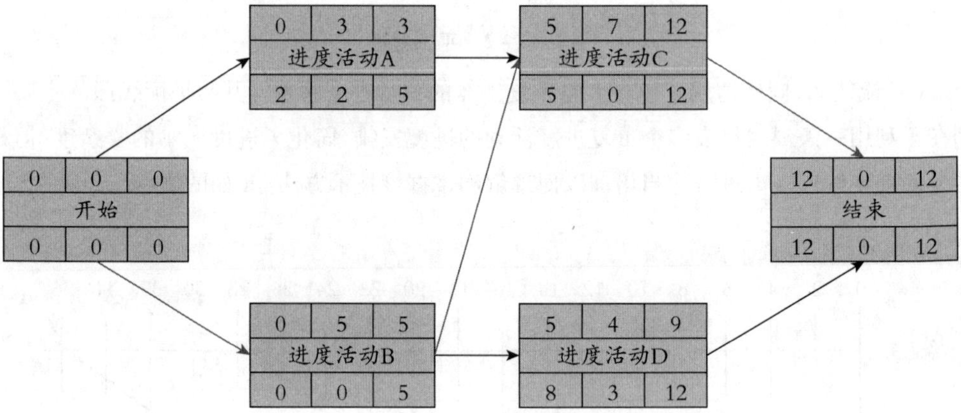

图2-4-5　单代号网络图

第四节　资源计划与调度

项目资源包含劳动力、机械设备、资金和材料物资等。另外,空间和时间也可以看作资源。在计划不同类型的工作时,其中的一些资源会比另一些更重要。例如,对于大部分建设项目而言,劳动力几乎是所有工作的最主要变量;但对于诸如土方工程而言,机械设备的种类和熟练程度,以及加工厂的生产能力将会更加重要。

在编制中、低密度的进度表时,常常因为没有足够的信息而不能仅仅根据生产力和资源情况计算工期。这是因为在中、低密度的情况下,一个进度事件往往包含各种资源的混合,因此必须要有其他计划方法完成工期计算。例如,参考过去的项目经验、标准产量等,在中、低密度的条件下进行适当的工期计算。

然而在高密度条件下，进度活动的预计持续时间是一个与工作量、生产力系数和部署的资源数量有关的函数，其相互关系可以用如下公式表达：

工序时间 = 工作量/（生产力系数 × 资源量）

资源的生产力系数会根据不同工作所采用的标准班组的规模而不同，但是班组大小和生产力高低的关系并非线性相关。在最佳条件以下减少资源或者在最佳条件以上增加资源，都会导致低效。效率的损失需要用空间、成本、时间等其他方面的协调来抵消，并最终确定下来合适的标准工作班组的规模、生产力系数以及工期。

某一特定资源的生产力系数可能由如下多种方式确定：已公开的产出率、其他项目的历史数据、专家意见、个人经验和行业标准。

完成低密度情况下进度表的工期估算之后，可以进行适当的资源分配以验证其内容。此外，附带资源的进度表将允许：

（1）强化工作班组对工作流程的理解。一个稳定的工作流程能够促进达成最有效的计划；

（2）向其他有关各方（内部或外部）再次确认进度计划的可行性；

（3）对任何有难度的资源需求的理解，例如，资源需求高峰或缺乏连续性的工作班组。

资源调度是一项耗费时间的工作，如果没有参与工程的所有人员的参与是不可能实现的。但是，为了完成一份合理有效的高密度工作进度表，也就是指导日常具体工作的近期进度安排，则必须对项目资源进行合理调度和严谨安排。

对于一般的民用建设工程，现场的施工活动通常是按照相对独立的短期事件来进行计划和组织，这种情况在很大程度上取决于基于时间要素的关键线路。但是很多大型复杂项目的进度模型常常会包括许多特殊工作或施工活动，其中一些会涉及土木工程或者机械工程的相关内容，在这种情况下进行进度组织和计划可能就不适合再以独立短期的活动序列的方式了。

例如，对于施工前期的土地平整，或者挖方填方工作来说，进度的持续时间可能会相对较长，并且有效地按照一定的工序进行（如先挖方后填方），但是由于地下可能存在不可预见的地质条件，进度表中不需要将该工作从头至尾的施工过程始终都按照一个严格的顺序进行，而可以在进度安排中体现一定的灵活性。

实践中，我们经常能够看到项目中使用简单的横道图或者不带逻辑的条形图来进行进度表的制作和进度计划的安排。尽管在某种程度上这些图示中可能会包含个别逻辑关系，但是由于它们是被绘画出来的而不是通过数据计算出来的，因此它们一般不能发挥工期模型的功能，而通常必须使用其他方法管理工期，预测变更/干预事件发生后的工期影响。

如果多个进度活动能够在一个较长时间里在多个区域按照任意顺序进行实施，那么此时进度管理的重心将聚焦在资源的使用和生产效率的管理上，而不是这些事件之间的关键线路顺序。对于关键线路的管理则转移到这些事件各区域或工段之间以及与剩余工作交界面的关键逻辑顺序上。因此,这样的工期模型需要经常进行修正以适应最终成熟的施工优先顺序。

在高密度进度表中,资源的调配是为了计算精确的活动工期。当某些资源的可利用时间比较苛刻时,一般通过移动非关键线路上的进度活动来实现项目整体资源的平衡。对进度活动进行资源分配,以便于让高密度进度表中的进度活动具有可执行的实际意义,是基于进度网络的工期管理的基本实践。

资源平衡是一个平衡项目实施过程中资源需求高峰和低谷的过程。这个过程包括以下两个步骤:(1)计算每一个进度活动所需要的资源数量;(2)使用数学网络分析中计算的浮点值在假定的资源可用性范围内设计进度活动的安排。

在调度资源的过程中,不是所有的资源都难以获取(例如,在当地可大量轻易获取的资源就不太可能成为进度约束)。当资源可以轻易获取时,就可以对其以符合项目工期的模式下进行有效的调度。而关键资源必须首先进行资源平衡,之后其对其他资源的影响则按照资源直方图的方式逐一进行显示。

进行资源平衡时还应该提供多个替代方案或备选方案,如使用最早开始或自由时差/总时差的不同方式实现资源平衡。然后项目管理团队再从这些替代方案或备选方案中进行选择。

只要有可能,同一个作业班组的进度活动应该实现连续性的最大化,尽量减少轮换工作和非工作时间的出现。这样做有利于在项目的实际实施过程中,该班组能够通过连续作业达到最优生产效率,从而减少工作转换和频繁间断工作的效率浪费。在前述进度技术方法里,平衡线图可以很好地展示多个连续实施的作业班组之间的进度安排。

第五节　进度表的设计

进度表是一种为了实现整个工程范围内所有工作按照一定顺序和策略完成的表现方式。其与进度计划说明一起共同组成任意建设工程项目的进度计划。在设计进度表时,进度管理者必须思考进度表的种类、计划内容、布局、外观,以及各种可能需要在设计进度表之前准备的报告。因此,设计进度表的目的应该是建立一套规范,使项目的计划和进度尽可能具备可行性并让项目参与各方容易理解并开展协同。

根据进度管理对象的不同,进度管理者需要使用不同的管理方法。例如,多个能够短时间内相互独立完成的进度活动的进度管理方法一定与管理那些需要长达几个月时间才能完成的工作不同。管理前者可以根据进度活动已定义好的开始、实施和完成日期进行。但是,管理后者只能日复一日地根据所使用的资源和实际达到的生产力水平来进行。

因此,当生产力水平比逻辑顺序更能影响进度时,就必须进行基于资源的进度规划。

这种情况一般可应用于大型工程的土方运输、电缆敷设、大型工业厂房的管道焊接等线性工程。在这种进度管理的模式中，每一项资源的单位生产率都在为计算进度活动完成所需的时间提供数据。

在大多数情况下，一个工程项目会涉及许多专业承包商、分包商和供应商。而且，设计工作也会由许多设计咨询顾问共同完成，一些专业承包商还可能承担深化设计的责任。此时，进度整合的方法和其内容是否容易理解就成为进度设计时的重要考虑因素。例如，专业承包商、分包商、供应商或设计方对与自己无关工作的进度表的维护，就是违背有效性的进度管理策略。

计划里的时间单位必须和能够执行的项目实施同期记录的时间单位一致。对于大部分建设项目而言，以天为单位计算工期，通常被认为是有意义的最小单元。如果把时间单位划分得更细则反而增加了管理难度。除非，对于某些项目，特别是那些涉及特种设备使用的项目，可能需要用时和分钟为单位来计划对特种设备的短暂占有。出现这种情况时，进度设计时必须要使用更小的时间单位。

一、进度安排技术

为了清晰地展示进度活动之间的实施顺序、相互依赖关系和业务逻辑，基于关键线路方法制作进度网络图是十分有效且必不可少的一种技术手段。根据进度中预定的业务逻辑和依赖关系，通过执行“假设情景分析”，关键线路方法可以为预测和管理干预事件出现以后的工期后果和影响提供必要的模型。进度网络图的稳定性和合理性是对于进度后续预测分析的必要基础。进度网络图的主要技术方法有双代号网络图和单代号网络图。

基于不同的工期量化计算技术方法，不同的软件产品还会使用多种进度表的展现形式进行进度内容的可视化表达，例如：单/双代号网络图、带逻辑关系的甘特条形图、平衡线图、流线图、直方图、S 曲线等。

因此，进度管理人员可以根据项目当前所处的阶段以及管理人员对进度管理的需求选择适当的进度表示方法。甘特条形图的内容最容易被理解，所以在项目早期或向高层进行项目整体工作（低密度）的报告时，甘特条形图是最优的图形技术选择。而进入项目的执行阶段，大量的计划信息逐渐转化成为实际的实施信息，进度表需要展示更多细节（中、高密度），由于甘特条形图需要垂直性的大幅延展，这给使用者了解项目全貌带来了困难。平衡线图或流线图将大量的重复连续性进度活动利用一条（有宽度或无宽度的）斜线进行展示，简化了进度图形的复杂度。但是这种图形表现形式需要使用者经过一定培训才能掌握。此外，为了进一步表达进度表中的丰富信息，必要时可以借助直方图或 S 曲线等其他手段进行辅助。

在进度表设计过程中使用基于量化数据的生产力分析是十分必要的，这对于关键线路方法网络图的质量保证审查通常也是必要的。

二、进度表结构

在开始计划进度表之前,需要考虑许多结构因素并作出决策。以下是一些关键的约束条件,限制了进度安排的选择。

(1)项目范围和目标:合同中约定的工程范围以及相关的工期进度目标。

(2)资源、劳动力、设备、材料限制:根据不同项目角色划分的全部资源分类,包括不同承包商、分包商、咨询顾问和供应商等。

(3)许可证和执照:应该明确工作开始或结束前所需就位的许可证,且应该分别明确哪些由业主获取,哪些由承包商获取。对于每一张许可证或执照,都应允许一段时间用来准备、提交、处理和授予。

(4)公共设施和第三方项目:需要考虑与工程或部分工程有依赖关系的其他独立项目。例如,特别考虑对水、气、电、通信等的供应方,以及与每个供应方有关的调查要求、合同、授予许可证或执照、调动、工期等。

(5)日程表:必须明确日程表中的工作和非工作时间,从而计算出事件的持续时间。

另外一些会强烈影响进度表设计,但在必要时又可以调整的决策主要包括:

(1)工作分解结构(WBS):是一种根据层级结构将整个项目范围的工作分解成易于管理的工作包的方法。它的建立帮助控制和监视项目工作包,并使之成为易于管理的工作要素。在高密度状态时,每一个要素都被赋予具体的资源。其是一个等级结构,最高层级是整个项目,最低层级是最终确定的所有待完成工作。

(2)事件识别代码:是唯一统一的数据识别码。它配合进度表、进度计划说明和过程记录一起使用。这通常要求该代码体系具备足够的灵活性,以便其通过引用各类标准来提供唯一标识。根据项目定义确定的选择性数据,一些软件产品能自动提供事件识别代码或增设代码的建议。

(3)工作类型定义:始终要明确的工作类型包括关键日期;接受设计信息的最终日期;承包商的设计和批准;法定批准、许可和工作;样本生产和批准;非现场制造;设备订单、物流、交付和安装;进驻和撤离现场或部分现场;临时工作;临时设备订单、安装、执行和退出;施工;安装检测和试车;交接过程。

(4)密度设计:除非在开工前就完整地规划好工作,并且所有项目资源全部到位,否则不可能在一开始就能充分地计划所有工作。但是,为了进行有效的进度管理,就必须在项目开始之前确定要实施哪些进度活动、要使用哪些资源以及预期达到什么样的生产力水平。针对不同的目的,进度安排的不同密度要求必须在进度设计阶段就予以考虑,并且应该在进度计划说明中确定。

(5)应急准备:项目中可能出现许多风险,针对其中的一些风险需要配置应急准备期。应急准备的风险应该针对业主和承包商分别考虑。可能包含这类风险的关键部位是不同进度活动之间的交接处,例如,一连串进度活动之间、各级承包商和供应商之间、进驻和离场日期、移交占用的日期、分段和分区工程之间等。

(6)事件内容代码:除特殊情况以外,进度表将被定期审查和修改。对于在早期计划阶段已经预见到的事件很可能随着项目的实施而逐渐发生,这些已完成的工作的实际进度将会和计划进度产生偏差。为了管理这些偏差的工期影响,事件内容代码体系至关重要。当管理者只需显示一个特定的视角时,它能有效协助完成筛选。事件内容代码应该将进度表中的各种属性确定为不同的字段,字段可以根据项目不同灵活变化,并且帮助管理者按照需要筛选进度表里的相关内容。目前的进度管理软件已经可以提供基于事件内容代码制作的各种报表以便于从不同角度展示进度信息。

(7)事件成本代码:其作用类似于内容代码,代码表示的具体成本预算或属性值归因于特定的资源或事件。一个有效的成本代码体系是项目控制的重要组成部分。如果充分配置成本代码体系,它能根据临时进度更新便捷的计算临时成本,并能帮助避免预计完成值的潜在偏差。为了产生有价值的数据,成本代码体系的设计不需要过于复杂,但应达到可满足其他项目控制所需的复杂水平。可以参照工作分解结构的方式建立成本代码。

(8)报告:对于大型复杂项目,任何时候都使用整个进度表的所有细节是不切实际的。为了有效地撰写报告,进度表应该被概括成不同程度的状态以针对不同的目的。通常情况下,报告需要由结构化的布局针对特定内容来进行阐释。例如,特定职业或程序的计划工序和耗时;信息发布日期以及提交和批准日期;完工、分段完工或关键日期的陆续实现的影响;完工、分段完工或关键日期遭受干扰事件的影响。

三、进度密度

除非项目工作都是完整安排好的并且所有分包商和专业团队的工作在开始之前都已经指定,否则在项目初期不可能全面、完整地计划所有工作。但是,如果要对时间进行有效管理,那么需要开展的活动、需要调配的资源和预期的生产力水平都必须在工作开始之前予以确定,故而进度密度是进度表设计环节需要考虑的重要因素之一。随着可利用信息的质量和确定性的不断提高,进度表内容的详细程度可以根据管理目的可能性和可行性同步增加。这种进度表详细程度的高低反映的就是一份进度表的“密度”。如图2-4-6所示,展示了进度表在不同“密度”下的进度任务详细程度[①]:

① See CIOB, *Guide to Good Practice in the Management of Time in Complex Projects*, Wiley - Blackwell, 2011, p. 31.

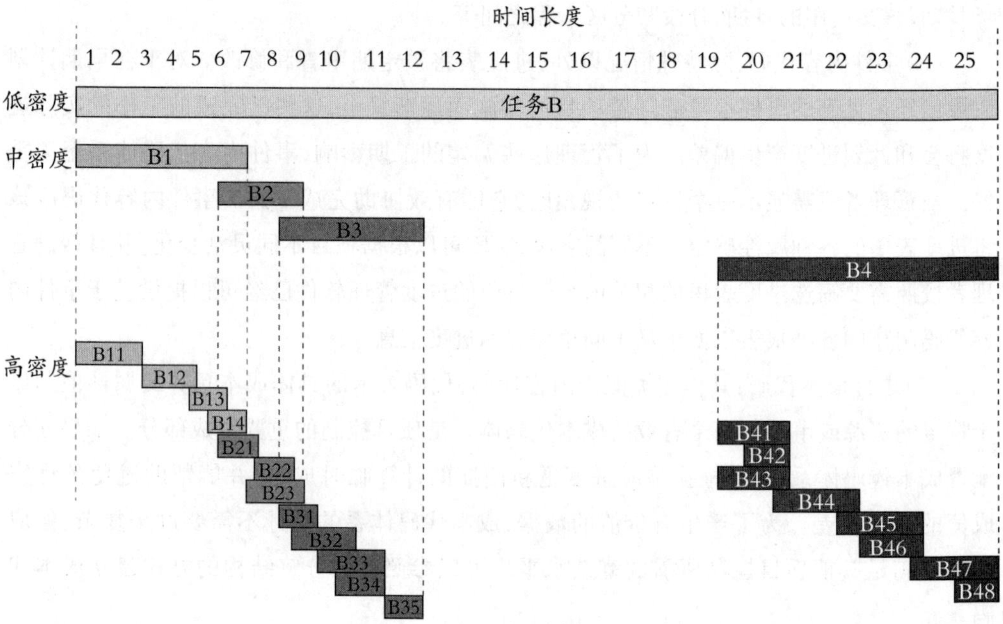

图 2-4-6　进度表密度说明

在进度表的编制阶段必须要根据目的的不同提出不同的进度表“密度”要求。这些要求应当通过相关管理规定给予明确。不同的进度任务或活动，可以约定在高、中、低三种不同的进度“密度”情况下的表现形式和内容丰富程度。

一般来讲，低密度、中密度和高密度进度表之间的相互关系可以通过工作分解结构中对应项目任务所处的层级来确定。不论编制进度表的管理人员处于何种项目角色，其都可以将本组织约定的工作分解结构中最底层的工作包确定为高密度进度表的组成内容，再按照工作分解结构的层级向上逐渐收敛形成中密度和低密度进度表的组成内容。

另外，在具体的施工进度表中，还可以按照时间长度进行组织安排。低密度进度表中的活动可以按照季度或年度为单位，中密度可以按照月为单位，而高密度可以按照周或天为单位。在项目执行过程中，临近进度表编制日的前几个月可以根据确定性信息的质量高低和多少编制高密度进度表，项目中期的内容可以降低为中密度进度表，而到项目远期的收尾阶段可以仅以低密度方法显示进度表。如图 2-4-7 所示①：

① See CIOB, *Guide to Good Practice in the Management of Time in Complex Projects*, Wiley - Blackwell, 2011, p. 30.

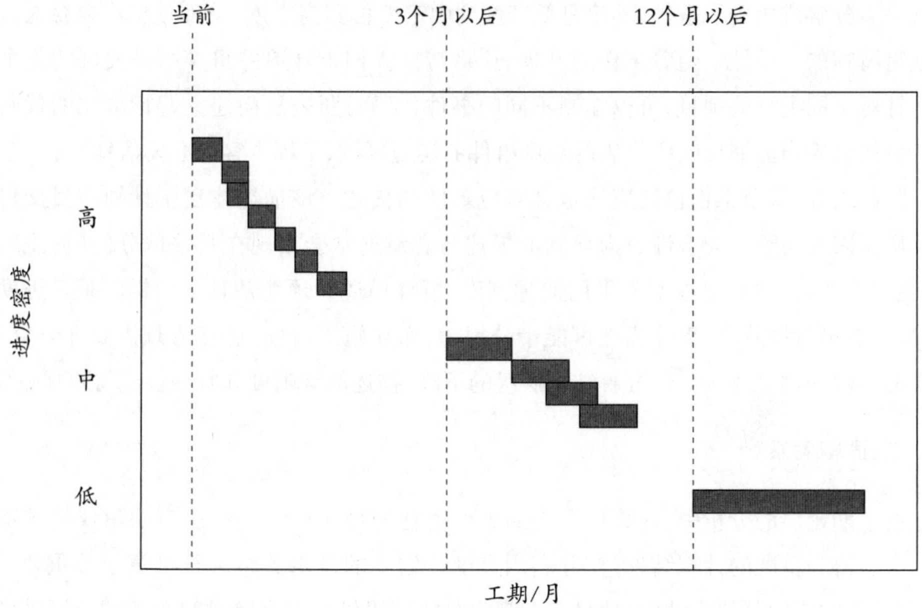

图 2-4-7 进度表密度与可预测性关系

第六节 进度表的编制

一、工作分解结构

编制进度表的第一步是定义和制定一份工作分解结构。一个简单项目的工作分解结构可以是按照工作区域和工作阶段进行划分和组织的。虽然工作分解结构可能在工程后期出现调整或变化,但是这种情况可能导致管理或控制上的混乱,例如,基于相同结构制定的成本体系和过程计量等。因此,在项目开始时必须编制一个清晰缜密的工作分解结构。最终,通过工作分解结构应该产生能够定义项目工作范围并包含已分配的可度量的时间和资源的可交付成果的工作包。

一旦建立起工作分解结构的模板,一系列项目控制措施就可以被分配到每一个工作包里。这些控制措施通常包括指定专人负责工作包成果的交付、需要满足的关键日期,以及关键交付物的预算和说明。

工作分解结构也能以矩阵的形式与其他组织结构进行整合,如成本分解结构或组织分解结构,从而使工作包与相关预算/成本,或组织责任保持一致。然而,需要注意的是,在制作这种结构框架时要避免混淆这种工具本身的简易性(能够清楚地显示工作范围、交付成果、工期和预算等)和组织结构的复杂性之间的矛盾。

对于工作分解结构中的每一个工作包都应该被赋予一个事件识别代码。该代码可以被进一步分解成相关子事件，不论是低密度到中密度再到高密度，从而使工程内容通过代码获得清晰的一致性。随着工作的开展，这将帮助人们审计追踪贯穿事件发展的整个过程。针对不同类型的项目，可以编制不同的事件代码对照表从而建立起标准化的代码体系。该代码应当能够反映所代表的进度事件的实施区域、工程内容等必要信息。

除此之外，每个工作包还应该包含对应事件的描述。该描述体现了计划项目交付物的本质。因为关于对应事件更为详细的描述与总结通常会出现在其他部分（如业主的要求）的内容中，所以无论进度表采用何种密度，事件描述必须清楚且不含糊。基于进度表的目的，在可行性阶段，事件描述可能十分粗糙；而在施工阶段，进度管理需要非常详细、具体的事件描述。随着工作分解结构层级的下降，描述的清晰度和唯一性变得更加重要。

二、逻辑关系

在工期延误的分析中，计算获得工期延误责任的量化结果是解决有关争议的关键所在。为了得到精准的计算结果，充分利用进度计划中的逻辑关系进行推演至关重要。然而，在以往的工期争议案件中，项目双方都很难能够提供具有完整逻辑关系的合同进度计划。即使进度计划中能够包含一定的逻辑关系，这些逻辑关系大部分仅存在于比较明确的流水作业的活动之间，而跨专业、跨区域，甚至跨工种的逻辑关系则常常缺失。

除非有充分合理的相反理由，在进度计划说明中应明确表达，除了开工里程碑，所有进度活动都应当具有逻辑上的前置进度活动。同样，除了竣工里程碑，所有进度活动都应当具有逻辑上的后续进度活动。关于进度表中需要包含完整逻辑关系的要求，也已被写入了 FIDIC 2017 版系列合同文件的有关条款中。

根据逻辑关系的用途，可将逻辑关系分为四种类型：工程逻辑（engineering logic），优先逻辑（preferential logic），资源逻辑（resource logic），位置逻辑（zonal logic）。其中，资源逻辑和位置逻辑是优先逻辑的特定细分类型。

1. 工程逻辑

工程逻辑，有时也被称为“硬逻辑”，是工程项目实施过程中无可争辩的必要条件。例如，只有完成地下结构才能开始地上结构施工，地上结构完成才能开始相应的外装饰面工程。这种逻辑是固定不变的。

2. 优先逻辑

优先逻辑，有时也被称为“软逻辑”，是工程项目实施过程中根据管理程序要求而形成的逻辑关系。例如，施工流水段“A”的结构施工是施工流水段“B”结构施工的前置任务。优先逻辑的建立是为了提高时间的合理利用，降低非生产性资源的占用。因此，修改优先逻辑关系没有任何强制性约束和禁止条件。如果对某个逻辑关系的调整存在强制禁止，那么该逻辑关系就不是优先逻辑。

3. 资源逻辑

根据各种管理需要，优先逻辑可以有许多变化，其中，针对特定项目资源可能需要安排特殊的逻辑顺序。例如,特大型履带吊的运行轨迹决定了有关施工区域的逻辑顺序。作为优先逻辑的一种,该逻辑关系是为了提高时间的合理利用,降低非生产性资源的占用或其他效率的损失。因此,修改资源逻辑关系也没有任何强制性约束和禁止条件。如果对某个逻辑关系的调整存在强制禁止,那么该逻辑关系就不是资源逻辑。

4. 位置逻辑

与资源逻辑类似,位置逻辑也是优先逻辑中根据管理需要的一种特定类型。位置逻辑是根据物理空间的实施顺序建立起来的逻辑关系。例如,在整个小区的建设过程中,B栋建筑的所有进度任务都排在A栋建筑相应进度任务之后。作为优先逻辑的一种,该逻辑关系是为了提高时间的合理利用,降低非生产性资源的占用。因此,修改位置逻辑关系同样没有任何强制性约束和禁止条件。如果对某个逻辑关系的调整存在强制禁止,那么该逻辑关系就不是位置逻辑。

三、时差

关键线路与非关键线路的差异体现在特定进度线路中是否存在“时差”。通常情况下,关键线路中的各个进度活动之间不存在时差或时差为零,而非关键线路中则存在时差。时差的识别和计算需要整个进度计划中包含完整的逻辑关系。另外,在工期争议解决过程中,时差的所有权和归属问题也是一个常见的焦点话题。因此,了解和清楚时差的定义和组成对于精确处理有关工期延误计算和争议解决都将大有帮助。

时差,有时也被称为“浮时”,是在进度网络中根据进度活动的持续时间和逻辑顺序得到的一个计算结果。这个结果代表了一定的时间长度。但是项目所在地特殊规定的非工作期间(例如,法律规定的各类节假日等)不是时差,也不能按照时差来进行管理。

由于有时差的存在,所以非关键线路上的进度活动如果出现一定程度内的进度偏差可以通过时差来吸收缓冲该延误对关键线路和竣工日期的影响。但是,由于时差一旦使用就会被消耗,并且通常情况下合同中不会约定为任何一方保留时差,因此拥有时差的进度活动不应当将可利用的时差视为一种应对偶发事件的替代解决方案。

时差的主要类型可以划分为自由时差(free float)和总时差(total float)。如图2-4-8所示,展示了进度活动的开始与结束时间和时差的相互关系①:

① See CIOB, *Guide to Good Practice in the Management of Time in Complex Projects*, Wiley-Blackwell, 2011, p.60.

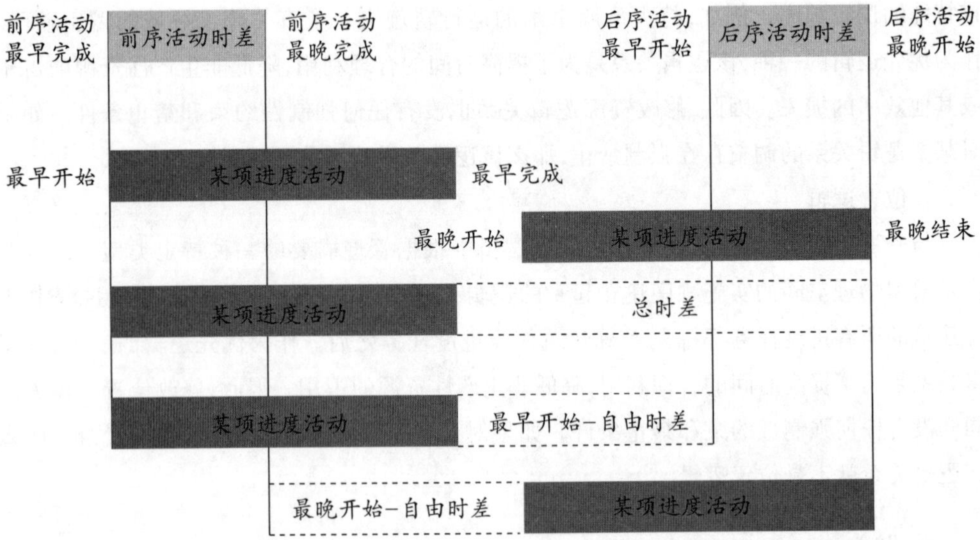

图2－4－8　不同类型的时差与活动和完成关系

自由时差，是指在不影响后续其他任何进度活动的情况下，当前进度活动可以移动的时间长度。

总时差，是指在不影响完工日期的情况下，当前进度活动可以移动的时间长度。

在工期争议解决实践中，必须将识别出的延误事件放入包含完整逻辑关系的进度网络中观察这些延误事件对项目竣工日期的影响，才能判断出哪些延误事件是构成竣工日期延误的关键。正是由于一个庞杂的进度网络图中存在许多大大小小的时差，才会使每个延误事件的发生都对项目工期产生了不同的作用。利用曾经在项目实施过程中出现过的各个延误事件的时间长度进行简单累加显然无法满足严谨科学的工期延误分析的实践需要。

四、时间间隔

在中、低密度进度表中，通常会看到大量时间上相互重叠的进度活动。这种现象的出现首先在于编制进度表时无法获得项目实施过程中所有进度活动的细节。许多笼统的、整体性的进度活动之间一定会存在时间上的重叠和彼此搭接。这种进度活动之间的相互关系不是纯粹的逻辑关系，但两者之间却又存在先后顺序。

除此之外，在中、高密度进度表中，又会经常遇到两个进度活动之间的“间歇期”。造成这种现象的原因既可能是由于业务逻辑的客观要求，也有可能是由于资源调动、法定节假日安排等其他因素的约束，甚至有可能仅仅是工期计算之后的自然结果。

无论如何，在这种情况下，为了使整个进度表形成一个完整的进度网络，除了一般的逻辑关系以外，两两进度活动之间还可以采用一种叫作“时间间隔”的技术手段与常见的逻辑关系一起为上述客观需要建立起相互连接的网络计划。

在进度表中，时间间隔既不是一项活动，也不是任何活动的替代表示。其是用来反映一项紧前活动的开始或结束与紧后活动的开始或结束之间持续的一段时间。

在实务中,时间间隔可以用于对紧前活动的完成情况进行必要的估算。这种估算的程度可能不会在进度表中体现。这种估算的依据源于对紧前活动按期完成可能性的测算。如果进度表中没有体现,则应当在进度计划说明中明确使用时间间隔的逻辑前提。

除非进度活动之间存在严格的工艺要求,通常情况下,时间间隔不应当超过其所连接的两个进度活动中任一活动时长的50%。而根据所采用的进度软件的不同,时间间隔有可能在紧前活动中定义也有可能在紧后活动中定义。以下是时间间隔在通常情况下的不同分类以及相应图示①:

1. 结束到结束的时间间隔

当时间间隔大于零时,该时间间隔表示紧后活动不在紧前活动结束时立刻结束,但两者有一定比例的重叠。(如图2-4-9所示)

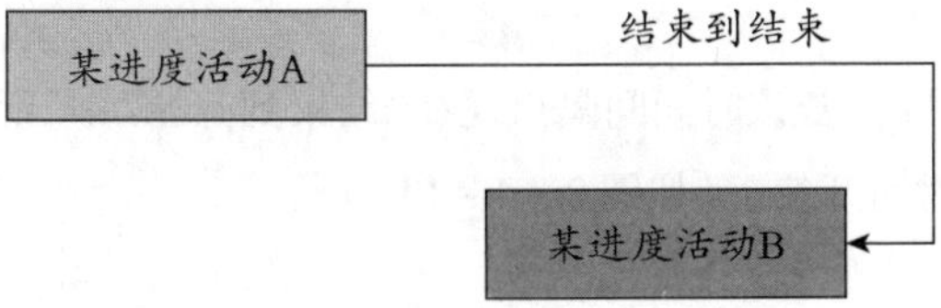

图2-4-9 结束到结束的时间间隔

2. 结束到开始的时间间隔

当时间间隔大于零时,该时间间隔表示紧后活动不在紧前活动结束时立刻开始,两者之间存在一定时长的间歇期。(如图2-4-10所示)

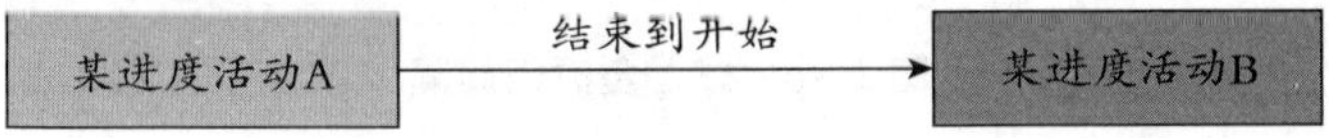

图2-4-10 结束到开始的时间间隔

3. 开始到开始的时间间隔

当时间间隔大于零时,该时间间隔表示紧后活动不在紧前活动开始时立刻开始,但两者有一定比例的重叠。(如图2-4-11所示)

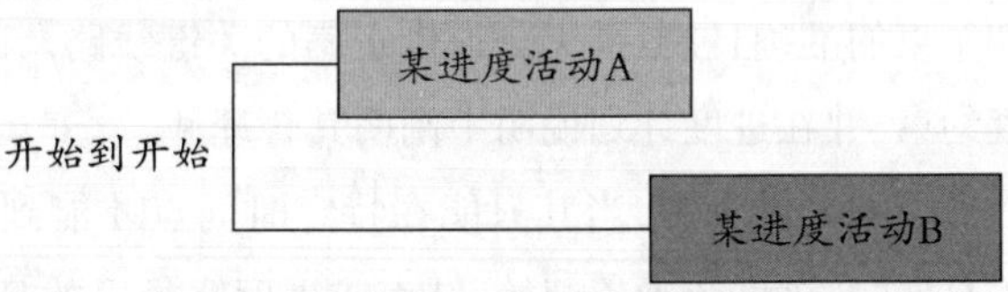

图2-4-11 开始到开始的时间间隔

① See CIOB, *Guide to Good Practice in the Management of Time in Complex Projects*, Wiley - Blackwell, 2011, p. 53-56.

4. 开始到开始和结束到结束的时间间隔

当时间间隔大于零时,该时间间隔表示紧后活动必须要在紧前活动开始和结束一定时间后开始和结束。但在实务中,由于现有进度软件优先处理与活动结束有关的逻辑关系,因此应当避免使用该时间间隔导致进度表中的逻辑混乱。(如图 2-4-12 所示)

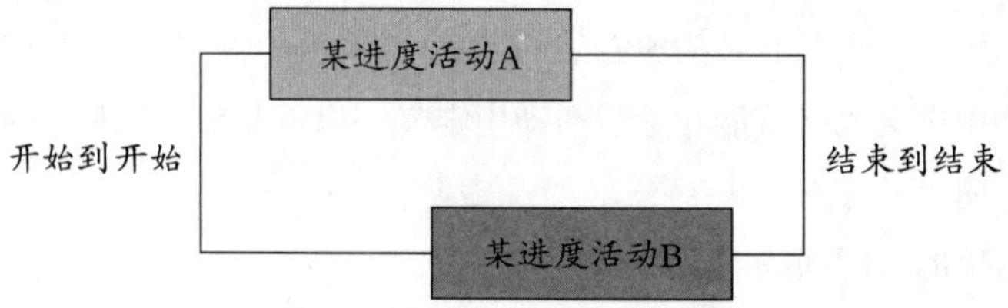

图 2-4-12 开始到开始和结束到结束的时间间隔

5. 负时间间隔

当时间间隔小于零时,若该时间间隔出现在“结束到开始”中,则表示紧后活动需在紧前活动完成之前一定时间开始。(如图 2-4-13 所示)

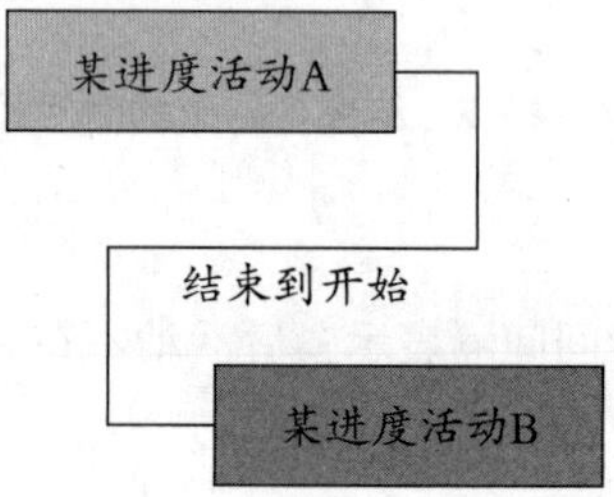

图 2-4-13 负时间间隔

五、进度约束

在很多工程项目中都有一些关键的里程碑节点或特定的前提条件对进度网络中的其他逻辑关系进行约束或限制。将这些约束或限制应用到进度表中的目的是通过该方式防止进度活动服从任何不一致的逻辑。如果使用不当,则可能导致进度表无法根据逻辑预测进度活动的开始和结束的准确日期,且无法提供正确的关键线路。因此,必须特别谨慎地使用有选择的进度约束,并在进度计划说明中阐明其合理性。

对于项目中预计使用的关键资源,当其只能在特定时间点才能到位或当某项进度活动被安排到最迟开始日期时,进度活动的开始、结束或进度路径上的日期需要确定为进度约束。根据对进度活动限制的强弱,将进度约束按照弱(灵活的)、中(适度的)和强(固定的)可分为三类。

灵活的进度约束允许根据任何逻辑和相关资源的变化改变进度活动的开始和结束日

期。“尽可能早/尽可能晚”是一种灵活的进度约束。该约束允许为进度活动安排尽可能早或晚的开始或结束日期。最早开始和结束与最晚开始和结束的设定相同，均要排除进度活动及其全部前提条件的时差。在某些进度管理软件中，这属于默认约束条件，通过该约束向后计算关键线路。

此外，适度的进度约束允许根据部分或非全部逻辑和相关资源的变化调整进度活动的开始和结束日期。固定的进度约束要求进度活动的开始和结束只服从进度约束，不因逻辑和相关资源的改变而改变。

六、进度密度

一份完备的工作分解结构可以指导相关人员从低、中、高不同的进度密度进行进度表的编制。

1. 低密度进度表

低密度进度表通常适用于进度日期（或计划编制日）以后 9 个月或更远的进度安排。这时的进度表还处在相对较远的未来，需要面对较大的不确定性，项目当前的执行情况也会对其产生很大影响，因此采用低密度的进度安排方式更为合适。进度任务可以按照一个建筑单元或独立系统进行组织，如设备安装、管道铺设等，任务的持续时间可以是数个月。尽管低密度进度表已经将进度任务的内容进行了精简，但是必要的进度日期或活动还是要在进度表中得到体现。一般而言，低密度进度表的编制要点如下：

（1）低密度的事件描述：在对应的工作范围尚无法充分确定之前就要编制进度表。因此，这时的进度表需要的是一个适合后续进行细分的事件描述。

（2）低密度的任务时间：通常来自项目相关人员的经验评估。这时许多工作没有被充分明确，因此根据经验进行取值是合适的。

（3）低密度的日程表：日程表可能仅限与事件相关的工作周，以及法定的或其他假期。

（4）低密度的成本代码：该代码代表的是主要预算组合和/或预计付款里程碑显示的成本数据。鉴于只能包含大致的预算信息，因此通常需要很高的应急准备。

（5）低密度的时间间隔：在缺乏项目详细信息对进度任务进行细致安排时，使用时间间隔是一种有效的进度管理技术手段。由于在该状态下，很多进度活动的时间安排是基于假设条件发生的，所以进度表中可能会包含很多带有时间间隔的进度活动。

（6）低密度的应急准备：这时的进度表中包含大量不确定性因素，应急准备期可能是最大的不确定性因素。除了利用经验进行评估外，在缺乏精度的情况下，每个独立的应急准备可以运用特定公式辅助计算，如蒙特卡洛模拟、三点估算法等。此外，该应急准备理论上应当被认为是用来应对双方全部风险的。

（7）低密度的进度计划说明：低密度的进度计划说明可能包含的内容有，实施工作的描述，第三方和其他项目相关方的工作交界面，风险评估和风险识别的方法描述，风险应急准备评估，根据进度表中事件识别代码的事件描述，工作分解结构，包含工作日和节假日的日历表，一般资源和资源限制，所需许可证和执照以及相关的决策周期，材料和设备的使用与限制，公共设施与第三方项目的使用，进度表的审核、修改和更新，采用的事件代码，采用的成本代码，与项目有关的阶段和区域的具体细节，施工的原则方法，主要设备要求的具体细节，现场管理、逻辑假设、现场物资、临时工程等，环境、健康和安全，采购的原则方法和影响，估算工期的方法，假设的逻辑顺序和逻辑约束的解释，关键和次关键线路上关键日期、分段完工和整体完工日期的描述，报告格式、交流策略和信息的形式。

2. 中密度进度表

中密度进度表通常适用于进度日期（或计划编制日）以后 3 个月至 9 个月的进度安排。此时的项目工作能够获得基本充足的信息，可以进行承包商或分包商（或供应商）的选择和分配，并获得他们的报价。进度表中的活动可以按照工序进行分组并和各自的工作区域进行结合，每项进度活动的时间长度最多不超过 2 个月。以管道铺设工作为例，在中密度进度表中，该项任务需要按照管道系统进行分解，并将各个系统的管道铺设、施工区域和流水段进行结合。例如，A 区给水系统管道铺设，B 区通风管道铺设等。一般而言，中密度进度表的编制要点如下：

（1）中密度的事件描述：当项目可以利用合同对有关内容进行约定时，所有的工作要素都应被充分描述。与此同时，当前阶段尚未达到具体实施的地步，因此保持事件描述维持在一个合理的详细程度是十分必要的。这样做维持了进度表的灵活性，以应对工作范围被进一步明确和细化。

（2）中密度的任务时间：在编制中密度进度表时，项目应当已经获得了一定精度的设计图纸，可以采用更加科学的方法计算合理的持续时间。该计算结果应当替代此前根据经验工期得到的粗略估值。获得更精确任务时间的条件包括规定的执行标准，任务数量、近似数量、理论资源和标准生产率，相关经验，专业分包商和供应商的生产数据，历史生产数据等。

（3）中密度的日程表：该阶段进度表将作为项目实施和组织安排的主要依据。所有与已列进度活动有关的日程表和主要资源相关的日程表都需要到位明确。

（4）中密度的成本代码：由于在该阶段项目中的绝大部分相关事件和大量资源都已被确定，故而与工作分解结构中相关内容对应的成本代码可以被更多地分配到相应进度活动中。它们代表的预算基准值的准确度对于预测成本有十分重要的作用。

（5）中密度的时间间隔：由于进度表中包含了更多的项目细节，进度活动的持续时间会缩短，同时还伴随大量“结束—开始”逻辑关系的出现。为了合理地减少进度表中进度活动的数量，可能还会包含一些持续时间较长的进度活动。此时，时间间隔是一种有用的进度管理技巧，用于维持此前低密度状态下的进度安排或利用新的时间间隔进行替换。

（6）中密度的应急准备：在该状态下，应只有较少内容需要使用理论公式来计算未知和未量化的风险。此时，应急准备必须清楚地分配给一方或另一方，且必须有为业主分配的应急准备。风险应该被清楚识别且在进度计划说明中对允许的风险概率作出合理解释。对未知风险的储备或补贴应该在该密度下进行描述。

(7)中密度的进度计划说明:在该阶段,更多的细节会被添加到进度表中以丰富原来低密度状态下的粗略信息,这也包括对任何信息的删除、修改或提炼。信息丰富的具体内容可能包括明确的专业承包商、分包商和供应商,关键行业界面的管理策略,设计采购界面的管理策略,有限的占有,计划的加班时间,临时交通改道和设备检修停工期,所需资源和资源约束,材料和设备的使用和约束,公共设施和第三方项目的使用和约束,进度审核、修改和更新,预测工期的方法,设备要求的细节以及预期的生产力、停工期和检修维护。

3. 高密度进度表

高密度进度表通常适用于未来三个月以内立即需要实施的工作内容的进度安排。在这个阶段,每项进度活动都应当确定其详细内容,根据项目实施的需要安排好各个活动之间的顺序和逻辑关系,并确认各自所需的资源数量和生产力水平。在高密度进度表中,每项进度任务的进展情况都需要记录、监控和汇报。在这个层级的进度活动需要详细到特定施工区域内的所有离散、独立的工作,并且每项进度任务的时间长度应当与项目上约定的报告周期相匹配。高密度进度表必须能够说明项目工作的如下特质:(1)在特定期间,每项资源将要遵循的详细顺序;(2)在报告期间,归因于每项资源的工作的状态;(3)计划与实际生产力和资源之间的关系;(4)实际成本和实际生产力水平之间的关系;(5)实际成本和已支付成本之间的关系。

一般而言,高密度进度表的编制要点如下:

(1)高密度的事件描述:该密度状态下,进度活动的描述必须清楚、不模糊,并且精准地确定工作内容和实施地点。如果描述不清晰就不可能准确地记录工作的进度。可以通过建立位置分解结构以及构件类型等不同视角逐渐丰富事件描述的密度。

(2)高密度的任务时间:该密度状态下的进度表主要涉及未来三个月以内需执行的进度活动,同时需获得有关前提条件的所有信息。尽管经验依然能够帮助判断计划的生产率和资源是否合理,但是在这个阶段,评估不能仅仅依靠经验。用来确定任务时间的信息可能包括规定的执行标准,工程量、资源数量和生产率进行的计算,专业分包商和供应商的生产数据,历史生产数据,行业标准等。在计算生产率对任务时间的影响时还应当考虑物理工作条件、安全要求和项目所在地的劳务法、现场停工期、季节性气候波动、季节性活动、供应季节性工作的资源等信息。

(3)高密度的日程表:当项目工作即将开始时,进度表中的内容将能够指导日常工作的开展,所有资源日程表必须已经建立且分配到相应的资源中。

(4)高密度的成本代码:项目工作开始时,所有资源必须到位,且被分配到对应的进度活动中。该密度下,大部分成本代码可以分配到项目资源中,它们基准值的准确度和过程成本更新对于有效的项目成本管理至关重要。进度状态和定期输入进度表的成本数据的准确性取决于同期获得的证据。这些证据要反映实际使用的资源情况。

(5)高密度的时间间隔:精准详细的进度表需要对所有进度活动的开始和结束时间进

行准确预测和定义,只有这样才能从中推演计算出项目的关键线路和关键工作。因此在该密度状态下的逻辑关系应当是清晰明确的,而时间间隔则是需要极力避免的。除非反对理由非常充分且必要,否则时间间隔不应当出现在高密度进度表中。高密度进度表中的所有进度活动都应当通过"开始—结束"逻辑建立起具有清晰开始和结束时间的进度网络。

(6)高密度的应急准备:由于持续时间短,高密度状态下需要考虑的风险会明显少于其他密度状态。在该密度下,应急准备必须清楚地分配到一方或另一方。必须存在分配给业主的应急准备,且每一个应急准备都必须在进度计划说明中被清楚地证明其合理性。虽然合理的风险依然有可能存在,如恶劣天气、不可预见的地质条件、罢工等,但是该阶段不需要设计风险应急准备或隐含的此类变量。

(7)高密度的进度计划说明:应进一步细化进度活动的短期细节,包括对中密度进度计划说明信息的添加、删除、修正和提炼。具体包括采用的资源,预测的生产力系数,进度活动工期的具体计算,施工的具体方法,设备要求、产能、停工期和检修维护的具体细节等。

第五章

进度管理的执行和监控过程

对进度模型的管理就是对进度过程的管理。在这个过程中,有关管理人员需要完成的工作可能包括对编制进度的假设进行审核和修正,收集项目执行过程中的记录文档,检测实施过程中的各项工作,根据实际情况更新进度表,识别进度干扰事件,判断对进度的影响,进行赶工或进度加速的决策,修改进度计划说明中的内容并记录修改的原因。

作为合同义务的组成部分,业主及其管理团队有权了解承包商在合同执行过程中的进展情况,以及各项进度指标是否满足合同中的有关具体约定。因此,常见的工程合同中都会要求承包商提交进度表及相关资料用于展示项目实施意图,同时也让业主及其管理团队据此实施管理工作。

当编制进度表时的假设条件与实际情况不一致时,随着获得的实际信息越来越丰富,必须对原进度表进行修订以整合新的信息。但是修订不等同于更新,也不一定就是出现进度干扰或延误,而是一个对真实状态的接纳过程。为了更便于控制这种调整带来的影响,通常采用划分层级的方式进行管理,如里程碑进度表、总进度表、详细进度表和双周滚动进度表等。

保持对进度表中的数据和信息持续更新是为了考虑实际完成的进度,以确保未来的工作进度准确参考了此前发生事件的影响,从而预测接下来将完成的内容、完成的时间和涉及的资源。这将为后续项目的资源管理提供很大帮助。

进度管理的过程必须包含准确的过程记录文档。这类文档作为项目实施同步完成的记录文件为保证预测提供了必要的数据,用于计算变更、干扰和延误的影响并从中吸取经验。高质量的记录文档是进度管理不可或缺的一环。

所有项目一般都会不时受到各类事件的影响。任何管理团队都不能准确预测影响事件的发生时间,或者当它们发生时会有怎样的后果,只能在事件发生时快速计算出可能结果并及时采取措施进行纠正,否则项目进度将无法得到有效管理。唯有如此,整个项目的进度管理才能满足各方工期延误的识别、量化和索赔以及工期预测的管理需要。

第一节　进度表的审核与修改

一份进度表编制完成后需要经过审核环节确保与合同有关的信息要求已被完整纳入,以及随着进度的发展有关资源和数据已被及时更新。虽然审核并不一定会产生修改,但是对于大型复杂项目来说,修改常常发生在审核工作之后。

项目管理的正式程序中应当包含对进度表的审核与修改要求。开始对某份进度表进行审核之前,应当首先对其进行备份留档,以保存当前进度表的状态作为修改前的版本,再将审核后已经完成修改的进度表保存为新的进度表版本。修改进度表的过程中,应当对修改事项和修改原因进行记录和保存以应对未来的审计检查等,这些信息应当记录在新的进度计划说明中。一旦完成所有修改,应重新计算关键线路并在进度计划说明中备注和记录有关内容,同时通知项目各方。

为了提高进度表审核的效率,有关项目管理人员应当优先关注进度表中的以下内容:

(1)方法措施。对方法措施的审核与修改需要格外谨慎,因为其内容会对项目的工期、成本、质量和风险造成潜在影响,并且可能构成对合同约定的违反。

(2)重复的进度活动。在一个大型复杂项目中需要完成大量相对重复的进度活动。当项目进入实际执行时,未来预计完工时间的预测需要基于实际生产效率进行计算。当前进度活动的执行数据应被用来预测剩余重复进度活动的计划工期。该预测结果与原计划目标之间的差值作为实施项目管理手段或措施的依据。如果发现预测进度晚于原计划进度,则应当及时调整计划资源的投入量或调整工序,以便后续进度回到原计划状态上。

(3)进度活动描述的修改。一个进度活动的描述在不同进度密度的状态下可能存在不一致。在低密度时,进度活动的描述相对比较宽泛。在中、高密度时,进度活动的描述相对比较具体而且独立。当对进度活动描述进行审核和修改时需要注意进度表当前所处的位置和阶段是否与其目的相匹配。在此基础上,审核进度活动描述需要进一步考虑的问题还包括描述是否准确、意义是否清晰、是否与进度计划说明一致、导致修改描述的原因等。

(4)进度活动工期的修改。进度活动的持续时间随着项目进度工作的深入需要不断被定期审核和修改。这是因为实际真实的生产效率和逐渐明确的合同约定(如分包商和供应商合同中的进度日期)将逐步替代或改变原进度表中的假设性数据。

(5)逻辑修改。逻辑关系是进度表中非常重要的组成部分,但是在很多项目中有关人员缺乏对其足够的重视。逻辑关系的审核和修改可能由于优化工期和资源平衡等目的引起,进而改变整个进度表的组织和安排。在不同的进度密度下,修改逻辑的影响程度也不同。低密度状态下修改逻辑会引起全局性的变化,中密度状态下会影响相关工作包,而高密度状态下只会影响个别进度活动。

(6)成本概述的修改。在进度表的规划编制阶段,成本信息的修改更容易完成。这时进度表的编制者可以从资源有效利用最大化的角度反复修改成本状态。而一旦进入项目执行阶段,对成本概述的审核和修改就需谨慎进行,因为这和整个进度状态密切相关,尤其是与合同要求有关的地方。审核内容包括成本如何分配,是否采用单位费率,是否超出总金额或限价,以及是否依据实际进度活动或资源数据等问题。此外,检查时还应结合工作分解结构进行。

无论出于何种目的,一旦对进度表进行修改都有可能影响原进度计划中的工期、逻辑关系或资源分配等,由此导致项目的关键线路发生变化。因此,审核工作也包括确定进度表中各部分和关键线路受该变化的影响,确保变动之后的关键线路具有恰当的工序、逻辑关系和工期长度等。

进度表中的自由时差和总时差应当通过逻辑关系的恰当设置实现自我管理,以此作为进行工期计算的数学基础。尽量避免人为使用进度约束或错误逻辑来操纵时差。审核关键线路时可能发现多条路径,因此在有条件的情况下为了提高效率可以通过从时差最小的进度任务开始检查关键线路。

针对一个大型复杂的 EPC [①]项目,审核进度表时需要注意的内容包括设计、采购、施工以及试车工作等内容。而对于关键线路的审核与修改则需要注意更加细节的逻辑关系、活动工期、时差、资源分配、进度约束、未使用的应急准备等。

其中,对于资源的审核十分重要。有效的资源分配是保障项目工期目标实现的核心。审核资源时需要综合考虑资源的类型、可获得性、适当性、成本以及产出效果等各个方面。尽管对资源分配的最佳决策时机是项目的早期规划阶段,但是随着项目的实施,在中高密度进度表的修改更新过程中也需要不断重新调整和优化资源分配计划。这要求项目管理团队与具体工作团队之间进行非常紧密的协调工作。

第二节　进度跟踪记录

任何过程记录都需要留备未来的审计检查使用,因此其记录的方法、内容和形式应当具备一定形式以满足这种使用需求。

为了有效地进行进度管理,进度跟踪记录可以由三类文件组成,它们分别是过程记录、质量控制记录和信息流转记录。

过程记录是进度跟踪记录文档中最重要的组成部分,可以说,过程记录是有效进度管理的血液。离开了过程记录,进度管理和进度控制将无从谈起。一份完整的过程记录文

① EPC:全称为 Engineering Procurement Construction(设计—采购—施工),是指承包单位接受业主委托,按照合同约定负责工程建设项目的设计、采购、施工、试运行等全过程或若干阶段工作的工程总承包模式。

档可以被用来识别进度活动的实际开始和结束日期，以及实际执行过程中的发展演化，还可以用来计算特定资源的实际生产效率，利用实际实施的生产数据进行进度预测，识别影响项目进度的干扰或延误事件，计算受影响的费用损失等。

为了保证过程记录的可用性和一致性，应当采用统一的方法和文档形式汇总、收集过程数据，并且应按照相同的检查要求对每一个数据汇总进行审核。因为过程记录是进度更新的来源，除非进度管理人员也负责数据的收集，否则进度表的跟踪、审核和修改或更新将很难获得事实上的支撑。另外，过程记录的发生频次不一定和周期性报告的更新有关，主要取决于项目的复杂程度。

过程记录的主要文档形式之一是周期性的进度报告，承包商编制的进度报告一般应当包含①：

（1）表格、图示和详细的进度描述，内容应涵盖承包范围里的设计、施工、采购、制造、物流、施工、安装、测试、试车和试运行等；

（2）照片和/或录像，用于展示现场或非现场工作的进展情况；

（3）永久工程涉及的设备和材料的制造信息，如制造商名称、制造地点、完成百分比和关键里程碑的节点日期等；

（4）质量管理文档，如检测报告、测试结果和有关证书等；

（5）由合同双方共同参加并确认的会议纪要；

（6）由第三方权威机构发布的天气数据；

（7）变更清单和通知函；

（8）健康和安全数据，包括任何有害事件和与环境及公共关系有关的活动等；

（9）计划与实际进度状态的对比，能够体现出给项目完工时间带来不利影响的原因并可以测算出预计延误的程度。

在完成上述内容的记录的同时，报告的作者需要注意通过他的记录应当能够为未来的其他报告使用者提供至少如下问题的答案：

（1）截至目前完成了什么以及完成了多少？

（2）剩余工作还需要多少时间来完成？

（3）这些工作由谁负责？

（4）还需要什么资源来完成工作？

（5）预计什么时间全部完工？

（6）完工的地点在哪里？

（7）采取什么措施保证完工目标实现？

质量控制记录常常作为一整套相对独立的系列文件单独归档。工程合同中一般要求

---

① See FIDIC, *Conditions of Contract for Plant and Design - Build*, FIDIC 2017, General Condition 4. 20 Progress Reports.

质量管理符合有关检测和测试的相关规范,并将有关文档作为业主接收和工程移交的一部分进行提交。通常来讲,质量控制记录包含的内容有:(1)质量主题;(2)规范要求;(3)检测时间;(4)检测负责人;(5)检测结果;(6)识别的缺陷;(7)采取的纠正措施;(8)纠正措施的开始和完成日期;(9)负责人签字。

信息记录的目的之一在于交换,项目各方的协同工作往往取决于信息流转的效率和效果。为了对信息交换的过程进行有效管理,信息流转记录需要对如下内容进行记录:(1)唯一的文档编号;(2)记录的主题;(3)内容的来源;(4)需要采取什么行动来应对;(5)谁负责这一行动;(6)该行动的开始和完成日期等。

在传统项目管理模式下,上述信息一般以纸质文档的形式呈现,但是随着信息化手段的不断丰富和成熟,有关文档已经可以通过合适的信息管理系统来进行管理。按照结构化的数据库,将有关信息和数据进行有效存储,并利用互联网的传输和共享优势进行有效的信息交换,实现信息流的高效协同。

第三节 进度表的更新

进度表的更新不同于修改进度表。更新工作仅仅是将已实际发生的数据添加到进度表中,并根据实际完成的进度情况重新计算关键线路的过程。上述进度跟踪记录中的内容就是进度更新的重要依据,如已完成的进度活动的实际开始和完成日期,已经开始但尚未完成的工作的生产效率等。

在整个进度管理过程中,进度更新是必须开展的一项工作。如果没有更新,那么进度表仅仅是一个反映项目开始之初基于历史假设的虚构情景。随着项目的持续进行,原始进度表中的内容有可能与实际进度状态的偏差越来越大。通过进度更新使进度表始终保持在一个动态调整的状态中,连续不断地为项目管理团队和进度管理人员提供有关决策的依据。这些决策可能涉及项目新的预测完工日期,提前识别可能的风险事件,是否需要实施放缓或加速施工措施等。

其中,基于已发生的事实数据进行预测并提前识别未来可能面临的困难及风险总是有帮助的。这是因为一旦困难或风险被有效识别出来,项目团队就可以指定某些预防或应对措施进行处理,避免或降低由此带来的损失。理想情况下,这种识别和应对措施的行为本身并不会带来质量的缺陷、成本的增加或工期的延误。

更新进度信息的另一个重要作用在于重新计算工期以及关键线路。重新计算获得的关键线路提供了优化项目管理目标的决策依据。

不仅如此,维护和更新进度表还有诸多优点,主要包括以下内容:

(1)根据动态更新的进度模型对变更的影响进行评估,准确计算受影响的工期、逻辑关系或项目资源等。

(2)保证项目实施所依赖的资源计划持续可靠,能够根据实际情况随时做出满足项目需求的灵活调整。

(3)利用假设性的分析判断某项具体施工工艺的影响,从而指导具体工作的开展。

(4)提前识别潜在风险,从而尽早完善应对措施,有效避免或降低损失,维护项目目标的达成。

(5)造成损失时更容易识别出原因并计算其后果,利于纠正或补救的同时也利于未来的争议解决。

第四节　风 险 管 理

在大型复杂项目中,常常由于项目初期信息的有限性约束,在实施过程中经常出现一些不可预料的工程风险。在暂不考虑广义风险事件①的前提下,这些风险事件通常是指那些本没有计划将要发生的事件。它们的出现很有可能会不利于项目工期目标的实现,打乱原定生产效率的达成,而且在项目早期很难预料。因此,实际情况往往是,当潜在风险事件发生时人们才意识到其已经或将要对工期进度造成干扰甚至是延误,而最终影响后果则需要在项目回顾中才能被准确识别。

针对这些风险事件可以从很多角度进行分类,但一般常见的分类方式是根据责任进行划分,由此可将这些风险事件划分为发包人的风险事件和承包人的风险事件。不论责任方属谁,如果想要避免风险事件的影响及引发的纠纷,就要有效地研究该事件的影响,识别该事件的开始日期、成因以及后果等。

分析风险事件时应当清楚罗列与其相关的逻辑关系,以及它所影响的事件和影响的方式。如果一个计划好的进度活动已经开始,那么随后出现的任何实际信息并不能改变它已经开始的事实。另外,进度活动之间的逻辑关系是在其实际开始之前就已经确定好的。因此,项目实施过程中出现的风险事件通常都会至少影响相应进度活动的持续时间。

以承包人的视角为例,除了由于自身原因导致的工期干扰或延误以外,引发风险的外部因素主要包括自动或隐含的修改指令、变更、项目采购、发包人行为、第三方行为等。

在项目管理协同过程中,经常会存在一些不易察觉的处理方式或信息导致相关工作的迟滞从而对进度工期造成威胁。例如:对符合合同要求的工作进行无依据的责难所导致额外的工作,签发修改的设计图纸来更正发包人要求中的不当内容,签发修改的文件来更正工程量清单或技术规格书中的不当内容,对于额外或变更工作信息需求的回应,对于符合合同要求的交付物进行无依据的拒绝等。

① 关于广义风险事件的定义与范围分析详见本书第四编第一章第一节内容。为便于比较查看,本节中的"业主"与"承包商"分别采用了"发包人"与"承包人"的表述。

对于工程项目中常见的变更问题,一般合同中都会对变更的定义和处理程序作出明确约定。而分析判断变更事件对项目工期的影响,关键点在于确认变更发生或被视为生效的时间节点。该时间点的确认步骤也应当在合同中进行明确约定。

合同中的大额开销一般意味着向供应商或分包商的采购。其任命或通知程序中必然有当事人的积极参与,所签订的合同条款中也应当包含工期的进度要求以及与之配套的工程范围。分包合同中应该包含延误发生后的处理原则和计算方法。这些关键日期的约定在多数情况下会被用来预测有关实际情况发生后的计算基准。

引发风险事件的重要来源之一是发包人的作为或不作为。在工程承包合同中,发包人的义务通常包括从有关当局获得许可或授权,及时批复承包人提交的文件,按期提供工程实施所需的基础文档以及支付工程款等内容。这些内容也许会由于不同项目的特殊要求而出现局部的区别。但是整体来讲,若发包人在履行上述合同义务时出现了与合同约定不符的行为时,工程进度极有可能受到不良影响。

风险事件的另一个来源是第三方的作为或不作为。有关第三方风险事件的认定过程相对较为直接,其认定的准则与分包商原因的认定类似,除非其确实影响到工程进度,否则发包人不应当为此而承担工期延长风险。这种情况下,进度延误的开始日期一般定为特定事件的发生日期。另外,还有一种特殊情况,即不可抗力或例外事件的影响,除非合同对此有特殊约定,一般情况下发包人给予工期延长,但不再补偿承包人遭受的成本损失。

当风险事件发生时,容易与工期延误产生混淆的是进度干扰。干扰的情况下工作效率会受到影响,使同等工作量的成本增加。有时干扰和延误之间可能存在互为因果的关系。这也是干扰问题的复杂性原因之一。分析干扰的核心,判断依据是工作效率是否受到了影响,可以通过资源投入产出比的计算方式比较受到干扰前后的变化量值。

而对于工期延误的量化计算则可以通过多种量化计算方法获得。其中,针对已识别风险事件的分析计算可以采用本书下文所述的“时间影响分析法”或“计划受影响分析法”等,也可以使用“计划与实际进度对比”的方法进行观察并分析延误原因及其责任。

第五节 进度监控

进度监控主要针对项目预期达到的目标,来监控目前的进展是否达到、超过或未达到这一预期目标。进度监控有利于掌握项目的实时趋势和向管理高层的汇报总结。

仅仅监控项目进度而不重新规划关键线路的管理方式在大型复杂项目中不能作为进度管理的唯一手段,因其主要有两大缺陷:

(1)通常无法识别出关键与非关键行为,或无法及时察觉重要程度的变动;

(2)无法预测单个离散的风险事件影响程度,因为无法区分同一时间段内来自不同风险事件的影响,同样也无法区分影响进度的事件究竟来自哪一方。

在任何复杂项目中,无论出于何种原因,或因为哪一方的责任,都可能会遇到需要想办法恢复已被延误工序时间的项目进度或者“赶工”。进度恢复与赶工作为基本的策略,在施工方案规划时就应囊括。原则上,可以采取的措施可能涉及以下一个或多个不同方面的调整[①]:(1)设计;(2)材料与人工的规范化;(3)施工方法;(4)工作量;(5)工作顺序(改变逻辑依赖关系);(6)资源;(7)工作时间;(8)突发事件;(9)信息流。

在项目实践中,无论采用何种具体措施恢复项目进度,都需要考虑以下问题:

(1)导致进度延误的风险来自哪一方?

(2)项目的哪一部分受到影响?

(3)哪些具体工作会因此延误?

(4)希望恢复的时间有多少?

(5)需要恢复进度的项目线路有哪些?

(6)需要恢复的进度线路上有哪些待完成工作?

(7)针对不同的进度线路和工作,是否需要采用不同的恢复方法?

(8)恢复进度预计的花费是多少?

(9)恢复措施的效果预计如何?

(10)恢复进度的措施可能会遇到哪些风险?

面对各种不同的潜在补救措施,在指定优先级的时候应该考虑根据现有计划,何时可能会采用这些措施以及需要恢复的时间有多少。无论最终采取哪种措施,对上述问题的考虑以及选用该措施的原因都需要在进度计划说明中阐明,以后会在经审查和修改后的进度表中沿用。

进度管理需要牢记的一条原则是:做项目计划时需要将应急措施作为计划工作与逻辑的一部分进行考虑,并且尽可能与现有的风险评估保持一致。如果项目早期的风险事件没有得到妥善处理,随着项目本身的进展,可选的补救措施毫无疑问会减少,则项目按期竣工的可能性也会随之降低。

相应地,突发事件的评估和处理需要考虑与之相关的计划部分和风险。评估突发事件的影响时需要考虑进度若因此延期并需要恢复时,承包商与业主双方的责任划分,以此评估留给双方处理突发事件的时间余量。

因突发事件带来的风险,经审查及计算后,在新版本的计划中应该加入对应的补救性工作(单个或一系列措施),以恢复突发事件带来的影响。如有证据表明预期的风险并未发生或严重程度低于预期,则应急方案在计划中的比例应该减少或直接取消,恢复至之前计划好的较为理想情况下的进度序列。因风险未发生而冗余的应急措施,既可以并入项

① See CIOB, *Guide to Good Practice in the Management of Time in Complex Projects*, Wiley - Blackwell, 2011, p. 99.

目后续过程的应急措施中(以防未来风险增大后的再次评估),也可以直接取消。

在启动任何应急方案或加速措施以前,原进度表都需另准备一份作为存档文件,修改后的进度表则作为新版本继续使用。在进度计划说明修改的过程中,任何修改都必须保留可跟踪的痕迹,包括修改的原因。所有修改完成后,进度表里的关键线路必须重新计算和记录,由此产生的变动必须标注出来。

第三编

工期争议解决应当收集整理的材料

第一章

概　述

一般来讲,工期延误证据材料可分为以下七种类型。

一、项目前期文件

项目前期文件中与工期延误相关的证据材料包括但不限于:项目前期审批手续、发包人资质文件、承包人资质文件、标前文件等。

二、合同与招投标文件

合同文件与招投标文件是确定工期延误事件权利和赔偿金额的关键源文件。上述文件确定了承包人实施工程的要求以及实施工程的时间和成本方面的假定基准。合同与招投标文件中与工期延误相关的证据材料包括但不限于:招标文件、投标文件、合同文件、补充协议等。

三、工程进度计划文件

在工程项目招投标阶段、项目开工时,以及项目实施过程中会产生许多与工程相关的进度计划文件。工程进度计划文件中与工期延误相关的证据材料包括但不限于:投标文件中的工程进度计划、中标后的合同进度计划、工程执行过程中的进度计划更新、周期性滚动进度计划、专项/局部工程进度计划、竣工进度计划、其他进度计划(设计、采购、第三方工作等)等。

四、工程实施过程记录文件

工程实施过程记录文件可用于确定工程在特定时间的进度。工程实施过程记录文件中与工期延误相关的证据材料包括但不限于:开工文件、施工现场条件、承包人施工记录、工程照片及声像资料、监理月报、设计成果发放与签收记录、设备与物资到场证明及签收记录、工程质量验收申请文件、阶段性质量验收记录、工程竣工验收与备案文件等。

五、资源投入与支付记录文件

资源记录是帮助了解劳动力、机械设施等资源在现场的使用情况的记录。该记录通常按照每日的情况进行统计,并力求将资源记录与工程进度计划的活动相关联。费用记录显示的是在工程实施过程中发生的费用,有助于帮助确认延误索赔的金额。资源投入与支付记录文件中和工期延误相关的证据材料包括但不限于:施工工料机动态统计文件、分包合同、发包人材料与设备供应文件、承包人材料与设备供应文件、材料与设备认价文件、工程款申报文件、工程款支付文件、造价信息资料等。

六、往来函件和管理记录文件

往来通信函件和管理记录是帮助了解实施过程中的工程管理和合同管理有关的书面文件。往来通信函件和管理记录文件中与工期延误相关的证据材料包括但不限于:发包人指令及确认文件、监理通知、承包人函件及签收记录、会议纪要、工程洽商与签证文件、其他合同双方往来文件等。

七、其他文件

除上述六类典型证据材料外,其他文件中与工期延误相关的证据材料包括但不限于:法律及政策性文件、气象资料、质量奖项、工程结算资料、结算协议书、工程保修文件等。

下文将选取上述七类文件中的典型工期延误证据材料进行释义、索赔用途介绍与相关案例分析。需要说明的是,囿于篇幅所限,下文中的部分证据材料仅保留了材料释义内容,索赔用途与相关案例将不再于本书中体现,具体内容详见本书著者之一袁华之律师所著的《建设工程索赔与反索赔》一书。

第二章

典型工期延误证据材料释义与案例

第一节　项目前期文件

一、项目前期审批手续

【释义】

本项所指项目前期审批手续一般包括工程建设所需的建设用地使用权证、建设用地规划许可证、建设工程规划许可证、建筑工程施工许可证、临时用地许可证等行政批准文件。

建设用地使用权证是指经土地使用者申请,由各级人民政府颁发的国有土地使用证、集体土地使用证、不动产权证书等法律凭证。该证主要载明土地使用者名称,土地坐落、用途,土地使用权面积、使用年限和四至范围。关于建设用地使用权证的取得,主要规定如下,《土地管理法》第 12 条第 1 款规定:"土地的所有权和使用权的登记,依照有关不动产登记的法律、行政法规执行。"《不动产登记暂行条例》第 5 条规定:"下列不动产权利,依照本条例的规定办理登记:(一)集体土地所有权;(二)房屋等建筑物、构筑物所有权;(三)森林、林木所有权;(四)耕地、林地、草地等土地承包经营权;(五)建设用地使用权;(六)宅基地使用权;(七)海域使用权;(八)地役权;(九)抵押权;(十)法律规定需要登记的其他不动产权利。"第 7 条规定:"不动产登记由不动产所在地的县级人民政府不动产登记机构办理;直辖市、设区的市人民政府可以确定本级不动产登记机构统一办理所属各区的不动产登记。跨县级行政区域的不动产登记,由所跨县级行政区域的不动产登记机构分别办理。不能分别办理的,由所跨县级行政区域的不动产登记机构协商办理;协商不成的,由共同的上一级人民政府不动产登记主管部门指定办理。国务院确定的重点国有林区的森林、林木和林地,国务院批准项目用海、用岛,中央国家机关使用的国有土地等不动产登记,由国务院国土资源主管部门会同有关部门规定。"

建设用地规划许可证是城市规划行政主管部门向建设单位核发的用以确认建设单位

名下建设项目用地位置和范围符合城市规划的凭证。《城乡规划法》第 37 条第 1 款规定："在城市、镇规划区内以划拨方式提供国有土地使用权的建设项目，经有关部门批准、核准、备案后，建设单位应当向城市、县人民政府城乡规划主管部门提出建设用地规划许可申请，由城市、县人民政府城乡规划主管部门依据控制性详细规划核定建设用地的位置、面积、允许建设的范围，核发建设用地规划许可证。"

建设工程规划许可证是城市规划行政主管部门向建设单位核发的用以证明建设工程符合城市规划要求的法律凭证。《城乡规划法》第 40 条第 1 款规定："在城市、镇规划区内进行建筑物、构筑物、道路、管线和其他工程建设的，建设单位或者个人应当向城市、县人民政府城乡规划主管部门或者省、自治区、直辖市人民政府确定的镇人民政府申请办理建设工程规划许可证。"

建筑工程施工许可证俗称"开工证"，是由住房和城乡建设管理部门向建设单位核发的用以证明建筑施工单位符合各种施工条件、允许开工的批准文件，是建设单位进行工程施工的法律凭证。《建筑法》第 7 条规定："建筑工程开工前，建设单位应当按照国家有关规定向工程所在地县级以上人民政府建设行政主管部门申请领取施工许可证；但是，国务院建设行政主管部门确定的限额以下的小型工程除外。按照国务院规定的权限和程序批准开工报告的建筑工程，不再领取施工许可证。"

所谓临时用地批准手续是建设单位为建设项目施工或地质勘查或其他需要而向土地管理部门申请办理的相关文件。《土地管理法》第 57 条第 1 款规定："建设项目施工和地质勘查需要临时使用国有土地或者农民集体所有的土地的，由县级以上人民政府自然资源主管部门批准。其中，在城市规划区内的临时用地，在报批前，应当先经有关城市规划行政主管部门同意。土地使用者应当根据土地权属，与有关自然资源主管部门或者农村集体经济组织、村民委员会签订临时使用土地合同，并按照合同的约定支付临时使用土地补偿费。"

【索赔用途】

项目前期审批手续的取得对建设工程施工合同的效力有重要影响，而施工合同的效力与承发包双方的利益密切相关。《施工合同司法解释（一）》第 3 条第 1 款规定："当事人以发包人未取得建设工程规划许可证等规划审批手续为由，请求确认建设工程施工合同无效的，人民法院应予支持，但发包人在起诉前取得建设工程规划许可证等规划审批手续的除外。"根据该条款，在项目前期审批手续中，建设用地规划许可证、建设工程规划许可证的缺失将可能直接导致建设工程施工合同无效。一个建设项目的依法合规开展离不开规划行政主管部门的事先控制。建设用地规划许可是建设工程规划许可的前提，未得到建设用地规划许可的建设项目，不可能取得建设工程规划许可。需要指出的是，因未取得建设工程规划许可证导致合同无效的过错在发包方，如果因为合同无效导致承包方损失的，发包方应当承担过错责任。[①] 发包方虽在起诉前取得建设用地规划许可证、建设工程规划许可证，但因其未按期取得上述证照导致承包方被有关机关责令停工的，承包方也可向建设单位提起工期索赔及费用索赔。

关于缺失建设用地使用权证是否导致建设工程施工合同无效的问题，我们认为，建设单位申请办理建设用地规划许可证、建设工程规划许可证时，应当提交土地合法使用的证明文件，只要建设单位取得规划许可即可证明其已取得土地合法使用的文件，即使其未取得建设用地使用权证，也不影响建设工程项目的合法性，就该合法建设项目签订的施工合同应为有效。发包人、承包人因施工合同履行产生纠纷的，可依据施工合同约定各自主张己方权利。

建设单位未取得建筑工程施工许可证签订合同的，通说认为其违反的相关强制性规定不足以导致民事法律行为无效，因此，合同效力不受影响。但建设单位未取得建筑工程施工许可证要求施工单位进场施工的，施工单位可能拒绝，也可能在施工中被行政机关责令停工，施工单位拒绝进场施工或被责令停工期间产生损失、延误工期的，可向发包人索赔，施工单位对被责令停工存有过错的，也应承担相应责任。

建设单位未办理临时用地批准手续的，施工占用的土地可能会被政府部门收回，进而影响工期。例如，某工程施工单位提出需临时占用部分道路作为材料堆放场地，建设单位同意施工单位对工作面的布置，但未向土地管理部门申请办理临时用地批准手续。施工中，因建设单位与施工单位出现纠纷，施工单位匿名举报了建设单位未办理临时用地手续，土地管理部门调查核实后要求建设单位限期清理材料，退还道路用地，缴纳临时使用土地费用及罚款。后施工单位就延误的工期及材料运输增加的相关费用向建设单位提起了索赔。

综上，办理项目前期审批手续的法定义务主体系发包人，发包人未及时取得合法建设手续导致工期延误并给承包人造成损失的，承包人可向发包人提起索赔。

二、承包人资质文件

【释义】

由于承包人资质文件较之于发包人资质文件而言涵盖范围更广、具体类目更为细化，鉴于篇幅所限，我们仅从承包人资质文件的角度出发，重点阐述建筑业企业资质证明材料在工期索赔中的重要性。关于建筑业企业作为承包人的资质问题，我国《建筑法》《建筑业企业资质管理规定》等相关法律法规均有严格的规定，且目前已形成一个完整的建筑业企业资质体系。

《建筑业企业资质标准》规定，我国建筑业企业资质分为施工总承包、专业承包和施工

① 参见最高人民法院民事审判第一庭编著：《最高人民法院〈建设工程施工合同司法解释（二）〉理解与适用》，人民法院出版社 2019 年版，第 70 页。

劳务三个序列。其中施工总承包序列设有12个类别,一般分为4个等级(特级、一级、二级、三级);专业承包序列设有36个类别,一般分为3个等级(一级、二级、三级);施工劳务序列不分类别和等级。

施工总承包序列的12个类别分别是:建筑工程施工总承包、公路工程施工总承包、铁路工程施工总承包、港口与航道工程施工总承包、水利水电工程施工总承包、电力工程施工总承包、矿山工程施工总承包、冶金工程施工总承包、石油化工工程施工总承包、市政公用工程施工总承包、通信工程施工总承包和机电工程施工总承包。

专业承包序列的36个类别分别是:地基基础工程专业承包、起重设备安装工程专业承包、预拌混凝土专业承包、电子与智能化工程专业承包、消防设施工程专业承包、防水防腐保温工程专业承包、桥梁工程专业承包资质、隧道工程专业承包、钢结构工程专业承包、模板脚手架专业承包、建筑装修装饰工程专业承包、建筑机电安装工程专业承包、建筑幕墙工程专业承包、古建筑工程专业承包、城市及道路照明工程专业承包、公路路面工程专业承包、公路路基工程专业承包、公路交通工程专业承包、铁路电务工程专业承包、铁路铺轨架梁工程专业承包、铁路电气化工程专业承包、机场场道工程专业承包、民航空管工程及机场弱电系统工程专业承包、机场目视助航工程专业承包、港口与海岸工程专业承包、航道工程专业承包、通航建筑物工程专业承包、港航设备安装及水上交管工程专业承包、水工金属结构制作与安装工程专业承包、水利水电机电安装工程专业承包、河湖整治工程专业承包、输变电工程专业承包、核工程专业承包、海洋石油工程专业承包、环保工程专业承包和特种工程专业承包。

2020年11月30日,住房和城乡建设部印发《建设工程企业资质管理制度改革方案》,将10类施工总承包企业特级资质调整为施工综合资质,可承担各行业、各等级施工总承包业务;保留12类施工总承包资质,将民航工程的专业承包资质整合为施工总承包资质;将36类专业承包资质整合为18类;将施工劳务企业资质改为专业作业资质,由审批制改为备案制。综合资质和专业作业资质不分等级;施工总承包资质、专业承包资质等级原则上压减为甲、乙两级(部分专业承包资质不分等级),其中,施工总承包甲级资质在本行业内承揽业务规模不受限制。这将是未来建设工程企业资质管理制度改革的方向。

此外,需要说明的是,建设工程合同的承包人并不仅限为法人,对于法律、行政法规规定应具备资质等级范围以外的建设工程,自然人或其他组织也可以成为承包人。但由于建设工程相关法律法规与合同示范文本主要旨在调整具备相应法定资质等级才能进行施工承包工作的承发包双方法律关系,故本书暂不讨论对承包人资质等级没有要求的小型工程中的承包人资质问题。

第二节　合同与招投标文件

一、招标文件

【释义】

本项所指的招标文件包括招标图纸和技术标准、规范及有关技术文件，有时还包括水文、地质、坐标资料。对招标文件进行补充的文件即补充招标文件，以及招标过程中发包人发出的答疑文件等也是招标文件的组成部分，该类文件均属于招标人向潜在投标人发出的要约邀请。

所谓补充招标文件，是指招标人对已发出的招标文件进行必要的澄清或者修改，并在招标文件要求提交投标文件截止时间至少 15 日前，以书面形式通知所有招标文件收受人的文件。该澄清或者修改的内容为招标文件的组成部分。一般情况下，补充招标文件是招标人对招标文件进行的主动修改、澄清。而招标过程中发包人发出的答疑文件则是招标人对投标人就招标文件提出疑问的回复，是招标人对招标文件的被动修改、澄清。

根据《招标投标法》第 19 条规定，招标人应当根据招标项目的特点和需要编制招标文件。招标文件应当包括招标项目的技术要求、对投标人资格审查的标准、投标报价要求和评标标准等所有实质性要求和条件以及拟签订合同的主要条款。国家对招标项目的技术、标准有规定的，招标人应当按照其规定在招标文件中提出相应要求。招标项目需要划分标段、确定工期的，招标人应当合理划分标段、确定工期，并在招标文件中载明。可见，招标文件是由招标人编制并向潜在投标人发售的明确资格条件、合同条款、评标办法和投标文件相应格式的文件。

【索赔用途】

实践中，有的施工合同明确约定其组成文件包括招标文件，招标文件即属于施工合同文件的组成部分；有的施工合同组成文件未包括招标文件，则招标文件不属于施工合同文件的组成部分。

当招标文件与施工合同发生矛盾、冲突时，裁判机关一般会考虑按照以下原则处理：在施工合同明确约定其组成文件包括招标文件，且对合同文件解释顺序进行约定的情况下，一般尊重双方真实意思表示，根据合同约定的文件解释顺序确定优先适用的文件，即在履行施工合同时应按照排列顺序在先的文件履行。在施工合同未明确约定其组成文件包括招标文件，或即使约定包括招标文件，但未对合同解释顺序予以明确的情况下，如其中一方当事人请求将招标文件作为工程价款结算依据的，裁判机关一般会按照《施工合同司法解释(一)》第22条①的相关规定予以支持。这主要是由于招标文件系招标人首次向投标人就项目情况、合同条件发出的文件,系签订建设工程施工合同所需的基础资料,能较客观地反映发包人签订建设工程施工合同时的真实意图和项目的基本情况,当招标文件与其后签订的合同文件存在矛盾、冲突的,虽然当事人在履行合同时较少参照招标文件,但如果双方在工程价款结算时产生争议,便有可能通过招标文件找到造成冲突的原因及责任方,招标文件相应地成为双方提出索赔的证据。

【索赔案例②】

2004年9月,投标人四川攀峰路桥建设集团有限公司(以下简称攀峰公司)投标西部大通道包(头)北(海)线陕西境黄陵至延安高速公路路面工程LM-1标段。招标人陕西黄延高速公路有限责任公司(以下简称黄延公司)在招标文件中载明:“招标人将在资料表中写明的地点和时间统一组织投标人对现场及周围环境进行一次考察,以便使投标人自行查明或核实有关编制投标文件和签订合同所需的一切资料。承包人应对他自己就上述资料的解释、推论和应用负责。”“本项目路基工程不可能一次全面完成,由此引起的一切投标人应充分考虑,业主不承担由此引起的索赔。”2005年4月1日,黄延公司招标办公室向攀峰公司发出中标通知书。

2005年4月28日,黄延公司(业主)与攀峰公司(承包人)签订《合同协议书》,约定:第一,LM-1标段由K165+500至K199+600,长34.1km。技术标准:高速公路。第二,下列文件应视为构成并作为阅读和理解本协议书的组成部分,即:(1)本合同协议书及廉政合同;(2)中标通知书;(3)投标书及投标书附录(含承包人在评标期间和合同谈判过程中递交和确认,并经业主同意的对有关问题的补充资料和澄清文件等,如果有);(4)合同专用条款(含数据表和招标文件补遗书中与此有关的部分,如果有);(5)合同通用条款;(6)技术规范(含数据表和招标文件补遗书中与此有关的部分,如果有);(7)图纸(含招标文件补遗书中与此有关的部分,如果有);(8)标价的工程量清单;(9)构成本合同组成部分的其他文件。第三,上述文件将互相补充,若有不明确或不一致之处,以次序在先者为准。第四,根据工程量清单所列的预计数量和单价计算的本合同总价为18,713.4179万元。第五,由于业主按本协议书第6条所述给承包人支付合同价款,承包人在此立约:保证在各方面按合同文件的规定承担本合同工程的实施和完成及其缺陷的修复。第六,作为对本合同工程的实施和完成及其缺陷修复的报酬,业主在此立约:保证按照合同文件规定的时间和方式向承包人支付合同价款。第七,承包人应在监理工程师发出开工令之后,在投标书附录中写明的开工期限内开工。合同工程工期为20个月,工期从上述开工期的最后一天算起。开工令应在签订合同协议书以后,在投标书附录中写明的开工令期限内

① 《施工合同司法解释(一)》第22条:当事人签订的建设工程施工合同与招标文件、投标文件、中标通知书载明的工程范围、建设工期、工程质量、工程价款不一致,一方当事人请求将招标文件、投标文件、中标通知书作为结算工程价款的依据的,人民法院应予支持。

② 参见最高人民法院民事判决书,(2016)最高法民终262号。

发出。第八，本项目实行3个月试用期制度，试用期满经考核不合格者，业主有权单方面终止合同。《合同专用条款数据表》记载，发开工令期限：签订合同协议书之日后28天内；开工期：接到开工令之日算起28天内。合同通用条款第41.1款约定：监理工程师将在投标书附录规定的期限内发布开工令，承包人收到监理工程师开工令之后，应在投标书附录中规定的开工期内开工，然后连续均衡地施工。第43.1款约定：本合同工程，或按合同约定有单独工期的单项工程（如果有），应根据第48条的规定，在投标书附录中对本合同工程或单项工程写明的工期内完成，或在按第44条规定批准后的延长工期内完成，工期均从开工期的最后一天起算。第44.4款约定：监理工程师在收到承包人按第44.2款规定的要求延期的通知并提交具体细节，或按第44.3款提交了最后详细资料后，应在28天内将审核意见报经业主批准并将决定通知承包人，或要求承包人进一步补充延期的理由。如果监理工程师在28天内不予答复，则应视为承包人要求的延期已经业主批准。第59.1款约定：为了履行合同中专业化的或需特殊专业资质要求的工程施工或提供关键的、专项的材料、设备的供货，以及由于承包人违约业主需雇用其他承包人完成部分工程，业主应通过公开招标或邀请招标方式选定施工单位或供货单位作为业主的特殊分包人或供货人。并要求承包人与进行专项施工或供货分包的特殊分包人或供货人签订分包合同。第60.10款约定：在合同工程交工证书签发后42天之内，承包人应以监理工程师批准的格式向监理工程师提交一份交工结账单，并附上用详细资料说明的证实文件。双方当事人在合同上签字盖章。《黄延高速公路路面工程施工招标第01号补遗书》第3条规定，关于材料供应问题，甲供材料中提出基质沥青由业主统供，到场价格为2800元/吨，改性沥青到场价格为3600元/吨。第8条第5项规定，路基将分段分期交验，具体交工计划安排待进场后提供。

后黄延公司与攀峰公司因路基工程未按时完工发生纠纷，攀峰公司向黄延公司提出工期索赔并诉至陕西省高级人民法院，法院经审理认为，关于待工、停工损失赔偿问题，由于黄延公司在招标文件中已明确，“招标人将在资料表中写明的地点和时间统一组织投标人对现场及周围环境进行一次考察，以便使投标人自行查明或核实有关编制投标文件和签订合同所需的一切资料。承包人应对他自己就上述资料的解释、推论和应用负责”；招标文件要求：“本项目路基工程不可能一次全面完成，由此引起的一切投标人应充分考虑，业主不承担由此引起的索赔”；黄延公司的《黄延高速公路路面工程施工招标第01号补遗书》明确路基工程将分段、分期交验；根据招标文件的要求，黄延公司组织投标人进行了工程现场考察，攀峰公司没有向招标人提出若路基标段不能按期交工、会造成路面标段待工、停工问题的澄清说明，故对施工过程中出现的待工、停工问题，黄延公司不承担责任。根据鉴定意见书，待工、停工的责任在于攀峰公司。故攀峰公司主张的待工、停工损失赔偿，依据不足，不予支持。

攀峰公司不服一审判决上诉至最高人民法院，最高人民法院审理后作出二审判决，维持原判。

二、投标文件

【释义】

《招标投标法》第 27 条第 1 款规定:“投标人应当按照招标文件的要求编制投标文件。投标文件应当对招标文件提出的实质性要求和条件作出响应。”可见所谓投标文件,是指投标人在充分领会招标文件的内容并经过认真考察和研究之后,决定对某项目进行投标,而根据招标人要求填写向其递交的书面文件。投标文件是对招标文件提出要求的响应和承诺,并同时提出具体的投标价来竞争中标。投标文件通常由商务部分和技术部分两部分组成。

商务部分主要包括:法定代表人身份证明书、法人授权委托书、投标函、投标函附录、投标保证金交存凭证复印件、对招标文件及合同条款的承诺及补充意见、工程量清单计价表、投标报价说明、报价表(又称“投标一览表”)、投标文件电子版(U 盘或光盘)、企业营业执照、资质证书、安全生产许可证等。

技术部分主要包括:施工部署、施工现场平面布置图、施工方案、施工技术标准、施工组织设计及施工进度计划(包括施工段的划分、主要工序及劳动力安排以及施工管理机构或项目经理部组成)、施工机械设备配备情况、质量保证措施、工期保证措施、安全施工措施、文明施工措施等。

【索赔用途】

投标文件被广泛运用于索赔之中,既有承包人利用投标文件向发包人提出索赔的情形,也有发包人利用投标文件向承包人提出索赔的情形。

非因承包人原因导致承包人停、窝工时,承包人往往利用商务标中的工程量清单计价表、报价表及技术标中的施工组织设计及施工进度计划(包括劳动力安排以及施工管理机构或项目经理部组成)、施工机械设备配备情况等向发包人索赔人、材、机费用上涨损失及停、窝工损失。

因承包人原因导致工期延误时,发包人往往利用商务标中的投标承诺或其他含有承诺性表示的文件(招标人在招标时往往要求投标人承诺,一旦工期出现延误自愿接受处罚以及承担因此造成的一切经济损失)以及技术标中的施工组织设计及施工进度计划向承包人索赔工程延期违约金及经济赔偿金,或主张扣除承包人相应工程款;由于承包人原因导致工程出现质量事故或质量不合格时,技术标中的大量资料往往可以证明承包人管理不到位、人员配比不足,以及未按施工方案及技术标准施工等,发包人也可利用前述文件向承包人提出经济索赔。

【索赔案例①】

华润置地(重庆)有限公司(以下简称华润重庆公司)为其开发的重庆市建设厂一期 A

① 参见重庆市高级人民法院民事判决书,(2013)渝高法民终字第 00303 号。

组团工程进行园林工程招标,重庆五洲园林工程有限公司(以下简称五洲公司)参加投标并中标。2009 年 9 月 24 日,五洲公司作为专业分包商、华润重庆公司作为发包人、江苏中兴建设有限公司及江苏省建工集团有限公司作为承包商共同签订了园林施工工程合同文件,将建设厂项目一期 A 组团园林施工工程直接发包给五洲公司。该合同文件由四部分组成:第一部分为《合同协议书》《中标通知书》《投标书》;第二部分为《合同条款》及《投标须知》;第三部分为《议标澄清函》及《工程规范》;第四部分为《工程量清单》。

《合同协议书》约定,合同总价 5,875,956 元,总工期为 80 天,具体开工日期以开工指令明确的时间为准。《合同条款》第 10.2 款第 1 项约定,施工条件、性质与合同约定之工程项目相同,按合同已有之单价计算,变更价款只是工作量的增减变化引起。第 11.2 款约定,在分包工程实施过程中,如果专业分包商遇到了因发包人/承包商原因而引起的任何不利的外界障碍或外部条件或其他情况而由此可能引起的索赔时,专业分包商应在遵守本合同约定的情况下,按照合同约定的指示,采取一切合理步骤从发包人处获得可能的赔偿。(1)专业分包商应于索赔事件发生后 5 天内向承包商提出申请针对赔偿事件的具体内容到现场进行实际认定,其中针对隐蔽工程的现场认定,专业分包商须于工程隐蔽前通知承包商、工程监理、发包人到场进行针对赔偿事件的确认。(2)专业分包商于承包商确认后 10 日内向承包商提交经本合同条款第 11.2 款第 1 项之方式确认的证明此赔偿的真实性的材料及专业分包商对赔偿具体要求的报告。《投标须知》第 7.2 款规定,潜在投标人在编制投标文件之前,应参加招标人组织的现场勘察或经招标人同意后进行现场勘察,对招标工程场地原始地貌进行测量、灾害性地质、周边环境(如重要建筑物、构筑物、地下地上管线拆迁或邻近保护)、运输通道等进行勘察,潜在投标人应编制经济合理的施工方案,并将所有相关费用考虑在报价中,潜在投标人因未能履行本条而引起的任何索赔将不获批准。第 7.3.1 项规定,无论潜在投标人是否踏勘过现场,均被认为在递交标书之前已经踏勘现场,对本合同工程的风险和义务已经十分了解,并在其投标文件及标价内中已经充分考虑现场、现有建筑物位置情况、周围环境,以及现场的通道、工作空间等一切有关事项。第 9.2 款规定,除非本招标文件中另有规定,投标价格应包括完成招标文件内所说明的全部工作所需的费用。并且此投标价格是以投标人提交的单价,即标价的工程量清单中所报的单价和合价,以及报价汇总表中的价格为基础的。投标价格中应包括但不限于人工、机械、材料、维护、损耗、保险、管理、利润、税金、政策性文件规定、风险、责任以及深化设计等所有费用。根据《议标澄清函》第 5 条,华润重庆公司请五洲公司确认,华润重庆公司设置的工期约定奖励中所指的工期是以华润重庆公司工程部出具的"开工指令"上明确的时间起至取得单项验收合格证明上明确的时间止。在此期间,华润重庆公司可能将分区分块地根据现场情况向五洲公司移交施工场地,五洲公司不得以此作为要求工期顺延的理由。《工程规范》第 8 条第 1 项规定,专业分包商必须视察现场,熟悉现场的地理位置、通道、通信设备、现有管线、土壤性质,以及工地内作储存物料和施工用途的工作区,一切现场地面及地下设备和建筑物,以及取得一切可能影响施工的所有资料,并将清理、平整等有关预备费用包括在其投标价格内，专业分包商不得以不清楚现场的情况为借口而作出额外索赔或要求延长竣工期限。第9条规定，专业分包商须接受进场当天的现场实况，自行决定是否需要复核现场实际情况，已经交接视为专业分包商已完全接受现场之实况，日后有关的任何索赔及工期延长申请将不获批准，由于接受现场实况产生之费用视为专业分包商已综合考虑在合同价款中。第10条规定，专业分包商同样也应了解于施工期间可能遇上很多不能预计的障碍物，如原建筑物基础混凝土地板、沟渠、桩基、旧桩头、地下各种管道及管线设施、古物、人防或其他地下建筑物、废置管道、大石块、树根及其他人为产物等。因此，专业分包商须估算并承担清除上述各种障碍物的额外处理费用及可能引致工期延误之风险并包含在合同工程总价之内。上述内容五洲公司均确认同意，并在《投标书》或《议标澄清函》中对此进行了实质性响应。

后华润重庆公司与五洲公司因工期延误造成的材料费价格上涨发生纠纷，五洲公司向华润重庆公司提出工期索赔并诉至重庆市第五中级人民法院。一审法院经审理认为，五洲公司与华润重庆公司双方签订的《合同协议书》系双方当事人的真实意思表示，内容不违反法律法规，应合法有效。根据双方的约定，《中标通知书》、《投标书》、《合同条款》、《投标须知》、《议标澄清函》、《工程规范》及《工程量清单》均是合同文件的组成部分，故双方当事人均应受前述合同文件的约束。五洲公司称，由于华润重庆公司延迟交付场地及场地存在交叉施工等原因造成工期延长，要求华润重庆公司赔偿其损失。法院认为，根据前述合同文件的相关约定，五洲公司负有踏勘现场的义务，并对本合同工程的风险和义务已经十分了解，并在其投标文件及标价内中已经充分考虑现场、现有建筑物位置情况、周围环境，以及现场的通道、工作空间等一切有关事项，不得以不清楚现场的情况为借口而作出额外索赔或要求延长竣工期限。专业分包商须接受进场当天的现场实况，自行决定是否需要复核现场实际情况，已经交接视为专业分包商已完全接受现场之实况，日后有关的任何索赔及工期延长申请将不获批准，由于接受现场实况产生之费用视为专业分包商已综合考虑在合同价款中。专业分包商同样也应了解于施工期间可能遇上很多不能预见的障碍物，如原建筑物基础混凝土地板、沟渠、桩基、旧桩头、地下各种管道及管线设施、古物、人防或其他地下建筑物、废置管道、大石块、树根及其他人为产物等。因此，专业分包商须估算并承担清除上述各种障碍物的额外处理费用及可能引致工期延误之风险并包含在合同工程总价之内。并且，在《议标澄清函》中，五洲公司对“华润重庆公司可能将分区分块的根据现场情况向五洲公司移交施工场地，五洲公司不得以此作为要求工期顺延”也予以确认同意。因此，一审法院认为五洲公司要求华润重庆公司承担工期延误造成损失的理由不成立，对其诉讼请求未予支持。

五洲公司不服一审判决向重庆市高级人民法院提起上诉，二审法院亦同意一审法院观点并判决维持原判。

第三节　工程进度计划文件

一、投标文件中的工程进度计划

【释义】

如上节所述，投标文件通常由商务部分和技术部分两部分组成。其中，技术部分就包括工程进度计划（包括施工段的划分、主要工序及劳动力安排以及施工管理机构或项目经理部组成等）以及与进度计划相关的施工部署、施工现场平面布置图、施工方案、施工技术标准、施工组织设计、施工机械设备配备情况、质量保证措施、工期保证措施、安全施工措施、文明施工措施等文件。

投标文件中的工程进度计划，是投标人为了获得项目的承包权而响应招标文件具体要求编制完成的进度管理技术文件。工程进度计划文件主要依据招标文件所提供的工程细节、招标人对实现招标工程的成本、进度、质量目标以及投标人基于自身技术能力策划形成的本项目实施方案等内容编制完成。

对于施工承包项目，投标文件中的工程进度计划应注意合理划分工程项目并确定施工顺序，结合项目工程量的精细估算和拟投入的资源数量确定各项进度任务的施工工期，保证在劳动力、物资以及资金消耗量最少的情况下，按规定工期完成拟建工程施工任务。工程进度计划应体现施工方法的合理性，以及技术方案的可行性和经济性，使建设项目的施工能够连续、均衡地进行。

对于 EPC 总承包项目，投标文件中的工程进度计划除了体现施工阶段的有关组织安排以外，更重要的是对项目早期需要开展的设计、采购工作进行科学、合理的规划安排。鉴于 EPC 总承包项目常常涉及复杂大型工程，且投标人在招投标阶段可能无法对工程项目的所在地进行详细勘察了解，因此该等项目的工程进度计划通常包含更详细的设计采购工作，而对施工工作的描述则较为笼统。

【索赔用途】

投标文件中的进度计划，是承包人在合同签订之前的投标阶段为了响应招标文件所提供的技术文件组成部分。其性质是投标人发出的合同要约，并不必然成为合同文件组成部分。因此当特定工程项目出现工期延误进而引发索赔时，该进度计划不应该被优先考虑用于工期索赔的有关技术分析中。

但鉴于众多工程建设项目中可能出现许多复杂原因导致合同双方在合同签订以后并未重新编制工程进度计划或进行任何其他更新，那么投标文件中的工程进度计划作为能够较好体现承包人为满足本项目各项要求的进度文件，可以在采取恰当工期延误技术分析方法的情况下予以采用。

承包人在编制投标文件中的进度计划时，尚有大量项目信息和数据不能确定，因此进度计划中通常不会包含各项进度任务之间的逻辑关系。因此，在使用该文件时分析人员可以优先考虑采用对实际进度进行静态对比的方法，来完成相关工期延误甚至是索赔的技术分析工作。

二、中标后的合同进度计划

【释义】

投标人收到招标人签发的中标通知书后应在适当时间范围内与招标人签订工程承包合同。在工程承包合同中，针对进度管理，合同条款通常要求承包人应于合同签订日之后若干天内提交一份进度计划供发包人或工程师审核。经审核同意后，该进度计划即为合同进度计划，合同双方需按照进度计划中所显示的工作安排组织资源开展工作。

关于合同进度计划，相关合同示范文本条款主要有如下规定，《标准设计施工总承包招标文件》通用合同条款第4.12.1项“合同进度计划”规定：“承包人应按合同约定的内容和期限，编制详细的进度计划，包括设计、承包人文件提交、采购、制造、检验、运达现场、施工、安装、试验的各个阶段的预期时间以及设计和施工组织方案说明等报送监理人。……经监理人批准的进度计划称合同进度计划，是控制合同工程进度的依据。……”《简明标准施工招标文件》通用合同条款第6.1款“进度计划”规定：“承包人应按照专用合同条款约定的时间，向监理人提交进度计划。经监理人审批后的进度计划具有合同约束力，承包人应当严格执行。……”而在FIDIC合同条件中，承包人一般被要求在收到发包人或工程师签发的开工指令之后28天内提交一份详细的进度计划。该进度计划经过审核后将成为合同进度计划。承包人应按照该计划实施项目，且遵守承包人在合同文件下的其他义务。同时，发包人人员在计划他们的项目活动时也会依赖该计划所列内容。

【索赔用途】

中标后的合同进度计划是按照合同约定由承包人编制并经发包人或工程师审核批准的一份重要的进度管理基础性文件，是合同双方为了实现项目目标应共同遵循的计划文件。因此，当工程实际实施过程中出现了延误事件并导致工期延误，合同进度计划将是工期延误分析和争议解决中最重要的材料之一。

合同进度计划在编制之初通常按照在相对理想的情况下顺利完成项目工作的基本假设进行设想。该设想通过科学恰当的进度安排，成为可供工程行业人员共同理解的进度方案以便各方协同。当实际工作出现延误时，以合同进度计划作为参照对象能够直观地发现哪些工作出现了多大程度上的延误，进而厘清工期延误的责任和程度。

由于合同进度计划将作为直接指导项目工作的行动指南，因此进度活动之间的逻辑关系应当在该进度计划中得以体现。在这种情况下，当工程进度出现延误时，我们通过对延误事件的识别，利用合同进度计划作为基线进度计划可以清楚地了解延误事件对工程项目实施造成的影响，如对后续工作的影响范围和程度等。

【索赔案例①】

湖北洪利高速公路有限公司(以下简称洪利高速公司)作为发包人,于2012年6月就湖北省武汉至监利高速公路洪湖至监利段项目(第一标段)项目公开向社会招标遴选承包人。北京市政路桥股份有限公司(以下简称北京路桥公司)参与投标并成功中标。2012年7月19日,北京路桥公司收到招标代理机构发送的《中标通知书》。

2012年8月8日,洪利高速公司与北京路桥公司签订《合同协议书》,约定由北京路桥公司承包湖北省武汉至监利高速公路洪湖至监利段项目(第一标段),工程量以实际发生为准,承包人应按照监理人指示开工,工期为42个月,签约合同价为2,636,648,152元。双方还约定合同文件组成部分包括该协议书、《通用合同条款》与《专用合同条款》及招投标文件等。

合同履行过程中,北京路桥公司与洪利高速公司因工期延误造成赶工措施费增加以及停、窝工损失发生纠纷,北京路桥公司向洪利高速公司提出工期索赔并诉至湖北省高级人民法院。一审法院经审理认为,对于北京路桥公司主张的赶工措施费能否成立的问题。首先,根据《通用合同条款》第3.1款、第10.1款"进度计划"、第10.2款"合同进度计划的修改"的约定,合同进度计划的编制和修改,应当报监理人审批,监理人在批复以前应得到发包人同意。2014年4月25日,北京路桥公司以案涉工程项目部名义向总监办报送《关于洪利一标段工期调整拟增加投入情况的报告》(洪利一标〔2014〕39号)。2014年6月8日,总监办向包括北京路桥公司在内的三个标段项目部转发《关于业主对各标段倒排工期总体进度计划批复的通知》,以及洪利高速公司的批复(鄂洪利司〔2014〕105号)。涉及本案标段的主要内容为:倒排工期总体进度计划编制不合理,应严格控制各分项工程的节点,2014年年底桩基工程应全部完工,2015年7月底梁板安装一定要全部完成,8月底桥面铺装一定要完工。此外,还要求施工单位应按以上节点要求重新编制倒排工期总体进度计划,周密制定具体方案及保证措施,增加人员、机械设备的投入,努力确保2015年年底通车的总体目标的实现。2014年6月27日,北京路桥公司编制《武监高速公路洪湖至监利段项目第一合同段施工倒排进度计划》,驻地监理组长、总监办计量监理工程师、总监理工程师均签字确认。虽然洪利高速公司对该计划发表质证意见时表示,该倒排进度计划没有得到其批复,但上述倒排计划是北京路桥公司在接到总监办要求进行整改通知以后编制的,且最终得到了监理单位相关负责人的签字确认,故一审法院予以采信。其次,在北京路桥公司编制的倒排工期进度计划得到监理人批准的前提下,其根据计划安排增加人员、机械设备的需要增加投入即具有合理性。在相关设备进场的数量和适用状况方面,北京路桥公司于2013年2月21日起即向监理人提交《进场设备报验单》,其中载明内容有设备名称、数量、进场日期、技术状况等,项目经理、专业监理工程师均签字予以确认,表明北京路桥公司提交的进场机械设备的名称、数量、技术状况等得到了监理人的签证确

① 参见最高人民法院民事判决书,(2019)最高法民终1585号。

认。最后,根据《专用合同条款》第11.6款、《通用合同条款》第11.6款约定,洪利高速公司应当承担北京路桥公司为了提前竣工、修改合同进度计划而由此增加的费用。自2014年4月27日起至2015年4月26日止,北京路桥公司按照合同约定的索赔程序,向洪利高速公司共计提出过5期索赔请求,经洪利高速公司总经理最终签字审核确认的赶工措施费累计索赔金额为146,672,151元。综上,一审法院认定,北京路桥公司根据洪利高速公司提前竣工要求,对案涉工程进度计划进行重新编排,并报请监理人审批通过,其赶工事实客观存在,因赶工发生的费用应当由洪利高速公司承担,并最终判决以经洪利高速公司总经理审核签字确认的累计赶工索赔金额146,672,151元作为认定北京路桥公司的赶工措施费的最终索赔金额。

洪利高速公司不服一审判决向最高人民法院提起上诉,二审法院亦同意一审法院观点并判决维持原判。

三、工程执行过程中的进度计划更新

【释义】

面对工程项目实施过程中经常发生的偶然事件,项目初期编制的进度计划将会逐渐偏离实际发生的进度情况。合同双方通过对合同进度计划或基线进度计划进行持续地维护、更新和调整,使之能够继续成为指导项目进度工作的基础文件。

关于合同进度的更新与修订,相关合同示范文本条款主要有如下规定,《标准设计施工总承包招标文件》通用合同条款第4.12.2项“合同进度计划的修订”规定:“不论何种原因造成工程的实际进度与第4.12.1项的合同进度计划不符时,承包人可以在专用合同条款约定的期限内向监理人提交修订合同进度计划的申请报告,并附有关措施和相关资料,报监理人批准;监理人也可以直接向承包人作出修订合同进度计划的指示,承包人应按该指示修订合同进度计划,报监理人批准。……”《简明标准施工招标文件》通用合同条款第6.1款“进度计划”规定:“……实际进度与进度计划不符时,监理人应当指示承包人对进度计划进行修订,重新提交给监理人审批。”而在FIDIC合同条件中,承包人一般被要求不论何时,当进度计划与实际进度不一致或与承包人义务相矛盾时,都需要提交修订的进度计划以准确反映工程项目的实际进度。

【索赔用途】

更新的进度计划在更新日之前的内容应当能够如实反映工程项目的实际进度,更新日之后的内容则应继续保持满足合同及业主需要的进度目标和计划安排。因此,在不断发展变化的工程进度中,判断当前新发生的延误事件将对工期目标造成怎样的预计影响,应当由较近更新的进度计划替代较远编制的进度计划,以便分析结果能够更加贴近工程项目的实际进度情况。

如果进度计划文件是合同文件的组成部分,对合同进度计划的过程更新则有可能造成关于进度目标合同约束的改变。在合同管理过程中,由于进度计划的复杂性和专业性,其更新调整过程容易被有关人员忽略,造成工期争议解决过程中较为复杂的局面。所以收集整理较为全面的进度计划变更与修订相关材料文件,有助于帮助当事人及时跟进以及裁判机关迅速厘清项目进度目标和计划安排的实际情况,避免因对进度计划的认识有误而对工程实际情况的掌握产生较大偏离,以便在工期争议解决中较为准确判断延误事件对更新后的工期进度造成的影响,合理界定双方的工期延误责任。

【索赔案例】

2016年3月20日,范力公司作为发包人,与承包人景琦公司签订《建设工程施工合同》,约定由景琦公司承包帝景春天花园小区4号、5号楼的建筑、安装、装饰工程。《建设工程施工合同》第一部分协议书第3条约定:"本工程计划开工日期为2016年5月10日,计划竣工日期为2017年2月5日。"第4条约定:"本工程合同价款为人民币37,734,560元,合同计价方式为固定总价。"《建设工程施工合同》第三部分专用条款第10条约定:"工程每逾期竣工一日,承包人应以协议书约定的合同价款总额为基数,按照每日万分之四的标准向发包人支付违约金。"

案涉工程于约定时间开工,并于2017年9月30日通过竣工验收,范力公司与景琦公司因工期延误问题产生争议,范力公司根据《建设工程施工合同》约定的仲裁条款将本案提请仲裁,请求景琦公司支付工期延误237天对应的违约金3,577,236.29元。仲裁庭经审理认为,本案的争议焦点为:(1)范力公司、景琦公司是否就工期顺延达成一致。(2)如果达成一致,工期应当顺延至何时。

首先,关于是否就工期顺延达成一致的问题。景琦公司向仲裁庭提交的证据载明,景琦公司曾向范力公司发送《停工报告》,申请于2016年12月6日停工,并就停工原因作出了说明,同时拟定了《各分部分项工程施工进度计划》,变更了原竣工进度计划。范力公司的项目负责人王某在报告上签字同意停工。景琦公司还提交了由监理工程师刘某出具并经监理人盖章确认的证明,内容为4号、5号楼存在工期顺延的情形。仲裁庭对刘某进行了询问,刘某再次对上述事实予以确认,且询问笔录已由双方当事人质证。范力公司称刘某并非案涉工程监理工程师,但不能对刘某曾在开工报告、主体工程质量验收报告上作为总监理工程师签字的事实作出合理解释,仲裁庭不予采纳。综合上述分析,景琦公司提交的《停工报告》《各分部分项工程施工进度计划》、证明等相关证据已经形成证据链,足以证明景琦公司已与范力公司就工期顺延达成一致。

其次,关于工期顺延至何时的问题。《各分部分项工程施工进度计划》载明,4号、5号楼应于2017年6月20日前竣工,该日期应当视为双方对顺延后工期的约定。景琦公司实际竣工日期为2017年9月30日,逾期竣工102天。按照双方约定的工程价款37,734,560元以及合同价款每日万分之四标准计算工期延误违约金,景琦公司应当向范力公司支付违约金1,539,570.048元(37,734,560×0.0004×102)。

仲裁庭最终裁决景琦公司应向范力公司支付工期延误违约金共计人民币1,539,570.048元。

四、周期性滚动进度计划

【释义】

承包人为加强对工程施工进度的控制，可能在施工过程中根据工程实际情况制订季度/月/旬/周进度计划，确定每季度/每月/每旬/每周应完成的工程量，以保证全部工程在合同约定时限内完工。

这类进度计划是用于指导实际工作的最底层微观进度计划。宏观进度计划是对项目执行状态进行整体控制，而微观进度计划则是用明确约定的固定目标进行管控。换句话说，微观进度计划是将宏观进度计划中约定的工期要求细化成一个或多个具体任务目标用于指导实际工作的计划。

周期性滚动进度计划一般是在总进度计划约束之下进行组织的，因此这两者之间通常存在两种相互关系。第一种，周期性滚动进度计划依照总进度计划设定的进度目标进行细化，并假定生产效率未受偶然因素的影响。第二种，采取一定管控措施使未来一定时间段内的进度计划中需要完成的任务或多于或少于总进度计划中的内容从而完成对项目进度的调整。

【索赔用途】

周期性滚动进度计划一般用于指导项目日常工作的组织安排，因此具有高度的确定性和准确性。深入了解这类进度计划文件有助于分析人员掌握项目当事人和项目管理人员针对目标工程的组织思路、实施步骤、资源配置等诸多细节。这对事后还原当事人视角的进度安排和工期计划能够起到极大的帮助作用。

在面对工期争议时，当事人常常面面俱到地对可能造成工期延误的事件进行列举，使得分析人员时常需要面对庞大而且细致的证据材料。为了更加严谨、周密地分析出各个潜在延误事件是否构成工期延误及其各自的延误程度，周期性滚动进度计划能够提供充分的细节帮助分析人员与延误事件实现呼应，避免合同进度计划或基线进度计划过于笼统而导致工期延误分析粗略。

需要注意的是，这类进度计划包含的内容仅仅是工程项目中的一部分或一个固定时间段内的工作。因此，利用此类进度计划实施的进度分析需要作为一个子网络插入整个进度计划中观察其对整体工期的影响。

五、专项/局部工程进度计划

【释义】

专项/局部工程进度计划在实务中一般体现为分部分项工程进度计划，该等进度计划是针对工程量较大或施工技术较复杂、具有较大危险性的分部分项工程，在依据工程具体情况所制定的施工方案的基础上，对其各施工阶段所作出的时间安排。例如，大型基础土方工程、大型桩基工程等，均应编制详细的分部分项工程进度计划，以保证单位工程施工进度计划的顺利实施。

这类进度计划一般附随于专项施工技术方案中。其中还包括主要施工方法和施工工艺，以说明关键技术参数和技术措施，此外，也包括资源配置计划，以列出设备使用的起始和结束时间来表明周转物资的需求时间等。由于这类进度计划是专门针对某一具体分部分项工程编制的，因此与进度安排有关的配套资源和信息应当具有高度确定性。这种确定性来源于已经签订的分包合同中的承诺、已经到场的设备材料、已经就位的劳动力资源和技能水平，以及满足要求的作业环境等。

【索赔用途】

这类进度计划与周期性滚动进度计划的性质类似，不同之处在于后者按照某一时间段对工期进度内容进行细化，而前者按照工程实体的局部内容进行细化。因此，在工期延误的索赔分析中，这两类进度计划文件的用途基本一致。

六、竣工进度计划

【释义】

竣工进度计划，又称完工进度表，是随着时间演化而成的最后的进度表，是对进度活动的高密度记录。竣工进度计划一般包含项目实施过程中所有工作的实际开始、进度过程以及实际完成信息。最后一次对进度表的更新就是完成以高密度形式展现的竣工进度表。在该进度表中应该包含项目的所有实际实施过程与进展，资源的实际使用情况以及工程实际生产效率与完成情况等信息。

换句话说，竣工进度计划可以被称为进度管理中的“竣工图”。

【索赔用途】

获得合同双方共同认可的竣工进度计划可以直接体现出工程项目的实际进度情况，是项目竣工后双方当事人对工程实际进展情况的一次高精度的实时记录。因此，利用该进度计划可以很好地反映项目实际实施过程中存在的问题。

利用该进度计划与基线进度计划进行对比，可以较为直观地发现哪些进度活动出现了明显的延误，并且是否处于影响项目工期的关键线路上。以此为基础，可以进一步分析造成这些延误的原因是由哪些延误事件组成的，并最终依据合同文件等规定确定延误原因的责任方；也可以从该进度计划中逐步剔除已识别出的延误事件，进而分析判断在某单方延误因素影响下的预期完工时间，从而明确工期延误责任的划分。

然而，就像项目初期的基线进度计划较项目后期的进度安排显得比较粗略一样，竣工进度计划中的项目早期进度计划较之于项目早期的实际进度也会存在相似的缺陷。不仅如此，由于进度计划本身是一种图形化的表现工具，因此其中包含的信息和数据都是经过整理和简化的。这种整理和简化就会导致细节的缺失，这对于详细的工期延误分析而言较为不利。

七、其他进度计划

【释义】

对于大型复杂项目而言，除了上述各类进度计划以外，根据项目类型以及合同要求的不同可能还存在诸如设计进度计划、采购进度计划、竣工试验进度计划等各种进度计划文件。

例如设计进度计划，在《标准设计施工总承包招标文件》通用合同条款第5.2款“承包人设计进度计划”中有如下约定：“承包人应按照发包人要求，在合同进度计划中专门列出设计进度计划，报发包人批准后执行。承包人需按照经批准后的计划开展设计工作。……”

而关于采购进度计划，同样是在《标准设计施工总承包招标文件》通用合同条款中有规定，主要包括：第6.1.2项规定：“承包人应按专用合同条款的约定，将各项材料和工程设备的供货人及品种、技术要求、规格、数量和供货时间等报送监理人批准。……”第6.2.2项规定：“承包人应根据合同进度计划的安排，向监理人报送要求发包人交货的日期计划。……”上述两条款虽然没有直接指明采购进度计划，但从中可以看出对于采购进度管理的直接要求。

在FIDIC 2017版合同文件中，对于竣工试验（Test on Completion）的进度计划也有明确要求。如通用条款第9.1款“承包商的责任”中就有相应约定，中文大意为：承包商应自准备实施竣工试验之日的42天前，向雇主/工程师提交详细的试验计划，以表明这些试验所需的时间和资源。①

【索赔用途】

这类进度文件虽然在内容上可能存在较大差异，但是就其文件性质而言可以与专项/局部工程进度计划相类比。因此，这类进度文件的索赔用途也可以参考专项/局部工程进度计划。

第四节　工程实施过程记录文件

一、开工文件

【释义】

本项所指的开工文件，包括开工通知/开始工作通知/开工令以及开工报告。

开工通知/开始工作通知/开工令是发包人或监理人按照合同约定在开工日期前的一

① 详见FIDIC《施工合同条件》（2017版红皮书）、FIDIC《生产设备和设计－施工合同条件》（2017版黄皮书）、FIDIC《设计采购施工合同条件》（2017版银皮书）第9.1款。

定时间内向承包人发出的开工通知。工期通常自开工通知/开始工作通知/开工令中载明的开工日期起计算。

实践中,前述开工文件的签发流程一般为:总监理工程师组织专业监理工程师审查施工单位报送的开工报审表及相关资料,当认为其具备监理规范规定的条件时,由总监理工程师签署审查意见,报发包人批准,发包人审批通过后由总监理工程师签发开工指令文件。不设监理的工程则由发包人审核确认工程符合开工条件后直接签发开工指令文件。发包人与监理人审查的工程开工条件主要包括:(1)设计交底和图纸会审已完成;(2)施工组织设计已由总监理工程师签认;(3)施工单位现场质量、安全生产管理体系已建立,管理及施工人员已到位,施工机械具备使用条件,主要工程材料已落实;(4)进场道路及水、电、通信等已满足开工要求。

开工报告是指对开工日期、地点、开工准备情况等事项的记录文件,是建设工程项目开工的依据,主要分为总体开工报告、分部工程开工报告及中间开工报告。其中,总体开工报告应由承包人在开工前向监理工程师提交,主要内容包括但不限于:施工机构的建立,质检体系、安全体系的建立和劳动力安排,材料、机械及检测仪器设备进场,水电供应,临时设施的修建,施工方案的准备情况等。分部工程开工报告应由承包人在分部工程开工前向监理工程师提交,主要内容包括但不限于:施工地段与工程名称、现场负责人名单、施工组织和劳动力安排、材料供应、机械进场情况、材料试验及质量检查手段、水电供应、临时工程的修建、施工方案进度计划以及其他需说明的事项等。中间开工报告是由承包人在因故停工或休假后重新施工前向监理工程师提交的开工报告。需要说明的是,由于各建设工程项目的工期与复杂程度不同,并非所有建设工程项目都有分部工程开工报告及中间开工报告。

【索赔用途】

开工通知书主要载明的是开工日期信息。开工日期是指承包人进场开始施工的日期,是建设工程工期计算的起点,对于建设工程工期的确定具有很重要的意义。对于承包人来讲,明确开工日期,有助于从分包人、供应商及其他有关方面预先得到所需要的承诺(如订货、租用机械、提供劳动力等事项),并获得发包人支付的预付款。并且开工日期是计算最终工期不可或缺的因素。对于发包人而言,则要在监理工程师签发开工通知书之前,按照合同约定向承包人提供图纸等相关施工资料并交付现场,若拖延时间则会导致工程延期,发包人应承担相应责任。开工报告则主要涵盖了建设工程开工前的现场情况,主要内容包括但不限于:施工组织安排、材料设备进场情况、水电供应等施工准备事项。开工报告有利于明确工程开工前的情况,就此界定双方是否为工程开工履行了必要的义务。因此,此类材料主要用于与工期及开工前现场情况有关的索赔中。如因发包人原因造成监理工程师未能按期下达开工通知书致使费用增加、工期延误的,承包人有权要求增加费用、顺延工期。如因承包人无故拖延开工致使费用增加、工期延误的,承包人存在承担支付工期延误违约金、赔偿发包人生产经营或预期收益等损失的风险。

当承发包双方因工期的计算与认定产生争议时，开工通知等开工指令文件上注明的开工日期具有非常强的证据效力。如果在合同执行的过程中缺少开工通知等开工指令文件，确定合同的开工日期就有赖于其他开工文件，如开工报告、施工许可证、单位（子单位）工程质量竣工验收记录（以下简称竣工验收记录）、监理记录/会议纪要、合同等。关于开工日期的认定，《施工合同司法解释（一）》第8条有明确规定："当事人对建设工程开工日期有争议的，人民法院应当分别按照以下情形予以认定：（一）开工日期为发包人或者监理人发出的开工通知载明的开工日期；开工通知发出后，尚不具备开工条件的，以开工条件具备的时间为开工日期；因承包人原因导致开工时间推迟的，以开工通知载明的时间为开工日期。（二）承包人经发包人同意已经实际进场施工的，以实际进场施工时间为开工日期。（三）发包人或者监理人未发出开工通知，亦无相关证据证明实际开工日期的，应当综合考虑开工报告、合同、施工许可证、竣工验收报告或者竣工验收备案表等载明的时间，并结合是否具备开工条件的事实，认定开工日期。"

二、施工现场条件

【释义】

施工现场条件，简称施工条件，是指为保证承包人完成工程而由发包人提供的基本施工条件，具体包括：将施工所需的水、电、通信线路、气等接至施工现场内；保证向承包人提供正常施工所需要的进入施工现场的交通条件；协调处理施工现场周围地下管线和邻近建筑物、构筑物、古树名木的保护工作；根据工程特点及施工环境需要提供的其他设施和条件。我们通常所说的"三通一平"，即通水、通电、通路及土地平整，或"五通一平"，即通水、通电、通路、通讯、通气及土地平整，或"七通一平"，即通给水、通排水、通电、通讯、通路、通燃气、通热力以及场地平整，均属发包人提供施工现场条件的范畴。

【索赔用途】

及时向承包人提供施工场地是工程顺利开工的关键，发包人应在合同约定的时间内，按专用合同条款的约定提供施工场地。

根据《安全生产管理条例》第6条规定，建设单位应当向施工单位提供施工现场及毗邻区域内供水、排水、供电、供气、供热、通信、广播电视等地下管线资料，气象和水文观测资料，相邻建筑物和构筑物、地下工程的有关资料，并保证资料的真实、准确、完整。但承包人自行承担据此作出的判断、推论、决策的后果。《标准施工招标文件》通用合同条款第2.3款"提供施工场地"规定："发包人应按专用合同条款约定向承包人提供施工场地，以及施工场地内地下管线和地下设施等有关资料，并保证资料的真实、准确、完整。"《标准设计施工总承包招标文件》通用合同条款第2.3款"提供施工场地"规定："发包人应按专用合同条款约定向承包人提供施工场地及进场施工条件，并明确与承包人的交接界面。"

根据《标准施工招标文件》通用合同条款第11.3款"发包人的工期延误"和《标准设

计施工总承包招标文件》通用合同条款第 11.3 款“发包人引起的工期延误”的内容，由于发包人的原因造成工期延误的，承包人有权要求发包人延长工期和(或)增加费用，并支付合理利润。在实践中，如果发包人没有及时给予承包人进入和占用现场的权利或提供进场施工条件，使承包人遭受延误和增加费用的，承包人可结合双方约定，通过收集相关证据材料向发包人提起工期、费用乃至利润的索赔。

三、承包人施工记录

【释义】

承包人施工记录一般主要包括工程备忘录和施工日志。

工程备忘录，是在施工过程中由承发包双方及监理单位就某特定事件发生原因、经过及处理情况进行如实记载的书面文件。

施工日志也叫施工日记，是承包人对工程整个施工阶段的施工组织管理、施工技术等有关施工活动和现场情况变化的真实的综合性记录，也是处理施工问题的备忘录和总结施工管理经验的基本素材，是工程竣工验收资料的重要组成部分。其主要记录内容为：日期、天气、气温、工程名称、施工部位、施工内容、应用的主要工艺；人员、材料、机械到场及运行情况；材料消耗记录、施工进展情况记录；施工是否正常、外界环境、地质变化情况；有无意外停工、有无质量问题存在、施工安全情况；监理到场及对工程认证和签字情况；有无上级或监理指令及整改情况等。施工日志可按单位、分部工程或施工工区(班组)建立，由专人负责收集、填写、保管。记录时间从开工之日起至竣工之日止。记录人员要签字，主管领导定期也要阅签。

四、工程照片及声像资料

【释义】

本项所指的工程照片指用特定技术手段经显影后形成的记录工程有关信息的图片，工程照片属于声像资料的组成部分；声像资料主要指在工程规划、建设、管理过程中直接形成的、具有保存价值的照片、录音、录像等以声像为主、文字为辅的历史记录。工程照片和声像资料也是建设单位向建设行政主管部门或者其他有关部门移交建设项目档案及申报优质工程项目时需要归档并移交资料的重要组成部分。该等资料在工程索赔中起重要作用，属于索赔中的直接证据，承发包双方可通过工程照片及声像资料还原与证明工程施工的客观状态。

需要注意的是，由于工程照片所反映的内容常常体现提供资料人的主观判断，录音、录像资料也存在无法证明相对方身份的可能性，极易被对方否认，而且实际工作中使用的声像资料经常无法显示制作的时间、地点，因此，对声像资料中证明工程关键事件或关键部位的证据，建议提供声像资料一方对时间、地点、事件等相关内容进行记录，以便于后期提交该等资料时说明问题，对于特别重要的证据材料，可以公证方式予以留存。

五、监理月报

【释义】

本项所指的监理月报，一般是指在工程施工过程中监理单位就工程中重要问题形成的月度情况记录。监理月报的内容一般包括月度工程进度描述、进度控制措施、月度计量、月度投资控制、合同管理事项、施工安全环境保护、当月监理综合评价、下月监理工作计划、当月工程监理大事记等内容。

六、工程质量验收申请文件

【释义】

工程质量验收申请文件需载明:工程名称、工程地质、建设单位、勘察单位、设计单位、监理单位、施工单位等各项基本情况。当工程具备下述条件时，承包人即可向监理人报送工程质量验收申请:(1)除监理人同意列入缺陷责任期内完成的尾项(甩项)工程和缺陷修补工作外，合同范围内的全部单位工程以及有关工作，包括合同要求的试验、试运行以及检验等工作均已完成，并符合施工合同约定的标准;(2)承包人整理和提交的竣工验收资料符合工程所在地建设行政主管部门和(或)城市建设档案管理机构有关施工资料的要求，同时已按施工合同条款专用部分约定备齐了符合要求的竣工资料;(3)承包人已按监理人的要求编制了在缺陷责任期内需完成的尾项(甩项)工程和缺陷修补工作清单等相应施工计划;(4)承包人已按监理人要求在工程质量验收前完成了应当完成的其他工作。

【索赔用途】

工程质量验收申请文件能够较为准确地记录和反映承包人提交工程质量验收申请的时间。如发包人确存在迟延验收的情况且合同约定发包人未按期验收视为工程质量合格或类似条款的，在发包人以未至付款节点为由拖延支付工程款时，承包人可以主张工程质量合格，并以提交竣工验收申请报告的日期作为实际竣工日期要求发包人支付工程款。

七、阶段性质量验收记录

【释义】

阶段性质量验收记录，是指工程实施过程中的质量验收文件。常见的阶段性质量验收记录包括分部分项工程质量验收申请文件以及单位工程竣工验收报告。

分部分项工程质量验收申请文件，是指承包人完成按单位工程的结构形式、工程部位、构件性质、使用材料、设备种类等不同标准划分的分部工程施工或作为分部工程组成部分的分项工程施工后，承包人经过质量自检认为分部分项工程具备验收条件，向发包人或监理人书面提出检查该分部分项工程质量是否符合国家有关工程施工验收规范、标准及合同约定的书面申请材料。承包人在分部分项工程施工过程中应特别注意，在隐蔽工程施工完成并经质量自行检验评定确认具备覆盖条件后，承包人应在该部位被下一道工序封闭覆盖前按照施工合同约定程序向发包人或监理人书面提出对该隐蔽工程及其施工工艺、材料和工程设备进行检查的申请。隐蔽工程质量验收申请文件中一般需载明隐蔽工程的内容、完工时间、自检资料、质量控制资料、验收记录等。经监理人检查确认该隐蔽工程质量符合隐蔽要求，并在验收记录上签字后，承包人才能进行覆盖。

单位工程竣工验收报告，是指承包人依照国家有关法律法规、工程建设规范标准及其所承建的项目工程设计文件要求完成施工合同约定的各项内容后，发包人组织对具备独立施工条件并能形成独立使用功能的单位工程进行竣工验收并向备案机关提交的竣工验收文件。根据《房屋建筑和市政基础设施工程竣工验收备案管理办法》第 5 条规定，单位工程竣工验收报告是办理建设工程竣工验收备案的必备材料。建设单位不提交单位工程竣工验收报告的，建设工程就不能顺利办理竣工验收备案，会直接导致后续难以取得房屋所有权属证书。

【索赔用途】

阶段性质量验收是整个工程验收移交的前提，阶段性质量验收记录亦是竣工资料的重要组成部分。承包人根据国家有关工程施工验收规范、标准规定及合同约定和施工组织设计的要求完成分部分项工程或单位工程施工并自检合格后，应向监理人发出阶段性质量验收申请。监理人未按时进行验收，也未提出延期要求的，承包人有权自行验收，监理人应认可验收结果。同理，承包人因未向发包人发出阶段性质量验收申请即擅自进入下一道工序施工，而导致安全事故或质量责任事故发生的，发包人可要求承包人赔偿其相应损失且不予顺延工期。

以隐蔽工程为例，根据《民法典》第 798 条 ①、《质量管理条例》第 30 条 ②等相关法律法规，隐蔽工程在隐蔽以前，承包人应当通知发包人检查。发包人没有及时检查的，承包人可以顺延工程日期，并有权要求发包人赔偿停工、窝工等损失。隐蔽工程质量验收申请文件作为承包人向发包人履行通知义务的重要材料，在索赔中往往成为关键性证据。监理人未在隐蔽工程质量验收申请文件时限内进行检查，也未提出延期要求的，承包人可自行完成覆盖工作，并作相应记录报送监理人。隐蔽工程覆盖后，发包人或监理人对工程质量有疑问的，可要求重新检查。经重新检查证明工程质量合格的，由发包人承担由此增加的费用和（或）延误的工期；经重新检查证明工程质量不合格的，由此增加的费用和（或）延误的工期由承包人承担。承包人在隐蔽工程完工后未向发包人或监理人发出隐蔽工程质量验收申请文件就擅自覆盖隐蔽工程的，发包人有权指示承包人钻孔探测或揭开检查，无论工程隐蔽部位质量是否合格，由此造成费用增加或工期延误的，发包人均有权提出索赔请求。

① 《民法典》第 798 条规定：隐蔽工程在隐蔽以前，承包人应当通知发包人检查。发包人没有及时检查的，承包人可以顺延工程日期，并有权请求赔偿停工、窝工等损失。

② 《质量管理条例》第 30 条规定：施工单位必须建立、健全施工质量的检验制度，严格工序管理，作好隐蔽工程的质量检查和记录。隐蔽工程在隐蔽前，施工单位应当通知建设单位和建设工程质量监督机构。

八、工程竣工验收与备案文件

【释义】

本项所指的工程竣工验收与备案文件，一般是指工程完工后在备案过程中收集、提交的工程资料及竣工图，其中，工程资料主要包括但不限于：(1)勘察单位工程评价意见报告；(2)设计单位工程评价意见报告；(3)施工单位工程竣工报告；(4)监理单位工程质量评估报告；(5)建设单位工程竣工报告；(6)工程竣工验收会议纪要；(7)专家组竣工验收意见(如有，房屋建筑工程一般没有此项，可不考虑)；(8)工程竣工验收证书；(9)规划、消防、环保、人防、防雷、档案等部门出具的验收文件或意见。竣工图是指竣工时，由施工单位按照施工实际情况绘制的图纸，一般包括施工过程中发生的各项变更。完整、准确的竣工图将在工程后续的新建、改建、扩建、恢复工程中起至关重要的作用，并对城市规划、建设、管理工作有着不可或缺的意义。

关于消防验收，需要说明的是，2020 年 4 月 1 日，住房和城乡建设部发布《建设工程消防设计审查验收管理暂行规定》(住房和城乡建设部令第 51 号)，将全国建设工程消防设计审查验收的职能从原先的公安部划至住房和城乡建设部。现县级以上地方人民政府住房和城乡建设主管部门(以下简称消防设计审查验收主管部门)依职责承担本行政区域内建设工程的消防设计审查、消防验收、备案和抽查工作。跨行政区域建设工程的消防设计审查、消防验收、备案和抽查工作，由该建设工程所在行政区域消防设计审查验收主管部门共同的上一级主管部门指定负责。

第五节　资源投入与支付记录文件

一、施工工料机动态文件

【释义】

“工料机”为建设工程中所耗费或使用的人工、材料、机械的统称，施工工料机动态文件即为承包人在施工阶段对每月现场施工人员、每月消耗的主要材料及使用的主要机械的情况记录表，系用于确定人工、材料、机械、现场管理、总部管理等费用支出及利润的资料。施工工料机动态文件的表现形式通常为月工料机动态表。月工料机动态表根据不同施工阶段填报后，由项目经理签字，并由承包人及监理单位各自留存一份。

二、分包合同

【释义】

分包合同是指总承包人将承包工程中的部分专业工程或劳务作业交由专业工程承包

单位或劳务单位施工,并与其签订的合同。

除总承包人分包合同外,实践中还存在大量发包人指定分包合同。发包人指定分包人是指发包人指定并经承包人认可的,完成总承包工程范围内部分指定工程的当事人。发包人指定分包合同多数情况下由总承包人与指定分包人签订,但也存在部分由发包人、总承包人、指定分包人三方签订合同,甚至由发包人直接与指定分包人签订合同的情形。

【索赔用途】

因各地关于专业分包合同、劳务分包合同示范文本的规定不尽相同,故实践中分包合同的主要格式也会有所差异。但专业分包合同一般会包括工程主体、工程承包范围、合同工期、合同金额等内容;劳务分包合同一般会包括合同工期、拟安排人员数量等内容。因分包合同记载了相应分包工程的工期与费用,所以实践中也会成为总承包人向发包人提起工期及费用索赔的辅助证据,当然,分包合同也可以成为分包人向总承包人索赔工程价款的证明材料。需要说明的是,根据《民法典》第 791 条第 2 款 ①、《建筑法》第 29 条第 2 款 ②、《质量管理条例》第 27 条 ③等相关规定,工程总承包单位按照总承包合同的约定对建设单位负责;分包单位按照分包合同的约定对总承包单位负责,总承包单位和分包单位就分包工程对建设单位承担连带责任。据此,总承包人的连带责任为法定责任,与其是否存在过错无关,故实践中承包人即使以分包合同作为证据证明其并未违反合同义务而主张免除连带责任的,亦较难获得支持。

关于发包人指定分包合同,《工程建设项目施工招标投标办法》第 66 条规定:“招标人不得直接指定分包人。”《房屋建筑和市政基础设施工程施工分包管理办法》第 7 条规定:“建设单位不得直接指定分包工程承包人。任何单位和个人不得对依法实施的分包活动进行干预。”前述规定均禁止发包人指定分包。根据《施工合同司法解释(一)》第 13 条④规定,发包人指定分包人造成建设工程质量缺陷的,发包人应当承担过错责任。故实践中指定分包合同可作为总承包人质量缺陷免责或减轻责任的依据。同时,发包人指定分包人尤其是发包人直接向指定分包人支付工程款的情况下,承包人往往难以对指定分包人进行有效监管。为减轻或免除己方对发包人指定分包工程的工期延误责任,承包人需注意收集发包人指定分包的证据材料,在发包人指定分包人施工工程延误工期时,承包人可

① 《民法典》第 791 条第 2 款规定:总承包人或者勘察、设计、施工承包人经发包人同意,可以将自己承包的部分工作交由第三人完成。第三人就其完成的工作成果与总承包人或者勘察、设计、施工承包人向发包人承担连带责任。承包人不得将其承包的全部建设工程转包给第三人或者将其承包的全部建设工程支解以后以分包的名义分别转包给第三人。

② 《建筑法》第 29 条第 2 款规定:建筑工程总承包单位按照总承包合同的约定对建设单位负责;分包单位按照分包合同的约定对总承包单位负责。总承包单位和分包单位就分包工程对建设单位承担连带责任。

③ 《质量管理条例》第 27 条规定:总承包单位依法将建设工程分包给其他单位的,分包单位应当按照分包合同的约定对其分包工程的质量向总承包单位负责,总承包单位与分包单位对分包工程的质量承担连带责任。

④ 《施工合同司法解释(一)》第 13 条规定:发包人具有下列情形之一,造成建设工程质量缺陷,应当承担过错责任:(1)提供的设计有缺陷;(2)提供或者指定购买的建筑材料、建筑构配件、设备不符合强制性标准;(3)直接指定分包人分包专业工程。承包人有过错的,也应当承担相应的过错责任。

主张减轻或免除工期延误违约责任,如承包人因发包人指定分包产生损失的,可向发包人提起索赔。此外,因总承包人承担工程管理责任,施工中对指定分包工程亦进行监督管理,指定分包合同还经常被总承包人用于索赔总包服务费。

【索赔案例】

2015年3月11日,飞扬公司作为发包人、建领公司作为承包人签署《总承包建设工程施工合同》。后飞扬公司将总包工程范围内的桩基工程指定分包给启林公司,并与启林公司签署《桩基工程施工合同》。《桩基工程施工合同》约定,工程名称:正华项目商业区桩基施工工程。承包方式:综合单价包干。合同总价:暂定金额31,317,519元。总工期:90日历天(包含但不限于试桩、地下障碍清除、桩测试、质监站验收通过的时间在内)。进场施工日期:2015年2月27日。竣工退场日期:2015年5月30日。合同还对工期延误、工程质量及检查、违约责任等内容进行了明确约定。合同第4.1.2项约定,质量标准的评定以基坑开挖后按照要求做大小应变、静载测试和甲方组织竣工验收评定结果(优良)和国家或行业的质量检验评定结果(符合要求)为准。第4.1.3项约定,双方对工程质量有争议的,由双方同意的工程质量检测机构鉴定,所需费用及因此造成的损失,由责任方承担。第9.2.2项约定,因乙方原因造成工期延误的,每逾期一日,乙方向甲方偿付合同总价款0.5‰的违约金。第9.2.3项约定,乙方工程质量验收不合格的,应负责无偿修理或返工,直至工程质量合格,并向甲方支付合同总价款10%的违约金。

后飞扬公司与启林公司因桩基工程质量不合格发生纠纷,飞扬公司向双方约定的仲裁委员会申请仲裁,向启林公司提出质量索赔与工期索赔。仲裁庭经审理认为:第一,关于案涉《桩基工程施工合同》的效力问题。根据《总承包建设工程施工合同》,本项目的总包方系建领公司,启林公司所做的案涉桩基工程包含在总包范围内,系飞扬公司的指定分包。《桩基工程施工合同》因违反《建筑法》第24条第1款"提倡对建筑工程实行总承包,禁止将建筑工程肢解发包"及《质量管理条例》第7条第2款"建设单位不得将建设工程肢解发包"的强制性规定而无效。第二,关于案涉桩基工程是否存在质量问题。《桩基工程施工合同》第4.1.2项约定,质量标准的评定以基坑开挖后按照要求做大小应变、静载测试和甲方组织竣工验收评定结果(优良)和国家或行业的质量检验评定结果(符合要求)为准。经查,托克测试中心依约对案涉桩基进行单桩竖向抗压静载试验、单桩竖向抗拔静载试验、桩身完整性检测以及低应变动力检测,判定案涉桩基存在大面积不合格。包括启林公司在内的建设、设计、监理、勘察五方向当地建委、质监站提交《桩基问题分析》,明确了出现桩基质量问题是"施工单位未能认真查阅地质勘查报告……未能正确意识到该土层的复杂性,未能及时、有效地采取相应措施,导致成桩后小应变测试显示桩身有缺陷的现象发生"。项目所在地住建部门亦作出行政处罚决定,认定启林公司在案涉桩基工程的施工过程中,未按设计图纸及施工技术标准施工,导致该工程桩基存在严重质量问题。上述一系列证据足以证实案涉桩基工程确实存在质量问题,且系启林公司原因导致。第三,工期延误违约金是否应予支持。本案中,案涉《桩基工程施工合同》约定竣工退场日期为

2015 年 5 月 30 日，由于施工质量不合格，案涉桩基工程至 2016 年 6 月 15 日才补桩完成，逾期 380 天。但飞扬公司主张工程逾期 210 天，仲裁庭对此予以确认。按照合同约定，工期延误违约金应计算为 3,288,339.5 元（31,317,519 × 0.5‰ × 210）。鉴于《桩基工程施工合同》无效，该违约金不能当然被采纳。但因启林公司施工质量存在问题，导致案涉工程工期延误并造成损失，启林公司应向飞扬公司支付适当的工期延误损失。由于飞扬公司在启林公司开始施工时未取得施工许可证，对案涉工程肢解发包，存在过错，仲裁庭最终参照工期延误违约金的数额，酌定启林公司、飞扬公司各承担 50% 的工期延误损失责任。

三、工程款申报文件

【释义】

本项所指工程款申报文件是指承包人为索要工程款而向发包人提交的支付申请文件，一般包括预付款、材料设备款、进度款、签证款、结算款及保修款的支付申请文件。

预付款又称“预付备料款”，一般是发包人在合同签订后、工程正式开工前预支给承包人，承包人用于施工材料、工程设备购置或租赁、临时设施修建以及组织施工队伍进场等所需的款项。工程是否实行预付款，取决于承发包双方合同的约定。工程实行预付款的，由发包人与承包人在施工合同专用条款中约定。满足预付款的支付条件，承包人通常向发包人提交预付款申报表及相应资料，发包人审核后在一定期限内支付预付款。

材料设备款是指由发包人向材料、设备供应商支付的款项或承包人向材料、设备供应商支付的款项。施工合同约定发包人供应材料、设备的，由发包人直接向供应商采购或租赁材料、设备并支付相应款项。施工合同约定承包方式为包工包料的，由承包人直接向供应商采购或租赁材料、设备并支付相应款项。承包人材料、设备的采购或租赁费用通常由发包人随工程进度款一并支付。由承包人包工包料的施工合同在履行过程中，可能会遭遇材料、设备价格大幅上涨，当出现此种情况时，承包人通常会向发包人提交调价文件，要求发包人支付材料、设备价格上涨部分价差。发包人为避免支付此等价差，往往将材料、设备价格上涨作为承包人的风险要求承包人自行承担。

进度款是指发包人根据承包人已完成的工程形象进度并经过其或监理人确认的工程量定期向承包人支付的工程款项。发包人一般按月支付一定比例的进度款，剩余部分在工程结算时支付，进度款的具体支付时间取决于施工合同的约定。承包人按合同约定提交工程进度款支付申请书及相应资料，监理人或发包人审核后，由发包人在一定的期限内支付相应进度款。

签证款是指由承包人在施工过程中向发包人申报、取得发包人认可、可纳入工程结算总价中的款项。签证款可由发包人随工程进度款一并支付承包人，也可由发包人在工程完工后随结算款一并支付承包人。合同约定的签证款支付时间不同，承包人提交签证款申报资料的时间也不尽相同。承包人可能在施工过程中提交工程洽商变更申报表、工程洽商变更费用申报表及相应资料，也可能在工程完工后集中向发包人提交。

【索赔用途】

施工合同中有预付款约定的，发包人应按合同约定期限及标准支付预付款。施工合同约定签证款随工程进度款一并支付的，发包人应按约支付签证款及进度款。承包人预付款、签证款、进度款申报文件通常作为发包人未按合同约定期限及标准支付预付款、签证款及进度款的证据，承包人可据此向发包人主张逾期支付预付款、签证款及进度款的利息，如合同中对逾期支付预付款、签证款的利息和违约金均有约定的情况下，承包人可据此同时主张利息和违约金。例如，《标准施工招标文件》通用合同条款第 11.3 款“发包人的工期延误”和《标准设计施工总承包招标文件》通用合同条款第 11.3 款“发包人引起的工期延误”中约定，由于发包人未按合同约定及时支付预付款造成工期延误的，承包人有权要求发包人延长工期和（或）增加费用，并支付合理利润。

承包人供应材料、设备的，材料、设备款项一般会随工程进度款一并支付承包人。因建设工程施工工期较长、施工过程中材料、设备的价格可能发生大幅波动，合同中一般会对材料、设备的风险幅度及调价方式进行约定。如材料、设备价格的上涨幅度超过合同约定的风险幅度时即触发合同约定的调价条件，承包人通常向发包人提交材料、设备款项的调价资料，向发包人主张材料、设备价差。发包人不得无故拒绝或拖延支付进度款。例如，《标准施工招标文件》通用合同条款第 11.3 款“发包人的工期延误”和《标准设计施工总承包招标文件》通用合同条款第 11.3 款“发包人引起的工期延误”中约定，由于发包人未按合同约定及时支付进度款造成工期延误的，承包人有权要求发包人延长工期和（或）增加费用，并支付合理利润。

需要说明的是，承包人收集整理的工程款申报文件可用以证明工程停、窝工的责任在发包人，据此，承包人不仅无须承担工期延误违约责任，还有权向发包人主张停、窝工损失，但实践中停、窝工损失的认定亦有赖于其他证明材料佐证，或通过司法鉴定确定。工程款申报文件仅能证明工期延误责任的定性问题，但承包人仍需通过提交其他证据解决具体损失的定量问题，否则可能会承担举证不能的不利后果。

【索赔案例】

发包人宜度公司与承包人诺城公司签订《建设工程施工合同》，约定：由诺城公司对位于 W 市 S 区创业路“宜嘉住宅楼”设计施工图纸范围内全部土建（含初装修）、安装工程进行施工。计划开工日期为 2009 年 6 月 1 日，计划竣工日期为 2010 年 8 月 30 日。合同价款为 35,782,373 元。《建设工程施工合同》中关于工程进度款支付的约定如下：“承包人按照工程施工进度向发包人申报工程进度款支付请款报告、工程款申报表以及工程量完成统计报表。发包人应当在收到工程款申报文件后 10 日内审批并向承包人支付工程进度款，发包人不按合同约定支付工程款（进度款），双方又未达成延期付款协议导致施工无法进行的，承包人可停止施工，每延期一日，由发包人按照欠付工程款每日万分之二的标准承担违约责任。发包人收到竣工结算报告及结算资料后 28 天内无正当理由不支付工程竣工结算价款，从第 29 天起按承包人同期向银行贷款利率支付拖欠工程价款的利息，并按照欠付工程款每日万分之二的标准承担违约责任。"《建设工程施工合同》中关于承包人索赔程序的约定如下:"发包人未能按合同约定履行自己的各项义务或发生错误以及应由发包人承担责任的其他情况,造成工期延误和(或)承包人不能及时得到合同价款及承包人的其他经济损失,承包人可按下列程序以书面形式向发包人索赔:(1)索赔事件发生后28天内,向工程师发出索赔意向通知;(2)发出索赔意向通知后28天内,向工程师提出延长工期和(或)补偿经济损失的索赔报告及有关资料;(3)工程师在收到承包人递交的索赔报告和有关资料后,于28天内给予答复,或要求承包人进一步补充索赔理由和证据;(4)工程师在收到承包人递交的索赔报告和有关资料后28天内未予答复或未对承包人作进一步要求,视为该项索赔已经认可;(5)当索赔事件持续进行时,承包人应当阶段性向工程师发出索赔意向,在索赔事件终了后28天内,向工程师递交索赔的有关资料和最终索赔报告。"

诺城公司于2009年至2014年的每年3、6、9、12月以及2015年3、6、9月分别向宜度公司提交工程进度款支付请款报告、工程款申报表及工程量完成统计报表。宜度公司仅于2009年6月支付500万元、2012年12月支付500万元、2014年6月支付1000万元后再未支付任何工程款,上述事实双方均表示认可。

2015年11月10日,宜度公司(甲方)与诺城公司(乙方)签订《协议书》,约定:鉴于该工程自2009年6月开工,其间由于甲方未按时支付工程进度款导致乙方工期延误,至2015年11月6日才完工,甲乙双方同意工程不扣留保修金,甲方于2015年11月19日前将工程结算尾款向乙方全部支付完毕后,乙方同意于2015年11月19日前将工程交付甲方。对工程施工过程中由于甲方原因导致的乙方停、窝工损失,甲乙双方在2016年4月30日前友好协商解决。若不能达成一致意见时,可依法向W仲裁委员会提起仲裁。

后双方因未就停、窝工损失金额达成一致意见向W仲裁委员会提起仲裁。仲裁庭经审理认为,关于逾期付款违约金,停、窝工费用及损失的依据问题,《协议书》约定"停工、窝工损失赔偿款双方于2016年4月30日前协商解决,若不能达成一致,可依法向W仲裁委员会提起仲裁",以上条款可以证明宜度公司认可诺城公司存在停、窝工损失,故诺城公司有权请求宜度公司赔偿停、窝工损失。关于停、窝工损失费用如何计算的问题,诺城公司提出其已单方作出预算,并已向对方送达,依据其与宜度公司于2009年5月28日签订的《建设工程施工合同》约定"工程师在收到诺城公司递交的索赔报告和有关资料后28天内未予答复或未对诺城公司作进一步要求,视为该项索赔已经认可",仲裁庭认为,因双方当事人在上述合同履行过程中又签订《协议书》对窝工费用进行了约定,可以认定宜度公司并未认可诺城公司主张的停工费用数额,双方就停、窝工损失问题另行达成了合意,故诺城公司单方制作的窝工费用的证据仲裁庭未予采信。对于该项请求,仲裁庭释明诺城公司可进行鉴定,但诺城公司明确表示拒绝,仲裁庭最终对诺城公司主张窝工费用的请求未予支持。

第六节　往来函件和管理记录文件

一、发包人指令及确认文件

【释义】

所谓发包人的指令文件是指在建设工程施工合同履行过程中发包人为保证项目工程达到既定目标而向承包人发送的有关设计变更、工期调整等书面指示。该等书面指令应送达承包人项目经理或经项目经理授权接收的人员。

所谓发包人的确认文件是指发包人对工程实际施工状况或承包人提出的异议等进行确认的书面文件,工程量核实确认单即为其中一种。工程量核实确认单系发包人对施工单位实际完成的(月度、年度、阶段或全部)工程量进行核算,并对工程变更、工程洽商所引起的工程量增减进行确认后出具的书面文件,是建设工程结算的重要凭据。

发包人指令及确认文件一般采用书面形式,经监理工程师签字后,交给项目经理等受送达人,接收方在回执上签署姓名和收到时间后生效。确有必要时,发包人可授权监理工程师发出口头指令,承包人对该等指令应予执行。承包人对发包人发出的指令及确认文件存有疑问的,应向其提出书面异议。

【索赔用途】

发包人的指令及确认文件常以工程量核实确认单、变更通知书、工程联系单、洽商变更单等形式出现,多属于往来函件的一种形式。发包人发出的单方指令或确认会对合同工程的工期、价款或质量标准产生影响。

发包人或监理工程师发出延期开工、暂停施工、加速施工、设计变更、承包范围变更、施工方案变更等指令造成承包人费用增加或工期延长的,承包人可以将发包人的指令文件作为其向发包人提出索赔的重要证据。发包人发布指令文件延误或内容错误且未及时予以更改或撤销导致打乱承包人施工计划、发生责任事故或人身损害,造成工程返工、停工或窝工等情况并导致承包人费用增加或工期延误的,承包人可以存在瑕疵的指令文件为证据要求发包人承担因指令错误发生的追加合同价款等责任;工程关键线路因错误指令延误的,合同工期应予顺延。

对于因承包人怠于执行或拒不执行发包人已发布的指令文件而造成的延误,发包人可依据相应的指令文件向承包人提出索赔请求。如发包人在质量检查过程中发出修复、暂停、拆除、返工、重新施工、更换等指令,而承包人未予执行并因此造成事故、人身伤害或工程损害的,发包人有权要求承包人赔偿其相应损失。

发包人的确认文件如工程量核实确认单,可作为发包人发布变更指令导致实际工程量变化的证据。特别是在承包人未就工程变更与发包人正式签署洽商变更文件的情况下，工程量核实确认单可作为发包人增加额外工程量的有力佐证，而工程量的增加便可成为承包人要求顺延工期与增加费用的基础依据。

如承包人知道或应当知道发包人指令及确认文件存在问题或者在施工过程中发现问题，而没有及时提出意见和建议并继续施工，最终导致建设工程质量存在缺陷的，承包人仍需承担一定的过错责任。因此，承包人认为发包人指令及确认文件不合理的，应提出请求修正的书面报告。

【索赔案例】

2011 年 7 月 27 日，诚利公司(甲方)与中道公司(乙方)签订合同书一份，约定由中道公司承建诚利公司 H 型、U 型原料药车间室内装饰工程。合同约定：工程承包范围为一期工程车间装饰装修工程；合同价款暂定金额为 643,220.12 元。工程预付款：合同生效后，开工前支付合同价的 30%，留余 10% 作为履约担保，待工程决算完成后付清履约担保。工程款(进度款)支付：竣工完成验收合格后付合同价款的 10%(含 20% 承兑)；余款待审计结算完成，乙方补齐正规发票后支付，留取工程结算价 5% 的质保金。质保金在质保期满后(无息)一次付清，承兑总额占决算总额的 50%；工程发生重大变更时可另外签订合同(估算造价在 10 万元以上的)。后双方又签订了一期车间内装饰补充合同，合同约定价款金额为 263,203.00 元，约定付款方式为：合同签订后，工程完工后付合同价款的 70%，余款待审计结算完成，乙方补齐正规发票后支付，留取工程结算价 5% 的质量保证金。质保金在质保期满后(无息)一次付清，其中承兑总额占决算总额的 50%。上述两合同项下甲方委托代理人签字均为李某田。合同签订后的施工过程中，李某田又在多份工程签证单、联系单中对工期、价款的调整进行签字确认。工程竣工后双方因工程款结算金额产生争议，中道公司向双方约定的仲裁委员会申请仲裁，要求诚利公司支付欠付的工程款。诚利公司认为其未在工程签证单、联系单上加盖印章，仅有李某田签字不能代表发包人的意思表示，诚利公司对后续签认文件中顺延的工期与新增的款项均不予认可。

仲裁庭经审理认为，中道公司提供的工程签证单、联系单虽然未加盖诚利公司的印章，但已由发包人委托代理人李某田签字确认。鉴于李某田作为诚利公司的委托代理人的身份，中道公司有理由相信李某田有权代表诚利公司就案涉工程签订相关发包人指令及确认文件。诚利公司未提供进一步证据证明李某田无权代表诚利公司，故李某田代表诚利公司向中道公司出具的相关书面签认文件对诚利公司具有约束力，诚利公司应按照合同约定及签认文件确定的内容给付中道公司工程款。

二、监理通知

【释义】

监理通知，即监理工程师通知单，指监理工程师履行监理职责过程中，就施工质量、施工工艺、施工组织等方面以通知单的形式向承包人或建设单位发出的书面文件。部分监理通知属于往来函件的一种形式。

监理人按发包人委托监理的范围、内容、职权与权限，代表发包人对承包人实施监督，监理通知一般在工程建设过程中发生如下情况时由总监理工程师签字后发出：(1)未经监理人员验收或验收不合格的工程材料、构配件、设备拟进场时；(2)施工过程中出现质量缺陷，需要整改时；(3)工程存在安全事故隐患时；(4)实际施工进度滞后于计划进度，需要采取纠偏措施时；(5)需要承包人提交与索赔报告有关的进一步详细资料时；(6)危险性较大的分部分项工程施工未按专项施工方案实施时；(7)施工合同终止履行后确定承包单位应得款项或应偿款项时。

【索赔用途】

就工程工期、质量和安全管理而言，监理人作为相对独立的第三方，其发送的文件具有专业性、针对性、客观性等特点，相较于发包人或承包人单方发送的文件而言具有更强的证明力，更易于被人民法院或仲裁机构采纳。因此，监理通知普遍适用于与工期、质量及工程造价等相关的索赔中。

监理通知对于承发包双方在索赔事件中判定责任方和各方过错程度、还原事实基本情况等方面均发挥重要作用。若承包人未按照监理通知的要求及时采取整改、纠偏、将不合格材料退场等措施，从而导致工期延误、费用增加的，发包人可以监理通知作为支持其索赔主张的证据。承包人收到监理通知后应遵照执行，监理的指示构成工程变更的，该监理通知也可作为承包人主张工程量变更的证据。

监理人受发包人委托，根据法律法规、工程建设标准、勘察设计文件及合同，在施工阶段对建设工程质量、进度、造价进行控制，对合同、信息进行管理，对参建各方的关系进行协调，并履行建设工程安全生产管理法定职责。因此若监理通知中存在错误或失误给承包人造成损失的，由发包人向承包人承担赔偿责任。上述监理人的错误或失误包括但不限于监理人未按合同约定发出相应通知(如超出权限等)、发出通知延误、通知内容错误等。承包人可以存在瑕疵的监理通知为证据要求发包人承担由此造成的工期延误及费用增加的责任。

【索赔案例】

2014年4月，胜莱公司通过招标代理机构对某综合楼室内装饰装修工程进行招标，《施工招标文件》对于履约保证金约定如下："为防止因投标单位恶意中标而影响本工程的施工质量与进度，在双方签订合同前七个工作日内，中标单位应向建设单位缴纳金额为壹佰万元(100万元)的履约保证金。履约保证金将在工程竣工通过建设单位及有关部门验收合格后，在7个工作日内退还给中标单位(不计利息)。建设单位有权以履约保证金等额抵扣中标单位应付的罚款、违约金、赔偿金等款项。"东弘公司中标并于2014年5月8日收到招标代理机构发出的中标通知书。2014年6月1日，胜莱公司在东弘公司缴纳100万元履约保证金后与其签订《建设工程施工合同》，约定工程范围综合楼墙面、地面、顶棚等内装修工程，工期为78天(2014年6月5日至8月21日)，合同价款为26,305,450元。2014年6月5日，东弘公司报审工程开工，2014年7月10日获准。

2014年8月7日，胜莱公司、东弘公司、监理单位、设计单位、各分包单位等就该工程工期问题召开专题会议并签署了一份某综合楼室内装饰装修工程工期专题会议纪要，该纪要记载：(1)会议主要议题，某综合楼装饰装修工程的合同竣工日期为2014年8月21日，东弘公司请求工期顺延70天，经胜莱公司研究后确定顺延55天(含开工审批迟延、变更、增项、图纸调整等因素)，竣工日期为2014年10月15日。(2)会议内容，参加会议各单位对2014年10月15日最终竣工时间均未表示异议，施工、消防、空调等单位均明确表示积极配合，共同努力按期完成施工任务。该纪要第3页4、5行，明确奖罚措施，限定工期至2014年10月15日，东弘公司每提前一天竣工，奖励2万元，超期按奖励金额予以相应处罚。该纪要第3页第6、7行明确：监理单位应就工程质量和工期进度情况进行监督，并按本会议纪要内容向施工单位下发监理通知。第4页由各方代表签字。2014年10月16日，由于东弘公司未能按期竣工，监理单位根据会议纪要内容向东弘公司发出关于某综合楼室内装饰装修工程工期未按协议完成对违约方实施罚款的通知，通知载明："根据2014年8月7日会议纪要规定，为严肃制度，从即日起，东弘公司每延误工期一天，罚款2万元，直至竣工为止。罚款待工程决算时，由工程款中扣除。"2014年10月18日，监理单位书面通知东弘公司其拟用于案涉工程的木门不符合规范和设计要求，后东弘公司按照要求予以更换。2015年4月26日全部案涉工程竣工验收合格。截至2017年7月10日，胜莱公司将全部案涉工程款付清，但履约保证金100万元迟迟未退。

双方关于胜莱公司扣留履约保证金事宜发生纠纷，东弘公司依据《建设工程施工合同》约定的仲裁条款将本案提请仲裁，要求仲裁庭裁决胜莱公司返还其100万元履约保证金。关于履约保证金扣留依据的问题，仲裁庭经审理后认为，本案中，《施工招标文件》约定的履约保证金主要用于担保工程质量和进度，当东弘公司存在工程质量问题或工期延误问题时，胜莱公司有权以履约保证金等额抵扣东弘公司应付罚款等款项。某综合楼室内装饰装修工程工期专题会议纪要主题就是研究工程工期问题，而且各方负责人都已签字认可，其性质是参会各方对于工期问题达成的有效约定，故监理单位根据双方认可的奖惩措施向东弘公司发送的监理通知，符合双方的真实意思表示，东弘公司收到监理通知后应遵照执行。综上，在东弘公司存在延期的情况下，胜莱公司有权根据会议纪要与监理通知载明的原则对东弘公司进行罚款。本项目工程延期193天，胜莱公司有权主张对东弘公司罚款386万元，但实际仅扣留了东弘公司缴纳的100万元履约保证金，属于合理自力救济范围内。仲裁庭最终未支持东弘公司的仲裁请求。

三、往来函件及签收记录

【释义】

往来函件是指施工过程中，施工活动的其中一方参与主体向其他参与主体发送与工程相关的函件，记录施工过程中发生的有关事实。往来函件主要包括：承包人的要求、请求、工程联系单、通知书；发包人指令及确认文件(参见本章第六节第一项)；监理通知(参见本章第六节第二项);各方往来的电话记录、签收记录等。其中,承包人的要求、请求、工程联系单、通知书一般是指项目履行过程中承包人因工程技术或经济方面的各种变化向合同约定的接收主体所提供的资料、文件。一般情况下承包人发出的此类文件有固定格式,如工作联系单、索赔意向通知书等,但在实践中承包人往往不遵守格式要求,通过包括但不限于申请、通知、沟通函等文件名称的形式提出其主张,也可能并未提炼出文件名称,这类文件可归类为承包人的要求、请求。发包人与监理人作出的指示、通知与确认文件,可以是对承包人前述函件的回复,也可以是就工程相关某一事项主动向承包人发出的沟通函件。关于双方往来电话记录,若承发包任意一方以录音方式或对方签认的书面笔录形式留存,且该等材料可以证明双方磋商的具体内容的,可单独形成索赔证据。若仅提供通话记录详细单据的,该通话记录属于证明确有往来函件的辅助证据,结合录音或书面笔录内容、函件内容等其他证据材料,可辅助证明发送方曾向接收方发送文件、资料及接收方收到文件、资料后予以回复等事实。

签收记录一般是指施工活动中的一方参与主体向其他参与主体发送与工程有关的文件,其他工程参与主体以书面形式确认收到相关文件的记载。签收记录、签收授权委托书、签收人身份证明文件等均为证明接收方指定人员获知发文方主张的文件、资料内容,往来函件与接收方签收记录相结合即可形成就某一索赔事件的有效证据。

四、会议纪要

【释义】

本项所指的会议纪要是指工程施工过程中各主体就工程中产生的问题进行例行、专门会议所形成的概要性文件,包括监理会议纪要、专题会议纪要等。通常在施工过程中监理为履行其监督施工的职责,一般会定期地召开监理例会,形成的会议纪要即为监理会议纪要。监理会议一般由监理单位主持,会议纪要中一般包括现场施工人员及机械情况、上阶段工作情况概要、下阶段工作计划、施工单位需建设单位协调及解决的问题、监理单位建议及意见、建设单位要求等内容。另外,如工程施工过程中涉及具体问题需要解决的,发包人或监理单位也会就专门性的问题召集各参建单位举行专题性会议,并形成专题会议纪要。

【索赔用途】

由于会议纪要是在施工当期形成,并真实反映各方的意见及工程的施工情况,因而在索赔过程中通常发挥极为重要的作用。各项会议中施工参建单位通常会各抒己见,会议纪要的内容对于工程的工期、质量等重要问题乃至施工中的其他细节可能均会有详尽的体现。

由于部分建设工程施工合同明确约定,施工过程中形成的会议纪要作为合同文件的组成部分,且施工时很多重要的事项由于工期紧张仅会通过在会议上协商并形成决议的方式确定,所以在争议处理解决过程中,会议纪要的审查与收集便显得尤为重要,主要在于会议纪要一方面能让未亲身参与工程的人员对工程施工形成直观印象，另一方面有助于了解争议形成的原因。最重要的是当事人经常能通过会议纪要中反映的情况，尤其是各方的发言寻找到索赔及反索赔的依据。

综上所述，由于会议纪要对工程施工情况真实且充分的反映，会议纪要通常会在全种类的工程索赔中发挥作用。

【索赔案例①】

2004年10月15日，江苏南通二建集团有限公司（以下简称南通二建）与吴江恒森房地产开发有限公司（以下简称恒森公司）签订建设工程施工合同，约定由南通二建承建恒森公司发包的吴江恒森国际广场全部土建工程，合同价款为30,079,113元，开工日期为2004年10月31日，竣工日期为2005年4月28日。同日，双方签订补充协议约定：开工日期计划2004年10月2日（以开工令为准），竣工日期为2005年3月11日，工期141天（春节前后15天不计算在内）。每迟后一天，南通二建支付违约金10万元。土建工程造价按标底暂定为3523万元，竣工结算经有资质的审计部门审计核实后，按审计决算总价下浮9.5%为本工程决算总价。补充协议还对付款方式进行了约定，并约定留总价5%款项作为保修保证金，工程竣工验收满两年后返还。

2005年1月6日，南通二建与恒森公司签订会议纪要，双方确认南通二建为总包单位，由南通二建收取恒森公司分包合同总价1%的总包管理费。该会议纪要同时明确，由于工期延误引发的争议已经双方协商解决，因地下室等各种因素的制约导致工期延误，双方一致同意不按照原合同工期执行，就截至目前的工期延误事件互不承担责任，既不奖也不罚，但恒森公司法定代表人强调必须在2005年4月中旬全部通过竣工验收。

2005年6月27日，南通二建与恒森公司就工程现场签证单确认问题等事项订立会议纪要，双方经协商确认工程于6月底前全部竣工，如不能如期竣工，根据工期延误原因由责任方承担工期延误损失及相关责任。

后双方因工程价款问题发生纠纷诉至江苏省苏州市中级人民法院。恒森公司主张从向南通二建支付的工程款中扣除工期延误违约金，南通二建认为工期延误并非其原因造成，不应当扣除违约金。

关于南通二建是否应承担延误工期的违约责任，一审法院经审理认为，根据双方补充协议，南通二建应于2005年3月11日完工，否则按每天10万元承担违约责任；实际施工期间，因地基工程施工失败，双方约定由南通二建接替原地基工程施工单位实施地下室围护的抢险施工及围护桩加固工作，该项工作并非总包单位合同内容，属于增加工程，必然导致工期延长，故双方就工期协商约定不按原合同工期执行且互不追究责任，既不奖也不罚，但恒森公司并未完全放弃工期要求，在承诺不针对原工期奖罚的同时要求南通二建必

① 参见江苏南通二建集团有限公司与吴江恒森房地产开发有限公司建设工程施工合同纠纷案，载《最高人民法院公报》2014年第8期（总第214期）。

须于2005年4月中旬竣工。此外,恒森公司将室外铺装工程另行发包给南通二建施工,并明确室外铺装工程工期至2005年6月20日止,结合双方于2005年6月27日会议纪要中作出的工程应于6月底前竣工,否则根据原因由责任方承担责任的意思表示,可认为双方因地下室及工程量增加等原因,已协商将竣工时间延长至2005年6月30日。事实上,本案工程于2005年7月20日竣工,南通二建逾期完工20天,南通二建未能举证证明该20天存在可据实延长的情形,故逾期完工20天的责任应由南通二建承担。因恒森公司投资建房的目的之一系对外招租开设大卖场以获取租金收益,南通二建逾期完工必然导致恒森公司迟延接收、使用房屋并获得租金收益。结合恒森公司将所建房屋对外实际出租的状况及规模,一审法院酌定由南通二建赔偿恒森公司因工期延误造成的损失共计人民币25万元。

南通二建不服一审判决,向江苏省高级人民法院提起上诉,二审法院判决维持了该判项。

五、工程洽商、签证文件

【释义】

本项所指的工程洽商、签证文件,一般以洽商变更单、工程签证单的形式体现。

洽商变更单,主要是指承包人就施工图纸、设计变更所确定的工程内容以外的,施工图预算或预算定额取费中未包含的,而施工中又实际发生费用的施工内容所办理的书面说明。一般包括因为成本、施工技术、施工难度、材料供应等原因或设计本身存在的问题而经各方协商后进行的修改记录,一般作为合同文件的组成部分。

工程签证单,在中国建设工程造价管理协会2002年颁布的《工程造价咨询业务操作指导规程》中被定义为"按承发包合同约定,一般由承发包双方代表就施工过程中涉及合同价款之外的责任事件所做的签认证明"。从该定义可以看出,工程签证单涉及内容广泛,主要是指承发包双方就设计图纸、施工方案所确定的工程内容以外,合同及工程量清单中未含有而施工中又实际发生的责任事件所办理的签认证明。工程签证主要包括工程经济签证、工程技术签证、工程工期签证、工程隐蔽签证等。工程经济签证是指在施工过程中由于场地、环境、发包人要求、合同缺陷、违约、设计变更或施工图错误等,造成发包人或承包人经济损失方面的签证。工程技术签证主要是施工组织设计方案、技术措施的临时修改的签证。工程工期签证主要是工程实施过程中非因承包人原因导致的延期开工、暂停施工以及工期延误的签证。在计算工期提前奖励或工期延误罚款时,工期签证发挥着重要作用。工程隐蔽签证主要有基坑验槽记录、软地基处理、钢筋隐蔽验收签证等。工程签证单可视为补充协议,具有与合同协议书同等的优先解释效力。

【索赔用途】

洽商变更单是承发包双方就变更事项达成共识的依据,工程签证单是承发包双方(部分情况下监理单位亦会参与签认)按合同约定就合同价款之外的责任事件所作的签认证明。前述工程洽商、签证文件直接关系到承发包双方的切身利益，是工程结算的重要依据。特别是对一些总价包干的工程，结算时更要重视洽商变更和工程签证价款的计入。在实践中发生合同约定之外的争议时，此类材料的收集可迅速有效地解决纠纷，弥补前期设计和施工过程中的漏洞与不足，了解争议的形成原因，确定争议事项的责任主体，确保工程顺利进行。

由于工程洽商、签证文件的内容是对工程施工全过程情况真实且充分的反映，通常会在全种类的工程索赔中发挥作用，尤其在与工期、费用相关的索赔争议中经常使用。

【索赔案例①】

2011年9月1日，青海隆豪置业有限公司（以下简称隆豪公司）与青海方升建筑安装工程有限责任公司（以下简称方升公司）签订《建设工程施工合同》约定，由方升公司为隆豪公司的建设工程施工。工程名称为海南藏文化产业创意园商业广场；工程内容为：建筑结构为独立基础、框架结构；层数为1层、局部2层和3层；建筑高度分别为5.70米、10.20米、14.10米，建筑面积为36,745m^2，最终以双方审定的图纸设计面积为准；开工日期为2011年5月8日，竣工日期为2012年6月30日，工期419天。工程单价1860元/m^2，单价一次性包死，合同总价款68,345,700元。

2011年5月15日，方升公司开始施工；2011年6月，设计单位完成设计图纸，同月27日双方当事人及有关单位进行图纸会审；2011年11月23日，方升公司、隆豪公司、监理单位、设计单位、勘察单位、质检单位在隆豪公司售房部形成《基础验收会议纪要》，工程基础验收合格。

2012年1月9日，设计单位向隆豪公司作出《设计变更通知单》，通知单内容为：对广场地砖、涂料、找平、找坡、结构板等进行变更；2012年3月31日，设计单位向隆豪公司发出了《海南藏文化产业创意园商业广场》的变更通知单，内容为面层、结构板等变更要求；2013年5月27日，设计单位下发了《设计修改通知单》，对原结施节点详图中过梁作了补充和变更；2012年3月、4月、5月，方升公司向监理单位分别报送《工程进度申报（审核）表》，监理单位盖有印鉴。2012年6月13日，方升公司、隆豪公司与相关单位组织主体验收。

2012年6月19日，方升公司发出通知，要求隆豪公司于2012年6月23日前支付1225.14万元工程款，否则将停止施工。2012年6月25日，隆豪公司发出通知，内容为：方升公司不按约履行合同，拖延工程进度，不按图施工，施工力量薄弱，严重违约，导致工程延误给隆豪公司造成了巨大经济损失，要求解除合同，要求方升公司接到通知后一日内撤场、拆除临舍。之后，双方解除合同，方升公司撤场。

后双方就工程结算事宜发生纠纷诉至青海省高级人民法院，关于方升公司是否存在工期延误及是否应赔偿工期延误损失的问题，一审法院经审理后认为，本案合同生效时间

① 参见最高人民法院民事判决书，(2014)民一终字第69号。

为2011年9月1日,双方当事人合同约定的开工日期为2011年5月8日,竣工日期为2012年6月30日,合同工期总日历天数419天。在合同生效之前,方升公司已开始施工。方升公司施工期间,双方当事人与有关单位于2011年6月29日完成图纸会审,此时施工的内容才得以明确具体,双方当事人对合同约定的施工内容才进一步得到最终的确认。另外,在方升公司施工期间也存在部分工程的设计变更,虽然方升公司未提交证据证明发生以上事实后办理了工期顺延手续,但结合到本案的实际,方升公司的施工期限不应严格依照合同约定的施工期间执行。隆豪公司发出解除合同通知时,方升公司仍在施工。隆豪公司主张方升公司延误工期,赔偿工期延误损失,不符合本案实际,并且该工期延误损失的计算方法亦依据不足,依法不予支持。

隆豪公司、方升公司均不服一审判决结果提出上诉,最高人民法院经二审审理认为,在工程施工期间,双方当事人与有关单位于2011年6月29日才完成图纸会审,施工内容才得以具体明确;施工期间还存在部分工程的设计变更;隆豪公司解除合同时,方升公司已经完成了基础和主体工程的施工,并不存在工程延误的情形。二审法院认为一审判决中关于认定方升公司未延误工期的内容正确,应予维持。

第七节　其他文件

一、法律及政策性文件

【释义】

法律有广义和狭义两种理解。从广义上讲,法律泛指一切规范性文件;从狭义上讲,法律仅指全国人大及其常委会制定的规范性文件。在与法规并称时,法律是指狭义上的法律,而法规则主要指行政法规、地方性法规等。本项所指的法律采广义理解,是指当前我国现行有效的法律、行政法规、地方性法规、国务院部门规章、地方政府规章和其他规范性文件以及相关机构对于该等法律、法规的修改和补充(如最高人民法院发布的司法解释等)。

此外,本项所指的政策性文件是指中央及地方各级政府就某个领域或某项事务制定颁发的规定、办法、意见、通知等文件,该类文件往往涉及公众的具体权利和义务,对于公众的行为具有一定的约束力和影响力。

二、气象资料

【释义】

气象资料一般是指,由气象局等相关权威机构依据先进仪器设备与技术手段对大气物理现象进行分析后作出的、反映一定时期内天气状况的信息和资料。除气象局发布的气象资料外，建设工程施工过程中，监理单位通常会在监理日报或周报或月报中、施工单位通常会在工程日报或施工日志中记录天气状况以反映工程实际施工情况。气象局、监理单位、施工单位制作的反映天气情况的资料均属本项所探讨的气象资料。

反映工程项目所在地天气状况的气象资料对发包人确定合理工期，承包人进行合同谈判、安排施工进度计划有重要意义。发包人在工程项目开展前对工程项目所在地的天气状况进行了解有助于其制定合理工期，对工程项目建设周期有较为理性的预判。承包人在建设工程施工合同签订前对工程项目所在地近几年的天气状况进行研究有助于其进行合同谈判，创造对其比较有利的合同条件。如项目所在地多雨、雪、冰雹、大风等足以影响工程施工的天气，承包人可与发包人协商在合同专用条款中明确约定因某些天气状况延误的工期应予顺延，因天气状况增加的费用或造成的损失由双方按照一定的原则或比例进行分担。承包人在施工过程中提前关注了解天气状况则有助于其合理安排施工进度，避免恶劣天气对施工造成影响以致工期延误。

【索赔用途】

根据《标准施工招标文件》通用合同条款第 11.4 款“异常恶劣的气候条件”约定：“由于出现专用合同条款规定的异常恶劣气候的条件导致工期延误的，承包人有权要求发包人延长工期。”《标准设计施工总承包招标文件》通用合同条款第 11.4 款“异常恶劣的气候条件”约定：“由于出现专用合同条款规定的异常恶劣气候的条件导致工期延误的，承包人有权要求发包人延长工期和（或）增加费用。”但因承包人延误工期导致其在施工期间遭遇恶劣天气而增加的费用、延误的工期，承包人无权向发包人索赔。承包人索赔因天气状况增加的费用、延误的工期不仅需提供施工合同，还需提供影响其施工的气象资料。承包人无法提供有效的气象资料以证明其施工受到天气状况影响的，其索赔犹如无本之木、无源之水，很难获得支持。发包人可收集整理气象资料，如项目所在地的恶劣天气属历史平均范畴，不属于不可抗力，承包人在投标前理应预见，并属于在投标工期中应予考虑的情形，发包人可据此对承包人就因天气状况增加的费用及延误的工期提起的索赔进行抗辩。

三、结算协议书

【释义】

结算协议书是指项目工程经发包人、承包人、设计人、监理人等各方验收合格后，发包人和承包人就施工合同履行过程中产生的包括工程款、工期、质量争议在内的所有争议一并解决的书面协议。这是因为：从合同约定来看，合同约定的结算不仅单指工程款的结算，应该是合同价款的结算。合同价款既包括通常意义上的工程款，也包括合同履行过程中发生的索赔等；从结算协议书签订的时间来看，承发包双方达成结算协议时，工程已经完成竣工验收，工程质量合格与否，工期延误与否，承包人是否存在停、窝工损失等争议，承发包双方在签订结算协议书时非常清楚。

由于结算的目的是最终确定因施工合同履行产生的债权债务数额,因此,除非双方在结算协议书中明确约定工程款之外的争议另行解决,否则双方在结算协商时会考虑所有对工程最终价款产生影响的因素并一起解决。很难想象承发包双方在就工程质量、工期等存在争议的情况下,在结算时仅就工程款数额达成结算而不予考虑工程质量、工期等争议,这与日常经验逻辑及目前建筑市场的交易惯例不符。此外,承发包双方进行结算时,工程一般已办理完毕竣工验收或发包人已实际使用,工程质量合格才涉及结算问题。因此,承发包双方已经达成结算协议的,若无相反证据证明,一般应当认为工程质量已经或视为验收合格,之后发生的问题属于质量保修的范畴,不影响工程款的支付。当然,如果双方于结算协议书中明确约定工期、质量等争议部分另行协商解决的,约定有效。

【索赔用途】

实践中,一般结算协议书签订后,即对承发包双方均有约束力,除非结算协议书被认定无效或撤销,否则承发包双方均应按结算协议书的约定履行义务。承包人可要求发包人按结算协议书确定的金额、期限等支付工程款。如结算协议书约定逾期支付工程款利息和/或违约金的,承包人可在发包人逾期支付工程款时同时主张工程款及逾期支付工程款的利息和/或违约金。除非结算协议书中明确约定承包人停、窝工损失,工期延误,工程质量问题等另行处理,否则,承包人在结算协议书签订后以工程中还存在停、窝工损失等要求另行结算工程款的,发包人可以双方已签订结算协议书、已就包括损失在内的争议达成一致为由进行抗辩。发包人在结算协议书签订后向承包人另行主张工期延误损失、质量损失的,承包人可以双方已签订结算协议书,工期、质量争议已解决为由进行抗辩。但发包人主张的质量损失属承包人保修责任范围内的,承包人应予承担,结算协议书的签订不影响承包人承担质量保修责任。①

① 相关规范性文件依据部分列示如下:《北京市高院施工合同解答》第 7 条规定:当事人在诉讼前已就工程价款的结算达成协议,一方在诉讼中要求重新结算的,不予支持,但结算协议被法院或仲裁机构认定为无效或撤销的除外。建设工程施工合同无效,但工程经竣工验收合格,当事人一方以施工合同无效为由要求确认结算协议无效的,不予支持。第 24 条规定:结算协议生效后,承包人依据协议要求支付工程款,发包人以因承包人原因导致工程存在质量问题或逾期竣工为由,要求拒付、减付工程款或赔偿损失的,不予支持,但结算协议另有约定的除外。当事人签订结算协议不影响承包人依据约定或法律、行政法规规定承担质量保修责任。结算协议生效后,承包人以因发包人原因导致工程延期为由,要求赔偿停工、窝工等损失的,不予支持,但结算协议另有约定的除外。

第四编

工期延误事件识别

第一章

工期延误事件识别概述

工期是工程管理的基本目标之一，与质量、成本共同构成了工程管理的三要素，三者共同反映了工程的整体实施情况。根据《民法典》第795条[①]之规定，工期是建设工程合同的重要内容与主要条款之一。

近年来，随着建筑业的快速发展、建造能力的不断增强与产业规模的不断扩大，建筑业已成为我国国民经济的支柱产业。同时，由于建筑市场的不规范、监管不到位等问题，建设工程合同纠纷案件数量呈现出持续上升趋势，审理难度大、周期长，案件法律关系复杂，涉及合同效力、造价、质量、安全、工期等诸多方面。其中，工期问题的认定与处理尤为复杂、棘手，司法实践中，有关是否属于工期延误事件的认定标准亦不尽相同。

第一节　关于工期延误的分类

实践中，对于工期延误的分类有不同的标准，业界较为主流的工期延误分类方式主要有以下几种：根据工期延误的原因分类、根据工期延误的结果分类、根据延误事件之间的时间关联性分类、根据延误发生的时间分布分类。

一、根据工期延误的原因分类

原因是指"造成某种结果或引起另一事情发生的条件"。实务中，关于工期延误的原因分类，通常包括狭义说与广义说两种不同的学说。

（一）狭义说

狭义说将原因具体化，仅考虑造成工期延误事件的实际主体或动因，而不论原因事件

① 《民法典》第795条规定：施工合同的内容一般包括工程范围、建设工期、中间交工工程的开工和竣工时间、工程质量、工程造价、技术资料交付时间、材料和设备供应责任、拨款和结算、竣工验收、质量保修范围和质量保证期、相互协作等条款。

主体是否是工程合同的当事人,亦不论原因事件主体是否会就延误事件承担责任。按照狭义说,可将工期延误分为发包人原因引起的延误、承包人原因引起的延误、第三人原因引起的延误、不可抗力原因引起的延误、其他客观原因引起的延误。具体如下。

1.发包人原因引起的延误

发包人原因引起的延误一般可分为发包人自身原因引起的延误与合同变更原因引起的延误,也可以按合同履行阶段划分为发包人开工前的延误与发包人合同履行过程中的延误。

2.承包人原因引起的延误

承包人原因引起的延误在实践中最为常见,一般是由于其内部计划不周、组织协调不力、指挥管理不当等原因引起的质量问题导致的返工、安全问题引起的现场停工、施工组织不当导致的生产效率低等所致。

3.第三人原因引起的延误

第三人原因引起的延误是指在工程建设中,发包人和承包人以外的第三人引起的延误,包括但不限于勘察人、设计人、监理人、承包人的分包商,以及材料、设备供货商,相邻权人等。

4.不可抗力原因引起的延误

不可抗力原因引起的延误一般指由不能预见、不能避免且不能克服的不可归责于发包人或承包人任何一方的客观情况引起的延误,主要包括自然灾害和社会性突发事件,如地震、海啸、洪水、火灾等自然灾害,以及战争、动乱、暴动、军事政变、罢工等社会性突发事件。

5.其他客观原因引起的延误

其他客观原因是指不可归属上述4种原因之一的客观情况,是一个兜底性条款,如情势变更等。

(二)广义说

广义说将工期延误事件的原因与工程合同的承发包双方紧密关联,将工期延误分为两大类,即发包人原因引起的延误与承包人原因引起的延误。发包人原因引起的延误,是指所有不属于承包人原因的、可以产生工期无条件顺延后果的延误事件,包括狭义说中的发包人原因引起的延误、应由发包人承担责任的第三人原因引起的延误、非承包人延误期间发生的不可抗力引起的延误以及其他客观原因引起的延误。而承包人原因引起的延误主要包括狭义说中的承包人原因引起的延误、应由承包人承担责任的第三人原因引起的延误、承包人延误期间发生的不可抗力引起的延误等。为便于更为系统、全面地罗列工期延误事件与承发包双方索赔项目,本编第二、三章系按照广义说对工期延误原因进行分类。

但需要说明的是,广义说的该等分类方式并不代表原因归属一方需要就工期延误事件承担全部责任。以不可抗力与其他客观原因为例，即使在广义说中被划归为发包人原因，实践中承包人仍仅得在不存在迟延履行的前提下主张工期顺延，且承发包双方应各自承担相应责任，具体责任分配方式详见本编第二章第三节“不可抗力”部分的相关内容。但总体而言，根据相关法律规定与示范文本约定，在不可抗力或其他客观原因导致的工期延误事件中，发包人一般需承担更重责任，究其原因，是由于承包人的施工成果将最终凝结在建设工程这一产品上，而发包人作为建设工程的所有权人与最终受益人，理应就非双方导致的建设工程相关风险事件承担主要责任。

二、根据工期延误的结果分类

根据工期延误事件发生后，承包人是否可以得到工期、费用索赔，将工期延误分为可索赔延误和不可索赔延误。

（一）可索赔延误

可索赔延误是指非承包人原因引起的工期延误，包括发包人或可归责于发包人的第三人原因以及不可抗力等引起的延误，此时承包人可提出补偿要求，发包人应给予相应的合理补偿。根据补偿的内容不同，可索赔延误可进一步分为以下四种情况：

1. 只可索赔工期的延误。这类延误一般是由发包人、承包人双方都不可预见、无法控制的原因引起的延误，如不可抗力、政策因素等。对于这类延误，由于承发包双方均无过错，实践中通常能够顺延工期，但对于承包人的费用损失赔偿请求，除法律法规规定或当事人明确约定（视为发包人对自身权利的让渡），或裁判机构基于公平原则认为应当给予适当补偿外，一般较难获得支持，而是应由承发包双方合理分担各自损失。

2. 只可索赔费用的延误。这类延误一般是由发包人或可归责于发包人的第三人原因引起的延误，因延误并未导致关键线路工期的延长，对工程总工期没有影响，而承包人却由于该项延误负担了额外的费用损失。对于这类延误，承包人不能要求延长工期，但可以要求发包人补偿费用损失，对于主张的费用损失，承包人需承担举证责任。

3. 可同时索赔工期和费用的延误。这类延误一般是由发包人或可归责于发包人的第三人原因而造成工程关键线路的工期延误，并使承包人负担了额外的费用损失。对于这类延误，承包人不仅有权向发包人索赔工期，而且还有权要求发包人补偿因延误而发生的费用损失。

4. 可同时索赔工期、费用和利润的延误。这类延误一般是由发包人或可归责于发包人的第三人原因而造成工程关键线路的工期延误，在造成承包人负担额外费用损失的同时，还给承包人造成了利润损失，即在未发生该等延误事件的情形下，承包人不仅可以避免直接经济损失，还能够获得预期利润（可得利益）。对于这类延误，承包人有权向发包人索赔工期，要求发包人补偿因延误而发生的费用和利润损失。

(二)不可索赔延误

不可索赔延误是指因承包人原因或可归责于承包人的第三人原因等引起的延误。对于这类延误,承包人通常不仅不能向发包人主张索赔,往往还会面临被索赔的后果。

三、根据延误事件之间的时间关联性分类

根据延误事件之间的时间关联性,可将工期延误分为单一延误、共同延误和交叉延误,共同延误和交叉延误又可统称为同期延误。

1. 单一延误。单一延误是指在某一延误事件从发生到终止的时间间隔内,没有其他延误事件的发生,该延误事件引起的延误称为单一延误。

2. 共同延误。当两个或两个以上的延误事件从发生到终止的时间完全重合,这些事件引起的延误称为共同延误。

3. 交叉延误。当两个或两个以上的延误事件从发生到终止只有部分时间重合时,称为交叉延误。由于建设工程项目的系统性、复杂性,影响工期的因素众多,常常会出现多种原因引起的延误交织在一起,且延误发生的时间并不完全同步,即形成交叉延误。实际上,共同延误是交叉延误的一种特殊情况。

四、根据延误发生的时间分布分类

根据延误发生的时间分布分类,可将工期延误分为关键线路延误和非关键线路延误。

1. 关键线路延误。关键线路延误是指发生在工程网络计划关键线路上的活动或工序发生了延误,由于关键线路为工期最长的路线,因而关键线路上任何活动或工序的延误都会造成总工期的推迟。因此,非承包人原因或不可归责于承包人的第三人原因引起的关键线路延误,必定是可索赔延误。

2. 非关键线路延误。非关键线路延误是指发生在工程网络计划非关键线路上非关键活动或工序的延误。由于非关键线路上的非关键活动或工序可能存在自由时差(也称机动时间),因而当非承包人原因或不可归责于承包人的第三人原因引起非关键线路延误时,会出现两种情况:(1)延误时间少于该活动或工序的机动时间。这种情况下,延误事件并不会导致工程总工期的延误,承包人一般无法获得工期补偿;但若因延误发生额外费用时,承包人可以提出费用补偿要求。(2)延误时间大于该活动或工序的机动时间。这种情况下,非关键线路因此而转变成关键线路,非关键线路上的延误会部分转化为关键线路延误,从而成为可索赔延误。

第二节　工期延误事件的认定标准与方法

《建设工程施工合同(示范文本)》(GF－2017－0201)第二部分通用合同条款第1.1.4.3目对工期的定义为,发包人、承包人在合同协议书约定的承包人完成工程所需的期限,包括按照合同约定所作的期限变更。《建设项目工程总承包合同(示范文本)》(GF－2020－0216)第二部分通用合同条件第1.1.4.5目对工期的定义为,在合同协议书约定的承包人完成合同工作所需的期限,包括按照合同约定所作的期限变更及按合同约定承包人有权取得的工期延长。

通常来讲,只要工程实际完工日期晚于建设工程施工合同约定的竣工日期,就可认定工期存在延误,即将工程的实际完成时间和计划的完成时间进行对比,完工的时间差值,就是延误的工期天数。

实践中,通常采用原因分析法来识别工期延误事件。所谓原因分析法是指对导致某个工期延误事件发生的原因进行分析,以找到原因主体,如此便可进一步对该工期延误是否系由该等原因造成进行确认,具体原因分类详见本章第一节内容。这里需要特别强调一点,采用原因分析法寻找的是导致工期延误事件发生的原因。工期延误原因不同于工期延误风险,也不同于工期延误责任。如前所述,原因是指“造成某种结果或引起另一事情发生的条件”,讨论的是造成某一结果的动因和触发条件。

而风险是指“可能发生的危险”。FIDIC《施工合同条件》(1999版红皮书)第17.3款“雇主的风险”约定在下述第17.4款谈到的风险是指:(a)战争、敌对行动(不论宣战与否)、入侵、外敌行动;(b)工程所在国内的叛乱、恐怖主义、革命、暴动、军事政变或篡夺政权或内战;(c)承包商人员及承包商和分包商的其他雇员以外的人员在工程所在国内的暴乱、骚动或混乱;(d)工程所在国内的战争军火、爆炸物资、电离辐射或放射性引起的污染,但可能由承包商使用此类军火、炸药、辐射或放射性引起的除外;(e)由音速或超音速飞行的飞机或飞行装置所产生的压力波;(f)除合同规定以外雇主使用或占有的永久工程的任何部分;(g)由雇主人员或雇主对其负责的其他人员所做的工程任何部分的设计;(h)不可预见的或不能合理预期一个有经验的承包商已采取适宜预防措施的任何自然力的作用。虽然从文义角度分析,风险事件更偏向于己方不能主导与控制的事件,但结合上述条款不难看出,FIDIC将不可抗力及发包人己方设计原因均归为发包人风险事件。亦即风险事件从狭义而言接近于不可抗力与第三人原因导致己方需承担责任的事件,但从广义而言,由于发包人系建设工程最终受益人与所有权人,故所有需要发包人承担责任以及与建设工程相关不利后果的事件均可归为发包人风险事件的范畴,而不论该事件是否系由发包人主导、控制。

责任是指“没做好分内事而应承担的过失”,重在讨论当工期延误原因或风险事件发生而被公权力部门或其他方当事人过问和追究时,应当最终由某一方当事人来承担的代价增加或收益减少等不利后果。

目前实务界对于何为承发包双方的风险事件没有统一的认定标准,我们倾向于认为可以考虑采取责任主体反推的方法对风险事件进行分类,即哪一方需要就风险事件承担不利后果,便可归属于哪一方的风险事件,如双方均需承担责任的,即为承发包双方的风险事件。也就是说从广义上讲,引起工期延误的发包人原因与发包人延误风险事件的范围是基本一致的。此外需要强调的是,从责任主体可以反推风险主体,但从风险主体无法必然推导出责任主体,即风险主体是责任主体的必要不充分条件。换句话说,需要就工期延误事件承担责任的主体(暂不考虑保险公司、代履行义务方等),必然是该项工期延误事件的风险主体;但作为某个工期延误事件的风险主体,在面临该等工期延误风险时,不一定需就工期延误事件承担全部责任,如不可抗力。

工期延误的原因主体与工期延误的责任主体属于不同的概念,前者讨论的是原因行为,后者讨论的是结果行为,实践中因多种复杂因素影响,承担工期延误责任的主体不一定是实际导致工期延误的原因主体。亦即虽然工期延误事件和延误原因可能呈多样化、复杂化的趋势,但实际应就工期延误事件承担责任的主体(被索赔方、责任方)需要根据法律规定与合同约定的方式在建设工程合同当事人之间进行确定。以下章节将重点阐述工期索赔事件(索赔项目)发生后,承发包双方应如何根据不同的事件对责任主体进行合理预判并据此向对方提起索赔,以及对方需要承担哪些责任。

第二章 承包人可向发包人提起工期索赔的项目

第一节 索赔项目识别

一、识别方法

建设工程施工合同中,承包人负有按期竣工的合同义务,故实践中较为常见的是因承包人原因造成工期延误而需承担违约责任的情形。但如果工期延误系由发包人原因或双方原因导致,承包人需承担举证责任证明该等事实以期免除或减轻己方责任,甚至可就因发包人原因导致工期延误给己方产生的停工、窝工、工程照管等费用与损失进行索赔。

那么,一个工期延误事件发生后,该以何种方法认定系由发包人原因造成?如上一章所述,常用的是原因分析法。但相关原因的选取来源与判断依据便是该等认定方法的核心。在判断工期延误是否系由发包人原因导致时主要应从法律法规规定、合同等法律文件约定、工期签证甚至交易习惯等层面综合甄别判断,确定个案中发包人引致工期延误的原因项,并通过证据材料还原案件法律事实,以确定是否属于该等原因项所列情形。

二、识别标准

如上一章所述,就广义说角度而言,导致工期延误的原因包括发包人原因与承包人原因,且延误事件的发生还可能出现同时或交叉的情形,故而一个工期延误事件既可能是一个独立主体作用的结果,也可能是几个主体共同作用的结果。因此,在认定一个工期延误事件的原因主体是否为发包人时,需要以一定的标准进行衡量,否则很可能出现认定出错的情形。

实践中,在认定发包人为导致工期延误的原因主体时,具体认定标准可分为两类:一类是法定标准;另一类是合同约定标准。所谓法定标准,是指由法律直接规定在某工期延误情形下，该原因主体应认定为发包人，如《民法典》第798条[①]、第803条[②]、第804条[③]等规定的情形。所谓约定标准，是指发包人与承包人在合同中约定当某工期延误事件发生时，该原因主体应认定为发包人。通常情形下，在符合前述法定标准或双方合同约定标准情形下产生的工期延误事件中，发包人会被认定为工期延误的原因主体。因以下情形导致工期延误的，在实践中常被当事人列入因发包人原因而导致索赔项目的范畴：

1. 不可抗力；
2. 政策因素；
3. 行政审批迟延；
4. 发包人未及时办理施工前置手续；
5. 发包人或监理人未按期下达开工通知；
6. 发包人未按合同约定提供图纸[④]；
7. 发包人未按约定提供施工现场、条件及资料；
8. 发包人提供的设计文件、勘察资料存在错误[⑤]；
9. 工程总承包合同项下《发包人要求》错误；
10. 发包人或监理人发布指示延误或不当；
11. 发包人调整承包人工作内容及工作量；
12. 发包人或监理人拖延审批施工方案或进度计划；
13. 发包人设计变更；
14. 工程总承包合同项下《发包人要求》变更；
15. 发包人提出超出原合同约定的设计、施工、材料质量要求；
16. 发包人违反现场管理配合义务；
17. 施工现场的发包人人员违反有关安全、质量、环境保护、文明施工等法律规定；
18. 发包人指定分包人或其他承包人造成延误；
19. 甲供材料、设备供应时间延误或地点变更；
20. 甲供材料、设备不符合合同约定标准；
21. 发包人拖延支付工程款；

---

① 《民法典》第798条规定：隐蔽工程在隐蔽以前，承包人应当通知发包人检查。发包人没有及时检查的，承包人可以顺延工程日期，并有权请求赔偿停工、窝工等损失。

② 《民法典》第803条规定：发包人未按照约定的时间和要求提供原材料、设备、场地、资金、技术资料的，承包人可以顺延工程日期，并有权请求赔偿停工、窝工等损失。

③ 《民法典》第804条规定：因发包人的原因致使工程中途停建、缓建的，发包人应当采取措施弥补或者减少损失，赔偿承包人因此造成的停工、窝工、倒运、机械设备调迁、材料和构件积压等损失和实际费用。

④ 在承包人承担设计与提供图纸义务的工程总承包合同项下，发包人不是提供图纸的义务主体，故未按合同约定提供图纸属于因承包人原因而导致索赔的项目，发包人可据此向承包人提起索赔。

⑤ 在承包人承担设计工作并提供设计文件义务的工程总承包合同项下，发包人不是提供设计文件的义务主体，故提供的设计文件存在错误属于因承包人原因而导致索赔的项目，发包人可据此向承包人提起索赔。

22. 发包人原因导致暂估价合同订立或履行迟延；
23. 发包人拖延关键线路上工序的验收；
24. 发包人原因导致暂停施工；
25. 发包人原因导致工程停建、缓建；
26. 发包人原因导致无法按时复工；
27. 发包人或监理人检查检验影响施工正常进行；
28. 发包人或监理人延期检查隐蔽工程或重新检查已覆盖隐蔽工程；
29. 发包人或监理人重新试验和检验材料、设备及工程；
30. 非承包人原因导致工程试车不合格或试车延误；
31. 工程总承包合同项下非承包人原因导致竣工(后)试验不合格或试验延误；
32. 承包人采用合同约定外的必要安全措施；
33. 不利物质条件；
34. 异常恶劣的气候条件；
35. 文物及地下障碍物；
36. 基准日期后法律变化；
37. 情势变更；
38. 因工程项目权属纠纷或相邻关系纠纷影响施工正常进行；
39. 发包人要求提前接收部分工程；
40. 发包人拖延竣工验收；
41. 发包人其他风险事件。

第二节　索赔处理原则

一、工期延误的责任

(一)责任承担主体

一般而言,因发包人原因导致的工期延误的责任承担主体应为发包人,但也不排除其他主体承担工期延误责任的情况存在。例如,双方在合同中约定了由第三方(如保险公司、代履行义务方)承担工期延误责任,则按双方约定执行。

需要说明的是,发包人作为责任承担主体,并不意味着发包人必须对造成工期延误存在过错。如前所述,在因第三人原因造成工期延误的情况下,基于合同相对性原则,最终责任仍会归属于承发包双方,只是根据工期延误事件的不同,双方的责任划分有所不同而已。在承发包方承担责任后,有权基于法律规定或合同约定向第三人追偿。《民法典》第593条亦对前述处理原则有规定:"当事人一方因第三人的原因造成违约的,应当依法向对方承担违约责任。当事人一方和第三人之间的纠纷,依照法律规定或者按照约定处理。”

据此,当因第三人原因造成工期延误时,应由与该第三人有密切关系的合同一方(违约方)对产生损失的合同一方(守约方)承担违约责任,即因与发包人有关的第三人原因造成的延误,由发包人向承包人承担违约责任。实践中,一般以下主体会被认定为与发包人有关的第三人:监理单位、非工程总承包合同项下的勘察单位与设计单位、甲供材料与设备供应商、发包人指定分包人、发包人其他承包人、发包人作为手续办理义务人时的政府主管部门、工程项目权属纠纷和相邻关系纠纷相对方等。

(二)责任承担方式

发包人导致工期延误后,其责任承担方式按照责任承担依据划分,可分为法定和约定两种。《民法典》第577条规定:“当事人一方不履行合同义务或者履行合同义务不符合约定的,应当承担继续履行、采取补救措施或者赔偿损失等违约责任。”据此,法定责任承担方式一般包括顺延工期、赔偿损失和实际费用等。例如,《民法典》第803条规定:“发包人未按照约定的时间和要求提供原材料、设备、场地、资金、技术资料的,承包人可以顺延工程日期,并有权请求赔偿停工、窝工等损失。”《民法典》第804条规定:“因发包人的原因致使工程中途停建、缓建的,发包人应当采取措施弥补或者减少损失,赔偿承包人因此造成的停工、窝工、倒运、机械设备调迁、材料和构件积压等损失和实际费用。”约定责任承担方式的内容需根据双方合同约定执行,结合《建设工程施工合同(示范文本)》(GF-2017-0201)、《建设项目工程总承包合同(示范文本)》(GF-2020-0216)等合同示范文本条款及相关司法实践,基本可归纳为两类:一是顺延工期;二是承担违约责任、赔偿损失。

二、承包人可向发包人主张的索赔内容

所谓承包人索赔,是指承包人在施工合同履行过程中,根据合同及法律规定,对于非自身原因,发生合同约定之外的额外工作或损失时,向发包人提出费用、工期补偿等要求的活动。因发包人原因导致工期延误的,承包人可向发包人索赔工期和费用,甚至要求发包人承担违约责任。

(一)要求发包人顺延工期

如工期延误系因发包人原因导致,承包人自然不应对该部分延误的工期承担逾期竣工的违约责任,但在实践中大多存在多种因素交织导致工期延误的情形,这就需要厘清发包人的该等原因具体造成了多长时间的关键线路延误。在建设工程施工合同履行过程中,一旦出现上述发包人可能导致工期延误的情形,即使当下无法判断是否会造成关键线路上的工期延误,承包人也应及时留存相应证据材料,并形成书面签证、函件、会议纪要等文件,以免增加后期收集证据的困难程度。

（二）要求发包人承担违约责任

如双方签订的建设工程施工合同已就发包人的上述情形进行了约定，并将其归为发包人的违约责任，则一旦发包人存在该等情形，可能就会涉嫌违约，届时承包人可视合同约定要求发包人承担违约责任，该等索赔事项的触发不一定以造成工期延误为必要条件，更大程度上取决于双方约定的违约责任条款内容。但实践中发包人一般会利用自身的优势地位，避免或排除类似对己方不利的条款。

（三）要求发包人承担费用与损失

发包人出现前述情形导致工期延误的，并非一定会给承包人造成损失，在尚未完工期间，该等情形应当达到承包人无法施工的程度，造成停、窝工的，承包人才可以要求发包人赔偿工期拖延费用、合理利润损失等费用。

需要指出的是，承包人向发包人主张利润赔偿需遵守违约损害的完全赔偿原则，即可得利益损失赔偿额不得超过违反合同一方订立合同时预见或者应当预见因违反合同可能造成的损失。具体而言，应当遵守可预见规则、减损规则、损益相抵规则以及过失相抵规则等，从非违约方主张的可得利益赔偿总额中扣除违约方不可预见的损失、非违约方不当扩大的损失、非违约方因违约获得的利益、非违约方亦有过失所造成的损失以及必要的交易成本。

此外，在工程完工后发包人拖延竣工验收与接收工程的，承包人应当实际履行了工程照管义务而产生相应费用，否则，承包人不能要求赔偿，反而可能被要求承担相应违约责任。

第三节　索赔项目分析

根据本章第一节的内容，可能被归为发包人延误事件以致承包人可向发包人提起工期索赔的项目主要有41项之多。其中绝大多数索赔项目的释义、索赔依据与索赔案例等内容在本书著者之一袁华之律师所著《建设工程索赔与反索赔》一书有具体阐述与分析。本书限于篇幅不再展开，本节将仅对承包人在进行工期索赔时具有较明显特殊性的工期索赔项目进行重点阐述，其他承包人可向发包人提起工期索赔的项目请参阅《建设工程索赔与反索赔》内容。

一、工程总承包合同项下发包人要求变更或发包人要求错误

（一）索赔项目释义

根据《标准设计施工总承包招标文件》中的合同条款及格式约定，发包人要求是指构

成合同文件组成部分的名为发包人要求的文件,包括招标项目的目的、范围、设计与其他技术标准和要求,以及合同双方当事人约定对其所作的修改或补充。又据《建设项目工程总承包合同(示范文本)》(GF-2020-0216)第1.1.1.6目约定,《发包人要求》是指构成合同文件组成部分的名为《发包人要求》的文件,其中列明工程的目的、范围、设计与其他技术标准和要求,以及合同双方当事人约定对其所作的修改或补充。发包人要求变更不同于建设工程施工合同中的发包人设计变更,而是工程总承包合同中的特殊概念。同样,发包人要求中的错误也不同于建设工程施工合同中的发包人指令或指示错误,而是工程总承包合同中的特殊术语,指前述发包人要求不正确、与实际不符的情形。

建设工程总承包合同的签订是基于一定的承包范围、设计标准、施工条件等静态前提下进行的,并以此来约定双方的权利和义务。但是由于建设工程项目自身具有复杂性、不确定性等特点,在承发包双方签订合同时往往不可能将工程所有的情况确定下来。在合同履行过程中,为了改善工程功能和确保工程顺利完工,往往会涉及发包人要求变更的事项。当然,在发包人要求存在错误的情形下,承包人有权要求发包人进行修改与变更,由此造成工期延误和费用增加的责任由发包人承担。因此,发包人要求中的错误是发包人要求变更的原因之一,但发包人要求错误并不必然导致发包人要求变更,发包人要求变更也并非全部源于发包人要求错误。实践中,发包人要求变更通常分为三种情况,即新增工程、减少工程、变更工程。但是,并非任何变更都会引发工期的变化。从工期管理的角度而言,发包人提出的要求引起工序安排中的关键线路上总时差的变化时,才可能引发工期的调整。其中,新增工程和变更工程可能涉及承包人向发包人提出顺延工期。

(二)索赔依据

1.《民法典》

第804条　因发包人的原因致使工程中途停建、缓建的,发包人应当采取措施弥补或者减少损失,赔偿承包人因此造成的停工、窝工、倒运、机械设备调迁、材料和构件积压等损失和实际费用。

2.《房屋建筑和市政基础设施项目工程总承包管理办法》

第9条第1款　建设单位应当根据招标项目的特点和需要编制工程总承包项目招标文件,主要包括以下内容:

(一)投标人须知;

(二)评标办法和标准;

(三)拟签订合同的主要条款;

(四)发包人要求,列明项目的目标、范围、设计和其他技术标准,包括对项目的内容、范围、规模、标准、功能、质量、安全、节约能源、生态环境保护、工期、验收等的明确要求;

(五)建设单位提供的资料和条件,包括发包前完成的水文地质、工程地质、地形等勘察资料，以及可行性研究报告、方案设计文件或者初步设计文件等；

（六）投标文件格式；

（七）要求投标人提交的其他材料。

3.《标准设计施工总承包招标文件》

1.1.1.6　发包人要求：指构成合同文件组成部分的名为发包人要求的文件，包括招标项目的目的、范围、设计与其他技术标准和要求，以及合同双方当事人约定对其所作的修改或补充。

1.1.6.3　变更是指根据第15条的约定，经指示或批准对发包人要求或工程所做的改变。

1.13　发包人要求中的错误（A）

1.13.1　承包人应认真阅读、复核发包人要求，发现错误的，应及时书面通知发包人。

1.13.2　发包人要求中的错误导致承包人增加费用和（或）工期延误的，发包人应承担由此增加的费用和（或）工期延误，并向承包人支付合理利润。

1.13　发包人要求中的错误（B）

1.13.1　承包人应认真阅读、复核发包人要求，发现错误的，应及时书面通知发包人。发包人作相应修改的，按照第15条约定处理。对确实存在的错误，发包人坚持不作修改的，应承担由此导致承包人增加的费用和（或）延误的工期。

1.13.2　承包人未发现发包人要求中存在错误的，承包人自行承担由此导致的费用增加和（或）工期延误，但专用合同条款另有约定的除外。

1.13.3　无论承包人发现与否，在任何情况下，发包人要求中的下列错误导致承包人增加的费用和（或）延误的工期，由发包人承担，并向承包人支付合理利润。

（1）发包人要求中引用的原始数据和资料；

（2）对工程或其任何部分的功能要求；

（3）对工程的工艺安排或要求；

（4）试验和检验标准；

（5）除合同另有约定外，承包人无法核实的数据和资料。

1.14　发包人要求违法

发包人要求违反法律规定的，承包人发现后应书面通知发包人，并要求其改正。发包人收到通知书后不予改正或不予答复的，承包人有权拒绝履行合同义务，直至解除合同。发包人应承担由此引起的承包人全部损失。

第五章［发包人要求］发包人要求应尽可能清晰准确，对于可以进行定量评估的工作，发包人要求不仅应明确规定其产能、功能、用途、质量、环境、安全，并且要规定偏离的范围和计算方法，以及检验、试验、试运行的具体要求。对于承包人负责提供的有关设备和服务，对发包人人员进行培训和提供一些消耗品等，在发包人要求中应一并明确规定。……

4.《建设项目工程总承包合同示范文本(试行)》(GF-2011-0216)

5.2.1 ……发包人未能按约定时间提供项目基础资料及其补充资料、或提供的资料不真实、不准确、不齐全、或发包人计划变更,造成承包人设计停工、返工或修改的,发包人应按承包人额外增加的设计工作量赔偿其损失。造成工程关键路径延误的,竣工日期相应顺延。

13.1.1 变更权发包人拥有批准变更的权限。自合同生效后至工程竣工验收前的任何时间内,发包人有权依据监理人的建议、承包人的建议,及13.2款约定的变更范围,下达变更指令。变更指令以书面形式发出。

13.3.2 变更通知的建议报告。承包人接到发包人的变更通知后,有义务在10日内向发包人提交书面建议报告,(1)如承包人接受发包人变更通知中的变更时,建议报告中应包括:支持此项变更的理由、实施此项变更的工作内容、设备、材料、人力、机具、周转材料、消耗材料等资源消耗,以及相关管理费用和合理利润的估算。相关管理费用和合理利润的百分比,应在专用条款约定。此项变更引起竣工日期延长时,应在报告中说明理由,并提交与此项变更相关的进度计划。

承包人未提交增加费用的估算及竣工日期延长,视为该项变更不涉及合同价格调整和竣工日期延长,发包人不再承担此项变更的任何费用及竣工日期延长的责任……

13.3.3(1)发包人接到承包人根据13.3.2款第(1)项的约定提交的建议报告,对其理由、估算、和(或)竣工日期延长经审查批准后,应以书面形式下达变更指令。

发包人在下达的变更指令中,未能确认承包人对此项变更提出的估算和(或)竣工日期延长亦未提出异议的,自发包人接到此项书面建议报告后的第11日开始,视为承包人提交的变更估算、和(或)竣工日期延长,已被发包人批准。

5.《建设项目工程总承包合同(示范文本)》(GF-2020-0216)

1.12 《发包人要求》和基础资料中的错误

承包人应尽早认真阅读、复核《发包人要求》以及其提供的基础资料,发现错误的,应及时书面通知发包人补正。发包人作相应修改的,按照第13条[变更与调整]的约定处理。

《发包人要求》或其提供的基础资料中的错误导致承包人增加费用和(或)工期延误的,发包人应承担由此增加的费用和(或)工期延误,并向承包人支付合理利润。

13.3.1 发包人提出变更

发包人提出变更的,应通过工程师向承包人发出书面形式的变更指示,变更指示应说明计划变更的工程范围和变更的内容。

13.3.2 变更执行

承包人收到工程师下达的变更指示后,认为不能执行,应在合理期限内提出不能执行该变更指示的理由。承包人认为可以执行变更的,应当书面说明实施该变更指示需要采取的具体措施及对合同价格和工期的影响,且合同当事人应当按照第13.3.3项[变更估价]约定确定变更估价。

13.3.4　变更引起的工期调整

因变更引起工期变化的,合同当事人均可要求调整合同工期,由合同当事人按照第3.6款[商定或确定]并参考工程所在地的工期定额标准确定增减工期天数。

6. FIDIC《生产设备和设计－施工合同条件》(1999版黄皮书)

1.1.1.5　"雇主要求"系指包括在合同中名为雇主要求的文件,及按照合同规定对此类文件所做的任何补充和修改。此类文件列明工程的目的、范围、以及(或)设计和(或)其他技术标准。

1.9　雇主要求中的错误

如因雇主要求中的错误而使承包商遭受延误和(或)招致增加费用,且此错误是一个有经验的承包商在根据第5.1款[设计义务一般要求]的规定,对雇主要求进行认真详查也难以发现的,承包商应通知工程师,并根据第20.1款[承包商的索赔]的规定,有权要求:

(a)根据第8.4款[竣工时间的延长]的规定,如果竣工已经或将受到延误,对任何此类延误给予延长期;

(b)任何此类费用和合理的利润,应计入合同价格,给予支付。

工程师收到上述通知后,应按照第3.5款[确定]的规定,商定或确定:(i)该错误是否不能合理发现,(如果是)不能发现的程度如何,以及(ii)与此程度有关的(a)和(b)项所述事项。

5.1　设计义务一般要求

……

在收到根据第8.1款[工程的开工]的规定颁发的通知后,承包商应仔细检查雇主要求(包括设计标准和计算书,如果有),以及第4.7款[放线]中提到的基准依据。在投标书附录规定的自开工日期算起的期间内,承包商应将雇主要求或这些基准依据中发现的任何错误、失误或其他缺陷通知工程师。

在收到此类通知后,工程师应确定是否应运用第13条[变更和调整]的规定,并相应地通知承包商。如果(考虑费用和时间)达到一个有经验的承包商在提交投标书前,对现场和雇主要求进行应有的细心检查时,本应发现此类错误、失误或其他缺陷的程度,则竣工时间应不予延长,合同价格应不予调整。

13.1　变更权

在颁发工程接收证书前的任何时间,工程师可通过发布指示或要求承包商提交建议书的方式,提出变更。变更不应包括准备交他人进行的任何工作的删减。

承包商应遵守并执行每项变更。除非承包商迅速向工程师发出通知,说明(附详细根据)(i)承包商难以取得变更所需的货物;(ii)变更将降低工程的安全性或适用性;或(iii)将对保证表的完成产生不利的影响。工程师接到此通知后,应取消、确认或改变原指示。

7. FIDIC《生产设备和设计－施工合同条件》(2017 版黄皮书)

1.1.33 "Employer's Requirements" means the document entitled employer's requirements, as included in the Contract, and any additions and modifications to such document in accordance with the Contract. Such document describes the purpose(s) for which the Works are intended, and specifies Key Personnel (if any), the scope, and/or design and/or other performance, technical and evaluation criteria, for the Works.

1.9 Errors in the Employer's Requirements

If the Contractor finds an error, fault or defect in the Employer's Requirements as a result of scrutinising them under Sub－Clause 5.1 [General Design Obligations], the Contractor shall give a Notice to the Engineer within the period stated in the Contract Data (if not stated, 42 days) calculated from the Commencement Date.

If, after expiry of this period, the Contractor finds an error, fault or defect in the Employer's Requirements, the Contractor shall also give a Notice to the Engineer describing the error, fault or defect.

The Engineer shall then proceed as specified under Sub－Clause 3.7 [Agreement or Determination] to agree or determine:

(a) whether or not there is an error, fault or defect in the Employer's Requirements;

(b) whether or not (taking account of cost and time) an experienced contractor exercising due care would have discovered the error, fault or other defect:

· when examining the Site and the Employer's Requirements before submitting the Tender; or

· if the Contractor's Notice is given after the expiry of the period stated in the first paragraph of this Sub－Clause, when scrutinising the Employer's Requirements under Sub－Clause 5.1 [General Design Obligations]; and

(c) what measures (if any) the Contractor is required to take to rectify the error, fault or defect (and, for the purpose of Sub－Clause 3.7.3 [Time limits], the date the Engineer receives the Contractor's Notice under this Sub－Clause shall be the date of commencement of the time limit for agreement under Sub－Clause 3.7.3).

If, under sub－paragraph (b) above, an experienced contractor would not have discovered the error, fault or other defect:

(i) Sub－Clause 13.3.1 [Variation by Instruction] shall apply to the measures that the Contractor is required to take (if any); and

(ii) if the Contractor suffers delay and/or incurs Cost as a result of the error, fault or defect, the Contractor shall be entitled subject to Sub－Clause 20.2 [Claims For Payment and/or EOT] to EOT and/or payment of such Cost Plus Profit.

5.1 General Design Obligations

...

Promptly after receiving a Notice under Sub - Clause 8.1 [Commencement of Works], the Contractor shall scrutinise the Employer's Requirements (including design criteria and calculations, if any). If the Contractor discovers any error, fault or other defect in the Employer's Requirements, Sub - Clause 1.9 [Errors in the Employer's Requirements] shall apply (unless it is an error in the items of reference specified in the Employer's Requirements, in which case Sub - Clause 4.7 [Setting Out] shall apply).

13.1 Right to Vary

Variations may be initiated by the Engineer under Sub - Clause 13.3 [Variation Procedure] at any time before the issue of the Taking - Over Certificate for the Works.

Other than as stated under Sub - Clause 11.4 [Failure to Remedy Defects], a Variation shall not comprise the omission of any work which is to be carried out by the Employer or by others unless otherwise agreed by the Parties.

The Contractor shall be bound by each Variation instructed under Sub - Clause 13.3.1 [Variation by Instruction], and shall execute the Variation with due expedition and without delay, unless the Contractor promptly gives a Notice to the Engineer stating (with detailed supporting particulars) that:

(a) the varied work was Unforeseeable having regard to the scope and nature of the Works described in the Employer's Requirements;

(b) the Contractor cannot readily obtain the Goods required for the Variation;

(c) it will adversely affect the Contractor's ability to comply with Sub - Clause 4.8 [Health and Safety Obligations] and/or Sub - Clause 4.18 [Protection of the Environment];

(d) it will have an adverse impact on the achievement of the Schedule of Performance Guarantees; or

(e) it may adversely affect the Contractor's obligation to complete the Works so that they shall be fit for the purpose(s) for which they are intended under Sub - Clause 4.1 [Contractor's General Obligations].

Promptly after receiving this Notice, the Engineer shall respond by giving a Notice to the Contractor cancelling, confirming or varying the instruction. Any instruction so confirmed or varied shall be taken as an instruction under Sub - Clause 13.3.1 [Variation by instruction].

8. FIDIC《设计采购施工合同条件》(1999 版银皮书)

1.1.1.3 “雇主要求”系指合同中包括的,题为雇主要求的文件,其中列明工程的目标、范围、和(或)设计和(或)其他技术标准,以及按合同对此项文件所作的任何补充和修改。

5.1　设计义务一般要求

承包商应被视为，在基准日期前已仔细审查了雇主要求（包括设计标准和计算，如果有）。承包商应负责工程的设计，并在除下列雇主应负责的部分外，对雇主要求（包括设计标准和计算）的正确性负责。

除下述情况外，雇主不应对原包括在合同内的雇主要求中的任何错误、不准确、或遗漏负责，并不应被视为，对任何数据或资料给出了任何准确性或完整性的表示。承包商从雇主或其他方面收到任何数据或资料，不应解除承包商对设计和工程施工承担的职责。

但是，雇主应对雇主要求中的下列部分，以及由（或代表）雇主提供的下列数据和资料的正确性负责：

（a）在合同中规定的由雇主负责的、或不可变的部分、数据和资料，

（b）对工程或其任何部分的预期目的的说明，

（c）竣工工程的试验和性能的标准，

（d）除合同另有说明外，承包商不能核实的部分、数据和资料。

13.1　变更权

在颁发工程接收证书前的任何时间，雇主可通过发布指示或要求承包商提交建议书的方式，提出变更。变更不应包括准备交他人进行的任何工作的删减。

承包商应遵守并执行每项变更。除非承包商迅速向雇主发出通知，说明（附详细根据）：（i）承包商难以取得变更所需要的货物；（ii）变更将降低工程的安全性或适用性；或（iii）将对履约保证的完成产生不利的影响。雇主接到此类通知后，应取消、确认、或改变原指示。

9. FIDIC《设计采购施工合同条件》（2017 版银皮书）

1.1.31　"Employer's Requirements" means the document entitled employer's requirements, as included in the Contract, and any additions and modifications to such document in accordance with the Contract. Such document describes the purpose(s) for which the Works are intended, and specifies Key Personnel (if any), the scope, and/or design and/or other performance, technical and evaluation criteria, for the Works.

5.1　General Design Obligations

The Contractor shall be deemed to have scrutinised, prior to the Base Date, the Employer's Requirements (including design criteria and calculations, if any).

The Contractor shall carry out, and be responsible for, the design of the Works and for the accuracy of such Employer's Requirements (including design criteria and calculations), except as stated in this Sub – Clause below.

Design shall be prepared by designers who:

(a) are engineers or other professionals, qualified, experienced and competent in the disciplines of the design for which they are responsible;

(b) comply with the criteria (if any) stated in the Employer's Requirements; and

(c) are qualified and entitled under applicable Laws to design the Works.

The Employer shall not be responsible for any error, inaccuracy or omission of any kind in the Employer's Requirements as originally included in the Contract and shall not be deemed to have given any representation of accuracy or completeness of any data or information, except as stated in this Sub – Clause below. Any data or information received by the Contractor, from the Employer or otherwise, shall not relieve the Contractor from the Contractor's responsibility for the execution of the Works.

However, the Employer shall be responsible for the correctness of the following portions of the Employer's Requirements and of the following data and information provided by (or on behalf of) the Employer:

(a) portions, data and information which are stated in the Contract as being immutable or the responsibility of the Employer,

(b) definitions of intended purposes of the Works or any parts thereof,

(c) criteria for the testing and performance of the completed Works, and

(d) portions, data and information which cannot be verified by the Contractor, except as otherwise stated in the Contract.

13.1 Right to Vary

Variations may be initiated by the Employer under Sub – Clause 13.3 [Variation Procedure] at any time before the issue of the Taking – Over Certificate for the Works.

Other than as stated under Sub – Clause 11.4 [Failure to Remedy Defects], a Variation shall not comprise the omission of any work which is to be carried out by the Employer or by others unless otherwise agreed by the Parties.

The Contractor shall be bound by each Variation instructed under Sub – Clause 13.3.1 [Variation by Instruction], and shall execute the Variation with due expedition and without delay, unless the Contractor promptly gives a Notice to the Employer stating (with detailed supporting particulars) that:

(a) the varied work was Unforeseeable having regard to the scope and nature of the Works described in the Employer's Requirements;

(b) the Contractor cannot readily obtain the Goods required for the Variation;

(c) it will adversely affect the Contractor's ability to comply with Sub – Clause 4.8 [Health and Safety Obligations] and/or Sub – Clause 4.18 [Protection of the Environment];

(d) it will have an adverse impact on the achievement of the Schedule of Performance Guarantees; or

(e) it may adversely affect the Contractor's obligation to complete the Works so that they shall be fit for the purpose(s) for which they are intended under Sub – Clause 4.1 [Contractor's General Obligations].

Promptly after receiving this Notice, the Employer shall respond by giving a Notice to the Contractor cancelling, confirming or varying the instruction. Any instruction so confirmed or varied shall be taken as an instruction under Sub – Clause 13.3.1 [Variation by instruction].

(三)索赔案例

1.案情简介

2005年3月22日,发包人凌翔公司与承包人悦城公司签订《智能化系统工程设计施工总承包合同》(以下简称《总包合同》),工程内容为:社区安全防范系统(含周界防盗报警系统、闭路电视监控系统、电子巡更系统、车辆管理系统)、公共设备监控管理系统、住宅安全防范系统(含访客可视对讲系统、家庭防盗报警系统)、物业管理信息系统、智能化安防室外管道系统,本合同工程内容包括以上各系统的方案编制、报批、设计、采购、施工、调试及保修期内的免费维修。工程造价为:本合同暂估造价为1,354,280.00元,计划工期382天。《总包合同》还约定:如发包人对招标文件确定的监控点数量、技术要求和配置标准不提出变更,则以本合同确定的报价固定包干。如发包人提出要求变更招标文件的监控点数量、技术要求和配置标准或招标文件的建筑经济参数变动涉及系统设备配置,则变更部分的设备材料,如品牌型号规格同招标文件,则按本合同确定的单价及管理费率和优惠率执行,如品牌型号规格不同于投标文件,则由双方协商确定价格,数量按变更要求计算,新增排管和控制线缆的数量作相应调整,工期相应顺延。

2006年2月28日,凌翔公司向悦城公司出具《线缆型号变更单》,该变更单列明了原设计线缆型号和要求变更的现设计线缆型号,且该线缆型号与招标文件载明的型号不同,悦城公司按变更后的线缆型号进行了重新布线施工。后双方因工程款结算产生争议,悦城公司按照合同约定提请仲裁。仲裁庭经审理认为,《总包合同》履行过程中,因凌翔公司要求变更导致施工中部分线缆型号和数量与《总包合同》及报价汇总表约定的线缆型号和数量不一致,故施工中增加的电缆应按照合同约定增加相应的价款,并相应顺延工期。凌翔公司关于电缆系辅材,属于包干价范围,线缆型号变更不影响关键线路施工,不应在合同价外另行增加价款并顺延工期的主张无事实和法律依据,仲裁庭未予采信。经审价鉴定,一期线缆造价为682,735.00元,承发包双方对该造价均无异议。合同约定的电缆价格为302,479.31元,该价格应在鉴定价中予以扣除,故仲裁庭最终裁决增加线缆造价380,255.69元,并对因重装线缆所增加的54天工期予以顺延。

2.案例分析

本案中,发包人凌翔公司要求变更线缆型号的要求并非因承包人原因导致,且发包人要求的变更已经突破了招投标文件的规定,故而由此使得费用增加、工期延误的,应由发包人承担不利后果。本案所涉工程为智能化系统工程,电缆是该工程需使用的主要材料,发包人主张电缆系辅材,且其施工并不属于关键线路的主张缺乏法律与事实依据,故未获得仲裁庭的支持。实践中,发包人应在招标或合同签约环节就根据己方需求对相应的设计、材料标准予以明确,并避免在承包人开展工作后临时要求变更而需承担额外费用并导致工期延误。

(四)提示与建议

关于发包人要求变更,根据合同自由原则,法律法规并不禁止当事人双方在合同中约定对合同本身进行变更的条款。在合同条件中约定工程变更,也就是表明双方在合同中约定施工过程中可根据具体情况对原标的进行修改,即合同中的变更条款就是变更合同的依据。但为确保交易的稳定性和可预见性,工程变更应以必要性为原则,通常工程变更是指在施工过程中,根据合同约定对施工的程序,工程的内容、数量、质量要求及标准等作出的变更,即工程变更范围仅限于为顺利实施工程而对工程的外观、标准、功能及其实施方式所作出的必要修改。

当承包人发现发包人要求变更的事项超出前述必要性的范围,如根据法律规定或合同约定,该等变更已达到合同解除条件的,承包人可行使解除权并依据合同约定与法律规定追究发包人的违约、赔偿责任。即使发包人要求变更的事项在前述范围内,并未达到合同解除条件,但若引起变更的事由并非系承包人原因所致,承包人可以主张增加费用和(或)顺延工期。

关于发包人要求中的错误,双方有特殊约定的应根据合同约定执行,双方无特殊明确约定的,在实践中不同的合同示范文本有不同的处理模式。以 FIDIC 黄皮书与银皮书为例,由于设计施工合同项下的承包人较之设计采购施工合同项下的承包人工作范围更小,故黄皮书约定的承包人对发包人要求的审查义务较银皮书就相对较轻。在 FIDIC 黄皮书中,按照一个有经验承包人的标准,其本应发现错误、失误或其他缺陷而未发现的,承包人应当自行承担工期与费用损失;在 FIDIC 银皮书中,原则上承包人应对发包人要求中的错误承担责任,即默认承包人应当对发包人要求中的错误进行排查与修正,而仅对几类特别列示的发包人要求中的错误无须承担责任,其余错误引致的不利后果由承包人承担。

承包人作为有经验的一方,应当做好建设工程项目的进度管理和技术管理。并在此基础上,针对工期调整做好详细的资料准备工作,提供计算依据和相应的佐证附件,具体包括变更单、进度计划网络图、变更工程量计算明细、工期调整计算明细、工期调整引发合同价格调整的说明等方面内容。此外,承包人在收到发包人要求后应当尽到有经验承包人的合理注意与审查义务,并及时提示发包人修正,避免因未认真审查发包人的错误要求而导致工期延误、费用增加时,需要由自身承担相应责任。

二、异常恶劣的气候条件

（一）索赔项目释义

大部分建设工程都是在户外进行作业的，因此必然会受到建设项目所在地环境的影响。这里的环境既包括社会环境，又包括自然环境。研究表明，天气情况是造成工程延期和成本超支的关键因素之一。由于各地地理环境不同，气候差异较大，承发包双方在订立合同时如果不能认真考虑气候变化的影响，在建设项目招投标以及施工安排上不能做到因地制宜，没有对天气原因引起的施工条件变化进行详细的约定，很可能会导致合同履行过程中产生不必要的纠纷。

本项目所述“异常恶劣的气候条件”是指在施工过程中遇到的，即使有经验的承包人在签订合同时亦不可预见的，对合同履行造成实质性影响的，但尚未构成不可抗力事件的恶劣气候条件。

鉴于建设项目的单件性和不可移动性使得该项目对其所在地的自然环境依赖较大，即使同一项目不同阶段、不同工作对天气条件的敏感程度也是不同的。对于异常恶劣的天气条件的定义需要结合具体工程具体阶段及所在地自然环境来综合认定。因此，异常恶劣天气的定义并没有一个通用的标准，亦很难在具有普适性的建设工程合同示范文本通用合同条款中对其进行明确清晰的界定。比如，《建设工程施工合同（示范文本）》（GF－1999－0201）通用合同条款对此根本未进行约定。随着对天气对工期影响的深入研究，有些建设工程合同示范文本对异常恶劣气候条件进行了相关约定，但无论是《标准设计施工总承包招标文件》所附的施工合同范本第 11.4 款，还是《建设工程施工合同（示范文本）》（GF－2013－0201）与《建设工程施工合同（示范文本）》（GF－2017－0201）通用合同条款第 7.7 款，抑或《建设项目工程总承包合同（示范文本）》（GF－2020－0216）第 8.7.4 项中关于“异常恶劣的气候条件”的约定，均只是明确了其基本认定标准，并未对如何判断是否属于异常恶劣的天气条件有较为清晰的阐释。简言之，至今我国现有的施工合同示范文本仍未对何为异常恶劣气候条件作出明确界定。在国际范围内，FIDIC 合同条件 2017 版在 1999 版基础上，对“异常恶劣的气候条件”进行了较为具体的认定①，值得我们借鉴。

实践中，异常恶劣的气候条件如何认定，其关键不在中心词“气候条件”，而在其定语“异常恶劣”。对于气候条件，“异常恶劣”须满足下列两个条件：首先，该气候条件的发生频率是针对项目现场或其附近区域，不是其他任何地方，否则就没有参照价值；其次，通常情况下“异常恶劣”所对应的程度是指项目工期的 4～5 倍时间发生一次（如针对 3 年工期的项目现场，其附近每 12～15 年发生一次）该等气候条件。

---

① 英文原版详见下文“索赔依据”部分，中文大意为：雇主根据本合同第 2.5 款［现场数据和参照项目］提供的气候数据和/或施工现场所在国发布的气候数据，无法预见的现场不利气候条件。

需要注意的是，异常恶劣的气候条件不同于不可抗力。根据《民法典》第180条、第590条的规定，不可抗力是指不能预见、不能避免且不能克服的客观情况；当事人一方因不可抗力不能履行合同的，根据不可抗力的影响，部分或者全部免除责任，但是法律另有规定的除外。然而，异常恶劣的气候条件无须达到无法克服的程度，只是克服该等气候条件需要承包人采取的措施超出了其在签订合同时所能合理预见的范围，导致工期延误和（或）费用增加，并对合同的履行造成重大影响的，都有可能被认定为本条款所称的异常恶劣的气候条件。如果承发包双方在专用合同条款中约定异常恶劣气候的具体类型，一旦出现专用合同条款约定的异常恶劣气候的条件导致工期延误的，承包人有权要求发包人顺延工期和（或）增加因采取合理措施而产生的费用。表4－2－1具体列示了异常恶劣的气候与天气中的不可抗力的区别：

表4－2－1　异常恶劣的气候与天气中的不可抗力的区别

区别	异常恶劣的气候	天气中的不可抗力
概念	在施工过程中遇到的，有经验的承包人在签订合同时不可预见的，对合同履行造成实质性影响的，但尚未构成不可抗力事件的恶劣气候	不能预见、不能避免且不能克服的客观情况
导致工期延误的法律后果	采取克服异常恶劣气候的合理措施继续施工后导致工期延误的，工期顺延	工期顺延
通知义务	应采取克服异常恶劣的气候条件的合理措施继续施工，并及时通知发包人和监理人	遇到不可抗力事件，应立即通知合同另一方当事人和监理人，书面说明不可抗力和受阻碍的详细情况，并提供必要的证明
情形①	大雪、冰冻、低温、大风（扬沙）、高温炎热、强降雨、连续降雨等天气	台风、冰雹、风暴等

为便于准确认定"异常恶劣的气候条件"，避免双方因异常恶劣的气候条件的认定产生争议，当事人可以结合建设工程性质、地域特点等在专用合同条款中直接约定哪些情况属于异常恶劣的气候条件，比如降水量达到多少毫米、风速达到多少级、重度雾霾持续多少日、日气温超过或低于多少度等。异常恶劣的气候条件出现时，承包人有权依据合同约定进行索赔。

在签订建设工程施工合同时，承发包双方作为合同当事人应当充分考虑到可能引起停工的各种因素，包括可能由承发包双方原因引起的，以及非因承发包双方原因引起的。合同当事人可以在专用合同条款中约定异常恶劣的气候条件包括的具体情形。承包人应当采取克服异常恶劣的气候条件的合理措施继续施工，并及时通知发包人和监理人。监

① 此处的情形仅作举例之用，并不代表该情形一定属于异常恶劣的气候条件或不可抗力。具体情形应当根据建设项目所在地的气候进行调整。

理人经发包人同意后应当及时发出指示,该指示构成变更的,应当按照变更的约定条款进行办理。承包人因采取合理措施而延误的工期和(或)增加的费用由发包人承担。

如果合同当事人没有就异常恶劣气候的情形予以约定,将可能使当事人发生纠纷,甚至导致暂停施工现象,对合同当事人均产生不利影响。例如,对发包人而言,不能对建设工程交付使用日期进行预判,可能会导致融资风险增加等一系列连锁反应。对承包人而言,可能会导致施工难度及成本增加,工程超期、工程质量难以保证等问题。为此,合同当事人在签订施工合同前,一定要对施工所在地的气候条件有充分了解,并就可能发生的异常恶劣气候予以约定,以便在该等情形发生时可以按照合同约定处理,否则将可能影响工程进度。

在司法实践中,一般的雨雪天气原因在双方当事人签订合同时均应当预见,故因一般雨雪天气原因导致工期延误不能作为抗辩理由。而因恶劣天气导致工期延误的,因双方当事人在签订合同时一般无法预见,人民法院在判决时会酌情减轻甚至免除工期延误的违约责任。

（二）索赔依据

1.《简明标准施工招标文件》

6.4 异常恶劣的气候条件

由于出现专用合同条款约定的异常恶劣气候导致工期延误的,承包人有权要求发包人延长工期。

2.《标准设计施工总承包招标文件》

11.4 异常恶劣的气候条件

由于出现专用合同条款规定的异常恶劣气候的条件导致工期延误的,承包人有权要求发包人延长工期和(或)增加费用。

3.《建设工程施工合同(示范文本)》(GF－2013－0201)与(GF－2017－0201)

7.7 异常恶劣的气候条件

异常恶劣的气候条件是指在施工过程中遇到的,有经验的承包人在签订合同时不可预见的,对合同履行造成实质性影响的,但尚未构成不可抗力事件的恶劣气候条件。合同当事人可以在专用合同条款中约定异常恶劣的气候条件的具体情形。

承包人应采取克服异常恶劣的气候条件的合理措施继续施工,并及时通知发包人和监理人。监理人经发包人同意后应当及时发出指示,指示构成变更的,按第10条[变更]约定办理。承包人因采取合理措施而增加的费用和(或)延误的工期由发包人承担。

4.《建设项目工程总承包合同(示范文本)》(GF－2020－0216)

8.7.4 异常恶劣的气候条件

异常恶劣的气候条件是指在施工过程中遇到的,有经验的承包人在订立合同时不可预见的,对合同履行造成实质性影响的,但尚未构成不可抗力事件的恶劣气候条件。合同当事人可以在专用合同条件中约定异常恶劣的气候条件的具体情形。

承包人应采取克服异常恶劣的气候条件的合理措施继续施工,并及时通知工程师。工程师应当及时发出指示,指示构成变更的,按第 13 条[变更与调整]约定办理。承包人因采取合理措施而延误的工期由发包人承担。

5. FIDIC《施工合同条件》(1999 版红皮书)

8.4 竣工时间的延长

如果由于下列任何原因,致使达到第 10.1 款[工程和单位工程的接收]要求的竣工受到或将受到延误的程度,承包商应有权按照第 20.1 款[承包商的索赔]的规定提出延长竣工时间:……(c)异常不利的气候条件……

如果承包商认为他有权提出延长竣工时间,应按照第 20.1 款[承包商的索赔]的规定,向工程师发出通知。工程师每次按照第 20.1 款确定延长时间时,应对以前所作的确定进行审查,可以增加,但不得减少总的延长时间。

6. FIDIC《施工合同条件》(2017 版红皮书)

8.5 Extension of Time for Completion

The Contractor shall be entitled subject to Sub - Clause 20.2 [Claims For Payment and/or EOT] to Extension of Time if and to the extent that completion for the purposes of Sub - Clause 10.1 [Taking Over the Works and Sections] is or will be delayed by any of the following causes:

…

(c) exceptionally adverse climatic conditions, which for the purpose of these Conditions shall mean adverse climatic conditions at the Site which are Unforeseeable having regard to climatic data made available by the Employer under Sub - Clause 2.5 [Site Data and Items of Reference] and/or climatic data published in the Country for the geographical location of the Site;

…

7. FIDIC《生产设备和设计 - 施工合同条件》(1999 版黄皮书)

8.4 竣工时间的延长

如果由于下列任何原因,致使达到第 10.1 款[工程和单位工程的接收]要求的竣工受到或将受到延误的程度,承包商应有权按照第 20.1 款[承包商的索赔]的规定提出延长竣工时间:

……

(c)异常不利的气候条件,

……

8. FIDIC《生产设备和设计 - 施工合同条件》(2017 版黄皮书)

8.5 Extension of Time for Completion

The Contractor shall be entitled subject to Sub - Clause 20.2 [Claims For Payment and/or

EOT] to Extension of Time if and to the extent that completion for the purposes of Sub - Clause 10.1 [Taking Over the Works and Sections] is or will be delayed by any of the following causes:

…

(c) exceptionally adverse climatic conditions, which for the purpose of these Conditions shall mean adverse climatic conditions at the Site which are Unforeseeable having regard to climatic data made available by the Employer under Sub - Clause 2.5 [Site Data and Items of Reference] and/or climatic data published in the Country for the geographical location of the Site;

…

(三)索赔案例

1. 案情简介

发包人百耀公司与承包人中辉公司签订《润泽小区住宅项目建设工程施工合同》。根据合同约定,因发包人原因或设计原因造成工期延误及出现约定的其他工期顺延的情况后7天内,承包人须书面报告发包人和监理人,经过发包人和监理人共同书面确认后可以顺延工期;工期顺延后,承包人不承担违约责任,发包人对承包人因此顺延的工期不给予额外费用补偿;对于其他工期延误的情况而导致无法在约定工期内完成工程竣工的,工期不给予顺延,由承包人承担全部的工期延误责任,并向发包人赔偿给发包人造成的直接、间接经济损失(包括由此给房屋买受人造成的房屋交付、办证延迟导致的违约赔偿等)。

案涉工程竣工后,双方因结算问题产生争议,中辉公司向双方约定的仲裁委员会申请仲裁,主要仲裁请求是要求百耀公司按照约定支付工程款;百耀公司提出仲裁反请求,要求中辉公司承担工期延误的违约赔偿责任,中辉公司辩称百耀公司未按合同约定支付工程进度款,无故更换监理单位、设计单位,迟延办理案涉工程施工手续,以及施工过程中遭遇异常恶劣天气等均为造成工期延误的原因,中辉公司不应承担工期延误的责任。

仲裁庭经审理认为,案涉工程各楼栋实际工期均存在不同程度的延误,造成工期延误的原因是多方面的。关于迟延支付进度款的情形,根据双方约定的工程进度款支付比例以及百耀公司提交的已付款凭证与中辉公司提交的证明材料,不能反映百耀公司具有未依约支付工程进度款的情形。关于更换监理单位、设计单位的情形,百耀公司自认确系存在该等情形,但中辉公司并未通过签证或者其他方式对施工过程中监理单位、设计单位的更换进行相应的工期顺延申请,根据合同约定,中辉公司无权要求顺延工期。关于迟延办理案涉工程施工手续的情形,案涉工程中虽有部分系在未取得施工许可证的情况下开工建设,但施工许可证的延迟办理对工期延误无必然影响,且依据开工报告载明的开工日期及中辉公司单方制作的竣工报告载明的竣工日期计算而得的工期,已远超出合同约定的工期加施工许可证延迟办理的天数。关于遭遇异常恶劣天气的情形,由于百耀公司代表在2015年12月15日会议纪要中明确认可施工过程中遇到特大暴雨、暴雪及极端炎热天气致使工期延误，故中辉公司主张异常恶劣天气是导致工期延误的原因之一，仲裁庭予以确认。但中辉公司未举证证明异常恶劣天气所导致的具体工期延误天数。

仲裁庭最终综合判断全案证据，认为百耀公司应对异常恶劣天气所造成的工期延误自担部分责任，由于双方均未提供证据证明异常恶劣天气导致的工期延误天数，故在工期延误损失负担中予以酌情考虑，最终裁决百耀公司自行负担30%工期延误损失，中辉公司对因工期延误造成百耀公司损失承担70%责任。

2. 案例分析

本案中，虽然仲裁庭最终根据中辉公司提交的证据认定了案涉工程施工过程中确实遭遇特大暴雨、暴雪及极端炎热等异常恶劣天气，但由于中辉公司未及时锁定留存证据证明该等异常恶劣天气导致工期延误的具体天数，致使仲裁庭无法对应当顺延的工期进行确定，最终行使自由裁量权酌定中辉公司承担部分损失赔偿责任，中辉公司承担了部分举证不能的法律后果。故实践中承包人应重视定性证据与定量证据的一并保留，避免在主张工期顺延时缺乏依据，影响己方维权。

（四）提示与建议

异常恶劣的气候原因导致工期延长造成的损失，承包人可以要求延长工期，但仍需满足3个条件：(1)满足合同要求；(2)是不可预见的；(3)影响了关键线路上的工作。这就要求双方在订立合同时不仅要对具体情形进行明确的约定，还要在施工过程中注意及时沟通。

三、不可抗力

（一）索赔项目释义

1. 不可抗力的含义

我国法律对于不可抗力有明确的规定，根据《民法典》第180条第2款之规定，不可抗力是指不能预见、不能避免和不能克服的客观情况。由此可见，一方面，不可抗力是不能预见的事件，即只有尽到了应有的注意义务但是仍不能预见，才具备不可抗力的主观要件，如果当事人能够预见，却因主观疏忽大意等导致不能预见，则不构成不可抗力；另一方面，是当事人不可避免并不能克服的事件，如果能够避免或者虽不能避免但可以克服，也不构成不可抗力。同时，不可抗力作为一般的免责事由，在某些具体场合下亦不能免责，需分别看待。例如，在我国沿海地区，某建筑工地在台风发生时，没有按照发包人要求提前或及时采取措施，造成损坏的，承包人不能以台风属于不可抗力而免责。

司法实践中，认定属于不可抗力的情形通常包括：(1)自然灾害，例如地震、水灾等因自然界的力量引发的灾害。自然灾害的发生，常常使合同的履行面临很大的困难，甚至成为不必要或者不可能。(2)战争，战争的爆发可能影响到某地区、某国或更多国家的经济秩序，使合同履行面临极大困难，甚至成为不必要。因此，一般来说无论局部战争还是大范围战争，在其影响范围内均易被认定构成不可抗力。(3)社会异常事件，主要指一些偶发的阻碍合同履行的事件。例如罢工、骚乱，有些国家认为该社会异常事件属于不可抗力，大多数合同当事人也在合同条款中将其列明为不可抗力。(4)政府行为，主要指合同订立后，政府颁布新的政策、法律，采取的行政措施导致合同不能履行的情况。当然，如果当事人在合同中对不可抗力范围进行了具体或特别规定，在不违反法律强制性规定的情况下，该等约定有效。

需要特别说明的是，2020 年年初我国突发新冠肺炎疫情，针对该突发公共卫生事件，政府采取了相应的疫情防控措施，导致很多合同不能正常履行，对此全国人大常委会法制工作委员会发言人臧铁伟答问认为：当前我国发生了新冠肺炎疫情这一突发公共卫生事件。为了保护公众健康，政府也采取了相应疫情防控措施。对于因此不能履行合同的当事人来说，属于不能预见、不能避免并不能克服的不可抗力。根据《民法典》的相关规定，因不可抗力不能履行合同的，根据不可抗力的影响，部分或者全部免除责任，但法律另有规定的除外。

以地方为例，江苏省住建厅在《省住房城乡建设厅关于进一步加强疫情防控期间住房城乡建设领域相关工作的通知》中明确，要告知各在建工地参建各方，因疫情防控导致的建设工期延误，属于合同约定中的不可抗力情形，建设单位应将合同约定的工期顺延，防止后期抢工期、赶进度带来生产安全风险。南昌市城乡建设局在《关于做好全市建筑工地新型冠状病毒感染的肺炎疫情防控的紧急通知》中明确：因疫情防控导致的建设工期延误，属于《合同》约定中的不可抗力情形，各建设单位应将《合同》约定的工期顺延。

在司法实践中由于不可抗力事件的发生不可归责于承发包双方中的任何一方，且承发包双方都因不可抗力事件的发生而遭受损失，因此不可抗力导致的延误一般属于可顺延工期的情形。承包人可据此提出工程延期申请或作为发包人向其提出工期索赔时的有效抗辩事由。

2. 不可抗力的举证责任

如因发生不可抗力导致合同不能履行的，当事人在不可抗力发生后负有通知对方不可抗力事由发生的义务，并承担不可抗力事件发生和工期受阻的证明义务，以及按照合同约定及时主张损失索赔和签证的权利和义务。

(1)主张不可抗力导致工期延误的一方当事人应承担主要举证责任

关于不可抗力的举证责任问题，根据民事诉讼中“谁主张，谁举证”的基本原则，应该由主张不可抗力导致工期延误的一方当事人承担主要举证责任。一般情况下，承包人一方会主张发生不可抗力导致工期延误，从而主张工期顺延和相关索赔，即应当由承包人对不可抗力事件的发生和工期延误之间存在因果关系、实际延误天数、延误的事项发生在关键线路上、按照法律规定和合同约定应该由发包人承担的相应停工的费用损失、停工期间必须支付的工人工资和发包人要求赶工而增加的赶工费用等损失承担举证责任，并且对己方已经按照法律规定和合同约定履行了不可抗力通知义务承担举证责任。

(2)不可抗力事件与工期延误之间是否具有因果关系是应当予以证明的关键问题

在分析判断工期延误后果和不可抗力原因之间的因果关系时,既不能仅从抽象的概念出发,也不能从主观意念出发,而要根据法律的规定,结合具体情况展开具体分析。

①连续性

要重视因果关系的时间连续性,即不可抗力原因在前,工期延误结果在后。

如果承包人迟延履行合同后发生不可抗力导致工期延误的,则承包人不得以不可抗力为由主张工期顺延,其应该承担工期延误的违约责任,同时不得向发包人主张相应的停工费用损失、停工期间必须支付的工人工资等费用。

如果发包人迟延履行义务前发生不可抗力导致工期延误的,则承包人不但可以主张工期顺延,还可以主张由此导致承包人停工的费用损失、停工期间必须支付的工人工资,还可以根据具体情况依法主张不可抗力导致的承包人施工设备损坏等财产损失和人员伤亡损失等费用。

②客观性

要注意因果关系的客观性,即因果关系是客观存在的,是不以人的主观意志为转移的。不可抗力事由是原因,工期延误是结果,强调因果关系的客观性,是为了肯定不可抗力导致工期延误的结果非人力所能改变、控制,人的主观意志无法改变不可抗力这一客观事实引发的工期延误的结果。

③多样性

要注意因果关系表现的多样性,即工期延误结果可能是不可抗力造成的,也可能是其他发包人原因、承包人原因或多方原因共同作用造成的。比如发包人不能按专用合同条款的约定提供开工条件;发包人不能按约定日期支付预付款、进度款,致使工程不能正常进行;监理工程师未按合同约定提供所需指令、批准等,致使施工不能正常进行;设计变更和工程量增加等。

具体而言,不可抗力事件对工期延误是否有影响,有什么具体影响,有多大影响,影响天数具体是多少天?这些都需要结合工程项目的招投标文件、施工合同、施工图纸、技术方案、施工进度计划以及发包人指令和确认文件、监理通知、承包人施工日志、会议纪要、监理日志、监理月报、签证文件、开工文件、各项质量验收报告、不可抗力发生的证明文件等予以综合公平合理判断,必要时应进行相应的工期鉴定,对因果关系以及相应延误天数进行专业鉴定。

3. 不可抗力造成工期延误的法律后果与处理措施

因不可抗力导致合同部分或者全部不能履行的,则当事人可以免除违约责任。若不可抗力严重到导致合同目的无法实现的,则当事人可以据此解除合同,且该等解除构成法定解除。具体如下。

(1)合同解除

在合同履行期限内发生不可抗力导致当事人迟延履行或完全不能履行的,当事人可以免除迟延履行或不能履行的违约责任。如不可抗力发生后,在客观上合同仍然能够履行,但是合同目的已经无法实现,则当事人有权解除合同。

(2)费用负担

通常而言,如发生不可抗力导致合同无法继续履行的,不可抗力引起的后果及造成的损失由合同当事人按照法律规定及合同约定各自承担。不可抗力导致的人员伤亡、财产损失、费用增加和(或)工期延误等后果,由合同当事人按以下原则承担:①永久工程、已运至施工现场的材料和工程设备的损坏,以及因工程损坏造成的第三人人员伤亡和财产损失由发包人承担;②承包人施工设备的损坏由承包人承担;③发包人和承包人承担各自人员伤亡和财产的损失;④因不可抗力影响承包人履行合同约定的义务,已经引起或将引起工期延误的,应当顺延工期,由此导致承包人停工的费用损失由发包人和承包人合理分担,停工期间必须支付的工人工资由发包人承担;⑤因不可抗力引起或将引起工期延误,发包人要求赶工的,由此增加的赶工费用由发包人承担;⑥承包人在停工期间按照发包人要求照管、清理和修复工程的费用由发包人承担。

4. 发包人导致工期延误期间的不可抗力情形

根据《民法典》第590条之规定,当事人一方因不可抗力不能履行合同的,根据不可抗力的影响,部分或者全部免除责任,但是法律另有规定的除外。因不可抗力不能履行合同的,应当及时通知对方,以减轻可能给对方造成的损失,并应当在合理期限内提供证明。该规定的目的是赋予未履行合同的当事人基于不可抗力事件请求免除或减轻责任,即因不可抗力导致合同无法履行时,部分或全部免除一方当事人的责任。免责请求是一种请求权,它所解决的是违约责任的承担问题。

实践中,认定阻却事件是否构成不可抗力,通常从因果关系和原因力的角度考虑,即阻却事件对不能履约及损失结果是否具有因果关系及原因力大小。人民法院对不可抗力个案中的运用一般从严把握,不仅认定不可抗力存在一定难度,而且在认定不可抗力对个案的因果关系上也持相对高的证明要求和认定标准。在不可抗力事件发生前,承包人因其自身原因导致工期延误的,因缺乏因果关系导致无法实现不可抗力免责抗辩。

(二)索赔依据

1.《民法典》

第180条　因不可抗力不能履行民事义务的,不承担民事责任。法律另有规定的,依照其规定。

不可抗力是不能预见、不能避免且不能克服的客观情况。

第563条　有下列情形之一的,当事人可以解除合同:

(一)因不可抗力致使不能实现合同目的;

(二)在履行期限届满前,当事人一方明确表示或者以自己的行为表明不履行主要债务;

(三)当事人一方迟延履行主要债务,经催告后在合理期限内仍未履行;

(四)当事人一方迟延履行债务或者有其他违约行为致使不能实现合同目的;

(五)法律规定的其他情形。

以持续履行的债务为内容的不定期合同,当事人可以随时解除合同,但是应当在合理期限之前通知对方。

第590条 当事人一方因不可抗力不能履行合同的,根据不可抗力的影响,部分或者全部免除责任,但是法律另有规定的除外。因不可抗力不能履行合同的,应当及时通知对方,以减轻可能给对方造成的损失,并应当在合理期限内提供证明。

当事人迟延履行后发生不可抗力的,不免除其违约责任。

2.《房屋建筑和市政基础设施项目工程总承包管理办法》

第15条 建设单位和工程总承包单位应当加强风险管理,合理分担风险。

建设单位承担的风险主要包括:

(一)主要工程材料、设备、人工价格与招标时基期价相比,波动幅度超过合同约定幅度的部分;

(二)因国家法律法规政策变化引起的合同价格的变化;

(三)不可预见的地质条件造成的工程费用和工期的变化;

(四)因建设单位原因产生的工程费用和工期的变化;

(五)不可抗力造成的工程费用和工期的变化。

具体风险分担内容由双方在合同中约定。

鼓励建设单位和工程总承包单位运用保险手段增强防范风险能力。

3.《建设工程工程量清单计价规范》(GB 50500—2013)

9.10.1 因不可抗力事件导致的人员伤亡、财产损失及其费用增加,发承包双方应按下列原则分别承担并调整合同价款和工期:

1. 合同工程本身的损害、因工程损害导致第三方人员伤亡和财产损失以及运至施工场地用于施工的材料和待安装的设备的损害,应由发包人承担;

2. 发包人、承包人人员伤亡应由其所在单位负责,并应承担相应费用;

3. 承包人的施工机械设备损坏及停工损失,应由承包人承担;

4. 停工期间,承包人应发包人要求留在施工场地的必要的管理人员及保卫人员的费用应由发包人承担;

5. 工程所需清理、修复费用,应由发包人承担。

4.《标准施工招标文件》

21.1 不可抗力的确认

21.1.1 不可抗力是指承包人和发包人在订立合同时不可预见,在工程施工过程中不可避免发生并不能克服的自然灾害和社会性突发事件,如地震、海啸、瘟疫、水灾、骚乱、暴动、战争和专用合同条款约定的其他情形。

21.1.2　不可抗力发生后,发包人和承包人应及时认真统计所造成的损失,收集不可抗力造成损失的证据。合同双方对是否属于不可抗力或其损失的意见不一致的,由监理人按第3.5款商定或确定。发生争议时,按第24条的约定办理。

21.2　不可抗力的通知

21.2.1　合同一方当事人遇到不可抗力事件,使其履行合同义务受到阻碍时,应立即通知合同另一方当事人和监理人,书面说明不可抗力和受阻碍的详细情况,并提供必要的证明。

21.2.2　如不可抗力持续发生,合同一方当事人应及时向合同另一方当事人和监理人提交中间报告,说明不可抗力和履行合同受阻的情况,并于不可抗力事件结束后28天内提交最终报告及有关资料。

21.3　不可抗力后果及其处理

21.3.1　不可抗力造成损害的责任

除专用合同条款另有约定外,不可抗力导致的人员伤亡、财产损失、费用增加和(或)工期延误等后果,由合同双方按以下原则承担:

(1)永久工程,包括已运至施工场地的材料和工程设备的损害,以及因工程损害造成的第三者人员伤亡和财产损失由发包人承担;

(2)承包人设备的损坏由承包人承担;

(3)发包人和承包人各自承担其人员伤亡和其他财产损失及其相关费用;

(4)承包人的停工损失由承包人承担,但停工期间应监理人要求照管工程和清理、修复工程的金额由发包人承担;

(5)不能按期竣工的,应合理延长工期,承包人不需支付逾期竣工违约金。发包人要求赶工的,承包人应采取赶工措施,赶工费用由发包人承担。

21.3.2　延迟履行期间发生的不可抗力

合同一方当事人延迟履行,在延迟履行期间发生不可抗力的,不免除其责任。

21.3.3　避免和减少不可抗力损失

不可抗力发生后,发包人和承包人均应采取措施尽量避免和减少损失的扩大,任何一方没有采取有效措施导致损失扩大的,应对扩大的损失承担责任。

21.3.4　因不可抗力解除合同

合同一方当事人因不可抗力不能履行合同的,应当及时通知对方解除合同。合同解除后,承包人应按照第22.2.5项约定撤离施工场地。已经订货的材料、设备由订货方负责退货或解除订货合同,不能退还的货款和因退货、解除订货合同发生的费用,由发包人承担,因未及时退货造成的损失由责任方承担。合同解除后的付款,参照第22.2.4项约定,由监理人按第3.5款商定或确定。

5.《简明标准施工招标文件》

14.1.1　不可抗力是指承包人和发包人在订立合同时不可预见,在履行合同过程中不可避免发生并不能克服的自然灾害和社会性突发事件，如地震、海啸、瘟疫、水灾、骚乱、暴动、战争和专用合同条款约定的其他情形。

14.1.2 不可抗力发生后，发包人和承包人应及时认真统计所造成的损失，收集不可抗力造成损失的证据。合同双方对是否属于不可抗力或其损失的意见不一致的，由监理人按第3.5款商定或确定。发生争议时，按第17条的约定执行。

14.2 不可抗力的通知

合同一方当事人遇到不可抗力事件，使其履行合同义务受到阻碍时，应立即通知合同另一方当事人和监理人，书面说明不可抗力和受阻碍的详细情况，并提供必要的证明。如不可抗力持续发生，合同一方当事人应及时向合同另一方当事人和监理人提交中间报告，说明不可抗力和履行合同受阻的情况，并于不可抗力事件结束后14天内提交最终报告及有关资料。

14.3 不可抗力后果及其处理

除专用合同条款另有约定外，不可抗力导致的人员伤亡、财产损失、费用增加和(或)工期延误等后果，由合同双方按以下原则承担：

(1)永久工程，包括已运至施工场地的材料和工程设备的损害，以及因工程损害造成的第三者人员伤亡和财产损失由发包人承担；

(2)承包人设备的损坏由承包人承担；

(3)发包人和承包人各自承担其人员伤亡和其他财产损失及其相关费用；

(4)承包人的停工损失由承包人承担，但停工期间应监理人要求照管工程和清理、修复工程的金额由发包人承担；

(5)不能按期竣工的，应合理延长工期，承包人不需支付逾期竣工违约金。发包人要求赶工的，承包人应采取赶工措施，赶工费用由发包人承担。

6.《标准设计施工总承包招标文件》

21.1 不可抗力的确认

21.1.1 不可抗力是指承包人和发包人在订立合同时不可预见，在履行合同过程中不可避免发生并不能克服的自然灾害和社会性突发事件，如地震、海啸、瘟疫、水灾、骚乱、暴动、战争和专用合同条款约定的其他情形。

21.1.2 不可抗力发生后，发包人和承包人应及时认真统计所造成的损失，收集不可抗力造成损失的证据。合同双方对是否属于不可抗力或其损失的意见不一致的，由监理人按第3.5款商定或确定。发生争议时，按第24条的约定执行。

21.2 不可抗力的通知

21.2.1 合同一方当事人遇到不可抗力事件，使其履行合同义务受到阻碍时，应立即通知合同另一方当事人和监理人，书面说明不可抗力和受阻碍的详细情况，并提供必要的证明。

21.2.2 如不可抗力持续发生，合同一方当事人应及时向合同另一方当事人和监理人提交中间报告,说明不可抗力和履行合同受阻的情况,并于不可抗力事件结束后28天内提交最终报告及有关资料。

21.3 不可抗力后果及其处理

21.3.1 不可抗力造成损害的责任

除专用合同条款另有约定外,不可抗力导致的人员伤亡、财产损失、费用增加和(或)工期延误等后果,由合同双方按以下原则承担:

(1)永久工程,包括已运至施工场地的材料和工程设备的损害,以及因工程损害造成的第三者人员伤亡和财产损失由发包人承担;

(2)承包人设备的损坏由承包人承担;

(3)发包人和承包人各自承担其人员伤亡和其他财产损失及其相关费用;

(4)承包人的停工损失由承包人承担,但停工期间应监理人要求照管工程和清理、修复工程的金额由发包人承担;

(5)不能按期竣工的,应合理延长工期,承包人不需支付逾期竣工违约金。发包人要求赶工的,承包人应采取赶工措施,赶工费用由发包人承担。

21.3.2 延迟履行期间发生的不可抗力

合同一方当事人延迟履行,在延迟履行期间发生不可抗力的,不免除其责任。

21.3.3 避免和减少不可抗力损失

不可抗力发生后,发包人和承包人均应采取措施尽量避免和减少损失的扩大,任何一方没有采取有效措施导致损失扩大的,应对扩大的损失承担责任。

21.3.4 因不可抗力解除合同

合同一方当事人因不可抗力不能履行合同的,应当及时通知对方解除合同。合同解除后,承包人应按照第22.2.4项约定撤离施工场地。已经订货的材料、设备由订货方负责退货或解除订货合同,不能退还的货款和因退货、解除订货合同发生的费用,由发包人承担,因未及时退货造成的损失由责任方承担。合同解除后的付款,参照第22.2.3项约定,由监理人按第3.5款商定或确定。

7.《建设工程施工合同(示范文本)》(GF-1999-0201)

1.22 不可抗力:指不能预见、不能避免并不能克服的客观情况。

13.1 因以下原因造成工期延误,经工程师确认,工期相应顺延:

(1)发包人未能按专用条款的约定提供图纸及开工条件;

(2)发包人未能按约定日期支付工程预付款、进度款,致使施工不能正常进行;

(3)工程师未按合同约定提供所需指令、批准等,致使施工不能正常进行;

(4)设计变更和工程量增加;

(5)一周内非承包人原因停水、停电、停气造成停工累计超过8小时;

(6)不可抗力;

(7)专用条款中约定或工程师同意工期顺延的其他情况。

13.2　承包人在13.1款情况发生后14天内,就延误的工期以书面形式向工程师提出报告。工程师在收到报告后14天内予以确认,逾期不予确认也不提出修改意见,视为同意顺延工期。

39.1　不可抗力包括因战争、动乱、空中飞行物体坠落或其他非发包人承包人责任造成的爆炸、火灾,以及专用条款约定的风、雨、雪、洪、震等自然灾害。

39.2　不可抗力事件发生后,承包人应立即通知工程师,并在力所能及的条件下迅速采取措施,尽力减少损失,发包人应协助承包人采取措施。工程师认为应当暂停施工的,承包人应暂停施工。不可抗力事件结束后48小时内承包人向工程师通报受害情况和损失情况,及预计清理和修复的费用。不可抗力事件持续发生,承包人应每隔7天向工程师报告一次受害情况。不可抗力事件结束后14天内,承包人向工程师提交清理和修复费用的正式报告及有关资料。

39.3　因不可抗力事件导致的费用及延误的工期由双方按以下方法分别承担:

(1)工程本身的损害、因工程损害导致第三人人员伤亡和财产损失以及运至施工场地用于施工的材料和待安装的设备的损害,由发包人承担;

(2)发包人承包人人员伤亡由其所在单位负责,并承担相应费用;

(3)承包人机械设备损坏及停工损失,由承包人承担;

(4)停工期间,承包人应工程师要求留在施工场地的必要的管理人员及保卫人员的费用由发包人承担;

(5)工程所需清理、修复费用,由发包人承担;

(6)延误的工期相应顺延。

39.4　因合同一方迟延履行合同后发生不可抗力的,不能免除迟延履行方的相应责任。

8.《建设工程施工合同(示范文本)》(GF-2013-0201)与(GF-2017-0201)

17.1　不可抗力的确认

不可抗力是指合同当事人在签订合同时不可预见,在合同履行过程中不可避免且不能克服的自然灾害和社会性突发事件,如地震、海啸、瘟疫、骚乱、戒严、暴动、战争和专用合同条款中约定的其他情形。

不可抗力发生后,发包人和承包人应收集证明不可抗力发生及不可抗力造成损失的证据,并及时认真统计所造成的损失。合同当事人对是否属于不可抗力或其损失的意见不一致的,由监理人按第4.4款[商定或确定]的约定处理。发生争议时,按第20条[争议解决]的约定处理。

17.2　不可抗力的通知

合同一方当事人遇到不可抗力事件,使其履行合同义务受到阻碍时,应立即通知合同另一方当事人和监理人,书面说明不可抗力和受阻碍的详细情况,并提供必要的证明。

不可抗力持续发生的,合同一方当事人应及时向合同另一方当事人和监理人提交中间报告,说明不可抗力和履行合同受阻的情况,并于不可抗力事件结束后28天内提交最终报告及有关资料。

17.3　不可抗力后果的承担

17.3.1　不可抗力引起的后果及造成的损失由合同当事人按照法律规定及合同约定各自承担。不可抗力发生前已完成的工程应当按照合同约定进行计量支付。

17.3.2　不可抗力导致的人员伤亡、财产损失、费用增加和(或)工期延误等后果,由合同当事人按以下原则承担:

(1)永久工程、已运至施工现场的材料和工程设备的损坏,以及因工程损坏造成的第三人人员伤亡和财产损失由发包人承担;

(2)承包人施工设备的损坏由承包人承担;

(3)发包人和承包人承担各自人员伤亡和财产的损失;

(4)因不可抗力影响承包人履行合同约定的义务,已经引起或将引起工期延误的,应当顺延工期,由此导致承包人停工的费用损失由发包人和承包人合理分担,停工期间必须支付的工人工资由发包人承担;

(5)因不可抗力引起或将引起工期延误,发包人要求赶工的,由此增加的赶工费用由发包人承担;

(6)承包人在停工期间按照发包人要求照管、清理和修复工程的费用由发包人承担。

不可抗力发生后,合同当事人均应采取措施尽量避免和减少损失的扩大,任何一方当事人没有采取有效措施导致损失扩大的,应对扩大的损失承担责任。

因合同一方迟延履行合同义务,在迟延履行期间遭遇不可抗力的,不免除其违约责任。

17.4　因不可抗力解除合同

因不可抗力导致合同无法履行连续超过84天或累计超过140天的,发包人和承包人均有权解除合同。合同解除后,由双方当事人按照第4.4款[商定或确定]商定或确定发包人应支付的款项,该款项包括:

(1)合同解除前承包人已完成工作的价款;

(2)承包人为工程订购的并已交付给承包人,或承包人有责任接受交付的材料、工程设备和其他物品的价款;

(3)发包人要求承包人退货或解除订货合同而产生的费用,或因不能退货或解除合同而产生的损失;

(4)承包人撤离施工现场以及遣散承包人人员的费用;

(5)按照合同约定在合同解除前应支付给承包人的其他款项;

(6)扣减承包人按照合同约定应向发包人支付的款项;

(7)双方商定或确定的其他款项。

除专用合同条款另有约定外,合同解除后,发包人应在商定或确定上述款项后28天内完成上述款项的支付。

9.《建设项目工程总承包合同示范文本(试行)》(GF－2011－0216)

17.1 不可抗力发生时的义务

17.1.1 通知义务

觉察或发现不可抗力事件发生的一方,有义务立即通知另一方。根据本合同约定,工程现场照管的责任方,在不可抗力事件发生时,应在力所能及的条件下迅速采取措施,尽力减少损失;另一方全力协助并采取措施。需暂停实施的施工或工作,立即停止。

17.1.2 通报义务

工程现场发生不可抗力时,在不可抗力事件结束后的48小时内,承包人(如为工程现场的照管方)须向发包人通报受害和损失情况。当不可抗力事件持续发生时,承包人每周应向发包人和工程总监报告受害情况。对报告周期另有约定时除外。

17.2 不可抗力的后果

因不可抗力事件导致的损失、损害、伤害所发生的费用及延误的竣工日期,按如下约定处理:

(1)永久性工程和工程物资等的损失、损害,由发包人承担;

(2)受雇人员的伤害,分别按照各自的雇用合同关系负责处理;

(3)承包人的机具、设备、财产和临时工程的损失、损害,由承包人承担;

(4)承包人的停工损失,由承包人承担;

(5)不可抗力事件发生后,因一方迟延履行合同约定的保护义务导致的延续损失、损害,由迟延履行义务的一方承担相应责任及其损失;

(6)发包人通知恢复建设时,承包人应在接到通知后的20日内、或双方根据具体情况约定的时间内,提交清理、修复的方案及其估算,以及进度计划安排的资料和报告,经发包人确认后,所需的清理、修复费用由发包人承担。恢复建设的竣工日期合理顺延。

10.《建设项目工程总承包合同(示范文本)》(GF－2020－0216)

17.1 不可抗力的定义

不可抗力是指合同当事人在订立合同时不可预见,在合同履行过程中不可避免、不能克服且不能提前防备的自然灾害和社会性突发事件,如地震、海啸、瘟疫、骚乱、戒严、暴动、战争和专用合同条件中约定的其他情形。

17.2 不可抗力的通知

合同一方当事人觉察或发现不可抗力事件发生,使其履行合同义务受到阻碍时,有义务立即通知合同另一方当事人和工程师,书面说明不可抗力和受阻碍的详细情况,并提供必要的证明。

不可抗力持续发生的,合同一方当事人应每隔28天向合同另一方当事人和工程师提交中间报告,说明不可抗力和履行合同受阻的情况,并于不可抗力事件结束后28天内提交最终报告及有关资料。

17.3 将损失减至最小的义务

不可抗力发生后,合同当事人均应采取措施尽量避免和减少损失的扩大,使不可抗力对履行合同造成的损失减至最小。另一方全力协助并采取措施,需暂停实施的工作,立即停止。任何一方当事人没有采取有效措施导致损失扩大的,应对扩大的损失承担责任。

17.4 不可抗力后果的承担

不可抗力导致的人员伤亡、财产损失、费用增加和(或)工期延误等后果,由合同当事人按以下原则承担:

(1)永久工程,包括已运至施工现场的材料和工程设备的损害,以及因工程损害造成的第三人人员伤亡和财产损失由发包人承担;

(2)承包人提供的施工设备的损坏由承包人承担;

(3)发包人和承包人各自承担其人员伤亡及其他财产损失;

(4)因不可抗力影响承包人履行合同约定的义务,已经引起或将引起工期延误的,应当顺延工期,由此导致承包人停工的费用损失由发包人和承包人合理分担,停工期间必须支付的现场必要的工人工资由发包人承担;

(5)因不可抗力引起或将引起工期延误,发包人指示赶工的,由此增加的赶工费用由发包人承担;

(6)承包人在停工期间按照工程师或发包人要求照管、清理和修复工程的费用由发包人承担。

不可抗力引起的后果及造成的损失由合同当事人按照法律规定及合同约定各自承担。不可抗力发生前已完成的工程应当按照合同约定进行支付。

11. FIDIC《施工合同条件》(1999 版红皮书)

19.4 不可抗力的后果

如果承包商因已根据第 19.2 款[不可抗力的通知]的规定发出通知的不可抗力,妨碍其履行合同规定的任何义务,使其遭受延误和(或)招致增加费用,承包商应有权根据第 20.1 款[承包商的索赔]的规定要求:

(a)根据第 8.4 款[竣工时间的延长]的规定,如竣工已或将受到延误,对任何此类延误给予延长期;以及

(b)如果是第 19.1 款[不可抗力的定义]中第(i)至(iv)目所述的事件或情况,且第(ii)至(iv)目所述事件或情况发生在工程所在国时,对任何此类费用给予支付。

工程师收到此通知后,应按照第 3.5 款[确定]的规定,对这些事项进行商定或确定。

12. FIDIC《施工合同条件》(2017 版红皮书)①

18.4 Consequences of an Exceptional Event

① 2017 版在 1999 版的基础上,仅删除了关于工程师收到索赔报告后按合同约定处理的规定,因为此规定已在其他条款予以明确。

If the Contractor is the affected Party and suffers delay and/or incurs Cost by reason of the Exceptional Event of which he/she gave a Notice under Sub－Clause 18.2[Notice of an Exceptional Event], the Contractor shall be entitled subject to Sub－Clause 20.2 [Claims For Payment and/or EOT] to:

(a)EOT; and/or

(b)if the Exceptional Event is of the kind described in sub－paragraphs (a)to (e) of Sub－Clause 18.1 [Exceptional Events] and, in the case of sub－paragraphs (b) to (e) of that Sub－Clause, occurs in the Country, payment of such Cost.

13. FIDIC《生产设备和设计－施工合同条件》(1999 版黄皮书)

19.4　不可抗力的后果

如果承包商因已根据第19.2款[不可抗力的通知]的规定发出通知的不可抗力，妨碍其履行合同规定的任何义务，使其遭受延误和(或)招致增加费用，承包商应有权根据第20.1款[承包商的索赔]的规定，要求：

(a)根据第8.4款[竣工时间的延长]的规定，如果竣工已或将受到延误，对任何此类延误给予延长期；

(b)如果是第19.1款[不可抗力的定义]中第(i)至(iv)目所述的事件或情况，且第(ii)至(iv)目所述事件或情况发生在工程所在国时，对任何此类费用给予支付。

工程师收到此通知后，应按照第3.5款[确定]的规定，对这些事项进行商定或确定。

14. FIDIC《生产设备和设计－施工合同条件》(2017 版黄皮书)①

18.4　Consequences of an Exceptional Event

If the Contractor is the affected Party and suffers delay and/or incurs Cost by reason of the Exceptional Event of which he/she gave a Notice under Sub－Clause 18.2[Notice of an Exceptional Event], the Contractor shall be entitled subject to Sub－Clause 20.2 [Claims For Payment and/or EOT] to:

(a)EOT; and/or

(b)if the Exceptional Event is of the kind described in sub－paragraphs (a)to(e) of Sub－Clause 18.1 [Exceptional Events] and, in the case of sub－paragraphs (b) to(e) of that Sub－Clause, occurs in the Country, payment of such Cost.

15. FIDIC《设计采购施工合同条件》(1999 版银皮书)

19.4　不可抗力的后果

如果承包商因已根据第19.2款[不可抗力的通知]的规定发出通知的不可抗力，妨碍其履行合同规定的任何义务，使其遭受延误和(或)招致增加费用，承包商应有权根据第

① 2017版在1999版的基础上，仅删除了关于工程师收到索赔报告后按合同约定处理的规定，因为此规定已在其他条款予以明确。

20.1 款[承包商的索赔]的规定,要求:

(a)根据第8.4款[竣工时间的延长]的规定,如竣工已或将受到延误,对任何此类延误给予延长期;

(b)如果是第19.1款[不可抗力的定义]中第(i)至(iv)目所述的事件或情况,且第(ii)至(iv)目所述事件或情况发生在工程所在国,对任何此类费用给予支付。

雇主收到此通知后,应按照第3.5款[确定]的规定,对这些事项进行商定或确定。

16. FIDIC《设计采购施工合同条件》(2017版银皮书)①

18.4 Consequences of an Exceptional Event

If the Contractor is the affected Party and suffers delay and/or incurs Cost by reason of the Exceptional Event of which he/she gave a Notice under Sub – Clause 18.2[Notice of an Exceptional Event], the Contractor shall be entitled subject to Sub – Clause 20.2 [Claims For Payment and/or EOT] to:

(a)EOT; and/or

(b)if the Exceptional Event is of the kind described in sub – paragraphs (a)to (e) of Sub – Clause 18.1 [Exceptional Events] and, in the case of sub – paragraphs (b) to (e) of that Sub – Clause, occurs in the Country, payment of such Cost.

(三)索赔案例

[案例一]江苏南通六建建设集团有限公司与上海浦庆投资有限公司建设工程施工合同纠纷案②

1.案情简介

2004年2月24日,江苏南通六建建设集团有限公司(以下简称南通六建)向浦庆公司出具书面《承诺书》,同意按图纸建筑面积以每平方米人民币780元(以下币种同)承包上海浦庆投资有限公司(以下简称浦庆公司)的上海浦东国际机电数码园A1、A2办公楼工程。工程竣工后双方就结算问题无法达成一致并发生诉讼。本案历经一审、二审,诉讼过程中关于天气原因应否顺延工期的问题为该案主要争点之一:

南通六建认为,依据南通六建提供的证据以及气象资料可知,讼争工程至少有29天因气温过低而不宜施工,工期应当顺延29天。理由如下:第一,2004年12月下旬至2005年1月16日,低温虽未导致讼争工程全面停工,但对关键工序的施工存在极大的不利影响。第二,南通六建对《施工监理日记》的真实性不予认可。退一步讲,即便从《施工监理日记》所记载的此期间的施工记录来看,均表明南通六建进行的是内部粉刷,并不涉及外

① 2017版在1999版的基础上,仅删除了关于雇主收到索赔报告后按合同约定处理的规定,因为此规定已在其他条款予以明确。

② 参见上海市高级人民法院民事判决书,(2010)沪高民一(民)终字第26号。

墙涂料前的外墙粉刷。第三,外墙涂料工程由浦庆公司另行分包的单位进行施工,因此外墙涂料工程的施工迟延导致整体工期延误的,南通六建有权顺延工期。第四,2004 年 12 月 3 日的《工作联系单》表明,B2、B3、C3、C5、D3、D5、E3、E5 八幢楼的外墙涂料已完成,在该联系单中,南通六建已明确要求浦庆公司外墙涂料施工单位进场。第五,南通六建早已在施工过程中向浦庆公司提交修改后的进度计划表。

浦庆公司认为,鉴定单位依据《施工监理日记》的记载以及南通六建尚在进行墙面粉刷施工的客观事实和相关例会纪要载明的施工事实,计算出影响了工期 29 天没有事实根据。理由是:(1)《施工合同》通用条款第 39 条约定的"不可抗力",是指"在不可抗力事件结束后 14 天内,南通六建应就延误的工期以书面形式向工程师提出报告"。但南通六建从未按约提出报告。(2)根据第 30 次例会纪要,气温在 5 度以下不能进行涂料施工,但可以进行墙面粉刷施工。(3)鉴定单位根据气象资料上记载的"最低温度"在 5 度以下有 29 天,就满足顺延工期 29 天不具有科学性。(4)南通六建向鉴定单位提供的《施工进度计划》复印件不具有真实性。

就上述问题,上海市第一中级人民法院一审认为,根据《合同法》第 117 条 ①规定,因不可抗力不能履行合同的,根据不可抗力的影响,部分或者全部免除责任,但法律另有规定的除外。本法所称不可抗力,是指不能预见、不能避免并不能克服的客观情况。南通六建所列低温情况,并非灾害性天气,不符合法律规定的不可抗力的构成要件。监理单位对做好冬季施工阶段提出的要求,与是否能顺延工期无必然联系。故采纳浦庆公司的意见,南通六建不能因天气原因顺延工期。二审法院上海市高级人民法院认可了一审法院就该问题查明的事实并采纳了一审法院的观点。

2. 案例分析

实践中,对于是否构成不可抗力、是否能以此要求顺延工期或扣减工期的问题,应严格按照法律规定的要件进行综合审核确定。根据《民法典》第 180 条规定,不可抗力是指不能预见、不能避免且不能克服的客观情况。不能预见是指主观上不以人的意志为转移,不能避免、不能克服是指客观上当事人无法对这种客观现象的发生与否、发生程度等提前作出安排或处置。作为一个完整的法定免责制度,不可抗力的认定要求同时满足主观和客观要件。

在建设工程施工合同纠纷案件中,对不可抗力情形的认定标准通常较高,一般而言,可将地震、台风、洪水等自然风险因素导致承包人无法按约定开展施工建设的情况认定为不可抗力事件,前述自然风险属于较为典型的不可抗力类型。除此之外,能否构成免除承包人违约责任的不可抗力事件往往要以"经验丰富的承包商"的标准衡量。就本案而言,

① 《合同法》已失效,该条款现被拆分为《民法典》第 180 条第 2 款与第 590 条第 1 款。《民法典》第 180 条第 2 款:不可抗力是指不能预见、不能避免且不能克服的客观情况。第 590 条第 1 款:当事人一方因不可抗力不能履行合同的,根据不可抗力的影响,部分或者全部免除责任,但是法律另有规定的除外。因不可抗力不能履行合同的,应当及时通知对方,以减轻可能给对方造成的损失,并应当在合理期限内提供证明。

法院认为,一般的低温天气属于经验丰富的承包人应当能够合理预见的情形,不构成不可抗力,甚至未达到前文"异常恶劣的气候条件"的认定标准,故未支持承包人工期顺延的请求。

[案例二]卓盈丰制衣纺织(中山)有限公司与广东长城建设集团有限公司建设工程施工合同纠纷案①

1. 案情简介

2001年12月,卓盈丰制衣纺织(中山)有限公司(以下简称卓盈丰公司)经过招标与广东长城建设集团有限公司(以下简称长城公司)签订《工程合同》,由长城公司负责总承包卓盈丰公司名下的土建工程。双方在《工程合同》中约定,"本工程限于2002年9月30日(雨天、所有节假日不扣除)前完工""充分考虑技术措施,包括雨季施工措施等,长城公司不得以任何借口提出增加工程款和延长工期的要求"。2002年4月15日至12月27日,案涉工程施工区域遭遇台风、暴雨,停工38天。2003年6月29日,案涉工程竣工验收。因案涉工程未在《工程合同》约定期限内竣工验收,卓盈丰公司将长城公司诉至法院,要求赔偿逾期竣工违约金。该案经一审、二审后,卓盈丰公司向最高人民检察院申诉,最高人民检察院向最高人民法院提出抗诉,最高人民法院最终立案提审本案。

最高人民法院认为,不可抗力具有三个构成要件:(1)独立存在于人的行为之外,既非当事人的行为所派生,亦不为当事人的意志所左右;(2)它的发生与损害后果之间具有事实上的因果关系;(3)当事人按其现有的能力和应有的谨慎与勤勉不能对这种客观情况及其后果加以控制和克服。台风和暴雨都是独立于施工方之外的客观自然事件,会造成施工的中断。施工方对于台风和暴雨的发生以及施工中断的发生是不能够避免和克服的,因此,台风和暴雨应当属于施工中的不可抗力事件。台风和暴雨造成建设工程工期的延误,因具有不可归责于施工方的事由而应免除施工方的责任。不可抗力是法定的免责事由,它不因当事人的例外约定而免除,因此,即使双方在合同中约定工期不因雨天而延长,亦应将不可抗力延误的时间计算到工程的延期之内。

2. 案例分析

关于不可抗力规则的理解,民法学界一直认为存在主观说、客观说和折中说的区别。主观说认为,当事人主观上已尽最大的注意,但仍不能防止阻碍合同义务履行的事件发生,那么已发生的事件便属于不可抗力。客观说认为,不可抗力的存在与否,应当与当事人有无过错的问题完全区分开,纯粹从客观方面来分析。折中说则认为不可抗力既要考虑当事人的主观因素,即当事人是否尽到了应有的注意,又要强调客观方面,即是否属于当事人以外的原因发生的异常事故。本案中,最高人民法院对不可抗力的认定采纳了客观说。

关于不可抗力规则的性质,有的学者认为,属于强制性规定,不得约定排除适用,还有的学者认为,在法律法规没有禁止性规定的情况下,当事人可以通过约定排除适用。可见,目前理论界对于不可抗力规则的类型以及能否被当事人全部或者部分约定排除适用

① 参见最高人民法院民事判决书,(2008)民一抗字第20号。

还未形成一致意见。司法实践中,法院或仲裁机构对不可抗力规则是否可以被约定排除适用的态度也不尽一致。本案中,双方当事人在合同中约定工期不因雨天而延长,即当事人通过合同约定部分排除了不可抗力的适用,法院认定该约定无效,认为台风和暴雨在本案中构成不可抗力,因台风和暴雨导致工期延误的时间应当顺延。显然,本案采纳了法定不可抗力规则不得通过约定排除适用的观点。

[案例三]海南美好中和房地产开发有限公司与河南巨力建筑工程有限公司建设工程施工合同纠纷案①

1. 案情简介

海南美好中和房地产开发有限公司(以下简称美好中和公司)与河南巨力建筑工程有限公司(以下简称巨力公司)于2010年10月27日签订《建设工程施工合同》(以下简称《施工合同》),约定由巨力公司承建美好中和公司美好·龙沐湾Ⅰ区三部施工区域中的5号、6号、7号楼,双方又于2012年12月14日签订《建设工程施工合同补充协议》(以下简称《补充协议》)。《施工合同》及《补充协议》中关于不可抗力的约定如下:(1)《施工合同》通用条款第39.4款,因合同一方迟延履行合同后发生不可抗力的,不能免除迟延履行方的相应责任;(2)《施工合同》专用条款第20.1款,因不可抗力的原因造成的损失双方自负;(3)《补充协议》第10条,后续开工的工程,非乙方(巨力公司)原因造成的损失由甲方(美好中和公司)承担。巨力公司在对案涉工程进行施工过程中遭遇强台风"海燕"袭击产生损失,向美好中和公司索赔未果,遂诉至海南省乐东黎族自治县人民法院,要求美好中和公司赔偿"海燕"台风给巨力公司造成的损失7,450,432元。

一审法院经审理认为,本案争议的焦点是"海燕"台风所造成的损失应由谁来承担;巨力公司主张的损失费用、违约金以及利息是否合理。本案中,发生不可抗力(强台风"海燕")的时间为2013年11月10日。巨力公司按照合同约定的时间于2011年2月17日开始施工,根据合同约定的最长工期为420天,应在2013年11月10日"海燕"台风到来之前竣工,即在开工至竣工期间不应发生不可抗力。但在巨力公司施工过程中,由于美好中和公司股东结构变动,工程资金不到位等方面原因,造成工程工期延误。虽然"海燕"台风属于不可抗力的范畴,但巨力公司因此遭受的损失主要为美好中和公司迟延履行合同所造成,因此美好中和公司对巨力公司所造成的损失应承担主要责任,从损失的成因来看,美好中和公司应承担损失的65%为宜。巨力公司请求美好中和公司承担全部责任过高,超过部分不予支持。美好中和公司关于巨力公司的损失为不可抗力所造成,按合同约定应自行承担的主张,因巨力公司的损失系美好中和公司迟延履行合同才发生不可抗力造成的,不能免除美好中和公司的责任,其主张不予采纳。根据双方之间约定:"工程师在收到巨力公司送交的索赔报告和有关资料后28天内未予答复或对承包人作进一步要求,视为该项索赔已经认可。"本案中,美好中和公司工程部于2013年11月18日收到巨力公司于

① 参见海南省第二中级人民法院民事判决书,(2017)琼97民终277号。

2013年11月16日向美好中和公司发出的工程联系单，要求美好中和公司对“海燕”强台风给巨力公司造成7,450,432元的经济损失答复或作进一步要求。但美好中和公司收到工程联系单后至今未向巨力公司作出明确答复或作进一步要求，美好中和公司的行为视为对巨力公司送交的工程联系单上的经济损失7,450,432元予以默认。一审法院确认美好中和公司应赔偿给巨力公司的损失数额为4,842,780元（7,450,432元×65%）。

美好中和公司不服一审判决，向海南省第二中级人民法院提起上诉。二审法院经审理认为，《补充协议》中关于“后续开工的工程，非乙方（巨力公司）原因造成的损失由甲方（美好中和公司）承担”的约定，系对《施工合同》中“因不可抗力的原因造成的损失双方自负”约定的变更。本案中，7号楼于2013年1月21日开工，发生不可抗力的时间为2013年11月10日。5号、6号楼在当时尚未完工交付使用，7号楼也在《补充协议》签订后开始施工。根据《补充协议》约定，巨力公司要求美好中和公司赔偿其因不可抗力（强台风“海燕”）造成的损失，有合同依据和法律依据。美好中和公司关于巨力公司的损失为不可抗力所造成，按合同约定应自行承担的上诉主张，与双方合同约定不符。此外，根据双方在合同条款中关于索赔答复期限的约定，美好中和公司在收到工程联系单后未向巨力公司作出明确答复或作进一步要求，应视为美好中和公司对巨力公司7,450,432元经济损失的索赔予以认可。一审法院结合美好中和公司的迟延履行情况，确认美好中和公司应赔偿给巨力公司的损失数额为4,842,780元（7,450,432元×65%），并无不当。综上，二审法院判令驳回上诉，维持原判。

2. 案例分析

本案中，发生不可抗力（强台风“海燕”）的时间为2013年11月10日。承包人按照合同约定的时间于2011年2月17日开始施工，合同约定的最长工期为420天，承包人应在2013年11月10日“海燕”台风到来之前竣工，即在开工至竣工期间不应发生不可抗力。但在承包人施工过程中，由于发包人股东结构变动，工程资金不到位等原因，造成工期延误。正因为发包人迟延履行合同后才发生不可抗力，发包人不能免除责任。

［案例四］金华当代建筑工程有限公司与马某生建设工程施工合同纠纷案①

1. 案情简介

2019年8月8日，金华当代建筑工程有限公司（以下简称金华当代公司）因承建云南省富源县今飞御景园一期建设工程项目，与马某生签订《粉刷分项工程承包协议》，将其中的粉刷分项工程以包清工形式由马某生班组施工。协议签订后，马某生完成了部分粉刷工程，金华当代公司也支付了部分工程款。2020年1月9日，因临近春节，马某生班组施工人员离开施工现场返乡过年，因新冠肺炎疫情影响，春节后未及时复工，因工期紧张，金华当代公司另行找第三方完成剩余工作。金华当代公司认为，马某生违约，诉至云南省富源县人民法院，要求马某生赔偿经济损失。

① 参见云南省曲靖市中级人民法院民事判决书，(2020)云03民终2815号。

马某生辩称其班组人员并不在案涉工程所在地，当时全国都处于停工和居家隔离状态，其班组人员自然无法前往工程所在地进行施工，故其无法完成工程是因疫情产生的不可抗力原因所致，应当予以免责。

一审法院经审理认为，金华当代公司提交的证据不能明确证实马某生延误工期的具体情况，且马某生班组人员春节后没有及时复工，系疫情影响，属不可抗力，因此对金华当代公司要求马某生赔偿工期延误损失的主张，不予支持。一审法院判决驳回金华当代公司的诉讼请求。

金华当代公司不服一审判决，向云南省曲靖市中级人民法院提起上诉。二审法院经审理认为，工期延误96天，系因受春节放假、新冠肺炎疫情影响，属于不可抗力原因，工期延误的原因亦不能单纯归咎于马某生。因此，尽管马某生完成的粉刷劳务作业可能存在需返工修补的问题，完成劳务过程中不同程度存在工期延误情形，但金华当代公司所举证据不足以证明因马某生的过错致其遭受前述相关损失以及各项损失的计算依据，请求马某生赔偿工程返工修补款损失、未按期进场施工损失、工期延误损失无事实基础，应承担举证不能的法律后果。对于马某生未完成的粉刷作业，金华当代公司无需向马某生支付工程价款。二审法院最终判令驳回上诉，维持原判。

2. 案例分析

本案中，在承包人进场施工后，因新冠肺炎疫情暴发导致承包人施工人员无法返回施工现场，造成工期延误。两级法院均认为本案中的疫情防控措施满足不能预见、不能避免、不能克服三个要件，构成不可抗力，承包人有权请求予以免责。

如前所述，除地震、台风、洪水等较为典型的不可抗力事件类型外，疫情、寒潮、冰冻灾害等原因能否构成免除承包人违约责任的不可抗力事件往往要以“经验丰富的承包商”的标准衡量。在司法实践中由于不可抗力事件的发生不可归责于承发包双方中的任何一方，且承发包双方都因不可抗力事件的发生而遭受损失，承包人可据此提出工程延期申请或作为发包人向其提出工期索赔时的有效抗辩事由。本案中，法院亦认定因疫情防控措施导致的工期延误非承包人的责任，承包人不构成违约。但如承包人因不可抗力原因造成自身人员伤亡、设备损坏及其他财产损失的，原则上应由其自行承担，亦无权向发包人提起索赔。

（四）提示与建议

1. 如何约定不可抗力条款

从整体上看，不可抗力条款一般包括不可抗力事件、受不可抗力事件影响一方的通知和提供证明的义务、不可抗力导致的风险分配规则三部分内容。但是，特定事件对于特定合同是否构成不可抗力事件并不确定，因此在不可抗力条款中尽可能详细列举不可抗力事件确有必要，具体如下：

首先，我国法律法规对不可抗力的具体内容与范畴并没有明确的规定，而合同条款千差万别，交易标的和内容以及可能发生的风险都各有不同，不在合同中详细列举构成不可抗力事件的具体情形极容易引起分歧。

其次，我国法律法规虽然没有明确规定不可抗力事由的具体内容与范畴，但是有相对明确的判断标准，即不可预见、不能避免并不能克服的客观情况。这意味着，合同当事人不能想当然地随意扩大或者缩小不可抗力的范围，现阶段法院多数判例倾向于认为不可抗力规则属于强制性规则，不得通过约定排除适用。

最后，若当事人在法律法规规定之外，扩大了不可抗力的范围，即对于法律规定的不可抗力规则未予触及，而是增加了不可抗力事项，此种情况下，因为没有违反法律法规的强制性规定，应当尊重当事人的意思自治，通常应认定为有效。

2. 如何履行不可抗力条款

实践中，发包人关于工期延误的举证责任较轻，只需要证明实际竣工日期晚于合同约定的竣工时间即可。相对而言，承包人的举证责任较重，需要证明工期延误非己方原因所致，在出现不可抗力导致工期延误的情况后，还需要收集、保存相关的文件、通知、证明等，以达到顺延工期及免于承担工期违约责任的目的。

此外，在发生不可抗力事件后，受不可抗力影响的承包人应及时履行通知义务，采取减损措施，防止损失进一步扩大。同时，承包人还应根据合同约定，积极主张合同权利，履行证明义务，全面完整地收集不可抗力发生事实、工程延期事实、不可抗力和工期延误的因果关系以及不可抗力导致的损失事实等证据。

四、政策因素

（一）索赔项目释义

1. 政策因素造成工期延误的界定

所谓政策，是指国家政权机关、政党组织和其他社会集团为了实现自己所代表的利益和意志，以权威形式标准化地规定在一定时期内应该达到的奋斗目标、遵循的行动准则、完成的明确任务、实行的工作方式、采取的一般步骤和具体措施。政策通常分为财政经济政策、文化政策、宗教政策、劳动政策、军事政策、外交政策等。政策的重要特征之一是表述性，就表现形态而言，政策不是物质实体，而是外化为符号的观念和信息，由有权机关以语言或文字形式等表达手段进行表述。政策的另一重要特征是时效性，即在一定时间内的历史条件和国情条件下适用。

政策有多个层面和不同深度的理解，本文着重在具体政策层面进行探究，即政府针对特定而具体的公共政策问题作出的政策性规定，是政府为解决具体问题而给有关部门和个人规定的行动准则。

具体到建设工程领域，政府出台政策造成工期延误的情形主要包括：(1)限制使用某种材料或工艺；(2)特定时间、路段的交通管制，如某段期间限制货车、混凝土车进入等；

(3)高温季节出台政策规定工人工作时间;(4)电力管控;(5)临时防尘、防噪的环保措施(中、高考期间噪音管控);(6)举办大型活动要求停工或限制施工等。

例如,河南省郑州市关于扬尘治理实行常规化管理与秋冬季治理相结合的模式,也即将4~9月常规化管理时期督查工地发现问题数量与秋冬季攻坚时期优惠政策相结合。按照《郑州市2019年施工工地扬尘污染防控精细化管理专项行动方案》的规定,在秋冬季节郑州市各项目必须响应重污染天气应急管理,按四种管控措施进行限额停产。即使在4~9月常规化管理期间,各项目也可能因突发环境污染、大型国际会议、大型体育赛事等情况而被要求临时限额停产,造成工期延误。

2. 政策因素是否构成不可抗力

关于政策因素是否属于不可抗力,观点并不统一。有的观点认为,不可抗力包括自然灾害、社会异常事件和政府行为,因政府出台的政策导致合同无法履行的,由于该政策的出台与合同任何一方当事人的意志无关,是当事人所无法预见、无法避免和无法控制的,此种情形下,可以将该政策因素纳入不可抗力范围。也有观点认为,针对政府行为的理解应区分为抽象行为和具体行为,抽象行为具有不特定性或者普遍性,这类行为包括政府制定颁布行政法规、规章、政策性文件等,具体行为仅是针对特定的人或事所采取的行政措施,不具有普遍性,通常不宜将一般的具体行为纳入不可抗力范围。因此,政策因素是否构成不可抗力,具体需根据法律规定及合同约定,若合同没有约定类似情形的处理规则,就只能从法律法规或司法审判实践中了解类似情形的裁判标准。

3. 政策因素是否属于法律变更

FIDIC合同条件中对“政府原因”与“法律变更”进行了分别界定。其中,“政府原因”主要是指国家有关法定公共机关规定的程序(the procedures laid down by the relevant legally constituted public authorities in the Country)。而“法律变更”是指在基准日后,工程所在国施行新法律、废除或修改现有法律,或对此类法律的司法或政府解释有改变(the introduction of new Laws and the repeal or modification of existing Laws or in the judicial or official governmental interpretation of such Laws, made after the Base Date)。

根据FIDIC合同条款,因政府原因导致工期延误的,承包商尽管可以要求延长工期,但是不能索赔费用损失与利润。但由于法律变更引起工期延误和(或)招致费用增加的,承包商有权要求延长工期、增加费用,但是不能索赔利润。可见政府原因与法律变更的事由与索赔结果均有所不同。本节所述“政策因素”属于“政府原因”之一,但由于政府相关主管部门颁行的政策大多具有即时性且层级较低,不属于“法律变更”中的法律范畴。

4. 政策因素造成工期延误的责任承担主体

通常来讲,因政策因素导致的工期延误,不属于承包人的商业风险,在合同没有明确约定的情形下,如果完全让承包人承担风险,显然有违公平原则。实践中,因政策因素导致的工期延误,在不考虑构成不可抗力的情形下,承包人通常会以政策因素构成“非承包人原因导致工期延误”为由进行工期索赔。但是如前所述,因政策因素导致工期延误的,承包人可以要求顺延工期，但通常无权获得费用补偿。

（二）索赔依据

1.《民法典》

第584条　当事人一方不履行合同义务或者履行合同义务不符合约定，造成对方损失的，损失赔偿额应当相当于因违约所造成的损失，包括合同履行后可以获得的利益；但是，不得超过违约一方订立合同时预见到或者应当预见到的因违约可能造成的损失。

2. FIDIC《施工合同条件》（1999版红皮书）

8.5　当局造成的延误

如果符合下列条件，即：

(a)承包商已努力遵守了工程所在国依法成立的有关公共当局所制定的程序；

(b)这些当局延误或打乱了承包商的工作；以及

(c)延误或中断是不可预见的；

则上述延误或中断可视为根据第8.4款[竣工时间的延长](b)项规定的延误原因。

3. FIDIC《施工合同条件》（2017版红皮书）①

8.6　Delays Caused by Authorities

If:

(a) the Contractor has diligently followed the procedures laid down by the relevant legally constituted public authorities or private utility entities in the Country;

(b) these authorities or entities delay or disrupt the Contractor's work; and

(c) the delay or disruption was Unforeseeable,

then this delay or disruption will be considered as a cause of delay under sub - paragraph (b) of Sub - Clause 8.5 [Extension of Time for Completion].

4. FIDIC《生产设备和设计－施工合同条件》（1999版黄皮书）

8.5　当局造成的延误

如果下列条件成立，即：

(a)承包商已努力遵守了工程所在国依法成立的有关公共当局制定的程序；

(b)这些公共当局延误或打乱了承包商的工作；

(c)延误或中断是不可预见的；

则上述延误或中断可视为根据第8.4款[竣工时间的延长](b)项规定的延误原因。

5. FIDIC《生产设备和设计－施工合同条件》（2017版黄皮书）②

8.6　Delays Caused by Authorities

---

① 2017版与1999版相比，并无实质性修订。

② 2017版与1999版相比，并无实质性修订。

If:

(a)the Contractor has diligently followed the procedures laid down by the relevant legally constituted public authorities or private utility entities in the Country;

(b)these authorities or entities delay or disrupt the contractor's work; and

(c)the delay or disruption was Unforeseeable,

then this delay or disruption will be considered as a cause of delay under sub – paragraph (b) of Sub – Clause 8.5 [Extension of Time for Completion].

6. FIDIC《设计采购施工合同条件》(1999版银皮书)

8.5　当局造成的延误

如果符合下列条件,即:

(a)承包商已努力遵守了工程所在国依法成立的有关公共当局所制定的程序;

(b)这些当局延误或打乱了承包商的工作;

(c)延误或中废是一个有经验的承包商在递交投标书时无法合理预见的;

则上述延误或中断可视为根据第8.4款[竣工时间的延长](b)项规定的延误原因。

7. FIDIC《设计采购施工合同条件》(2017版银皮书)①

8.6　Delays Caused by Authorities

If:

(a)the Contractor has diligently followed the procedures laid down by the relevant legally constituted public authorities or private utility entities in the Country;

(b)these authorities or entities delay or disrupt the Contractor's work; and

(c)the delay or disruption was Unforeseeable,

then this delay or disruption will be considered as a cause of delay under sub – paragraph (b) of Sub – Clause 8.5 [Extension of Time for Completion].

(三)索赔案例

[案例一]扬州华亨房地产开发有限公司与江苏丰义建筑安装工程有限公司建设工程施工合同纠纷案②

1. 案情简介

2013年2月1日,扬州华亨房地产开发有限公司(以下简称华亨公司)与江苏丰义建筑安装工程有限公司(以下简称丰义公司)签订建设工程施工合同(以下简称《施工合同》),约定由丰义公司负责华亨公司"君悦蓝庭"一期(570地块)11幢楼及其他配套工程

① 2017版与1999版相比,并无实质性修订。

② 参见江苏省扬州市广陵区人民法院民事判决书,(2016)苏1002民初4282号;江苏省扬州市中级人民法院民事判决书,(2017)苏10民终2400号;江苏省高级人民法院民事裁定书,(2018)苏民申3129号。

建设,《施工合同》还约定:“因承包人原因按合同工期未能如期竣工或未能按照合同约定如期全部拆除机械设备、脚手架并全部退场,发包人除扣除工期保证金五万元/幢外,每逾期一天承包人还要向发包人承担违约金5000元/天×幢,违约金上不封顶。”

此后,双方签订“君悦蓝庭”建筑安装工程施工承包合同补充协议书(以下简称《补充协议》),约定华亨公司(甲方)建设开发的“君悦蓝庭”一期住宅小区项目约10万多平方米,由丰义公司(乙方)自愿承揽。合同工程造价9000万元,合同工期400日历天。《补充协议》还约定:“因甲方原因造成的工期延误,工期顺延,不再另行计算其他费用。工期顺延由乙方在事件发生后7天内提出,就延误的工期以书面形式向工程师提出报告,未在规定时间提出视同不顺延。工程师在收到报告7天内予以确认,逾期不予确认也不提出修改意见,视同同意顺延工期。”案涉工程于2015年6月25日竣工,华亨公司认为,丰义公司拖延工期495天,故诉至江苏省扬州市广陵区人民法院,要求丰义公司按5000元/天×幢的标准承担工期延误违约金。一审法院以丰义公司未在合同约定时间内依约定形式提出工期顺延请求为由对其提出的工期顺延抗辩不予采信,认为丰义公司应按照合同约定承担工期延误的违约责任,最终判令违约金按4,525,000元[算法为(8×5000×25)+(3×5000×235)]计。

丰义公司与华亨公司均不服一审判决,向江苏省扬州市中级人民法院提起上诉。关于丰义公司提出应当扣减政府行为引起的工期顺延天数的请求,二审法院经审理认为:(1)2013年3月28日,由扬州市建筑安装管理处、扬州市建筑安全监察站发出通知,通知称由于扬州市区有重大活动,要求相关建设单位、施工单位从4月1日起禁止渣土车、垃圾运输车进出建筑工地施工现场。(2)2014年7月31日,扬州市建筑施工扬尘整治领导小组办公室向华亨公司发出通告,要求在“南京青奥”期间,即从8月1日至31日停止施工。上述两份由相关行政管理部门发出的通告,明确要求施工单位直接停止施工或是对施工行为进行一定的限制。2013年3月28日的通告系禁止渣土车、垃圾运输车进出建筑工地施工现场,虽非停止施工,但必然会对施工企业的施工进度产生一定影响,故应酌情扣减相应的工期。而2014年7月31日的通告则明确要求施工单位停工一个月,该期间工程的部分建筑已经竣工,对于尚未竣工的工程应相应扣减一个月的工期。华亨公司认为,丰义公司未按合同约定报其批准,故不同意扣减。但上述影响施工进度的情形非丰义公司自身原因所致,也不属双方合同约定的应报请华亨公司批准的事项,故华亨公司的抗辩理由不能成立。二审法院对一审判决的延误天数予以纠正,判令丰义公司应承担的工期延误违约金为3,510,000元[算法为8×5000×(25-10)+3×5000×(235-41)]。

丰义公司与华亨公司不服二审判决,向江苏省高级人民法院申请再审。丰义公司认为,不可归责于双方原因的政府行为引起工期顺延的天数应当全部扣减,具体为:(1)因“烟花三月国际经贸旅游节”,2013年3月28日,扬州市人民政府通告,禁止渣土车、运输车通行,故工期应顺延一个月(30天),二审法院仅扣减10天不当。(2)2014年3月28日,扬州市人民政府通告,禁止渣土车、运输车通行,工期应顺延30天。(3)2013年、2014

年高考期间6天的工期应当顺延。(4)施工期间遇上百年未遇的持续高温、暴雨等恶劣的自然气候环境,也应酌情扣减工期。华亨公司辩称案涉合同已明确约定政府行政行为不在合同约定的工期顺延之列。

再审法院认为,关于案涉工程应顺延工期的认定问题。(1)关于丰义公司在2013年8月30日向华亨公司提出过顺延工期三个月问题。《补充协议》明确约定系华亨公司原因造成工期延误的,丰义公司应在事件发生后7天内提出工期顺延,华亨公司收到报告后逾期不予确认也不提出修改意见,视同同意顺延工期,但因丰义公司未按合同约定在开工前编制工程预算作为形象进度款的付款依据,故根据《补充协议》,该工期延误的责任应由丰义公司承担;且丰义公司亦未能举证证明华亨公司在2013年8月30日确实存在迟延支付工程进度款情形。故一审、二审法院对丰义公司关于顺延三个月工期的抗辩不予采信并无不当。(2)关于2013年3月28日扬州市人民政府通告造成的顺延工期问题。虽然2013年3月28日扬州市人民政府通告,禁止渣土车、运输车通行,但该通告并未禁止工程施工,故一审、二审法院酌定扣除10天工期并无不当。(3)关于2013年高考,2014年高考,高温、暴雨天气,2014年3月28日扬州市人民政府通告是否应顺延工期问题。鉴于一审、二审审理中,丰义公司并未提出过上述抗辩,再审法院再审审查中不再予以理涉。再审法院最终裁定驳回双方再审申请。

2. 案例分析

本案中,扬州市人民政府颁布的关于禁止渣土车、运输车通行以及"南京青奥"停工的通告即属于政策因素,人民法院认为,因政策因素导致工期延误的,工期可以获得顺延,并认为因政策因素导致的工期顺延非承包人自身原因导致,不属于合同约定应报请发包人批准的事项,即使承包人未按照合同约定报请发包人批准顺延工期,工期亦可获得顺延。此外,承包人还应注意在政策颁布时及时收集相关证据并根据合同约定及时提出索赔,并在诉讼、仲裁过程中及时提出相关请求,避免逾期失权的不利情形。本案中的承包人就是因为在一审、二审阶段未基于2013年高考,2014年高考,高温、暴雨天气及2014年3月28日扬州市人民政府通告提出顺延工期的主张,再审法院在再审审查程序中未予理涉,该不利后果只能由承包人自行承担。

[案例二]盈信公司与正浩公司建设工程施工合同纠纷案

1. 案情简介

2009年12月11日,发包人盈信公司与承包人正浩公司签订《DW湖畔3#楼工程施工合同》(以下简称《施工合同》),约定:盈信公司将DW湖畔3#楼的土建、安装工程发包给正浩公司施工;开工日期计划为2009年12月30日,具体以开工报告签署时间为准,竣工日期计划为2010年9月30日,合同工期总日历天数为275天;合同价款暂定为2000万元;合同争议解决方式约定为由某仲裁委员会管辖。案涉工程在2009年12月30日如期开工。

案涉工程施工过程中,当地政府发布关于DW湖水源保护和污染防治的相关政策,因项目规划条件未达到政策要求的标准而导致工程被叫停搁置。当地人民政府就此召开专题会议,要求项目在用地范围和容积率等规划指标不变的前提下,通过调整内部布局,使建筑后退距离至少达到50米。在满足上述条件的情况下,同意继续建设,并待修建性详规确定用地工程后再作处理。因此3#楼工程被迫中途停建,导致工程逾期竣工153天。

工程竣工验收合格后,双方就工程款结算产生争议,正浩公司向双方约定的某仲裁委员会申请仲裁,要求盈信公司除按约支付工程价款外,还应额外赔偿其停、窝工损失。盈信公司辩称正浩公司停、窝工的根本原因在于政府政策的发布,并非盈信公司的原因造成,盈信公司并未违反合同约定,也不存在过错,更不需要承担损失赔偿责任。仲裁庭经审理认为,因政府发布政策原因导致案涉工程被要求停建、缓建,进而使得工程逾期竣工,双方对此事实均表示认可,争议焦点在于盈信公司是否应对工程停建、缓建导致的正浩公司停、窝工损失承担责任。从现有证据来看,因案涉工程逾期竣工的责任不在正浩公司,而在于政府。根据《合同法》第121条①规定:"当事人一方因第三人的原因造成违约的,应当向对方承担违约责任。当事人一方和第三人之间的纠纷,依照法律规定或者按照约定解决。"故盈信公司应基于《施工合同》约定对正浩公司承担违约赔偿责任。正浩公司确实因案涉工程缓建产生了停、窝工损失并有相应证据证明,如果要其自行承担全部损失有违公平原则。仲裁庭根据双方主张,对正浩公司的损失进行了进一步司法鉴定,并最终依据鉴定结论与该案实际情况,裁决盈信公司按约支付工程款,并赔偿正浩公司停、窝工损失共计人民币458,100元。

2. 案例分析

本案属于较为典型的因政策因素导致工期延误的案件。政府发布水源保护政策导致案涉工程无法顺利施工,势必会产生停建、缓建期间的损失。双方均认为不属于己方原因,也未在《施工合同》中约定出现该等事由时的处理原则。基于公平原则与《施工合同》的应有之义,办理工程建设前期审批手续并提供必要的施工现场条件属于发包人的义务,承包人因此导致无法继续施工的,工期应予顺延,且其损失应由责任方承担。本案中的责任方不是承包人,政府方并非合同签约主体,要求其承担合同责任于法无据。显然,作为案涉工程的所有权人与实际受益人,该等第三人原因应归属于发包人应当承担的风险事件,因此给承包人造成损失的,发包人应当予以赔偿。而由于政策施行导致案涉工程项目规划被迫调整的情形,发包人可以通过行政诉讼等途径另行主张权利。

(四)提示与建议

关于何为"政策因素",目前并无法律或者司法解释对此作出明确界定,但依照文义解释的规则,政策一般是指政府部门对其意志或者意图以标准化形式作出的表述,诸如"一

① 《合同法》已失效,该条款现为《民法典》第593条:当事人一方因第三人的原因造成违约的,应当依法向对方承担违约责任。当事人一方和第三人之间的纠纷,依照法律规定或者按照约定处理。

带一路”“禁运渣土”“雾霾停工”“临时管控”等政策,可见所谓政策应具有文字表述性。一旦出现因政府政策因素导致无法施工的情况,承包人可主张因第三人原因,即政府行为导致工程无法继续施工,要求顺延工期。

民事诉讼中,案件事实是通过当事人提出诉讼请求或抗辩理由引入的,法院所审理的事实是当事人向法院主张与举证的事实,若当事人不主张或举证不力,裁判结果可能对当事人不利。先有主张,方有举证,主张是举证的前提。具体到诉讼程序中,如果出现因政策因素导致工期延误的情形,承包人未向法院主张或举证不力的,则法院无从知晓与还原事实情况,亦无法相应地作出支持承包人的裁判结果,承包人需承担相应的不利后果。

五、发包人未按约定提供施工现场、条件及资料

(一)索赔项目释义

工程施工包括基础工程施工、主体结构施工等,完成上述施工作业的场所称为施工现场,施工现场应当包括工程施工场地及为保证正常施工的其他场地。由发包人提供场地的,发包人应当按照合同约定向承包人提供承包人施工、操作、运输、堆放材料设备的场地,以及建设工作涉及的周围场地。

施工条件根据各工程的不同特点及所处施工环境的不同而略有差别,但一般情况下,施工条件指为保证承包人完成工程而由发包人提供的基本施工条件。

基础资料是指发包人应当在移交施工现场前向承包人提供的施工现场及工程施工所必需的毗邻区域内供水、供电、供气、供热、通信、广播电视等地下管线资料,气象和水文观测资料,地质勘察资料,相邻建筑物、构筑物和地下工程等有关基础资料,并对所提供资料的真实性、准确性和完整性负责。发包人应当在开工前向承包人提供有关的基础资料,但按照法律规定确系在开工后方能提供的基础资料,发包人应尽其努力在合理期限内提供,不能影响承包人正常施工。

施工现场、施工条件、基础资料均为承包人进场施工的前提条件,有助于承包人全面了解施工场地及周边情况,合理完成施工组织设计。发包人及时、全面、准确提供施工现场、施工条件及基础资料也是承包人按计划完成施工任务的重要保证。

实践中,若由于发包人怠于或不适当提供施工现场、施工条件及基础资料,例如,提供的施工现场根本不完全具备施工条件,在施工现场提供了临时水源,但是未能提供临时电源,导致工期延误、费用增加的,发包人应承担由此给承包人造成的损失。对此,承包人可以根据合同约定向发包人索赔。

(二)索赔依据

1.《民法典》

第 803 条　发包人未按照约定的时间和要求提供原材料、设备、场地、资金、技术资料

的,承包人可以顺延工程日期,并有权请求赔偿停工、窝工等损失。

2.《建筑法》

第40条　建设单位应当向建筑施工企业提供与施工现场相关的地下管线资料,建筑施工企业应当采取措施加以保护。

3.《安全生产管理条例》

第6条　建设单位应当向施工单位提供施工现场及毗邻区域内供水、排水、供电、供气、供热、通信、广播电视等地下管线资料,气象和水文观测资料,相邻建筑物和构筑物、地下工程的有关资料,并保证资料的真实、准确、完整。

建设单位因建设工程需要,向有关部门或者单位查询前款规定的资料时,有关部门或者单位应当及时提供。

4.《北京市高院施工合同解答》

26.工期顺延如何认定?

因发包人拖欠工程预付款、进度款、迟延提供施工图纸、场地及原材料、变更设计等行为导致工程延误,合同明确约定顺延工期应当经发包人签证确认,经审查承包人虽未取得工期顺延的签证确认,但其举证证明在合同约定的办理期限内向发包人主张过工期顺延,或者发包人的上述行为确实严重影响施工进度的,对承包人顺延相应工期的主张,可予支持。

5.《江苏省高院施工合同指南》

六、建设工程施工合同条款

(一)关于工程日期

……

1.开工日期的认定

建设工程合同中,开工日期一般都是确定的,但实务中也时常发生承包人实际开工日期的争议,通常集中为承包人实际延迟开工的原因方面。归纳起来,承包人实际推迟开工的原因主要为以下三个方面:(1)发包人未能依法依约提供符合承包人开工的条件。根据《建筑法》第7-11条的规定,除国务院建设行政主管部门确定的限额以下的小型工程以及按照国务院规定的权限和程序批准开工报告的建筑工程以外,建筑工程开工前,发包人应当按照国家有关规定向工程所在地县级以上人民政府建设行政主管部门申请领取施工许可证;延期、中止开工的,应当办理延期申请、核验或者重新申办施工许可证。由于发包人未申领或者延期、中止施工后未办理核验或者重新申办施工许可证,或者发包人因不具备《建筑法》第8条规定的条件而不能领取施工许可证,承包人因此拒绝进场施工。发包人未按照约定的时间和要求提供原材料、设备、场地、资金、技术资料的,致使承包人无法进场施工等;(2)承包人无力按时开工,包括施工人员、机械设备、承诺垫资的资金、材料不能按时到位等;(3)外部原因,比如自然灾害、恶劣气候、流行性疾病、周边群众阻挠等。上述发包人原因、外部原因(周边群众阻挠系因与发包人的纠纷引发)致使承包人确实无法按时开工,不可归责于承包人,承包人可以顺延开工日期而不构成违约。因承包人原因

(周边群众阻挠系因与承包人的纠纷引起)致使承包人不能按时开工的,承包人不可以顺延开工日期,因此不能在约定的工程日期内竣工或者不能履行合同的,承包人应承担迟延履行和不能履行的违约责任。

2. 工程日期的顺延

上述提及的因发包人和外部原因致使承包人无法按时开工,承包人可以顺延开工日期,导致工程日期顺延之外,在履行合同过程中,如果出现以下情形,承包人可以顺延工程日期:

(1)根据《合同法》第278条①的规定,隐蔽工程在隐蔽以前,承包人应当通知发包人检查,发包人没有及时检查的,承包人可以顺延工程日期;(2)根据《合同法》第283条②的规定,发包人未按照约定的时间和要求提供原材料、设备、场地、资金、技术资料的,承包人可以顺延工程日期;(3)根据最高人民法院《关于审理建设工程施工合同纠纷案件适用法律问题的解释》第15条③的规定,建设工程竣工前,当事人对工程质量发生争议,工程质量经鉴定合格的,鉴定期间为顺延工期期间;(4)发包人在履行合同过程中变更设计,造成承包人停工、缓建、返工、改建,或者因发包人的要求而增加工程量;(5)建设工程勘察、设计合同中,发包人未按照约定的时间和要求提供有关基础资料、文件;建设工程施工合同中,因自然灾害、恶劣气候、流行性疾病以及非承包人引起的纠纷等原因,致使承包人无法在短期内恢复履行合同。

6.《标准施工招标文件》

4.10.1　发包人应将其持有的现场地质勘探资料、水文气象资料提供给承包人,并对其准确性负责。但承包人应对其阅读上述有关资料后所作出的解释和推断负责。

7.《建设工程施工合同(示范文本)》(GF-1999-0201)

8.1　发包人按专用条款约定的内容和时间完成以下工作:

(1)办理土地征用、拆迁补偿、平整施工场地等工作,使施工场地具备施工条件,在开工后继续负责解决以上事项遗留问题;

(2)将施工所需水、电、电讯线路从施工场地外部接至专用条款约定地点,保证施工期间的需要;

(3)开通施工场地与城乡公共道路的通道,以及专用条款约定的施工场地内的主要道路,满足施工运输的需要,保证施工期间的畅通;

(4)向承包人提供施工场地的工程地质和地下管线资料,对资料的真实准确性负责;

① 《合同法》已失效,该条款现为《民法典》第798条:隐蔽工程在隐蔽以前,承包人应当通知发包人检查。发包人没有及时检查的,承包人可以顺延工程日期,并有权请求赔偿停工、窝工等损失。

② 《合同法》已失效,该条款现为《民法典》第803条:发包人未按照约定的时间和要求提供原材料、设备、场地、资金、技术资料的,承包人可以顺延工程日期,并有权请求赔偿停工、窝工等损失。

③ 原《施工合同司法解释(一)》已失效,该条款现为《施工合同司法解释(一)》第11条:建设工程竣工前,当事人对工程质量发生争议,工程质量经鉴定合格的,鉴定期间为顺延工期期间。

(5)办理施工许可证及其他施工所需证件、批件和临时用地、停水、停电、中断道路交通、爆破作业等的申请批准手续(证明承包人自身资质的证件除外);

(6)确定水准点与座标控制点,以书面形式交给承包人,进行现场交验;

(7)组织承包人和设计单位进行图纸会审和设计交底;

(8)协调处理施工场地周围地下管线和邻近建筑物、构筑物(包括文物保护建筑)、古树名木的保护工作、承担有关费用;

(9)发包人应做的其他工作,双方在专用条款内约定。

8.3　发包人未能履行8.1款各项义务,导致工期延误或给承包人造成损失的,发包人赔偿承包人有关损失,顺延延误的工期。

8.《建设工程施工合同(示范文本)》(GF-2013-0201)与(GF-2017-0201)

2.4.1　提供施工现场

除专用合同条款另有约定外,发包人应最迟于开工日期7天前向承包人移交施工现场。

2.4.2　提供施工条件

除专用合同条款另有约定外,发包人应负责提供施工所需要的条件,包括:

(1)将施工用水、电力、通讯线路等施工所必需的条件接至施工现场内;

(2)保证向承包人提供正常施工所需要的进入施工现场的交通条件;

(3)协调处理施工现场周围地下管线和邻近建筑物、构筑物、古树名木的保护工作,并承担相关费用;

(4)按照专用合同条款约定应提供的其他设施和条件。

2.4.3　提供基础资料

发包人应当在移交施工现场前向承包人提供施工现场及工程施工所必需的毗邻区域内供水、排水、供电、供气、供热、通信、广播电视等地下管线资料,气象和水文观测资料,地质勘察资料,相邻建筑物、构筑物和地下工程等有关基础资料,并对所提供资料的真实性、准确性和完整性负责。

按照法律规定确需在开工后方能提供的基础资料,发包人应尽其努力及时地在相应工程施工前的合理期限内提供,合理期限应以不影响承包人的正常施工为限。

2.4.4　逾期提供的责任

因发包人原因未能按合同约定及时向承包人提供施工现场、施工条件、基础资料的,由发包人承担由此增加的费用和(或)延误的工期。

7.5.1　因发包人原因导致工期延误

在合同履行过程中,因下列情况导致工期延误和(或)费用增加的,由发包人承担由此延误的工期和(或)增加的费用,且发包人应支付承包人合理的利润:

(1)发包人未能按合同约定提供图纸或所提供图纸不符合合同约定的;

(2)发包人未能按合同约定提供施工现场、施工条件、基础资料、许可、批准等开工条

件的;

(3)发包人提供的测量基准点、基准线和水准点及其书面资料存在错误或疏漏的;

(4)发包人未能在计划开工日期之日起7天内同意下达开工通知的;

(5)发包人未能按合同约定日期支付工程预付款、进度款或竣工结算款的;

(6)监理人未按合同约定发出指示、批准等文件的;

(7)专用合同条款中约定的其他情形。

因发包人原因未按计划开工日期开工的,发包人应按实际开工日期顺延竣工日期,确保实际工期不低于合同约定的工期总日历天数。因发包人原因导致工期延误需要修订施工进度计划的,按照第7.2.2项〔施工进度计划的修订〕执行。

9.《建设项目工程总承包合同示范文本(试行)》(GF-2011-0216)

4.1.3 项目进度计划的调整

出现下列情况,竣工日期相应顺延,并对项目进度计划进行调整:

(1)发包人根据5.2.1款提供的项目基础资料和现场障碍资料不真实、不准确、不齐全、不及时,或未能按14.3.1款约定的预付款金额和(或)14.3.2款约定的预付款时间付款,导致4.2.2款约定的设计开工日期延误,或4.3.2款约定的采购开始日期延误,或造成4.4.2款施工开工日期延误的。

(2)根据4.2.4款第(2)项的约定,因发包人原因,导致某个设计阶段审核会议时间的延误。

(3)根据4.2.4款第(3)项的约定,相关设计审查部门批准时间较合同约定的时间延长的。

(4)合同约定的其它可延长竣工日期的情况。

5.2.1 发包人的义务

(1)提供项目基础资料。发包人应按合同约定、法律或行业规定,向承包人提供设计需要的项目基础资料,并对其真实性、准确性、齐全性和及时性负责。上述项目基础资料不真实、不准确或不齐全时,发包人有义务按约定的时间向承包人提供进一步补充资料。提供项目基础资料的类别、内容、份数和时间在专用条款中约定。其中,工程场地的基准坐标资料(包括基准控制点、基准控制标高和基准坐标控制线),发包人应按约定的时间,有义务配合承包人在现场的实测复验。承包人因纠正坐标资料中的错误,造成费用增加或(和)工期延误,由发包人负责其相关费用增加,竣工日期给予合理延长。

发包人提供的项目基础资料中有专利商提供的技术或工艺包,或是第三方设计单位提供的建筑造型等,发包人应组织专利商或第三方设计单位与承包人进行数据、条件和资料的交换、协调和交接。

发包人未能按约定时间提供项目基础资料及其补充资料、或提供的资料不真实、不准确、不齐全、或发包人计划变更,造成承包人设计停工、返工或修改的,发包人应按承包人额外增加的设计工作量赔偿其损失。造成工程关键路径延误的,竣工日期相应顺延。

(2)提供现场障碍资料。除专用条款另有约定外,发包人应按合同约定和适用法律规定,在设计开始前,提供与设计、施工有关的地上、地下已有的建筑物、构筑物等现场障碍资料,并对其真实性、准确性、齐全性和及时性负责。因提供的资料不真实、不准确、不齐全、不及时,造成[①]承包人的设计停工、返工和修改的,发包人应按承包人额外增加的设计工作量赔偿其损失。造成工程关键路径延误的,竣工日期相应顺延。提供项目障碍资料的类别、内容、份数和时间安排,在专用条款中约定。

(3)承包人无法核实发包人所提供的项目基础资料中的数据、条件和资料的,发包人有义务给予进一步确认。

7.1.3 进场条件和进场日期

除专用条款另有约定外,发包人应根据批准的初步设计和7.2.3款约定由承包人提交的临时占地资料,与承包人约定进场条件,确定进场日期。发包人应提供施工场地,完成进场道路、用地许可、拆迁及补偿等工作,保证承包人能够按时进入现场开始准备工作。进场条件和进场日期在专用条款中约定。

因发包人原因造成承包人进场时间延误的,竣工日期相应顺延。发包人承担承包人因此发生的相关窝工费用。

7.1.4 提供临时用水、用电等和节点铺设

除专用条款另有约定外,发包人应按7.2.4款的约定,在承包人进场前将施工临时用水、用电等接至约定的节点位置,并保证其需要。上述临时使用的水、电等的类别、取费单价在专用条款中约定,发包人按实际计量结果收费。发包人无法提供的水、电等在专用条款中约定,相关费用由承包人纳入报价并承担相关责任。

发包人未能按约定的类别和时间完成节点铺设,使开工时间延误,竣工日期相应顺延。未能按约定的品质、数量和时间提供水、电等,给承包人造成的损失由发包人承担,导致工程关键路径延误的,竣工日期相应顺延。

7.1.7 提供施工障碍资料

发包人按合同约定的内容和时间提供与施工场地相关的地下和地上的建筑物、构筑物和其他设施的坐标位置。发包人根据5.2.1款第(1)项、第(2)项的约定,已经提供的可不再提供。承包人对发包人在合同约定时间之后提供的障碍资料,可依据13.2.3款施工变更的约定提交变更申请,对于承包人的合理请求发包人应予以批准。因发包人未能提供上述施工障碍资料或提供的资料不真实、不准确、不齐全,给承包人造成损失或损害的,由发包人承担赔偿责任。导致工程关键路径延误的,竣工日期相应顺延。

10.《建设项目工程总承包合同(示范文本)》(GF-2020-0216)

1.6.1 发包人文件的提供

发包人应按照专用合同条件约定的期限、数量和形式向承包人免费提供前期工作相

---

① "成"字为编者添加。

关资料、环境保护、气象水文、地质条件进行工程设计、现场施工等工程实施所需的文件。因发包人未按合同约定提供文件造成工期延误的,按照第 8.7.1 项[因发包人原因导致工期延误]约定办理。

2.2.1 提供施工现场

发包人应按专用合同条件约定向承包人移交施工现场,给承包人进入和占用施工现场各部分的权利,并明确与承包人的交接界面,上述进入和占用权可不为承包人独享。如专用合同条件没有约定移交时间的,则发包人应最迟于计划开始现场施工日期 7 天前向承包人移交施工现场,但承包人未能按照第 4.2 款[履约担保]提供履约担保的除外。

2.2.2 提供工作条件

发包人应按专用合同条件约定向承包人提供工作条件。专用合同条件对此没有约定的,发包人应负责提供开展本合同相关工作所需要的条件,包括:

(1)将施工用水、电力、通讯线路等施工所必需的条件接至施工现场内;

(2)保证向承包人提供正常施工所需要的进入施工现场的交通条件;

(3)协调处理施工现场周围地下管线和邻近建筑物、构筑物、古树名木、文物、化石及坟墓等的保护工作,并承担相关费用;

(4)对工程现场临近发包人正在使用、运行、或由发包人用于生产的建筑物、构筑物、生产装置、设施、设备等,设置隔离设施,竖立禁止入内、禁止动火的明显标志,并以书面形式通知承包人须遵守的安全规定和位置范围;

(5)按照专用合同条件约定应提供的其他设施和条件。

2.2.3 逾期提供的责任

因发包人原因未能按合同约定及时向承包人提供施工现场和施工条件的,由发包人承担由此增加的费用和(或)延误的工期。

2.3 提供基础资料

发包人应按专用合同条件和《发包人要求》中的约定向承包人提供施工现场及工程实施所必需的毗邻区域内的供水、排水、供电、供气、供热、通信、广播电视等地上、地下管线和设施资料,气象和水文观测资料,地质勘察资料,相邻建筑物、构筑物和地下工程等有关基础资料,并根据第 1.12 款[《发包人要求》和基础资料中的错误]承担基础资料错误造成的责任。按照法律规定确需在开工后方能提供的基础资料,发包人应尽其努力及时地在相应工程实施前的合理期限内提供,合理期限应以不影响承包人的正常履约为限。因发包人原因未能在合理期限内提供相应基础资料的,由发包人承担由此增加的费用和延误的工期。

11. FIDIC《施工合同条件》(1999 版红皮书)

2.1 现场进入权

雇主应在投标书附录中规定的时间(或几个时间)内,给承包商进入和占用现场各部分的权利。此项进入和占用权可不为承包商独享。如果根据合同,要求雇主(向承包商)

提供任何基础、结构、生产设备或进入手段的占用权，雇主应按规范要求规定的时间和方式提供。但是，雇主在收到履约担保前，可保留上述任何进入或占用权，暂不给予。

如果在投标书附录中没有规定上述时间，雇主应在承包商按第8.3款［进度计划］的规定进行施工所需要的时间内，给予承包商进入和占用现场的权利。

如果雇主未能及时给予承包商上述进入和占用的权利，使承包商遭受延误和（或）招致增加费用，承包商应向工程师发出通知，并根据第20.1款［承包商的索赔］的规定有权要求：

（a）根据第8.4款［竣工时间的延长］的规定，如竣工已或将受到延误，对任何此类延误给予延长期；以及

（b）任何此类费用和合理利润应计入合同价格，给予支付。

在收到此通知后，工程师应按照第3.5款［确定］的规定，就这些事项进行商定或确定。

但是，如果出现雇主的违约是由于承包商的任何错误或延误，包括在任何承包商文件中的错误或提交延误造成的情况，承包商应无权得到延长期、费用或利润。

12. FIDIC《施工合同条件》（2017版红皮书）①

2.1 Right of Access to the Site

The Employer shall give the Contractor right of access to, and possession of, all parts of the Site within the time (or times) stated in the Contract Data. The right and possession may not be exclusive to the Contractor. If, under the Contract, the Employer is required to give (to the Contractor) possession of any foundation, structure, plant or means of access, the Employer shall do so in the time and manner stated in the Specification. However, the Employer may withhold any such right or possession until the Performance Security has been received.

If no such time is stated in the Contract Data, the Employer shall give the Contractor right of access to, and possession of, those parts of the Site within such times as may be required to enable the Contractor to proceed in accordance with the Programme or, if there is no Programme at that time, the initial programme submitted under Sub-Clause 8.3［Programme］.

If the Contractor suffers delay and/or incurs Cost as a result of a failure by the Employer to give any such right or possession within such time, the Contractor shall be entitled subject to Sub-Clause 20.2［Claims For Payment and/or EOT］to EOT and/or payment of such Cost Plus Profit.

However, if and to the extent that the Employer's failure was caused by any error or delay by the Contractor, including an error in, or delay in the submission of, any of the applicable Contractor's Documents, the Contractor shall not be entitled to such EOT and/or Cost Plus

① 2017版与1999版相比，对本条款并无实质性修订。

Profit.

13. FIDIC《生产设备和设计－施工合同条件》(1999 版黄皮书)

2.1　现场进入权

雇主应在投标书附录中规定的时间(或几个时间)内,给承包商进入和占用现场各部分的权利。此类进入和占用权可不为承包商独享。如果根据合同,要求雇主(向承包商)提供任何基础、结构、生产设备或进入手段的占用权,雇主应按雇主要求中规定的时间和方式提供。但雇主在收到履约担保前,可保留上述任何进入或占用权,暂不给予。

如果投标书附录中未规定上述时间,雇主应在承包商根据第8.3款[1][进度计划]规定进行施工所需的时间内,给予承包商进入和占用现场的权利。

如果雇主未能及时给予承包商上述进入和占用的权利,使承包商遭受延误和(或)招致增加费用,承包商应向工程师发出通知,根据第20.1款[承包商的索赔]的规定,有权要求:

(a)根据第8.4款[竣工时间的延长]的规定,如果竣工已或将受到延误,对任何此类延误,给予延长期;

(b)任何此类费用和合理的利润,应计入合同价格,给予支付。

在收到此通知后,工程师应按照第3.5款[确定]的规定,就这些事项进行商定或确定。

但是,如果出现雇主的违约是由于承包商的任何错误或延误,包括在任何承包商文件中的错误或提交延误造成的情况,承包商应无权获得此类延长期、费用或利润。

14. FIDIC《生产设备和设计－施工合同条件》(2017 版黄皮书)[2]

2.1　Right of Access to the Site

The Employer shall give the Contractor right of access to, and possession of, all parts of the Site within the time (or times) stated in the Contract Data. The right and possession may not be exclusive to the Contractor. If, under the Contract, the Employer is required to give (to the Contractor) possession of any foundation, structure, plant or means of access, the Employer shall do so in the time and manner stated in the Employer's Requirements. However, the Employer may withhold any such right or possession until the Performance Security has been received.

If no such time is stated in the Contract Data, the Employer shall give the Contractor right of access to, and possession of, those parts of the Site within such times as may be required to enable the Contractor to proceed in accordance with the Programme or, if there is no Programme at that time, the initial programme submitted under Sub－Clause 8.3 [Programme].

If the Contractor suffers delay and/or incurs Cost as a result of a failure by the Employer to

① 此处原文为"……雇主应在承包商按根据第8.3款……",因语句不通,编者删除了"按"字。
② 2017版与1999版相比,对本条款并无实质性修订。

give any such right or possession within such time, the Contractor shall be entitled subject to Sub-Clause 20.2 [Claims For Payment and/or EOT] to EOT and/or payment of such Cost Plus Profit.

However, if and to the extent that the Employer's failure was caused by any error or delay by the Contractor, including an error in, or delay in the submission of, any of the applicable Contractor's Documents, the Contractor shall not be entitled to such EOT and/or Cost Plus Profit.

…

15. FIDIC《设计采购施工合同条件》(1999 版银皮书)

2.1 现场进入权

雇主应在专用条件中规定的时间(或几个时间)内,给承包商进入和占用现场各部分的权利。此项进入和占用权可不为承包商独享。如果根据合同,要求雇主(向承包商)提供任何基础、结构、生产设备或进入手段的占用权,雇主应按雇主要求中规定的时间和方式提供。但雇主在收到履约担保前,可保留上述任何进入或占用权,暂不给予。

如果在专用条件中没有规定上述时间,雇主应自开工日期起给承包商进入和占用现场的权利。

如果雇主未能及时给予承包商上述进入和占用的权利,使承包商遭受延误和(或)招致增加费用,承包商应向雇主发出通知,根据第20.1款[承包商的索赔]的规定有权要求:

(a)根据第8.4款[竣工时间的延长]的规定,如果竣工已或将受到延误,对任何此类延误,给予延长期;

(b)任何此类费用和合理利润,应加入合同价格,给予支付。

在收到此通知后,雇主应按照第3.5款[确定]的规定,就这些事项进行商定或确定。

但是,如果出现雇主的违约是由于承包商的任何错误或延误,包括在任何承包商文件中的错误或提交延误造成的情况,承包商应无权得到上述延长期、费用或利润。

16. FIDIC《设计采购施工合同条件》(2017 版银皮书)①

2.1 Right of Access to the Site

The Employer shall give the Contractor right of access to, and possession of, all parts of the Site within the time (or times) stated in the Contract Data. The right and possession may not be exclusive to the Contractor. If, under the Contract, the Employer is required to give (to the Contractor) possession of any foundation, structure, plant or means of access, the Employer shall do so in the time and manner stated in the Employer's Requirements. However, the Employer may withhold any such right or possession until the Performance Security has been received.

If no such time is stated in the Contract Data, the Employer shall give the Contractor right

---

① 2017 版与1999 版相比,对本条款并无实质性修订。

of access to, and possession of, the Site with effect from the Commencement Date.

If the Contractor suffers delay and/or incurs Cost as a result of a failure by the Employer to give any such right or possession within such time, the Contractor shall be entitled subject to Sub – Clause 20.2 [Claims For Payment and/or EOT] to EOT and/or payment of such Cost Plus Profit.

However, if and to the extent that the Employer's failure was caused by any error or delay by the Contractor, including an error in, or delay in the submission of, any of the applicable Contractor's Documents, the Contractor shall not be entitled to such EOT and/or Cost Plus Profit.

If, under the Contract, the Employer is required to give to the Contractor possession of any foundation, structure, plant or means of access in accordance with Contractor's Documents, the Contractor shall submit such Contractor's Documents to the Employer in the time and manner stated in the Employer's Requirements.

（三）索赔案例

［案例一］凯源公司与欣茂公司建设工程施工合同纠纷案

1. 案情简介

在凯源公司与欣茂公司建设工程施工合同纠纷一案中，凯源公司作为某工程的招标人，于2010年11月进行公开招标并于同年12月22日确认欣茂公司中标。《招标文件》第1.2款"现场条件"载明，进出场道路、施工用水水源、施工用电电源由中标人提出申请后，由招标人负责接通至施工现场。2010年12月27日，双方签订《建设工程施工合同》，合同专用条款第8.1款约定，发包人应按约定的时间和要求完成以下工作：(1)施工场地具备施工条件的要求及完成的时间，已具备。(2)将施工所需的水、电、电讯线路接至施工场地的时间、地点和供应要求，由承包人提出申请后接至施工场地内。(3)施工场地与公共道路的通道开通时间和要求，已开通。

后双方产生争议，欣茂公司向约定的仲裁机构申请仲裁，并主张由凯源公司承担因工程不能按期开工导致欣茂公司产生的建筑材料、人工差价等损失。

仲裁庭经审理认为，关于欣茂公司提出的赔偿损失的请求。根据《建设工程施工合同》约定，凯源公司应当承担开工前的水电接入等前期工作。《工程临时延期申请表》内容足以说明由于凯源公司未履行接通水电到施工场地并按期移交符合要求的施工现场的义务，致使工程不能如期开工而引发工期延误，在此期间建筑材料价格、人工费上涨，最终令欣茂公司建设成本增加，显然该成本增加系凯源公司未按合同约定如期提供合格的施工场地的违约行为造成的，而非欣茂公司不提交道路、水、电等接至施工场地的申请所致，故应由凯源公司按照合同的相关约定承担违约责任。结合欣茂公司的诉求，其实质是要求凯源公司赔偿因施工场地道路、水、电未安排到位导致工期延误而给欣茂公司造成的建筑材料、人工差价损失，即主张的是违约赔偿责任，属工程款以外的价款。凯源公司主张案涉施工合同为固定单价合同，除另有约定外工程单价不做调整及欣茂公司未依约及时完成施工准备并提交相关申请，欣茂公司对工程延期负有相应责任的意见与仲裁庭查明的事实不符，仲裁庭不予采纳。凯源公司应当按照合同的相关约定承担违约责任。最终仲裁庭裁决凯源公司赔偿欣茂公司经济损失31,853,343.61元。

2.案例分析

按期移交符合约定的施工现场是发包人的义务。发包人迟延交付施工现场或交付的施工现场不具备施工条件，以致承包人无法在计划开工日期开工的，可能会导致承包人人工、建筑材料、机器设备费用的增加和工期的延误，在该等情形下，发包人不仅应当顺延工期，还需要赔偿由此给承包人造成的损失。当然，承包人应当提供必要证据证明其产生的损失金额，否则其请求金额存在不被裁判机构支持的可能性。

[案例二]河南省偃师市鑫龙建安工程有限公司与洛阳理工学院、河南省第六建筑工程公司索赔及工程欠款纠纷案①

1.案情简介

1998年6月18日，洛阳理工学院(以下简称理工学院)通过招标方式与河南省第六建筑工程公司(以下简称六建公司)签订了《建设工程施工合同》，理工学院将其成教楼、住宅楼发包给六建公司，并在合同中约定了工程名称、工程地点、工程内容、承包范围、工程造价、工期、质量等级及承包方式等内容。六建公司为组织施工，次日将上述工程分包给河南省偃师市鑫龙建安工程有限公司(以下简称鑫龙公司)，双方签订了《洛阳大学工程分包合同》，该分包合同除了约定鑫龙公司执行理工学院与六建公司签订的合同中的施工义务外，还对鑫龙公司的责任进行了进一步明确。在分包合同中六建公司作为施工管理者的身份承担管理义务。至此，鑫龙公司以六建公司洛大项目部的名义到理工学院工地进行施工。2001年3月10日，鑫龙公司诉称，因理工学院提供的地质报告有误、六建公司组织指挥和协调不力，造成鑫龙公司分包的理工学院成教楼、住宅楼工程停工，给鑫龙公司造成巨大经济损失。

本案历经一审、二审、再审、申诉，后最高人民法院于2009年12月3日作出(2009)民监字第109号民事裁定，提审本案。最高人民法院认为，对于理工学院成教楼出现裂缝导致工程停工的责任问题，一审、二审及再审判决依据查明的案件事实认定理工学院提供地质报告有误，从而导致成教楼出现裂缝，造成鑫龙公司停工，对此应承担主要责任；六建公司处理不力致使损失扩大，鑫龙公司工程质量存在一定问题，均应承担一定责任。对此事实及认定，鑫龙公司没有异议，理工学院、六建公司对二审及再审判决亦没有提出申诉，最高人民法院予以确认。一审判决并据此认定理工学院承担损失的80%，六建公司和鑫龙公司各自承担损失的10%，属于在正常的自由裁量权范围内进行的责任分担比例划分，并

① 参见最高人民法院民事判决书，(2011)民提字第292号。

无明显不当。二审及再审判决在认为一审认定责任正确的情况下，将理工学院所负主要责任的比例由80%调整为50%既与其相关认定结论不符，也没有充分证据，应当予以纠正。此外，鑫龙公司在本次庭审中主张，对于停工损失，理工学院应承担70%，六建公司承担20%，其自负10%。鑫龙公司该主张有事实及法律依据，应予支持。故针对停工损失，理工学院应承担的损失比例为70%，六建公司仍按照二审及再审判决确定的20%承担损失责任，鑫龙公司自负10%。最高人民法院最终判令撤销再审判决，维持了一审判决除停工损失外的判项，并根据责任比例修改了理工学院应向鑫龙公司赔偿的停工损失金额。

2. 案例分析

本案为最高人民法院公报案例，裁判摘要具体如下：因发包人提供错误的地质报告致使建设工程停工，当事人对停工时间未作约定或未达成协议的，承包人不应盲目等待而放任停工状态的持续以及停工损失的扩大。对于计算由此导致的停工损失所依据的停工时间的确定，也不能简单地以停工状态的自然持续时间为准，而是应根据案件事实综合确定一定的合理期间作为停工时间。

（四）提示与建议

发包人在提供场地前，应当清除施工现场内一切影响承包人施工的障碍，并向承包人提供施工所需水、电、热力、电讯等管道线路，保证承包人施工期间的需要。发包人未能提供符合约定、适合工作的场地致使承包人无法开展工作的，承包人有权要求发包人排除障碍、顺延工期，并可以暂停工作，因此造成承包人停、窝工损失的，承包人可以要求发包人承担损害赔偿责任。但承包人应注意以下事项：

1. 承发包双方在施工场地、施工条件、基础资料移交时应当注意比照合同约定及现场实际情况审慎审查，客观准确记录移交情况并进行书面确认。

2. 如果出现发包人提供的施工现场、条件及资料不符合合同约定的情形，承包人则无法开展正常工作，承包人应当在双方的往来文件、会议纪要中将该情况予以声明，同时还应当要求发包人在合理期限内提供建设工作所必需的施工现场、条件及资料。

3. 虽然承包人有权要求发包人承担承包人因停、窝工所造成的损失、顺延工期等，但是对于具体费用金额、申请延长的时间，承包人应当承担举证责任。

4. 如果当事人对停工时间未达成协议，承包人不应盲目等待，放任损失扩大，而应积极主动收集证据并与发包人协商解决方案，避免被发包人反索赔。

第三章

发包人可向承包人提起工期索赔的项目

第一节　索赔项目识别

一、识别方法

发包人以工期延误为由向承包人进行索赔是实践中最常见的索赔情形，相较于承包人向发包人以工期延误为由进行索赔所需承担的举证责任，发包人主张索赔仅需证明承包人在客观上未能按照约定的工期节点完成相应施工任务，承包人如未能进一步提供证据证明并不存在工期延误或导致工期延误的主体并非己方，则一般需要承担工期延误赔偿或其他不利后果。就具体举证责任而言，发包人依据相关工程的开工时间、竣工时间，举证证明实际工期长于合同约定工期的，即完成了对承包人工期延误事实的初步举证责任。然而，相关工程的开、竣工时间往往存在争议，在司法实践中，通常会对工程开工时间、竣工时间进行进一步认定。

二、识别标准

（一）关于工程开、竣工日期

对于开工日期的认定，通常按照《施工合同司法解释（一）》第8条的规定予以确认，即当事人对建设工程开工日期有争议的，人民法院应当分别按照以下情形予以认定：(1)开工日期为发包人或者监理人发出的开工通知载明的开工日期；开工通知发出后，尚不具备开工条件的，以开工条件具备的时间为开工日期；因承包人原因导致开工时间推迟的，以开工通知载明的时间为开工日期。(2)承包人经发包人同意已经实际进场施工的，以实际进场施工时间为开工日期。(3)发包人或者监理人未发出开工通知，亦无相关证据证明实际开工日期的，应当综合考虑开工报告、合同、施工许可证、竣工验收报告或者竣工验收备案表等载明的时间，并结合是否具备开工条件的事实，认定开工日期。

对于竣工日期的认定，通常按照《施工合同司法解释（一）》第9条的规定予以确认，即当事人对建设工程实际竣工日期有争议的,按照以下情形分别处理:(1)建设工程经竣工验收合格的,以竣工验收合格之日为竣工日期;(2)承包人已经提交竣工验收报告,发包人拖延验收的,以承包人提交验收报告之日为竣工日期;(3)建设工程未经竣工验收,发包人擅自使用的,以转移占有建设工程之日为竣工日期。

(二)关于证明工期延误造成的实际损失的举证责任

建设工程施工合同纠纷实践中,发包人举证证明承包人未能按照约定的工期节点完成相应施工任务,是向承包人进行索赔的首要步骤。但发包人的索赔主张最终能否得到人民法院或仲裁庭的支持,关键点在于发包人是否提供了充分证据证明其因工期延误而遭受的具体损失金额。实践中,经常存在发包人已有充分证据证明承包人确实存在工期延误状况,但因未能提供充分且明确的证据证明其因工期延误遭受的实际损失,从而导致其关于工期延误的索赔主张并未得到或并未全部得到人民法院或仲裁庭的支持。

(三)关于承包人原因导致工期延误的情形

实践中,因以下情形导致工期延误的,常被当事人列入因承包人原因导致索赔项目的范畴,在出现该等情形时,发包人可不予顺延工期,并要求承包人承担相应的违约、赔偿责任:

1. 工程总承包合同项下承包人设计不符合发包人要求;
2. 工程总承包合同项下承包人提交文件迟延或错误;
3. 项目经理或其他承包人人员不符合法律或合同要求;
4. 承包人材料、设备采购迟延或不符合合同要求;
5. 承包人材料、设备存在权利负担引发物权争议;
6. 承包人选定的分包人、供应商引起的延误;
7. 承包人资质不足;
8. 承包人测量放线不当;
9. 承包人未合理预见进出施工现场的方式、手段、路径;
10. 承包人怠于或拒不执行工程师指令;
11. 承包人违约导致项目经理更换;
12. 承包人擅自变更工程范围、内容;
13. 承包人违规覆盖隐蔽工程;
14. 承包人违反安全施工及管理义务;
15. 资源配置不足;
16. 施工组织不当;
17. 劳动生产率低;
18. 承包人原因导致暂估价合同订立或履行迟延;

19. 承包人使用的施工工艺不符合合同约定；
20. 承包人原因导致工程试车不合格；
21. 发包人的其他承包人因承包人原因导致工期延误；
22. 承包人原因导致暂停施工；
23. 承包人无故拖延或拒绝复工；
24. 承包人原因造成工期延误期间遭遇法律变化；
25. 承包人原因造成工期延误期间发生不可抗力；
26. 不可抗力情形下处置不当；
27. 情势变更；
28. 工程质量问题导致工程未按期竣工验收；
29. 承包人未能按时完成部分工程。

第二节　索赔处理原则

一、责任承担主体

一般而言，因承包人原因导致的工期延误的责任承担主体应为承包人，但也不排除其他主体承担工期延误责任的情况存在。例如，双方在合同中约定了由第三方（如保险公司、代履行义务方）承担工期延误责任，则按双方约定执行。

当因第三人原因造成工期延误时，应由与该第三人有密切关系的合同一方（违约方）对产生损失的合同一方（守约方）承担违约责任，即因与承包人有关的第三人原因造成的延误，由承包人向发包人承担违约责任。实践中，一般以下主体会被认定为与承包人有关的第三人：工程总承包合同中的设计单位、承包人提供材料设备时的供应商、分包单位、承包人作为手续办理义务人时的政府主管部门等。承包人在承担违约责任后，可依照法律规定或者其与第三人的合同约定向第三人追偿。

二、发包人可向承包人主张的索赔内容

发包人明确系承包人原因导致工期延误后，则应进一步确定工期是否顺延及顺延天数，以及确定工期逾期损失。

1. 开工日期不能顺延

因承包人原因导致不能按时开工的，承包人不能顺延开工日期，由此增加的费用和（或）延误的工期由承包人承担责任。

2. 竣工日期不能顺延

因承包人原因导致不能按时完工的，承包人不能顺延竣工日期，由此增加的费用和

(或)延误的工期由承包人承担责任。

在浙江八达建设集团有限公司(以下简称八达公司)与锦州鸿亿房地产开发有限公司(以下简称鸿亿公司)建设工程施工合同纠纷案[①]中,关于鸿亿公司是否应承担因迟延开工给八达公司造成损失的责任认定问题,最高人民法院认为,八达公司主张鸿亿公司承担因义县气象观测站迟延拆迁,给其造成逾期开工的损失。鸿亿公司对气象局迟延拆迁的事实认可,但认为气象局占地面积只涉及9号楼,只影响了9号楼的开工时间。双方签订的施工合同约定:"……如发生不可抗力破坏、因发展商原因施工场地没有按预计完成施工条件时发展商只能根据实际情况批准工期顺延,总包单位自行承担由此情况所发生的一切费用……",现场因素为"在进行本承包工程之前,土建总包单位已充分视察及或了解施工现场环境、现场作业条件、发展商之工程管理制度等,并且在报价之中已充分考虑了上述因素的影响。在合同执行过程中土建总包单位以上述原因而提出的任何索赔将不会被发展商接受"。依据上述约定,即使9号楼迟延开工,八达公司也应安排好开工后的施工任务,保证按合同约定的竣工时间竣工,由此造成的损失,鸿亿公司不承担责任。

3. 违约责任

承包人不能在合同约定的工期内竣工的,应承担迟延履行的违约责任。

(1)支付逾期竣工违约金

因承包人原因造成工期延误的,承包人应支付逾期竣工违约金,逾期竣工违约金的计算方法在专用合同条款中约定,同时根据发包人的实际损失综合确定。

在佛山市顺德区新的风机设备有限公司(以下简称新的公司)与佛山市顺德区承德建筑工程有限公司(以下简称承德公司)建设工程施工合同纠纷案[②]中,关于涉讼工程竣工日期与逾期竣工违约金的认定问题,广东省高级人民法院(以下简称广东高院)认为,根据涉讼合同通用条款第32.4款约定,涉讼工程的实际竣工日期应为承德公司因竣工验收而向新的公司送交竣工验收报告之日。原审法院采信经承德公司、新的公司及监理单位、设计单位、勘察单位共同签章的《单位(子单位)工程质量竣工验收记录》上记载的完工时间,并将该时间认定为实际竣工日期,无明显不当,应予以维持。因此,确认涉讼工程1栋的竣工日期为2005年10月18日,2栋的竣工日期为2005年9月12日,3栋工程的竣工日期为2005年8月14日,4栋的竣工日期为2005年8月18日。

根据涉讼合同协议书第3条关于合同工期的约定,涉讼1栋工程应于2005年8月24日前(以180天工期计算)竣工,涉讼2、3、4栋工程应于2005年5月20日前竣工,广东高院认定1栋工程逾期竣工55天、2栋工程逾期竣工115天、3栋工程逾期竣工86天、4栋工程逾期竣工90天。鉴于涉讼合同中关于逾期竣工违约金标准(日2‰)的约定明显过高,导致新的公司和承德公司在涉讼合同中的权利义务不对等而显失公平,故根据承德公司

① 参见最高人民法院民事判决书,(2016)最高法民终574号。
② 参见广东省高级人民法院民事判决书,(2010)粤高法民一终字第177号。

的申请，广东高院将承德公司承担的逾期竣工违约金调整为以涉讼工程价款为本金从逾期竣工之日起按照中国人民银行同期同类贷款利率计算的利息。最终，广东高院就涉讼各栋工程逾期竣工期间及逾期竣工违约金计算标准认定如下：涉讼1栋工程的逾期竣工违约金为136,376.53元（34,200,000元×23,342.86m^2/46,044.83m^2×5.22%/365×55天），涉讼2栋工程的逾期竣工违约金为114,867.90元（34,200,000元×9403.25m^2/46,044.83m^2×5.22%/365×115天），涉讼3栋工程的逾期竣工违约金为38,283.35元（34,200,000元×4190.72m^2/46,044.83m^2×5.22%/365×86天），涉讼4栋工程的逾期竣工违约金为87,073.98元（34,200,000元×9108m^2/46,044.83m^2×5.22%/365×90天），上述违约金合计为376,601.76元。

（2）继续完成工程及修补缺陷

承包人除支付违约金外，还应对工程承担继续完工和缺陷修补的合同义务。

（3）发包人拒绝接收全部或部分工程

对于竣工验收不合格的工程，承包人完成整改后，应重新进行竣工验收，经重新组织验收仍不合格且无法采取措施补救的，则发包人可以拒绝接收不合格工程。

因不合格工程导致其他工程不能正常使用的，承包人应采取措施确保相关工程的正常使用，由此增加的费用和（或）延误的工期由承包人承担。

（4）利润损失

由于工期延长，致使发包人无法获得可预见的工程如期竣工的可得利益以及失去新的工程建设机会所造成的机会利润的，发包人可向承包人索赔预期利润损失。

（5）担保费用损失

在发包人向承包人提供履约担保的情况下，承包人延误工期导致发包人支付担保期限延长所增加的费用，承包人应予以赔偿。

第三节　索赔项目分析

根据本章第一节的内容，可能被归为承包人延误事件以致发包人可向承包人提起工期索赔的项目主要有29项之多。与上一章承包人可向发包人提起工期索赔项目类似，本节将仅对发包人在进行工期索赔时具有较明显特殊性的工期索赔项目进行重点阐述，其他发包人可向承包人提起工期索赔的项目请参阅《建设工程索赔与反索赔》内容。

一、工程总承包合同项下承包人设计不符合发包人要求

（一）索赔项目释义

自《房屋建筑和市政基础设施项目工程总承包管理办法》于2020年3月1日施行以

来，工程总承包项目管理迈入总承包人全面负总责的新阶段。在工程总承包项目中，承包人须对工程设计、采购、施工或者设计、施工等阶段实行总承包，并对工程的质量、安全、工期和造价等全面负责。

承包人整体性地负责建设工程项目中的设计、施工等工作，正是工程总承包模式与施工总承包模式相比之优势所在，可减少设计、施工等阶段之间的衔接障碍，优化项目工期安排，提高项目建设效率。而实现这一目的的重要保障，即是承包人承担的设计责任。

工程总承包模式中承包人所承担的设计责任与施工总承包中承包人承担的设计责任不同。在施工总承包模式中，根据《施工合同司法解释（一）》第13条规定，发包人提供的设计有缺陷，造成建设工程质量缺陷的，应当承担过错责任，即承包人仅在有过错的情况下，承担相应的过错责任。而在工程总承包模式中，承包人有义务向发包人提供符合国家或行业标准、设计深度和合同要求的设计文件，无论承包人是本身具有工程设计资质的主体，抑或具有相应资质的设计单位和施工单位组成的联合体，都应承担无过错责任。也就是说在工程总承包合同项下，如果系设计单位原因导致设计文件不符合发包人要求的，承包人应基于合同相对性原则向发包人承担责任。

《建设项目工程总承包合同示范文本（试行）》（GF－2011－0216）第4.2款及其他相关条款约定，承包人负责编制项目进度计划和设计进度计划。承包人收到发包人提供项目基础资料、现场障碍资料（及预付款）后的第5日作为设计开工日期。《建设项目工程总承包合同（示范文本）》（GF－2020－0216）第5.1.1项规定："承包人应当按照法律规定，国家、行业和地方的规范和标准，以及《发包人要求》和合同约定完成设计工作和设计相关的其他服务，并对工程的设计负责。承包人应根据工程实施的需要及时向发包人和工程师说明设计文件的意图，解释设计文件。"根据上述条款不难看出，在工程总承包模式下，设计工期通常包含在总工期内，但设计工作又相对独立，且通常须在设计完成后，才能全面施工。因此，若承包人设计进度延误，或因设计不符合约定须重新设计，甚至须采取措施进行返工的，将严重干扰正常的施工进程，对工程工期产生直接的影响，甚至可能导致工期延误。在此等情况下，根据《标准设计施工总承包招标文件》、《建设项目工程总承包合同示范文本（试行）》（GF－2011－0216）及《建设项目工程总承包合同（示范文本）》（GF－2020－0216）的相关条款，增加的费用和（或）工期延误应由承包人承担。

（二）索赔依据

1.《标准设计施工总承包招标文件》

13.5.1　因承包人设计失误，使用不合格材料、工程设备，或采用不适当的施工工艺，或施工不当，造成工程不合格的，监理人可以随时发出指示，要求承包人立即采取措施进行补救，直至达到合同要求的质量标准，由此增加的费用和（或）工期延误由承包人承担。

2.《建设项目工程总承包合同示范文本（试行）》（GF－2011－0216）

5.2.2　（2）承包人有义务按照发包人提供的项目基础资料、现场障碍资料和国家有关部门、行业工程建设标准规范规定的设计深度开展工程设计，并对其设计的工艺技术和(或)建筑功能，及工程的安全、环境保护、职业健康的标准，设备材料的质量、工程质量和完成时间负责。因承包人设计的原因，造成的费用增加、竣工日期延误，由承包人承担。

3.《建设项目工程总承包合同(示范文本)》(GF-2020-0216)

5.1.1 承包人应当按照法律规定，国家、行业和地方的规范和标准，以及《发包人要求》和合同约定完成设计工作和设计相关的其他服务，并对工程的设计负责。承包人应根据工程实施的需要及时向发包人和工程师说明设计文件的意图，解释设计文件。

5.2.1 根据《发包人要求》应当通过工程师报发包人审查同意的承包人文件，承包人应当按照《发包人要求》约定的范围和内容及时报送审查。

除专用合同条件另有约定外，自工程师收到承包人文件以及承包人的通知之日起，发包人对承包人文件审查期不超过21天。承包人的设计文件对于合同约定有偏离的，应在通知中说明。承包人需要修改已提交的承包人文件的，应立即通知工程师，并向工程师提交修改后的承包人文件，审查期重新起算。

发包人同意承包人文件的，应及时通知承包人，发包人不同意承包人文件的，应在审查期限内通过工程师以书面形式通知承包人，并说明不同意的具体内容和理由。

承包人对发包人的意见按以下方式处理：

(1)发包人的意见构成变更的，承包人应在7天内通知发包人按照第13条[变更与调整]中关于发包人指示变更的约定执行，双方对是否构成变更无法达成一致的，按照第20条[争议解决]的约定执行；

(2)因承包人原因导致无法通过审查的，承包人应根据发包人的书面说明，对承包人文件进行修改后重新报送发包人审查，审查期重新起算。因此引起的工期延长和必要的工程费用增加，由承包人负责。

合同约定的审查期满，发包人没有做出审查结论也没有提出异议的，视为承包人文件已获发包人同意。

发包人对承包人文件的审查和同意不得被理解为对合同的修改或改变，也并不减轻或免除承包人任何的责任和义务。

5.6 承包人文件错误

承包人文件存在错误、遗漏、含混、矛盾、不充分之处或其他缺陷，无论承包人是否根据本款获得了同意，承包人均应自费对前述问题带来的缺陷和工程问题进行改正，并按照第5.2款[承包人文件审查]的要求，重新送工程师审查，审查日期从工程师收到文件开始重新计算。因此款原因重新提交审查文件导致的工程延误和必要费用增加由承包人承担。《发包人要求》的错误导致承包人文件错误、遗漏、含混、矛盾、不充分或其他缺陷的除外。

4. FIDIC《生产设备和设计-施工合同条件》(1999版黄皮书)

5.1 设计义务一般要求

承包商应进行工程的设计并对其负责。应由符合雇主要求中规定标准(如果有)的工程师或其他专业人员等合格的设计人员进行设计。除非合同中另有规定,承包商应将拟雇用的每位设计人员和设计分包商的名称及详细情况,提交工程师,取得其同意。

承包商应保证其自身、设计人员和设计分包商具备从事设计所必需的经验和能力。承包商承诺其设计人员在相应的缺陷通知期限期满日期前的一切合理时间内,能参加与工程师的讨论。

在收到根据第8.1款[工程的开工]的规定颁发的通知后,承包商应仔细检查雇主要求(包括设计标准和计算书,如果有),以及第4.7款[放线]中提到的基准依据。在投标书附录规定的自开工日期算起的期间内,承包商应将雇主要求或这些基准依据中发现的任何错误、失误或其他缺陷通知工程师。

在收到此类通知后,工程师应确定是否应运用第13条[变更和调整]的规定,并相应地通知承包商。如果(考虑费用和时间)达到一个有经验的承包商在提交投标书前,对现场和雇主要求进行应有的细心检查时,本应发现此类错误、失误或其他缺陷的程度,则竣工时间应不予延长,合同价格应不予调整。

17.1 保障

承包商应保障和保持使雇主、雇主人员、以及他们各自的代理人免受以下所有索赔、损害赔偿费、损失和开支(包括法律费用和开支)带来的损害:

(a)任何人员的人身伤害、患病、疾病或死亡,不论是由于工程的设计、施工、竣工以及修补任何缺陷引起,或在其过程中、或因其原因产生的除非是由于雇主、雇主人员或他们各自的任何代理人的任何疏忽、故意行为或违反合同造成的;

(b)由下列情况造成的任何财产,不动产或动产(工程除外)的损害或损失:

(i)由于工程设计、施工、竣工以及修补任何缺陷引起,或在其过程中,或因其原因产生的;

(ii)由于承包商、承包商人员、他们各自的代理人、或由他们中任何人直接或间接雇用的任何人员的疏忽、故意行为或违反合同造成的。

……

5. FIDIC《生产设备和设计-施工合同条件》(2017版黄皮书)

4.7 Setting Out

The Contractor shall set out the Works in relation to the items of reference under Sub-Clause 2.5 [Site Data and Items of Reference].

4.7.1 Accuracy

The Contractor shall:

(a) verify the accuracy of all these items of reference before they are used for the Works;

(b) promptly deliver the results of each verification to the Engineer;

(c) rectify any error in the positions, levels, dimensions or alignment of the Works; and

(d) be responsible for the correct positioning of all parts of the Works.

4.7.2 Errors

If the Contractor finds an error in any items of reference, the Contractor shall give a Notice to the Engineer describing it:

(a) within the period stated in the Contract Data (if not stated, 28 days) calculated from the Commencement Date, if the items of reference are specified in the Employer's Requirements; or

(b) as soon as practicable after receiving the items of reference, if they are issued by the Engineer under Sub - Clause 2.5 [Site Data and Items of Reference].

4.7.3 Agreement or Determination of rectification measures, delay and/or Cost After receiving a Notice from the Contractor under Sub - Clause 4.7.2 [Errors], the Engineer shall proceed under Sub - Clause 3.7 [Agreement or Determination] to agree or determine:

(a) whether or not there is an error in the items of reference;

(b) whether or not (taking account of cost and time) an experienced contractor exercising due care would have discovered such error;

· when examining the Site and the Employer's Requirements before submitting the Tender; or

· when scrutinising the Employer's Requirements under Sub - Clause. 5.1 [General Design Obligations], if the items of reference are specified in the Employer's Requirements and the Contractor's Notice is given after the expiry of the period stated in sub - paragraph (a) of Sub - Clause 4.7.2; and

(c) what measures (if any) the Contractor is required to take to rectify the error;

(and, for the purpose of Sub - Clause 3.7.3 [Time limits], the date the Engineer receives the Contractor's Notice under Sub - Clause 4.7.2 [Errors] shall be the date of commencement of the time limit for agreement under Sub - Clause 3.7.3).

If, under sub - paragraph (b) above, an experienced contractor would not have discovered the error:

(i) Sub - Clause 13.3.1 [Variation by Instruction] shall apply to the measures that the Contractor is required to take (if any); and

(ii) if the Contractor suffers delay and/or incurs Cost as a result of the error, the Contractor shall be entitled subject to Sub - Clause 20.2 [Claims For Payment and/or EOT] to EOT and/or payment of such Cost Plus Profit.

5.1 General Design Obligations

The Contractor shall carry out, and be responsible for, the design of the Works. Design shall be prepared by designers who:

(a) are engineers or other professionals, qualified, experienced and competent in the disciplines of the design for which they are responsible;

(b) comply with the criteria (if any) stated in the Employer's Requirements; and

(c) are qualified and entitled under applicable Laws to design the Works.

Unless otherwise stated in the Employer's Requirements, the Contractor shall submit to the Engineer for consent the name, address, detailed particulars and relevant experience of each proposed designer/design Subcontractor.

The Contractor warrants that the Contractor, the Contractor's designers and design Subcontractors have the experience, capability and competence necessary for the design. The Contractor undertakes that the designers and design Subcontractors shall be available to attend discussions with the Engineer and/or the Employer at all reasonable times (on or off the Site), until the issue of the Performance Certificate.

Promptly after receiving a Notice under Sub - Clause 8.1 [Commencement of Works], the Contractor shall scrutinise the Employer's Requirements (including design criteria and calculations, if any). If the Contractor discovers any error, fault or other defect in the Employer's Requirements, Sub - Clause 1.9 [Errors in the Employer's Requirements] shall apply (unless it is an error in the items of reference specified in the Employer's Requirements, in which case Sub - Clause 4.7 [Setting Out] shall apply).

5.2.2 Review by Engineer

In this Sub - Clause 5.2.2:

- "Review Period" means the period not exceeding 21 days, or as otherwise stated in the Employer's Requirements, calculated from the date on which the Engineer receives a Contractor's Document and a Contractor's Notice;

- "Contractor's Document" excludes any of the Contractor's Documents which are not specified in the Employer's Requirements or these Conditions as being required to be submitted for Review, but includes all documents on which a specified Contractor's Document relies for completeness; and

- "Contractor's Notice" means the Notice which shall state that the relevant Contractor's Document is considered by the Contractor to be ready for Review under this Sub - Clause 5.2.2 and for use, and that it complies with the Employer's Requirements and these Conditions, or the extent to which it does not do so.

If the Employer's Requirements or these Conditions specify that a Contractor's Document is to be submitted to the Engineer for Review, it shall be submitted accordingly, together with a Contractor's Notice.

The Engineer shall, within the Review Period, give a Notice to the Contractor:

(a) of No - objection (which may include comments concerning minor matters which will not substantially affect the Works); or

(b) that the Contractor's Document fails (to the extent stated) to comply with the Employer's Requirements and/or the Contract, with reasons.

If the Engineer gives no Notice within the Review Period, the Engineer shall be deemed to have given a Notice of No – objection to the Contractor's Document (provided that all other Contractor's Documents on which that Contractor's Document relies (if any) have been given, or are deemed to have been given, a Notice of No – objection).

If the Engineer instructs that further Contractor's Documents are reasonably required to demonstrate that the Contractor's design complies with the Contract, the Contractor shall prepare and submit them promptly to the Engineer at the Contractor's cost.

If the Engineer gives a Notice under sub – paragraph (b) above, the Contractor shall:

(i) revise the Contractor's Document;

(ii) resubmit it to the Engineer for Review in accordance with this Sub – Clause 5.2.2, and the Review Period shall be calculated from the date that the Engineer receives it; and

(iii) not be entitled to EOT for any delay caused by any such revision and resubmission and/or by subsequent Review by the Engineer.

If the Employer incurs additional costs as a result of such resubmission and subsequent Review, the Employer shall be entitled subject to Sub – Clause 20.2 [Claims For Payment and/or EOT] to payment by the Contractor of the costs reasonably incurred.

5.8 Design Error

If errors, omissions, ambiguities, inconsistencies, inadequacies or other defects are found in the Contractor's design and/or the Contractor's Documents, they and the Works shall be corrected in accordance with Sub – Clause 7.5 [Defects and Rejection]. If such Contractor's Documents were previously the subject of a Notice of No – objection given (or deemed to be given) by the Engineer under Sub – Clause 5.2.2 [Review by Engineer], the provisions of Sub – Clause 5.2.2 shall apply as if the Engineer had given a Notice in respect of the Contractor's Documents under sub – paragraph (b) of Sub – Clause 5.2.2.

All corrections and resubmissions under this Sub – Clause shall be at the Contractor's risk and cost.

17.4 Indemnities by Contractor

The Contractor shall indemnify and hold harmless the Employer, the Employer's Personnel, and their respective agents, against and from all third party claims, damages, losses and expenses (including legal fees and expenses) in respect of:

(a) bodily injury, sickness, disease or death of any person whatsoever arising out of or in the course of or by reason of the Contractor's execution of the Works, unless attributable to any negligence, wilful act or breach of the Contract by the Employer, the Employer's Personnel, or any of their respective agents; and

(b) damage to or loss of any property, real or personal (other than the Works), to the extent that such damage or loss:

(i) arises out of or in the course of or by reason of the Contractor's execution of the Works, and

(ii) is attributable to any negligence, wilful act or breach of the Contract by the Contractor, the Contractor's Personnel, their respective agents, or anyone directly or indirectly employed by any of them.

The Contractor shall also indemnify and hold harmless the Employer against all acts, errors or omissions by the Contractor in carrying out the Contractor's design obligations that result in the Works (or Section or Part or major item of Plant, if any), when completed, not being fit for the purpose(s) for which they are intended under Sub – Clause 4.1 [Contractor's General Obligations].

6. FIDIC《设计采购施工合同条件》(1999 版银皮书)

5.1　设计义务一般要求

承包商应被视为,在基准日期前已仔细审查了雇主要求(包括设计标准和计算,如果有)。承包商应负责工程的设计,并在除下列雇主应负责的部分外,对雇主要求(包括设计标准和计算)的正确性负责。

除下述情况外,雇主不应对原包括在合同内的雇主要求中的任何错误、不准确、或遗漏负责,并不应被认为,对任何数据或资料给出了任何准确性或完整性的表示。承包商从雇主或其他方面收到任何数据或资料,不应解除承包商对设计和工程施工承担的职责。

但是,雇主应对雇主要求中的下列部分,以及由(或代表)雇主提供的下列数据和资料的正确性负责:

(a)在合同中规定的由雇主负责的、或不可变的部分、数据和资料,

(b)对工程或其任何部分的预期目的的说明,

(c)竣工工程的试验和性能的标准,

(d)除合同另有说明外,承包商不能核实的部分、数据和资料。

17.1　保障

承包商应保障并保持使雇主、雇主人员、以及他们各自的代理人免受以下所有索赔、损害赔偿费、损失和开支(包括法律费用和开支)带来的损害:

(a)由工程设计、施工和竣工,以及修补任何缺陷引起、或在其过程中、或因其原因产生的任何人员的人身伤害、患病、疾病或死亡,除非是由于雇主、雇主人员或他们各自的任何代理人的任何疏忽、故意行为或违反合同造成的;

(b)由下列情况造成的对任何财产,不动产或动产(工程除外)的损害或损失:

(i)由于工程设计、施工和竣工、以及修补任何缺陷引起,或在其过程中,或因其原因产生的;

(ii)不是由于雇主、雇主人员、他们各自的代理人、或由他们中任何人直接或间接雇用的任何人员的疏忽、故意行为或违反合同造成的。

……

7. FIDIC《设计采购施工合同条件》(2017版银皮书)

5.2.2 Review by Employer

In this Sub - Clause 5.2.2:

- "Review Period" means the period not exceeding 21 days, or as otherwise stated in the Employer's Requirements, calculated from the date on which the Employer receives a Contractor's Document and a Contractor's Notice;

- "Contractor's Document" excludes any of the Contractor's Documents which is not specified in the Employer's Requirements or these Conditions as being required to be submitted for Review, but includes all documents on which a specified Contractor's Document relies for completeness; and

- "Contractor's Notice" means the Notice which shall state that the relevant Contractor's Document is considered by the Contractor to be ready for Review under this Sub - Clause 5.2.2 and for use, and that it complies with the Employer's Requirements and these Conditions, or the extent to which it does not do so.

If the Employer's Requirements or these Conditions specify that a Contractor's Document is to be submitted to the Employer for Review, it shall be submitted accordingly, together with a Contractor's Notice.

The Employer shall, within the Review Period, give a Notice to the Contractor:

(a) of No - objection (which may include comments concerning minor matters which will not substantially affect the Works); or

(b) that the Contractor's Document fails (to the extent stated) to comply with the Employer's Requirements and/or the Contract, with reasons.

If the Employer gives no Notice within the Review Period, the Employer shall be deemed to have given a Notice of No - objection to the Contractor's Document (provided that all other Contractor's Documents on which that Contractor's Document relies (if any) have been given, or are deemed to have been given, a Notice of No - objection).

If the Employer instructs that further Contractor's Documents are reasonably required to demonstrate that the Contractor's design complies with the Contract, the Contractor shall prepare and submit them promptly to the Employer at the Contractor's cost.

If the Employer gives a Notice under sub - paragraph (b) above, the Contractor shall:

(i) revise the Contractor's Document;

(ii) resubmit it to the Employer for Review in accordance with this Sub - Clause 5.2.2, and the Review Period shall be calculated from the date that the Employer receives it; and

(iii) not be entitled to EOT for any delay caused by any such revision and resubmission and/or by subsequent Review by the Employer.

If the Employer incurs additional costs as a result of such resubmission and subsequent Review, the Employer shall be entitled subject to Sub - Clause 20.2 [Claims For Payment and/or EOT] to payment by the Contractor of the costs reasonably incurred.

5.8 Design Error

If errors, omissions, ambiguities, inconsistencies, inadequacies or other defects are found in the Contractor's design and/or the Contractor's Documents, they and the Works shall be corrected in accordance with Sub - Clause 7.5 [Defects and Rejection]. If such Contractor's Documents were previously the subject of a Notice of No - objection given (or deemed to be given) by the Employer under Sub - Clause 5.2.2 [Review by Employer], the provisions of Sub - Clause 5.2.2 shall apply as if the Employer had given a Notice in respect of the Contractor's Documents under sub - paragraph (b) of Sub - Clause 5.2.2.

All corrections and resubmissions under this Sub - Clause shall be at the Contractor's risk and cost.

17.4 Indemnities by Contractor

The Contractor shall indemnify and hold harmless the Employer, the Employer's Personnel, and their respective agents, against and from all third party claims, damages, losses and expenses (including legal fees and expenses) in respect of:

(a) bodily injury, sickness, disease or death of any person whatsoever arising out of or in the course of or by reason of the Contractor's execution of the Works, unless attributable to any negligence, wilful act or breach of the Contract by the Employer, the Employer's Personnel, or any of their respective agents; and

(b) damage to or loss of any property, real or personal (other than the Works), to the extent that such damage or loss:

(i) arises out of or in the course of or by reason of the Contractor's execution of the Works, and

(ii) is attributable to any negligence, wilful act or breach of the Contract by the Contractor, the Contractor's Personnel, their respective agents, or anyone directly or indirectly employed by any of them.

The Contractor shall also indemnify and hold harmless the Employer against all acts, errors or omissions by the Contractor in carrying out the Contractor's design obligations that result in the Works (or Section or Part or major item of Plant, if any), when completed, not being fit for the purpose(s) for which they are intended under Sub – Clause 4.1 [Contractor's General Obligations].

(三)索赔案例

1. 案情简介

2012年7月19日,久泰公司中标元康公司位于某市的污水厂提标改造EPC总承包项目。2012年8月8日,双方就该项目签订了《某污水厂改造工程EPC总承包合同》,主要约定如下:(1)工程规模、标准。对某生活污水厂进行提标改造,提标改造规模为22万m3/天,原出水水质执行《污水综合排放标准》(GB8978 – 1996)中的一级标准,改造后水质应达《某省某流域水污染排放标准》表1标准。(2)工作内容包含但不限于设计、施工、采购阶段及中间环节的辅助等相关工作。建设内容包括改造原生化池、新建V型滤池、提升泵站等。(3)承包方式。承包人采取设计、采购、施工(EPC)总承包方式。(4)工期。实际开工以业主/监理批准的开工报告时间为准,计划工期11个月。(5)合同总价(固定不变含税价)为人民币31,081万元,不包括业主委托的第三方检测费、工程建设监理费、施工图审查费、工程竣工决算审计费。(6)付款。在本合同签订完毕,且久泰公司提交了履约保证金(合同总价的5%)和等额预付款保函后30天内,元康公司支付合同总价的5%。进度款按监理和甲方确定的工程进度的80%进行支付。预付款自开工后第二个月起平均分三个月扣回,完全扣回后退还预付款保函。工程进度款最高付至工程款的80%;工程进度款付至工程款的80%时承包人应提供等额发票;在竣工验收合格后次月内退还履约保证金;在结算审计完成后90天内,预留质保金5%后一次性付清余款。

2012年8月9日,双方签订《补充合同(二)》,约定工期执行单独考核,工期每延误一天,处罚承包人1万元,处罚费用在结算时扣除,但累计处罚金额不超过合同总价款的2%。2012年8月10日,项目正式开工。

2013年10月29日,项目完成竣工验收,验收结果为合格。2013年11月11日久泰公司向元康公司提交了《工程结算书》,其中载明预(结)算上报值为31,792.43万元,结算价款为31,780.03万元。久泰公司在《工程结算书》编制说明中表示,2013年7月多次出现特大暴雨,各工作面均无法正常施工,且元康公司工程进度款支付迟延情况严重,导致久泰公司受到严重窝工损失。2013年12月2日,元康公司向久泰公司回函表示其不存在支付迟延的情况,工程进度款均如期支付;久泰公司设计错误导致工程返工才是工期延误的真正原因,久泰公司应向元康公司支付工期延误违约罚金。

2015年6月,久泰公司按照双方约定提请仲裁,要求元康公司支付剩余工程进度款及质保金,并赔偿其受到的窝工损失。元康公司提出仲裁反请求,要求久泰公司支付工期延误违约金并赔偿元康公司因工期延误遭受的损失。

针对工期延误问题。久泰公司主张因元康公司支付迟延，导致久泰公司资金周转出现困难，现场施工无法正常展开，致使工期出现延误。此外，施工期间多次出现极端恶劣天气，导致工期延误。元康公司认为，工程进度款是根据双方约定支付的，其中部分款项，因久泰公司设计失误，导致工程需要返工，未达支付节点。同时，因久泰公司设计失误导致工程返工，进而造成了工期延误。仲裁庭经审理后认为，本项目的工期延误的主要原因为久泰公司设计失误导致，但元康公司存在支付迟延的情况，对现场施工的开展产生了一定的影响，因此工期延误责任应由久泰公司承担70%，元康公司承担30%。

2. 案例分析

通过上述案例可以看出，在"设计+施工+其他"的模式下，总承包人是设计工作和设计责任的承担人，如果总承包人的设计工作出现失误，即应承担相应的违约、赔偿责任，如因此导致工期延误的，总承包人无法主张工期顺延，反而应承担工期延误责任。

（四）提示与建议

设计工作是负责工程设计与施工等阶段的总承包人的重要工作内容，也是工程总承包合同项下总承包人不可忽略的关键合同义务。总承包人应注重以下工作：

1. 对基准材料的审核。尽管总承包人无须对基准材料的准确性负责，但其对基准材料的审核将影响整个工程的有序开展。例如在审核过程中发现基准材料存在问题的，应当及时与发包人沟通解决。

2. 设计管理工作。尤其是具有施工等资质的主体与具有设计资质的主体结合形成的联合体总承包人，更应重视设计管理工作，注重设计与施工等环节的衔接。

3. 在项目执行过程中，如总承包人认为业主或监理或工程师发出的设计变更指示（包括对总承包人提交的设计文件的审核意见导致或构成的变更）客观上难以实现或影响工程性能的，应及时按照合同约定发出异议通知并附详细的理由和支持性文件，以避免己方被追究责任。

二、承包人材料、设备采购迟延或不符合合同要求

（一）索赔项目释义

在施工总承包项目中，承包人有时会根据承包的工程内容，负责项目部分材料、设备的采购工作。而在由承包人就工程设计、采购、施工等阶段实行总承包的项目中，承包人须负责项目所需的全部材料及设备的采购工作，一般涵盖了材料设备等物资采购，工程机械采购，物流服务采购，相关设备的监造、清关、认证等专业代理服务采购工作。例如FIDIC《设计采购施工合同条件》（2017版银皮书）第8.3款"进度计划"第C项约定："the order in which the Contractor intends to carry out the Works, including the anticipated timing of each stage of design, preparation and submission of Contractor's Documents, procurement, manufacture, inspection, delivery to Site, construction, erection, installation, work to be undertaken by any nominated Subcontractor (as defined in Clause 4.5 [Nominated Subcontractors]), testing, commissioning and trial operation"①。

采购迟延,是指承包人未能按照经确认的进度计划及时提供相应材料和设备,导致施工计划不能正常推进的情形。如按照施工进度计划应进行浇筑工作,但承包人采购的商品砼未能及时到位,导致浇筑工作无法正常开展。承包人采购的材料和设备不符合合同要求,通常表现为材料和设备不具有合同要求的功能或设备不具备满足施工进度计划的数量或效率,如在管道埋设施工中,承包人采购的回填料不符合设计要求,无法有效固定管道,须重新进行采购,导致既定的进度计划无法实现。

采购工作的有序、及时进行是保障整个工程按照计划开展的重要因素之一,采购一旦出现问题,如采购迟延或采购不符合合同约定,则很有可能致使工程无法正常开展,导致工期延误,而此时,承包人应承担相应的责任。

(二)索赔依据

1.《建筑法》

第59条　建筑施工企业必须按照工程设计要求、施工技术标准和合同的约定,对建筑材料、建筑构配件和设备进行检验,不合格的不得使用。

第74条　建筑施工企业在施工中偷工减料的,使用不合格的建筑材料、建筑构配件和设备的,或者有其他不按照工程设计图纸或者施工技术标准施工的行为的,责令改正,处以罚款;情节严重的,责令停业整顿,降低资质等级或者吊销资质证书;造成建筑工程质量不符合规定的质量标准的,负责返工、修理,并赔偿因此造成的损失;构成犯罪的,依法追究刑事责任。

2.《质量管理条例》

第29条　施工单位必须按照工程设计要求、施工技术标准和合同约定,对建筑材料、建筑构配件、设备和商品混凝土进行检验,检验应当有书面记录和专人签字;未经检验或者检验不合格的,不得使用。

第64条　违反本条例规定,施工单位在施工中偷工减料的,使用不合格的建筑材料、建筑构配件和设备的,或者有不按照工程设计图纸或者施工技术标准施工的其他行为的,责令改正,处工程合同价款2%以上4%以下的罚款;造成建设工程质量不符合规定的质量标准的,负责返工、修理,并赔偿因此造成的损失;情节严重的,责令停业整顿,降低资质等级或者吊销资质证书。

---

① 中文大意为:承包商计划实施工程的顺序,包括设计的每个阶段的预期时点,编制和提交承包商文件、采购、制造、检验、货物运达现场、施工、安装(大型设备)、安装以及任何指定分包商的工作(如第4.5款[指定分包商]所定义的)、试验、调试和试运行。

3.《标准施工招标文件》

5.4.1 监理人有权拒绝承包人提供的不合格材料或工程设备,并要求承包人立即进行更换。监理人应在更换后再次进行检查和检验,由此增加的费用和(或)工期延误由承包人承担。

13.6.1 承包人使用不合格材料、工程设备,或采用不适当的施工工艺,或施工不当,造成工程不合格的,监理人可以随时发出指示,要求承包人立即采取措施进行补救,直至达到合同要求的质量标准,由此增加的费用和(或)工期延误由承包人承担。

14.1.3 监理人对承包人的试验和检验结果有疑问的,或为查清承包人试验和检验成果的可靠性要求承包人重新试验和检验的,可按合同约定由监理人与承包人共同进行。重新试验和检验的结果证明该项材料、工程设备或工程的质量不符合合同要求的,由此增加的费用和(或)工期延误由承包人承担;重新试验和检验结果证明该项材料、工程设备和工程符合合同要求,由发包人承担由此增加的费用和(或)工期延误,并支付承包人合理利润。

4.《简明标准施工招标文件》

7.4 清除不合格工程

由于承包人的材料、工程设备,或采用施工工艺不符合合同要求造成的任何缺陷,监理人可以随时发出指示,要求承包人立即采取措施进行补救,直至达到合同要求的质量标准,由此增加的费用和(或)工期延误由承包人承担。

5.《标准设计施工总承包招标文件》

6.5.1 监理人有权拒绝承包人提供的不合格材料或工程设备,并要求承包人立即进行更换。监理人应在更换后再次进行检查和检验,由此增加的费用和(或)工期延误由承包人承担。

7.3 要求承包人增加或更换施工设备

承包人使用的施工设备不能满足合同进度计划和(或)质量标准时,监理人有权要求承包人增加或更换施工设备,承包人应及时增加或更换,由此增加的费用和(或)工期延误由承包人承担。

13.5.1 因承包人设计失误,使用不合格材料、工程设备,或采用不适当的施工工艺,或施工不当,造成工程不合格的,监理人可以随时发出指示,要求承包人立即采取措施进行补救,直至达到合同要求的质量标准,由此增加的费用和(或)工期延误由承包人承担。

14.1.4 监理人对承包人的试验和检验结果有疑问的,或为查清承包人试验和检验成果的可靠性要求承包人重新试验和检验的,可按合同约定由监理人与承包人共同进行。重新试验和检验的结果证明该项材料、工程设备或工程的质量不符合合同要求的,由此增加的费用和(或)工期延误由承包人承担;重新试验和检验结果证明该项材料、工程设备和工程符合合同要求,由发包人承担由此增加的费用和(或)工期延误,并支付承包人合理利润。

6.《建设工程施工合同(示范文本)》(GF－1999－0201)

19.5 双方责任

(1)由于设计原因试车达不到验收要求,发包人应要求设计单位修改设计,承包人按修改后的设计重新安装。发包人承担修改设计、拆除及重新安装的全部费用和追加合同价款,工期相应顺延。

(2)由于设备制造原因试车达不到验收要求,由该设备采购一方负责重新购置或修理,承包人负责拆除和重新安装。设备由承包人采购的,由承包人承担修理或重新购置、拆除及重新安装的费用,工期不予顺延;设备由发包人采购的,发包人承担上述各项追加合同价款,工期相应顺延。

(3)由于承包人施工原因试车达不到验收要求,承包人按工程师要求重新安装和试车,并承担重新安装和试车的费用,工期不予顺延。

(4)试车费用除已包括在合同价款之内或专用条款另有约定外,均由发包人承担。

(5)工程师在试车合格后不在试车记录上签字,试车结束24小时后,视为工程师已经认可试车记录,承包人可继续施工或办理竣工手续。

28.2 承包人采购的材料设备与设计标准要求不符时,承包人应按工程师要求的时间运出施工场地,重新采购符合要求的产品,承担由此发生的费用,由此延误的工期不予顺延。

28.4 工程师发现承包人采购并使用不符合设计和标准要求的材料设备时,应要求承包人负责修复、拆除或重新采购,由承包人承担发生的费用,由此延误的工期不予顺延。

29.3 承包人在施工中提出的合理化建议涉及到对设计图纸或施工组织设计的更改及对材料、设备的换用,须经工程师同意。未经同意擅自更改或换用时,承包人承担由此发生的费用,并赔偿发包人的有关损失,延误的工期不予顺延。……

7.《建设工程施工合同(示范文本)》(GF－2013－0201)与(GF－2017－0201)

5.2.3 监理人的质量检查和检验

监理人按照法律规定和发包人授权对工程的所有部位及其施工工艺、材料和工程设备进行检查和检验。承包人应为监理人的检查和检验提供方便,包括监理人到施工现场,或制造、加工地点,或合同约定的其他地方进行察看和查阅施工原始记录。监理人为此进行的检查和检验,不免除或减轻承包人按照合同约定应当承担的责任。

监理人的检查和检验不应影响施工正常进行。监理人的检查和检验影响施工正常进行的,且经检查检验不合格的,影响正常施工的费用由承包人承担,工期不予顺延;经检查检验合格的,由此增加的费用和(或)延误的工期由发包人承担。

5.3.2 检查程序

除专用合同条款另有约定外,工程隐蔽部位经承包人自检确认具备覆盖条件的,承包人应在共同检查前48小时书面通知监理人检查,通知中应载明隐蔽检查的内容、时间和地点,并应附有自检记录和必要的检查资料。

监理人应按时到场并对隐蔽工程及其施工工艺、材料和工程设备进行检查。经监理人检查确认质量符合隐蔽要求,并在验收记录上签字后,承包人才能进行覆盖。经监理人检查质量不合格的,承包人应在监理人指示的时间内完成修复,并由监理人重新检查,由此增加的费用和(或)延误的工期由承包人承担。

除专用合同条款另有约定外,监理人不能按时进行检查的,应在检查前24小时向承包人提交书面延期要求,但延期不能超过48小时,由此导致工期延误的,工期应予以顺延。监理人未按时进行检查,也未提出延期要求的,视为隐蔽工程检查合格,承包人可自行完成覆盖工作,并作相应记录报送监理人,监理人应签字确认。监理人事后对检查记录有疑问的,可按第5.3.3项〔重新检查〕的约定重新检查。

8.3.2　承包人采购的材料和工程设备,应保证产品质量合格,承包人应在材料和工程设备到货前24小时通知监理人检验。承包人进行永久设备、材料的制造和生产的,应符合相关质量标准,并向监理人提交材料的样本以及有关资料,并应在使用该材料或工程设备之前获得监理人同意。

承包人采购的材料和工程设备不符合设计或有关标准要求时,承包人应在监理人要求的合理期限内将不符合设计或有关标准要求的材料、工程设备运出施工现场,并重新采购符合要求的材料、工程设备,由此增加的费用和(或)延误的工期,由承包人承担。

8.4.2　承包人采购材料与工程设备的保管与使用

承包人采购的材料和工程设备由承包人妥善保管,保管费用由承包人承担。法律规定材料和工程设备使用前必须进行检验或试验的,承包人应按监理人的要求进行检验或试验,检验或试验费用由承包人承担,不合格的不得使用。

发包人或监理人发现承包人使用不符合设计或有关标准要求的材料和工程设备时,有权要求承包人进行修复、拆除或重新采购,由此增加的费用和(或)延误的工期,由承包人承担。

8.5.1　监理人有权拒绝承包人提供的不合格材料或工程设备,并要求承包人立即进行更换。监理人应在更换后再次进行检查和检验,由此增加的费用和(或)延误的工期由承包人承担。

8.8.3　要求承包人增加或更换施工设备

承包人使用的施工设备不能满足合同进度计划和(或)质量要求时,监理人有权要求承包人增加或更换施工设备,承包人应及时增加或更换,由此增加的费用和(或)延误的工期由承包人承担。

9.3.3　监理人对承包人的试验和检验结果有异议的,或为查清承包人试验和检验成果的可靠性要求承包人重新试验和检验的,可由监理人与承包人共同进行。重新试验和检验的结果证明该项材料、工程设备或工程的质量不符合合同要求的,由此增加的费用和(或)延误的工期由承包人承担;重新试验和检验结果证明该项材料、工程设备和工程符合合同要求的,由此增加的费用和(或)延误的工期由发包人承担。

8.《建设项目工程总承包合同示范文本(试行)》(GF-2011-0216)

3.1.2　承包人应按合同约定,自费修复因承包人原因引起的设计、文件、设备、材料、部件、施工中存在的缺陷、或在竣工试验和竣工后试验中发现的缺陷。

6.1.2　承包人提供的工程物资

(1)承包人应依据5.2.3款第(3)项设计文件规定的技术参数、技术条件、性能要求、使用要求和数量,负责组织工程物资采购(包括备品备件、专用工具及厂商提交的技术文件),负责运抵现场,并对其需用量、质量检查结果和性能负责。

由承包人负责提供的工程物资的类别、数量,在专用条款中列出。

(2)因承包人提供的工程物资(包括建筑构件等)不符合国家强制性标准、规范的规定或合同约定的标准、规范,所造成的质量缺陷,由承包人自费修复,竣工日期不予延长。

在履行合同过程中,由于国家新颁布的强制性标准、规范,造成承包人负责提供的工程物资(包括建筑构件等),虽符合合同约定的标准,但不符合新颁布的强制性标准时,由承包人负责修复或重新订货,并作为项变更。

(3)由承包人提供的竣工后试验的生产性材料,在专用条款中列出类别或(和)清单。

6.2.4(2)……经现场检查清点发现箱件短缺,箱件内的数量、图纸、资料短缺,或有外观缺陷的,承包人应负责补齐或自费修复,工程物资在缺陷未能修复之前不得用于工程。因此造成的费用增加、竣工日期延误,由承包人负责。

6.3.1　工程物资的进口采购责任方,及采购方式,在专用条款中约定。采购责任方负责报关、清关和商检,另一方有义务协助。

6.3.2　因工程物资报关、清关和商检的延误,造成工程关键路径延误时,承包人负责进口采购的,竣工日期不予延长,增加的费用由承包人承担;发包人负责进口采购的,竣工日期给予相应延长,承包人由此增加的费用由发包人承担。

6.5.2　依据6.1.2款及6.3.1款的约定,由承包人负责提供的工程物资存在缺陷时,经承包人修复仍不合格的,由承包人负责重新订货并运抵现场。因此造成的费用增加、竣工日期延误,由承包人承担。

7.2.9　施工资源

承包人应保证其人力、机具、设备、设施、措施材料、消耗材料、周转材料及其它施工资源,满足实施工程的需求。

9.《建设项目工程总承包合同(示范文本)》(GF-2020-0216)

6.2.3　材料和工程设备的保管

(1)发包人供应材料与工程设备的保管与使用

发包人供应的材料和工程设备,承包人清点并接收后由承包人妥善保管,保管费用由承包人承担,但专用合同条件另有约定除外。因承包人原因发生丢失毁损的,由承包人负责赔偿。

发包人供应的材料和工程设备使用前,由承包人负责必要的检验,检验费用由发包人承担,不合格的不得使用。

(2)承包人采购材料与工程设备的保管与使用

承包人采购的材料和工程设备由承包人妥善保管,保管费用由承包人承担。合同约定或法律规定材料和工程设备使用前必须进行检验或试验的,承包人应按工程师的指示进行检验或试验,检验或试验费用由承包人承担,不合格的不得使用。

工程师发现承包人使用不符合设计或有关标准要求的材料和工程设备时,有权要求承包人进行修复、拆除或重新采购,由此增加的费用和(或)延误的工期,由承包人承担。

10. FIDIC《施工合同条件》(1999 版红皮书)

7.5 拒收

如果检查、检验、测量或试验的结果,发现任何生产设备、材料或工艺有缺陷,或不符合合同要求,工程师可向承包商发出通知,并说明理由,拒收该生产设备、材料或工艺。承包商应迅速修复缺陷,并保证上述被拒收的项目符合合同规定。

如果工程师要求对上述生产设备、材料或工艺再次进行试验,这些试验应按相同的条款和条件重新进行。如果此项拒收和再次试验使雇主增加了费用,承包商应按照第2.5款[雇主的索赔]的规定,向雇主支付这笔费用。

11. FIDIC《施工合同条件》(2017 版红皮书)

7.5 Defects and Rejection

If, as a result of an examination, inspection, measurement or testing, any Plant, Materials, Contractor's design (if any) or workmanship is found to be defective or otherwise not in accordance with the Contract, the Engineer shall give a Notice to the Contractor describing the item of Plant, Materials, design or workmanship that has been found to be defective. The Contractor shall then promptly prepare and submit a proposal for necessary remedial work.

The Engineer may Review this proposal, and may give a Notice to the Contractor stating the extent to which the proposed work, if carried out, would not result in the Plant, Materials, Contractor's design (if any) or workmanship complying with the Contract. After receiving such a Notice the Contractor shall promptly submit a revised proposal to the Engineer. If the Engineer gives no such Notice within 14 days after receiving the Contractor's proposal (or revised proposal), the Engineer shall be deemed to have given a Notice of No – objection.

If the Contractor fails to promptly submit a proposal (or revised proposal) for remedial work, or fails to carry out the proposed remedial work to which the Engineer has given (or is deemed to have given) a Notice of No – objection, the Engineer may:

(a) instruct the Contractor under sub – paragraph (a) and/or (b) of Sub – Clause 7.6 [Remedial Work]; or

(b) reject the Plant, Materials, Contractor's design (if any) or workmanship by giving a Notice to the Contractor, with reasons, in which case sub – paragraph (a) of Sub – Clause 11.4 [Failure to Remedy Defects] shall apply.

After remedying defects in any Plant, Materials, design(if any) or workmanship, if the Engineer requires any such items to be retested, the tests shall be repeated in accordance with Sub-Clause 7.4 [Testing by the Contractor] at the Contractor's risk and cost. If the rejection and retesting cause the Employer to incur additional costs, the Employer shall be entitled subject to Sub-Clause 20.2 [Claims For Payment and/or EOT] to payment of these costs by the Contractor.

12. FIDIC《生产设备和设计-施工合同条件》(1999版黄皮书)

7.5 拒收

如果检查、检验、测量或试验结果,发现任何生产设备、材料、设计或工艺有缺陷,或不符合合同要求,工程师可向承包商发出通知,并说明理由,拒收该生产设备、材料、设计或工艺。承包商应迅速修复缺陷,并保证上述被拒收的项目符合合同规定。

如果工程师要求对上述生产设备、材料、设计或工艺再次进行试验,这些试验应按相同的条款和条件重新进行。如果此项拒收和再次试验使雇主增加了费用,承包商应按照第2.5款[雇主的索赔]的规定,向雇主支付这笔费用。

13. FIDIC《生产设备和设计-施工合同条件》(2017版黄皮书)①

7.5 Defects and Rejection

If, as a result of an examination, inspection, measurement or testing, any Plant, Materials, design or workmanship is found to be defective or otherwise not in accordance with the Contract, the Engineer shall give a Notice to the Contractor describing the item of Plant, Materials, design or workmanship that has been found to be defective. The Contractor shall then promptly prepare and submit a proposal for necessary remedial work.

The Engineer may Review this proposal, and may give a Notice to the Contractor stating the extent to which the proposed work, if carried out, would not result in the Plant, Materials, design or workmanship complying with the Contract. After receiving such a Notice the Contractor shall promptly submit a revised proposal to the Engineer. If the Engineer gives no such Notice within 14 days after receiving the Contractor's proposal (or revised proposal), the Engineer shall

① 2017版在1999版的第7.5条的基础上进行了具体细化,在保留雇主拒收承包商不合格生产设备、材料、设计、工艺后有权索赔工期与费用条款的同时,还修订和增加了以下内容:

1. 收到工程师关于检验结果有缺陷的通知时,承包商应立即准备并提交必要补救工作的建议。

2. 工程师审查承包商的补救建议并认为仍不合格的,可以要求承包商整改,承包商应立即向工程师提交一份修改后的建议书。

3. 如果工程师在收到承包商的建议书(或修订后的建议书)后14天内未发出此类通知,则应视为工程师已认可该建议书。

4. 如果承包商未能及时提交补救工作的建议(或修订后的建议),或未能实施工程师已发出(或视为已发出)无异议通知的建议补救工作,工程师可按照第7.6款"补救工作"发出通知,要求承包商再次提交整改方案和实施相关补救工作,或直接按照第11.4款"未能修补缺陷"拒收相关工作。

be deemed to have given a Notice of No - objection.

If the Contractor fails to promptly submit a proposal (or revised proposal) for remedial work, or fails to carry out the proposed remedial work to which the Engineer has given (or is deemed to have given) a Notice of No - objection, the Engineer may:

(a) instruct the Contractor under sub - paragraph (a) and/or (b) of Sub - Clause 7.6 [Remedial Work]; or

(b) reject the design, Plant, Materials or workmanship by giving a Notice to the Contractor, with reasons, in which case sub - paragraph (a) of Sub - Clause 11.4 [Failure to Remedy Defects] shall apply.

After remedying defects in any Plant, Materials, design or workmanship, if the Engineer requires any such items to be retested, the tests shall be repeated in accordance with Sub - Clause 7.4 [Testing by the Contractor] at the Contractor's risk and cost. If the rejection and retesting cause the Employer to incur additional costs, the Employer shall be entitled subject to Sub - Clause 20.2 [Claims For Payment and/or EOT] to payment of these costs by the Contractor.

14. FIDIC《设计采购施工合同条件》(1999 版银皮书)

7.5 拒收

如果检查、检验、测量或试验结果,发现任何生产设备、材料、设计或工艺有缺陷,或不符合合同要求,雇主可通过向承包商发出通知,并说明理由,拒收该生产设备、材料、设计或工艺。承包商应迅速修复缺陷,并保证上述被拒收的项目符合合同规定。

如果雇主要求对上述生产设备、材料、设计或工艺再次进行试验,这些试验应按相同的条款和条件重新进行。如果此项拒收和再次试验使雇主增加了费用,承包商应遵照第 2.5 款[雇主的索赔]的规定,向雇主支付这笔费用。

15. FIDIC《设计采购施工合同条件》(2017 版银皮书)①

7.5 Defects and Rejection

If, as a result of an examination, inspection, measurement or testing, any Plant, Materials, design or workmanship is found to be defective or otherwise not in accordance with the Con-

---

① 2017 版在 1999 版第 7.5 条的基础上进行了具体细化,在保留雇主拒收承包商不合格生产设备、材料、设计、工艺后有权索赔工期与费用条款的同时,还修订和增加了以下内容:

1. 收到雇主关于检验结果有缺陷的通知时,承包商应立即准备并提交必要补救工作的建议。

2. 雇主审查承包商的补救建议并认为仍不合格的,可以要求承包商整改,承包商应立即向雇主提交一份修改后的建议书。

3. 如果雇主在收到承包商的建议书(或修订后的建议书)后 14 天内未发出此类通知,则应视为雇主已认可该建议书。

4. 如果承包商未能及时提交补救工作的建议(或修订后的建议),或未能实施雇主已发出(或视为已发出)无异议通知的建议补救工作,雇主可按照第 7.6 款"补救工作"发出通知,要求承包商再次提交整改方案和实施相关补救工作,或直接按照第 11.4 款"未能修补缺陷"拒收相关工作。

tract, the Employer shall give a Notice to the Contractor describing the item of Plant, Materials, design or workmanship that has been found to be defective. The Contractor shall then promptly prepare and submit a proposal for necessary remedial work.

The Employer may Review this proposal, and may give a Notice to the Contractor stating the extent to which the proposed work, if carried out, would not result in the Plant, Materials, design or workmanship complying with the Contract. After receiving such a Notice the Contractor shall promptly submit a revised proposal to the Employer. If the Employer gives no such Notice within 14 days after receiving the Contractor's proposal (or revised proposal), the Employer shall be deemed to have given a Notice of No - objection.

If the Contractor fails to promptly submit a proposal (or revised proposal) for remedial work, or fails to carry out the proposed remedial work to which the Employer has given (or is deemed to have given) a Notice of No - objection, the Employer may:

(a) instruct the Contractor under sub - paragraph (a) and/or (b) of Sub - Clause 7.6 [Remedial Work]; or

(b) reject the design, Plant, Materials or workmanship by giving a Notice to the Contractor, with reasons, in which case sub - paragraph (a) of Sub - Clause 11.4 [Failure to Remedy Defects] shall apply.

After remedying defects in any Plant, Materials, design or workmanship, if the Engineer requires any such items to be retested, the tests shall be repeated in accordance with Sub - Clause 7.4 [Testing by the Contractor] at the Contractor's risk and cost. If the rejection and retesting cause the Employer to incur additional costs, the Employer shall be entitled subject to Sub - Clause 20.2 [Claims For Payment and/or EOT] to payment of these costs by the Contractor.

(三)索赔案例

[案例一]正阳公司与浩辉公司建设工程施工合同纠纷案

1.案情简介

2017年9月10日,正阳公司与浩辉公司签订《某住宅楼项目施工合同》(以下简称《施工合同》),约定由浩辉公司作为承包人承建正阳公司开发的位于某市的某商业广场项目(以下简称案涉工程),浩辉公司同时负责电梯及配套设备的采购安装工作。案涉工程建筑面积为3.2万平方米,合同价款暂定为89,932,116元,总工期为280天。《施工合同》第24条约定:"工期每延误一天,承包人应向发包人支付违约金2万元。"

2017年9月24日,案涉工程开始施工。2019年6月17日,案涉工程经竣工验收合格。2019年10月22日,正阳公司与浩辉公司就工程价款结算事宜产生争议,浩辉公司根据《施工合同》约定提请仲裁,要求正阳公司向其支付工程价款27,668,349元及窝工损失1,981,435元。正阳公司提出仲裁反请求,要求浩辉公司承担工期延误违约责任及工程质量责任。

经浩辉公司申请,该仲裁委员会委托某司法鉴定机构对案涉工程工期延误情况及浩辉公司所受窝工损失进行了鉴定。根据司法鉴定机构出具的工期鉴定报告,案涉工程工期总共延误352天,其中:因正阳公司支付迟延导致工期延误115天;因正阳公司下发图纸迟延及设计变更导致工期延误58天;因浩辉公司采购电梯迟延导致工期延误22天;因浩辉公司人员管理不力等原因导致工期延误87天;双方未能提供证据证明工期延误原因的延误天数70天,应由浩辉公司承担相应工期延误责任。根据司法鉴定机构出具的鉴定报告,由于正阳公司原因导致的工期延误对浩辉公司造成的损失为1,022,411元,由于浩辉公司原因导致的工期延误期间,浩辉公司受到的窝工损失为782,120元。正阳公司虽向该仲裁委员会申请对案涉工程进行质量鉴定,但未支付鉴定费用,后撤回质量鉴定申请。

针对工期延误问题,仲裁庭经审理认为,案涉工程于2017年9月24日开始施工,根据《施工合同》约定,案涉工程应于2018年6月30日竣工。而案涉工程实际于2019年6月17日经竣工验收合格,工期延误352天。根据司法鉴定机构出具的鉴定报告,由于正阳公司原因导致工期延误173天(115天+58天),案涉工程工期应相应顺延,浩辉公司有权要求正阳公司赔偿其在此期间遭受的窝工损失。关于剩余的179天延误,虽然浩辉公司主张其中22天延误系电梯供应商正通公司申请破产,管理人要求解除采购合同导致浩辉公司不得不重新选择供应商,因该等原因导致电梯无法按照预定计划进场安装应当属于情势变更,工期延误责任不应由浩辉公司承担。但经查,浩辉公司与正通公司于2017年12月19日签订电梯采购合同,约定正通公司应于2018年3月1日前完成供货,但正通公司所在地人民法院于2018年3月11日受理正通公司破产申请,且破产管理人对浩辉公司发送的要求限期供货的函件未予答复。根据《企业破产法》第18条第1款"管理人自破产申请受理之日起二个月内未通知对方当事人,或者自收到对方当事人催告之日起三十日内未答复的,视为解除合同"之规定,浩辉公司应能够预见电梯供货合同解除之风险。且案涉工程所需采购的电梯并无特殊品牌、规格等要求,在市场上有较为充足的供应渠道,浩辉公司完全有时间更换电梯供应商,如浩辉公司及时作出反应,就不会导致关键线路的延误,故对浩辉公司的该等主张仲裁庭不予采信。浩辉公司还主张鉴定报告中载明的双方未能提供证据证明工期延误原因的延误天数70天,系因正阳公司未能及时支付工程款导致,但未能提供证据予以证明,仲裁庭不予采信。因此,案涉工程工期应顺延至2018年12月20日,由于浩辉公司原因导致的工期延误天数为179天,浩辉公司应承担相应责任。

据此,仲裁庭裁决浩辉公司向正阳公司支付工期延误违约金358万元,正阳公司向浩辉公司赔偿窝工损失1,022,411元。

2. 案例分析

本案中,承包人负责案涉工程电梯的采购与安装工作,承包人应根据项目采购计划及施工进度计划的要求及时采购工程所需设备,并对发包人承担责任。在承包人包工包料的工程项目中,即使因材料、设备供应商原因使承包人采购迟延进而导致工期延误并产生相关费用的,在无法定或约定免责事由的前提下,承包人亦应向发包人承担工期延误的违约责任。

[案例二]百亚公司与易捷公司建设工程施工合同纠纷案

1. 案情简介

2013年5月13日,百亚公司与易捷公司就某码头建设工程项目签订了建设工程施工合同,合同约定:易捷公司负责码头的整体建设工作,建设所需部分材料由百亚公司负责提供,另有部分材料包括商品砼由易捷公司负责采购;合同工期为16个月,开工日期以百亚公司或监理单位下发的开工通知单为准;若易捷公司在约定工期内竣工并验收合格,工期每提前一天百亚公司向易捷公司支付20,000元人民币作为奖励;若易捷公司在约定的工期内尚未竣工验收合格,工期每延误一天易捷公司向百亚公司支付50,000元人民币作为惩罚,但最高不得高于合同造价的2%;合同价款采用综合单价方式计价,暂计合同价款为226,433,721.80元;工程质量保证金在竣工验收合格并且百亚公司向易捷公司签发工程接收证书之日起两年后,且易捷公司按施工合同保修维修条款要求履行了质量保修责任(以较后的时间为准)后一次性支付,质保金不计利息。

2013年5月15日,监理单位向易捷公司下发开工通知。2015年11月12日,百亚公司向易捷公司签发工程接收书,但双方因对工程结算款有争议,一直未完成工程结算。

2016年3月1日,易捷公司向某仲裁委员会申请仲裁,请求裁决:(1)百亚公司支付工程款47,862,845.70元;(2)百亚公司支付至工程款全部付清之日止延期支付所产生的违约金,暂计算至2016年2月23日,为9,179,426.86元;(3)百亚公司承担本案保全费15,000元、仲裁费用以及鉴定费。后百亚公司提出仲裁反请求,请求裁决:(1)易捷公司承担因延期给百亚公司造成的实际损失33,222,848.85元;(2)易捷公司承担合同约定的2,950,000元的工期延误惩罚金;(3)案涉工程质量存在缺陷,易捷公司应按合同约定承担返工维修直至符合约定标准的责任,并承担由此对百亚公司造成的损失5,000,000元;(4)易捷公司承担聚集社会人员到百亚公司门口围堵闹事给百亚公司造成的损失1000,000万元;(5)本案的全部仲裁费用由易捷公司承担。

针对工期延误问题,百亚公司主张易捷公司采购的商品混凝土质量不符合设计要求,导致工程返工,出现工期延误。2013年7月,监理单位发现案涉工程已完工的混凝土柱出现质量问题,经监理单位及设计单位实验检测,认为裂缝系混凝土强度指标不足以及配筋量不足导致,易捷公司采用的混凝土实际强度指标约为设计值的60%~70%。此外,在发现柱子出现质量问题后召开的几次例会上,某质监站的人员均提出柱子质量问题系商品砼不合格导致,易捷公司与会人员均未表示反对,且同意百亚公司的主张,由百亚公司重新采购商品混凝土对部分出现质量问题的混凝土柱重新施工。易捷公司则主张工期延误并非其采购的商品混凝土存在质量问题导致。根据实验结果,混凝土柱的质量符合工程设计要求,不存在质量问题,尽管监理及设计人员表示混凝土不符合质量要求,但监理及设计人员不是专家,没有资格对工程质量问题作出鉴定,其意见不能作为认定混凝土存在质量问题的依据。仲裁庭认为,虽然所涉混凝土柱已不存在鉴定条件,但根据现有证据足以证明易捷公司采购的部分混凝土存在质量问题,并导致工期延误,易捷公司应当承担相应责任。

2. 案例分析

上述案例表明,如合同约定承包人包工包料的,则承包人采购的材料、设备应符合法律规定与合同约定,若其采购的相应产品不符合法定强制质量标准或合同约定的,则应承担相应的责任,如工期延误责任与损害赔偿责任等。

(四)提示与建议

材料、设备对工程的有序开展至关重要,而承包人通常承担着部分或全部材料、设备的采购工作,承包人可通过采购实现利益最大化的同时也承担着采购不及时或采购不符合法律规定或合同约定所带来的风险,因此,在采购工作中,承包人应注意以下几点:

1. 承包人应关注法律规定、合同约定和设计要求。项目采购是服务于施工需要的,所采购的材料和设备必须符合法律强制性标准、合同约定以及设计文件的相应要求。

2. 承包人应根据施工需求拟定采购计划,同时,根据项目的实际进展不断调整采购计划并及时落实采购工作,保障项目施工的有序进行。对于在施工阶段中因设计变更而发生的临时性材料采购,承包人应在收到材料清单后进行紧急采购,避免工期延误事件的出现。

3. 建立供应链体系。鉴于采购工作的复杂性,为有效应对材料短缺、临时性采购等情况,承包人应建立自己的供应链体系,保证项目的正常推进。

4. 注重与设计的配合。采购与设计是不可分割的两个环节,承包人应注重与设计部门的有效沟通和对接,做到及时跟进设计进度与开展采购工作。

三、承包人原因造成工期延误期间发生不可抗力

(一)索赔项目释义

一般而言,根据《民法典》及相关法律法规规定,在建设工程合同履行过程中遭遇不可抗力而导致工期延误的,工期应当根据不可抗力影响的程度予以顺延或予以部分顺延,即相应免除承包人逾期竣工的全部或部分违约责任。对于延误期间的损失承担问题,一般按照意思自治原则,执行当事人的约定。根据《建设工程施工合同(示范文本)》(GF－2017－0201)与《建设项目工程总承包合同(示范文本)》(GF－2020－0216)的相关条款,通常情况下按照以下原则划分承发包双方责任:(1)永久工程、已运至施工现场的材料和工程设备的损坏以及因工程损坏造成的第三人人员伤亡和财产损失由发包人承担;(2)承

包人施工设备的损坏由承包人承担;(3)发包人和承包人承担各自人员伤亡和财产的损失;(4)因不可抗力影响承包人履行合同约定的义务,已经引起或将引起工期延误的,应当顺延工期,由此导致承包人停工的费用损失由发包人和承包人合理分担,停工期间必须支付的工人工资由发包人承担;(5)因不可抗力引起或将引起工期延误,发包人要求赶工的,由此增加的赶工费用由发包人承担;(6)承包人在停工期间按照发包人要求照管、清理和修复工程的费用由发包人承担。

不可抗力属于合同当事人不能预见、不能避免且不能克服的客观情况,由此导致当事人无法履行合同义务时,法律规定将不可抗力视为免责事由,对合同当事人之间的风险进行再分配,免除违约人的违约责任。但一方当事人违约在先,已经迟延履行合同义务后发生不可抗力的,此时如仍然免除其违约责任,则对另一方当事人而言极为不公,同时也是对"合同严守"的民法基础理念的动摇,最终损害的是商业社会的整体信用基础。因此,由于承包人原因导致工期延误,在工期延误过程中发生不可抗力的,根据《民法典》第590条第2款之规定,不免除承包人的违约责任,即承包人除应承担工期延误的违约责任外,还无法向发包人主张相应的停工费用损失以及停工期间必须支付的工人工资等费用。而发包人除可以要求承包人承担工期延误的违约责任外,当违约金不足以弥补损失时,还可以要求承包人赔偿发包人因不可抗力影响导致工期延误期间所遭受的损失。

(二)索赔依据

1.《民法典》

第180条　因不可抗力不能履行民事义务的,不承担民事责任。法律另有规定的,依照其规定。

不可抗力是不能预见、不能避免且不能克服的客观情况。

第590条　当事人一方因不可抗力不能履行合同的,根据不可抗力的影响,部分或者全部免除责任,但是法律另有规定的除外。因不可抗力不能履行合同的,应当及时通知对方,以减轻可能给对方造成的损失,并应当在合理期限内提供证明。

当事人迟延履行后发生不可抗力的,不免除其违约责任。

2.《标准施工招标文件》

21.3.2　延迟履行期间发生的不可抗力

合同一方当事人延迟履行,在延迟履行期间发生不可抗力的,不免除其责任。

3.《标准设计施工总承包招标文件》

21.3.2　延迟履行期间发生的不可抗力

合同一方当事人延迟履行,在延迟履行期间发生不可抗力的,不免除其责任。

4.《建设工程施工合同(示范文本)》(GF-1999-0201)

39.4　因合同一方迟延履行合同后发生不可抗力的,不能免除迟延履行方的相应责任。

5.《建设工程施工合同(示范文本)》(GF-2013-0201)与(GF-2017-0201)

17.3.2 不可抗力导致的人员伤亡、财产损失、费用增加和(或)工期延误等后果,由合同当事人按以下原则承担:

(1)永久工程、已运至施工现场的材料和工程设备的损坏,以及因工程损坏造成的第三人人员伤亡和财产损失由发包人承担;

(2)承包人施工设备的损坏由承包人承担;

(3)发包人和承包人承担各自人员伤亡和财产的损失;

(4)因不可抗力影响承包人履行合同约定的义务,已经引起或将引起工期延误的,应当顺延工期,由此导致承包人停工的费用损失由发包人和承包人合理分担,停工期间必须支付的工人工资由发包人承担;

(5)因不可抗力引起或将引起工期延误,发包人要求赶工的,由此增加的赶工费用由发包人承担;

(6)承包人在停工期间按照发包人要求照管、清理和修复工程的费用由发包人承担。

不可抗力发生后,合同当事人均应采取措施尽量避免和减少损失的扩大,任何一方当事人没有采取有效措施导致损失扩大的,应对扩大的损失承担责任。

因合同一方迟延履行合同义务,在迟延履行期间遭遇不可抗力的,不免除其违约责任。

6.《建设项目工程总承包合同示范文本(试行)》(GF-2011-0216)

17.2 不可抗力的后果

因不可抗力事件导致的损失、损害、伤害所发生的费用及延误的竣工日期,按如下约定处理:

(1)永久性工程和工程物资等的损失、损害,由发包人承担;

(2)受雇人员的伤害,分别按照各自的雇用合同关系负责处理;

(3)承包人的机具、设备、财产和临时工程的损失、损害,由承包人承担;

(4)承包人的停工损失,由承包人承担;

(5)不可抗力事件发生后,因一方迟延履行合同约定的保护义务导致的延续损失、损害,由迟延履行义务的一方承担相应责任及其损失;

(6)发包人通知恢复建设时,承包人应在接到通知后的20日内、或双方根据具体情况约定的时间内,提交清理、修复的方案及其估算,以及进度计划安排的资料和报告,经发包人确认后,所需的清理、修复费用由发包人承担。恢复建设的竣工日期合理顺延。

7.《建设项目工程总承包合同(示范文本)》(GF-2020-0216)

17.4 不可抗力后果的承担

不可抗力导致的人员伤亡、财产损失、费用增加和(或)工期延误等后果,由合同当事人按以下原则承担:

(1)永久工程,包括已运至施工现场的材料和工程设备的损害,以及因工程损害造成的第三人人员伤亡和财产损失由发包人承担；

(2)承包人提供的施工设备的损坏由承包人承担；

(3)发包人和承包人各自承担其人员伤亡及其他财产损失；

(4)因不可抗力影响承包人履行合同约定的义务,已经引起或将引起工期延误的,应当顺延工期,由此导致承包人停工的费用损失由发包人和承包人合理分担,停工期间必须支付的现场必要的工人工资由发包人承担；

(5)因不可抗力引起或将引起工期延误,发包人指示赶工的,由此增加的赶工费用由发包人承担；

(6)承包人在停工期间按照工程师或发包人要求照管、清理和修复工程的费用由发包人承担。

不可抗力引起的后果及造成的损失由合同当事人按照法律规定及合同约定各自承担。不可抗力发生前已完成的工程应当按照合同约定进行支付。

(三)索赔案例

1.案情简介

广安公司与久协公司于2012年10月20日签订《施工承包合同》,约定广安公司将位于某市的某商住楼小区工程交由久协公司负责施工。根据《施工承包合同》约定,案涉工程总建筑面积为89,760平方米,合同价款暂定14,000万元,工期为560天。《施工承包合同》第29条约定:"承包人不能按本合同第四条约定的正负零、转换层、主体封顶和工程竣工四个阶段的节点工期(包括顺延工期)完工,逾期30天以内的,每天向发包人支付违约金1万元,逾期30天以上的,视为严重违约,除按照上述标准支付违约金以外,还应赔偿发包人因此受到的全部经济损失,同时发包人有权解除本合同。"第31条约定:"施工期间出现24小时内降水量超过25mm的雨天(即大雨及以上天气)的,应当顺延工期。"第32条约定:"10级以上大风天气构成不可抗力,应当顺延工期。"

案涉工程于2013年2月28日开工,2016年6月15日竣工。6月26日,案涉工程所在地建设工程质量安全监督站出具《工程质量监督报告》,评定工程质量合格。

后广安公司与久协公司就工期问题产生争议,广安公司按照《施工承包合同》约定向某仲裁委员会申请仲裁,要求久协公司支付工期延误违约金644万元。仲裁庭总结的本案争议焦点包括:是否存在工期延误事实,广安公司主张久协公司支付工期延误违约金644万元是否有事实和法律依据。

广安公司主张《施工承包合同》约定工期为560天,应自2013年2月28日起至2014年9月10日止,久协公司实际竣工日期为2016年6月15日,逾期竣工644天。根据合同约定,逾期30天以上视为严重违约,久协公司除应每天支付违约金1万元以外,还应负责赔偿广安公司经济损失,且广安公司有权单方面解除合同。

久协公司辩称,广安公司存在提供场地不符合约定、要求设计变更、付款不及时等违约行为,导致工程无法正常施工,工期受到严重影响。此外,案涉工程所在地在2013年2月28日至2016年6月15日降雨天数为355天,其中小雨和中雨天数为246天、大雨86天、暴雨10天、大暴雨11天、特大暴雨2天,10级以上大风天数136天(其中15天与大雨和暴雨天数重合),工期应相应顺延230天。

仲裁庭经审理后认为,案涉工程自2013年2月28日开工,合同工期为560天,案涉工程竣工时间应为2014年9月10日。而案涉工程实际竣工日期为2016年6月15日,实际竣工日期相较计划迟延644天。关于久协公司就广安公司存在提供场地不符合约定、要求设计变更、付款不及时等违约行为导致工期延误的主张,久协公司未能提供证据证明广安公司提供的场地不符合合同约定;而设计变更属于施工过程中的常见情况,久协公司作为具有丰富经验的施工单位应当预见,且久协公司未能提供证据证明广安公司提出的设计变更要求对工期造成了实质影响;广安公司存在付款不及时的情况,但迟延时间不长,且久协公司未能提供证据证明广安公司迟延付款对工期造成的影响。因此,对久协公司的该主张不予采信。关于久协公司提出的案涉工程所在地出现风雨天气构成不可抗力,应当顺延相应工期的主张,仲裁庭经审理认为,根据《施工承包合同》第31条及第32条约定,施工期间出现10级以上大风天气及24小时内降水量超过25mm的雨天的,应当顺延工期。案涉工程所在地于2013年2月28日至2014年9月10日,出现10级以上大风天气共计53天,出现降水量超过25mm的大雨天气共计60天(其中7天与10级以上大风天气重合),工期应顺延106天至2014年12月25日。经查,2014年9月10日至12月25日并未出现10级以上大风与24小时内降水量超过25mm的天气。故案涉工程所在地于2014年12月26日至2016年6月15日出现的10级以上大风与24小时内降水量超过25mm的天气,系发生在久协公司迟延履行期间,根据《合同法》第117条第1款"当事人迟延履行后发生不可抗力的,不能免除责任"的规定①,不能免除久协公司的违约责任。据此,仲裁庭认定由于久协公司原因导致的工期延误天数为538天,并裁决久协公司向广安公司支付工期延误违约金共计538万元。

2. 案例分析

本案中,尽管案涉工程所在地出现了符合合同约定的应当顺延工期的构成不可抗力的天气及24小时内降水量超过25mm的天气,根据合同约定,久协公司可主张工期顺延。但是,对于久协公司迟延履行期间发生的构成不可抗力的天气,根据《民法典》第590条第2款"当事人迟延履行后发生不可抗力的,不免除其违约责任"之规定,久协公司主张顺延相应工期的,不应支持;"举重以明轻",对于久协公司迟延履行期间发生的24小时内降水量超过25mm的天气,久协公司亦无权主张工期顺延,应承担工期延误的相应违约责任。

① 《合同法》已失效,该条款现为《民法典》第590条第2款:当事人迟延履行后发生不可抗力的,不免除其违约责任。

(四)提示与建议

在建设工程合同法律关系中,承包人应当按照合同约定的期限向发包人交付质量合格的建设工程。如果因承包人原因导致建设工程工期延误后出现不可抗力的,承包人应当承担因不可抗力导致的工期违约责任,并赔偿发包人就整体工期延误受到的损失。在发包人就这一索赔事件向承包人进行索赔的过程中,应注意以下方面:

1. 在不可抗力发生后,发包人应及时与承包人沟通协调,避免损失进一步扩大。由于发包人原因导致损失扩大的部分应由发包人自行承担。

2. 发包人的索赔主张最终能否得到裁判机构的支持,关键点在于能否提供证据证明其因工期延误而遭受的具体损失金额。实践中,经常存在发包人已有充分证据证明承包人确实存在工期延误状况,但因未能提供充分且明确的证据证明其因工期延误遭受的损失,从而导致其关于工期延误的索赔主张并未得到或并未全部得到支持。发包人应及时对各项工期延误损失的证据予以固定,避免因证据问题导致工期索赔主张无法获得支持。发包人所需收集的证据可参考本编第五章第二节内容。

四、工程质量缺陷导致工程未按期竣工验收

(一)索赔项目释义

质量是工程建设企业的生命线,建设工程质量关系到公众的重大人身和财产安全,必须予以高度重视。《建筑法》、《质量管理条例》及《城市房地产开发经营管理条例》等法律法规及诸多施工技术标准均对工程质量作出了强制性规定。此外,建设工程需达到的质量标准也是施工合同的实质内容。一般来说,承包人向发包人交付的工程应符合法律法规规定的强制性质量标准及施工合同约定的特殊质量标准。

工程质量问题通常与工期违约责任具有紧密联系,在因承包人原因导致存在工程质量缺陷的情况下,承包人除应承担无偿修理或者返工、改建责任外,导致工程未按期竣工验收的,还需要向发包人承担工期违约责任。《民法典》第801条规定:“因施工人的原因致使建设工程质量不符合约定的,发包人有权请求施工人在合理期限内无偿修理或者返工、改建。经过修理或者返工、改建后,造成逾期交付的,施工人应当承担违约责任。”本条构成了发包人因工程质量缺陷对承包人进行工期违约索赔的请求权法律规范基础。其中,承包人应承担的违约责任包括发包人可以要求承包人赔偿因逾期交付所受到的损失、要求按照约定支付违约金、要求减少价款、要求执行定金罚则等。发包人可以根据承包人的违约程度和自己的损失大小,按照合同约定及法律规定合理选择请求承包人承担相应的违约责任。①

① 参见黄薇主编:《中华人民共和国民法典释义及适用指南》(中册),中国民主法制出版社2020年版,第1196页。

此外，承包人施工工程质量不符合法律规定与合同约定，且拒绝在合理期限内纠正其违法违约行为致使合同目的无法实现的，发包人有权单方解除施工合同。发包人应尽量收集并固定工期索赔证据，以确保索赔材料能够有效证明因承包人原因造成的工程质量缺陷给其带来包括管理费用、预期利益在内的诸多工期延误损失，以帮助其充分主张损害赔偿。

（二）索赔依据

1.《民法典》

第577条　当事人一方不履行合同义务或者履行合同义务不符合约定的，应当承担继续履行、采取补救措施或者赔偿损失等违约责任。

第781条　承揽人交付的工作成果不符合质量要求的，定作人可以合理选择请求承揽人承担修理、重作、减少报酬、赔偿损失等违约责任。

第801条　因施工人的原因致使建设工程质量不符合约定的，发包人有权请求施工人在合理期限内无偿修理或者返工、改建。经过修理或者返工、改建后，造成逾期交付的，施工人应当承担违约责任。

2.《建筑法》

第3条　建筑活动应当确保建筑工程质量和安全，符合国家的建筑工程安全标准。

第52条　建筑工程勘察、设计、施工的质量必须符合国家有关建筑工程安全标准的要求，具体管理办法由国务院规定。

有关建筑工程安全的国家标准不能适应确保建筑安全的要求时，应当及时修订。

第55条　建筑工程实行总承包的，工程质量由工程总承包单位负责，总承包单位将建筑工程分包给其他单位的，应当对分包工程的质量与分包单位承担连带责任。分包单位应当接受总承包单位的质量管理。

第58条　建筑施工企业对工程的施工质量负责。

建筑施工企业必须按照工程设计图纸和施工技术标准施工，不得偷工减料。工程设计的修改由原设计单位负责，建筑施工企业不得擅自修改工程设计。

第59条　建筑施工企业必须按照工程设计要求、施工技术标准和合同的约定，对建筑材料、建筑构配件和设备进行检验，不合格的不得使用。

第60条　建筑物在合理使用寿命内，必须确保地基基础工程和主体结构的质量。

建筑工程竣工时，屋顶、墙面不得留有渗漏、开裂等质量缺陷；对已发现的质量缺陷，建筑施工企业应当修复。

第61条　交付竣工验收的建筑工程，必须符合规定的建筑工程质量标准，有完整的工程技术经济资料和经签署的工程保修书，并具备国家规定的其他竣工条件。

建筑工程竣工经验收合格后，方可交付使用；未经验收或者验收不合格的，不得交付使用。

3.《质量管理条例》

第26条　施工单位对建设工程的施工质量负责。

施工单位应当建立质量责任制,确定工程项目的项目经理、技术负责人和施工管理负责人。

建设工程实行总承包的,总承包单位应当对全部建设工程质量负责;建设工程勘察、设计、施工、设备采购的一项或者多项实行总承包的,总承包单位应当对其承包的建设工程或者采购的设备的质量负责。

第27条　总承包单位依法将建设工程分包给其他单位的,分包单位应当按照分包合同的约定对其分包工程的质量向总承包单位负责,总承包单位与分包单位对分包工程的质量承担连带责任。

第28条第1款　施工单位必须按照工程设计图纸和施工技术标准施工,不得擅自修改工程设计,不得偷工减料。

第30条　施工单位必须建立、健全施工质量的检验制度,严格工序管理,作好隐蔽工程的质量检查和记录。隐蔽工程在隐蔽前,施工单位应当通知建设单位和建设工程质量监督机构。

第32条　施工单位对施工中出现质量问题的建设工程或者竣工验收不合格的建设工程,应当负责返修。

4.《房屋建筑和市政基础设施项目工程总承包管理办法》

第22条第2款　工程总承包单位应当对其承包的全部建设工程质量负责,分包单位对其分包工程的质量负责,分包不免除工程总承包单位对其承包的全部建设工程所负的质量责任。

5.《施工合同司法解释(一)》

第11条　建设工程竣工前,当事人对工程质量发生争议,工程质量经鉴定合格的,鉴定期间为顺延工期期间。

第12条　因承包人的原因造成建设工程质量不符合约定,承包人拒绝修理、返工或者改建,发包人请求减少支付工程价款的,人民法院应予支持。

第16条　发包人在承包人提起的建设工程施工合同纠纷案件中,以建设工程质量不符合合同约定或者法律规定为由,就承包人支付违约金或者赔偿修理、返工、改建的合理费用等损失提出反诉的,人民法院可以合并审理。

6.《建设部关于培育发展工程总承包和工程项目管理企业的指导意见》

二、工程总承包的基本概念和主要方式

……(二)工程总承包企业按照合同约定对工程项目的质量、工期、造价等向业主负责。工程总承包企业可依法将所承包工程中的部分工作发包给具有相应资质的分包企业;分包企业按照分包合同的约定对总承包企业负责。……

1.设计采购施工(EPC)/交钥匙总承包

设计采购施工总承包是指工程总承包企业按照合同约定，承担工程项目的设计、采购、施工、试运行服务等工作，并对承包工程的质量、安全、工期、造价全面负责。……

2. 设计—施工总承包(D-B)

设计—施工总承包是指工程总承包企业按照合同约定，承担工程项目设计和施工，并对承包工程的质量、安全、工期、造价全面负责。……

7.《安徽省高院施工合同指导意见(二)》

第5条　承包人已经按照合同约定或者《建筑法》第六十一条规定，向发包人提交竣工验收报告、其承包部分完整的工程技术经济资料和经签署的工程保修书，发包人拖延验收的，以上述资料提交齐全之日为竣工日期。但工程质量不合格的除外。

8.《江苏省高院施工合同指南》

3. 竣工日期的认定

……2001年11月5日建设部《建筑工程施工发包与承包计价管理办法》①中规定："发包方应当在收到竣工结算文件后的约定期限内予以答复。逾期未答复的，竣工结算文件视为已被认可。发承包双方在合同中对上述事项的期限没有明确约定的，可认为其约定期限均为28日。"实务中还需注意的是，适用此项规定的前提是发包人无正当理由拖延验收，如果因建设工程存在质量问题、承包人提交的验收报告不符合要求，尚不符合竣工验收条件，发包人拒绝通过竣工验收的，则应另当别论。……

9.《标准施工招标文件》

13.6.1　承包人使用不合格材料、工程设备，或采用不适当的施工工艺，或施工不当，造成工程不合格的，监理人可以随时发出指示，要求承包人立即采取措施进行补救，直至达到合同要求的质量标准，由此增加的费用和(或)工期延误由承包人承担。

10.《简明标准施工招标文件》

7.4　清除不合格工程

由于承包人的材料、工程设备，或采用施工工艺不符合合同要求造成的任何缺陷，监

---

① 2001年11月5日建设部发布的《建筑工程施工发包与承包计价管理办法》已失效，被住房和城乡建设部于2013年12月11日发布并自2014年2月1日起施行的《建筑工程施工发包与承包计价管理办法》取代。相关条款规定于2013年版第18条，即工程完工后，应当按照下列规定进行竣工结算：(1)承包方应当在工程完工后的约定期限内提交竣工结算文件。(2)国有资金投资建筑工程的发包方，应当委托具有相应资质的工程造价咨询企业对竣工结算文件进行审核，并在收到竣工结算文件后的约定期限内向承包方提出由工程造价咨询企业出具的竣工结算文件审核意见；逾期未答复的，按照合同约定处理，合同没有约定的，竣工结算文件视为已被认可。非国有资金投资的建筑工程发包方，应当在收到竣工结算文件后的约定期限内予以答复，逾期未答复的，按照合同约定处理，合同没有约定的，竣工结算文件视为已被认可；发包方对竣工结算文件有异议的，应当在答复期内向承包方提出，并可以在提出异议之日起的约定期限内与承包方协商；发包方在协商期内未与承包方协商或者经协商未能与承包方达成协议的，应当委托工程造价咨询企业进行竣工结算审核，并在协商期满后的约定期限内向承包方提出由工程造价咨询企业出具的竣工结算文件审核意见。(3)承包方对发包方提出的工程造价咨询企业竣工结算审核意见有异议的，在接到该审核意见后一个月内，可以向有关工程造价管理机构或者有关行业组织申请调解，调解不成的，可以依法申请仲裁或者向人民法院提起诉讼。发承包双方在合同中对本条第(1)项、第(2)项的期限没有明确约定的，应当按照国家有关规定执行；国家没有规定的，可认为其约定期限均为28日。

理人可以随时发出指示，要求承包人立即采取措施进行补救，直至达到合同要求的质量标准，由此增加的费用和(或)工期延误由承包人承担。

11.《标准设计施工总承包招标文件》

13.1.2　因承包人原因造成工程质量不符合法律的规定和合同约定的，监理人有权要求承包人返工直至符合合同要求为止，由此造成的费用增加和(或)工期延误由承包人承担。

13.4.3　监理人重新检查

承包人按第13.4.1项或第13.4.2项覆盖工程隐蔽部位后，监理人对质量有疑问的，可要求承包人对已覆盖的部位进行钻孔探测或揭开重新检验，承包人应遵照执行，并在检验后重新覆盖恢复原状。经检验证明工程质量符合合同要求的，由发包人承担由此增加的费用和(或)工期延误，并支付承包人合理利润；经检验证明工程质量不符合合同要求的，由此增加的费用和(或)工期延误由承包人承担。

13.5.1　因承包人设计失误，使用不合格材料、工程设备，或采用不适当的施工工艺，或施工不当，造成工程不合格的，监理人可以随时发出指示，要求承包人立即采取措施进行补救，直至达到合同要求的质量标准，由此增加的费用和(或)工期延误由承包人承担。

13.5.2　由于发包人提供的材料或工程设备不合格造成的工程不合格，需要承包人采取措施补救的，发包人应承担由此增加的费用和(或)工期延误，并支付承包人合理利润。

12.《建设工程施工合同(示范文本)》(GF-1999-0201)

15.1　工程质量应当达到协议书约定的质量标准，质量标准的评定以国家或行业的质量检验评定标准为依据。因承包人原因工程质量达不到约定的质量标准，承包人承担违约责任。

15.2　双方对工程质量有争议，由双方同意的工程质量检测机构鉴定，所需费用及因此造成的损失，由责任方承担。双方均有责任，由双方根据其责任分别承担。

16.2　工程质量达不到约定标准的部分，工程师一经发现，应要求承包人拆除和重新施工，承包人应按工程师的要求拆除和重新施工，直到符合约定标准。因承包人原因达不到约定标准，由承包人承担拆除和重新施工的费用，工期不予顺延。

18. 重新检验

无论工程师是否进行验收，当其要求对已经隐蔽的工程重新检验时，承包人应按要求进行剥离或开孔，并在检验后重新覆盖或修复。检验合格，发包人承担由此发生的全部追加合同价款，赔偿承包人损失，并相应顺延工期。检验不合格，承包人承担发生的全部费用，工期不予顺延。

35.2　承包人违约。当发生下列情况时：

(1)本通用条款第14.2款提到的因承包人原因不能按照协议书约定的竣工日期或工程师同意顺延的工期竣工；

(2)本通用条款第15.1款提到的因承包人原因工程质量达不到协议书约定的质量

标准；

(3)承包人不履行合同义务或不按合同约定履行义务的其他情况。

承包人承担违约责任,赔偿因其违约给发包人造成的损失。双方在专用条款内约定承包人赔偿发包人损失的计算方法或者承包人应当支付违约金的数额可计算方法。

13.《建设工程施工合同(示范文本)》(GF-2013-0201)与(GF-2017-0201)

5.1　质量要求

5.1.1　工程质量标准必须符合现行国家有关工程施工质量验收规范和标准的要求。有关工程质量的特殊标准或要求由合同当事人在专用合同条款中约定。

5.1.2　因发包人原因造成工程质量未达到合同约定标准的,由发包人承担由此增加的费用和(或)延误的工期,并支付承包人合理的利润。

5.1.3　因承包人原因造成工程质量未达到合同约定标准的,发包人有权要求承包人返工直至工程质量达到合同约定的标准为止,并由承包人承担由此增加的费用和(或)延误的工期。

5.3.2　检查程序

除专用合同条款另有约定外,工程隐蔽部位经承包人自检确认具备覆盖条件的,承包人应在共同检查前48小时书面通知监理人检查,通知中应载明隐蔽检查的内容、时间和地点,并应附有自检记录和必要的检查资料。

监理人应按时到场并对隐蔽工程及其施工工艺、材料和工程设备进行检查。经监理人检查确认质量符合隐蔽要求,并在验收记录上签字后,承包人才能进行覆盖。经监理人检查质量不合格的,承包人应在监理人指示的时间内完成修复,并由监理人重新检查,由此增加的费用和(或)延误的工期由承包人承担。

除专用合同条款另有约定外,监理人不能按时进行检查的,应在检查前24小时向承包人提交书面延期要求,但延期不能超过48小时,由此导致工期延误的,工期应予以顺延。监理人未按时进行检查,也未提出延期要求的,视为隐蔽工程检查合格,承包人可自行完成覆盖工作,并作相应记录报送监理人,监理人应签字确认。监理人事后对检查记录有疑问的,可按第5.3.3项〔重新检查〕的约定重新检查。

5.3.3　重新检查

承包人覆盖工程隐蔽部位后,发包人或监理人对质量有疑问的,可要求承包人对已覆盖的部位进行钻孔探测或揭开重新检查,承包人应遵照执行,并在检查后重新覆盖恢复原状。经检查证明工程质量符合合同要求的,由发包人承担由此增加的费用和(或)延误的工期,并支付承包人合理的利润;经检查证明工程质量不符合合同要求的,由此增加的费用和(或)延误的工期由承包人承担。

5.4.1　因承包人原因造成工程不合格的,发包人有权随时要求承包人采取补救措施,直至达到合同要求的质量标准,由此增加的费用和(或)延误的工期由承包人承担。无法补救的,按照第13.2.4项〔拒绝接收全部或部分工程〕约定执行。

5.5　质量争议检测

合同当事人对工程质量有争议的，由双方协商确定的工程质量检测机构鉴定，由此产生的费用及因此造成的损失，由责任方承担。

合同当事人均有责任的，由双方根据其责任分别承担。合同当事人无法达成一致的，按照第4.4款〔商定或确定〕执行。

9.3.3　监理人对承包人的试验和检验结果有异议的，或为查清承包人试验和检验成果的可靠性要求承包人重新试验和检验的，可由监理人与承包人共同进行。重新试验和检验的结果证明该项材料、工程设备或工程的质量不符合合同要求的，由此增加的费用和（或）延误的工期由承包人承担；重新试验和检验结果证明该项材料、工程设备和工程符合合同要求的，由此增加的费用和（或）延误的工期由发包人承担。

13.2.2　竣工验收程序

除专用合同条款另有约定外，承包人申请竣工验收的，应当按照以下程序进行：……（4）竣工验收不合格的，监理人应按照验收意见发出指示，要求承包人对不合格工程返工、修复或采取其他补救措施，由此增加的费用和（或）延误的工期由承包人承担。承包人在完成不合格工程的返工、修复或采取其他补救措施后，应重新提交竣工验收申请报告，并按本项约定的程序重新进行验收。……

13.2.4　拒绝接收全部或部分工程

对于竣工验收不合格的工程，承包人完成整改后，应当重新进行竣工验收，经重新组织验收仍不合格的且无法采取措施补救的，则发包人可以拒绝接收不合格工程，因不合格工程导致其他工程不能正常使用的，承包人应采取措施确保相关工程的正常使用，由此增加的费用和（或）延误的工期由承包人承担。

14.《建设项目工程总承包合同示范文本（试行）》（GF－2011－0216）

7.5.1　质量与检验

……（5）承包人的施工应符合合同约定的质量标准。施工质量评定以合同中约定的质量检验评定标准为依据。对不符合质量标准的施工部位，承包人应自费修复、返工、更换等。因此造成竣工日期延误的，由承包人负责。

16.1.2　承包人的违约责任

当发生下列情况时：

（1）承包人未能履行第6.2款对其提供的工程物资进行检验的约定、7.5款施工质量与检验的约定，未能修复缺陷；

……

承包人应采取补救措施，并赔偿因上述违约行为给发包人造成的损失。承包人承担违约责任，并不能减轻或免除合同中约定的由承包人继续履行的其他责任和义务。

15.《建设项目工程总承包合同（示范文本）》（GF－2020－0216）

6.4.1　工程质量要求

工程质量标准必须符合现行国家有关工程施工质量验收规范和标准的要求。有关工程质量的特殊标准或要求由合同当事人在专用合同条件中约定。

因承包人原因造成工程质量未达到合同约定标准的,发包人有权要求承包人返工直至工程质量达到合同约定的标准为止,并由承包人承担由此增加的费用和(或)延误的工期。因发包人原因造成工程质量未达到合同约定标准的,由发包人承担由此增加的费用和(或)延误的工期,并支付承包人合理的利润。

6.4.3 隐蔽工程检查

除专用合同条件另有约定外,工程隐蔽部位经承包人自检确认具备覆盖条件的,承包人应书面通知工程师在约定的期限内检查,通知中应载明隐蔽检查的内容、时间和地点,并应附有自检记录和必要的检查资料。

工程师应按时到场并对隐蔽工程及其施工工艺、材料和工程设备进行检查。经工程师检查确认质量符合隐蔽要求,并在验收记录上签字后,承包人才能进行覆盖。经工程师检查质量不合格的,承包人应在工程师指示的时间内完成修复,并由工程师重新检查,由此增加的费用和(或)延误的工期由承包人承担。……

承包人覆盖工程隐蔽部位后,工程师对质量有疑问的,可要求承包人对已覆盖的部位进行钻孔探测或揭开重新检查,承包人应遵照执行,并在检查后重新覆盖恢复原状。经检查证明工程质量符合合同要求的,由发包人承担由此增加的费用和(或)延误的工期,并支付承包人合理的利润;经检查证明工程质量不符合合同要求的,由此增加的费用和(或)延误的工期由承包人承担。

承包人未通知工程师到场检查,私自将工程隐蔽部位覆盖的,工程师有权指示承包人钻孔探测或揭开检查,无论工程隐蔽部位质量是否合格,由此增加的费用和(或)延误的工期均由承包人承担。

15.2.1 承包人违约的情形

除专用合同条件另有约定外,在履行合同过程中发生的下列情况之一的,属于承包人违约:

(1)承包人的原因导致的承包人文件、实施和竣工的工程不符合法律法规、工程质量验收标准以及合同约定;

……

(4) 因承包人原因导致工程质量不符合合同要求的;

……

(6) 承包人未能按项目进度计划及时完成合同约定的工作,造成工期延误;

(7)由于承包人原因未能通过竣工试验或竣工后试验的;

……

15.2.3 承包人违约的责任

承包人应承担因其违约行为而增加的费用和(或)延误的工期。此外,合同当事人可在专用合同条件中另行约定承包人违约责任的承担方式和计算方法。

16. FIDIC《施工合同条件》(1999版红皮书)

4.9 质量保证

承包商应建立质量保证体系,以论证遵照合同要求。该体系应符合合同的详细规定。工程师有权对体系的任何方面进行审查。

承包商应在每一设计和实施阶段开始前,向工程师提交所有程序和如何贯彻要求的文件的细节,供其参考。当任何技术性文件发给工程师时,文件本身应有经承包商本人事先批准的明显证据。

遵守质量保证体系,不应解除合同规定的承包商的任何任务、义务或职责。

7.5 拒收

如果检查、检验、测量或试验结果,发现任何生产设备、材料或工艺有缺陷,或不符合合同要求,工程师可向承包商发出通知,并说明理由,拒收上述生产设备、材料或工艺。承包商应迅速修复缺陷,并保证上述被拒收的项目符合合同规定。

如果工程师要求对上述生产设备、材料或工艺再次进行试验,这些试验应按相同的条款和条件重新进行。如果此项拒收和再次试验使雇主增加了费用,承包商应按照第2.5款[雇主的索赔]的规定,向雇主支付这笔费用。

11.1 完成扫尾工作和修补缺陷

为了使工程、承包商文件和每个单位工程在相应缺陷通知期限期满日期或其后,尽快达到合同要求(合理的损耗除外),承包商应:

(a)在工程师指示的合理时间内,完成移交证书中注明日期时尚未完成的任何工作,以及

(b)在工程或单位工程(视情况而定)的缺陷通知期限期满日期或其以前,按照雇主(或其代表)可能通知的要求,完成修补缺陷或损害所需的所有工作。

如果出现缺陷或发生损害,雇主(或其代表)应相应地通知承包商。

11.2 修补缺陷的费用

第11.1款[完成扫尾工作和修补缺陷]的(b)项中提出的所有工作,如果在归因于以下原因的范围,其实施中的风险和费用应由承包商承担:

(a)承包商负责的设计,

(b)生产设备、材料或工艺不符合合同要求,或

(c)承包商未能遵守任何其他义务。

如果此类工作在归因于任何其他原因的范围,雇主(或其代表)应迅速通知承包商,并应适用第13.3款[变更程序]的规定。

11.3 缺陷通知期限的延长

如果因为某项缺陷或损害达到使工程、单位工程或某项主要生产设备(视情况而定,并在接收以后)不能按原定目的使用的程度,雇主应有权根据第2.5款[雇主的索赔]的规

定，对工程或某一单位工程的缺陷通知期限提出延长期。但缺陷通知期限的延长不得超过两年。

当生产设备和（或）材料的交付和（或）安装，已根据第8.8款［暂时停工］或第16.1款［承包商暂停工作的权利］的规定暂停进行时，对于生产设备和（或）材料的缺陷通知期限原期满日期2年后发生的任何缺陷或损害，本条规定的承包商各项义务应不适用。

11.4 未能修补缺陷

如果承包商未能在合理的时间内修补任何缺陷或损害，雇主（或其代表）可确定一个日期，要求到或不迟于该日期修补好缺陷和损害，应将该日期向承包商发出合理的通知。

如果承包商到该通知的日期仍未修补好缺陷或损害，且此项修补工作根据第11.2款［修补缺陷的费用］的规定，应由承包商承担实施的费用，雇主可以（自行选择）：

（a）以合理的方式由他自己或他人进行此项工作，由承包商承担费用，但承包商对此项工作将不再负责任；承包商应按照第2.5款［雇主的索赔］的规定向雇主支付由雇主修补缺陷或损害而发生的合理费用；

（b）要求工程师按照第3.5款［确定］的要求，商定或确定合同价格的合理的减少额；或

（c）如果缺陷或损害使雇主实质上丧失了工程或工程的任何主要部分的整个利益时，终止整个合同，或其有关不能按原定意图使用的该主要部分。雇主还应有权在不损害根据合同或其他规定所具有的任何其他权利的情况下，收回对工程或该部分工程（视情况而定）的全部支出总额，加上融资费用和拆除工程、清理现场、以及将生产设备和材料退还给承包商所支付的费用。

11.5 移出有缺陷的工程

如果缺陷或损害在现场无法迅速修复，承包商可经雇主同意，将此类有缺陷或损害的各项生产设备移出现场进行修复。雇主此项同意可要求承包商按该项设备的全部重置成本，增加履约担保的金额，或提供其他适宜的担保。

11.6 进一步试验

如果任何缺陷或损害的修补可能对工程的性能产生影响，工程师可要求重新进行合同提出的任何试验。此要求应在该缺陷或损害修补后28天内发出通知提出。

这些试验，除应根据第11.2款［修补缺陷的费用］的规定，由对修补费用负责的一方承担风险和费用外，应按适用于先前试验的条款进行。

17. FIDIC《施工合同条件》（2017版红皮书）

7.5 Defects and Rejection

If, as a result of an examination, inspection, measurement or testing, any Plant, Materials, Contractor's design (if any) or workmanship is found to be defective or otherwise not in accordance with the Contract, the Engineer shall give a Notice to the Contractor describing the item of Plant, Materials, design or workmanship that has been found to be defective. The Contractor shall then promptly prepare and submit a proposal for necessary remedial work.

The Engineer may Review this proposal, and may give a Notice to the Contractor stating the extent to which the proposed work, if carried out, would not result in the Plant, Materials, Contractor's design (if any) or workmanship complying with the Contract. After receiving such a Notice the Contractor shall promptly submit a revised proposal to the Engineer. If the Engineer gives no such Notice within 14 days after receiving the Contractor's proposal (or revised proposal), the Engineer shall be deemed to have given a Notice of No – objection.

If the Contractor fails to promptly submit a proposal (or revised proposal) for remedial work, or fails to carry out the proposed remedial work to which the Engineer has given (or is deemed to have given) a Notice of No – objection, the Engineer may:

(a) instruct the Contractor under sub – paragraph (a) and/or (b) of Sub – Clause 7.6 [Remedial Work]; or

(b) reject the Plant, Materials, Contractor's design (if any) or workmanship by giving a Notice to the Contractor, with reasons, in which case sub – paragraph (a) of Sub – Clause 11.4 [Failure to Remedy Defects] shall apply.

After remedying defects in any Plant, Materials, design (if any) or workmanship, if the Engineer requires any such items to be retested, the tests shall be repeated in accordance with Sub – Clause 7.4 [Testing by the Contractor] at the Contractor's risk and cost. If the rejection and retesting cause the Employer to incur additional costs, the Employer shall be entitled subject to Sub – Clause 20.2 [Claims For Payment and/or EOT] to payment of these costs by the Contractor.

11.1 Completion of Outstanding Work and Remedying Defects

In order that the Works and Contractor's Documents, and each Section and/or Part, shall be in the condition required by the Contract (fair wear and tear excepted) by the expiry date of the relevant Defects Notification Period or as soon as practicable thereafter, the Contractor shall:

(a) complete any work which is outstanding on the relevant Date of Completion, within the time(s) stated in the Taking – Over Certificate or such other reasonable time as is instructed by the Engineer; and

(b) execute all work required to remedy defects or damage, of which a Notice is given to the Contractor by (or on behalf of) the Employer on or before the expiry date of the DNP for the Works or Section or Part (as the case may be).

If a defect appears (including if the Works fail to pass the Tests after Completion, if any) or damage occurs during the relevant DNP, a Notice shall be given to the Contractor accordingly, by (or on behalf of) the Employer. Promptly thereafter:

(i) the Contractor and the Employer's Personnel shall jointly inspect the defect or damage;

(ii) the Contractor shall then prepare and submit a proposal for necessary remedial work; and

(iii) the second, third and fourth paragraphs of Sub – Clause 7.5 [Defects and Rejection] shall apply.

11.2 Cost of Remedying Defects

All work under sub – paragraph (b) of Sub – Clause 11.1 [Completion of Outstanding Work and Remedying Defects] shall be executed at the risk and cost of the Contractor, if and to the extent that the work is attributable to:

(a) design (if any) of the Works for which the Contractor is responsible;

(b) Plant, Materials or workmanship not being in accordance with the Contract;

(c) improper operation or maintenance which was attributable to matters for which the Contractor is responsible (under Sub – Clauses 4.4.2 [As – Built Records], Sub – Clause 4.4.3 [Operation and Maintenance Manuals] and/or Sub – Clause 4.5 [Training] (where applicable) or otherwise); or

(d) failure by the Contractor to comply with any other obligation under the Contract.

If the Contractor considers that the work is attributable to any other cause, the Contractor shall promptly give a Notice to the Engineer and the Engineer shall proceed under Sub – Clause 3.7 [Agreement or Determination] to agree or determine the cause (and, for the purpose of Sub – Clause 3.7.3 [Time limits], the date of this Notice shall be the date of commencement of the time limit for agreement under Sub – Clause 3.7.3). If it is agreed or determined that the work is attributable to a cause other than those listed above, Sub – Clause 13.3.1 [Variation by Instruction] shall apply as if such work had been instructed by the Engineer.

11.3 Extension of Defects Notification Period

The Employer shall be entitled to an extension of the DNP for the Works, or a Section or a Part:

(a) if and to the extent that the Works, Section, Part or a major item of Plant (as the case may be, and after taking over) cannot be used for the intended purpose(s) by reason of a defect or damage which is attributable to any of the matters under sub – paragraphs (a) to (d) of Sub – Clause 11.2 [Cost of Remedying Defects]; and

(b) subject to Sub – Clause 20.2 [Claims For Payment and/or EOT].

However, a DNP shall not be extended by more than a period of two years after the expiry of the DNP stated in the Contract Data.

If delivery and/or erection of Plant and/or Materials was suspended under Sub – Clause 8.9 [Employer's Suspension] (other than where the cause of such suspension is the responsibility of the Contractor) or Sub – Clause 16.1 [Suspension by Contractor], the Contractor's obligations under this Clause shall not apply to any defects or damage occurring more than two years after the DNP for the Works, of which the Plant and/or Materials form part, would otherwise have expired.

11.4 Failure to Remedy Defects

If the remedying of any defect or damage under Sub – Clause 11.1 [Completion of Outstanding Works and Remedying Defects] is unduly delayed by the Contractor, a date may be fixed by (or on behalf of) the Employer, on or by which the defect or damage is to be remedied. A Notice of this fixed date shall be given to the Contractor by (or on behalf of) the Employer, which Notice shall allow the Contractor reasonable time (taking due regard of all relevant circumstances) to remedy the defect or damage.

If the Contractor fails to remedy the defect or damage by the date stated in this Notice and this remedial work was to be executed at the cost of the Contractor under Sub – Clause 11.2 [Cost of Remedying Defects], the Employer may (at the Employer's sole discretion):

(a) carry out the work or have the work carried out by others (including any retesting), in the manner required under the Contract and at the Contractor's cost, but the Contractor shall have no responsibility for this work. The Employer shall be entitled subject to Sub – Clause 20.2 [Claims For Payment and/or EOT] to payment by the Contractor of the costs reasonably incurred by the Employer in remedying the defect or damage;

(b) accept the damaged or defective work, in which case the Employer shall be entitled subject to Sub – Clause 20.2 [Claims For Payment and/or EOT] to a reduction in the Contract Price. The reduction shall be in full satisfaction of this failure only and shall be in the amount as shall be appropriate to cover the reduced value to the Employer as a result of this failure;

(c) require the Engineer to treat any part of the Works which cannot be used for its intended purpose(s) under the Contract by reason of this failure as an omission, as if such omission had been instructed under Sub – Clause 13.3.1 [Variation by Instruction]; or

(d) terminate the Contract as a whole with immediate effect (and Sub – Clause 15.2 [Termination for Contractor's Default] shall not apply) if the defect or damage deprives the Employer of substantially the whole benefit of the Works. The Employer shall then be entitled subject to Sub – Clause 20.2 [Claims For Payment and/or EOT] to recover from the Contractor all sums paid for the Works, plus financing charges and any costs incurred in dismantling the same, clearing the Site and returning Plant and Materials to the Contractor.

The exercise of discretion by the Employer under sub – paragraph (c) or (d) above shall be without prejudice to any other rights the Employer may have, under the Contract or otherwise.

11.5 Remedying of Defective Work off Site

If, during the DNP, the Contractor considers that any defect or damage in any Plant cannot be remedied expeditiously on the Site the Contractor shall give a Notice, with reasons, to the Employer requesting consent to remove the defective or damaged Plant off the Site for the purposes of repair. This Notice shall clearly identify each item of defective or damaged Plant, and shall give details of:

(a) the defect or damage to be repaired;

(b) the place to which defective or damaged Plant is to be taken for repair;

(c) the transportation to be used (and insurance cover for such transportation);

(d) the proposed inspections and testing off the Site;

(e) the planned duration required before the repaired Plant shall be returned to the Site; and

(f) the planned duration for reinstallation and retesting of the repaired Plant (under Sub-Clause 7.4 [Testing by the Contractor] and/or Clause 9 [Tests on Completion] if applicable).

The Contractor shall also provide any further details that the Employer may reasonably require.

When the Employer gives consent (which consent shall not relieve the Contractor from any obligation or responsibility under this Clause), the Contractor may remove from the Site such items of Plant as are defective or damaged. As a condition of this consent, the Employer may require the Contractor to increase the amount of the Performance Security by the full replacement cost of the defective or damaged Plant.

11.6 Further Tests after Remedying Defects

Within 7 days of completion of the work of remedying of any defect or damage, the Contractor shall give a Notice to the Engineer describing the remedied Works, Section, Part and/or Plant and the proposed repeated tests (under Clause 9 [Tests on Completion]). Within 7 days after receiving this Notice, the Engineer shall give a Notice to the Contractor either:

(a) agreeing with such proposed testing; or

(b) instructing the repeated tests that are necessary to demonstrate that the remedied Works, Section, Part and/or Plant comply with the Contract.

If the Contractor fails to give such a Notice within the 7 days, the Engineer may give a Notice to the Contractor, within 14 days after the defect or damage is remedied, instructing the repeated tests that are necessary to demonstrate that the remedied Works, Section, Part and/or Plant comply with the Contract.

All repeated tests under this Sub-Clause shall be carried out in accordance with the terms applicable to the previous tests, except that they shall be carried out at the risk and cost of the Party liable, under Sub-Clause 11.2 [Cost of Remedying Defects], for the cost of the remedial work.

18. FIDIC《生产设备和设计－施工合同条件》(1999 版黄皮书)

7.5　拒收

如果检查、检验、测量或试验结果,发现任何生产设备、材料、设计或工艺有缺陷,或不符合合同要求,工程师可向承包商发出通知,并说明理由,拒收该生产设备、材料、设计或工艺。承包商应迅速修复缺陷,并保证上述被拒收的项目符合合同规定。

如果工程师要求对上述生产设备、材料、设计或工艺再次进行试验,这些试验应按相同的条款和条件重新进行。如果此项拒收和再次试验使雇主增加了费用,承包商应按照第 2.5 款[雇主的索赔]的规定,向雇主支付这笔费用。

11.1　完成扫尾工作和修补缺陷

为了使工程、承包商文件和每个单位工程在相应的缺陷通知期限期满日期或其后,尽快达到合同要求(合理的损耗除外),承包商应:

(a)在工程师指示的合理时间内,完成接收证书注明日期时尚未完成的任何工作;

(b)在工程或单位工程(视情况而定)的缺陷通知期限期满日期或其以前,按照雇主(或其代表)可能通知的要求,完成修补缺陷或损害所需的所有工作。

如果出现缺陷或发生损坏,雇主(或其代表)应相应地通知承包商。

11.2　修补缺陷的费用

第 11.1 款[完成扫尾工作和修补缺陷](b)项中提出的所有工作,如果在归因于下列原因的范围其实施中的风险和费用应由承包商承担:

(a)工程的设计,由雇主负责(如果有)的部分设计除外,

(b)生产设备、材料或工艺不符合合同要求,

(c)由承包商(根据第 5.5 款至第 5.7 款或其他规定)负责的事项产生的不当的操作或维修,或

(d)承包商未能遵守任何其他义务。

如果此类工作在归因于任何其他原因的范围,雇主(或其代表)应迅速通知承包商,应适用第 13.3 款[变更程序]的规定。

11.3　缺陷通知期限的延长

如果由于某项缺陷或损害达到使工程、单位工程或某项主要生产设备(视情况而定,并在接收以后)不能按原定目的使用的程度,雇主应有权根据第 2.5 款[雇主的索赔]的规定,对工程或某一单位工程的缺陷通知期限提出一个延长期。但缺陷通知期限的延长不得超过 2 年。

如果生产设备和(或)材料的交付和(或)安装,已根据第 8.8 款[暂时停工]或第 16.1 款[承包商暂停工作的权利]的规定暂停进行时,对于生产设备和(或)材料的缺陷通知期限原期满日期两年后发生的任何缺陷或损害,本条规定的承包商各项义务应不适用。

11.4　未能修补缺陷

如果承包商未能在合理时间内修补任何缺陷或损害,雇主(或其代表)可确定一个日

期，要求到或不迟于该日期修补好缺陷或损害。应将该日期向承包商发出合理的通知。

如果承包商到该通知的日期仍未修补好缺陷或损害，且此项修补工作根据第11.2款［修补缺陷的费用］的规定，应由承包商承担实施的费用，雇主可以（自行选择）：

（a）以合理的方式由他自己或他人进行此项工作，由承包商承担费用，但承包商对此项工作将不再负责任；并且承包商应按照第2.5款［雇主的索赔］的规定，向雇主支付由雇主修补缺陷或损害而发生的合理费用；

（b）要求工程师按照第3.5款［确定］的规定，商定或确定合同价格的合理减少额；

（c）如果缺陷或损害使雇主实质上丧失了工程或工程任何主要部分的整个利益时，终止整个合同或其有关不能按原定意图使用的该主要部分。雇主还应有权在不损害根据合同或其他规定所具有的任何其他权利的情况下，收回对工程或该部分工程（视情况而定）的全部支出总额，加上融资费用和拆除工程、清理现场、以及将生产设备和材料退还给承包商所支付的费用。

11.5 移出有缺陷的工程

如果缺陷或损害在现场无法迅速修复，承包商可经雇主同意，将有缺陷或损害的各项生产设备移出现场进行修复。雇主此项同意可要求承包商按该项设备的全部重置成本，增加履约担保的金额，或提供其他适宜的担保。

11.6 进一步试验

如果任何缺陷或损害的修补，可能对工程的性能产生影响，工程师可要求重新进行合同提出的任何试验，包括竣工试验和（或）竣工后试验。此要求应在缺陷或损害修补后28天内发出通知提出。

这些试验，除应根据第11.2款［修补缺陷的费用］的规定，由对修补费用负责的一方承担试验的风险和费用外，应按适用于先前试验的条款进行。

19. FIDIC《生产设备和设计－施工合同条件》（2017版黄皮书）

7.5 Defects and Rejection

If, as a result of an examination, inspection, measurement or testing, any Plant, Materials, design or workmanship is found to be defective or otherwise not in accordance with the Contract, the Engineer shall give a Notice to the Contractor describing the item of Plant, Materials, design or workmanship that has been found to be defective. The Contractor shall then promptly prepare and submit a proposal for necessary remedial work.

The Engineer may Review this proposal, and may give a Notice to the Contractor stating the extent to which the proposed work, if carried out, would not result in the Plant, Materials, design or workmanship complying with the Contract. After receiving such a Notice the Contractor shall promptly submit a revised proposal to the Engineer. If the Engineer gives no such Notice within 14 days after receiving the Contractor's proposal (or revised proposal), the Engineer shall be deemed to have given a Notice of No－objection.

If the Contractor fails to promptly submit a proposal (or revised proposal) for remedial work, or fails to carry out the proposed remedial work to which the Engineer has given (or is deemed to have given) a Notice of No – objection, the Engineer may:

(a) instruct the Contractor under sub – paragraph (a) and/or (b) of Sub – Clause 7.6 [Remedial Work]; or

(b) reject the design, Plant, Materials or workmanship by giving a Notice to the Contractor, with reasons, in which case sub – paragraph (a) of Sub – Clause 11.4 [Failure to Remedy Defects] shall apply.

After remedying defects in any Plant, Materials, design or workmanship, if the Engineer requires any such items to be retested, the tests shall be repeated in accordance with Sub – Clause 7.4 [Testing by the Contractor] at the Contractor's risk and cost. If the rejection and retesting cause the Employer to incur additional costs, the Employer shall be entitled subject to Sub – Clause 20.2 [Claims For Payment and/or EOT] to payment of these costs by the Contractor.

11.1 Completion of Outstanding Work and Remedying Defects

In order that the Works and Contractor's Documents, and each Section and/or Part, shall be in the condition required by the Contract (fair wear and tear excepted) by the expiry date of the relevant Defects Notification Period or as soon as practicable thereafter, the Contractor shall:

(a) complete any work which is outstanding on the relevant Date of Completion, within the time(s) stated in the Taking – Over Certificate or such other reasonable time as is instructed by the Engineer; and

(b) execute all work required to remedy defects or damage, of which a Notice is given to the Contractor by (or on behalf of) the Employer on or before the expiry date of the DNP for the Works or Section or Part (as the case may be).

If a defect appears or damage occurs during the relevant DNP, a Notice shall be given to the Contractor accordingly, by (or on behalf of) the Employer. Promptly thereafter:

(i) the Contractor and the Employer's Personnel shall jointly inspect the defect or damage;

(ii) the Contractor shall then prepare and submit a proposal for necessary remedial work; and

(iii) the second, third and fourth paragraphs of Sub – Clause 7.5 [Defects and Rejection] shall apply.

11.2 Cost of Remedying Defects

All work under sub – paragraph (b) of Sub – Clause 11.1 [Completion of Outstanding Work and Remedying Defects] shall be executed at the risk and cost of the Contractor, if and to the extent that the work is attributable to:

(a) the design of the Works, other than a part of the design for which the Employer is responsible (if any);

(b) Plant, Materials or workmanship not being in accordance with the Contract;

(c) improper operation or maintenance which was attributable to matters for which the Contractor is responsible (under Sub - Clause 5.5 [Training], Sub - Clause 5.6 [As - Built Records] and/or Sub - Clause 5.7 [Operation and Maintenance Manuals] or otherwise); or

(d) failure by the Contractor to comply with any other obligation under the Contract.

If the Contractor considers that the work is attributable to any other cause, the Contractor shall promptly give a Notice to the Engineer and the Engineer shall proceed under Sub - Clause 3.7 [Agreement or Determination] to agree or determine the cause (and, for the purpose of Sub - Clause 3.7.3 [Time limits], the date of this Notice shall be the date of commencement of the time limit for agreement under Sub - Clause 3.7.3). If it is agreed or determined that the work is attributable to a cause other than those listed above, Sub - Clause 13.3.1 [Variation by Instruction] shall apply as if such work had been instructed by the Engineer.

11.3 Extension of Defects Notification Period

The Employer shall be entitled to an extension of the DNP for the Works, or a Section or a Part:

(a) if and to the extent that the Works, Section, Part or a major item of Plant (as the case may be, and after taking over) cannot be used for the intended purpose(s) by reason of a defect or damage which is attributable to any of the matters under sub - paragraphs (a) to (d) of Sub - Clause 11.2 [Cost of Remedying Defects]; and

(b) subject to Sub - Clause 20.2 [Claims For Payment and/or EOT]. However, a DNP shall not be extended by more than a period of two years after the expiry of the DNP stated in the Contract Data.

If delivery and/or erection of Plant and/or Materials was suspended under Sub - Clause 8.9 [Employer's Suspension] (other than where the cause of such suspension is the responsibility of the Contractor) or Sub - Clause 16.1 [Suspension by Contractor], the Contractor's obligations under this Clause shall not apply to any defects or damage occurring more than two years after the DNP for the Works, of which the Plant and/or Materials form part, would otherwise have expired.

11.4 Failure to Remedy Defects

If the remedying of any defect or damage under Sub - Clause 11.1 [Completion of Outstanding Works and Remedying Defects] is unduly delayed by the Contractor, a date may be fixed by (or on behalf of) the Employer, on or by which the defect or damage is to be remedied. A Notice of this fixed date shall be given to the Contractor by (or on behalf of) the Employer, which Notice shall allow the Contractor reasonable time (taking due regard of all relevant circumstances) to remedy the defect or damage.

If the Contractor fails to remedy the defect or damage by the date stated in this Notice and this remedial work was to be executed at the cost of the Contractor under Sub - Clause 11.2 [Cost of Remedying Defects], the Employer may (at the Employer's sole discretion):

(a) carry out the work or have the work carried out by others (including any retesting), in the manner required under the Contract and at the Contractor's cost, but the Contractor shall have no responsibility for this work. The Employer shall be entitled subject to Sub - Clause 20.2 [Claims For Payment and/or EOT] to payment by the Contractor of the costs reasonably incurred by the Employer in remedying the defect or damage;

(b) accept the damaged or defective work, in which case the Employer shall be entitled subject to Sub - Clause 20.2 [Claims For Payment and/or EOT] to:

(i) payment of Performance Damages by the Contractor in full satisfaction of this failure; or

(ii) if there is no Schedule of Performance Guarantees under the Contract, or no applicable Performance Damages, a reduction in the Contract Price. The reduction shall be in full satisfaction of this failure only and shall be in the amount as shall be appropriate to cover the reduced value to the Employer as a result of this failure;

(c) require the Engineer to treat any part of the Works which cannot be used for its intended purpose(s) under the Contract by reason of this failure as an omission, as if such omission had been instructed under Sub - Clause 13.3.1 [Variation by Instruction]; or

(d) terminate the Contract as a whole with immediate effect (and Sub - Clause 15.2 [Termination for Contractor's Default] shall not apply) if the defect or damage deprives the Employer of substantially the whole benefit of the Works. The Employer shall then be entitled subject to Sub - Clause 20.2 [Claims For Payment and/or EOT] to recover from the Contractor all sums paid for the Works, plus financing charges and any costs incurred in dismantling the same, clearing the Site and returning Plant and Materials to the Contractor.

The exercise of discretion by the Employer under sub - paragraph (c) or (d) above shall be without prejudice to any other rights the Employer may have, under the Contract or otherwise.

11.5 Remedying of Defective Work off Site

If, during the DNP, the Contractor considers that any defect or damage in any Plant cannot be remedied expeditiously on the Site the Contractor shall give a Notice, with reasons, to the Employer requesting consent to remove the defective or damaged Plant off the Site for the purposes of repair. This Notice shall clearly identify each item of defective or damaged Plant, and shall give details of:

(a) the defect or damage to be repaired;

(b) the place to which defective or damaged Plant is to be taken for repair;

(c) the transportation to be used (and insurance cover for such transportation);

(d) the proposed inspections and testing off the Site;

(e) the planned duration required before the repaired Plant shall be returned to the Site; and

(f) the planned duration for reinstallation and retesting of the repaired Plant (under Sub – Clause 7.4 [Testing by the Contractor] and/or Clause 9 [Tests on Completion] if applicable).

The Contractor shall also provide any further details that the Employer may reasonably require.

When the Employer gives consent (which consent shall not relieve the Contractor from any obligation or responsibility under this Clause), the Contractor may remove from the Site such items of Plant as are defective or damaged. As a condition of this consent, the Employer may require the Contractor to increase the amount of the Performance Security by the full replacement cost of the defective or damaged Plant.

11.6 Further Tests after Remedying Defects

Within 7 days of completion of the work of remedying of any defect or damage, the Contractor shall give a Notice to the Engineer describing the remedied Works, Section, Part and/or Plant and the proposed repeated tests (under Clause 9 [Tests on Completion] or Clause 12 [Tests after Completion], as applicable).

Within 7 days after receiving this Contractor's Notice, the Engineer shall give a Notice to the Contractor either:

(a) agreeing with such proposed testing; or

(b) instructing the repeated tests that are necessary to demonstrate that the remedied Works, Section, Part and/or Plant comply with the Contract.

If the Contractor fails to give such a Notice within the 7 days, the Engineer may give a Notice to the Contractor, within 14 days after the defect or damage is remedied, instructing the repeated tests that are necessary to demonstrate that the remedied Works, Section, Part and/or Plant comply with the Contract.

All repeated tests under this Sub – Clause shall be carried out in accordance with the terms applicable to the previous tests, except that they shall be carried out at the risk and cost of the Party liable, under Sub – Clause 11.2 [Cost of Remedying Defects], for the cost of the remedial work.

20. FIDIC《设计采购施工合同条件》(1999 版银皮书)

7.5 拒收

如果检查、检验、测量或试验结果,发现任何生产设备、材料、设计或工艺有缺陷,或不符合合同要求,雇主可向承包商发出通知,并说明理由,拒收该生产设备、材料、设计或工艺。承包商应迅速修复缺陷,并保证上述被拒收的项目符合合同规定。

如果雇主要求对上述生产设备、材料、设计或工艺再次进行试验,这些试验应按相同的条款和条件重新进行。如果此项拒收和再次试验使雇主增加了费用,承包商应按照第2.5款[雇主的索赔]的规定,向雇主支付这笔费用。

11.1 完成扫尾工作和修补缺陷

为了使工程、承包商文件和每个单位工程在相应缺陷通知期限期满日期或其后尽快达到合同要求(合理的损耗除外),承包商应:

(a)在雇主指示的合理时间内,完成接收证书注明日期时尚未完成的任何工作;

(b)在工程或单位工程(视情况而定)的缺陷通知期限期满日期或其以前,按照雇主可能通知的要求,完成修补缺陷或损害所需要的所有工作。

如果出现缺陷,或发生损害,雇主应相应地,通知承包商。

11.2 修补缺陷的费用

第11.1款[完成扫尾工作和修补缺陷](b)项中提出的所有工作,如果在归因于下述原因的范围,其执行中的风险和费用应由承包商承担:

(a)工程的设计;

(b)生产设备、材料或工艺不符合合同要求;

(c)由承包商(根据第5.5至5.7款或其他规定)负责的事项产生的不当的操作或维修;或

(d)承包商未能遵守任何其他义务。

如果此类工作在归因于任何其他原因的范围,雇主应根据情况通知承包商,并应适用第13.3款[变更程序]的规定。

11.3 缺陷通知期限的延长

如果因为某项缺陷或损害达到使工程、单位工程或某项主要生产设备(视情况而定,并在接收以后)不能按原定目的使用的程度,雇主应有权根据第2.5款[雇主的索赔]的规定对工程或某一单位工程的缺陷通知期限提出延长期。但缺陷通知期限的延长不得超过两年。

当生产设备和(或)材料的交付和(或)安装,已根据第8.8款[暂时停工]或第16.1款[承包商暂停工作的权利]的规定暂停进行时,对于生产设备和(或)材料的缺陷通知期限原期满日期两年后发生的任何缺陷或损害,本条规定的承包商各项义务应不适用。

11.4 未能修补缺陷

如果承包商未能在合理的时间内修补任何缺陷和损害,雇主(或其代表)可确定一个日期,要求到或不迟于该日期修补好缺陷或损害。应将该日期向承包商发出合理的通知。

如果承包商到该通知的日期仍未修补好缺陷或损害,且此项修补工作根据第11.2款[修补缺陷的费用]的规定,应由承包商承担实施的费用,雇主可以(自行选择):

(a)以合理的方式由他自己或他人进行此项工作,由承包商承担费用,但承包商对此项工作将不再负责任;承包商应按照第2.5款[雇主的索赔]的规定,向雇主支付由雇主修补缺陷或损害而发生的合理费用;

(b)按照第3.5款[确定]的规定,商定或确定合同价格的合理减少额;或

(c)如果缺陷或损害使雇主实质上丧失了工程或工程的任何主要部分的整个利益时,终止整个合同或其有关不能按原定意图使用的该主要部分。雇主还应有权在不损害根据合同或其他规定所具有的任何其他权利的情况下,收回对工程或该部分工程(视情况而定)的全部支出总额,加上融资费用和拆除工程、清理现场、以及将生产设备和材料退还给承包商所支付的费用。

11.5　移出有缺陷的工程

如果缺陷或损害在现场无法迅速修复,承包商可经雇主同意,将此类有缺陷或损害的各项生产设备移出现场进行修复。雇主此项同意可要求承包商按该项设备的全部重置成本,增加履约担保的金额,或提供其他适宜的担保。

11.6　进一步试验

如果任何缺陷或损害的修补,可能对工程的性能产生影响,雇主可要求重新进行合同提出的任何试验,包括竣工试验和(或)竣工后试验。此要求应在缺陷或损害修补后28天内发出通知提出。

这些试验,除应根据第11.2款[修补缺陷的费用]的规定,由对修补费用负责的一方承担试验的风险和费用外,应按适用于先前试验的条款进行。

21. FIDIC《设计采购施工合同条件》(2017版银皮书)

7.5　Defects and Rejection

If, as a result of an examination, inspection, measurement or testing, any Plant, Materials, design or workmanship is found to be defective or otherwise not in accordance with the Contract, the Employer shall give a Notice to the Contractor describing the item of Plant, Materials, design or workmanship that has been found to be defective. The Contractor shall then promptly prepare and submit a proposal for necessary remedial work.

The Employer may Review this proposal, and may give a Notice to the Contractor stating the extent to which the proposed work, if carried out, would not result in the Plant, Materials, design or workmanship complying with the Contract. After receiving such a Notice the Contractor shall promptly submit a revised proposal to the Employer. If the Employer gives no such Notice within 14 days after receiving the Contractor's proposal (or revised proposal), the Employer shall be deemed to have given a Notice of No – objection.

If the Contractor fails to promptly submit a proposal (or revised proposal) for remedial work, or fails to carry out the proposed remedial work to which the Employer has given (or is deemed to have given) a Notice of No – objection, the Employer may:

(a) instruct the Contractor under sub - paragraph (a) and/or (b) of Sub - Clause 7.6 [Remedial Work]; or

(b) reject the design, Plant, Materials or workmanship by giving a Notice to the Contractor, with reasons, in which case sub - paragraph (a) of Sub - Clause 11.4 [Failure to Remedy Defects] shall apply.

After remedying defects in any Plant, Materials, design or workmanship, if the Employer requires any such items to be retested, the tests shall be repeated in accordance with Sub - Clause 7.4 [Testing by the Contractor] at the Contractor's risk and cost. If the rejection and retesting cause the Employer to incur additional costs, the Employer shall be entitled subject to Sub - Clause 20.2 [Claims For Payment and/or EOT] to payment of these costs by the Contractor.

11.1 Completion of Outstanding Work and Remedying Defects

In order that the Works and Contractor's Documents, and each Section, shall be in the condition required by the Contract (fair wear and tear excepted) by the expiry date of the relevant Defects Notification Period or as soon as practicable thereafter, the Contractor shall:

(a) complete any work which is outstanding on the relevant Date of Completion, within the time(s) stated in the Taking - Over Certificate or such other reasonable time as is instructed by the Employer; and

(b) execute all work required to remedy defects or damage, of which a Notice is given to the Contractor by (or on behalf of) the Employer on or before the expiry date of the DNP for the Works or Section (as the case may be).

If a defect appears or damage occurs during the relevant DNP, a Notice shall be given to the Contractor accordingly, by (or on behalf of) the Employer. Promptly thereafter:

(i) the Contractor and the Employer's Personnel shall jointly inspect the defect or damage;

(ii) the Contractor shall then prepare and submit a proposal for necessary remedial work; and

(iii) the second, third and fourth paragraphs of Sub - Clause 7.5 [Defects and Rejection] shall apply.

11.2 Cost of Remedying Defects

All work under sub - paragraph (b) of Sub - Clause 11.1 [Completion of Outstanding Work and Remedying Defects] shall be executed at the risk and cost of the Contractor, if and to the extent that the work is attributable to:

(a) the design of the Works, other than a part of the design for which the Employer is responsible (if any);

(b) Plant, Materials or workmanship not being in accordance with the Contract;

(c) improper operation or maintenance which was attributable to matters for which the Contractor is responsible (under Sub - Clause 5.5 [Training], Sub - Clause 5.6 [As - Built Records] and/or Sub - Clause 5.7 [Operation and Maintenance Manuals] or otherwise); or

(d) failure by the Contractor to comply with any other obligation under the Contract.

If the Contractor considers that the work is attributable to any other cause, the Contractor shall promptly give a Notice to the Employer and the Employer's Representative shall proceed under Sub - Clause 3.5 [Agreement or Determination] to agree or determine the cause (and, for the purpose of Sub - Clause 3.5.3 [Time limits], the date of this Notice shall be the date of commencement of the time limit for agreement under Sub - Clause 3.5.3). If it is agreed or determined that the work is attributable to a cause other than those listed above, Sub - Clause 13.3.1 [Variation by Instruction] shall apply as if such work had been instructed by the Employer.

11.3 Extension of Defects Notification Period

The Employer shall be entitled to an extension of the DNP for the Works or a Section (or a part of the Works, if Sub - Clause 10.2 [Taking Over of Parts of the Works] applies):

(a) if and to the extent that the Works, Section (or the part of the Works) or a major item of Plant (as the case may be, and after taking over) cannot be used for the intended purpose (s) by reason of a defect or damage which is attributable to any of the matters under sub - paragraphs (a) to (d) of Sub - Clause 11.2 [Cost of Remedying Defects]; and

(b) subject to Sub - Clause 20.2 [Claims For Payment and/or EOT]. However, a DNP shall not be extended by more than a period of two years after the expiry of the DNP stated in the Contract Data.

If delivery and/or erection of Plant and/or Materials was suspended under Sub - Clause 8.9 [Employer's Suspension] (other than where the cause of such suspension is the responsibility of the Contractor) or Sub - Clause 16.1 [Suspension by Contractor], the Contractor's obligations under this Clause shall not apply to any defects or damage occurring more than two years after the DNP for the Works, of which the Plant and/or Materials form part, would otherwise have expired.

11.4 Failure to Remedy Defects

If the remedying of any defect or damage under Sub - Clause 11.1 [Completion of Outstanding Works and Remedying Defects] is unduly delayed by the Contractor, a date may be fixed by (or on behalf of) the Employer, on or by which the defect or damage is to be remedied. A Notice of this fixed date shall be given to the Contractor by (or on behalf of) the Employer, which Notice shall allow the Contractor reasonable time (taking due regard of all relevant circumstances) to remedy the defect or damage.

If the Contractor fails to remedy the defect or damage by the date stated in this Notice and this remedial work was to be executed at the cost of the Contractor under Sub – Clause 11. 2 [Cost of Remedying Defects], the Employer may (at the Employer's sole discretion):

(a) carry out the work or have the work carried out by others (including any retesting), in the manner required under the Contract and at the Contractor's cost, but the Contractor shall have no responsibility for this work. The Employer shall be entitled subject to Sub – Clause 20. 2 [Claims For Payment and/or EOT] to payment by the Contractor of the costs reasonably incurred by the Employer in remedying the defect or damage;

(b) accept the damaged or defective work, in which case the Employer shall be entitled subject to Sub – Clause 20. 2 [Claims For Payment and/or EOT] to:

(i) payment of Performance Damages by the Contractor in full satisfaction of this failure; or

(ii) if there is no Schedule of Performance Guarantees under the Contract, or no applicable Performance Damages, a reduction in the Contract Price. The reduction shall be in full satisfaction of this failure only and shall be in the amount as shall be appropriate to cover the reduced value to the Employer as a result of this failure;

(c) treat any part of the Works which cannot be used for its intended purpose(s) under the Contract by reason of this failure as an omission, as if such omission had been instructed under Sub – Clause 13. 3. 1 [Variation by Instruction]; or

(d) terminate the Contract as a whole with immediate effect (and Sub – Clause 15. 2 [Termination for Contractor's Default] shall not apply) if the defect or damage deprives the Employer of substantially the whole benefit of the Works. The Employer shall then be entitled subject to Sub – Clause 20. 2 [Claims For Payment and/or EOT] to recover from the Contractor all sums paid for the Works, plus financing charges and any costs incurred in dismantling the same, clearing the Site and returning Plant and Materials to the Contractor.

The exercise of discretion by the Employer under sub – paragraph (c) or (d) above shall be without prejudice to any other rights the Employer may have, under the Contract or otherwise.

11. 5 Remedying of Defective Work off Site

If, during the DNP, the Contractor considers that any defect or damage in any Plant cannot be remedied expeditiously on the Site the Contractor shall give a Notice, with reasons, to the Employer requesting consent to remove the defective or damaged Plant off the Site for the purposes of repair. This Notice shall clearly identify each item of defective or damaged Plant, and shall give details of:

(a) the defect or damage to be repaired;

(b) the place to which defective or damaged Plant is to be taken for repair;

(c) the transportation to be used (and insurance cover for such transportation);

(d) the proposed inspections and testing off the Site;

(e) the planned duration required before the repaired Plant shall be returned to the Site; and

(f) the planned duration for reinstallation and retesting of the repaired Plant (under Sub - Clause 7.4 [Testing by the Contractor] and/or Clause 9 [Tests on Completion] if applicable).

The Contractor shall also provide any further details that the Employer may reasonably require.

When the Employer gives consent (which consent shall not relieve the Contractor from any obligation or responsibility under this Clause), the Contractor may remove from the Site such items of Plant as are defective or damaged. As a condition of this consent, the Employer may require the Contractor to increase the amount of the Performance Security by the full replacement cost of the defective or damaged Plant.

11.6　Further Tests after Remedying Defects

Within 7 days of completion of the work of remedying of any defect or damage, the Contractor shall give a Notice to the Employer describing the remedied Works, Section and/or Plant and the proposed repeated tests (under Clause 9 [Tests on Completion] or Clause 12 [Tests after Completion], as applicable). If the Employer does not respond within 14 days after receiving this Notice, by giving a Notice to the Contractor objecting to such proposed repeated testing and/or instructing the repeated tests that are necessary to demonstrate that the remedied Works, Section and/or Plant comply with the Contract, the Employer shall be deemed to have agreed with the Contractor's proposed repeated testing.

If the Contractor fails to give such a Notice within the 7 days, the Employer may give a Notice to the Contractor, within 14 days after the defect or damage is remedied, instructing the repeated tests that are necessary to demonstrate that the remedied Works, Section and/or Plant comply with the Contract.

All repeated tests under this Sub - Clause shall be carried out in accordance with the terms applicable to the previous tests, except that they shall be carried out at the risk and cost of the Party liable, under Sub - Clause 11.2 [Cost of Remedying Defects], for the cost of the remedial work.

(三)索赔案例①

1.案情简介

2012年5月8日,汪清县宝泉房地产开发有限公司(以下简称宝泉公司)与江苏长安

① 参见最高人民法院民事判决书,(2018)最高法民再235号。

建设集团有限公司(以下简称长安公司)签订《建设工程施工合同》及补充条款,约定将宝泉公司开发的案涉工程发包给长安公司施工。2013 年 11 月 30 日,案涉工程完工并交付给宝泉公司,但在宝泉公司组织验收时,因已完工程存在质量问题需要整改而未能通过竣工验收。2014 年 5 月,案涉工程外墙体玻璃丝棉保温板发生脱落。长安公司与宝泉公司的往来函件内容表明,双方曾多次就外墙体保温工程质量缺陷进行沟通协商,有关主管部门也多次出面协调,长安公司亦曾提出过修复解决方案,并曾请求宝泉公司对存在质量缺陷部分予以甩项后办理竣工验收手续,宝泉公司拒绝在工程质量缺陷问题解决前办理竣工验收手续。后经由建设主管部门组织质量检测单位、设计单位、监理单位、施工单位、建设单位进行了会商,结论为外墙体玻璃丝棉保温板工程无法修复,只能在现有基础上采用铝单板干挂。因长安公司无该项施工资质,由宝泉公司将该工程发包给案外人北京市金星卓宏幕墙工程有限公司吉林分公司施工完成,最终案涉工程实际竣工时间为 2015 年 8 月 30 日。长安公司较之双方约定时间逾期竣工 630 天。

后宝泉公司与长安公司就工程款结算产生争议,宝泉公司向吉林省延边朝鲜族自治州中级人民法院提起诉讼,要求长安公司承担新天府一号楼外墙整体修复费用 11,269,075 元及工期延误损失 2000 万元。

就工期延误损失问题,一审法院经审理认为,长安公司虽然将已完工程交付给了宝泉公司,但在宝泉公司组织相关部门验收时,由于案涉外墙体装饰工程不符合质量标准未能通过,应视为工程未竣工,长安公司应承担逾期竣工的违约责任。根据合同约定,长安公司应赔偿逾期损失 4410 万元,宝泉公司仅主张 2000 万元。而长安公司作为施工方,依据该合同所赚取的利益甚微,要求其承担 2000 万元损失过重。综合本案双方当事人履行合同的主观态度和客观事实,并为平衡双方之间的利益关系,一审法院判决长安公司赔偿宝泉公司逾期损失 1200 万元。

长安公司不服一审判决,向吉林省高级人民法院提起上诉。就工期延误损失问题,二审法院经审理认为,案涉工程整体已经于 2013 年 11 月 30 日竣工,并交付宝泉公司使用,即长安公司已经依据合同约定时间竣工并交付案涉工程,其不存在逾期竣工的情形,故宝泉公司主张长安公司赔偿其逾期竣工损失没有事实和法律依据,二审法院不予支持,判决驳回宝泉公司的该等诉讼请求。

后宝泉公司不服二审判决,向最高人民法院申请再审。就工期延误损失问题,再审法院认为,案涉工程未能通过竣工验收的原因系因长安公司施工的工程质量存在缺陷,不符合竣工验收交付条件,故应认定系长安公司的原因造成工期延误,长安公司构成违约,依据合同约定应承担违约责任。二审法院对宝泉公司主张长安公司应承担逾期竣工违约责任的主张不予支持不当,再审法院予以纠正。但是,长安公司系按合同约定时间完成工程施工并交付给宝泉公司,至 2015 年 8 月 30 日外墙改建工程方才竣工。在案证据表明,案涉外墙体保温板发生脱落后,长安公司对质量问题原因进行了分析,并提交沿用原外墙保温材料设计基础上的整改施工方案,表明长安公司作为施工方,在工程出现质量问题后,并没有拒绝履行法定、约定的施工方对工程质量缺陷负有的维修义务。而外墙改建方案是经各方多轮协商、论证，于2015年4月方才确定。本案并无证据证明系因长安公司单方原因致使外墙质量缺陷解决方案长期无法确定。宝泉公司作为发包人，在工程出现质量问题后亦应及时与施工人协调解决，以避免损失进一步扩大。故案涉工程迟延竣工长达630天，与双方没有尽快解决工程质量缺陷整改方案亦有关，宝泉公司对工程长期未能竣工亦应负有一定责任。综合本案事实，再审法院判决长安公司赔偿宝泉公司逾期竣工损失500万元。

2. 案例分析

本案的争议焦点在于长安公司是否存在逾期竣工的情形以及长安公司应当承担的损失赔偿金额。首先，工程完工交付与竣工验收合格是两个不同的概念，本案二审法院正是因为混淆了二者的区别，才会作出不当的裁判结果。承包人虽于2013年11月30日完成案涉工程，但因外墙工程质量存在缺陷、不符合竣工验收交付条件而未能通过竣工验收。直至2015年8月30日，即本案争议的外墙保温改建工程竣工之日，案涉工程方才具备竣工验收条件，再审法院将该时点视为案涉工程竣工时间是恰当的。就上述工程质量缺陷导致工程未按期竣工所造成的发包人损失，承包人应当承担相应赔偿责任。实践中，发包人在发现已完工程存在质量问题时，应当避免作出竣工验收通过的意思表示或直接将工程投入使用，避免后续难以追究承包人的逾期竣工责任。

其次，关于长安公司应当承担的赔偿金数额，一审法院考虑到长安公司所获利益甚微，判决其承担1200万元逾期竣工损失；而再审法院对长安公司应承担赔偿金的判决结果与一审法院相比又减少700万元，主要原因在于再审法院认为宝泉公司作为发包人，在工程出现质量问题后未能及时与承包人协调解决以避免损失进一步扩大，其对工程长期未能竣工亦负有一定责任，故再审法院判决长安公司仅需承担500万元的逾期竣工损失。由于“法律不保护躺在权利上睡觉的人”，故发包人在面临工程逾期竣工的情形时，应当积极与承包人协商解决方案，及时敦促承包人履行合同义务，而不应单纯放任工程逾期损失不断扩大，否则在产生争议时，裁判机关可能会综合对方所获利益及双方过错程度来判定承包人应承担的赔偿金数额，而不是简单依据合同约定或发包人的损失来计取违约金或赔偿金。

（四）提示与建议

在建设工程施工合同中，向发包人交付质量合格的建设工程是承包人的主要义务，也是承包人的法定责任。如果系因承包人原因导致建设工程质量不符合约定的，承包人应当承担违约责任，其中就包括在承包人修理或者返工、改建后，导致建设工程迟延交付而应当承担迟延交付的违约责任。发包人在基于工程质量问题导致的工期延误问题向承包人提起索赔时，应主要注意以下方面：

1. 在实践中，导致建设工程质量缺陷的原因可能是多方面的，如勘察原因、设计原因、材料原因、施工工艺原因、工程量变更原因等。为准确划分责任范围,发包人应及时通过签证等方式对引发质量缺陷问题的事件进行通知,并尽可能在设计单位、监理单位、施工单位及政府建设主管部门的共同见证下对引发质量缺陷问题的事实予以确认,固定承包人违约事实,必要时应及时委托鉴定机构进行质量鉴定,以期在后续索赔过程中获得支持。

2. 在质量缺陷问题发生后,发包人应及时与承包人协调解决质量缺陷修复方案,尽快修复后办理竣工验收。总之,发包人应为避免工期延误损失进一步扩大尽到合理的注意义务,否则其索赔值有被减损的可能。

3. 迟延交付建设工程的责任主要表现为违约责任与损失赔偿责任,因此,在工程质量缺陷导致工程未按期竣工验收后,发包人应及时对各项工期延误损失的证据予以固定,避免因证据问题导致工期索赔无法获得支持。

第四章

同期延误情形下的工期索赔

一、同期延误的概念

同期延误(Concurrent Delay),是指在工程建设过程中,发包人的延误、承包人的延误同时发生的情况。由同期延误引起的工期延误索赔,是指多个索赔事件在同一时间上发生而引起的延误,并导致发包人与承包人相互向对方要求索赔的情形。

二、同期延误纠纷处理的难点

对于发包人而言,工程能否按期竣工常常关系到发包人能否按计划时间将工程投入运营,预期经济利益能否实现;而对于承包人来说,按期竣工是承包人的主合同义务,工期能够达到合同约定的进度要求,直接关系到承包人能否按期足额收到工程价款。

工程索赔实务中,如果索赔事件是一方的单个或多个原因所致,由于责任方单一,故处理相对较为简单。但是在实际工程施工过程中,索赔事件的成因较为复杂,通常并不仅是一方原因所致,对于这种同期延误情形,工期索赔中涉及的因素较多,因此索赔处理过程烦琐,双方的责任难以定性和定量。①

同期延误索赔的难点在于,每个建设工程都包含诸多任务工序,其中任何一个工序的迟延的原因可能是开工迟延,也可能是工序本身的迟延。而开工迟延与工序本身迟延的影响因素又复杂多样,各种因素之间有着不同的叠加效应和发散效应,由此导致最直接的结果就是单个工序的迟延对总工期延误的影响程度存在不确定性。另外,加上多个索赔事件可能属于发包人和承包人分别承担责任的过错或风险,以致具体责任分担量化又变得更加复杂。因此,对于索赔事件的责任的具体量化是这一类案件审理中的最大难点。②

① 参见李红敏、张勇:《同期延误情况下的工程索赔原则探讨》,载《国际经济合作》2007 年第 6 期。

② 参见李振忠:《多事件交叉干扰下工期延误索赔处理思路探讨》,载《宁夏大学学报(人文社会科学版)》2011 年第 6 期。

三、可能导致同期延误的情形

(一)承包人原因及责任

保证建设工程如期竣工是承包人的主合同义务之一,因此法律默认工期延误的风险和责任首先应当由承包人承担。只有在出现法定或约定例外情形的时候,才由发包人承担相应的风险和责任。根据《民法典》第801条及相关司法解释的规定,承包人承担工期延误责任的主要情形是因为工程质量不合格而维修或返工导致的工期延误以及因承包人资金或人员不足导致的工期延误。《建设工程施工合同(示范文本)》(GF-2017-0201)通用合同条款第7.5.2项“因承包人原因导致工期延误”约定:“因承包人原因造成工期延误的,可以在专用合同条款中约定逾期竣工违约金的计算方法和逾期竣工违约金的上限。承包人支付逾期竣工违约金后,不免除承包人继续完成工程及修补缺陷的义务。”

也就是说,因承包人原因导致的工期延误,承包人应当按照合同约定承担逾期竣工的违约责任,主要是合同约定的违约金或者赔偿发包人因工期延误而遭受的实际损失。

(二)发包人原因及责任

根据《建设工程施工合同(示范文本)》(GF-2017-0201)通用合同条款第7.5.1项“因发包人原因导致工期延误”约定:“在合同履行过程中,因下列情况导致工期延误和(或)费用增加的,由发包人承担由此延误的工期和(或)增加的费用,且发包人应支付承包人合理的利润:(1)发包人未能按合同约定提供图纸或所提供图纸不符合合同约定的;(2)发包人未能按合同约定提供施工现场、施工条件、基础资料、许可、批准等开工条件的;(3)发包人提供的测量基准点、基准线和水准点及其书面资料存在错误或疏漏的;(4)发包人未能在计划开工日期之日起7天内同意下达开工通知的;(5)发包人未能按合同约定日期支付工程预付款、进度款或竣工结算款的;(6)监理人未按合同约定发出指示、批准等文件的;(7)专用合同条款中约定的其他情形。因发包人原因未按计划开工日期开工的,发包人应按实际开工日期顺延竣工日期,确保实际工期不低于合同约定的工期总日历天数。因发包人原因导致工期延误需要修订施工进度计划的,按照第7.2.2项〔施工进度计划的修订〕执行。”

但是实际的工程施工过程中,上述所列举的发包人原因导致工期延误的单方责任,很多时候与承包人原因导致工期延误责任是交织产生的。例如,发包人拖延验收,而承包人又未做好成品保护工作,使已完工程出现损坏而需要返工或维修;或者发包人未按合同约定支付进度款,承包人也未能自筹资金组织足够的人员与材料保证工期;再或者发包人提供的施工设计资料出现重大错误,承包人作为专业施工单位因疏忽也未能发现错误,最终导致工程质量出现重大瑕疵,并引发返工等。从前述同期索赔情形的举例可以看出,这些索赔事件牵涉多方面因素,由于影响面比较大,以及各责任方对自己的过失认识不统一,所以在延误各方的责任分摊中很难达成一致，而且多个延误事件相互干扰影响给准确量化各方责任设置了障碍，引起延误各方争议，致使工期索赔无法顺利进行。①

四、同期延误索赔事件中的责任分担原则

在司法实践中，在面对同期延误导致的工期索赔时，一般的处理思路是：

1. 原因分析，即弄清引发延误的事件的最初原因是什么。在实践中的很多情况下，工期延误是由各种原因引起的同期延误造成的，引起初始延误的原因即初因。

基于初因已经使某项工作延误，其后发生的其他原因将不能对该工作产生更多延误的理念，在同期延误情况下的索赔事件中，初因是导致工程延误的直接原因，是具有决定性的。

2. 关键线路分析，即分析延误事件是否发生在关键线路上。在项目管理中，关键线路是指网络终端元素的序列，该序列具有最长的总工期并决定了整个项目的最短完成时间。关键线路的工期决定了整个项目的工期。任何关键线路上的终端元素的延迟将直接影响项目的预期完成时间（如在关键线路上没有浮动时间）。

3. 风险责任分担，即对于发生在关键线路上的延误事件，在确定应当是由承包人或发包人承担的风险的基础上，区分双方责任，以明确是否能够索赔费用，或是只能索赔工期。

如前所述，这三个步骤中，最难之处是责任分担。对于同期延误的责任分担，传统理论与实践中，有如下几种分担原则：

第一，初始责任人原则，即凡是在同一时间内发生的同期延误，应全部由初始责任人来承担，谁先导致了同期延误事件发生，谁就承担延误责任。这种划分方法，优点是简单明了，缺点是忽略不同责任方对延误事件的影响程度，对初始责任人不公平。该原则通常在适用于平行发包模式下的同期延误索赔处理时能取得较好效果，但在连带工序模式下，同期延误的情况复杂，往往初始责任人都无法准确区分，因此处理的效果并不佳。

第二，不利于承包人原则。适用该原则时，一般是将工期延误原因区分为可原谅延误和不可原谅延误。可原谅延误是指由非承包人原因造成的延误，不可原谅延误，是指由承包人自身原因造成的延误。同时，还需要将延误原因区分为可补偿延误和不可补偿延误。可补偿延误是指由发包人原因导致的延误，必须给予承包人经济补偿；不可补偿延误，是指由于客观原因造成的延误，对承包人只能进行工期补偿，不能进行经济补偿。在区分责任时，只要是发生了不可原谅延误，延误责任都需要由承包人承担。不可补偿延误和可补偿延误同时发生时，只能进行工期补偿，不能进行经济补偿。也就是说，凡是因发包人与客观原因引起的同期延误，承包人只能得到工期延长，而得不到经济补偿；凡是承包人与发包人或客观原因同时引起工期延误时，承包人既得不到工期延长，也得不到经济补偿。这种责任分担原则的优点是能够迅速确定同期延误的索赔责任人，但是对于承包人过于严格，排除了承包人的合理索赔权利，有违公平原则。

① 参见杨飞雪、洪传君：《共同延误工期下索赔事件的研究》，载《科学技术与工程》2008 年第 1 期。

第三,责任比例分摊原则,即对于同一时间段内发生的两种以上的工期延误因素,按照其各自给总工期造成的影响来分摊责任。根据《民法典》第592条第1款之规定,当事人都违反合同的,应当各自承担相应的责任。影响比例划分原则体现了现行立法精神。但是,这里出现的问题是,因为过错本身所引起的后果又可能成为继发后果的诱因,过错后果与继发后果交叉在一起,互相影响;如果同时存在风险事件,则情形更为复杂,既需要判断责任归属,又要衡量责任比例。在法律的原则规定之下,此时的责任判定,尤其是责任比例,就成了法官依公平正义、诚实信用原则进行自由裁量的范畴。该原则的适用过于偏重人为主观因素。

为了更好地适用责任比例分摊原则,以便在司法实践中将主观判断与客观标准更好地结合,有些专家提出,在责任比例分摊原则的基础上,应当进一步明确工期补偿与费用补偿的不同处理原则。根据工程施工的特点,工期补偿,在兼顾初始责任人的情况下,可以适用发包人责任优先原则;费用补偿,则应在进行责任划分时适用承包人责任优先原则。

这一原则的基本含义是,在同期延误时间段内,首先根据合同和施工资料,对工期延误导致的费用和延误的工期进行计算。对于工期补偿,如果引起工期延误的初始事件的责任方是发包人,应当给予承包人工期顺延。如果初始责任人不明确,则适用发包人责任优先原则,也给予承包人以工期补偿;对于费用损失,则根据双方对该费用损失影响的比例大小来进行责任划分,在责任划分时,对承包人科以更重的责任承担比例。

这种分担原则,首先易于操作,系较为清晰的处置方法。其内容也具有一定的合理性,比较符合工程施工实践的特点。在施工过程中发生的很多延误事件,都是承包人无法预见和掌控的。而且在施工合同的缔约阶段,发包人占有比较大的信息优势,承包人此时所承诺的工期,并不包括所谓的"风险工期"内容。因此,为了保证合同最终目标的实现,在工期是否顺延这一问题上,应采取从宽的态度,只要不是承包人重大过失或故意导致的单方责任,一般应当给予承包人工期顺延的补偿。但是对于费用补偿的责任划分,则应当给予承包人更重的责任。因为虽然在订约阶段,承包人处于信息劣势,但是在合同履行阶段,项目进度等诸方面的真实信息,都掌握在承包人手中,形成类似于"内部人控制"的局面,对拥有绝对信息优势的一方科以更为严格的责任,是符合公平原则的。但上述观点目前在实践中仍有一定争议。

五、同期延误相关案例

[案例一]陕西西岳山庄有限公司与中建三局建发工程有限公司、中建三局第三建设工程有限责任公司建设工程施工合同纠纷案①

1.案情简介

陕西西岳山庄有限公司(甲方,以下简称西岳山庄)于2001年11月30日与中建三局

① 参见最高人民法院民事判决书,(2007)民一终字第10号。

第三建设工程有限责任公司(乙方,原中国建筑第三工程局第三建筑安装工程公司,以下简称三公司)签订施工合同,将华山假日酒店工程发包给三公司施工。施工合同约定,工程开、竣工日期为2001年12月26日至2002年10月31日;施工合同同时约定,合同工期每提前或延误一天,按乙方承包工程总造价0.1‰对等奖罚。

开工后,双方矛盾不断。2002年7月至2003年4月,西岳山庄迟延履行支付工程款的义务,三公司数次向西岳山庄催要工程进度款,并以书面方式多次请求西岳山庄确认工期顺延、窝工费及机械停滞费。西岳山庄亦通过监理例会纪要、工程联系单等方式,要求追究三公司施工不规范、工程质量不合格、管理不严导致拖延工期的违约责任。2005年10月10日,三公司向西岳山庄发出《关于解除合同的通知》,并向陕西省高级人民法院起诉,请求判令西岳山庄支付拖欠的工程款及窝工损失共计23,213,450元。西岳山庄反诉请求判令三公司赔偿拖延工期罚金1,552,460元、额外支出的工程款1,472,921元、因工程拖延交付使用造成的不能营业的经济损失8,558,237元。

一审法院经审理认为,双方对工程未完工均有一定责任。比如,因西岳山庄付款不到位,三公司施工不规范、施工管理不严、返工等情况,共同造成工期延误。据此,对三公司主张的窝工损失以及西岳山庄反诉主张的拖延工期的罚金,均不予支持。

西岳山庄不服一审判决,向最高人民法院提起上诉。二审法院经审理认为,案涉工程迟延交付的原因,一是西岳山庄办理工程报建手续迟延,取得建设工程开工许可证的日期晚于合同约定的开工日期4个多月,取得《国有土地使用证》的日期晚于合同约定的工程竣工日期;二是西岳山庄提供施工图纸迟延,并且未在开工前解决施工所需的供水、供电,导致三公司不能正常施工;三是西岳山庄没有按进度付足工程款,严重影响施工。2003年4月11日,案涉工程主体分部工程验收合格,三公司还完成楼面找平和部分内粉,按进度西岳山庄应支付工程款1700万元,而到诉讼时西岳山庄支付的工程款、材料款两项合计为15,273,309.4元。西岳山庄拖欠工程款的行为已构成违约,应对工程迟延交付承担相应的违约责任。同时,三公司也存在施工现场人员和设备不足、施工管理不严和返工等情况,影响了施工进度。鉴于此,一审判决认定西岳山庄与三公司共同造成工期延误并无不当。由此可见,二审法院判令驳回上诉,维持原判。

2. 案例分析

从该案例可以看出,法院在处理存在同期延误情形的建设工程合同纠纷案件时,对工期延误责任并没有进行严格的认定按照过错比例分摊,而是认为双方责任各半共同造成工期延误。这种“各打五十大板”的处理方式,属于本书第一编第二章“工期争议解决的现状”中所说的各自承担型的裁判类型,对双方主张的工期延误损失均不予支持。我们认为,本案中工期延误责任分配与工程价款问题同样重要,但诉讼过程中仅针对已完成的案涉工程造价进行鉴定,未启动工期鉴定。如果本案中对工期进行鉴定,对案件中同期延误责任进行专业论证分析,法院通过工期鉴定报告的分析结果以及当事人双方对鉴定报告的意见回复进行综合考虑后最终形成判决,这样对责任认定比例的判决结果相较“各打五十大板”的结果可能更具有说服力。

[案例二]中国建筑股份有限公司与昆山市超华投资发展有限公司建设工程施工合同纠纷案①

1. 案情简介

2006年9月15日，昆山市超华投资发展有限公司(甲方，以下简称超华公司)与中国建筑股份有限公司(乙方，以下简称中建公司)签订《建设工程施工合同》。合同关于工期的约定如下：“总工期为370日历天(含节假日)。开工日期以发包人的书面通知为准。承包人延误工期在一个月内，均按每延误一天罚款10万元处理；延误工期超过一个月以上，均按每延误一天罚款15万元处理，同时发包人有权终止合同或指定其他施工单位施工，但工期处罚总额不超过合同总价的2%。该款项在工程结算价中直接扣除。因不可抗力及发包人(包括指定分包单位)的原因导致工期延误可按实际延误时间签证顺延。”

案涉工程于2006年10月31日开工，2009年7月2日整体竣工验收合格。双方在结算工程价款时，因工程造价和工期延误损失承担发生争议，2009年11月19日，中建公司诉至江苏省高级人民法院，请求判令超华公司支付欠付工程进度款4821.1726万元及利息损失684.53万元；支付欠付工程尾款11,678.0016万元(含延期损失4771.741万元)及利息损失132.5149万元、延误工期利息损失445.15万元。超华公司提起反诉，请求判令中建公司赔偿超华公司因工期延误而产生的合同违约金357.84万元。

一审法院经审理认为，关于工期延误的责任和损失如何确定及损失如何承担的问题，超华公司对工期延误应负主要责任，原因在于：(1)土方工程由超华公司直接发包给其他施工单位，延误工期110天；(2)消防工程也由超华公司直接发包给其他施工单位，原定2007年7月10日开工，但因超华公司变更设计等原因，导致消防工程迟延至2009年5月26日才竣工。此外，超华公司还自行发包了其他工程如安装工程、室外道路、管网工程、室内装饰及屋面工程等，均出现不同程度的迟延，影响了整体竣工验收。中建公司对工期延误负次要责任，原因在于：(1)中建公司现场施工人员不足，未满足技术标准、施工组织设计要求，一定程度上影响了工程进度；(2)中建公司在施工过程中未经超华公司许可，擅自签订11份工程分包合同，对工期延误造成一定影响。由此酌定中建公司因工期延期导致的窝工等实际损失1321万元，超华公司承担60%即792.6万元。对于工期延误造成的材料差价133.95万元，由超华公司承担。

超华公司与中建公司均不服一审判决，向最高人民法院提起上诉。二审法院经审理认为，就工期延误责任的划分及损失认定问题，尽管存在因停、窝工致工期延误时间界限不清，中建公司未按约履行工期顺延的手续及中建公司施工中也存在部分影响工期的因素等，但超华公司仍应承担工期延误的主要责任。根据已经查明的事实，一审判决要求中建公司对延误工期承担40%责任不妥，调整为由超华公司承担延误工期90%的责任，中

① 参见最高人民法院民事判决书，(2014)民一终字第310号。

建公司承担延误工期10%的责任。二审法院另外通过审核证据，在一审判决认定工期延误损失1321万元的基础上再行增加工期延误损失1,886,797元，即工期延误损失共计15,096,797元。

2. 案例分析

本案中，一审、二审法院认为双方当事人对工期延误均存在过错，根据双方所提供的证据，对双方过错和责任大小进行判断，认为一方对工期延误承担主要责任，另一方承担次要责任，进而确定责任百分比。一审、二审法院均认定超华公司对工期延误承担主要责任，中建公司承担次要责任。所不同的是，一审法院酌定由超华公司承担损失的60%，40%由中建公司自行承担，而二审法院则认定超华公司承担90%责任，中建公司自行承担10%责任。二审法院变更工期延误责任比例的理由如下：(1)识别出承包人中建公司有权延期，但不能获得补偿的延误事件。本案中存在的如高温顺延事件就属于这种情况；(2)将工期延误的工程量分开并分别分析延误原因，如中建公司在正负零以下施工工期完全符合施工期限要求；正负零以上至主体结构封顶阶段中建公司施工中并无导致工期延后的事实；在主体封顶至工程竣工验收阶段，超华公司并无充分证据证明中建公司施工中存有延后工期的事实。由此得出了具体的工期延误责任承担比例。

从前述案例分析以及本书第一编第二章“工期争议解决的现状”描述中不难看出，在涉及同期延误的索赔案件中，法院审判的基本方法是具体分析造成工期延误的原因，厘清这些原因中哪些可归责于发包人，哪些可归责于承包人，哪些不可归责于双方。在迟延原因的责任主体厘清后，接着界定各原因在整个迟延当中的影响力强弱，以确定各方应当承担的责任比例。例如遇到工程不同施工节点的工期延误问题的，将工程施工节点分开并分别分析。对于迟延原因影响力判断问题，首先须判断哪一项迟延事件最先发生，初始迟延事件一般对迟延负较大责任，在初始迟延发生作用期间内，其他并发的迟延原因承担较小责任。同时还要判断初始迟延事件与后续迟延事件之间是否存在必然的因果关系。最后将不可归责于双方原因，依据法律规定的不可抗力风险责任负担规则加以解决。最终将能够给予各迟延原因下的责任分摊一个基本公平的比例量化结果。通过对司法裁判的统计归类，可以将法院审判结果分为三类：简单加减型、比例分割型及各自承担型。

对于无法厘清责任的同期延误情形，法院的倾向性做法是对延误事件的初始责任人科以更重的责任。同时，无论是发包人还是承包人，就工期延误事件主张费用补偿时，法院对于证据的审查都是非常严格的。

关于同期延误责任分配承担问题，法院以工期鉴定方式处理的极少，而专业的工期鉴定有助于帮助法院更清楚地判断同期延误中各主体应承担的责任比例问题，工期鉴定报告也可以由当事人各方充分发表意见得出最终的鉴定结果。法院以该工期鉴定报告作为裁判工期延误责任比例的依据，更专业也更具有说服力。

六、同期延误情况下承发包双方需注意的事项

在我国现有的法律框架下,"同期延误"并非一个严格的法律概念。我国的裁判机构对于同期延误情况主要有两种裁判方向:一种是如果有相对可确认为能够延长工期的情形,则裁决可以相应延长工期。这是裁判者对工期延误的原因有比较自信判断时采用的方法。另一种则是在证据并不足够充分时,裁判者行使自由裁量权,根据发包人和承包人提交的相关证据,对工期的顺延进行酌定裁判。至于延误导致的费用索赔,我国司法实践现阶段大多数还未明确区分同期延误中双方的风险事件是否处在关键线路上这一要素。主流的裁判思路是要求主张费用索赔的一方举证证明各自损失实际发生的费用大小及损失与延误之间的因果关系,无论是承包人还是发包人,在无法区分自身风险事件导致的损失和对方风险事件导致的损失情况下,都无权享有费用索赔权。

通过进一步综合梳理相关判例中关于工期延误责任的认定规则,我们发现在现行司法实践中,一般将工期延误的举证责任科于承包人一方。承包人的举证责任分为三个方面:首先应当证明造成工期延误的事由属于发包人风险事件,而不是承包人风险事件;其次,应当证明承包人已经向发包人提起工期顺延签证或索赔;最后,应当证明发包人风险事件对工期的影响程度,即具体延误的天数。

因此,对于承包人而言,出现工期延误事件时,应当按照合同约定的索赔程序和要求发出工期或费用索赔申请,顺延申请中一定要附有相应风险事件的证明资料并注明需要顺延的具体天数或索赔的具体数额,且应当保留邮寄或签收的证据。

而对于发包人而言,由于在实践中即使承包人无法充分举证证明工期延误天数,但在其仅能证明发包人风险事件对工期的影响程度时,裁判者也会行使自由裁量权,酌情认定工期延误天数。所以,发包人在面对承包人提出的顺延工期申请时,一定要积极应对,收集证据,在合同约定时间内给出回复意见,并附有相应佐证资料,以期维护自身合法权益。

第五章

承发包双方提起索赔的关注要点

第一节　承包人向发包人索赔的关注要点

一、承包人提起索赔的期限及索赔程序

关于承包人提起索赔的期限和程序问题，我国现行法律法规未进行专门规定，但在《建设工程施工合同（示范文本）》（GF－2017－0201）中有相应的条款，其中通用合同条款第19.1款“承包人的索赔”约定：“根据合同约定，承包人认为有权得到追加付款和（或）延长工期的，应按以下程序向发包人提出索赔：（1）承包人应在知道或应当知道索赔事件发生后28天内，向监理人递交索赔意向通知书，并说明发生索赔事件的事由；承包人未在前述28天内发出索赔意向通知书的，丧失要求追加付款和（或）延长工期的权利；（2）承包人应在发出索赔意向通知书后28天内，向监理人正式递交索赔报告；索赔报告应详细说明索赔理由以及要求追加的付款金额和（或）延长的工期，并附必要的记录和证明材料；（3）索赔事件具有持续影响的，承包人应按合理时间间隔继续递交延续索赔通知，说明持续影响的实际情况和记录，列出累计的追加付款金额和（或）工期延长天数；（4）在索赔事件影响结束后28天内，承包人应向监理人递交最终索赔报告，说明最终要求索赔的追加付款金额和（或）延长的工期，并附必要的记录和证明材料。”

此外，《建设项目工程总承包合同（示范文本）》（GF－2020－0216）通用合同条件第19.1款“索赔的提出”约定，根据合同约定，任意一方认为有权得到追加/减少付款、延长缺陷责任期和（或）延长工期的，应按以下程序向对方提出索赔：（1）索赔方应在知道或应当知道索赔事件发生后28天内，向对方递交索赔意向通知书，并说明发生索赔事件的事由；索赔方未在前述28天内发出索赔意向通知书的，丧失要求追加/减少付款、延长缺陷责任期和（或）延长工期的权利；（2）索赔方应在发出索赔意向通知书后28天内，向对方正式递交索赔报告；索赔报告应详细说明索赔理由以及要求追加的付款金额、延长缺陷责任期和（或）延长的工期，并附必要的记录和证明材料；（3）索赔事件具有持续影响的，索赔方应每月递交延续索赔通知，说明持续影响的实际情况和记录，列出累计的追加付款金

额、延长缺陷责任期和(或)工期延长天数;(4)在索赔事件影响结束后28天内,索赔方应向对方递交最终索赔报告,说明最终要求索赔的追加付款金额、延长缺陷责任期和(或)延长的工期,并附必要的记录和证明材料;(5)承包人作为索赔方时,其索赔意向通知书、索赔报告及相关索赔文件应向工程师提出;发包人作为索赔方时,其索赔意向通知书、索赔报告及相关索赔文件可自行向承包人提出或由工程师向承包人提出。第19.2款“承包人索赔的处理程序”约定:“(1)工程师收到承包人提交的索赔报告后,应及时审查索赔报告的内容、查验承包人的记录和证明材料,必要时工程师可要求承包人提交全部原始记录副本。(2)工程师应按第3.6款[商定或确定]商定或确定追加的付款和(或)延长的工期,并在收到上述索赔报告或有关索赔的进一步证明材料后及时书面告知发包人,并在42天内,将发包人书面认可的索赔处理结果答复承包人。工程师在收到索赔报告或有关索赔的进一步证明材料后的42天内不予答复的,视为认可索赔。(3)承包人接受索赔处理结果的,发包人应在作出索赔处理结果答复后28天内完成支付。承包人不接受索赔处理结果的,按照第20条[争议解决]约定处理。”

两示范文本详细规定了承包人向发包人提出索赔的期限、程序和需要的索赔材料,具有很强的实践指导意义。虽前述示范文本不具有强制执行效力,但实践中,发包人与承包人也多会在施工合同中约定类似索赔条款。作为承包人,在施工过程中应注意以下索赔技巧:

1. 一旦出现可索赔工期的事件,承包人应积极、主动向发包人提出索赔。在制作索赔报告时,应注意明确提出索赔的工期和费用,并列明索赔根据和附上相应的索赔证据,做到索赔有理有据。承包人提起索赔的前提是要证明工期存在关键线路延误且系由发包人原因导致。在向发包人发出索赔通知时,应按照合同约定程序和方式提出,无约定的,应同时向监理人和发包人发出索赔通知,并尽量争取保留对方签收记录,如其拒绝签收可采取公证方式送达。

2. 对于因工期延误引起的各项费用的增加,承包人也可提出索赔,将由此产生的费用与损失列举相应证据予以证明,在制作索赔报告时,同样应注意索赔报告的内容和送达。

3. 对于持续发生的索赔事件,应注意定期向发包人提出索赔,索赔事件结束后,应向发包人提出一个总的索赔报告,对以前发生的所有索赔情况进行总结并报告。

此外,需要特别重视索赔期限(提出索赔的期限)问题,前述两示范文本中均对递交索赔意向通知书、递交索赔报告、递交延续索赔通知和递交最终索赔报告的期限进行了规定,承包人在索赔时应当在合同约定的期限内提出索赔,否则将丧失索赔权。对此,该等示范文本还专门规定了提出索赔的终止期限。《建设工程施工合同(示范文本)》(GF-

2017－0201)通用合同条款第 19.5 款“提出索赔的期限”约定:“(1)承包人按第 14.2 款[1]〔竣工结算审核〕约定接收竣工付款证书后,应被视为已无权再提出在工程接收证书颁发前所发生的任何索赔。(2)承包人按第 14.4 款[2]〔最终结清〕提交的最终结清申请单中,只限于提出工程接收证书颁发后发生的索赔。提出索赔的期限自接受最终结清证书时终止。”《建设项目工程总承包合同(示范文本)》(GF－2020－0216)通用合同条件第 19.4 款

① 14.2 竣工结算审核

(1)除专用合同条款另有约定外,监理人应在收到竣工结算申请单后 14 天内完成核查并报送发包人。发包人应在收到监理人提交的经审核的竣工结算申请单后 14 天内完成审批,并由监理人向承包签发经发包人签认的竣工付款证书。监理人或发包人对竣工结算申请单有异议的,有权要求承包人进行修正和提供补充资料,承包人应提交修正后的竣工结算申请单。发包人在收到承包人提交竣工结算申请书后 28 天内未完成审批且未提出异议的,视为发包人认可承包人提交的竣工结算申请单,并自发包人收到承包人提交的竣工结算申请单后第 29 天起视为已签发竣工付款证书。(2)除专用合同条款另有约定外,发包人应在签发竣工付款证书后的 14 天内,完成对承包人的竣工付款。发包人逾期支付的,按照中国人民银行发布的同期同类贷款基准利率支付违约金;逾期支付超过 56 天的,按照中国人民银行发布的同期同类贷款基准利率的两倍支付违约金。(3)承包人对发包人签认的竣工付款证书有异议的,对于有异议部分应在收到发包人签认的竣工付款证书后 7 天内提出异议,并由合同当事人按照专用合同条款约定的方式和程序进行复核,或按照第 20 条〔争议解决〕约定处理。对于无异议部分,发包人应签发临时竣工付款证书,并按本款第(2)项完成付款。承包人逾期未提出异议的,视为认可发包人的审批结果。

② 14.4 最终结清

14.4.1 最终结清申请单

(1)除专用合同条款另有约定外,承包人应在缺陷责任期终止证书颁发后 7 天内,按专用合同条款约定的份数向发包人提交最终结清申请单,并提供相关证明材料。

除专用合同条款另有约定外,最终结清申请单应列明质量保证金、应扣除的质量保证金、缺陷责任期内发生的增减费用。

(2)发包人对最终结清申请单内容有异议的,有权要求承包人进行修正和提供补充资料,承包人应向发包人提交修正后的最终结清申请单。

14.4.2 最终结清证书和支付

(1)除专用合同条款另有约定外,发包人应在收到承包人提交的最终结清申请单后 14 天内完成审批并向承包人颁发最终结清证书。发包人逾期未完成审批,又未提出修改意见的,视为发包人同意承包人提交的最终结清申请单,且自发包人收到承包人提交的最终结清申请单后 15 天起视为已颁发最终结清证书。

(2)除专用合同条款另有约定外,发包人应在颁发最终结清证书后 7 天内完成支付。发包人逾期支付的,按照中国人民银行发布的同期同类贷款基准利率支付违约金;逾期支付超过 56 天的,按照中国人民银行发布的同期同类贷款基准利率的两倍支付违约金。

(3)承包人对发包人颁发的最终结清证书有异议的,按第 20 条〔争议解决〕的约定办理。

“提出索赔的期限”约定:“(1)承包人按第 14.5 款 [1][竣工结算]约定接收竣工付款证书后,应被认为已无权再提出在合同工程接收证书颁发前所发生的任何索赔。(2)承包人按第 14.7 款 [2][最终结清]提交的最终结清申请单中,只限于提出工程接收证书颁发后发生

---

① 14.5 竣工结算

14.5.1 竣工结算申请

除专用合同条件另有约定外,承包人应在工程竣工验收合格后 42 天内向工程师提交竣工结算申请单,并提交完整的结算资料,有关竣工结算申请单的资料清单和份数等要求由合同当事人在专用合同条件中约定。除专用合同条件另有约定外,竣工结算申请单应包括以下内容:(1)竣工结算合同价格;(2)发包人已支付承包人的款项;(3)采用第 14.6.1 项[承包人提供质量保证金的方式]第(2)种方式提供质量保证金的,应当列明应预留的质量保证金金额;采用第 14.6.1 项[承包人提供质量保证金的方式]中其他方式提供质量保证金的,应当按第 14.6 款[质量保证金]提供相关文件作为附件;(4)发包人应支付承包人的合同价款。

14.5.2 竣工结算审核

(1)除专用合同条件另有约定外,工程师应在收到竣工结算申请单后 14 天内完成核查并报送发包人。发包人应在收到工程师提交的经审核的竣工结算申请单后 14 天内完成审批,并由工程师向承包人签发经发包人签认的竣工付款证书。工程师或发包人对竣工结算申请单有异议的,有权要求承包人进行修正和提供补充资料,承包人应提交修正后的竣工结算申请单。

发包人在收到承包人提交竣工结算申请书后 28 天内未完成审批且未提出异议的,视为发包人认可承包人提交的竣工结算申请单,并自发包人收到承包人提交的竣工结算申请单后第 29 天起视为已签发竣工付款证书。

(2)除专用合同条件另有约定外,发包人应在签发竣工付款证书后的 14 天内,完成对承包人的竣工付款。发包人逾期支付的,按照贷款市场报价利率(LPR)支付违约金;逾期支付超过 56 天的,按照贷款市场报价利率(LPR)的两倍支付违约金。

(3)承包人对发包人签认的竣工付款证书有异议的,对于有异议部分应在收到发包人签认的竣工付款证书后 7 天内提出异议,并由合同当事人按照专用合同条件约定的方式和程序进行复核,或按照第 20 条[争议解决]约定处理。对于无异议部分,发包人应签发临时竣工付款证书,并按本款第(2)项完成付款。承包人逾期未提出异议的,视为认可发包人的审批结果。

14.5.3 扫尾工作清单

经双方协商,部分工作在工程竣工验收后进行的,承包人应当编制扫尾工作清单,扫尾工作清单中应当列明承包人应当完成的扫尾工作的内容及完成时间。

承包人完成扫尾工作清单中的内容应取得的费用包含在第 14.5.1 项[竣工结算申请]及第 14.5.2 项[竣工结算审核]中一并结算。

扫尾工作的缺陷责任期按第 11 条[缺陷责任与保修]处理。承包人未能按照扫尾工作清单约定的完成时间完成扫尾工作的,视为承包人原因导致的工程质量缺陷按照第 11.3 款[缺陷调查]处理。

② 14.7 最终结清

14.7.1 最终结清申请单

(1)除专用合同条件另有约定外,承包人应在缺陷责任期终止证书颁发后 7 天内,按专用合同条件约定的份数向发包人提交最终结清申请单,并提供相关证明材料。除专用合同条件另有约定外,最终结清申请单应列明质量保证金、应扣除的质量保证金、缺陷责任期内发生的增减费用。

(2)发包人对最终结清申请单内容有异议的,有权要求承包人进行修正和提供补充资料,承包人应向发包人提交修正后的最终结清申请单。

14.7.2 最终结清证书和支付

(1)除专用合同条件另有约定外,发包人应在收到承包人提交的最终结清申请单后 14 天内完成审批并向承包人颁发最终结清证书。发包人逾期未完成审批,又未提出修改意见的,视为发包人同意承包人提交的最终结清申请单,且自发包人收到承包人提交的最终结清申请单后 15 天起视为已颁发最终结清证书。

(2)除专用合同条件另有约定外,发包人应在颁发最终结清证书后 7 天内完成支付。发包人逾期支付的,按照贷款市场报价利率(LPR)支付利息;逾期支付超过 56 天的,按照贷款市场报价利率(LPR)的两倍支付利息。

(3)承包人对发包人颁发的最终结清证书有异议的,按第 20 条[争议解决]的约定办理。

的索赔。提出索赔的期限均自接受最终结清证书时终止。”

二、其他索赔关注要点

承包人进行工期索赔前,应注意收集尽可能多的证据支撑其索赔请求,证据材料的具体类型及收集注意事项详见本书第三编内容(发包人提起索赔时可一并参照,后续第二节不再赘述)。承包人在收集工期索赔相关证据材料时,还应注意以下事项。

1. 索赔证据必须真实、合法

承包人收集的索赔证据必须保证真实、合法,通过伪造或采取威胁、利诱、欺骗等方式收集的证据,不仅不能通过其达到成功索赔的目的,反而还会给自身带来不利的法律后果。

2. 索赔证据的收集必须及时

很多证据都是具有时效性的,一旦错过收集时间,将会永远遗失,事后很难再收集到,因此承包人应在平时就注意索赔证据的收集和留存。

3. 索赔证据的收集必须全面、完整

索赔证据只有形成一个完整的证据链,方能有效地证明索赔事项成立,确保索赔成功。例如,因发包人进度款支付迟延导致工期延误,承包人在收集索赔证据时除需收集发包人工程款支付凭证等证据,还需提供合同依据、催告付款等证据予以支撑,如此方可增加索赔成功的概率。

第二节　发包人向承包人索赔的关注要点

一、发包人提起索赔的期限及索赔程序

从法律层面而言,关于发包人向承包人提起索赔的期限和程序问题,我国法律未进行专门规定,但实践中几乎所有的承包合同都会对索赔的程序、时限进行明确约定。

《建设工程施工合同(示范文本)》(GF－2017－0201)中便有相应约定。其中通用合同条款第19.3款“发包人的索赔”约定:“根据合同约定,发包人认为有权得到赔付金额和(或)延长缺陷责任期的,监理人应向承包人发出通知并附有详细的证明。发包人应在知道或应当知道索赔事件发生后28天内通过监理人向承包人提出索赔意向通知书,发包人未在前述28天内发出索赔意向通知书的,丧失要求赔付金额和(或)延长缺陷责任期的权利。发包人应在发出索赔意向通知书后28天内,通过监理人向承包人正式递交索赔报告。”第19.4款“对发包人索赔的处理”约定:“对发包人索赔的处理如下:(1)承包人收到发包人提交的索赔报告后,应及时审查索赔报告的内容、查验发包人证明材料;(2)承包人应在收到索赔报告或有关索赔的进一步证明材料后28天内,将索赔处理结果答复发包

人。如果承包人未在上述期限内作出答复的，则视为对发包人索赔要求的认可；(3)承包人接受索赔处理结果的，发包人可从应支付给承包人的合同价款中扣除赔付的金额或延长缺陷责任期；发包人不接受索赔处理结果的，按第20条〔争议解决〕约定处理。”

《建设项目工程总承包合同(示范文本)》(GF-2020-0216)中亦有相应约定。其中通用合同条件第19.1款“索赔的提出”约定的是承发包双方索赔的通用程序，上一节已有提及，此处不再赘述。通用合同条件第19.3款“发包人索赔的处理条件”约定：“(1)承包人收到发包人提交的索赔报告后，应及时审查索赔报告的内容、查验发包人证明材料；(2)承包人应在收到上述索赔报告或有关索赔的进一步证明材料后42天内，将索赔处理结果答复发包人。承包人在收到索赔通知书或有关索赔的进一步证明材料后的42天内不予答复的，视为认可索赔。(3)发包人接受索赔处理结果的，发包人可从应支付给承包人的合同价款中扣除赔付的金额或延长缺陷责任期；发包人不接受索赔处理结果的，按第20条[争议解决]约定处理。”

上述两示范文本详细约定了发包人向承包人提出索赔的期限、程序和需要的索赔材料，具有很强的实践指导意义。虽前述示范文本不具有强制执行效力，但实践中，发包人与承包人也多会参照上述条款在合同中作出类似的约定，因此发包人以工期延误为由在对承包人进行索赔时，应着重留意上述条款。具体到索赔实践中，发包人应注意以下事项：

1. 发包人应密切关注施工动态，一旦出现可索赔事项，应尽快向承包人提出索赔。发包人在向承包人提交正式的索赔报告时，应提出明确的索赔主张，一般而言，发包人可要求承包人赔付金额或者延长缺陷责任期。为提高索赔协商的效率，发包人应尽可能详细地列明索赔事由并收集相关证据，做到索赔有理有据。同时，在索赔意向通知书或正式索赔报告的送达程序方面，应当遵循合同约定的程序。

2. 发包人在与承包人签署结算协议时应保持谨慎，结算协议中关于工期延误索赔事项的约定内容对双方具有拘束力。实践中，当承包人出现工期延误情况时，出于提高争议解决效率或降低成本的考虑，其更希望与发包人通过签署结算协议的方式进行处理，若发包人认可了相关结算协议的内容，则应受其内容约束。

二、其他索赔关注要点

发包人为防止在提起索赔的同时亦被承包人索赔的情形发生，在实践中应做好工程施工管理，尽可能避免出现因己方原因导致工期延误的情形，做到事前预防，主要应做到以下几点：

1. 通过尽量压缩计划工期，来为工期索赔顺延预留空间，应对信息不对称。因为承发包双方处于信息不对称状态，即发包人一般无法对承包人是否因自身原因造成工期顺延进行判断，而承包人却可以通过相关手续证明、联系单、付款凭证等发包人的书面行为来提出工期顺延，证据较易收集。为避免承包人提出工期顺延影响发包人未来的工程使用计划,建议发包人尽量压缩计划工期,以维护己方权益。

2. 改变付款方式。过于苛刻的付款方式会不利于工程施工工作的顺利开展,而宽松的付款方式容易使承包人将工程款挪作他用,发包人也会因面临较大的资金压力而较易触发违约责任条款,甚至会有导致工期延误责任的风险。工程款支付方式只有恰到好处,才能发挥作用。例如,可考虑采用弹性动态的付款方式,即一定期限内的逾期付款不视为违约,承包人不得据此停、窝工或要求工期顺延和费用赔偿,该等宽限期过后仍未支付款项则可按递增法顺延工期和补偿利息等。

3. 重视标前会审及标文会签,尽量通过标文完善及图纸修改来减少可能会拖延工期的因素。

4. 利用项目管理技术来加强工程管理加快项目各个环节进程。项目管理技术一般有以下几种:关键链法(CCM)、计划评审技术(PERT)、关键线路法(CPM)、工作分层结构(WBS)等。

一旦因发包人原因导致工期可能发生延误的,发包人还应注意以下几点:

1. 收集证据证明导致的工期延误并非发生在关键线路上;

2. 收集证据证明并非发包人单方因素导致工期延误,承包人亦存在一定过错,或存在不可抗力因素交织的情形;

3. 收集证据证明并未因此给承包人造成损失或承包人主张的索赔金额高于实际损失。

第五编

工期延误责任量化

第一章

法务工期概述

第一节 法务工期的特点

目前,我国面对工期争议解决尚缺乏科学的量化方法。法务工期概念的引入就是为了回答与解决我国目前在工期司法实践当中存在的该等问题。

法务工期有如下特点:①

(1)法务工期分析应使用业界认可的方法。

(2)法务工期是一个与工程进度计划相关联但又有区别的技术领域。可能足以用于项目规划、进度计划和控制的程序不一定足以进行法务工期分析。

(3)所有法务工期分析方法使用效果都会因人而异,因为无论是在法务工期报告的编制还是解释方面,它们都涉及法务工期分析专家的判断要求。

(4)没有任何一个法务工期分析方法是绝对准确的。每种方法产生的答案的准确程度取决于其中所用数据的质量、假设的准确性以及法务工期分析专家所作的主观判断。

(5)不能简单说哪种法务工期分析方法是最好的,而应根据项目的情况选择最适合的。

第二节 法务工期与其他相关概念的区别

一、法务工期与进度管理的区别

工程进度管理是组织和实施一项与工程项目工作活动所需时间有关的战略过程。工程进度管理过程通常包括:规划进度管理、定义活动、排列活动顺序、估算活动持续时间、

① 参见邱闯:《法务工期的六个特点》,载微信公众号"法务工期评论" 2019 年 2 月 13 日,https://mp.weixin.qq.com/s/6OXwdr2owzx1ATicScObmw。

制订进度计划和控制进度。因此,工程进度管理是面向未来的管理活动,其目的是提高工程项目的效率或生产力。

法务工期恰恰相反,它是在承发包双方之间已经产生争议,须进行争议解决时,用来回溯工程项目实施过程中关于工期延误的情况。法务工期主要分析发生了什么延误事件以及是否造成工期延误;如果造成工期延误,还需要判断具体的延误天数及因工期延误而增加的费用。此时,并不需要像工程进度管理那样去科学调整一个计划,因为争议的工程已经成为过去时。亦即法务工期专家没有办法再回到工期延误事件发生的时点,而是需要立足当下,通过一定的证据和科学的方法试图还原工期延误事件发生当时的情形。这不同于协助当事人重新编制进度计划以便更好管理工程项目的工程进度管理。所以,工程进度管理是面向未来的,而法务工期是面向过去的,是回溯性的。这是两者之间非常大的一个区别。①

二、工期鉴定与质量、造价、安全鉴定的区别

鉴定是指在诉讼或仲裁中鉴定人运用科学技术或者专门知识对诉讼或仲裁涉及的专门性问题进行鉴别和判断并提供鉴定意见的活动。建设工程涉及质量、造价、工期和安全几大要素,在诉讼或仲裁中需要专业人员或机构运用相应领域的科学技术或专门知识对诉讼或仲裁涉及的专门性问题进行鉴别和判断,并据此提供鉴定意见。

(一)建设工程质量鉴定

建设工程质量鉴定是指鉴定人运用专门知识对建设工程有关质量的专门性问题进行鉴别和判断并提供鉴定意见的活动。建设工程质量鉴定的内容主要包括以下四点。

1. 建设工程质量检测鉴定

(1)建筑工程结构检测、鉴定[混凝土结构、砌体结构、钢结构、塔桅及高耸建(构)筑物、建筑构配件质量检测,振动测试,结构应力测试,结构性能现场试验];灾后结构承载力鉴定。

(2)工业与民用建筑工程安全性、适用性、适修性、耐久性、可靠性鉴定;建(构)筑物抗震鉴定;沉降观测,采光日照鉴定、分析,容积率分析,面积测量,建筑物功能评价;民房检测鉴定;建筑装饰装修工程质量检测鉴定。

(3)市政工程及施工安装质量检测,道路桥梁功能性能和结构安全性能检测及维修加固鉴定。

(4)建筑工程室内环境检测:空气成分鉴定、建筑装饰材料有害物质限量鉴定、噪声与振动鉴定、电磁辐射鉴定、遮光污染等鉴定。

---

① 参见邱闯:《从急诊医生 vs 法医秦明来说说什么是法务工期》,载微信公众号“法务工期评论”2018 年 10 月 12 日, https://mp.weixin.qq.com/s/kurHNKt3DK__aTjQ49-8zg。

2. 建筑热工及设备系统检测鉴定

建筑热工(节能)检测;建筑设备(采暖、通风、空调、给排水、电气及防雷)系统、锅炉房系统、冷库系统、厂房净化系统安装质量检测与运行测试;小区供热系统、小区排水系统质量检测与运行测试;建筑设备系统能耗分析与评价、节能性能检测;室内湿度、风速场、温度场测试;地下管网探测。

3. 建筑物扩建、改造鉴定

(1)建筑物整体平移、顶升、纠倾的设计与施工鉴定。

(2)建筑加层、室内空间改扩、托梁换柱的设计与施工鉴定。

4. 建筑物结构加固鉴定

(1)建筑主体结构加固、补强设计与施工鉴定及混凝土裂缝修复鉴定。

(2)建筑地基、基础加固的设计与施工鉴定。

(3)建筑抗震、防灾、建筑结构灾后抢修及修复鉴定。

(二)工程造价鉴定

工程造价鉴定指鉴定机构接受人民法院或仲裁机构委托,在诉讼或仲裁案件中,鉴定人运用工程造价方面的科学技术和专业知识,对工程造价争议中涉及的专门性问题进行鉴别、判断并提供鉴定意见的活动。①

工程造价鉴定主要包括计量争议鉴定、计价争议鉴定和费用索赔争议鉴定三种类型。

(三)房屋安全鉴定

房屋安全鉴定是指鉴定人运用专门知识对房屋有关安全的专门性问题进行鉴别和判断并提供鉴定意见的活动。房屋安全鉴定的内容包括:

1. 房屋安全性(危险性)鉴定,如危险性鉴定、结构改造鉴定、拟装修改造鉴定、悬挑阳台构件开裂受损鉴定等。

2. 房屋可靠性鉴定,如钢筋混凝土排架结构单层厂房鉴定、砖排架木屋架结构单层厂房鉴定。

3. 遭受火灾后房屋鉴定,如主体结构火灾后受损鉴定。

4. 受施工影响房屋的鉴定,如基坑施工对相邻房屋影响鉴定、打桩振动对相邻房屋影响鉴定、爆破对相邻房屋影响鉴定。

5. 房屋抗震鉴定。

6. 构筑物鉴定,如煤矿主井井塔鉴定、煤矿皮带机通廊鉴定、钢筋混凝土烟囱鉴定、屋面广告牌钢架鉴定。

7. 房屋倒塌事故鉴定,如装修过程中垮塌事故鉴定、钢结构屋盖整体倒塌事故鉴定。

① 参见《建设工程造价鉴定规范》(GB/T 51262 - 2017)第2.0.1项。

（四）工期鉴定

建设工程工期鉴定是指鉴定人运用专门知识对建设工程有关工期延误的专门性问题进行鉴别和判断并提供鉴定意见的活动。建设工程工期鉴定的内容包括：

1. 工期延误天数，如因发包人原因导致工期延误的天数、因承包人原因导致工期延误的天数、发包人和承包人共同原因导致工期延误的天数等。

2. 工期延误费用，如现场管理费、总部管理费、融资费用、保险费用等。

第三节　法务工期分析专家知识体系

法务工期分析专家知识体系大致分为四个领域①，即职业操守、进度计划和延误分析、成本和延误损失以及合同管理与法律知识。

一、职业操守领域知识

职业操守领域知识是所有法务工期分析专家必须具备的能力。许多争议解决机构、行业协会会颁布法务工期分析专家作为专家证人或鉴定人时的职业操守。作为法务工期分析专家，通常应该掌握职业操守的如下知识点：

1. 专家在争议解决中的角色；
2. 作为专家的资格；
3. 与专家个人简历相关的事宜；
4. 代理专家和独立专家的区别；
5. 担任专家时不符合道德标准的潜在风险；
6. 编写专家报告时应审查的文件；
7. 虚假陈述的个人责任；
8. 处理与己方观点相反的公开发表的意见；
9. 接受委托时的利益冲突检查；
10. 接受多个当事人对同一项工作的酬金；
11. 保密协议；
12. 处理专家报告中的错误；
13. 编写专家报告时所用证据的保存；
14. 证词超出专家经验范围的风险；

① 参见邱闯：《法务工期分析专家知识体系》，载微信公众号“法务工期评论”2019 年 2 月 15 日，https://mp. weixin. qq. com/s/1LzSY - aTKeDICvfX - r5fVg。

15. 理解适用于专家证词的证据规则；
16. 在所有委任中总是为一方作证的风险；
17. 在编写专家报告时依赖客户未经证实陈述的风险。

二、进度计划和延误分析领域知识

进度计划和延误分析是每个进度计划分析专家都应必备的专业技能。作为法务工期分析专家，通常应该掌握进度计划和延误分析的如下知识点：

1. 行业认可的进度延误分析技术；
2. 法务工期分析中的日期含义；
3. 延误类型；
4. 延误计算；
5. 计划影响分析法技术；
6. 时间影响分析法技术；
7. 时间切片窗口分析法技术；
8. 分窗口的计划与实际对比方法；
9. 回溯最长路径分析法；
10. 实际竣工断裂分析法；
11. 合同中的进度计划技术规范和延误条款对延误相关问题的影响；
12. 时差归属问题；
13. 关键线路的定义和计算；
14. 同期延误事宜，如如何证明和计算；
15. 前瞻和回溯延误分析技术；
16. 验证实际进度计划的技术；
17. 独立、串行和顺序延误分析及其影响；
18. 并行关键线路及其对延误分析的影响；
19. 踱步延误问题；
20. 在争议解决时运用横道图的能力；
21. 进度计划延误分析过程；
22. 同期更新方法；
23. 没有基线进度计划时的延误分析；
24. 观察法与建模法比较；
25. 评审和分析同期计划更新；
26. 临近关键线路问题。

三、成本和延误损失领域知识

成本和延误损失领域知识是每个法务工期分析专家都应必备的专业技能。作为法务工期分析专家,通常应该掌握成本和延误损失领域的如下知识点:

1. 违约金条款的效力;
2. 发包人延误的损害赔偿;
3. 与时间相关的费用分类;
4. 生产效率下降的计算方法;
5. 现场和总部管理费分类;
6. 工期延误下的总部管理费计算方法和技术;
7. 计量里程技术;
8. 延误损失赔偿;
9. 赶工费用计算;
10. 干扰费用计算。

四、合同管理与法律领域知识

合同管理与法律领域知识是法务工期分析专家应该掌握的专业技能。作为法务工期分析专家,最好应该掌握合同管理与法律领域的如下知识点:

1. 建设工程发包模式;
2. 建设工程合同类型与招投标过程;
3. 合同文件组成;
4. 合同文件优先解释顺序;
5. 合同风险分配原理;
6. 通知条款;
7. 发包人未按期足额付款后果;
8. 变更条款;
9. 不可抗力影响条款;
10. 签发变更时没有进度计划分析的后果;
11. 索赔程序;
12. 发包人拒绝延期的后果;
13. 项目赶工或缓慢原因;
14. 争议解决方法;
15. 仲裁与诉讼的区别;
16. 所适用法律的影响;
17. 合同延误条款的法律影响;

18. 免责条款的效力；

19. 延误不赔偿条款的效力；

20. 地下不可预见风险分配。

第四节　英国工程法学会《延误与干扰准则》

一、概述

2002年10月，英国工程法学会出版了《延误与干扰准则》第一版，为建设工程合同中出现的一些共性问题提供了有力指导。当建设工程出现工期延误情形且承包人希望要求延长时间和/或补偿用于完成项目的额外时间和资源时，该准则提供了一种较为有效的方法，可使缔约方能够解决这些问题并避免不必要的争端。

2017年2月，英国工程法学会发布了《延误与干扰准则》第二版。

二、《延误与干扰准则》架构

《延误与干扰准则》的两个版本均采用如下架构：(1)引言；(2)延误与干扰相关核心原则；(3)应用指南和注解；(4)词语和定义。

在《延误与干扰准则》第二版中，"指导说明"分为A部分(延误、中断和加速概念)、B部分(核心原则指南)和C部分(其他财务名目索赔)。

(一)引言

引言描述了《延误与干扰准则》的目的和宗旨。它明确指出，《延误与干扰准则》并不是一份合同文件，其目的并不是优先于合同的明示条款或是法律的规定。

《延误与干扰准则》是一项处理延误与干扰问题的办法。它虽然是平衡和可行的，符合最佳实践，但并不是作为最佳实践的基准提出的。此外，《延误与干扰准则》的编写是为了对起草和谈判合同时应处理的事项以及在项目过程中出现的延误和干扰索赔进行管理提供指导。

《延误与干扰准则》第二版的"引言"指出，如果分析是在工程完成后或在相当晚的时间进行的，则没有首选的延误分析方法。这是一项重大变化。在《延误与干扰准则》第一版中，该准则建议在确定承包人在工程完工相当长的时间后能否获得工期索赔权限时，"裁决人、法官或仲裁员应尽可能将自己放在业主风险事件发生时合同管理人所处的位置来考虑问题"。但上述建议受到了批评。

此外，《延误与干扰准则》第二版的"引言"指出，关于干扰索赔有一个更完善的指南，对干扰索赔的首选分析方法是"计量里程分析"(Measured Mile Analysis)。

（二）核心原则

《延误与干扰准则》第一版有21项核心原则，《延误与干扰准则》第二版有22项核心原则。两个版本核心原则对比如表5－1－1所示：

表5－1－1　不同版本核心原则对比

《延误与干扰准则》第二版	《延误与干扰准则》第一版
1. 进度计划与记录	1. 进度计划与记录
2. 工程延期的目的	2. 工期延期的目的
3. 合同程序要求	3. 延期权益
4. 不要对延误事件的影响“观望”（同期分析）	/
5. 延期批准程序	4. 延期批准程序
6. 延误造成的影响	5. 延误造成的影响
7. 逐步评估延期	6. 逐步评估延期
8. 时差与工期的关系	7. 时差与工期索赔的关系
9. 识别时差	11. 时差与延误同期性的识别
10. 同期延误对工期索赔权益的影响	9. 同期延误对工期索赔权益的影响
11. 分析与延误事件相距甚远的工期	/
12. 延期与补偿之间的关联	14. 延期与补偿之间的关联
13. 早日完工与赔偿的关系	8. 时差与费用索赔的关系
14. 同期延误—对延期补偿权利的影响	10. 同期延误—对延期补偿权利的影响
15. 尽量减少延误和费用损失	13. 尽量减少延误和费用损失
16. 赶工	20. 赶工
17. 一揽子索赔	19. 一揽子索赔
18. 干扰索赔	21. 干扰
19. 变更估价	15. 变更估价
20. 因延期而进行补偿的计算方法	16. 因延期而进行补偿的计算方式
21. 投标价格所含间接费的相关性	17. 投标价格所含间接费的相关性
22. 补偿估价的时段	18. 补偿估价的时段
/	12. 事件之后延误分析

上述原则都被认为是建设工程合同中延误和干扰问题的根本。这些原则强调以下内容：

1. 适当编制进度计划、准备更新进度计划和保存现场记录的效用；

2. 延期的目的、权利和程序；

3. 延误的影响；

4. 时差和同期延误在延误、延期和补偿方面的影响；

5. 当发生延误事件时和工程完成后（或相当晚的时间），都要进行延误分析；

6. 计算延长补偿的依据；

7. 一揽子索赔；

8. 赶工；

9. 干扰。

（三）应用指南

《延误与干扰准则》第二版将应用指南分为以下三个部分：

（1）指南 A 延误、干扰和赶工概念；

（2）指南 B 核心概念指南；

（3）指南 C 其他财务索赔事项。

应用指南更详细地阐述了“核心原则”，就如何处理出现的延误事件和索赔提出了建议。应用指南考虑实际问题，如需要制订良好的基线计划、保存详细的现场记录以及定期更新基线计划，以准确反映工程的进度和完成计划。

此外，应用指南提供了延误和干扰索赔中使用的各种术语和概念的定义、建议和评估，附录 A 载有定义和术语汇编，并对这些术语和概念作了补充，附录 B 介绍了记录类型和实例。

应用指南还就常用的延误分析方法提供了评注和详细资料，包括方法的利弊具体取决于索赔的性质和潜在费用等。

（四）词语和定义

《延误与干扰准则》第二版提供了延误和干扰索赔中使用的各种术语和概念的定义、建议和评估，通过附录 A 载有定义和术语汇编，并对这些术语和概念作了补充。为尽可能便于阅读，该部分尽可能将使用首字母缩写方式呈现定义术语的频率保持在最低限度。

此外，附录 B 介绍了以下记录类型，并辅以实例：

（1）进度计划记录；

（2）过程记录；

（3）资源记录；

（4）费用记录；

（5）来往通讯和管理文件记录；

（6）合同文件和招投标文件。

三、《延误与干扰准则》第一版的判例应用

英国和澳大利亚的法院对《延误与干扰准则》第一版进行了有限的判例应用。

一般而言,《延误与干扰准则》第一版被认为载有关于迟延和定义的有用意见①,但在因果关系和应享权利的情况下,以及在合同条款界定当事人的权利和责任的情况下,其效用有限。②

在澳大利亚,对《延误与干扰准则》第一版的运用一般限于特定的申请。例如在 Collins Street v. ABI Group Contractors(No. 1)[2006]VSC 490 案件中,当事人对仲裁裁决提起上诉,经审理发现,仲裁员接受了专家证据,因为它总体上符合《延误与干扰准则》的准则,因此为评估工期延误的影响提供了合理依据。故仲裁员并无任何不当行为。

对《延误与干扰准则》第一版最广泛的运用是 Bleby 法官在 Alstom v. Yokogawa Australia (No. 7)案件中作出的裁决。③ 本案中,法官运用《延误与干扰准则》第一版来处理双方当事人聘请的延误专家证人提出的关于"关键线路"(critical path)、"逻辑链接"(logic links)和"资源均衡"(resource leveling)等术语含义的证据。

此外,Bleby 法官还提到《延误与干扰准则》第一版在考虑事件的影响和工程完工后或在比事件发生时晚得多的某个时间对项目的影响时考虑可能的延误分析方法,并在裁决理由中考虑了这些方法提出的各种建议。④

最终,一位专家使用了《延误与干扰准则》第一版认可的"计划与实际对比分析法"(as - planned vs. as - built analysis)⑤,另一位专家使用了《延误与干扰准则》第一版未认可的资源分析方法(resource analysis)⑥,法官认可了前者。

《延误与干扰准则》第一版在各种判例中只得到有限的运用,这并不奇怪,因为其明确目标是允许当事方解决与延误和干扰索赔有关的事项,并避免不必要的争端。此外,它被认为是简单的指导,而并不是一份合同文件或优先于任何合同的条款或法律规定的概念。

四、对《延误与干扰准则》第一版的批判

(一)干扰

虽然《延误与干扰准则》第一版表示关注延误和干扰,但它对干扰的处理是相当粗略的。第 21 项核心原则描述如下:"干扰与延误不同,它指的是打搅、阻碍、扰乱承包商的正

---

① 参见 Mirant Asia - Pacific Construction v. Ove Arup [2007] EWHC 918 (TCC)。

② 特别是对于法律的因果关系事宜,参见 Adyard Abu Dhabi v. SD Marine Services [2011] EWHC 848; Leighton Contractors v. Stelux Holdings per Hong Kong High Court, [2004] HKFCI 804。

③ 参见[2012] SASC 49。

④ 参见[2012] SASC 49 at [1271] - [1276]。

⑤ 参见[2012] SASC 49 at [1310] - [1323]。

⑥ 参见[2012] SASC 49 at [1277] - [1289]。

常工作方法，导致承包商的工作效率降低。若干扰是由业主造成的，按照合同或以违约为由，这将赋予承包商获得补偿的权利。”

在《延误与干扰准则》第一版的应用指南部分（见第 1.19 节）中，一般性讨论了干扰的概念，并建议需要保存和提供“良好的现场记录”，以支持任何干扰索赔。然而在干扰问题上，没有提出详细建议。在干扰索赔是最难成功提出的索赔之一的情形下，《延误与干扰准则》第一版就这一议题的讨论还不够全面与深入。

《延误与干扰准则》第二版注意到了这一问题，并将干扰作为第 18 项核心原则加以对待，其中规定：“只有在合同允许的情况下，或在法律上有可用的诉讼原因的情况下，才能收回干扰赔偿。干扰分析的目的是表明生产力的损失，从而在如果没有雇主负责的干扰事件的情况下，不会造成额外的损失和费用。”

干扰索赔详见应用指南 B 部分第 18 节，其中规定了索赔的性质、干扰分析和常用方法。

1.“基于生产效率”（productivity based）的方法，采用项目具体分析、项目比较研究和行业研究。

2.“基于成本”（cost based）的方法，使用预计的人力或成本，并比较发生或使用的成本。

（二）时间影响分析（time impact analysis）

对《延误与干扰准则》第一版最大的批评和争议之处可能是第 12 项核心原则。如前所述，根据这一核心原则，《延误与干扰准则》第一版建议，在工程完工后，或在相当晚的时间内发生的延迟事件，应按照下列原则来决定延期权益：“本准则建议，在确定工期索赔权时，裁决人、法官或仲裁员应尽可能将自己放在业主风险事件发生时合同管理人所处的位置来考虑问题。”

以这种方式进行评估的方法通常被称为时间影响分析。简言之，这种方法包括考虑发生延误事件时的影响，确认截至该日的工程进展和计划完成的工程。这种做法的困难之处在于，它建议决定该事项的人“退回当时”，回到发生延误事件或提出延期索赔的时间并作出评估，不考虑在延迟事件之后或在延期索赔之后实际发生了什么。因此，它受到广泛质疑与批评，被描述为“一种高度人为的操作，它将延误分析从现实世界中移除，如果不是猜测的话，它将进入一个抽象的预测领域”。①

在许多方面，人们通常认为，评估不是推测性的，而是应考虑到实际的工程过程。分析不应排除对实际拖延的任何考虑而仅限于假设。例如在 Bwllfa & Merthyr Dare Steam Collieries (1891) Ltd. v. Pontypridd Waterworks Co., Lord McNaughten 一案中，法官在审理仲裁员的评估时问了如下问题：“他为什么要听一个已经成为既成事实的猜测呢？他为

① See Julian Bailey, *The Society of Construction Law Delay and Disruption Protocol: a Retrospective Analysis.*

什么要猜他什么时候会计算？有光在他面前，他为什么要闭上眼睛，在黑暗中摸索呢？”①

如果法院和当事方通常通过提及“因果”来确定应享权利和索赔，任何提出“因果猜测”而不是考虑实际发生的情况的评估都有明显的负面影响。当延期索赔与损害赔偿有关且延误事件违反合同约定，承包人声称遭受了损失和损害时，情况尤其如此。

损害赔偿虽然通常是在违约时评估的，但基本上是补偿性的，因此，任何评估、常规做法或分析都必须符合这一基本目标。②

（三）时差

《延误与干扰准则》第一版将时差定义为“某工序除了计划时间之外的可供使用的时间”。在《延误与干扰准则》第一版中，第 8 项核心原则指出，进度计划中的时差值表明活动的相对关键性，通常，当时差耗尽时，完工日期就会受到影响。

《延误与干扰准则》第一版的第 7 项核心原则载明：“除非合同中有明确的相反规定，若业主风险事件发生时，进度计划中仍有剩余时差，则只有在预测到业主延误将工序路线上总时差减少到零以下时，才根据情况批准延期。”这意味着建议由发包人或项目“拥有”时差。作为延误事件的延期，只能在预计或预期将计划中的总时差减少到零以下的情况下给予。虽然这一原则规定须遵守合同的明文规定，但它确实假定对哪一方或哪些当事方“拥有”时差进行法律评估。

在《延误与干扰准则》第二版中，第 8 项核心原则规定：“除非合同中有相反的明文规定”，否则只有在预计由发包人造成的延误将关键线路上的总时差降低到零以下的情况下，才能给予延期。《延误与干扰准则》第二版继续维持发包人或项目“拥有”时差的假设。

在提出延期索赔时，经常会出现这个问题：承包人通常是拟订方案并负责方案工作的一方，显然希望保留方案中的“时差”利益，无论是计划的还是已实现的，或两者兼而有之。这对于提前完工索赔、违约赔偿金、延误费用或干扰费用的提出可能具有重要意义。

许多标准格式合同约定，如果某一事件“可能延误合同下的工作”，或承包人在实现实质性完工方面正在或将被拖延，承包人可有权延长时间，而不是参照实质性完工的日期。③显然，在这些情况下，发包人是否可以“拥有”时差就值得商榷了。

---

① See Bwllfa & Merthyr Dare Steam Collieries (1891) Ltd. v. Pontypridd Waterworks Co. [1903] AC 426 at 431.

② See Gagner Pty Ltd. trading as Indochine Cafe v. Canturi Corporation Pty Ltd. [2009] NSWCA 413 at [30] and [31] per Campbell JA, with whom McFarlan JA and Sackville AJA agreed, and the authorities there cited, including Johnson v. Perez (1988) 166 CLR 351 at 355 per Mason CJ, 367 per Wilson, Toohey and Gaudron JJ, 386 per Dawson J.

③ 例如，澳大利亚标准合同 clause 35.5 of AS4300 – 1995、clauses 34.2 and 34.3(a) of AS4000 – 1997，明确规定了在考虑承包人延期权益时，不需要考虑承包人是否能够在不授予 EOT 的情况下在实际完工日期之前实现实际完工。

（四）同期延误

在同期延误的情况下，《延误与干扰准则》第一版的第 9 项核心原则规定："若承包人自身竣工延误（包括影响后果）与业主自身竣工延误同期发生，则此情况不应减少承包人索赔的应得工期延期。"这些规定意在对承包人在合同上有权享有的延期作出某种明确的说明，即任何同期延误都不应减少因承包人有权延期的事件而产生的延期。

《延误与干扰准则》第二版的第 10 项核心原则继续保持了这一立场。

《延误与干扰准则》关于同期延误的立场受到英国法律规定的"阻碍原则"的影响。《延误与干扰准则》处理同期延误的规定可防止关于发包人的延误与承包人的延误同期发生时的争论。

然而，这不符合许多合同条款和规定。有些合同会规定，承包人在同时出现延误的情况下享有有限的延期或无权延期。

（五）一揽子索赔

《延误与干扰准则》第一版的第 19 项核心原则就一揽子索赔的作用作了说明，并指出这类索赔"很少被法院接受"。这仍然是基于法律基础和索赔权益而作出的判断。

《延误与干扰准则》第二版的第 17 项核心原则对这一立场进行了修改。《延误与干扰准则》第二版称承包人提出综合或一揽子索赔是"常见做法"，并提出"尽管法院在审议一揽子索赔时采取更为宽松的做法"，但仍不应鼓励这么做。

这至少参照了 Walter Lilly & Co. Limited v. Mackay & Anor ①一案的裁决。负责该案的阿肯黑德法官认为，总成本或一揽子索赔原则上没有错，但同时指出，这些索赔"增加了证据方面的困难"。Aikens 勋爵在 MacKay & Anor v. Walter Lilly & Co. Ltd. (Rev 1) ②案中接受了阿肯黑德法官的评估，判决驳回上诉。

五、《延误与干扰准则》第二版

也许考虑到其中一些批评，《延误与干扰准则》第二版修订了其处理延误和干扰问题方法的许多方面。

（一）核心原则

虽然《延误与干扰准则》第一版所载的核心原则在《延误与干扰准则》第二版中得到了很大程度的重申，但也有一些修订和补充，其中一些是重要的。以下是已更改的部分。

1. 进度计划与记录（核心原则 1）

---

① See Walter Lilly & Co. Limited v. Mackay & Anor, [2012] EWHC 1773 at [486] - [487].

② See MacKay & Anor v. Walter Lilly & Co. Ltd. (Rev. 1), [2013] EWCA Civ 142 at [14].

《延误与干扰准则》第二版坚持认为，承包人应编制一份进度计划，说明承包人计划进行工程的方式和顺序，该进度计划应是：

(1)在工作开始前提交；

(2)由监督人或发包人接受，视合同制度而定。

应更新该进度计划，以记录实际进展和批准的任何延长时间(EOTs)，以便将其用作管理变化和确定 EOTs 以及可能应支付补偿的期限的工具。

《延误与干扰准则》第二版还补充说，缔约方应就应当保留的记录类型达成明确的协议。

2. 延期权益(核心原则 3 和核心原则 4)

《延误与干扰准则》第二版认为，申请延期时应尽可能接近所称的延误事件，承包人有可能只有在发包人承担了影响关键线路的风险和责任的事件或延误原因的情况下才有权获得延期。

《延误与干扰准则》第二版增加了以下内容作为核心原则 3 和核心原则 4 的一部分：

(1)当事人和监督人应遵守与延迟事件有关的通知、详情、证实和评估的合同程序要求；

(2)不鼓励采用"观望"的办法来评估 EOT 索赔，如果承包人遵守了关于延误事件和 EOT 申请的合同义务，承包人不应因未能在提交后的合理时间内评估 EOT 索赔申请而在任何争端中受到损害。

3. 延期批准程序(核心原则 5)

《延误与干扰准则》第二版对延误分析采取了一种范围更广、规定较少的方法。在其第 5 项核心原则中规定，该程序应受合同约束，其目的是"确定适当的合同权利"。为实现这一目标，延期评估应采用适当的延误分析，从常识的角度得出合理的结论。

4. 逐步评估延期(核心原则 7)

当事人双方应设法(尽可能)在工程实施时评估延迟事件的影响，以便能够在延误事件发生之前尽可能及时地提出和处理任何延期的申请。"观望"的处理方法是不鼓励的；然而，实践中该消极的处理方法仍较为普遍，这有多个原因：

(1)承包人因不清楚延误事件是否会造成延误，有时会试图重新安排或缩短某些活动的时间，以便消除对完工日期的任何拖延。承包人还可能认为，进度计划中有足够的时差，可以在不影响完工日期的情况下消化延误。

(2)在延误事件发生后，当事人很难立即评估延误事件的影响，减轻影响的能力和可用资源的能力可能有所不同，这意味着从一开始就准确评估延误可能具有挑战性。

从理论上讲，当期评估延误情况的方法是理想的，并且是在发生延迟事件时应采取的正确方法。然而，在实践中，有时很难了解拖延事件造成延误的全部程度，特别是在具有大量活动的大型复杂项目中。这可能意味着，在活动结束后不久申请延长时间可能存在风险，因为承包人可能发现自己陷入了一项从一开始就无法实现的修订进度计划中。因此,有时承包人可以在延误事件开始之时充分确定其全部影响,但情况并非总是如此。

第7项核心原则是基于认识到在准确预测延迟事件的影响方面所面临的挑战而制定成的。该方法建议延长时间以达到当时可预测的效果(在发生延迟事件时),然后,在延迟事件的实际影响显现时,应逐步评估延期。

5. 分析与延误事件相距甚远的工期(核心原则11)

《延误与干扰准则》第二版建议,应尽量避免在工程完成后,或在距离事件发生或其影响相当遥远的时间进行延误分析,而承包人、发包人或监督人亦应尽早考虑延期的权利。此外,第11项核心原则规定,监督人应在承包人提交延期索赔后的合理时间内评估延期应享权益。

然而,如果EOT索赔是在工程完成后评估的,或者是在事件或延误发生之后进行的,则"对延迟的前瞻分析"可能不合适(见指导B部分,第11节)。这是对《延误与干扰准则》第一版所述立场的重大转变。

6. 赶工(核心原则16)

在合同约定赶工的情况下,赶工付款应以合同条款为依据。如果没有合同机制,但承包人和发包人同意应采取赶工措施,则《延误与干扰准则》第二版建议在赶工开始之前商定付款的基础。

此外,如果承包人因未收到其认为该享有的延期而考虑采取赶工措施,以避免可能产生违约赔偿金的风险,承包商应首先采取步骤,根据合同争议解决条款解决有关享有延期权益的争议或分歧。

7. 一揽子索赔(核心原则17)

《延误与干扰准则》第二版指出:"法院对一揽子索赔采取更为宽松的做法是一种明显的趋势"。关于这些索赔的性质和提出的进一步细节,详见指导B部分第11节。

(二)应用指南A部分——延误、干扰和赶工概念

应用指南A部分是导言,其中提供了关于延误、干扰和赶工的准则和定义以及这些概念和问题在多大程度上相互关联。

(三)应用指南B部分——核心原则指南

应用指南B部分对应解释"核心原则"。例如,关于核心原则1——进度计划与记录——的详细规定载于第1节,其中就提出和评估延期索赔所需或重要的记录和资料的类型提出了建议。

应用指南B部分第1节规定:

1. 介绍一般记录、通常应保存的记录类型(进度计划、进度、资源和费用),以及通信、管理记录和招标文件的用途;

2. 关于施工进度计划的编制、维护和更新的详细建议,包括活动期限、使用必要的(而

不是过多的）逻辑链接、确定主要活动的关键资源和关键线路。

此外，还提供了进一步的指导。例如，建议施工进度计划能够与工程的方法说明一起阅读，以便对拟采用的方法和顺序、关键界面和拟使用的资源提供补充和详细的指示。

应用指南B部分进一步讨论了与第1项至第22项核心原则有关的问题，特别是在合同条款、时差、同期、减少损失和赶工方面评估和分析延误和延期，以及对延误和干扰的可获得赔偿等。

（四）应用指南C部分——其他财务名目索赔

应用指南C部分涉及在出现延误时可能获得的其他财务名目赔偿，包括作为损害赔偿的利息、债务的法定利息、总部管理费用和索赔准备费用等。

六、应用指南B部分——关键问题

（一）项目实施期间的延期

应用指南B部分第4节涉及项目实施期间延期的评估。它建议使用时间影响分析作为一种方法。

（二）项目完工后的延误分析

B部分第11节涉及在工程完成后对EOT索赔的考虑，或比所声称的延期事件更晚的时间考虑EOT索赔。无论采用何种延误分析方法，第11节（第11.2款）指出，首要目标是确保从常识的角度得出的结论是合理的，特别是在基线进度计划和（或）更新的进度计划内剩余的期限预测、逻辑联系、日历和限制可能产生异常结果的情况下。

第11节（第11.3款）规定，延误分析方法的选择应参照下列标准：（1）合同条件的约定；（2）原因事件的性质；（3）项目的性质；（4）项目或争议的价值；（5）可用于分析的时间长短；（6）可利用记录的质量、范围和性质；（7）可利用进度信息的质量、范围和性质；（8）其他评估成果。

第11节确定了六种常用的延迟分析方法。概括而言：

1. 某些方法首先确定事件（原因），然后设法确定其影响（效果），即原因—效果类型分析；

2. 其他方法从识别关键延误（效果）开始，然后设法确定可能造成这种延迟的原因，即效果—原因类型分析。

延误分析需要确定完工的关键线路。影响关键线路的延误即为影响完工的延误。关键线路可能是通过剩余工作建立的活动序列，它可能是与不同的工程顺序有关的工作活动的集合（例如，当完工是由跨越工程的管道焊接速度驱动/确定的情形）。

使用专业进度计划软件来确定关键线路很方便，但并不绝对必需。有时，通过对相关事实的实际分析或对生产和/或资源数据的分析,可以更可靠地确定关键线路。

根据第11节[第11.4(d)段]规定,"关键性"是通过以下三种方式确定的:

1. 纯粹的前瞻性关键线路评估,仅采用项目开始时的观点,不考虑工程实际的进展;

2. 当期进行的关键线路评估,在工作过程中采用不断演变的前瞻,并考虑下列因素的影响:工程实际进度、对今后工作的方法或顺序的任何更改;

3. 回溯性关键线路评估,采用项目结束(或时间窗口)的证据。

根据第11节[第11.4(e)段]规定,"延误影响"是通过以下两种方式确定的:

1. 前瞻延误分析—识别事件对完工日期可能产生的影响。前瞻延误分析的结论可能与最终完工进度计划不一致,因为承包人的实际履行可能受到赶工、重新排序或资源重新部署的影响,或其他延误或中断干扰事件的影响(承包人可能有权或不享有EOT);

2. 回顾性延迟分析—识别延误事件对实际或完工的关键线路的实际影响。

表5-1-2概述了方法和方法要素,关于分析方法的具体说明详见本编第二章第一节内容。

表5-1-2 法务工期分析方法及其关键要素对比

分析方法	分析类型	关键线路识别	延误影响识别	使用要求
计划影响分析法	原因至结果	前瞻	前瞻	(1)带逻辑关系的基准进度计划 (2)用于建模分析的一系列延误事件
时间影响分析法	原因至结果	当期	前瞻	(1)带逻辑关系的基准进度计划 (2)基准进度计划的更新或其他进度更新文件 (3)用于建模分析的一系列延误事件
时间切片窗口分析法	结果至原因	当期	回溯	(1)带逻辑关系的基准进度计划 (2)基准进度计划的更新或其他进度更新文件
分窗口的计划与实际竣工对比方法	结果至原因	当期	回溯	(1)基准进度计划 (2)实际完工数据
最长路径分析法	结果至原因	回溯	回溯	(1)基准进度计划 (2)完工进度记录
实际竣工断裂分析法	原因至结果	回溯	回溯	(1)带逻辑关系的完工进度记录 (2)用于建模分析的一系列延误事件

需要说明的是,《延误与干扰准则》第二版中没有推荐任何一种方法,只是进行各种方法的介绍,法务工期分析人员可根据评价标准与实际情况选择匹配的方法。

(三)干扰分析

B部分第18节的内容涉及干扰索赔。这些索赔关系到执行特定工作活动的效率或生产力损失。索赔的动因是在发包人或监督人负责的事件中,工作活动无法在合理计划(或尽可能)的情况下有效开展。

干扰事件包括:

(1)由于降低生产率对工作产生直接影响,例如:实际情况与承包人计划不同、未充分准备进入现场、未按顺序工作、设计变更等。

(2)对工作和生产力的间接影响,如劳动力拥挤或分包堆积、影响活动计划或预期的空间或时间、分散工作、管理人员降效、加班过多导致疲劳、重复学习周期、生产积极性降低等。

干扰索赔可能很难确定,因为通常有许多复杂的事件或情况可能导致某些生产力的丧失,很可能不能通过提及特定的干扰事件来查明生产力丧失的原因。因此,往往利用"一揽子索赔"办法(随着这类索赔的所有风险和弱点)来推进干扰索赔。应通过应用分析方法来确定因干扰事件(及由此造成的财政损失)而造成的生产力损失,而不仅是实际发生的情况与承包人计划的差别。

针对《延误与干扰准则》第一版的批评,B部分第18节对干扰索赔的提出和评估提供了相当详细的资料。与所有索赔一样,准确和详细的项目记录至关重要。

干扰分析的出发点是审查某段时间内工程实施的生产效率,以确定何时出现了较低的生产力,哪些工作活动受到影响。随后,应继续进行分析,以了解实施了哪些工程、何时实施了工程以及使用了哪些资源,然后对所遭受的财务损失进行一次审查。

有几种方法可以计算因干扰事件而造成的生产力损失。这些方法一般可分为使用比较生产效率的实际或理论计量(基于生产效率的干扰分析方法)和使用对计划和实际资源支出的分析(基于成本的干扰分析方法)。

1. 基于生产效率的干扰分析方法

基于生产效率的方法寻求衡量在所利用资源中的生产效率损失,然后对损失进行定价。基于生产效率的方法包括计量里程分析(Measured Mile Analysis)、净值分析(Earned Value Analysis)、进度计划分析(Programme Analysis)、工程或专业工程抽样(Work or Trade Sampling)以及系统动态建模(System Dynamics Modeling)。

这些方法力求确定事件对生产效率的影响。每种方法的出发点是确定一组活动已经或可以达到的生产效率。这是通过以下方式完成的:

(1)具体项目研究,检查同一项目的不受干扰事件影响的一组活动;

(2)项目比较研究,检查类似项目的一组活动;

(3)行业研究,参照一般的行业实践和经验,审查这组活动。

这些措施被用来评估造成干扰的事件的影响。当然,我们必须小心比较"同比"以及研究工作条件和环境是否大致相同。如果越多的潜在"变量"被证明是相同的(如相同的承包人或工作人员;相同的供应商、材料、工厂和设备;相同的地面条件;相似的天气等),则基于比较产生的结论越可靠。

2. 基于成本的干扰分析方法

基于成本的方法寻求直接确定实际成本和计划成本之间的差异,而不首先衡量所使用的资源的生产效率损失。基于成本的方法包括估计与发生的成本分析(Estimated versus Incurred Cost Analysis)和估计与使用的劳动分析(Estimated versus Used Labour Analysis)。这些方法侧重于估计的资源,并将预期的成本或人工与实际占用的成本或劳动力进行比较。

由于有可能出现错误和假设影响估计数以及难以证明实际费用或人工是由于声称干扰所涉事件而产生的,这些方法被认为是最不可靠的方法。然而,该等方法可以作为一个很好的复核方法,用于检查基于生产效率的干扰分析方法所得出结论的准确性。

3. 推荐

各种方法在适当的情况下,都可能会在不同程度上支持干扰索赔。《延误与干扰准则》第二版认为最可靠和最准确的方法是具体项目的研究,特别是一个适当实施的计量里程分析。而同时使用基于生产效率和基于成本的干扰分析方法,可起到交叉检查与复核的作用。但无论采用何种方法,都有必要将可能影响生产效率但与发包人责任无关的问题区分开来。

第五节　美国国际工程造价促进会《法务工期分析》

一、概述

在英国工程法学会于2002年10月出版了《延误与干扰准则》第一版后,美国的行业协会也开始准备编写类似的标准。在2002~2003年,美国国际工程造价促进会和项目管理学会进度计划学院都在着手制定一套法务工期分析准则。

2007年6月,美国国际工程造价促进会发布了《法务工期分析》。

2011年4月,美国国际工程造价促进会再度发布更新的《法务工期分析》。

二、《法务工期分析》架构

《法务工期分析》采用如下架构:(1)组织和范围;(2)来源验证;(3)实施方法;(4)分析评价;(5)方法选择。以下选取上述架构中的范围、分类与命名、法务工期分析方法这三个方面进行重点论述。

(一)范围和重点

《法务工期分析》涵盖了法务工期分析方法的技术方面。它识别、定义和描述了目前使用的各种法务工期分析方法的用法。《法务工期分析》的意图不是排除某个方法或认可任何方法优于其他方法。但是,它为使用提供了警告和注意事项,并引用了每个方法的最佳当前实践。

《法务工期分析》的重点是法务工期分析的技术方面,而不是法律方面。《法务工期分析》并不以成为管辖进度计划、延误和干扰相关索赔法律因素的主要资源为目的。然而,《法务工期分析》还会对有关法律原则进行讨论,因为它们会影响技术的选择及其相对的利弊。

因此,《法务工期分析》主要侧重于使用法务工期分析技术和方法进行事实分析和量化,而不是分配延误责任。然而,这并不排除法务工期分析专家根据某些关于赔偿责任的假设进行分析。

《法务工期分析》不是法务工期分析的入门介绍。它适用于具备一定基础知识与实践经验的读者,即对关键线路分析的所有组成部分拥有高阶的专业知识,并在涉及延误问题的合同索赔环境中具有工作经验的人群。因此,尽管《法务工期分析》解释了计划和调度过程产生的计划如何成为法务工期分析的源数据,但它并不是一本针对初级使用者的入门手册。

《法务工期分析》的目的不是要推翻合同中关于进度计划分析方法的条款的规定。然而,这并不代表其对合同中规定的所有延误分析方法的自动、全面的认可,这是因为合同指定的方法通常适合在项目中以前瞻模式使用,但可能不适合以回溯模式使用。

《法务工期分析》是一份建议文件,法务工期分析专家还应与基于其工作经验和专业知识的专业判断相结合使用。它不是一份可以毫无例外普遍适用的规范性文件。当按预期使用时,《法务工期分析》将帮助法务工期分析专家创建合格的工作成果,但有些情况下需要额外的步骤,而有些则需要更少的步骤。因此,不应一概将对于推荐实践的偏离视为错误或缺陷,只要这种偏离是基于对进度计划分析原则的妥善运用即可。

(二)分类与命名

《法务工期分析》没有像《延误与干扰准则》那样采用命名的方式来命名工期分析方法,而是借鉴生物分类学的方法对工期分析方法进行分类。总共有五个层级的分类:(1)第一层:时间;(2)第二层:基本方法;(3)第三层:具体方法;(4)第四层:基本实施;(5)第五层:具体实施。

1. 第一层:时间

第一层级区分进行分析的时间,由两个分支组成:前瞻(prospective)和回溯(retrospective)。

(1)前瞻

前瞻性分析是在延误事件之前或与延误事件同时进行的。在所有情况下,前瞻性分析都包括分析人员对未来事件的最佳估计。前瞻性分析发生在项目仍在进行的过程中,可能不会转化为法务工期分析。由于《法务工期分析》只关注于法务工期分析,所以没有讨论真正的前瞻性进度分析方法。虽然《法务工期分析》中讨论的一些方法采用前瞻性计算,但它们仍然是在项目完成后执行的,因此被认为是回溯性的。

(2)回溯

回溯性分析是在延误事件发生并产生影响之后进行的。时间可能在延误事件发生后不久,但在整个项目完成之前,也可以在整个项目完成之后。请注意,项目完成后进行的前瞻性分析在时间上仍然具有回溯性。这里进行分类的标准是基于分析师的实时视角,而不是分析方法。换句话说,即使是回溯性实施的前瞻性分析方法,也充分利用了分析师选择的"后见之明"(hindsight)。

这种时间上的区别是选择方法时最重要的因素之一。例如,规定延误分析方法的合同条款通常会假定在预期模式下进行这类分析,以便利对延期的评估。因此,大多数合同指定的方法,通常称为时间影响分析法,包括将延误事件插入事件发生时存在的最新计划更新中,属于一种前瞻性的预见方法。

在项目结束时,扩展了分析方法的选择,充分利用了各种形式的完工文档所提供的"后见之明"。此外,如果有现成的文件,最好的证据规则要求所有的事实调查都使用原样作为分析的主要来源。

而且,时间上的区别往往反映在人员的变化上。也就是说,通常在回溯模式下工作的法务工期分析人员与在前瞻模式下工作的项目计划人并不是同一个人。

2. 第二层:基本方法

第二层级是由两个分支组成的基本方法:观察(observational)和建模(modeled)。这里所作的区别在于,是仅将法务工期分析专家的专门知识用于解释和评估现有的进度数据,还是用于构建模拟,以及随后对模拟所产生的不同情景进行解释和评估。在法务工期分析专家和项目计划人的身份属于同一个人的情况下,采用这两种基本方法时的效果差异就不再明显。

(1)观察基本方法

观察基本方法包括通过检查进度计划本身或与另一个进度计划进行比较来分析进度计划,而法务工期分析专家不需要对进度计划进行任何更改来模拟任何特定的场景。当期分析(contemporaneous period analysis)和计划与实际比较(as - planned vs. as - built)的分析便属于观察基本方法的常见范例。

(2)建模基本方法

与观察基本方法不同的是,建模基本方法要求法务工期分析专家进行干预,而不仅是观察。在准备建模分析时,法务工期分析专家将表示延误事件的活动插入关键线路网络或从关键线路网络中提取,并比较"前""后"状态的计算结果。建模基本方法的常见例子有:断裂完工(collapsed as - built)、时间影响分析和计划影响分析(impacted as - planned)。

3. 第三层:具体方法

第三层级是具体的方法。

(1)观察基本方法

在观察基本方法下,进一步区分评估是仅考虑原始进度逻辑还是考虑项目执行过程中编制的附加进度逻辑集,后者通常被称为动态逻辑。

①静态逻辑观察

静态逻辑作为观察方法的一个特定子集,它将由一组网络逻辑组成的进度计划与同一网络的完工状态进行比较。"静态"一词指的是这样一个事实,即观察并比较一个完工的进度计划与一组计划的网络逻辑。

计划与实际对比法是这种方法的一个范例。

②动态逻辑观察

与静态逻辑相比,动态逻辑通常涉及使用进度计划更新,其网络逻辑可能在不同程度上与基线不同。这种变化考虑了在项目期间的逻辑变化。

当期分析便是这一具体方法的一个范例。需要注意的是,此类方法不发生在前瞻性的时间模式下,因为过去更新的使用表明分析使用的是回溯性时间模式。

(2)建模基本方法

建模基本方法的两个类别是将延误添加到基线计划中(添加建模)以及从模拟的完工计划中减去(扣减建模)。

①添加建模

添加建模方法是指将一个计划与法务工期分析专家在该进度计划添加延误事件后形成的新的计划比较,以便对某个场景进行建模。

添加建模法包括计划影响分析法、时间影响分析法等。

②扣减建模

扣减建模方法是指将关键线路进度计划与法务工期分析专家在该进度计划扣减延误事件后形成的新的计划比较,以便对某个场景进行建模。

扣减建模法包括实际竣工断裂分析法等。

4.第四层:基本实施

第四层级由实现上述方法的差异组成。静态逻辑方法可以在总体模式或周期模式下实现。动态逻辑方法可以实现为当期原样(as - is)、当期分列、当期修改,或重新创建。前述添加或扣减建模方法可实现为具有模拟的单基线或多基线。

(1)整体模式或周期模式

观察基本方法静态逻辑的两个基本实现之一是整体模式。整体模式的实施系将整个项目工期视为一个完整的分析期间,而不进行任何分段。

整体模式的替代方式是周期模式。周期模式的实施系将项目持续时间分成两个或多个分段进行具体分析,重点是每个分段。因为这是静态逻辑方法的实现,因此分段分析期间不与这些项目周期同期发生的逻辑更改相关联。

(2)当期/原样或当期分列

这种基本的实现发生在观察基本方法的动态逻辑下。这两种选择都考虑使用在项目期间当期准备的进度计划更新。然而,原样实现在其未更改的状态下评估每个后续更新之间的差异,而分列实现将每个更新分支纯进展修订和非进展修订,如逻辑变化。

分支的目的是将仅由工作进展在更新期间基于现有逻辑造成的计划滑移(schedule slippage)与在计划更新中新插入(但不一定实现)的非进展修订所导致的进度滑移隔离开来。

(3)修改或重新创建

这种实现也是在观察基本方法的动态逻辑下发生的,涉及对更新的观察。然而,与当期原样和当期分列不同的是,这种实现涉及对当期更新进行广泛的修改,如在修改的实现中,或者在不存在当期更新的情况下重新创建整个更新,就像在重新创建的实现中那样。

(4)单基线模拟或多基线模拟

这种基本的实现发生在添加和扣减建模方法之下。区别在于,当进行建模时,延误活动是添加还是扣减到单个关键线路网络或多个关键线路网络中。

例如,将延误添加到单个基线关键线路进度计划中的建模分析是添加方法的单基线实现,而从多个完工模拟中扣减延误的分析则是扣减的多基线模拟实现。

单基线地添加建模方法通常被称为计划影响的建模方法。同样的,单基线地模拟扣减方法被称为实际竣工断裂分析法。多基线添加模拟常被称为窗口分析法。

5. 第五层:具体实施

(1)固定期间与可变期间/分组期间

这些特定的实现提供进行分段的两种可能的选择。它们在总体模式下是不可用的,因为总体模式没有分段。在单基线模拟基本实现下也是不可用的,因为分段假设每段的网络逻辑发生变化,而单基线模型只使用一组网络逻辑。

在具体实施的固定期间内,期间由当期进度计划更新所使用的数据日期确定,通常是在固定期间(如每月),即每个更新周期进行分析。在对每个片段进行分析之后,将这些片段进行分组汇总的行为称为模块。

分组期间实施将预先确定的更新期间合并在一起,而可变期间实施则建立新的期间。

(2)全局(插入或提取)与逐步(插入或提取)

这对具体的实现发生在单基线仿真基本实现,进一步又发生在添加建模和扣减建模的具体方法下。在全局实现下,延误是一次性插入或提取的,而在逐步实现下,插入或提取按顺序执行(单独或分组)。

逐步插入或提取的顺序是不一样的。通常逐步插入顺序是从项目开始到结束,而逐步提取从项目结束开始,直到项目开始。

（三）法务工期分析方法

根据法务工期的分类和命名方法，《法务工期分析》总共划分了九种法务工期分析方法：

1. 观察 Observational/静态 Static/整体 Gross（MIP 3.1）

2. 观察 Observational/静态 Static/周期 Periodic（MIP 3.2）

3. 观察 Observational/动态 Dynamic/当期原样 Contemporaneous As – Is（MIP 3.3）

4. 观察 Observational/动态 Dynamic/当期分列 Contemporaneous Split（MIP 3.4）

5. 观察 Observational/动态 Dynamic/修改或重新创建 Modified or Recreated（MIP 3.5）

6. 建模 Modeled/添加 Additive/单基线 Single Base（MIP 3.6）

7. 建模 Modeled/添加 Additive/多基线 Multiple Base（MIP 3.7）

8. 建模 Modeled/扣减 Subtractive/单模拟 Single Simulation（MIP 3.8）

9. 建模 Modeled/扣减 Subtractive/多基线 Multiple Base（MIP 3.9）

三、《法务工期分析》评论

（一）《法务工期分析》不考虑法律的影响

一般认为美国国际工程造价促进会属于专业技术组织，故而《法务工期分析》仅作为协助进行法务工期与进度延误分析的技术参考依据，而并非法律规定。美国国际工程造价促进会为分布在全球众多国家的大量国际会员提供服务，其延误分析是为广泛的国际会员准备的，甚至包括大陆法系国家，而不仅是为美国法院准备的。因此，美国国际工程造价促进会得出的结论是，在《法务工期分析》中添加美国的法律条文是不合适的，因其缺乏法律特性，援引法律条文并不会改变该文件仅作为技术参考的用途。

《法务工期分析》没有讨论法律效力的重要性及其对法务工期延误分析所需的基本理论和证据的影响，使其在国际范围内得以拥有更好的普及性，但同时也产生了问题。因为法务工期分析主要是解决法律纠纷的工具，所适用法律的效力及其影响对法务工期分析的基础依据与结论会产生实质影响。因此，延误分析的技术方面与延误问题的法律效力交织在一起，不考虑法律问题就可能导致在“真空”中进行法务工期分析。比如，美国法院普遍接受关键线路法。如果使用的法务工期分析方法没有考虑关键线路法，很可能所做的延误分析报告就不会被美国法院接受。

因此，有部分观点认为，即使美国法院的裁决在世界范围内没有约束力，但延误分析方法的技术可靠性和可接受性应该在法院提出的问题上进行审查。鉴于美国国际工程造价促进会服务于众多国家的大量国际会员，因此使用美国的法律判例是不合适的。然而，美国法院审理案件的人不断地试图在相互竞争的法务工期分析方法之间得出最佳做法，并确定一种更好的方法来评估一个项目发生了什么,或许就是值得推广的一个方法。反之,假如某个方法已被美国法院多次拒绝,其较大可能是该方法存在重大问题,甚至天然缺陷。在建立世界公认的行业实践时,被美国法院确认的良好方法,就值得考虑。

美国国际工程造价促进会或许认识到法律条文的作用,向所有专家发出了以下邀请:"协助制定和维持这样一个针对具体管辖权的29R－03附加说明的版本,提供法律指导(最初以美国和后续其他国家判例版本),说明如何在具体国家判例法的范围内使用各种方法并对其进行排序。"①

实践中,关心法务工期相关法律判决的实务人员,可以阅读一些关于法务工期的判决案例,它们显然可以为实践者提供更好的指导,从而避免因法务工期分析方法与实务脱节,而无法实现其作为一项工具为实务服务的目的。

(二)《法务工期分析》采用生物学分类方法

与英国工程法学会《延误与干扰准则》采用模式命名的方法不同,《法务工期分析》按照生物学分类法编制了一套全新的分类系统。美国国际工程造价促进会采用新的分类法和命名法的理由如下:"行业了解各种常用名称的法务工期分析方法。目前,这些名称在整个行业的使用是松散和不受约束的。本文档的目的不是强制更严格地使用通用名称。相反,推荐的做法是将常用名称与分类学分类相关联。这种分类法允许在使用这些方法的通用名称时自由地保留区域、文化和时代上的差异……通过使用分类学分类,希望对各种分析方法的讨论将变得更加具体和客观。因此,建议的做法不会为各种方法的共同名称提供统一的定义,而是将详细描述它们所属的分类学分类。"②

对于打算在使用不同系统、实践和语言的各个管辖法中使用的技术文档来说,情况尤其如此。因此,作为美国的法务工期分析专家,他们可以自由使用他们在实践中长期所使用的术语。但是,在一些法务工期分析方法尚未建立的国家,使用新的分类法和术语会大大促进各方之间关于法务工期分析方法的交流。

在建设工程行业,我们经常使用一些术语,但这些术语的内涵,在不同行业或者不同国家未必一致,例如,针对发包模式EPC的内涵就容易产生不同的理解。同样,各种方法的名称也是裁判机构和专家讨论如何进行延误分析的最大障碍之一。例如,《法务工期分析》的法务工期分析方法"MIP 3.6 建模/添加/单基线(Modeled / Additive / Single Base)",在业界可能会被称为 impacted as－planned (IAP)、impacted baseline (IB)、plan plus delay、impacted update analysis、time impact analysis (TIA)、time impact evaluation (TIE)、fragnet insertion、fragnet analysis 等各种名称。如果使用"MIP 3.6 建模/ 添加/ 单基线",就容易统一法务工期分析方法的内涵。

① 摘自 Mark Grotefend 于2009年9月9日给 Evans Barba 的信。

② 参见 RP29－03 (2009) Section 1.4, Page 10。

此外,《法务工期分析》的分类方法更容易符合业界标准化、信息化的发展趋势。

但是,《法务工期分析》的法务工期分析方法的分类方法过于强调分类的精准,也造成了业界法务工期分析专家的抱怨。例如,原美国建设管理协会主席汤姆·德里斯科先生就抱怨说:“分类法中包括的所有8种方法[①]的名称对建筑业和法律界来说都是陌生的,不符合多年的判例法。当你建议避免混淆时,当你作为专家的目标是保持简单,并且具有可信力和说服力时,为什么要创建新的名字呢?被确认为计划影响(plan + impacts),全时间分析(total time analysis),计划与实际竣工对比(as - plan versus as - built),计划与调整对比(as - plan versus as - adjusted),实际竣工断裂(collapsed as - built)和窗口分析(windows analysis)的方法都在判例法中得到承认和引用,不论是否可以接受,也有特定的原因。”[②]

法务工期分析专家面临的一个巨大挑战就是如何向法官、仲裁员、律师以简单易懂的方式解释法务工期分析方法和技术。《法务工期分析》的分类方法类似于生物科学使用拉丁分类学术语,将各种植物和动物的名称联系起来。其结果是一个比较复杂的分类法,很难简单通俗地进行解释。特别是法律界,如何将这种分类与司法判例相匹配,还需要法务工期专业人员进一步的努力。

① 《法务工期分析》2007版中是八种方法。

② 摘自汤姆·德里斯科先生2009年5月在美国项目管理协会(PMI)进度学院中的讲话。

第二章

工期延误责任量化方法

第一节　法务工期分析方法

一、英国工程法学会的方法

(一)计划影响分析法

计划影响分析法是英国工程法学会《延误与干扰准则》第一版和第二版都包括的方法。

这种方法通过使用逻辑链接的基线进度计划来评估延误事件,以确定这些事件对基线进度计划中显示的合同完工日期的预期影响。该方法要求确认进度计划中所示工作的顺序和持续时间为合理、现实和可实现的,并在逻辑上有适当的联系。

一般来说,这被认为是最简单和最经济的延误分析方法。如果在工程开始时或在早期阶段发生延误事件,则很可能可以接受(但须遵守合同条款)。但是,它并没有考虑到工程的实际进展和对原计划的改变,因此有明显的局限性。

(二)时间影响分析法

时间影响分析法是英国工程法学会《延误与干扰准则》第一版和第二版都包括的方法。

这是延期申请的当期评估指南说明第4节中使用的方法。该方法使用更新的逻辑链接的基线进度来评估延误事件。发生这些事件时,通过更新的基线进度计划评估这些事件对所显示的预计合同完成日期的预期影响。

同样,该方法需要确认进度计划中所示工作的顺序和持续时间是合理的、现实的和可实现的,并在逻辑上有适当的联系。同时,必须确定基线进度计划的"更新"准确地反映了工程的实际进展;此外还需要查明已纳入更新的基线进度计划的缓解和赶工,以便不掩盖或扭曲延误事件的预期影响。

被建模的延误事件的数量对使用这种方法的复杂性和成本有很大的影响。

时间影响分析法评估了事件发生时对进度计划/关键线路可能产生的影响。由于不考虑后续项目进度,此方法通常不处理或确定延误事件造成的实际延误。

(三)时间切片窗口分析法

这是英国工程法学会《延误与干扰准则》第二版的方法。

这是两种"窗口"分析方法之一,并通过使用当期更新的基线进度计划或经修订的当期进度计划来评估延误情况,这些进度计划显示了项目整个过程中各种"快照"或时间片段的工作情况。通过这一过程,将工程进度划分为窗口。"快照"或时间片段通常按月或双周间隔执行。

时间片段系列进度计划显示以下内容,从而确定每个窗口内发生的实际关键线路的程度。

1. 随着工程的进展,每个窗口中的当期或实际的关键线路;

2. 每个窗口(时间片段)结束时的关键线路状态。

此后,对所发生事件的证据和项目记录进行评估,以考虑每个窗口所确定的关键延误的原因。

就每一时间切片进度计划而言,更新的进度计划必须反映工程的实际进展,而建议的工程未来顺序和持续时间,必须是合理、切合实际和可实现的,并有适当的逻辑联系。

(四)分窗口的计划与实际竣工对比方法

这是英国工程法学会《延误与干扰准则》第二版的方法。

这是第二种"窗口"分析方法。与时间切片窗口分析法不同,它通常用于以下情况:

1. 对基线进度计划的有效性或合理性和(或)目前更新的进度计划的准确性或其他方面表示关切。

2. 当期更新的进度计划太少。

该方法会将工程的持续时间划分为若干窗口,在每个窗口中的当期或实际的关键线路基于"常识和对现有事实的实际分析"确定[第11.6(d)节]。由于这在很大程度上不依赖于编程软件,因此对确定关键线路的理由和推理必须加以描述,而且必须是可靠的。然后,对照基线进度计划(可考虑使用经修订的当期进度计划、当期更新的进度计划、里程碑或重大事件等)中相应的计划日期,比较当期或实际关键线路上的关键日期,以确定每个窗口中关键延误的发生和程度。

与时间切片窗口分析法一样,该方法对所发生事件的证据和项目记录进行评估,以考虑每个窗口中确定的关键延误的原因。每个窗口所产生的关键延误和缓解措施是累积起来的,以确定工程持续期间的关键延误。

(五)最长路径分析法

这是英国工程法学会《延误与干扰准则》第二版的方法。

该方法参照经过验证或编制的完工进度计划，使用回溯性的方法来建立关键线路。也就是说，用完工进度计划中显示的实际完工日期作为起点，向前回溯最长的连续线路，以确定完工关键线路。然后，通过比较完工关键线路的关键日期和基线进度计划中相应的计划日期来确定关键延误的发生程度。

本方法与时间切片窗口分析法、分窗口的计划与实际竣工对比方法一样，会对事件的证据和项目记录进行评估，以考虑所识别的关键延误的原因。但当在工程过程中发生对关键线路的更改时，该方法可能作用较为有限，存在不被承认或允许的风险。

（六）实际竣工断裂分析法

这是英国工程法学会《延误与干扰准则》第一版和第二版都包括的方法。

该方法主要系从完工进度计划中提取延误事件，以考虑在尚未发生延误事件的情形下可能会发生什么。

该方法不需要基线进度计划，但是需要一个详细的逻辑链接的完工进度计划。通常情况下，这样的进度计划编制需要使用项目记录、完工信息，并将逻辑纳入经过验证的完工进度计划（如果存在的话）。这可能是一项耗时、复杂和代价高昂的工作。

一旦完成，影响完工进度计划的延误事件就会被识别出来，并被“断裂”或提取出来，以确定延误事件的净影响。

（七）计划与实际竣工对比分析法

这是英国工程法学会《延误与干扰准则》第一版的方法。

该方法是一种回溯性方法，会将基线或计划的进度计划与完工进度或反映某一特定时间点的进度进行比较。这种分析方法通常用于项目有可靠的基线和完工的计划信息，但当期进度没有更新或存在缺陷（从而无法可靠支持延误分析）。

计划与实际竣工对比分析法可以从简单的图形比较考虑各种计划活动的开始和结束日期及相关序列的更复杂的实现。例如，线性建设项目，如具有离散延误问题的公路或管道建设项目，可以使用简单的实现方式。更复杂的实现比较了活动的开始日期和完成日期以及相关序列，并努力确定每个差异的根本原因。执行的复杂性一般取决于项目的性质和复杂性以及正在评估的问题。

二、美国国际工程造价促进会的方法

（一）观察 Observational/静态 Static/整体 Gross（MIP 3.1）

MIP 3.1 是一种观察技术，是将基线或其他计划与反映进度的完工计划或进度更新进行比较的技术。

在其最简单的应用中，该方法不涉及任何明确使用关键线路逻辑的问题，可以简单地研究各种活动的开始日期和完成日期。它可以使用一个简单的图形比较计划进度计划和完工进度计划,也可以更复杂地比较活动的日期和相对序列以及活动持续时间和逻辑联系的差异,并确定原因和解释每个差异的意义。在它最复杂的应用程序中,它可以每天确定最严重的延误活动和完工关键线路。

MIP 3.1 被归类为一种静态逻辑方法,因为它主要依赖于基线或其他计划进度计划所依据的一套单一的逻辑。该方法被归类为整体,而不是周期性的,因为分析是就整个项目中单个基线或其他计划进度计划进行的,而不是在周期分段中进行的。

(二)观察 Observational/静态 Static/周期 Periodic(MIP 3.2)

与 MIP 3.1 类似,MIP 3.2 是一种观察技术,旨在将基线或其他计划进度计划与完工计划或反映进度的更新计划进行比较。但是,这种方法会分析项目的多个部分,而不是一个完整的连续体。该方法在本质上是对 MIP 3.1 的增强,因此,实施 MIP 3.2 的先决条件是要求首先实现 MIP 3.1。

在从简单到复杂的实现范围内,MIP 3.2 与 MIP 3.1 有同样的特点。在其最简单的应用中,该方法不涉及任何明确的关键线路逻辑使用,可以简单地研究各种活动的开始日期和完成日期。它可以使用一个简单的图形比较按计划的进度计划和完工的进度计划。更复杂的实现可以比较活动的日期和相关时序,比较活动持续时间和逻辑联系的差异,从而确定延误原因,并解释每个变化的意义。在它最复杂的应用程序中,它可以每天确定最严重的延误活动和完工关键线路。

在两个或两个以上的时间段内进行这一分析的优点是,将对延迟或赶工的识别更准确地归为特定事件。一般来说,时间越长,分析与实际发生的事件的关系就越密切。与 MIP 3.1 相比,这一方法的技术精度并没有明显提高或降低,因为这一比较仍停留在完工进度计划和基线的或原计划的进度计划之间。但是,分段对于加强分析过程的组织和优先排序是有用的。这也可能增加分析报告的有效性。

MIP 3.2 被归类为静态逻辑方法,因为它主要依赖于基线计划或其他计划的基础上的单一的一组关键线路逻辑。需要注意的是,MIP 3.3 中描述的类似方法被归类为动态逻辑方法,因为该方法使用一系列的更新进度计划,其逻辑可能与基线和进度计划彼此不同。MIP 3.2 与 MIP 3.3 的区别在于,虽然分析都是在分段中执行的,但 MIP 3.2 是按计划和完工的片段执行,而不涉及引用对这些片段的计划更新。

MIP 3.2 被归类为周期性的,因为分析是在周期分段而不是在一个连续的项目期间进行的。

(三)观察 Observational/动态 Dynamic/当期原样 Contemporaneous As - Is(MIP 3.3)

MIP 3.3 是一种回溯性技术,它沿着过去的和更新的关键逻辑路径,识别对于关键延误承担责任的活动,使用项目进度更新来量化时间的损失或收益。虽然基线这种方法是一种回溯性的技术,但它依赖于在准备更新时所做的前瞻性计算。也就是说,它主要使用更新"数据日期"后的信息。

MIP 3.3 是一种观察技术,因为它不涉及延误的插入或删除,而是基于更新来观察进度网络的行为,基于基本上未改变的现有计划逻辑来更新和测量计划差异。由于该方法使用的是进度计划更新,其逻辑可能与以前的更新以及基线不同,因此它被认为是一种动态逻辑方法。因为它所依赖的更新是与项目执行一起准备的,而不是像 MIP 3.5 中那样的事后重建。

最后,"原样"是该方法与 MIP 3.4 的区别,因为更新完全原封不动评估或保持"原样"。

虽然很少见,但有可能在更新中没有进行任何非进度的修订。在这种情况下,因为整个项目过程一直使用的是初始基线逻辑,该方法应该产生类似于静态逻辑方法(MIP 3.1 和 MIP 3.2)的结果。

(四)观察 Observational/动态 Dynamic/当期分列 Contemporaneous Split(MIP 3.4)

MIP 3.4 与 MIP 3.3 在许多方面都是相同的。不同点在于,MIP 3.4 对于每个更新,会在当前更新和前一个由进度信息组成的更新之间创建一个中间文件,这个中间文件用于进行任何非进度修订。通常,该过程涉及使用来自当前更新的进度数据和使用当前数据日期更新上一次更新的进度数据。这是中间计划或半步进度计划(half - step schedule)。该过程允许法务工期分析专家分两步评估进度计划的更新差异,即首先通过评估上期更新与半步进度计划之间的差异评估纯进度变化,然后通过观察半步进度计划和当前更新计划之间的差异来评估非进度修订差异。

与 MIP 3.3 一样,MIP 3.4 是一种回溯技术,它使用项目进度计划更新来量化逻辑路径上的时间损益,该逻辑路径是关键的或已成为关键的,并确定对关键延误负责的活动。虽然这种方法是一种回溯性的技术,但它依赖于在准备更新时所做的前瞻性计算。也就是说,它主要使用更新"数据日期"后的信息。

MIP 3.4 是一种观察技术,因为它不涉及延误的插入或删除,而是基于从更新到更新和测量的网络行为,从本质上讲,它是基于现有进度计划逻辑而产生的。

由于该方法使用的是进度计划更新,其逻辑可能与以前的更新以及基线不同,因此它被认为是一种动态逻辑方法。

该方法是当期的,因为它所依赖的更新是与项目执行一起准备的,而不是像 MIP 3.5 中那样在事实之后重建的。

"分列"是这种方法与 MIP 3.3 的区别,是通过对更新后的分步过程进行评估,使纯进度更新从非进度修正而来。但也有可能在同期更新中不进行任何非进度的修订。如果是这种情况,则 MIP 3.3 是用于分析的更好解决方案。

（五）观察 Observational/动态 Dynamic/修改或重新创建 Modified or Recreated（MIP 3.5）

MIP 3.5 与 MIP 3.3 或 MIP 3.4 有类似性，只不过 MIP 3.5 使用的是经过深度修订的当期更新进度计划或完全重新创建的“更新”。通常会在没有更新或根本不存在更新的情况下实现 MIP 3.5。

它是一种回溯性技术，它使用修改后的或重新调整的计划更新来量化逻辑路径上的时间损益，从而确定对关键延误负责的活动。与 MIP 3.4 类似，虽然这种方法是一种回溯性的技术，但它依赖于在准备更新时所做的前瞻性计算。也就是说，它主要使用更新“数据日期”后的信息。

因为 MIP 3.5 不涉及插入或删除延迟，因此仍被归类为观察的技术。但从法务工期专家分析人员的数据干预水平来看，它并不是纯粹的观察。MIP 3.3 和 MIP 3.4 是纯粹的观察，因为法务工期分析专家根据无改动的、现有的逻辑模型，解释网络从更新到更新和测量进度计划过程中所观察到的变化。由于法务工期分析专家在使用 MIP 3.5 时进行了广泛的数据干预，因此法务工期分析专家的观察是基于网络计划的深度控制开展的。

如果在项目期间对基线进行了非进展修订，则该方法必须识别那些非进展修订。否则，修订或改造是不完整或不适当的。因此，MIP 3.5 被认为是一种动态逻辑方法。如果没有在项目上进行无进展的修订，MIP 3.5 的结果将与 MIP 3.2 的结果非常相似。

MIP 3.5 可以在半步过程中实现，也可以不采用半步过程。MIP 3.3、MIP 3.4 和 MIP 3.5 可以混合使用。这通常适用于由于数据丢失或在项目期间很长一段时间内没有执行更新这一事实而导致更新记录中存在很大空白的情形。因此，当一些用于分析的进度计划并非当期进度计划时，一般不考虑整个方法均使用 MIP 3.5。

（六）建模 Modeled/添加 Additive/单基线 Single Base（MIP 3.6）

MIP 3.6 是一种建模技术，它依赖于基于关键线路模型的场景模拟。模拟包括插入或添加表示延误或更改的活动，以表示计划的网络分析模型，并确定这些插入的活动对网络的影响。因此，它是一个添加模型。

MIP 3.6 是一种单基线方法，与 MIP 3.7 为多基线不同。该添加模拟是在表示该计划的一个网络分析模型上进行的。因此，它是一种静态逻辑方法，而不是动态逻辑方法。

（七）建模 Modeled/添加 Additive/多基线 Multiple Base（MIP 3.7）

MIP 3.7 与 MIP 3.6 的相似之处在于，它也是一种依赖于基于关键线路模型的场景模拟的建模技术，模拟同样包括插入或添加表示延误或更改的活动，它是一个添加模型。

但 MIP 3.7 是一种多基线方法，不同于单基线方法的 MIP 3.6。添加模拟是在表示该计划的多个网络分析模型上执行的，通常是更新计划、当期计划、修改后的当期计划或重建的计划。每个基线模型都建立了一个对延误影响进行量化的分析周期。

因为更新通常反映非进展修订,所以 MIP 3.7 是一种动态逻辑方法,而不是静态逻辑方法。

(八)建模 Modeled/扣减 Subtractive/单模拟 Single Simulation(MIP 3.8)

MIP 3.8 是一种建模技术,它依赖于基于关键线路模型的场景模拟。该模拟包括从完工进度计划中扣减延误活动,以确定这些扣减的活动对网络计划的影响。因此,MIP 3.8 是扣减模式。

MIP 3.8 在表示完工的网络分析模型的基础上进行扣减模拟。由于它只使用了一个网络分析模型,因此它在技术上是一种静态逻辑方法,而不是动态逻辑方法。但是,项目的非进度修订反映了与原始基线逻辑不同的完工条件。鉴于此,通常认为动态考虑原始逻辑变化的方法比完全依赖于基线逻辑的方法更准确。

(九)建模 Modeled/扣减 Subtractive/多基线 Multiple Base(MIP 3.9)

与 MIP 3.8 类似,MIP 3.9 是一种建模技术,它依赖于基于关键线路模型的场景模拟。该模拟包括从完工进度计划中扣减延误活动,以确定这些扣减的活动对网络计划的影响。因此,MIP 3.9 是扣减模式。

与单基线 MIP 3.8 不同,MIP 3.9 是一种多基线方法。扣减模拟是在多个完工网络分析模型上执行的,通常是更新的计划,其中可以包括当期、当期修改或重建的计划。由于项目的非进展性修正是对完工条件的反应,与最初的基线逻辑相比,MIP 3.9 考虑到这些逻辑变化,因为更新通常包括非进度修订,所以 MIP 3.9 是一种动态逻辑方法,而不是静态逻辑方法。

扣减模拟是在周期性的网络分析模型上进行的,该模型表示完工进度计划的间隔。每个模型都建立了一个时间周期的分析,对延误影响进行量化。

三、英美法务工期分析方法的映射

虽然英国工程法学会与美国国际工程造价促进会的分类方法不同,前者采用模式命名的方法,后者按照生物学分类法编制了一套全新的分类系统,但是两种分类方法还是有一定映射关系的。表 5-2-1 是两种方法的映射关系。需要说明的是,由于不同的行业协会关于定义的内容并非完全一致,因此关于映射关系的总结也只是大致的,并不完全精准对应。

表5-2-1 英美法务工期分析方法的映射

英国工程法学会	美国国际工程造价促进会
计划与实际竣工对比分析法	观察 Observational/静态 Static/整体 Gross(MIP 3.1)
	观察 Observational/静态 Static/周期 Periodic(MIP 3.2)
分窗口的计划与实际竣工对比方法	观察 Observational/动态 Dynamic/当期原样 Contemporaneous As-Is (MIP 3.3)
	观察 Observational/动态 Dynamic/当期分列 Contemporaneous Split (MIP 3.4)
	观察 Observational/动态 Dynamic/修改或重新创建 Modified or Recreated (MIP 3.5)
计划影响分析法/时间影响分析法	建模 Modeled/添加 Additive/单基线 Single Base(MIP 3.6)
时间影响分析法 时间切片窗口分析法	建模 Modeled/添加 Additive/多基线 Multiple Base (MIP 3.7)
实际竣工断裂分析法	建模 Modeled/扣减 Subtractive/单模拟 Single Simulation(MIP 3.8)
/	建模 Modeled/扣减 Subtractive/多基线 Multiple Base (MIP 3.9)
最长路径分析法	/

第二节 法务工期分析方法选择与示例

一、选择法务工期分析方法的基本原则

实践中,选择法务工期分析方法的基本原则是无论采用哪种法务工期延误分析方法,都有一个压倒一切的目标,即从常识的角度确保从该分析中得出的结论是正确的。

二、选择法务工期分析方法的因素

根据英国工程法学会的观点,不同分析方法的选用可以从以下八个方面进行考虑:

(1)合同条件的约定;

(2)原因事件的性质;

(3)项目的性质;

(4)项目或争议的价值;

(5)可用于分析的时间长短;

(6)可利用记录的质量、范围和性质;

(7)可利用进度信息的质量、范围和性质;

(8)其他评估成果。

美国国际工程造价促进会认为法务工期分析方法选择时需要考虑以下因素：

(1)合同要求；

(2)分析目的；

(3)数据来源可获得性和可靠性；

(4)争议规模；

(5)争议复杂性；

(6)法务工期分析预算；

(7)法务工期分析的时间限制；

(8)法务工期分析专家的专长；

(9)争议解决方式；

(10)法律或程序需要。

下文将就合同要求、分析目的及数据来源可获得性和可靠性三个方面进行着重分析。

(一)合同要求

有些合同有可能会特别约定使用某种特定的法务工期分析方法，在这种情况下，法务工期分析专家在选择法务工期分析方法时，就必须符合合同的约定。例如，有些合同要求延期的请求使用前瞻性方法。但这时需要关注的是，这种要求是仅限于项目执行期间的工期延期索赔，还是包括项目执行完成后的争议解决延误分析。

此外，如果合同文件在证明有权获得时间延长或与时间有关的赔偿时没有提及使用哪种进度延误分析方法，那么法务工期分析专家可以自由使用任何方法来支持此类请求。然而，即使合同在分析方法上没有明确说明，合同语言仍然可能影响法务工期分析专家对法务工期分析方法的选择。例如，一些合同可能明确要求只有影响关键线路的延误才可以延期。这些合同虽然没有约定具体适用的法务工期分析方法，但这意味着法务工期分析专家必须选择使用包含分析关键线路的方法。所以，简单的延误天数相加，或者简单的横道图就不能适用了。又如，一些合同约定，只有业主风险事件实际引起竣工延误时，承包人才有权获得延期赔偿费的减免，这时可能使用实际竣工断裂分析法、计划与实际竣工对比分析法、时间影响分析法、时间切片窗口分析法等就会更合适一些。再如，一些合同约定，只要业主风险事件很可能造成影响，承包人就有权获得延期赔偿费的减免，则计划影响分析法和时间影响分析法就可能是合适的分析方法。

在某案件中，申请人认为，工程逾期是由于被申请人的原因造成，主要包括：(1)施工费用不予确定；(2)图纸不能及时到位；(3)不能完整提交施工图；(4)设计前根本没有勘探或者勘探不到位；(5)申请人供货迟迟不到场；(6)申请人供货的材料与现场不符合；(7)地下部分施工和地上设备对接受业主限制；(8)业主配合停机施工。

仲裁庭注意到，本案合同第21条约定工期延期是处在工程施工进度网络计划的关键线路上。然而,本案合同签订时没有带有关键线路的进度计划,双方当事人也未举证出本案在工程实施过程中不断编制并更新工程施工进度网络计划,因而无法确认本案工程实施过程哪些延误事件在关键线路上,从而造成了工期延误以及相应的延误天数。故仲裁庭认为本案工期延误的责任归属无法确定。

上述案例由于当事人未能按照合同约定的关键线路法举证工期延误责任,工期延误索赔被驳回。因此,法务工期分析专家在选择法务工期分析方法时首先要考虑合同是否对方法的选择有明确约定,用以支持延期或与时间有关的索赔请求。法务工期分析专家应遵守合同的要求以及适用的规范和法律。然而,有时即使合同中提出了要求,但是提出的要求有可能不明确或模棱两可或描述错误。因此,双方当事人在合同中应尽量使用行业协会所推荐的法务工期分析方法命名术语,避免该等合同条款因约定不明而不被采纳。

(二)分析目的

一般而言,法务工期分析的目的是量化延误、确定原因,并评估延误的责任和财务后果。法务工期分析研究特定事件如何影响项目进度。因此,法务工期分析专家使用同期项目文档来确定哪些事件可能导致延迟(包括事件识别、开始和完成日期、受事件影响的活动等)。法务工期分析专家然后以某种有序的方式将这些事件加以应用或将其与项目中使用的时间表联系起来。一旦事件被添加、删除或以其他方式在进度表中标识,就可以确定是否有任何或所有事件导致项目比计划晚完成。由此,可以根据合同的条款和条件以及适用的法律对因果关系和责任进行评估。

关于某一特定项目,需要确定法务工期分析的目的是什么,是只要分析工期延误责任,还是既要分析工期延误责任还要分析工期延误费用。这是因为不同分析方法分析的事项会有所不同。法务工期分析专家会根据分析目的,来确定在延误分析时是否需要进行同期延误分析、踱步分析以及延误减轻分析等事宜。例如,如果法务工期分析专家认为需要调查同期延误,那么法务工期分析方法的选择就将局限于那些可以提供同期延误识别和分析的方法。在这种情况下,法务工期分析专家就需要采用包括反映实际进度数据的方法;如果法务工期分析专家的分析目的仅仅是证明可原谅的、不可赔偿的延误,那么有许多方法可供使用,因为法务工期分析专家有可能不需要处理同期延误问题(这需要特别留心合同条款的约定以及东道国的法律)。

《AACE 法务进度计划分析》的 5.2 节的表 17 将九种法务工期分析方法的应用选择进行了如表 5-2-2 的比较:

表 5-2-2 法务工期分析方法的应用选择

法务分析使用	方法								
	MIP 3.1	MIP 3.2	MIP 3.3	MIP 3.4	MIP 3.5	MIP 3.6	MIP 3.7	MIP 3.8	MIP 3.9
不补偿延期	OK	OK	OK	OK	OK	OK	OK	OK	OK
可补偿延误	OK	OK	OK	OK	OK			OK	OK
提前完工权利补偿延误								OK	OK
提前竣工奖金权益	OK	OK	OK	OK	OK	OK	OK	OK	OK
项目无延误时干扰	OK	OK	OK	OK	OK	OK	OK		
建设性赶工				OK		OK	OK		

（三）数据来源可获得性和可靠性

特定法务工期分析方法的选择在很大程度上受源数据可用性的影响，这些源数据可用于验证和确定分析的可靠性。

例如，如果项目记录显示在项目期间只有一个基线进度，但没有进度更新，则不能使用观测 AACE 的 MIP 3.3 和 MIP 3.4。而这个基线进度计划是一个比较好的实现编制的网络进度计划，则计划影响分析法或者 AACE 的 MIP 3.6 可能是恰当的。

如果有良好的竣工记录，但实现编制的网络进度计划不够充分详细，或者说根本没有编制网络进度计划，那么实际竣工断裂分析法或 AACE 的 MIP 3.8 很可能就是恰当的。

如果既有事先编制的进度计划，也有实际竣工计划，或事先编制的进度计划定期更新，但关于所遵循的网络逻辑关系的信息很少，那么计划与实际竣工对比分析法、分窗口的计划与实际竣工对比方法或 AACE 的 MIP 3.1、MIP 3.2、MIP 3.3、MIP 3.4 和 MIP 3.5 很可能就是恰当的。

因此，法务工期分析专家需要确定可获得的同期项目文件的数量并评估其质量。然后，法务工期分析专家需要对项目文档进行抽样审查，以确定数据对于延误分析是否可靠。一旦完成这些审查，法务工期分析专家就可以制订法务工期分析工作的计划，并在初步分析策划报告中就使用法务工期分析方法提出建议。（见表 5-2-3、表 5-2-4）

表 5-2-3 SCL 法务工期分析方法数据要求

分析方法	数据要求
计划影响分析法	（1）带逻辑关系的基准进度计划 （2）用于建模分析的一系列延误事件
时间影响分析法	（1）带逻辑关系的基准进度计划 （2）基准进度计划的更新或其他进度更新文件 （3）用于建模分析的一系列延误事件

续表

分析方法	数据要求
时间切片窗口分析法	(1)带逻辑关系的基准进度计划 (2)基准进度计划的更新或其他进度更新文件
分窗口的计划与实际竣工对比方法	(1)基准进度计划 (2)实际完工数据
最长路径分析法	(1)基准进度计划 (2)完工进度记录
实际竣工断裂分析法	(1)带逻辑关系的完工进度记录 (2)用于建模分析的一系列延误事件

表 5-2-4　AACE 法务工期分析方法数据要求

数据要求	方法								
	MIP 3.1	MIP 3.2	MIP 3.3	MIP 3.4	MIP 3.5	MIP 3.6	MIP 3.7	MIP 3.8	MIP 3.9
基线进度计划	最低要求	最低要求				最低要求	最低要求		
进度计划更新			最低要求	最低要求			最低要求		最低要求
完工记录	最低要求	最低要求			最低要求			最低要求	最低要求

三、法务工期分析方法应用示例

(一)应用示例概述

受制于不同项目在选择法务工期分析方法影响因素方面的不同客观条件,法务工期分析专家需要全面掌握各种法务工期分析方法。下面将引用一个小案例介绍不同法务工期分析方法的技术应用细节。

本应用示例由一个小型车库和车库道路组成,约定工期共 40 天。其中包含的所有施工工作以及所需时间如表 5-2-5 所示:

表 5-2-5 应用示例进度活动列表

单位:天

序号	活动名称	工期	紧后工作
G1	基础开挖	5	G2
G2	混凝土基础	3	G3
G3	1m 高砖墙	6	G4、G5
G4	屋顶高砖墙	14	G6
G5	混凝土至楼板	4	G8、D3
G6	固定屋顶结构	6	G7、G8
G7	屋顶防水	2	G9
G8	门的固定	2	G9
G9	油漆和清理	4	
D1	清理和车道开挖	15	D2
D2	车道底层硬化	10	D3
D3	车道柏油碎石	5	G9

根据上述工作内容中施工活动列表间的逻辑关系,本项目计划方案的双代号网络图如图 5-2-1 所示:

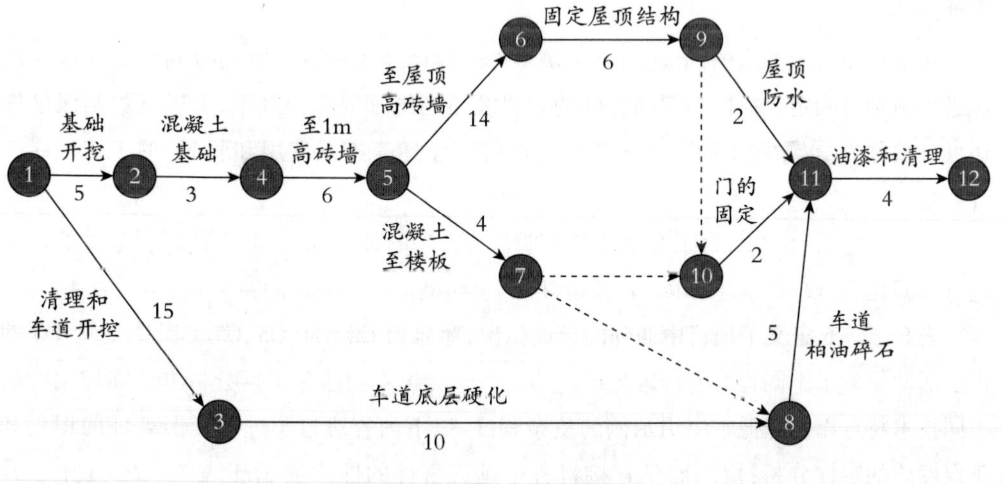

图 5-2-1 进度网络

为了更清晰地表示本项目的计划方案,图 5-2-2 为本项目的横道图计划表,总工期为 40 天。其中用红色表示的关键线路为车库工程部分,车道工程为非关键线路。

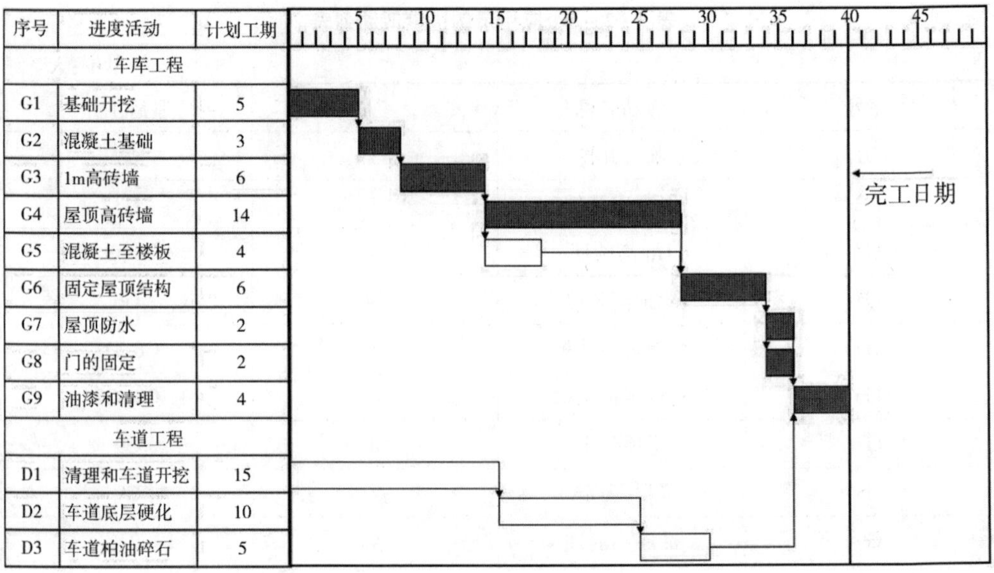

图5－2－2　进度横道

项目按计划开始后，施工进度会受到三种主要类型的延误事件的影响：(1)承包人承担成本风险和后果的事件，这些事件通常被归类为“不可原谅且不可补偿”延误事件；(2)承包人有权在延误和延期后获得费用补偿的情况下发生的事件称为“可补偿”的延误事件；(3)没有一方可以控制或承担相关风险的事件，通常被称为“可原谅但不补偿”延误事件。

在工程项目的实践中，上述三类延误事件需要结合大量且繁复的合同约定及法律规定进行甄别与确定。根据不同的合同约定以及不同国家的法律规定，上述三类延误事件还可以被称为“仅索赔工期”“索赔工期及费用”“索赔工期及费用和利润”的工期延误事件类型。

而在本应用示例中，为了突出法务工期分析方法的技术细节，对上述延误事件的认定进行了简化，并仅以“业主原因”延误事件或“承包商原因”延误事件的方式进行表述。

表5－2－6定义了项目中遇到的延误情况，序号为G2、G4、G5、G7、G8、D1、D2、D3的进度活动受到了不同程度的进度延误。为了便于突出不同法务工期分析方法在使用时的不同技术特点以及降低本应用示例的复杂程度，以下内容跳过了进度延误事件的识别和延误性质的定性分析过程，而是直接将各个延误事件的性质展示于表5－2－6中。其中，屋顶高砖墙(G4)和车道底层硬化(D2)两项进度活动各自受到两项进度延误事件的影响。

表 5－2－6 延误事件列表

单位：天

序号	活动名称	延误事件信息				
		事件描述	延误原因	实际开始日期	实际结束日期	持续时间
G2	混凝土基础	承包商的劳动力问题，额外花费了 3 天完成 G2 任务	承包方	6	9	3
D1	清理和车道开挖	开挖车道时遇到不可预见的不利地质条件	业主	10	17	7
G4	屋顶高砖墙	由于砌体供应商，未能在紧前任务完成时立刻开始，延误 1 天	承包商	15	16	1
G5	混凝土至楼板	承包商建议业主增加楼板厚度的变更多耗费了 1 天	业主	19	20	1
D2	车道底层硬化	施工 5 天后，业主指令暂停 4 天以决策已采用的硬化材料是否适用	业主	24	28	4
G4	屋顶高砖墙	G4 完工后业主要求增加一扇窗户	业主	30	32	2
D2	车道底层硬化	质量检测未能通过，导致 5 天返工	承包商	31	36	5
D3	车道柏油碎石	甲供设备延误到货 4 天	业主	38	42	4
G7	屋顶防水	承包商多耗费了 3 天完成 G7	承包商	40	43	3
G8	门的固定	业主修改门的类型影响 3 天	业主	40	43	3

为了区分并凸显各种延误类型，在下文各种法务工期分析方法应用示例中将在实际完工进度表中用深色水平横道表示“业主原因”延误事件，深色对角线横道表示“承包商原因”延误事件。实际完工进度表包括项目建设期间发生的所有延误，实际总项目工期为 51 天，并且车道的施工活动成为实际进度中的关键线路。除了延误外，一些进度活动之间的逻辑顺序也有所变化。这样，实际完工进度表显示的完成—开始逻辑在车库施工的前两个进度活动之间间隔了负 2 天，而不是最初计划的完成—开始关系。前两个车道施工活动之间存在 3 天的滞后性也是类似的逻辑关系。（见图 5－2－3）

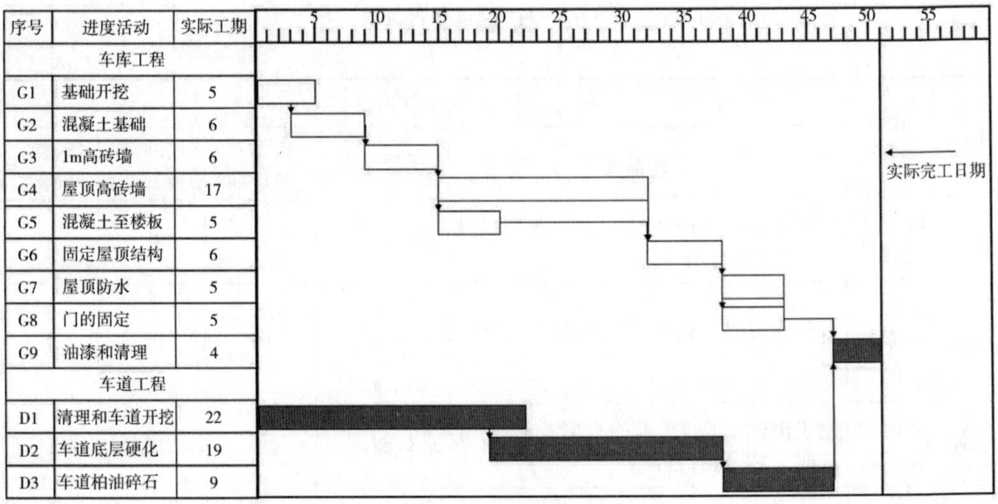

图5－2－3　实际完工进度

（二）计划影响分析法

如前所述，这种方法通过使用逻辑连接的基线进度计划来评估延误事件，用于衡量已识别出的延误事件对承包人按计划实施进度的影响。该方法要求确认进度计划中所示工作的顺序和持续时间为合理、现实和可实现的，并在逻辑上有适当的联系。各种延误事件可以被视为一组进度活动，并按照逻辑关系添加到基线进度计划的逻辑网络中，以显示每个延误事件对项目总体进度的影响，并说明项目的延误方式。延误程度等于插入延误事件前后进度表之间最后完工日期的差额。

使用此技术对示例项目进行延迟分析需要将延误事件依次添加到带逻辑关系的计划进度表中，以便确定每个延误事件对整体进度的影响。以下部分将按照已识别延误事件的实际发生顺序依次插入基线进度计划中对本技术方法的使用效果进行展示。在项目实践中，使用专业的进度软件可以极大提升使用效果。

第一个延误事件是G2任务因劳动力问题而导致多消耗3天才完成。此外，再加上G2处在基线进度计划的关键线路上。因此，当该延误事件插入基线进度计划以后，G2任务的后续工作都将会受此影响，从而使项目计划完工时间也延后3天。（见图5－2－4）

序号	进度活动	计划工期	延误时间
车库工程			
G1	基础开挖	5	
G2	混凝土基础	3	3
G3	1m高砖墙	6	
G4	屋顶高砖墙	14	
G5	混凝土至楼板	4	
G6	固定屋顶结构	6	
G7	屋顶防水	2	
G8	门的固定	2	
G9	油漆和清理	4	
车道工程			
D1	清理和车道开挖	15	
D2	车道底层硬化	10	
D3	车道柏油碎石	5	

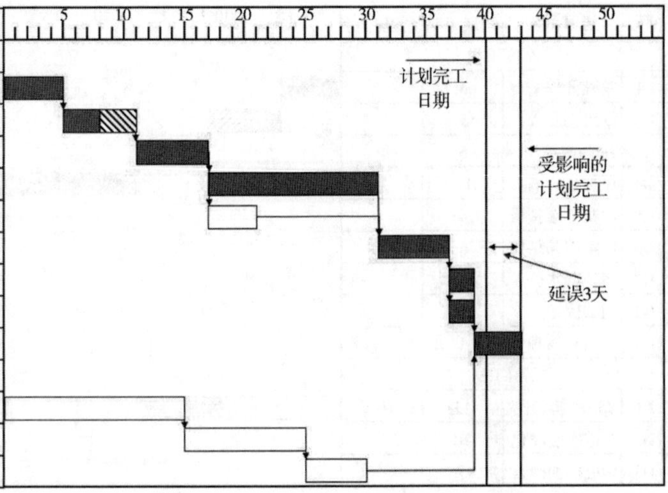

图 5－2－4　插入第一个延误事件

当车道开挖工作进行至第 10 天时，承包人发现了不可预见的不利地质条件，并受此影响而延误了 7 天时间。当把该延误事件插入基线进度计划时，由于车道工程处在非关键线路上，因此该延误事件的出现并没有影响已延误 3 天的新计划完工时间。（见图 5－2－5）

序号	进度活动	计划工期	延误时间
车库工程			
G1	基础开挖	5	
G2	混凝土基础	3	3
G3	1m高砖墙	6	
G4	屋顶高砖墙	14	
G5	混凝土至楼板	4	
G6	固定屋顶结构	6	
G7	屋顶防水	2	
G8	门的固定	2	
G9	油漆和清理	4	
车道工程			
D1	清理和车道开挖	15	7
D2	车道底层硬化	10	
D3	车道柏油碎石	5	

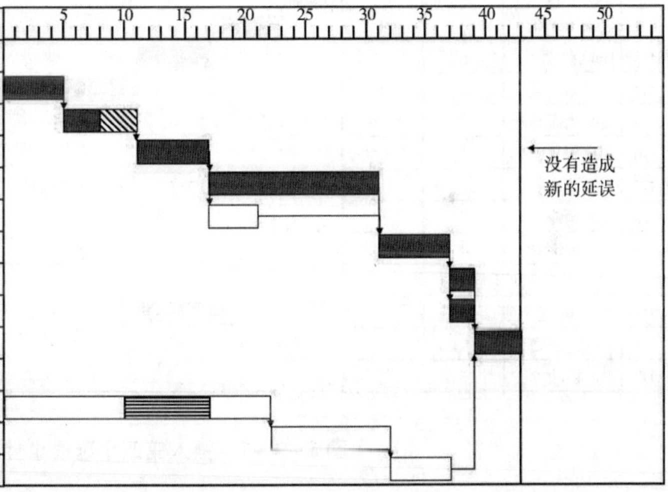

图 5－2－5　插入第二个延误事件

当 G3 任务完成时，由于砌体供应商的原因，未能使 G4 进度活动立即开始，延误 1 天后才开始实施。该延误事件插入进度表后，受影响的计划完工日期又延后 1 天。（见图 5－2－6）

序号	进度活动	计划工期	延误时间
	车库工程		
G1	基础开挖	5	
G2	混凝土基础	3	3
G3	1m高砖墙	6	
G4	屋顶高砖墙	14	1
G5	混凝土至楼板	4	
G6	固定屋顶结构	6	
G7	屋顶防水	2	
G8	门的固定	2	
G9	油漆和清理	4	
	车道工程		
D1	清理和车道开挖	15	7
D2	车道底层硬化	10	
D3	车道柏油碎石	5	

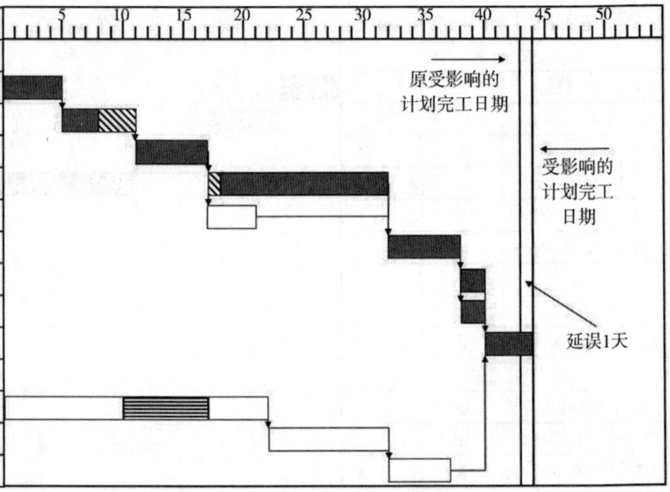

图 5-2-6　插入第三个延误事件

G5 由于受到设计变更的影响延误 1 天，但是该项进度活动处在非关键线路上，因此计划完工日期没有发生变化。（见图 5-2-7）

序号	进度活动	计划工期	延误时间
	车库工程		
G1	基础开挖	5	
G2	混凝土基础	3	3
G3	1m高砖墙	6	
G4	屋顶高砖墙	14	1
G5	混凝土至楼板	4	1
G6	固定屋顶结构	6	
G7	屋顶防水	2	
G8	门的固定	2	
G9	油漆和清理	4	
	车道工程		
D1	清理和车道开挖	15	7
D2	车道底层硬化	10	
D3	车道柏油碎石	5	

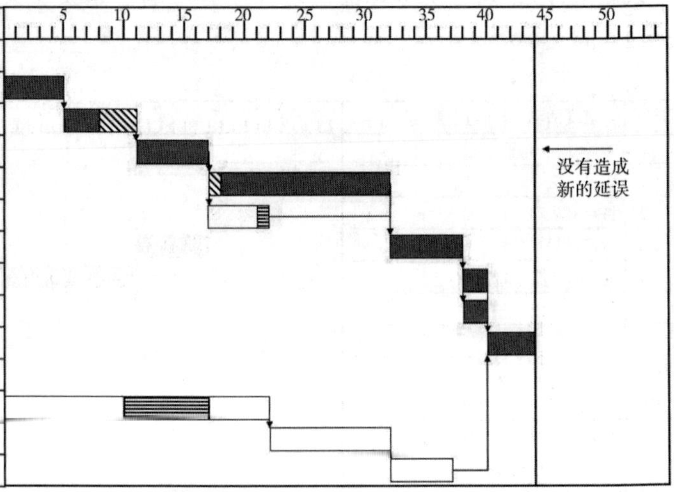

图 5-2-7　插入第四个延误事件

D2 任务开始后，由于业主需要决策是否继续采用已使用的材料进行施工而指令停工 4 天。插入该延误事件以后，受影响的基线进度计划出现了较大变化，不但计划完工日期进一步延后 1 天，而且影响完工日期的关键线路改变成了车道工程。（见图 5-2-8）

序号	进度活动	计划工期	延误时间
车库工程			
G1	基础开挖	5	
G2	混凝土基础	3	3
G3	1m高砖墙	6	
G4	屋顶高砖墙	14	1
G5	混凝土至楼板	4	1
G6	固定屋顶结构	6	
G7	屋顶防水	2	
G8	门的固定	2	
G9	油漆和清理	4	
车道工程			
D1	清理和车道开挖	15	7
D2	车道底层硬化	10	4
D3	车道柏油碎石	5	

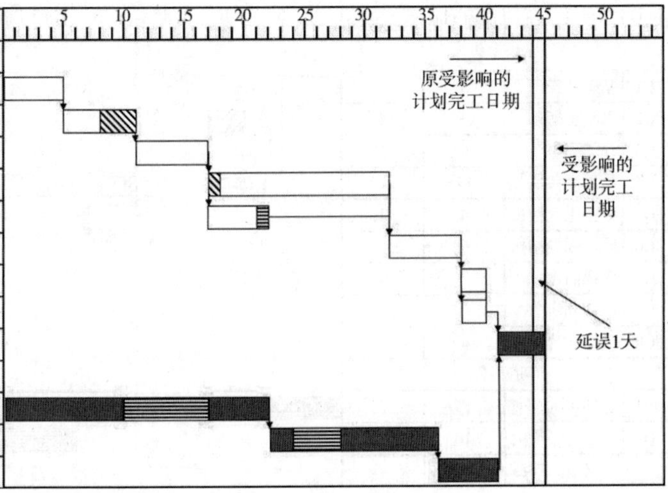

图5-2-8　插入第五个延误事件

当G4完工后，业主增加一扇窗户的设计变更导致该项进度活动进一步延误了2天。这个延误事件被插入受影响的基线进度计划以后，影响完工日期的关键线路又变回了车库工程，而计划完工日期受此影响又延后了1天。（见图5-2-9）

序号	进度活动	计划工期	延误时间
车库工程			
G1	基础开挖	5	
G2	混凝土基础	3	3
G3	1m高砖墙	6	
G4	屋顶高砖墙	14	1+2
G5	混凝土至楼板	4	1
G6	固定屋顶结构	6	
G7	屋顶防水	2	
G8	门的固定	2	
G9	油漆和清理	4	
车道工程			
D1	清理和车道开挖	15	7
D2	车道底层硬化	10	4
D3	车道柏油碎石	5	

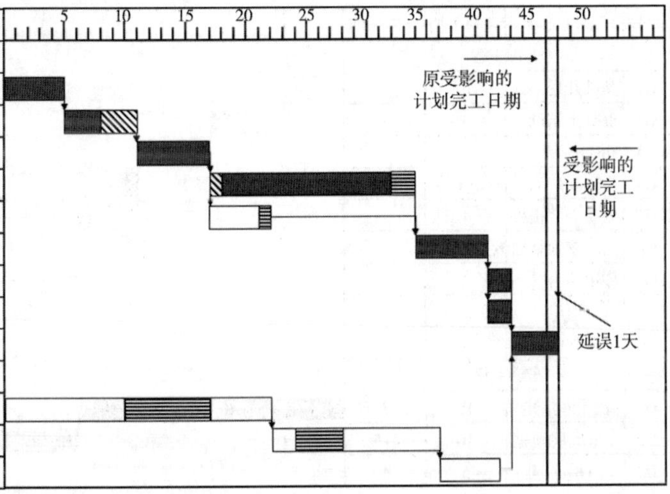

图5-2-9　插入第六个延误事件

由于未能通过质量检测，承包商在D2进度活动中出现了5天的返工工作。这让车道工程再次成为关键线路，同时计划完工日期再延后4天。（见图5-2-10）

序号	进度活动	计划工期	延误时间
车库工程			
G1	基础开挖	5	
G2	混凝土基础	3	3
G3	1m高砖墙	6	
G4	屋顶高砖墙	14	1+2
G5	混凝土至楼板	4	1
G6	固定屋顶结构	6	
G7	屋顶防水	2	
G8	门的固定	2	
G9	油漆和清理	4	
车道工程			
D1	清理和车道开挖	15	7
D2	车道底层硬化	10	4+5
D3	车道柏油碎石	5	

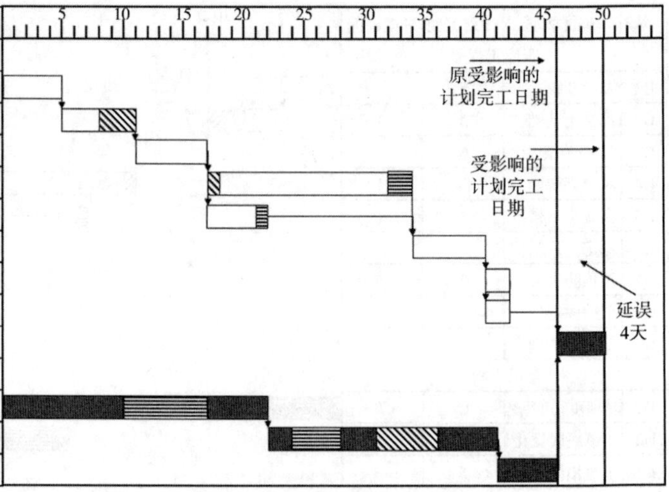

图 5-2-10　插入第七个延误事件

D3 进度活动开始之前，甲供设备未能到场使得该项进度活动的开始时间延误了 4 天。这一延误事件进一步加剧了计划完工日期的延误程度，又向后增加了 4 天。（见图 5-2-11）

序号	进度活动	计划工期	延误时间
车库工程			
G1	基础开挖	5	
G2	混凝土基础	3	3
G3	1m高砖墙	6	
G4	屋顶高砖墙	14	1+2
G5	混凝土至楼板	4	1
G6	固定屋顶结构	6	
G7	屋顶防水	2	
G8	门的固定	2	
G9	油漆和清理	4	
车道工程			
D1	清理和车道开挖	15	7
D2	车道底层硬化	10	4+5
D3	车道柏油碎石	5	4

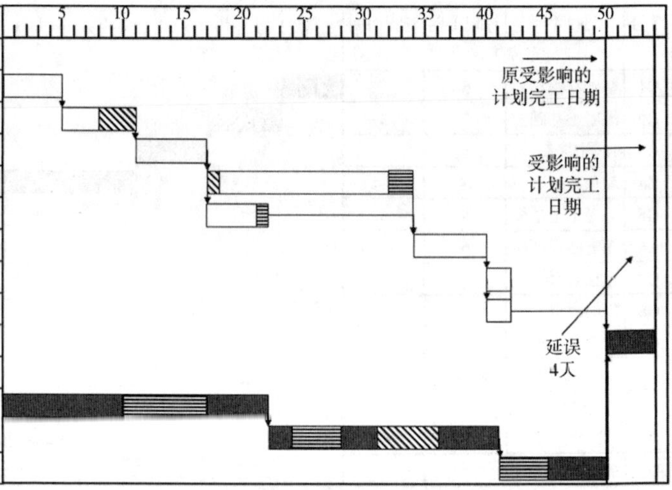

图 5-2-11　插入第八个延误事件

当 G7、G8 分别因为承发包双方原因各自延误 3 天时，由于车库工程不在关键线路上，因此工程整体的计划完工日期没有受到相应影响。（见图 5-2-12）

序号	进度活动	计划工期	延误时间
车库工程			
G1	基础开挖	5	
G2	混凝土基础	3	3
G3	1m高砖墙	6	
G4	屋顶高砖墙	14	1+2
G5	混凝土至楼板	4	1
G6	固定屋顶结构	6	
G7	屋顶防水	2	3
G8	门的固定	2	3
G9	油漆和清理	4	
车道工程			
D1	清理和车道开挖	15	7
D2	车道底层硬化	10	4+5
D3	车道柏油碎石	5	4

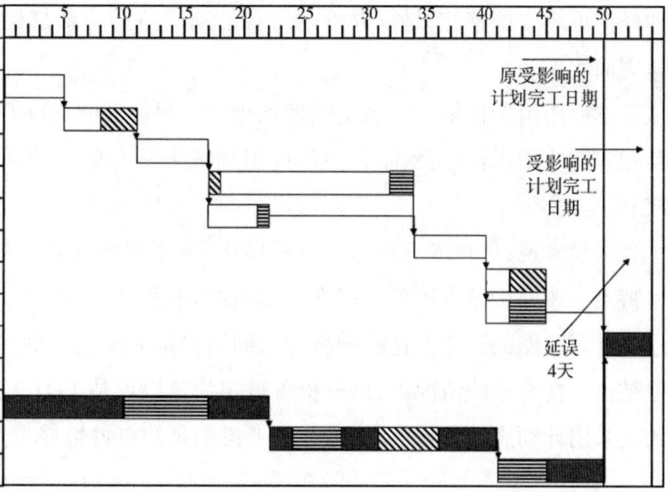

图 5－2－12　插入第九、十个延误事件

当所有延误事件都已按照各自事件的发生逻辑插入到基线进度计划时，得到了一幅计划受影响的分析结果。所得结果汇总如表 5－2－7 所示：

表 5－2－7　计划影响分析法结果汇总

单位：天

延误事件序号	进度活动序号	延误事件		
		延误原因	延误时长	延误影响
1	G2	承包商	3	3
2	D1	业主	7	0
3	G4	承包商	1	1
4	G5	业主	1	0
5	D2	业主	4	1
6	G4	业主	2	1
7	D2	承包商	5	4
8	D3	业主	4	4
9	G7	承包商	3	0
10	G8	业主	3	0
累计延误天数				14

从表 5－2－7 中可以看出，业主负责的工期延误有 6 天，承包商负责的工期延误有 8 天，这些延误天数的总和大于实际进度的 11 天工期延误。这个结果反映了计划受影响分析方法的技术特点。该分析方法未能考虑到项目实际执行过程中进度活动之间逻辑关系

的任何更改或调整，而是以分析中所有活动的原始关系都始终在一个基线进度计划上为原则而实现的。

本应用示例提供了一个比较理想化的工程场景，对合同双方的延误事件均有识别，但是在实际使用过程中，索赔人往往仅识别被索赔人单方的延误事件从而主张自己的工期权利。

一般来说，该技术方法相对容易操作、易于理解并且花费较低，但是由于其自身的技术特点导致使用该方法可能存在一定的局限性，主要是因为它没有考虑实际进展和对原进度计划意图的改变。这种分析方法的结果是关于延误事件对基线计划的可能影响的理论结论。在有限的情况下，该分析可被视为足以评估 EOT 权利。此类情况包括合同条款约定采用计划影响分析法和/或正在考虑的延误事件恰好发生在工程开始时等。

（三）时间影响分析法

该方法与计划影响分析方法最大的区别是使用更新的带逻辑链接的基线进度来评估延误事件。发生延误事件时，基于更新的基线进度计划评估这些事件对所显示的预计合同完成日期的预期影响。

计划影响分析法的技术局限性主要源于始终使用项目早期的原始基线进度计划进行工期延误分析。这样做会造成项目中后期的延误分析显著偏离实际，带来结果的不准确性。为了解决这一问题，时间影响分析法依靠项目实施过程中会不断更新基线进度计划这样的最佳实践，当需要对某延误事件进行分析时，就选用距此事件发生时间最近的已更新的基线进度作为分析基础。

如前所述，该方法使用更新的基线进度计划的理论前提是需要确认进度计划中所示工作的顺序和持续时间是合理的、现实的和可实现的，并在逻辑上有适当的联系。此外，还必须确定基线进度计划的“更新”准确地反映了工程的实际进展，且需要查明已纳入更新的基线进度计划的进度缓解和赶工，以便不掩盖或扭曲延误事件的预期影响。换句话说，更新的基线进度计划不但是对未来项目进度计划的更新安排，也是对已完工程的实际记录。

在本应用示例中，进度管理者分别在工程进行至第 3 天和第 19 天时对基线进度计划进行了两次更新。第一次是第 3 天时决定调整“G1 基础开挖”和“G2 混凝土基础”之间的逻辑关系，混凝土基础可以利用流水作业的方式提前开始施工。由于这个逻辑关系的变化导致 G1 和 G2 进度活动出现了逻辑链接，“G2 混凝土基础”在“G1 基础开挖”还未结束时已提前 2 天开始。由于，G1 和 G2 进度活动均处于基线进度计划的关键线路上，因此第一次更新后的基线进度计划的计划完工日期提前了 2 天。（见图 5－2－13）

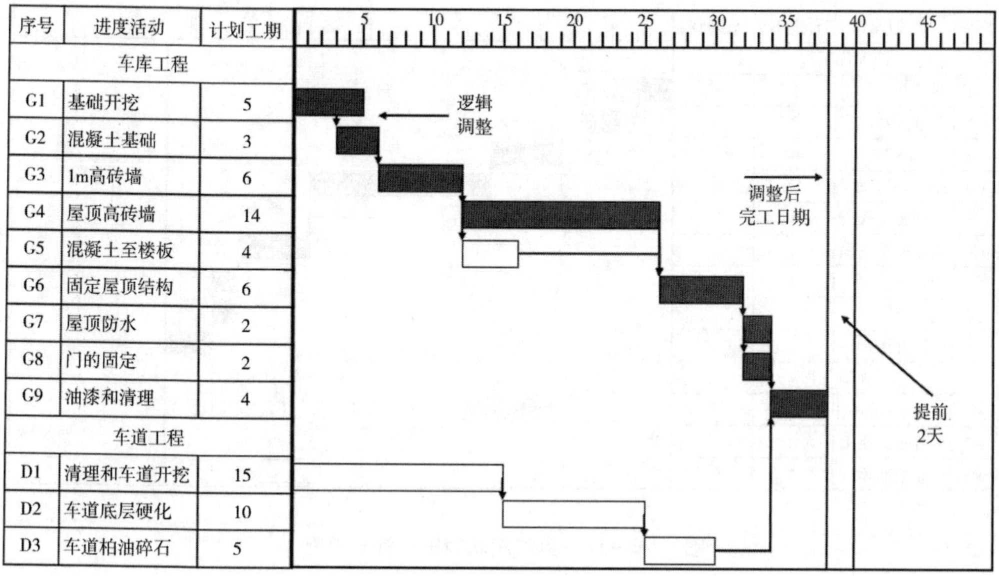

图 5－2－13　第一次基线进度计划更新

第二次基线进度计划的更新出现在第 19 天。更新的内容是车道工程中的“D1 清理和车道开挖”和“D2 车道底层硬化”之间的逻辑关系。与第一次更新时一样，进度管理者也是利用流水作业的措施在 D1 进度活动尚未结束时将 D2 进度活动提前 3 天开始，从而形成第二版更新的基线进度计划。

由于第二次对基线进度计划进行更新时，本示例工程已经进行了 19 天，此时正在执行和已经完工的进度活动的实际进度情况已被知晓，所以在第二版更新的基线进度计划中已经包含了三项已发生的延误事件。这些延误事件分别是 G2 进度活动中“承包商的劳动力问题，额外花费了 3 天完成 G2 任务”，D1 进度活动中“开挖车道时遇到不可预见的不利地质条件”以及 G4 进度活动中“由于砌体供应商，未能在紧前任务完成时立刻开始，延误 1 天”。（见图 5－2－14）

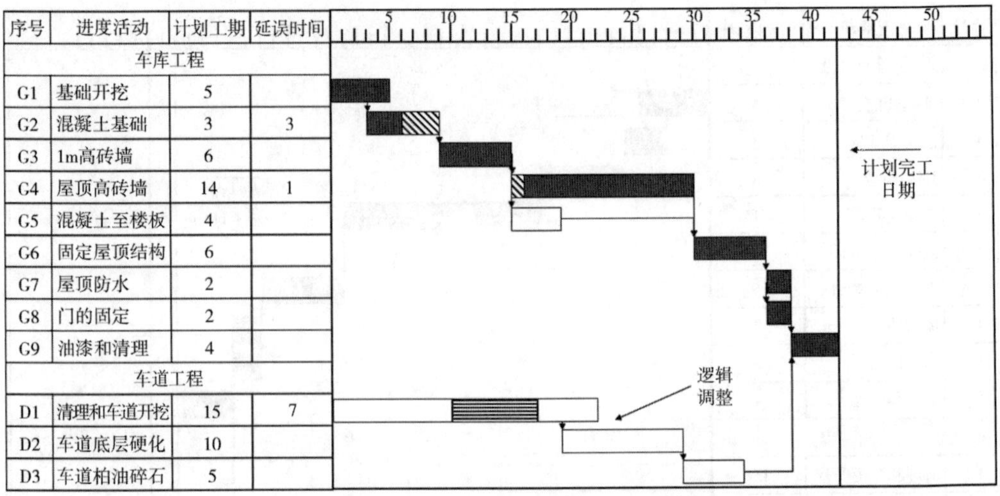

图5-2-14　第二次基线进度计划更新

当项目中除了启动阶段的基线进度计划以外出现其他更新的基线进度计划时，使用时间影响分析法时应当注意运用与延误事件更加接近的更新后的基线进度计划进行相关工期延误分析。以本应用示例为例，因为工程实施至第3天时已经对原始的基线进度计划进行了第一次更新，因此当第一个延误事件出现时，工期延误分析的基础应当选择第一版更新的基线进度计划。

当G2进度活动出现“承包商的劳动力问题，额外花费了3天”的延误事件需要进行工期延误分析时，本工程的第一次基线进度计划更新已经出现。更新后的基线进度计划比原计划完工日期提前了2天，因此该延误事件的出现给工程整体完工日期造成的影响程度只有1天。（见图5-2-15）

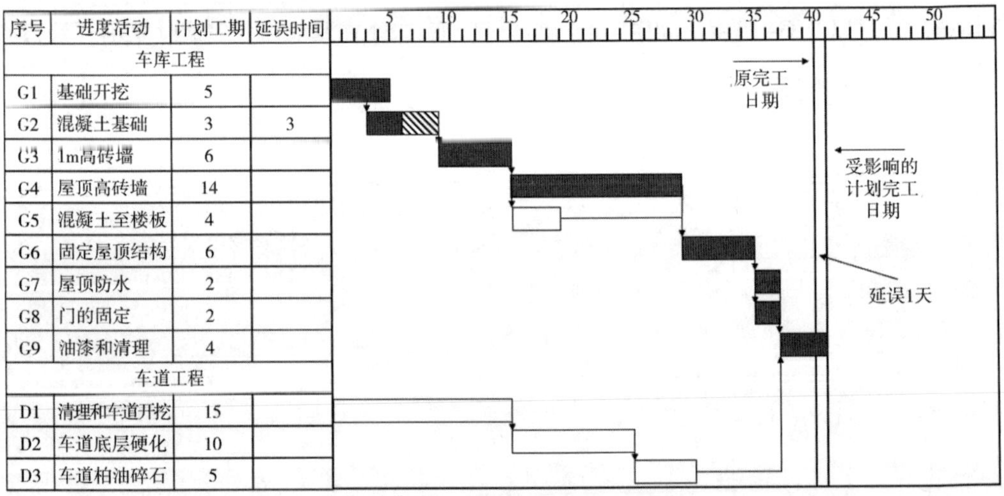

图5-2-15　插入第一个延误事件

在D1进度活动进行至第10天时遇到了承包商“不可预见的不利地质条件”并造成7天的延误影响。当在受影响的基线进度计划中插入该事件以后，受影响的计划完工日期没有发生新的改变。但是，车道工程由于该延误事件的影响也变成了影响本工程的关键线路。它与车库工程一起作为两条关键线路共同对计划完工日期形成约束。这使本工程项目的进度目标变得十分敏感和脆弱。（见图5－2－16）

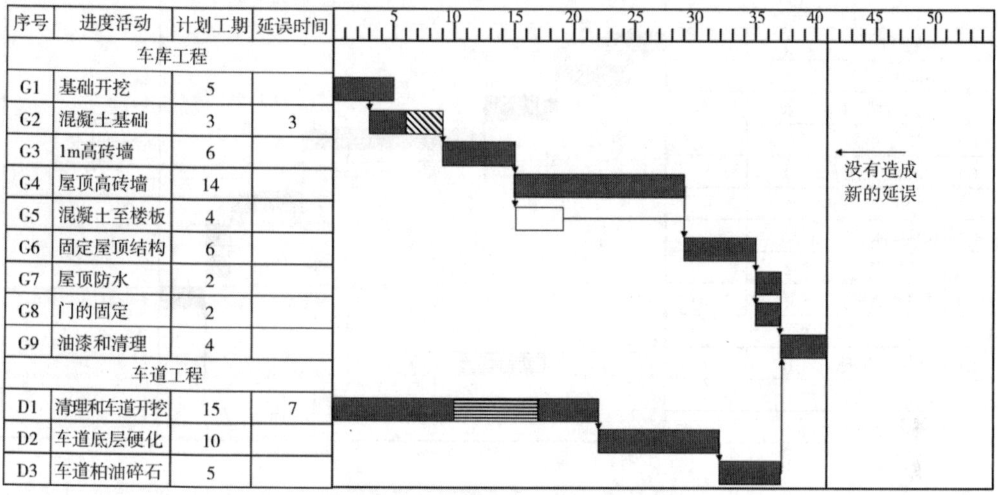

图5－2－16　插入第二个延误事件

在G4进度活动开始之前，由于供应商的原因导致该项工作未能在G3进度活动完成后立即开始，造成实际开始时间滞后了1天。同时，G4进度活动处于决定工期长度的关键线路上，因此计划完工日期受此影响也延后了1天。（见图5－2－17）

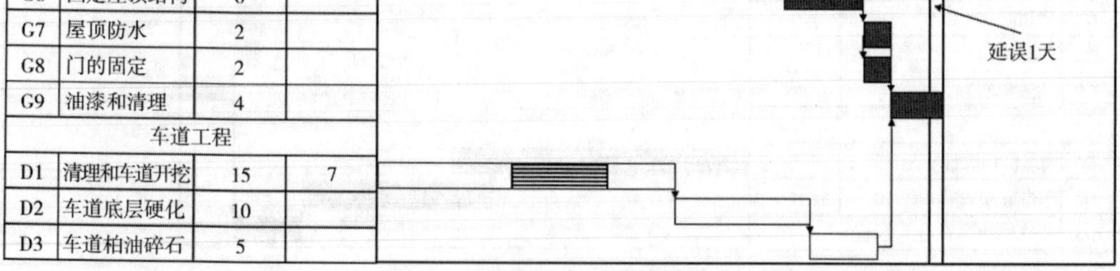

图5－2－17　插入第三个延误事件

工程实施至第19天时出现了第二次基线进度计划的更新，根据时间影响分析法的使用原则，此后的工期延误分析应在此基础上继续进行。与此同时，G5进度活动受设计变更的影响而增加了1天的工程量，然而该进度活动并没有位于影响工期的关键线路上，因此并未对整个工程项目的计划完工日期造成延误后果。（见图5-2-18）

序号	进度活动	计划工期	延误时间
车库工程			
G1	基础开挖	5	
G2	混凝土基础	3	3
G3	1m高砖墙	6	
G4	屋顶高砖墙	14	1
G5	混凝土至楼板	4	1
G6	固定屋顶结构	6	
G7	屋顶防水	2	
G8	门的固定	2	
G9	油漆和清理	4	
车道工程			
D1	清理和车道开挖	15	7
D2	车道底层硬化	10	
D3	车道柏油碎石	5	

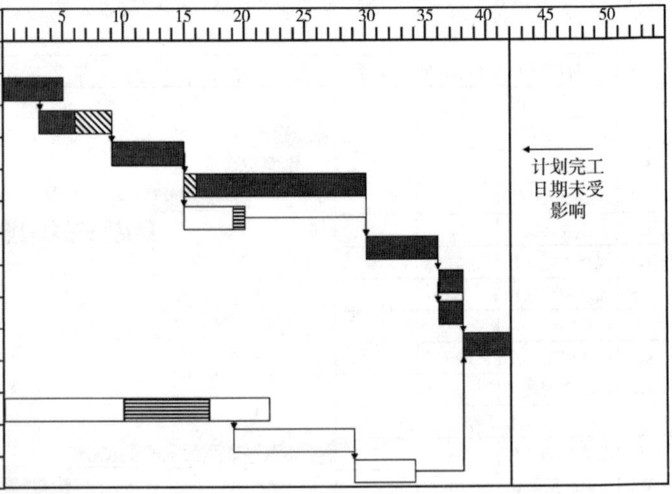

图5-2-18 插入第四个延误事件

D2任务开始后，由于业主需要决策是否继续采用已使用的材料进行施工而指令停工4天。插入该延误事件以后，受影响的计划完工日期未出现进一步变化。但是，由于这次的延误事件，车道工程再一次与车库工程共同成为决定工期长度的关键线路。（见图5-2-19）

序号	进度活动	计划工期	延误时间
车库工程			
G1	基础开挖	5	
G2	混凝土基础	3	3
G3	1m高砖墙	6	
G4	屋顶高砖墙	14	1
G5	混凝土至楼板	4	1
G6	固定屋顶结构	6	
G7	屋顶防水	2	
G8	门的固定	2	
G9	油漆和清理	4	
车道工程			
D1	清理和车道开挖	15	7
D2	车道底层硬化	10	4
D3	车道柏油碎石	5	

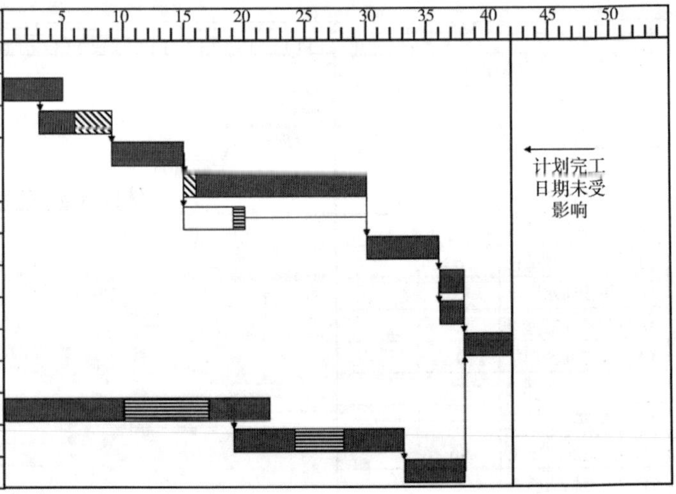

图5-2-19 插入第五个延误事件

当G4完工后，业主增加一扇窗户的设计变更导致该项进度活动进一步延误了2天。这个延误事件被插入受影响的基线进度计划以后，影响完工日期的关键线路又变回了单一的车库工程，而计划完工日期受此影响又延后了2天。（见图5－2－20）

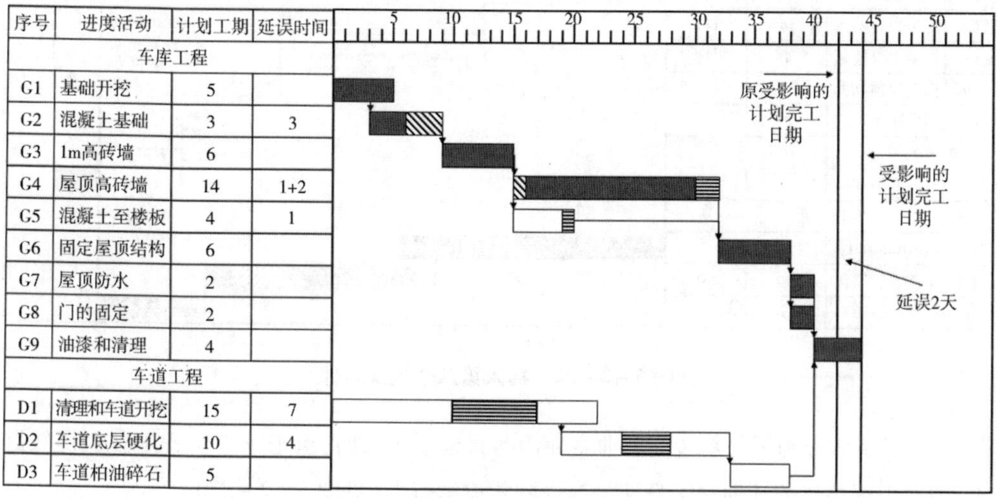

图5－2－20 插入第六个延误事件

由于未能通过质量检测，承包商在D2进度活动中出现了5天的返工工作。这让车道工程再次成为关键线路，同时计划完工日期再延后3天。（见图5－2－21）

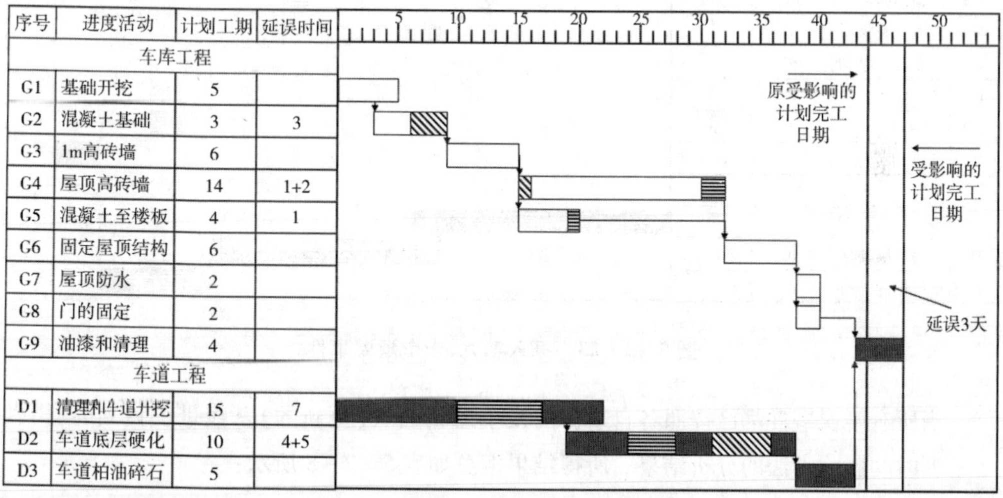

图5－2－21 插入第七个延误事件

D3进度活动开始之前，甲供设备未能到场使得该项进度活动的开始时间延误了4天。这一延误事件进一步加剧了计划完工日期的延误程度，又向后增加了4天。（见图5－2－22）

序号	进度活动	计划工期	延误时间
车库工程			
G1	基础开挖	5	
G2	混凝土基础	3	3
G3	1m高砖墙	6	
G4	屋顶高砖墙	14	1+2
G5	混凝土至楼板	4	1
G6	固定屋顶结构	6	
G7	屋顶防水	2	
G8	门的固定	2	
G9	油漆和清理	4	
车道工程			
D1	清理和车道开挖	15	7
D2	车道底层硬化	10	4+5
D3	车道柏油碎石	5	4

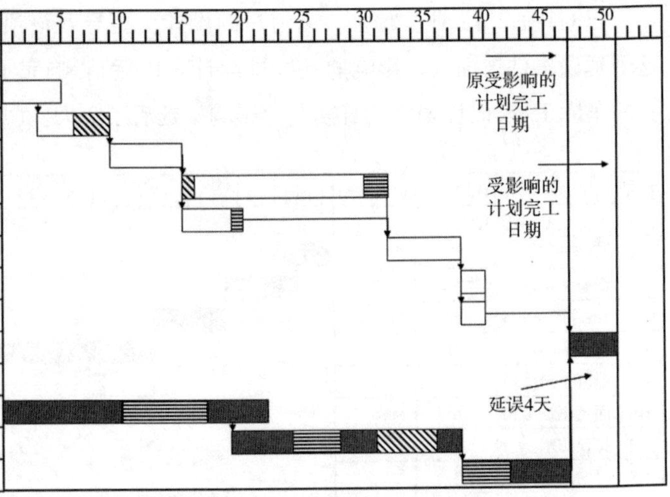

图 5－2－22　插入第八个延误事件

当 G7、G8 分别因为承包商和业主原因各自延误 3 天时，由于车库工程不在关键线路上，因此工程整体的计划完工日期没有受到相应影响。（见图 5－2－23）

序号	进度活动	计划工期	延误时间
车库工程			
G1	基础开挖	5	
G2	混凝土基础	3	3
G3	1m高砖墙	6	
G4	屋顶高砖墙	14	1+2
G5	混凝土至楼板	4	1
G6	固定屋顶结构	6	
G7	屋顶防水	2	3
G8	门的固定	2	3
G9	油漆和清理	4	
车道工程			
D1	清理和车道开挖	15	7
D2	车道底层硬化	10	4+5
D3	车道柏油碎石	5	4

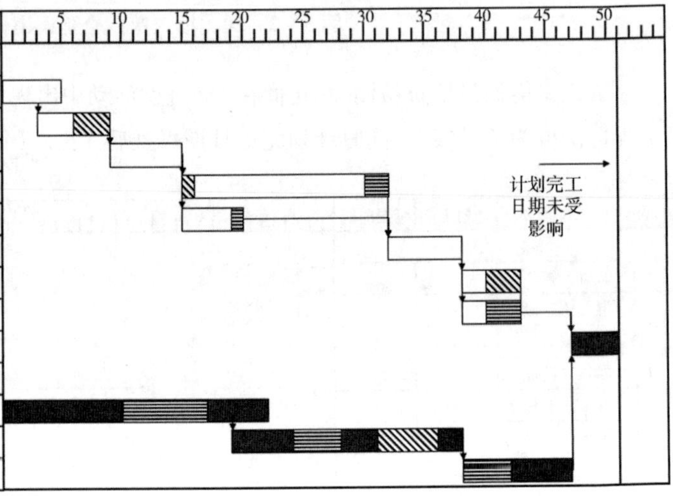

图 5－2－23　插入第九、十个延误事件

当所有延误事件都已按照各自事件的发生逻辑插入（更新的）基线进度计划时，得到了一列时间影响方法的分析结果。所得结果汇总如表 5－2－8 所示：

表 5－2－8　计划影响分析法结果汇总

单位：天

延误事件序号	进度活动序号	延误事件		
		延误原因	延误时长	延误影响
1	G2	承包商	3	1

续表

延误事件序号	进度活动序号	延误事件		
		延误原因	延误时长	延误影响
2	D1	业主	7	0
3	G4	承包商	1	1
4	G5	业主	1	0
5	D2	业主	4	0
6	G4	业主	2	2
7	D2	承包商	5	3
8	D3	业主	4	4
9	G7	承包商	3	0
10	G8	业主	3	0
累计延误天数				11

如果是项目实施过程中使用该分析方法，则每当项目遇到严重的延误事件时，都应制作该项目当时的延误分析，预测该延误事件的影响以建立新的完工日期。如果是在项目完成之后使用该方法，则需站在当事人的视角，通过不断更新的基线进度计划动态完成延误事件对完工日期的影响分析。

新的完工日期与执行前的日期之间的差额可以推断为由特定延误事件影响引起的工期拖延。此外，有时需要准备一个"进度片段"或子网络来描述延迟事件的影响，例如，局部的专项施工进度计划。

时间影响分析法所产生的结论是关于进度计划/关键线路上的延误事件可能导致的延误情况。该结论最能反映延误事件发生时的同期时间点上的延误判断。由于没有考虑后续的工程实际进度，这种方法可能不能捕捉由延误事件引起的最终实际延误。

（四）时间切片窗口分析法

这是一种"窗口"分析方法。这种技术方法通过使用当期更新的基线进度计划或经修订的当期进度计划来评估延误情况，这些进度计划显示了项目整个过程中各种"快照"或时间片段的工作情况。为了使用这种技术方法，通常将工程进度划分为若干个时间段，即"窗口"。理想中窗口的间隔可以按照项目管理过程中周期性管理报告的密度来设计，如按月或双周。这样做需要较强的项目管理能力和翔实的工程记录。除此之外，窗口的划分也可以按照工程中的里程碑节点或重大事件进行。每个窗口内都会对进度计划进行更新，以反映工程实施的实际持续时间和顺序，同时保持窗口时段之后的其余计划进度安排，从而进行分析以确定关键线路和新的完成日期。每个窗口分析完成后，将此新的完工日期与分析之前的计划完工日期进行比较，以得出当前窗口期内的工期延误量化数据。

针对每个窗口中的进度计划，其内容均应包括：随着工程的进展，每个窗口中的当期或实际的关键线路，以及每个窗口（时间片段）结束时的关键线路状态。

将这种技术应用于示例项目，首先将总工期按照第10、21、32、40和51天的离散时间段分为五个“窗口”期。如图5－2－24分析过程所示，对每个“窗口”进行依次更新的工期延误分析。

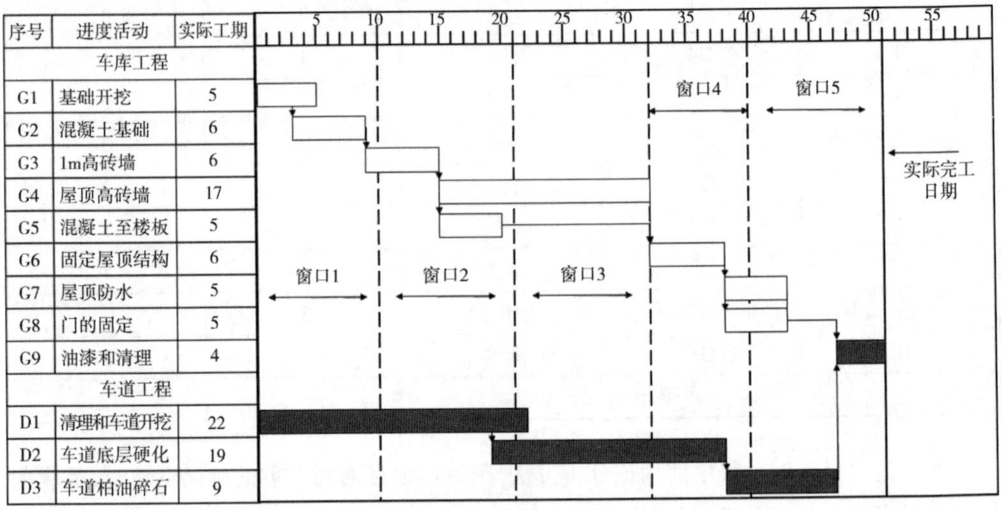

图5－2－24　分析窗口划分

第一个分析窗口是工程项目的实际开始至第10天。在这个窗口里，本示例项目的车库工程出现了一次逻辑关系调整和一个延误事件。根据这些实际发生的情况对基线进度计划进行更新，并且保持窗口期之后的计划安排不变。从图5－2－25可以看出，由于G2进度活动出现的延误事件导致项目总工期延误1天。

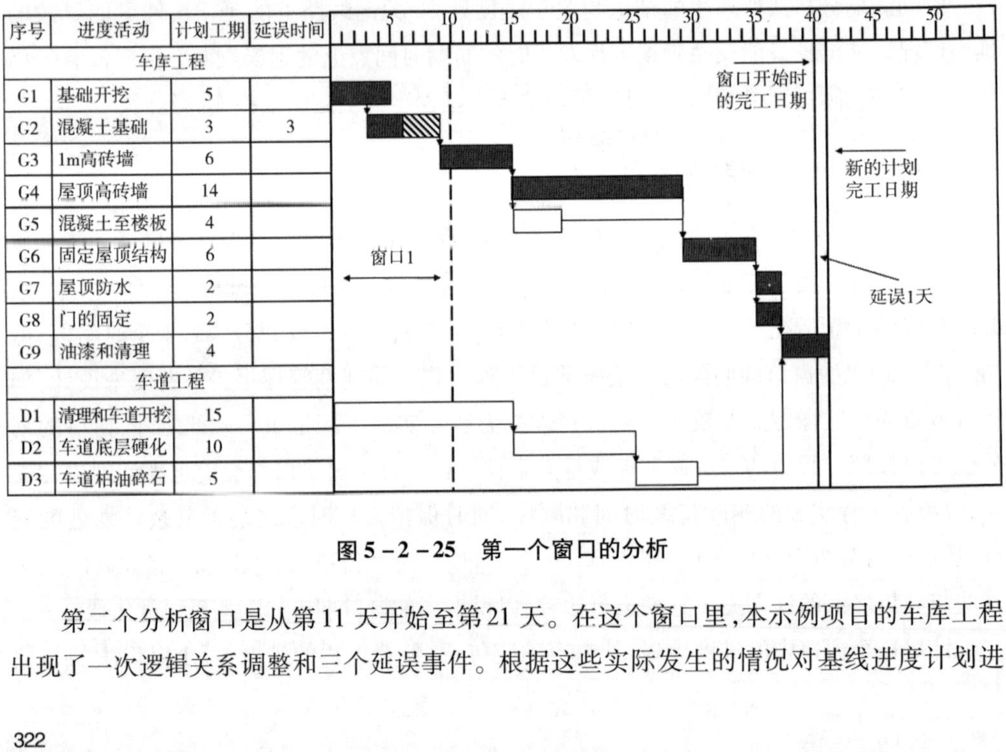

图5－2－25　第一个窗口的分析

第二个分析窗口是从第11天开始至第21天。在这个窗口里，本示例项目的车库工程出现了一次逻辑关系调整和三个延误事件。根据这些实际发生的情况对基线进度计划进行更新，并且保持窗口期之后的计划安排不变。从图 5 - 2 - 26 可以看出，由于 G4 进度活动出现的延误事件导致项目总工期延误 1 天。

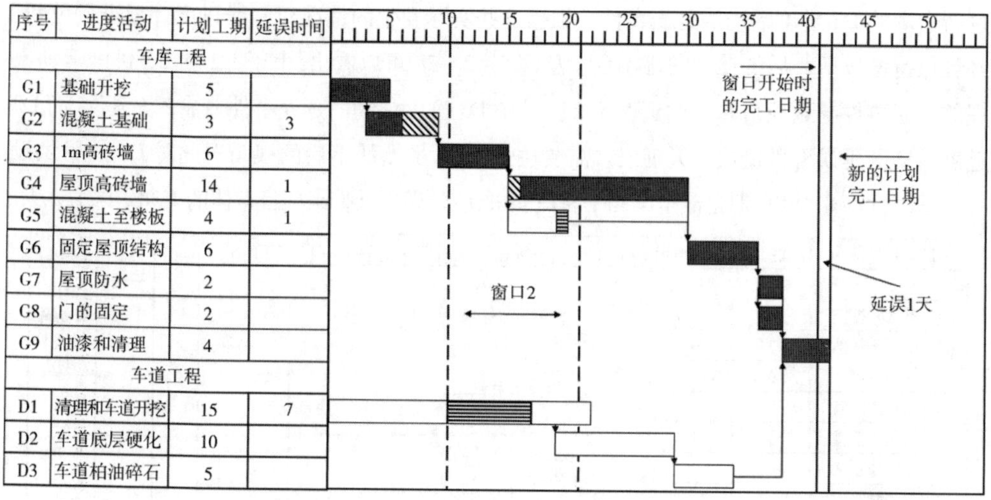

图 5 - 2 - 26　第二个窗口的分析

第三个分析窗口是从第 22 天开始至第 32 天。在这个窗口里，本示例项目的车库工程出现了一个延误事件，车道工程出现了两个延误事件。根据这些实际发生的情况对基线进度计划进行更新，并且保持窗口期之后的计划安排不变。从图 5 - 2 - 27 可以看出，由于 G4 进度活动出现的延误事件导致项目总工期延误 2 天。需要注意的是，虽然从事后的视角看此时 D2 的质量返工延误事件尚未结束，但是截至第三个窗口期末该延误事件尚没有带来项目整体的工期延误。

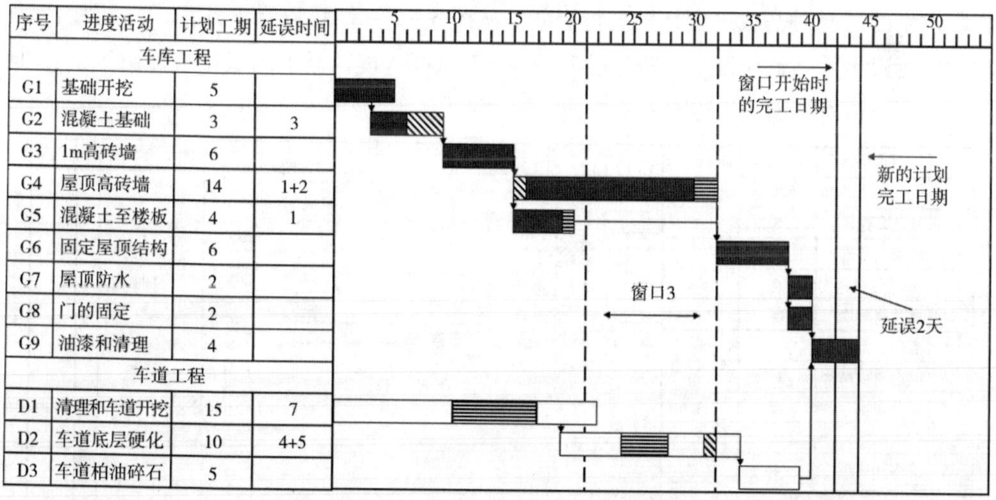

图 5 - 2 - 27　第三个窗口的分析

第四个分析窗口是从第33天开始至第40天。在这个窗口里，本示例项目的车道工程出现了两个延误事件，其中一个是延续上一个窗口中出现的D2进度活动的延误事件，另一个是新出现的D3进度活动的延误事件。根据这些实际发生的情况对基线进度计划进行更新，并且保持窗口期之后的计划安排不变。从图5－2－28可以看出，由于D2和D3进度活动出现的延误事件导致项目总工期延误5天。其中D3进度活动的延误事件造成2天延误，而D2进度活动的延误事件造成3天延误。需要注意的是，虽然从事后的视角看此时D3的甲供设备延误事件尚未结束，但是截至第四个窗口期末，该延误事件带来项目整体的工期延误为2天。

序号	进度活动	计划工期	延误时间
车库工程			
G1	基础开挖	5	
G2	混凝土基础	3	3
G3	1m高砖墙	6	
G4	屋顶高砖墙	14	1+2
G5	混凝土至楼板	4	1
G6	固定屋顶结构	6	
G7	屋顶防水	2	
G8	门的固定	2	
G9	油漆和清理	4	
车道工程			
D1	清理和车道开挖	15	7
D2	车道底层硬化	10	4+5
D3	车道柏油碎石	5	4

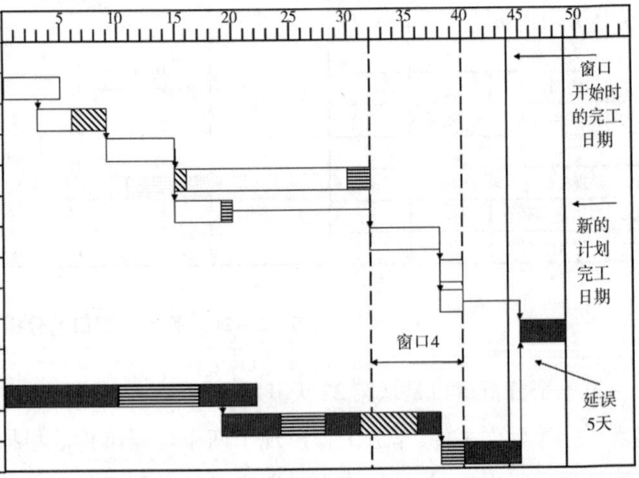

图5－2－28　第四个窗口的分析

第五个分析窗口是从第41天开始至项目实际完工。在这个窗口里，本示例项目的车库工程出现了两个延误事件，车道工程延续了上一个窗口中出现的延误事件。根据这些实际发生的情况对基线进度计划进行更新。从图5－2－29可以看出，由于D3进度活动出现的延误事件导致项目总工期延误2天，而G7、G8进度活动上的延误事件由于处在非关键线路上而对工期延误没有造成影响。

序号	进度活动	计划工期	延误时间
车库工程			
G1	基础开挖	5	
G2	混凝土基础	3	3
G3	1m高砖墙	6	
G4	屋顶高砖墙	14	1+2
G5	混凝土至楼板	4	1
G6	固定屋顶结构	6	
G7	屋顶防水	2	3
G8	门的固定	2	3
G9	油漆和清理	4	
车道工程			
D1	清理和车道开挖	15	7
D2	车道底层硬化	10	4+5
D3	车道柏油碎石	5	4

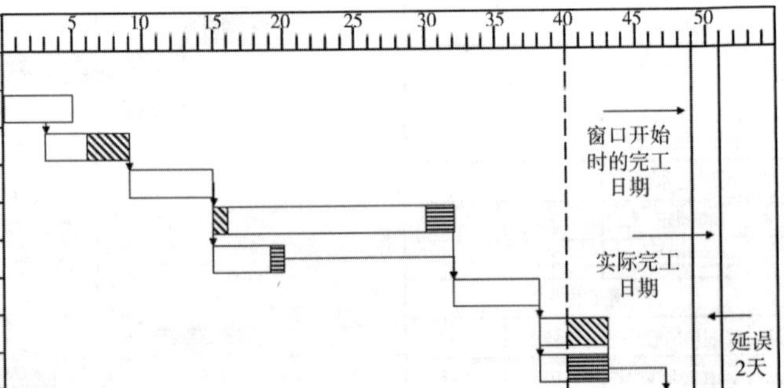

图5－2－29　第五个窗口的分析

经过五个窗口的工期延误分析，表5-2-9总结了运用此技术方法分析的结果：

表5-2-9　时间切片窗口分析结果

单位：天

窗口序号	进度更新日期	工期长度	延误影响	
			业主原因	承包商原因
0(开始)	0	40	0	0
1	10	41	0	1
2	21	42	0	1
3	31	44	2	0
4	39	49	3	2
5(结束)	51	51	2	0
汇总结果			7	4

因此，承包商负责的延误事件造成4天延误，而业主负责的延误事件造成7天延误。此技术方法的主要优点是，它将复杂的进度网络划分为可管理的若干子网络，并且还考虑了关键线路的动态性质。此方法提供了一种非常有效的方法来分析延误，并且使用的窗口越多，结果的准确性就越高。但是，使用该方法时需要注意：该方法操作既耗时又昂贵，并且还需要完整的项目过程记录；此外，定期更新可能在许多项目中不存在，这就可能需要分析人员对项目记录进行费力的分析以创建进度计划更新。

（五）计划与实际竣工对比分析法

该方法是一种回溯性方法，涉及将基线进度计划与完工进度或反映某一特定时间点的进度进行比较。这种分析方法通常用于项目有可靠的基线进度计划和完工的进度信息。

在这种技术方法下，项目延误是通过静态观察基线进度计划与实际竣工进度的差异对比得来的，因此实施过程中遇到的所有延误事件都暗含在实际竣工的进度表中。计划完工日期和实际竣工日期之间的差异是索赔人要求索赔的时间长度，而造成延误的原因或事件则需要从对比的结果中进行推断。

通过对比基线进度计划与实际竣工进度，计划完工日期与实际完工日期之间相差11天。因此，本示例项目的工期总延误天数为11天。

首先通过静态观察，发现G2、G4、G5、G7、G8和D1、D2、D3都出现了不同程度的延误。这些延误不断汇聚积累、相互影响，从而导致整个工程项目出现非常明显的延误。（见图5-2-30、图5-2-31）

序号	进度活动	计划工期
	车库工程	
G1	基础开挖	5
G2	混凝土基础	3
G3	1m高砖墙	6
G4	屋顶高砖墙	14
G5	混凝土至楼板	4
G6	固定屋顶结构	6
G7	屋顶防水	2
G8	门的固定	2
G9	油漆和清理	4
	车道工程	
D1	清理和车道开挖	15
D2	车道底层硬化	10
D3	车道柏油碎石	5

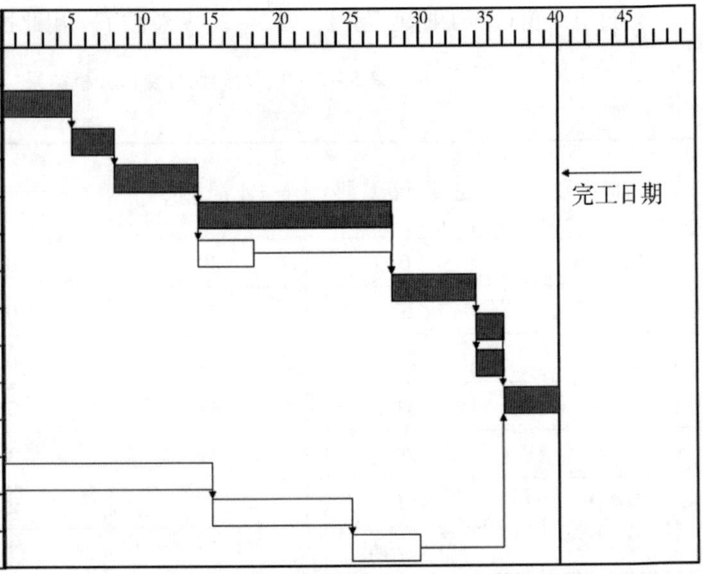

图 5－2－30　基线进度计划

序号	进度活动	实际工期
	车库工程	
G1	基础开挖	5
G2	混凝土基础	6
G3	1m高砖墙	6
G4	屋顶高砖墙	17
G5	混凝土至楼板	5
G6	固定屋顶结构	6
G7	屋顶防水	5
G8	门的固定	5
G9	油漆和清理	4
	车道工程	
D1	清理和车道开挖	22
D2	车道底层硬化	19
D3	车道柏油碎石	9

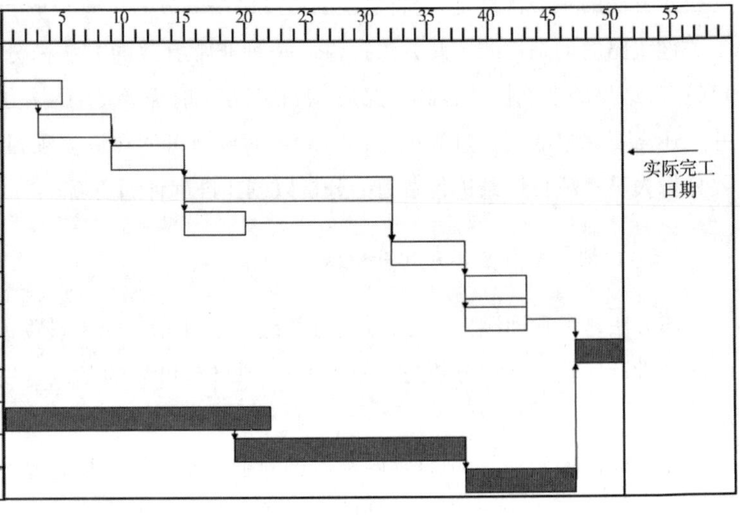

图 5－2－31　实际竣工进度

由于本示例项目存在车库工程和车道工程两条施工路径，通过图 5－2－32 的对比可以发现，如果 G2、G4、G7、G8 和 D2、D3 进度活动中的延误事件没有发生，则本项目的工期延误不会发生。其中，G2 进度活动的延误仅对工期延误造成 1 天影响，D2 进度活动的延误对工期延误造成 7 天影响。

序号	进度活动	计划工期	实际工期
车库工程			
G1	基础开挖	5	5
G2	混凝土基础	3	6
G3	1m高砖墙	6	6
G4	屋顶高砖墙	14	17
G5	混凝土至楼板	4	5
G6	固定屋顶结构	6	6
G7	屋顶防水	2	5
G8	门的固定	2	5
G9	油漆和清理	4	4
车道工程			
D1	清理和车道开挖	15	22
D2	车道底层硬化	10	19
D3	车道柏油碎石	5	9

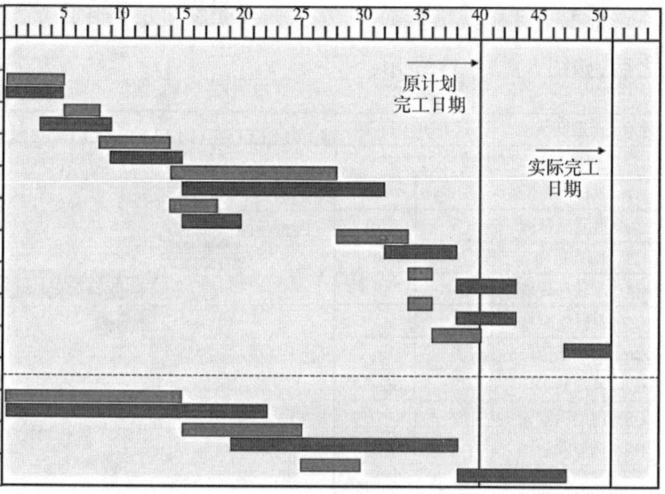

图 5－2－32 计划(灰色)与实际(黑色)进度对比

当识别出对项目整体工期带来延误影响的进度活动后,再分别针对每个延误的进度活动再具体识别各自出现的延误事件与延误程度,其结果如表 5－2－10 所示:

表 5－2－10 延误事件列表

单位:天

序号	活动名称	延误事件信息			
		事件描述	延误原因	延误程度	延误影响
G2	混凝土基础	承包商的劳动力问题,额外花费了 3 天完成 G2 任务	承包方	3	1
G4	屋顶高砖墙	由于砌体供应商,未能在紧前任务完成时立刻开始,延误 1 天	承包方	1	1
G4	屋顶高砖墙	G4 完工后业主要求增加一扇窗户	业主	2	2
G7	屋顶防水	承包商多耗费了 3 天完成 G7	承包方	3	3
G8	门的固定	业主修改门的类型延误 3 天	业主	3	3
D2	车道底层硬化	施工 5 天后,业主指令暂停 4 天以决策已采用的硬化材料是否适用	业主	4	2
D2	车道底层硬化	质量检测未能通过,导致 5 天返工	承包方	5	5
D3	车道柏油碎石	甲供设备延误到货 4 天	业主	4	4

根据上述延误事件列表，在计划与实际进度对比图的实际工期中减去上述延误影响之后，如图 5－2－33 所示：

序号	进度活动	计划工期	实际工期
	车库工程		
G1	基础开挖	5	5
G2	混凝土基础	3	6（-1）
G3	1m高砖墙	6	6
G4	屋顶高砖墙	14	17（-3）
G5	混凝土至楼板	4	5
G6	固定屋顶结构	6	6
G7	屋顶防水	2	5（-3）
G8	门的固定	2	5（-3）
G9	油漆和清理	4	4
	车道工程		
D1	清理和车道开挖	15	22
D2	车道底层硬化	10	19（-7）
D3	车道柏油碎石	5	9（-4）

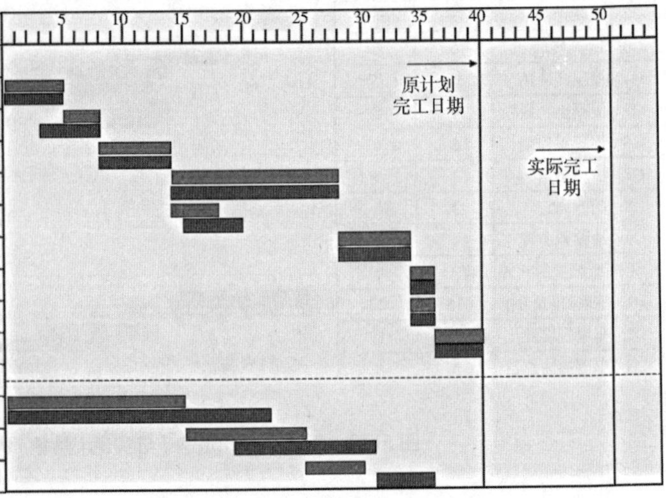

图 5－2－33　计划（灰色）与实际（黑色）进度对比的延误原因识别

在这些延误事件中，业主原因的延误累计天数为 11 天，而承包商原因的延误累计天数为 10 天。业主原因的延误比承包商原因的延误天数多 1 天，因此在项目整体延误的 11 天中，业主首先独立承担 1 天的延误责任，另外 10 天的延误时长由业主和承包商分别承担 5 天。最终，本示例项目的工期总延误为 11 天，业主原因的延误计 6 天，承包商原因的延误计 5 天。

计划与实际竣工对比的分析方法可以帮助分析人员快速直观地识别项目的延误情形，并通过实际竣工的进度信息使得分析结果能够在一定程度上反映工程实际情况。然而，使用这种技术方法需要注意的是它存在一定弊端，即其忽略了关键线路的动态性质以及基线进度计划更新中逻辑关系的任何更改，只能静态反映工程最终的进度情况与最初计划之间的差异。

（六）分窗口的计划与实际竣工对比方法

这是第二种“窗口”分析方法。与时间切片窗口分析法不同，该技术方法通常用于对基线进度计划的有效性或合理性和（或）目前更新的进度计划的准确性比较关注，但当期更新的进度计划又太少的情况。

这也是第二种“计划与实际竣工对比”分析方法。与计划与实际竣工对比分析法不同，该技术方法需要将工程进度划分为若干个时间片段（窗口），以便提高工期延误分析的准确性。上面提到的计划与实际竣工对比分析法可以被视为只有一个窗口的“分窗口的计划与实际竣工对比方法”。

窗口的划分应当根据同步修改/更新的进度计划、里程碑节点或者关键事件来进行。

使用该方法时还有许多需要注意的事项：

首先，如果项目实施过程中存在大量导致延误发生的事件，使用这种方法会使在实操中的分析工作非常繁重，以致项目当事人无法快速高效获得可接受的工期延误分析成果以用于制定对策和解决相关工期争议；

其次，许多项目可能不存在定期更新的基线进度计划，如果使用这种方法需要项目管理人员对项目实施进行详细记录并进行费力分析以创建更新的基线进度计划。该局限性尤其体现在大型复杂工程里，这些工程的项目初期的原始基线进度计划往往不够详细，而过程中更新的进度计划又常常不够全面。

最后，该分析方法需要大量的精力并且很耗时。详细全面的基线进度计划更新和具体准确的延误事件记录这两项基本要求无一不使该分析方法的使用会耗费大量的时间与精力。

以本节之前列举的示例项目为例，该项目曾经出现两次基线进度计划的更新，因此可以依据这两次更新的发生时间节点将工程进度分为三个窗口。第一个窗口为工程项目开工至第一次基线进度计划更新，第二个窗口为第一次基线进度计划更新至第二次更新，第三个窗口为第二次基线进度计划更新至工程项目完工。（见图 5－2－34）

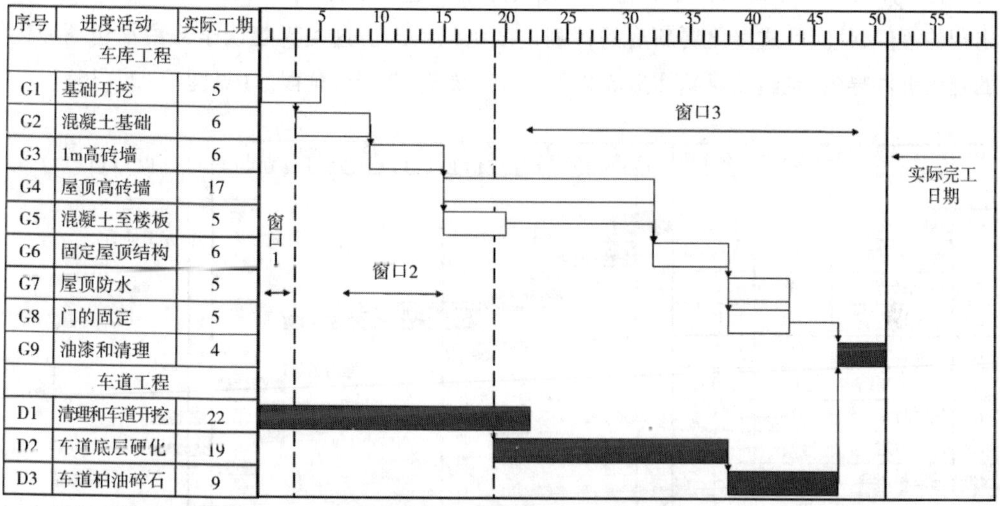

图 5－2－34　窗口划分

确定好分析窗口后，分别在每个窗口利用原始的基线进度计划、第一次更新的基线进度计划和第二次更新的基线进度计划与实际竣工进度对比，并分析本项目的工期延误原因。

第一个窗口是项目开始至第 3 天第一次更新基线进度计划。在这个窗口期内，没有发生任何延误事件，工程项目正在按照计划正常实施。（见图 5－2－35）

序号	进度活动	计划工期	实际工期
车库工程			
G1	基础开挖	5	5
G2	混凝土基础	3	6
G3	1m高砖墙	6	6
G4	屋顶高砖墙	14	17
G5	混凝土至楼板	4	5
G6	固定屋顶结构	6	6
G7	屋顶防水	2	5
G8	门的固定	2	5
G9	油漆和清理	4	4
车道工程			
D1	清理和车道开挖	15	22
D2	车道底层硬化	10	19
D3	车道柏油碎石	5	9

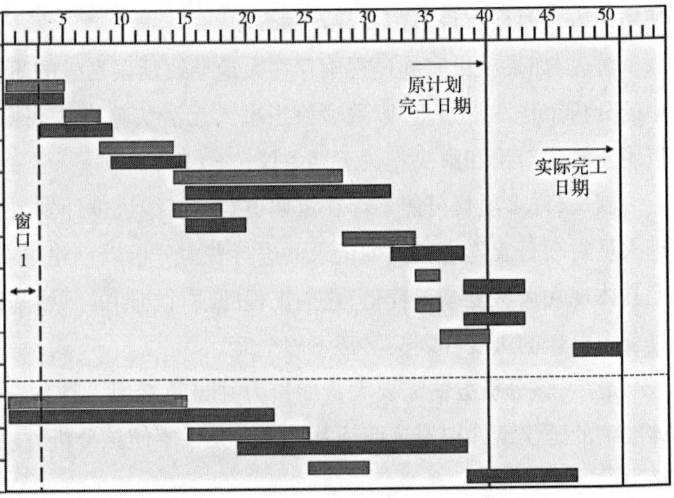

图 5－2－35　窗口 1 的计划（灰色）与实际（黑色）进度对比

第二个窗口是第 4 天至第 19 天第二次更新基线进度计划。在这个窗口期内，项目管理者为优化工程实施进度安排、确保工期目标的实现，将关键线路上的 G2 进度活动通过流水作业的方法提前 2 天开始实施。而在实际施工过程中，由于 G2、G4 进度活动上分别出现的事件，使实际进度比更新后的计划进度延误 4 天。这 4 天延误全部由承包商原因的延误事件导致，且给项目整体造成 2 天（4 天 －2 天 =2 天）延误。（见图 5－2－36）

序号	进度活动	计划工期	实际工期
车库工程			
G1	基础开挖	5	5
G2	混凝土基础	3	6
G3	1m高砖墙	6	6
G4	屋顶高砖墙	14	17
G5	混凝土至楼板	4	5
G6	固定屋顶结构	6	6
G7	屋顶防水	2	5
G8	门的固定	2	5
G9	油漆和清理	4	4
车道工程			
D1	清理和车道开挖	15	22
D2	车道底层硬化	10	19
D3	车道柏油碎石	5	9

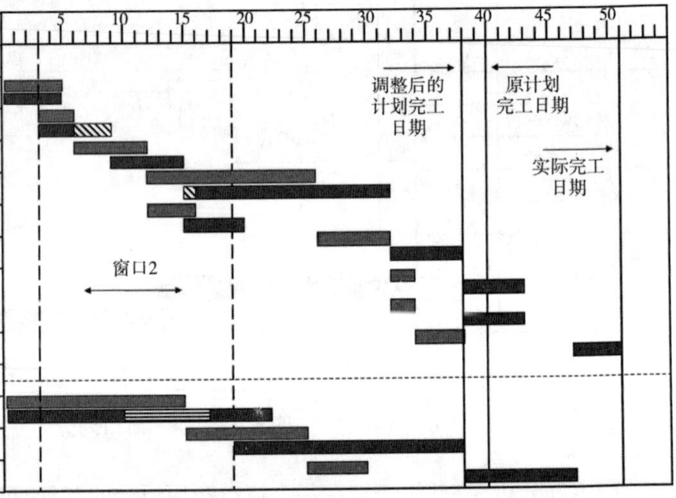

图 5－2－36　窗口 2 的计划（灰色）与实际（黑色）进度对比

第三个窗口是第 20 天至项目实际结束。在这个窗口期内，除了已经造成的 2 天延误，D2 进度活动利用流水作业的措施提前开展施工。尽管如此，实际完工日期仍然比调整后的计划完工日期延误了 9 天。通过对比发现，车道工程变成了决定工期延误的关键线路。D3进度活动上发生的4天延误独立影响了项目整体工期的延误。而G4、G7、G8和D2进度活动上的延误则共同给完工日期的延误造成了5天的影响。其中D3进度活动的延误事件原因在于业主未能及时提供“甲供设备”。G4、G7、G8和D2进度活动上的延误既有业主原因也有承包商原因，因此各自承担2.5天。（见图5－2－37）

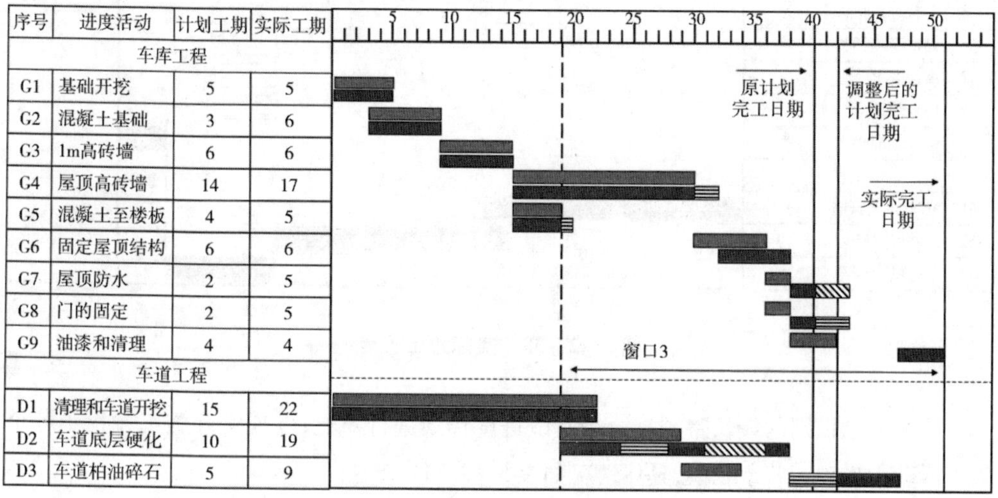

图5－2－37　窗口3的计划（灰色）与实际（黑色）对比

最终，通过分窗口的计划与实际竣工对比分析得到的结果是工期总延误天数为11天，其中业主原因导致的延误为6.5天，承包商原因导致的延误为4.5天。

该技术方法利用划分窗口的方式将进度对比内容进行了更详细的比较，获得了比“计划与实际竣工对比”分析方法更加详细的分析结果。

（七）最长路径分析法

该技术方法采用经过验证或重新编制的完工进度表，使用回溯性的方法来建立关键线路。用完工进度中显示的实际完工日期作为起点，向前回溯找到最长的连续路径，以确定决定完工日期的关键线路。然后，通过比较完工关键线路的关键日期和基线进度计划中相应的计划日期来确定关键延误的发生程度。

根据本示例项目的实际竣工进度表，以完工日期为起点回溯的最长连续路径为G9—D3—D2—D1。这条逻辑路径就成了决定工程项目实际总工期的关键线路。（见图5－2－38）

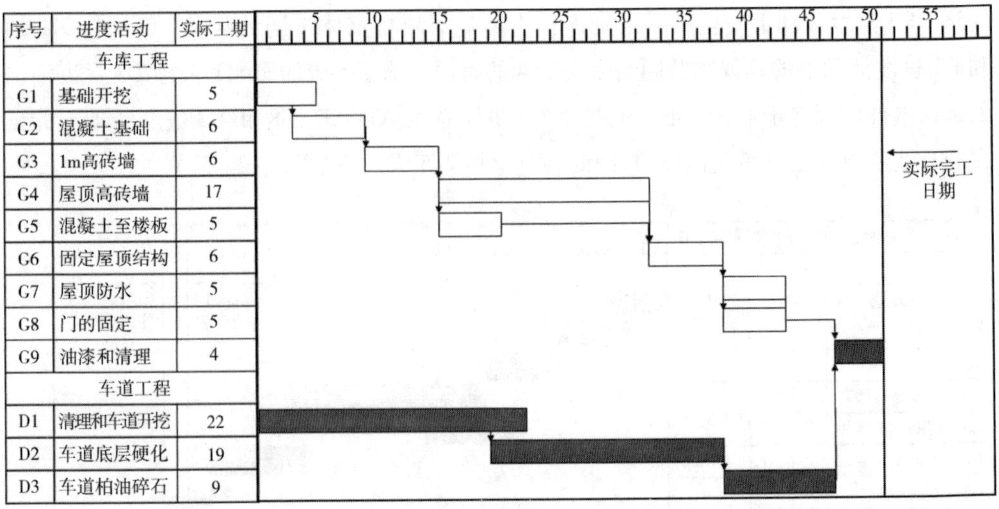

图 5-2-38　实际竣工进度

将上述已识别的最长路径与原始基线进度计划进行对比,发现实际施工过程中各个进度活动中出现了若干延误,具体情况如表 5-2-11 所示:

表 5-2-11　延误事件列表

单位:天

序号	活动名称	延误事件信息		
		事件描述	延误原因	持续时间
D1	清理和车道开挖	开挖车道时遇到不可预见的不利地质条件	业主	7
D2	车道底层硬化	施工 5 天后,业主指令暂停 4 天以决策已采用的硬化材料是否适用	业主	4
D2	车道底层硬化	质量检测未能通过,导致 5 天返工	承包商	5
D3	车道柏油碎石	甲供设备延误到货 4 天	业主	4

然而,项目工期的总延误天数仅为 11 天,因此以回溯的方式倒查延误原因确认"甲供设备延误"和"质量检测未能通过返工"两项延误事件共计 9 天,而"业主指令暂停施工以决策硬化材料"计 2 天。因此,可计入业主原因的延误天数为 6 天,而计入承包商原因的延误天数为 5 天。

运用这种技术方法能够直观快速找到最终实际进度中的最长路径,利用关键线路法的基本原理确定影响项目工期延误的原因。但是,该方法仅从最终完工时的结果状态中静态分析延误原因,忽略了关键线路的动态性质以及基线进度计划更新中逻辑关系的任何更改,只能静态反映工程最终的进度情况里最长路径上的延误,与实际延误情况可能会存在一定差距。

（八）实际竣工收缩分析法

这种技术方法主要从完工进度计划中提取延误事件，以考虑如果没有发生延误事件可能会发生什么。该方法不需要基线进度计划，但是需要一个详细的带逻辑链接的完工进度计划。通常情况下，这样的进度计划编制需要使用项目记录、完工信息，并将进度逻辑纳入经过验证的完工进度表（如果存在的话）。这可能是一项耗时、复杂和代价高昂的工作。一旦完成，影响完工进度计划的延误事件就会被识别与提取出来，以确定延误事件的净影响。

原则上，此方法是“如果……那么……”的一种形式，它不使用计划中的基准计划，而是使用竣工后的进度表。运用该技术方法应先后站在某一方视角，将竣工进度网络中另一方的延误事件剔除，以便根据最终进度表计算得出项目单纯受己方延误事件影响的理论完工日期。

首先，站在承包商的视角下看，把所有业主造成的延误事件都从实际竣工进度表中扣除，会得出新的竣工进度表的完工时间为第 45 天，并且关键线路为 G1—G2—G3—G4—G6—G7—G9。（见图 5 - 2 - 39）

序号	进度活动	计划工期	延误时间
车库工程			
G1	基础开挖	5	
G2	混凝土基础	3	3
G3	1m高砖墙	6	
G4	屋顶高砖墙	14	1
G5	混凝土至楼板	4	
G6	固定屋顶结构	6	
G7	屋顶防水	2	3
G8	门的固定	2	
G9	油漆和清理	4	
车道工程			
D1	清理和车道开挖	15	
D2	车道底层硬化	10	5
D3	车道柏油碎石	5	

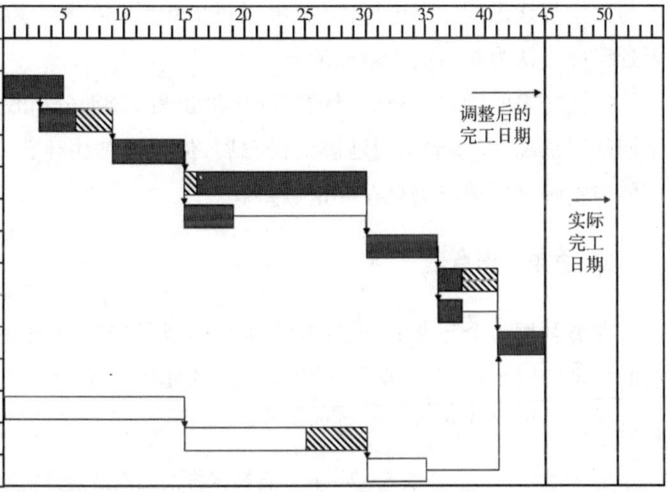

图 5 - 2 - 39　剔除业主延误事件后进度表

实际完工日期为第 51 天，而将业主的所有延误事件全部剔除以后的完工日期为 45 天。因此，如果只发生承包商延误事件且没有业主延误事件，那么将“收缩”后的竣工进度表与原始基线进度计划进行比较，可以得出 5 天（45 天 - 40 天 = 5 天）的项目延误。这 5 天延误应当认为是由承包商造成的。

其次，站在业主的视角下看，把所有承包商造成的延误事件都从实际竣工进度表中扣除，会得出新的竣工进度表的完工时间为第 46 天，并且关键线路为 D1—D2—D3—G9。（见图 5 - 2 - 40）

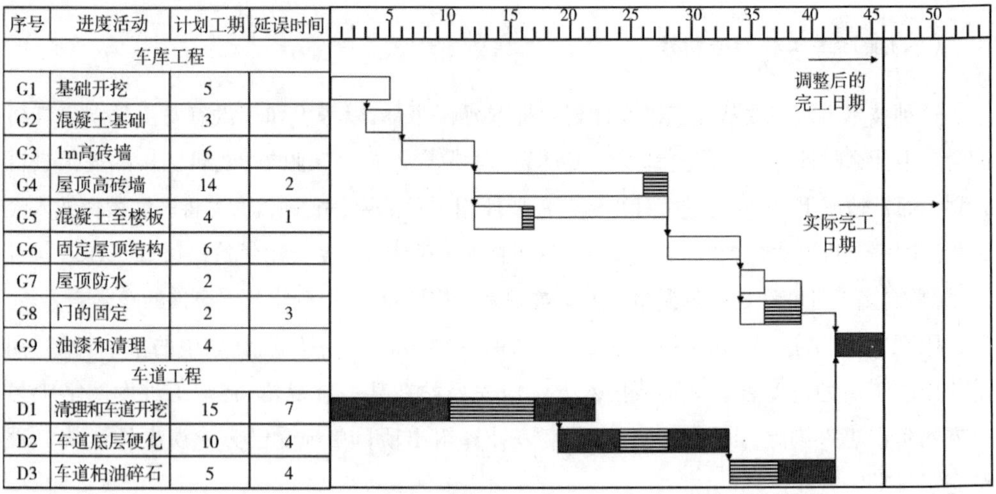

图 5-2-40　剔除承包商延误事件后进度表

实际完工日期为第 51 天，而将承包商的所有延误事件全部剔除以后的完工日期为 46 天。因此，如果只发生业主延误事件且没有承包商延误事件，那么将“收缩”后的竣工进度表与原始基线进度计划进行比较，可以得出 6 天（46 天 - 40 天 = 6 天）的项目延误。这 6 天延误应当认为是由业主造成的。

这种技术的特点是从项目的实际进度出发，分别分析仅发生其中一方延误事件时的工期延误情况，以厘清工期延误责任归属，但该方法由于没有关注关键线路的动态性质，可能与实际延误情况仍存在一定偏差。

四、应用示例总结

本节利用一个包含 12 项进度活动的小型工程项目展示了七种不同法务工期分析方法的技术应用步骤，并根据各个技术方法的使用要求分别得到了该应用示例的工期延误分析结果。现将这些结果汇总如表 5-2-12 所示：

表 5-2-12　各技术方法工期延误分析结果汇总

单位：天

技术方法	延误分析结果		
	业主原因	承包商原因	总延误
计划影响分析法	6	8	14
时间影响分析法	6	5	11
时间切片窗口分析法	7	4	11
计划与实际竣工对比分析法	6	5	11
分窗口的计划与实际竣工对比方法	6.5	4.5	11
最长路径分析法	6	5	11
实际竣工收缩分析法	6	5	11

从表5-2-12的汇总结果可以看出,即使在同一个工程项目中运用不同的法务工期分析方法,也会得出不同的分析结果。因此,在面对具体工程项目的实际情况时,分析人员选择技术方法需要综合考虑多种影响因素,如分析目的、过程资料的完备程度和基线进度计划的详细程度等。

特别需要指出的是,本章在列举各个技术方法的使用时,为了简化分析,忽略了许多实际应用时的复杂条件,因此上述示例分析并不构成对于各种技术的精确说明。例如,在示例中,表面上看起来时间影响分析法和实际竣工收缩分析法的结论似乎一致,但是在真实案例中可能会有所不同。各个行业学会关于法务工期分析方法的内涵也会有不同的理解,导致同一个技术方法在不同行业学会标准下亦可能会有所不同。此外,正如进度计划不断更新一样,关于各种法务工期技术分析方法也会随着行业学会标准的不断更新而发生变化。

第六编

工期延误损失量化

第一章

工期延误赔偿的分类

建设工程具有工程量大、周期长、技术复杂等特点，实施过程中影响工期的因素众多，工期延误在建设工程实施过程中经常出现，工期延误会造成发包人和承包人双方巨大损失。在厘清工期延误发生的原因及责任认定后，准确分析工期延误对费用、成本的影响范围与程度仍是困难的，承包人和发包人应本着合同至上、实事求是、合情合理的原则妥善处理。

实践证明，熟知建筑安装工程费用的构成及工期延误情况下费用、成本赔偿（或补偿）的范围和标准，是做好工期延误费用索赔的前提。

第一节　建筑安装工程费构成

根据《住房城乡建设部、财政部关于印发〈建筑安装工程费用项目组成〉的通知》（建标〔2013〕44号），建筑安装工程费用项目组成可按费用构成要素和造价形成两种方式进行划分。

一、按费用构成要素划分

建筑安装工程费按照构成要素划分，由人工费、材料（包含工程设备，下同）费、施工机具使用费、企业管理费、利润、规费和税金组成。（见图6－1－1）

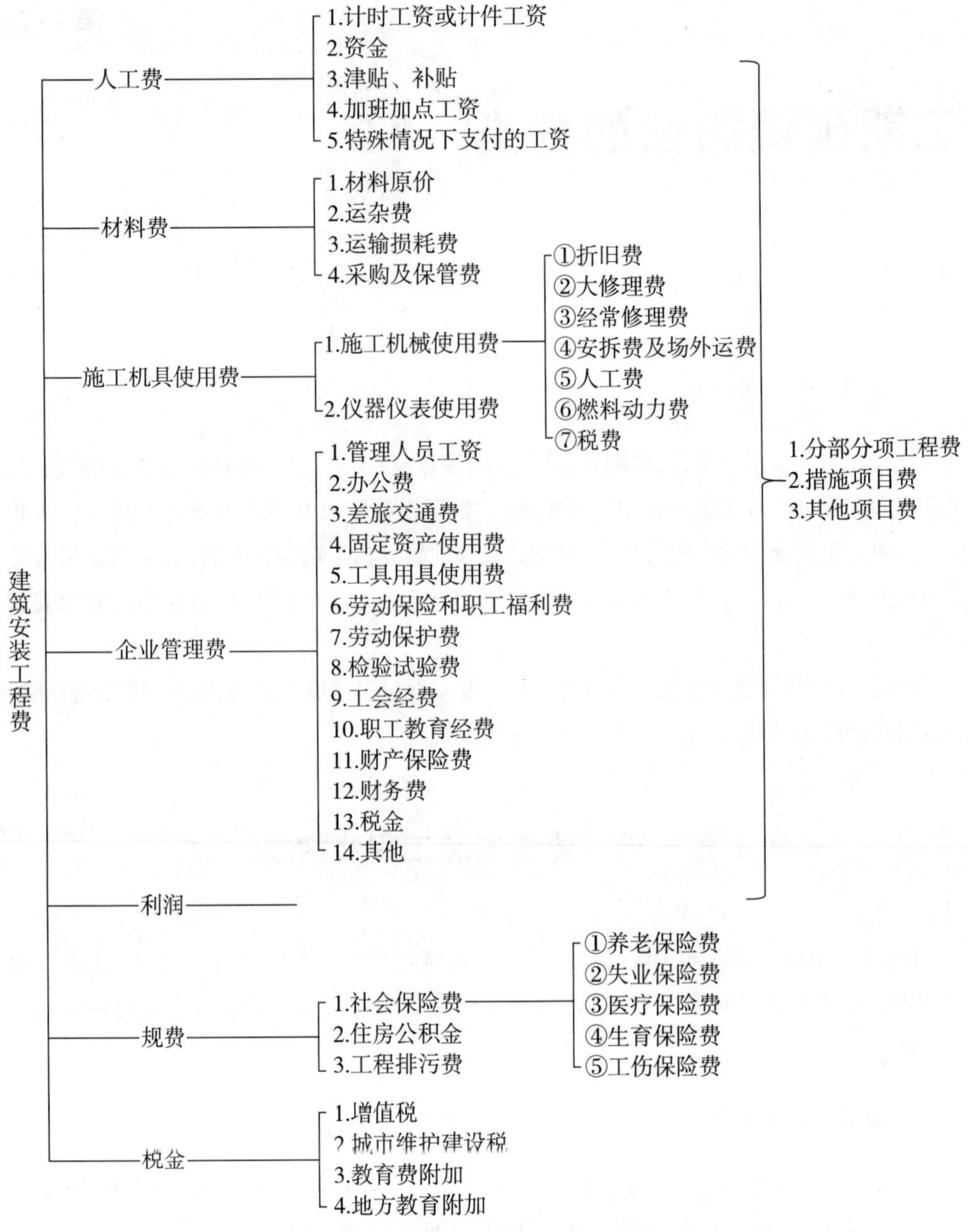

图6－1－1　建筑安装工程费用项目组成

（按费用构成要素划分）

人工费：是指按工资总额构成规定，支付给从事建筑安装施工的生产工人和附属生产单位工人的各项费用。内容包括以下五个方面：

1. 计时工资或计件工资：是指按计时工资标准和工作时间或对已做工作按计件单价支付给个人的劳动报酬。

2. 奖金：是指对超额劳动和增收节支支付给个人的劳动报酬。如节约奖、劳动竞赛奖等。

3. 津贴、补贴:是为了补偿职工特殊或额外的劳动消耗和因其他特殊原因支付给个人的津贴以及为了保证职工工资水平不受物价影响支付给个人的物价补贴。如流动施工津贴、特殊地区施工津贴、高温(寒)作业临时津贴、高空津贴等。

4. 加班加点工资:是指按规定支付的在法定节假日工作的加班工资和在法定工作时间外延时工作的加点工资。

5. 特殊情况下支付的工资:是指根据国家法律、法规和政策规定,因病、工伤、产假、计划生育假、婚丧假、事假、探亲假、定期休假、停工学习、执行国家或社会义务等按计划工资标准或计时工资标准的一定比例支付的工资。

材料费:是指施工过程中耗费的原材料、辅助材料、构配件、零件、半成品或成品、工程设备的费用。内容包括以下四个方面:

1. 材料原价:是指材料、工程设备的出厂价格或商家供应价格。

2. 运杂费:是指材料、工程设备自来源地运至工地仓库或指定堆放地点所发生的全部费用。

3. 运输损耗费:是指材料在运输装卸过程中不可避免的损耗。

4. 采购及保管费:是指为组织采购、供应和保管材料、工程设备的过程中所需要的各项费用。包括采购费、仓储费、工地保管费、仓储损耗费。

工程设备是指构成或计划构成永久工程一部分的机电设备、金属结构设备、仪器装置及其他类似的设备和装置。

施工机具使用费:是指施工作业所发生的施工机械、仪器仪表使用费或其租赁费。

1. 施工机械使用费:以施工机械台班耗用量乘以施工机械台班单价表示,施工机械台班单价应由下列七项费用组成:

(1)折旧费:指施工机械在规定的使用年限内,陆续收回其原值的费用。

(2)大修理费:指施工机械按规定的大修理间隔台班进行必要的大修理,以恢复其正常功能所需的费用。

(3)经常修理费:指施工机械大修理以外的各级保养和临时故障排除所需的费用。包括为保障机械正常运转所需替换设备与随机配备工具附具的摊销和维护费用,机械运转中日常保养所需润滑与擦拭的材料费用及机械停滞期间的维护和保养费用等。

(4)安拆费及场外运费:安拆费指施工机械(大型机械除外)在现场进行安装与拆卸所需的人工、材料、机械和试运转费用以及机械辅助设施的折旧、搭设、拆除等费用;场外运费指施工机械整体或分体自停放地点运至施工现场或由一施工地点运至另一施工地点的运输、装卸、辅助材料及架线等费用。

(5)人工费:指机上司机(司炉)和其他操作人员的人工费。

(6)燃料动力费:指施工机械在运转作业中所消耗的各种燃料及水、电等。

(7)税费:指施工机械按照国家规定应缴纳的车船使用税、保险费及年检费等。

2. 仪器仪表使用费：是指工程施工所需使用的仪器仪表的摊销及维修费用。

企业管理费：是指建筑安装企业组织施工生产和经营管理所需的费用。包括以下十四项内容：

1. 管理人员工资：是指按规定支付给管理人员的计时工资、奖金、津贴补贴、加班加点工资及特殊情况下支付的工资等。

2. 办公费：是指企业管理办公用的文具、纸张、账目、印刷、邮电、书报、办公软件、现场监控、会议、水电、烧水和集体取暖降温（包括现场临时宿舍取暖降温）等费用。

3. 差旅交通费：是指职工因公出差、调动工作的差旅费、住勤补助费，市内交通费和误餐补助费，职工探亲路费，劳动力招募费，职工退休、退职一次性路费，工伤人员医药费，工地转移费以及管理部门使用的交通工具的油料、燃料等费用。

4. 固定资产使用费：是指管理和试验部门及附属试验部门及附属生产单位使用的属于固定资产的房屋、设备、仪器等的折旧、大修、维修或租赁费。

5. 工具用具使用费：是指企业施工生产和管理使用的不属于固定资产的工具、器具、家具、交通工具和检验、试验、测绘、消防用具等的购置、维修和摊销费。

6. 劳动保险和职工福利费：是指由企业支付的职工退职金、按规定支付给离休干部的经费，集体福利费、夏季防暑降温、冬季取暖补贴、上下班交通补贴等。

7. 劳动保护费：是企业按规定发放的劳动保护用具的支出。如工作服、手套、防暑降温饮料以及在有碍身体健康的环境中施工的保健费用等。

8. 检验试验费：是指施工企业按照有关标准规定，对建筑以及材料、构件和建筑安装物进行一般鉴定、检查所发生的费用，包括自设试验室进行试验所耗用的材料等费用。不包括新结构、新材料的试验费，对构件做破坏性试验及其他特殊要求检验试验的费用和建设单位委托检测机构进行检测的费用，对此类检测发生的费用，由建设单位在工程建设其他费用中列支。但对施工企业提供的具有合格证明的材料进行检测不合格的，该检测费用由施工企业支付。

9. 工会经费：是指企业按《工会法》规定的全部职工工资总额比例计提的工会经费。

10. 职工教育经费：是指按职工工资总额的规定比例计提，企业为职工进行专业技术和职业技能培训，专业技术人员继续教育、职工职业技能鉴定、职业资格认定以及根据需要对职工进行各类文化教育所发生的费用。

11. 财产保险费：是指施工管理用财产、车辆的保险费用。

12. 财务费：是指企业为施工生产筹集奖金或提供预付款担保、履约担保、职工工资支付担保所发生的各种费用。

13. 税金：是指企业按规定缴纳的房产税、车船使用税、土地使用税、印花税等。

14. 其他：包括技术转让费、技术开发费、投标费、业务招待费、绿化费、广告费、公证费、法律顾问费、审计费、咨询费等。

利润：是指施工企业完成所承包工程获得的盈利。

规费:是指按国家法律、法规规定,由省级政府和省级有关权力部门规定必须缴纳或计取的费用。包括以下三个方面:

1. 社会保险费

(1)养老保险费:是指企业按照规定标准为职工缴纳的基本养老保险费。

(2)失业保险费:是指企业按照规定标准为职工缴纳的失业保险费。

(3)医疗保险费:是指企业按照规定标准为职工缴纳的基本医疗保险费。

(4)生育保险费:是指企业按照规定标准为职工缴纳的生育保险费。

(5)工伤保险费:是指企业按照规定标准为职工缴纳的工伤保险费。

2. 住房公积金:是指企业按规定标准为职工缴纳的住房公积金。

3. 工程排污费:是指按规定缴纳的施工现场工程排污费。

其他应列而未列入的规费,按实际发生计取。

税金:是指国家税法规定的应计入建筑安装工程造价内的增值税、城市维护建设税、教育费附加及地方教育附加等。

二、按造价形成划分

建筑安装工程费按照工程造价形成划分,由分部分项工程费、措施项目费、其他项目费、规费、税金组成(见图 6-1-2)。

分部分项工程费:是指各专业工程的分部分项工程应予列支的各项费用。

1. 专业工程:是指按现行国家计量规范划分的房屋建筑与装饰工程、仿古建筑工程、通用安装工程、市政工程、园林绿化工程、矿山工程、构筑物工程、城市轨道交通工程、爆破工程等各类工程。

2. 分部分项工程:是指按现行国家计量规范对各专业工程划分的项目。根据《建筑工程施工质量验收统一标准》(GB 50300-2013)附录 B,建筑工程的分部、分项工程可以划分为十项具体的工程:

(1)地基与基础工程,包括地基、基础、基坑支护、地下水控制、土方、边坡、地下防水。

(2)主体结构工程,包括混凝土结构、砌体结构、钢结构、钢管混凝土结构、型钢混凝土结构、铝合金结构、木结构。

(3)建筑装饰装修工程,包括建筑地面、抹灰、外墙防水、门窗、吊顶、轻质隔墙、饰面板、饰面砖、幕墙、涂饰、裱糊与软包、细部。

(4)屋面工程,包括基层与保护、保湿与隔热、防水与密封、瓦面与板面、细部构造。

(5)建筑给水排水及供暖工程,包括室内给水系统、室内排水系统、室内热水系统、卫生器具、室内供暖系统、室外给水管网、室外排水管网、室外供热管网、建筑饮用水供应系统、建筑中水系统及雨水利用系统、泳池及公共浴池系统、水景喷泉系统、热源及辅助设备、监测与控制仪表。

(6)通风与空调工程,包括送风系统、排风系统、防排烟系统、除尘系统、舒适性空调系

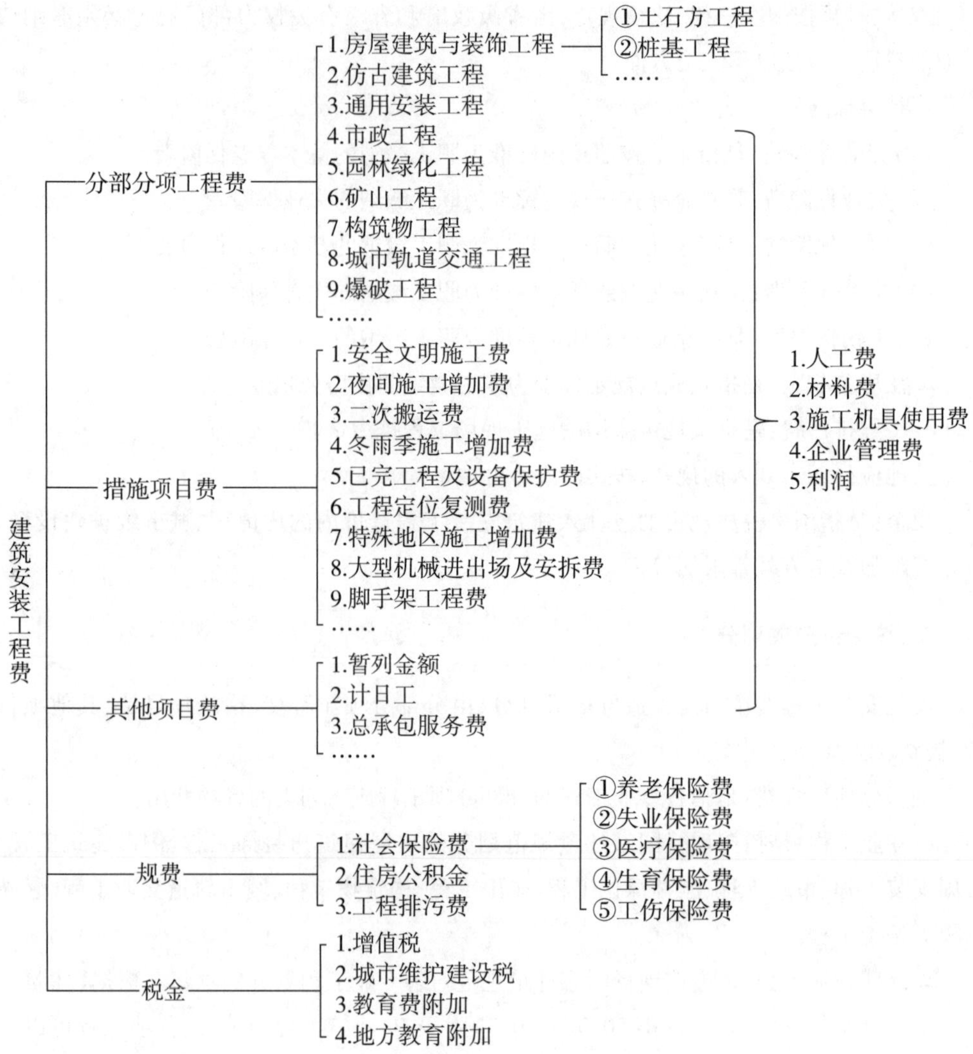

图 6－1－2　建筑安装工程费用项目组成

（按造价形成划分）

统、恒温恒湿空调系统、净化空调系统、地下人防通风系统、真空吸尘系统、冷凝水系统、空调（冷、热）水系统、冷却水系统、土壤源热泵换热系统、水源热泵换热系统、蓄能系统、压缩式制冷（热）设备系统、吸收式制冷设备系统、多联机（热泵）空调系统、太阳能供暖空调系统、设备自控系统。

（7）建筑电气工程，包括室外电气、变配电室、供电干线、电气动力、电气照明、备用和不间断电源、防雷及接地。

（8）智能建筑工程，包括智能化集成系统、信息接入系统、用户电话交换系统、信息网络系统、综合布线系统、移动通信室内信号覆盖系统、卫生通信系统、有线电视及卫星电视接收系统、公共广播系统、会议系统、信息导引及发布系统、时钟系统、信息化应用系统、建筑设备监控系统、火灾自动报警系统、安全技术防范系统、应急响应系统、机房、防雷与接地。

(9)建筑节能工程,包括围护系统节能、供暖空调设备及管网节能、电气动力节能、监控系统节能、可再生能源。

(10)电梯工程,包括电力驱动的曳引式或强制式电梯、液压电梯、自动扶梯、自动人行道。

措施项目费:是指为了完成建设工程施工,发生于该工程施工前和施工过程中的技术、生活、安全、环境保护等方面的费用。内容包括九个方面:

1. 安全文明施工费

①环境保护费:是指施工现场为达到环保部门要求所需要的各项费用。

②文明施工费:是指施工现场文明施工所需要的各项费用。

③安全施工费:是指施工现场安全施工所需要的各项费用。

④临时设施费:是指施工企业为进行建设工程施工所必须搭设的生活和生产用的临时建筑物、构筑物和其他临时设施费用。包括临时设施的搭设、维修、拆除、清理费或摊销等。

2. 夜间施工增加费:是指因夜间施工所发生的夜班补助费、夜间施工降效、夜间施工照明设备摊销及照明用电等费用。

3. 二次搬运费:是指因施工场地条件限制而发生的材料、构配件、半成品等一次运输不能到达堆放地点,必须进行二次或多次搬运所发生的费用。

4. 冬雨季施工增加费:是指在冬季或雨季施工需增加的临时设施、防滑、排除雨雪,人工及施工机械效率降低等费用。

5. 已完工程及设备保护费:是指竣工验收前,对已完工程及设备采取的必要保护措施所发生的费用。

6. 工程定位复测费:是指工程施工过程中进行全部施工测量放线和复测工作的费用。

7. 特殊地区施工增加费:是指工程在沙漠或其边缘地区、高海拔、高寒、原始森林等特殊地区施工增加的费用。

8. 大型机械进出场及安拆费:是指机械整体或分体自停放场地运至施工现场或由一个施工地点运至另一个施工地点,所发生的机械进出场运输及转移费用及机械在施工现场进行安装、拆卸所需的人工费、材料费、机械费、试运转费和安装所需的辅助设施的费用。

9. 脚手架工程费:是指施工需要的各种脚手架搭、拆、运输费用以及脚手架购置费的摊销(或租赁)费用。

其他项目费:包括暂列金额、计日工和总承包服务费。

1. 暂列金额:是指建设单位在工程量清单中暂定并包括在工程合同价款中的一笔款项。用于施工合同签订时尚未确定或者不可预见的所需材料、工程设备、服务的采购,施工中可能发生的工程变更、合同约定调整因素出现时的工程价款调整以及发生的索赔、现场签证确认等的费用。

2. 计日工：是指在施工过程中，施工企业完成建设单位提出的施工图纸以外的零星项目或工作所需的费用。

3. 总承包服务费：是指总承包人为配合、协调建设单位进行的专业工程发包，对建设单价自行采购的材料、工程设备等进行保管以及施工现场管理、竣工资料汇总整理等服务所需的费用。

规费：定义同按费用构成要素划分中的规费。

税金：定义同按费用构成要素划分中的税金。

三、按费用构成要素划分和按造价形成划分的关系

建筑安装工程费用按照造价形成划分主要是为了满足建筑安装工程交易和工程实施阶段造价的组价要求，按照费用构成要素划分主要是为了便于企业进行成本控制。

建筑安装工程费按照构成要素划分，由人工费、材料费、施工机具使用费、企业管理费、利润、规费和税金组成。其中分部分项工程费、措施项目费、其他项目费包含人工费、材料费、施工机具使用费、企业管理费和利润。

建筑安装工程费按照工程造价形成划分，由分部分项工程费、措施项目费、其他项目费、规费、税金组成。其中人工费、材料费、施工机具使用费、企业管理费和利润包含在分部分项工程费、措施项目费、其他项目费中。

按构成要素划分的人工费、材料费、施工机具使用费、企业管理费、利润和按造价形成划分的分部分项工程费、措施项目费、其他项目费在范围上是一致的。

根据《建设工程工程量清单计价规范》(GB 50500－2013)第3.1.6项之规定，规费和税金必须按国家或省级、行业建设主管部门的规定计算，不得作为竞争性费用。该条款属强制性条文，必须严格按照规定的费率和税率计取。

第二节　工期延误对建筑安装工程费的影响与分类

工期、质量、造价共同构成了工程管理的“三要素”，质量控制是根本，造价控制是关键，而工期是三者的中心环节。按照合同约定的工期完成工程项目是承包人的合同义务，是承包人通过工程施工取得施工利润和发包人将工程项目投入使用的前提与基础。工期延误不仅导致工程项目无法按期投入使用，更会导致承包人施工成本增加。

按照费用构成要素划分，工期延误对建筑安装工程费用项目组成的影响具体包括六个方面。

一、对人工费的影响与分类

工期延误导致人工费增加的情形主要包括：现场工人的停工、窝工损失；现场工人低效率生产损失；额外增加的加班加点工资损失。

（一）现场工人的停工、窝工损失

导致工期延误的事件不可避免地会对承包人的正常施工组织产生影响，打乱承包人现场工人的施工作业计划，致使在工期延误期间，承包人的工人处于停工或窝工状态，以及可能产生提前退场工人的遣散费用。

（二）现场工人低效率生产损失

受工期延误事件的干扰，现场工人虽未完全停工，但处于低效率施工状态。在此期间内，现场工人所完成的工程量未达到计划工程量，但用工数量却达到或超过计划数量，现场工人实际处于低效率作业的状态，导致与正常作业状态下完成同等工程量相比，产生额外人工费损失。

（三）额外增加的加班加点工资损失

受工期延误事件的干扰，工程项目的实际工期落后于计划工期，为弥补已损失的工期，承包人往往要采取必要的赶工措施，赶工过程中，承包人需要为工人支付加班加点工资，按照相关法律规定，加班加点工资标准通常高于正常工作时间的工资标准。

根据《建设工程工程量清单计价规范》（GB 50500－2013）第9.11.2项之规定，发包人要求合同工程提前竣工的，应征得承包人同意后与承包人商定采取加快工程进度的措施，并应修订合同工程进度计划。发包人应承担承包人由此增加的提前竣工（赶工补偿）费用。

二、对材料费的影响与分类

正常情况下，工期延误不会造成材料、工程设备的额外消耗，仅在例外情况下才会导致材料、工程设备费增加，主要包括：承包人订购的材料、工程设备推迟交货损失，材料、工程设备价格上涨损失和材料、工程设备非正常损耗损失。

三、对施工机具使用费的影响与分类

工期延误导致施工机具使用费增加的情形与导致人工费增加的情形基本一致，主要包括：施工机具的停工损失；施工机具低效率生产损失；额外投入的施工机具损失。

(一)施工机具的停工损失

导致工期延误的事件不可避免地会对承包人的正常施工组织产生影响,打乱承包人施工机具的配置与安排计划,致使在工期延误期间施工机具处于停滞状态。

(二)施工机具低效率生产损失

受工期延误事件的干扰,承包人施工机具虽未完全处于闲置状态,但处于低效率运行状态。在此期间内,承包人施工机具所完成的工程量未达到计划工程量,但施工机具配置数量却达到或超过计划数量,承包人施工机具实际处于低效率作业的状态,导致与正常作业状态下完成同等工程量相比,产生额外施工机具使用费损失。

(三)额外投入的施工机具损失

受工期延误事件的干扰,工程项目的实际工期落后于计划工期,为弥补已损失的工期,承包人往往要采取必要的赶工措施,赶工过程中,承包人可能需要额外投入更多的施工机具,并由此导致损失。

四、对企业管理费的影响与分类

承包人在工期延误期间无法完成计划工程量或完成的工程量不足,但企业管理费支出并不会等比例减少,通常情况是,只要工程没有竣工验收交付发包人,企业管理费的支出就会一直发生。由于企业管理费与工程量之间并不存在固定的比例关系,实践中,企业管理费的审核和分配是十分困难的,特别是在工程并未完全停工的情况下。从定性的角度来看,受工期延误影响,企业管理费构成项目中的管理人员工资、办公费、差旅交通费、固定资产使用费、工具用具使用费、劳动保险和职工福利费、劳动保护费、工会经费、职工教育经费、财产保险费、财务费用、税金一般都会增加,检验试验费一般不因工期延误而额外增加,其他费用内容丰富、种类繁多,具有兜底性质,需结合具体情况进行分析、判断。

企业管理费进一步可以分为现场管理费和总部管理费两部分。

现场管理费,指现场管理人员工资、办公费、差旅交通费、固定资产使用费、通信费等多项费用。在分析、计算索赔费用时,有时把现场管理费进一步分成可变部分和固定部分。可变部分是指在工期延误期间可以调配到其他施工部位(或其他工程项目)的人员或设施。固定部分是指在工期延误期间不易调配到其他施工部位(或其他工程项目)的人员或设施。

总部管理费,是指工程项目投标报价中应归属于公司总部的部分,作为公司总部对工程项目进行指导和管理的费用,主要包括公司总部管理人员工资、办公费、财务费以及公司总部工作人员赴工地检查指导工作等多项费用。

五、对利润的影响与分类

利润是承包人的纯收益,是指承包人因工程项目而获得的全部收入扣除全部支出后的余额,是承包人经营活动的目的,也是承包人完成施工任务和承担施工风险后的回报。工期作为工程项目管理的三大目标之一,直接影响工程项目的最终利润,就承包人而言,关注工期就是关注工程利润。在工期延误情形下,由于利润是包含在每项工作的价格之内的,工期延误并未最终影响该项工作的实施,从而导致利润减少。因此,在工期延误的情况下,主张利润损失通常比较困难。

六、对规费、税金的影响与分类

《建设工程工程量清单计价规范》(GB 50500 - 2013)第 3.1.6 项规定:“规费和税金必须按国家或省级、行业建设主管部门的规定计算,不得作为竞争性费用。”规费、税金作为不可竞争性费用,一般按照计算基数乘以费率计算,费率固定不变,工期延误往往会导致规费和税金的计算基数变大,规费、税金亦会相应增加。

第二章

工期延误损失量化方法选择与示例

第一节　索赔的计算原则与方法

一、索赔费用的计算原则

承包人在进行费用索赔时，应遵循以下原则：

1. 所发生的费用应该是承包人履行合同义务所必须支出的，即若没有该项费用支出，合同就无法履行。

2. 承包人不应由于索赔事件的发生而额外受益或额外受损，即费用索赔以赔（补）偿实际损失为原则。

二、索赔费用的计算方法

索赔费用的计算应以赔（补）偿实际损失为原则，实践中计算方法有多种，但最常用的有三种，即总费用法、修正的总费用法和实际费用法。

1. 总费用法

总费用法，即总成本法，就是当发生多次索赔事件后，重新计算该工程的实际总费用，实际总费用减去投标报价时的估算总费用即索赔金额。计算方法如下：

索赔金额 = 实际总费用 − 投标报价时的估算总费用

总费用法计算的实际总费用中可能包括承包人原因造成的额外费用增加，如施工组织不善而增加的费用，由于该方法无法准确区分发包人、承包人原因分别造成的费用增加，仅在难以分别计算各项索赔事件导致的实际费用时才可能会被应用。

【案例一】

某工程于2008年4月签订合同，原合同报价如下：

现场成本：直接工程费 + 现场管理费 = 500万元

企业管理费：现场成本 × 8% = 40万元

利润和税金:(现场成本+企业管理费)×9%[①]=48.6万元

合同总价:500万元+40万元+48.6万元=588.6万元

实际施工过程中,由于完全非承包人原因造成现场实际成本增加36万元,利息支出实际多支出0.4万元,用总费用法计算索赔费用如下:

现场实际成本增加额:36万元

企业管理费:现场实际成本增加额×8%=2.88万元

利息支出:按实际支出金额计算为0.4万元

利润和税金(现场实际成本增加额+企业管理费+利息支出)×9%=3.5352万元

索赔费用:36万元+2.88万元+0.4万元+3.5352万元=42.8152万元

2.修正的总费用法

修正的总费用法是对总费用法的改进,即在总费用计算的原则上,去除一些不合理的因素,使其更合理。修正的内容如下:

(1)将计算索赔费用的时段限于受索赔事件影响的期间,而不是整个施工期间。

(2)只计算在索赔事件影响期间内,受索赔事件影响的工作的损失,而不是计算该期间内所有施工工作所受的损失。

(3)与受索赔事件影响的工作无关的费用不列入总费用中。

(4)在索赔事件影响期间内,对受索赔事件影响的工作的投标报价进行重新核算,按照受索赔事件影响的工作的实际单价,乘以实际完成的该项工作的工程量,得出调整后的报价费用。计算方法如下:

索赔金额=∑某项工作调整后的实际总费用-该项工作的投标报价的总费用

修正的总费用法与总费用法相比,有了实质的改进,它的准确程度已接近实际费用。

【案例二】

某住宅建设项目,发包人与承包人于2012年8月签订建设工程施工合同,合同文件及其附件对索赔规定如下:

(1)因窝工发生的人工费以100元/工日计算,监理人提前7天通知承包人时不以窝工处理,而以50元/工日标准支付补偿费(按正常工日工资的50%考虑)。

(2)施工机械设备台班费。塔吊为350元/台班,混凝土搅拌机为80元/台班,砂浆搅拌机为40元/台班。因窝工而闲置时,只考虑折旧费,按台班费的70%计算。

(3)停工不补偿企业管理费和利润。

项目在实施过程中发生了以下事件:

(1)7月15日-28日,施工到第七层时,因发包人提供的模板未到,导致1台塔吊、1台混凝土搅拌机和25名模板工人停工(监理人已提前7天书面通知承包人)。

(2)7月17日-28日,因现场停电、停水,导致进行第四层砌砖工作的1台砂浆搅拌

---

① 本案例中的建筑业营业税税率为3%,利润和税金比率共计9%。2016年5月起,营业税改为增值税。

机和20名砌砖工人停工。

(3)7月27日－30日,因砂浆搅拌机故障,在第二层抹灰的1台砂浆搅拌机和25名抹灰工人停工。

本案中,承包人有权获得的索赔费用如下:

(1)施工机械闲置费用,按合同约定,施工机械闲置仅计取折旧费。

7月15日－28日塔吊闲置费:350元×70%×14＝3430元

7月15日－28日混凝土搅拌机闲置费:80元×70%×14＝784元

7月17日－28日砂浆搅拌机闲置费:40元×70%×12＝336元

7月27日－30日砂浆搅拌机故障是由于承包人自身原因导致,不应给予赔(补)偿。

小计:3430元＋784元＋336元＝4550元

(2)窝工人工费,监理人提前7天通知承包人时不以窝工处理,仅支付补偿费50元/工日。

7月15日－28日模板工人窝工补偿费:50元×25×14＝17,500元

7月17日－28日砌砖工人窝工费:100元×20×12＝24,000元

7月27日－30日因砂浆搅拌机故障导致的25名抹灰工人停工不予支付窝工费或补偿费。

小计:17,500元＋24,000元＝41,500元

(3)停工不补偿企业管理费和利润,故承包人有权获得的索赔费用(不包含规费和税金,规费和税金按规定费率计取):4550元＋41,500元＝46,050元。

3.实际费用法

实际费用法的计算原则是以承包人为受索赔事件影响的工作所支付的实际支出为依据,向发包人要求费用赔(补)偿。

实际费用法的计算通常分三步:

(1)根据投标报价中费用项目,详细分析、梳理每个或每类索赔事件所影响的费用项目,不能遗漏。

(2)计算每个费用项目受索赔事件影响后的数值,通过与投标报价中的费用数值进行比较即可得到该项目费用的索赔值。

(3)将各费用项目的索赔值汇总,得到总费用索赔值。

实际费用法中的索赔费用主要包括项目施工过程中所发生的额外人工费、材料费、施工机具使用费、相应的管理费,以及应得的间接费和利润等。实际费用法信息处理量大、处理难度大,所依据的是实际发生的成本记录文件,所以在项目实施过程中,要注意对相应证据材料的收集、整理与固定。由于实际费用法是计算索赔费用时最常用的一种方法,我们将在下一节中重点介绍按照实际费用法计算承包人索赔费用的具体方法。

第二节　承包人索赔费用计算(实际费用法)

一、人工费损失计算

(一)劳务人员的停工、窝工损失

劳务人员的停工、窝工损失计算,一般按照停工、窝工记录文件中的工时(或工日)数量和合同文件中的人工费单价计算,如果无法确定人工费单价,可由双方另行协商确定或参照定额人工费单价确定。

因工期延误,为防止损失扩大,有时需将部分工人提前撤离现场,则提前退场工人的遣散费用以实际发生的、合理的金额为标准据实计算。

计算方法:劳务人员的停工、窝工损失 = 停工、窝工的工时(或工日) × 投标报价人工费单价 + 提前退场工人的遣散费用。

根据《民法典》第591条①之规定,在一方当事人违约后,对方当事人应采取适当措施防止损失扩大,否则对方当事人不得就扩大的损失要求赔偿。在现场劳务人员因发包人原因出现停工、窝工情况下,承包人应采取适当措施防止损失扩大,如及时遣散劳务人员或调配至其他项目或未受影响的施工部位,否则应自行承担因其未采取相应措施导致的扩大部分损失。由于停工、窝工期间劳务人员待工的赔(补)偿通常兼具道义性和补偿性,其赔(补)偿标准可以参照项目所在地日最低工资标准。

(二)劳务人员低效率生产损失

劳务人员低效率生产损失,一般以合同文件中所确定的劳动力投入量和工作效率为依据,与实际的劳动力投入量和工作效率相比较计算,如果无法确定劳动力投入量和工作效率,可由双方另行协商确定或参照定额劳动力投入量和工作效率计算。

计算方法:劳务人员低效率生产损失 = [实际使用的工时(或工日)数量 - 已完工程中人工工时(或工日)数量 - 承包人原因造成的劳动力损失数量] × 投标报价人工费单价。

【案例三】

1. 案情简介

某住宅工程,2010年6月签订施工合同,按原合同约定的施工进度计划,完成工程需要投入的劳动力为260,000工日,投标报价中生产工人人工费为95元/工日。工程完成部分楼栋主体结构施工后,由于征地拆迁纠纷及设计图纸变更等原因,造成工期延误12个

---

① 《民法典》第591条:当事人一方违约后,对方应当采取适当措施防止损失的扩大;没有采取适当措施致使损失扩大的,不得就扩大的损失请求赔偿。当事人因防止损失扩大而支出的合理费用,由违约方负担。

月。工期延误期间，工程实际使用劳动力 85,000 工日，其中，临时工程用工 9600 工日，非直接生产用工 12,000 工日，工程实际仅完成原施工进度全部工程量的 15%。

承包人现场工人低效率生产损失计算如下：

15% 工程量所需的劳动力数量 = 260,000 工日 × 15% = 39,000 工日

现场工人生产效率损失 = 85,000 工日 − 39,000 工日 − 9600 工日 − 12,000 工日 = 24,400 工日

则，现场工人低效率生产损失 = 24,400 工日 × 95 元/工日 = 2,318,000 元。

2. 案例分析

本计算方法存在的问题：

（1）本计算方法要求投标报价中劳动效率是科学、合理、符合实际的。如果承包人在投标文件中进行不平衡报价或存在过失，导致所报的劳动效率脱离实际，即计划用工数量与实际用工数量不符，则承包人在计算现场工人低效率损失会产生额外的收益或亏损。因此，发包人、监理工程师和造价咨询单位等在处理此类问题时，往往会审核承包人的报价依据，并参考其他投标人和定额的劳动效率值。

（2）对承包人原因造成的劳动力损失，如不可抗力、承包人返工等原因造成现场工人停工、窝工，应在计算中予以扣除。

（3）重视并及时进行同期记录，记载包括但不限于人员设备闲置清单、工期延误情况、对工程损害程度、导致费用增加的项目等事项，承包人、发包人、监理工程师对工期延误期间的用工种类、数量、施工部位等必须有详细的现场记录，否则记录与计算不准确，也容易引发纠纷。

（三）额外增加的加班加点工资损失

在工期延误责任应由发包人承担的前提下，为弥补损失的工期，承包人与发包人通常会达成赶工协议，采取赶工措施，为落实赶工计划，承包人需要加班加点工作，额外支付加班加点工资。额外增加的加班加点工资计算，一般按照施工记录文件中的加班加点的工时（或工日）数量和合同文件中加班加点人工费单价，如果无法确定加班加点人工费单价时可由双方另行协商确定或参照定额人工费单价合理确定。

计算方法：额外增加的加班加点工资损失 = 加班加点的工时（或工日）× 投标报价加班加点人工费单价。

投标时未报加班加点人工费单价的，加班加点人工费单价可以按照投标报价人工费单价和《劳动法》第 44 条[①]共同确定。

---

① 《劳动法》第 44 条：有下列情形之一的，用人单位应当按照下列标准支付高于劳动者正常工作时间工资的工资报酬：（一）安排劳动者延长工作时间的，支付不低于工资的百分之一百五十的工资报酬；（二）休息日安排劳动者工作又不能安排补休的，支付不低于工资的百分之二百的工资报酬；（三）法定休假日安排劳动者工作的，支付不低于工资的百分之三百的工资报酬。

在索赔劳务人员窝工、停工损失和劳务人员低效率生产损失时，一般不得主张利润损失，以赔（补）偿实际损失为主。但是，在发包人要求赶工的情形下，实质上构成了发包人对合同工期（含顺延工期）的变更，承包人可以同时主张利润，而不仅限于赔（补）偿实际损失。

二、材料费损失计算

（一）承包人订购的材料、工程设备推迟交货损失

由于工期延误，承包人订购的材料、工程设备推迟交货的损失通常包括增加的储存费用、保管费用以及可能的毁损、灭失损失等，此项损失按实际发生额计算，凭实际损失证明索赔。

（二）材料、工程设备费上涨损失

由于工期延误，同时材料、工程设备价格上涨，会引起未完工程成本的增加，承包人有权主张相应赔偿。因工期延误导致的材料、工程设备价格上涨损失，与合同中约定的由于市场价格波动引起材料、工程设备价格上涨对合同价格的调整既有联系又有区别。两者的联系是，工期延误期间材料、工程设备价格上涨和市场价格波动引起的材料、工程设备价格上涨都可能导致合同价格的调整，并且都可以按照或参照合同约定的价格调整方法进行调整。两者的区别是，工期延误期间材料、工程设备价格上涨的风险与责任由导致工期延误的一方承担，市场价格波动引起的材料、工程设备价格上涨按照合同约定的风险分担规则和计算方法进行调整。

1. 按通货膨胀率调整

在工程项目全面停工的情况下，可以对未完工程中的材料价格按通货膨胀率进行总体调整。

【案例四】

某工程由于发包人原因致使工程全面停工10个月，停工时工程尚有40,000万元计划工程量未完成，其中材料、工程设备费用占比为60%，国家公布的年通货膨胀率为5%。

承包人对于工期延误和通货膨胀造成的费用损失可提出的索赔金额＝40,000万元×60%×5%×10/12＝1000万元。

2. 按价格调整公式调整

因材料、工程设备等价格波动影响合同价格时，可根据合同中约定的数据，按以下公式计算差额并调整合同价格：

$$\Delta P = P0[A + (B1 \times Ft1/F01 + B2 \times Ft2/F02 + B3 \times Ft3/F03 + \cdots\cdots + Bn \times Ftn/F0n) - 1]$$

公式中：

ΔP——需调整的价格差额；

P0——已完工工程量中材料价格；

A——定值权重（不调部分的权重）；

B1；B2；B3……Bn——各种可调价材料的比例；

Ft1；Ft2；Ft3……Ftn——工程结算时各项可调价材料的现行价格指数或价格；

F01；F02；F03……F0n——签订合同时各项可调价材料的基期价格指数或价格。

【案例五】

某框架结构办公楼主体结构工程合同价格为3000万元（材料占比55%），2018年1月10日签订合同并开工，合同工期为10个月，原计划于2018年11月10日完工，施工过程中由于发包人设计变更导致停工3个月，实际于2019年2月10日完工，合同约定可以调价的材料种类及比重为：不调部分20%，钢材25%，混凝土25%，水泥10%，砂10%，石子10%，2018年1月的造价指数为：钢材102.6，混凝土101.8，水泥102，砂100.2，石子95.6，2019年2月的造价指数为：钢材104.5，混凝土105.8，水泥108，砂106.4，石子98.8，现计算材料价差调整金额如下：

材料调价金额 = 3000万元 × 55% × (20% + 25% × 104.5/102.6 + 25% × 105.8/101.8 + 10% × 108/102 + 10% × 106.4/100.2 + 10% × 98.8/95.6 − 1) ≈ 49.29万元。

3. 按造价信息调整

目前，很多地区造价管理部门都会定期颁布主要材料的价格信息，承包人可依据工程施工的工期及完成工程量，主要材料执行当地价格信息指导价，对工程实行动态调查，需要进行价格调整的材料，其单价和采购数量应由发包人审批，发包人确认需要调整的材料单价和数量，作为调整合同价格的依据。

（1）承包人在投标报价中载明的材料单价低于造价信息价格的，除合同另有约定外，通常合同履行期间（含工期延误）材料单价涨幅以造价信息价格为基础超过5%（建议风险范围，具体比例可由当事人自行约定，下同）时，或材料单价跌幅以在已标价工程量清单中载明的材料单价为基础超过5%时，超过部分据实调整。

（2）承包人在投标报价中载明的材料单价高于造价信息价格的，除合同另有约定外，合同履行期间（含工期延误）材料单价跌幅以造价信息价格为基础超过5%时，或材料单价涨幅以在投标报价中载明的材料单价为基础超过5%时，超过部分据实调整。

（3）承包人在投标报价中载明的材料单价等于造价信息价格的，除合同另有约定外，合同履行期间（含工期延误）材料单价涨幅跌幅以造价信息为基础超过±5%时，超过部分据实调整。

（三）材料、工程设备非正常损耗损失

材料、工程设备非正常损耗，是指承包人运至施工现场的材料、工程设备，在工期延误期间发生的超过正常损耗标准的损失，此项损失按实际发生额计算，凭实际损失证明索赔额。

三、施工机具使用费损失计算

施工机具使用费损失计算方法与人工费损失计算方法类似，正常情况下，施工机具使用费主要包括折旧费、大修理费、经常修理费、安拆费及场外运费、人工费、燃料动力费和税费，但在施工机具停滞状态下，停滞台班费一般仅包括折旧费、经常修理费和税费。

（一）施工机具的停工损失

施工机具的停工损失计算，一般按照施工记录文件中闲置的台班数和根据合同文件中施工机具台班费折算的停滞施工机具台班费计算，如果合同文件未约定施工机具台班费或无法根据合同文件中的施工机具台班费折算停滞施工机具台班费，可由双方另行协商确定或参照定额施工机具台班费确定。通常，停滞施工机具台班费为正常的60%～70%。

因工期延误，为防止损失扩大，有时需要将部分或全部施工机具撤离现场，此时在计算停滞施工机具台班费时，还应考虑施工机具的安拆费及场外运费。

计算方法：施工机具的停工损失＝闲置台班数×停滞施工机具台班单价。

（二）施工机具低效率生产损失

施工机具处于低效率生产导致的损失，一般以合同文件所确定的施工机械台班投入量和工作效率为依据，与实际的施工机具台班投入量和工作效率相比较进行计算，如果合同未约定施工机具投入量和工作效率，可由双方另行协商确定或参照定额施工机具台班投入量和工作效率计算。

施工机具低效率运行时，其消耗水平与正常运行时基本一致，施工机具低效率运行时的台班单价应按照正常运转的施工机具台班单价确定。

计算方法：施工机具低效率生产损失＝（实际使用的施工机具台班数量－已完工程中施工机具台班数量－承包人原因造成的施工机具台班损失数量）×施工机具台班单价。

（三）额外投入的施工机具损失

受工期延误事件的干扰，工程项目的实际工期落后于计划工期，为弥补已损失的工期，承包人往往要采取必要的赶工措施，赶工过程中，承包人可能需要额外投入更多的施工机具，并由此导致损失。

在工期延误责任应由发包人承担的前提下，为弥补损失的工期，承包人与发包人通常会达成赶工协议，采取赶工措施，为落实赶工计划，承包人需要加班加点工作，额外支付加班加点工资。额外增加的加班加点工资计算，一般按照施工记录文件中的加班加点的工时（或工日）数量和合同文件中加班加点人工费单价，如果无法确定加班加点人工费单价，可由双方另行协商确定或参照定额人工费单价合理确定。

计算方法：额外增加的加班加点工资损失 = 加班加点的工时（或工日）× 加班加点人工费单价。

四、企业管理费损失计算

由于企业管理费的构成复杂、缺乏统一的标准，导致企业管理费的计算十分困难，特别是在项目未完全停止的情况下。总体来讲，企业管理费的计算方法有如下三种。

（一）Hudson 公式

Hudson 公式的基本依据是，若项目能够按照原进度计划实施，完成计划工程量，承包人在计划工作量的合同价格中收回相应的企业管理费。在项目停工时，承包人无法完成计划工程量，不能收回相应的企业管理费，发包人应赔偿承包人此项损失。

实践中，受多种因素影响，承包人现场往往并不会完全停工，更多的是在一种低效率状态下施工，在使用 Hudson 公式计算企业管理费时应扣除该期间完成工程量所应占的工期份额。

计算方法：工期延误的企业管理费 =（合同价格中的企业管理费/合同工期）× 延误工期。

【案例六】

1. 案情简介

某工程项目合同价格为 2400 万元，合同工期 12 个月，合同价格中企业管理费为 360 万元，施工过程中由于发包人未能按时提供甲供材料，造成施工现场局部停工两个月，在这两个月中，承包人完成工程量对应的合同金额为 100 万元。

承包人完成 100 万元工程量对应的合同工期 = 100 万元/（2400 万元/12）= 0.5 个月

因工期延误增加的企业管理费 =（2 − 0.5）× 360 万元/12 = 45 万元

2. 案例分析

Hudson 公式由于计算简单、方便，在实践中得到了较广泛的应用，但该公式计算出的企业管理费损失与实际损失往往并不一致，因为在停工或低效施工状态下承包人的实际企业管理费支出会减少。故 Hudson 公式的应用前提应包括：

1. 投标报价及合同价格中企业管理费的核算和分摊是科学的、合理的，符合实际。

2. 企业管理费包含的费用项目与工期相关，即这些费用项目都与工期成正比同步增长。但是，实际上企业管理费中许多费用项目是一次性投入后分摊的，因工期延长，这些一次性投入并不与工期成正比同步增长。

3. 承包人在停工状态下的企业管理费支出与正常施工状态下的支出相同。

上述三个前提在实践中都存在问题，按照 Hudson 公式计算的企业管理费赔偿费用显然过高，一般在实际应用中应考虑打一个适当的折扣。

(二)费用项目构成分项计算法

对于大型或特大型的工程,按照 Hudson 公式计算出的企业管理费误差很大,各方当事人对计算结果的异议也会很多。根据实际损失补偿规则,可以根据企业管理费包含的费用项目分项报价和实际开支分别计算,即按照停工期间或施工降效期间企业管理费包含的费用项目的实际支出、折旧、摊销等逐一列项计算、求和后,再扣除该期间已完工程中对应的企业管理费份额。

相比较于 Hudson 公式,这是一种更加精确的计算方法,能够准确反映实际损失的情况,但对企业管理费包含的费用项目的计算和审核比较困难,信息处理量、难度均较大。

【案例七】

1. 案情简介

某工程项目合同价格为 2400 万元,合同工期 12 个月,合同价格中企业管理费为 360 万元,企业管理费 360 万元构成如下:

(1)管理人员工资 240 万元;

(2)办公费、差旅费 48 万元;

(3)固定资产、工具用具使用费 24 万元;

(4)劳动保险和职工福利费、工会经费、职工教育经费 24 万元;

(5)其他费用 24 万元。

承包人完成 100 万元工程量对应的企业管理费 = 360 万元 × 100/2400 = 15 万元。

工期延误期间产生的企业管理费详细如下:

管理人员工资 = (240 万元 ÷ 12) × 2 = 40 万元

办公费、差旅费 = (48 万元 ÷ 12) × 2 = 8 万元

固定资产、工具用具使用费 = (24 万元 ÷ 12) × 2 = 4 万元

劳动保险和职工福利费、工会经费、职工教育经费 = (24 万元 ÷ 12) × 2 = 4 万元

其他费用 = (24 万元 ÷ 12) × 2 = 4 万元

所以,工期延误期间产生的企业管理费 = 40 万元 + 8 万元 + 4 万元 + 4 万元 + 4 万元 = 60 万元;

因此,因工期延误增加的企业管理费 = 60 万元 - 15 万元 = 45 万元。

2. 案例分析

费用项目构成分项计算法能够清晰、准确反映各项费用的支出情况,是一种准确的计算方法,证明力强。但是,这种方法十分依赖于投标报价中企业管理费报价的详细程度及其合理性,实践中的应用难度较大。

(三)按照管理费比率计算法

如前所述,企业管理费由现场管理费和总部管理费构成,通常情况下,在工期延误的

情况下，现场管理费可依据费用项目构成分项计算得出，但总部管理费计算相对困难。因此，在投标报价中约定有总部管理费与现场管理费的比率时，可按照下列公式计算：

总部管理费 = 投标报价总部管理费与现场管理费的比率 × 现场管理费金额

【案例八】

1. 案情简介

某办公楼装饰装修工程，合同价格为1800万元，工期为120天，工程施工过程中，因发包人拖欠机电、消防等分包单位工程款，分包单位围堵施工现场，造成现场全面停工15天。随后，承包商就停工损失向发包人主张索赔，其中现场管理费损失为70万元，投标报价中现场管理费与总部管理费比例为7∶3。

因此，本工程承包商有权索赔的总部管理费金额 = 70万元 × (3 ÷ 7) = 30万元。

2. 案例分析

在现场管理费损失能够准确计算的前提下，可以依据投标报价中现场管理费与总部管理费的比率来间接计算总部管理费。但是，由于导致工期延误的原因错综复杂，且每种工期延误事件对总部管理费损失的影响范围与程序均不同，简单依据比率来计算总部管理费的合理性仍需进一步补充、完善。

第七编

工期反索赔

第一章

工期反索赔概述

第一节　工期反索赔的释义

“索赔”是指建设工程合同履行中，一方当事人基于可索赔的事项要求对方赔偿损失。“反索赔”是指反驳、反击对方提出的索赔请求。实践中，对于反索赔通常有两种理解：第一，承包人向发包人提出赔偿请求为索赔，相反地，发包人向承包人提出赔偿请求为反索赔；第二，认为索赔与反索赔是双向的，发包人和承包人都可以向对方提出索赔请求，而任何一方对于对方提出的索赔请求进行反驳、反击则为反索赔。本编对于反索赔的理解为后者。常见的反索赔主要包括工期反索赔和质量反索赔两种类型。本编将重点从工期反索赔的角度进行分析论述。

工期反索赔一般指针对建设工程合同相对方提出的要求己方承担工期相关责任并支付费用、赔偿损失的请求，而提出的属于对方原因、应由对方承担部分或全部责任的反驳、反击。

工程启动伊始，承发包双方会依据人工费用、场地费用、贷款周期、开始盈利时间与可能盈利情况等测算施工周期。一旦发生工期延误，承发包双方均有可能向对方提出工期索赔与反索赔。这是由于，如果工程实施过程中任何一项或多项工作的实际完成时间迟于计划完成时间，都有可能导致整个工期的延长，给承发包双方带来诸多不利影响：例如，发包人可能因施工期限延长导致各项成本增加，所获利润相应减少；若承包人或发包人为工程进行了贷款，则工期延长会导致贷款周期随之延长，贷款利息增加；发包人需额外支出场地费，承包人与发包人需额外支出管理费、人工费等；承发包双方还有可能因工期延误对第三人承担违约责任。上述损失都有可能最终引发索赔。

因此，由工期延误产生的索赔以及由该等索赔引发的反索赔，应当引起承发包双方的高度重视，尽可能避免不必要的损失。在遭遇工期索赔时，若能有效利用工期反索赔进行防御，不仅能够维护己方合法权益，还有助于为今后更好地防范和应对工期索赔打下基础，促进工程管理水平的提高。

第二节 工期反索赔的作用

由于中国传统文化,尤其是儒家思想"以和为贵"的意识深入人心,因此在很长一段时间内我国建设工程领域对于索赔、反索赔的重要性认识不足。直到我国施工企业开始参与到国际工程中,才逐渐认识到工程索赔、反索赔管理的重要意义与作用。而在建设工程的索赔与反索赔中,工期索赔与反索赔的发展相对更为缓慢,这主要是建设工程的复杂性导致的。工期是否延误虽然是一个客观事实,但责任承担主体并不易于判断。在施工过程中,往往承发包双方对于工期延误均负有一定责任,如何区分责任、如何对责任进行量化,对承发包双方进行工期索赔及反索赔均提出了较高的专业要求。虽然工期的索赔与反索赔技术门槛较高,但却可以实现承发包双方之间权利义务关系与风险承担比例的合理"再分配",因此承发包双方对于工期索赔与反索赔越来越重视。

一般而言,工期反索赔主要有以下五个重要作用。

一、借助工期反索赔有利于平衡双方利益,维护己方合法权益

相较于私力救济、行政救济等手段,工期反索赔作为解决争端的常规手段,往往更有助于厘清承发包双方责任,避免不必要的损失,维护反索赔方的合法权益。例如,在工程合同履行过程中,经常会出现因承包人原因导致工期延误而给发包人造成损失的情形。如果对工期延误有直接责任的承包人提出工期索赔,试图通过工期索赔将工期延误的责任转嫁给发包人,此时就发包人而言,不仅既有的损失可能无法得到弥补,还存在支付额外费用的风险。故而,发包人应当充分借助反索赔保障与维护自身合法权益,指出承包人在施工过程中存在的过错,以期最大限度减少己方损失。该等反索赔模式对承包人同样适用。综上所述,在索赔方提出的证据和理由缺乏充分事实与法律依据支撑的情况下,反索赔方可以通过积极举证和有针对性地反驳,抵御索赔请求,避免己方利益受损。

二、有利于以打促谈,有效利用司法资源,节省维权成本

工期反索赔系被索赔方为了应对对方的工期索赔请求而发起的还击措施,因此,工期反索赔成功的,除能保护己方利益免受损失外,也能实现以打促谈等目的。反索赔方通过提出反索赔,往往能够通过积极举证的方式将索赔方在工程延期过程中存在的过错问题凸显出来,使得裁判机构关注到索赔方在工期延期中存在的管理不当等瑕疵问题,有效利用司法资源为双方谈判获取筹码,不仅可以减少甚至可以避免诉讼或仲裁引起的高额成本,还有利于争取在谈判中的优势地位。

三、工期反索赔有助于保障工程合同按期履行

建设工程合同中承发包双方已经就工期问题形成一致意思表示，合同签署后，各方应当受到合同条款的约束。在出现工期延误的情况下，守约方依据合同约定向违约方索赔是维护自身正当权益的手段。但如果提出索赔的一方没有充分的事实和合同依据，那么被索赔方也应当依据合同予以反驳。如果双方不能正确适用合同，那么合同对双方都难以形成真正意义上的约束。

重视且充分利用合同并提出工期反索赔能对承发包双方都产生有力的震慑和影响，使双方都充分意识到因己方原因导致工期延误后可能承担的风险和法律后果，从而促使其依约履行合同。因此，工期反索赔有助于推进承发包双方更加紧密地合作，保障项目工程的时间效益，实现合同目的。

四、工期反索赔是落实和调整合同双方权利义务关系的手段

工期往往影响场地费、人工费、工程开始产生收益的时间、贷款周期的长短等，故而在合同签订伊始，承包人、发包人双方会事先结合建设工程体量、成本、利润等因素确定工期，这是平衡双方权利义务确定的期限，除非发生设计变更等情况使双方另外形成合意，否则发包人不得要求承包人提前竣工，承包人也不得逾期竣工。

一旦逾期，借助工期反索赔，可以结合各方在实际履行过程中的过错程度对各方权利义务、工程风险承担比例合理再分配。守约方可以借助工期反索赔机制提出反索赔，将合同中确立的各方权利义务落到实处。

五、工期反索赔有助于提高企业经营管理水平，提升企业市场竞争力

随着我国经济全球化发展不断推进，对外合作不断增多，国内的建设工程市场也持续地引入外国企业合作。对比两者，国际建设工程领域已经充分认识到利用索赔和反索赔维护自身权益的重要性，并且已经形成了相对成熟的索赔与反索赔机制，而我国建设工程领域在索赔与反索赔方面意识不强、经验不足。如发生纠纷，我国施工企业面临索赔与反索赔时很有可能处于不利地位。尤其在面对不合理的工期索赔请求时，如果未能在施工过程中就有意识地收集完备的证据，很有可能导致应当保留的证据未能及时保留，最终出现不公平的结果，在时间、金钱、声誉等各方面给企业造成巨大的损失。因此，重视索赔，尤其是注重在工期延误的情况下遭受工期索赔后提出有效的工期反索赔，对于我国施工企业在国内，尤其是国际建设工程市场上开展合作与提高竞争力，显得尤其重要。

如前所述，加强工期反索赔管理，有助于增强承发包双方履约自觉性，进而能带动工程项目管理整体水平的提高。就企业自身而言，通过工期反索赔管理机制的搭建也有助于促进企业提高合同、工程管理水平，进而提高工程施工效率和企业管理水平，使得企业能够长久地立足于竞争激烈的国内外建设工程市场。

综上所述,工期反索赔作为"狙击"索赔的手段,其往往能够最大化地减少被索赔方的损失,保障工程利润。逐步提升工期反索赔意识、完善工期反索赔机制、推动工期反索赔的稳步发展,这都将会实现承发包双方之间利益的均衡分配,促进企业提高合同履约意识与管理水平,增强市场竞争力,推动建筑业的良性发展。不过,需要提醒承发包双方注意的是,既要敢于提出工期反索赔,又要不过分依赖工期反索赔。尤其是就发包人而言,不能寄希望于通过工期反索赔来减少工程款的支付,而应将更多的注意力放在对施工进度计划的监督和施工管理上。

第三节　工期反索赔的现状

随着经济全球化的趋势,越来越多的国内承发包双方关注到工期反索赔的益处,但是整体而言,现在我国工期反索赔中仍然存在反索赔意识淡薄、未能及时固定证据、缺乏相关专业人士等问题。

一、我国工期反索赔发展存在的问题

(一)工期反索赔意识薄弱

索赔与反索赔都是一种对受损失者的救济或补偿行为,而不是惩罚。如前所述,由于受我国传统文化影响,无论承包人还是发包人,对索赔和反索赔的认识还停留在传统观念中,对于工期延误造成的损失,在可容忍的范围内往往宁可自行承担,一般在第一时间不会主动通过主张工期索赔或反索赔的方式来积极维护自身权利。同时,承发包双方因自身非法律专业人士而本能地对诉讼或仲裁等争议解决程序产生畏惧之心,错误地认为即使通过诉讼或仲裁提出索赔或反索赔,也很可能无法有效维护自身权益,反而花费更多诉讼、仲裁成本,因此不愿也不敢提出索赔与反索赔。

基于以上种种原因,无论承包人还是发包人在遭遇工期延误时,都倾向于通过私力救济解决,而不愿将提起工期索赔和反索赔作为维护自身合法权益的第一选择。然而,私力救济在解决工期延误问题结果的公平性方面,与通过诉讼或仲裁等方式提起工期索赔与反索赔所得到的结果难以相提并论,私力救济最终往往是由于某一方的妥协而使得争议平息,但单纯依靠某一方的妥协有时并不是积极、公平、健康的争议解决方式。索赔方和被索赔方工程管理方面的不完善导致其难以有效主张工期索赔和反索赔,不应成为忽视工期反索赔作为有效维权手段的理由。长此以往,该种做法会逐渐形成工程管理不完善→不能有效利用工期索赔和反索赔→通过私力救济等其他方式解决工期延误问题→索赔方和被索赔方难以公平地维护自身合法权益的恶性循环。

综上所述,我国建设工程领域的企业尚未充分认识到,工期索赔和反索赔是合同法赋

予正确履行合同一方免受损失的正当权利，是当事人保护自己避免损失，甚至增加利润、提高效益的重要手段。面对激烈的竞争，国内建设工程施工领域的企业缺乏积极进行工期索赔和反索赔的意识和创新进取的精神，这样的行为久而久之便限制了工期反索赔的发展和进步。

（二）缺乏对工期反索赔证据进行及时固定的意识

有力且完备的证据是工期反索赔获得支持的关键。然而，如前所述，在工程合同的签订和履行过程中，由于目前国内建设工程领域对工期索赔与反索赔管理的重视程度不够，未建立完备的数据管理系统，也不注意保留承发包双方的往来函件、通话记录等有利于证明工期延误责任的信息，导致在项目实施过程中不能及时收集相应证据以证明工期延误的责任在于对方，大大降低了工期反索赔的成功概率，也就导致被索赔方不愿意通过主张工期反索赔应对工期索赔请求，而是选择被迫与索赔方协商。

然而，单纯逃避主张工期反索赔并不能为被索赔方维护其合法权益带来正面的影响，并且很可能使得对方在谈判中占据主动地位从而达到索赔目的，导致被索赔方因未能及时固定证据承担本可避免的损失。事实上，只有在工程合同的签订和履行过程中加强证据方面的记录与管理，为可能出现的工期索赔请求做好充分准备，遭遇工期索赔时积极行使工期反索赔权利，才能形成严格管理工程合同与积极抵抗风险的良性循环，才能与国际建设工程施工领域解决工期索赔与反索赔问题的先进做法接轨，以适应越来越广泛的国际合作。

（三）缺乏从事索赔与反索赔管理的专业人才

索赔与反索赔证据的收集贯穿于工程合同签订与履行的全过程，是工程管理的核心内容，这就对从事索赔与反索赔管理的专业人才提出了较高要求，只有具备多方面能力的复合型人才方能胜任。具体而言，从事索赔与反索赔管理的专业人才既要具备扎实的法律功底，又要具有相当丰富的施工管理和实践经验，能全面把控施工的各个环节，同时还需掌握诸如财务、外语等其他领域的知识，以使得提出索赔与反索赔时有理有据，并且能够满足国际化项目的需求。

然而当前国内建设工程施工领域的情况是，一方面，工程的索赔与反索赔管理需要具备多方面能力的人才方能胜任，而相关的专业人才十分匮乏；另一方面，培养或雇用此类人才往往需要花费较高成本，多数企业不愿意花费这样的成本，导致人才匮乏，无法在日常履约过程中为工期反索赔奠定坚实的基础。

（四）索赔法律与合同体系尚不健全

目前，我国虽然基本建立了工程索赔的法律法规，但大多系较宽泛模糊的框架性规定，在实践中缺乏可操作性。再加上我国建筑行业的工程合同示范文本体系尚不完备，且没有得到较广泛的普及，导致后续出现需要索赔的情形时，承发包双方缺乏明确依据来指导双方的索赔与反索赔行为，往往更多依赖人情世故来解决问题，很可能闹得不欢而散。这就使得工程索赔与反索赔难度加大，工程索赔与反索赔的水平也相对较低。

二、我国工期反索赔发展存在问题的应对措施建议

随着"一带一路"倡议的推行，在与国外企业合作的过程中，国内施工企业对于工期反索赔管理的认知和实践经验也得到了积累。相应地，索赔与反索赔意识、管理技能都在不断提升。但不可否认的是，相较于国外而言，我国既有的反索赔机制仍亟待完善。

（一）企业应当高度重视对工期相关证据的及时固定

证据是反索赔能否得到支持的核心所在，只有形成完整的证据链才能有效对抗索赔请求，故而及时固定证据极为关键。承发包双方可以通过聘请专业人员对工程合同的签订和履行进行全流程管理和监督，并注意留存双方的会议记录、往来函件、电话录音等沟通内容；还可以采用先进技术手段（如 BIM 技术）在工程合同履行过程中收集与工程进度有关的数据，及时记录导致工程进度不能达到合同约定的影响因素，防止因工程周期较长、人工统计能力有限，而导致用以证明影响工期进度因素的证据无法有效收集的不利后果。

（二）承发包双方应当提高合同履约意识，严格履行己方义务，同时积极运用工期索赔与反索赔方式维护己方合法权益

承发包双方严格按照合同约定履行己方义务，是达成合同目的的有效保障，也是提高效率、节约成本并尽可能获得更多盈利的有效途径，能够帮助承发包双方从源头上避免工期延误及其可能带来的损失。从发包人的角度来看，发包人应当避免因自身原因触发承包人行使暂停施工的合同权利，或因发包人过错导致工程无法继续推进从而引起工期延误的情况。就承包人而言，承包人作为主要掌握施工进度的一方，应当积极遵守工期的约定，严格遵守施工计划，避免因承包人消极怠工、工程进度管理不善等过错导致工期延误。

此外，承发包双方应当摒弃"和稀泥"的心态，在积极履行合同义务的同时，认识到工期索赔与反索赔的重要作用，一旦出现索赔或反索赔的事由，应当在符合法律规定与合同约定的期限或其他合理期限内及时提出索赔或反索赔，通过有效法律途径维护己方合法权益，避免逾期失权的不利情形。

（三）加强工期索赔与反索赔专业人才的培养

索赔与反索赔专业人才匮乏不是一朝一夕便能解决的问题，企业应将加强内部培训教育作为一项长期工作，以达到从事合同管理和工程索赔工作的专业人员掌握相关专业知识、基本技能和良好谈判素质的目的。只有这样，才能尽可能保障工程严格按照合同进

度实施，当出现导致工程进度迟延的情形时，相关专业人士亦能够运用专业知识及时有效固定证据，利用索赔相关经验技巧成功索赔。

(四)进一步完善索赔法律与合同体系

面对我国现有工期反索赔中存在的种种问题，完善反索赔机制的建设也是企业反索赔路上必不可少的环节，完善反索赔机制能够根据各方过错程度合理分配相应责任，避免守约方遭受不必要的损失。显然，细化完备的法律体系与合同体系建设是完善反索赔机制的重要环节。

第四节　工期反索赔的展望

随着经济全球化的趋势，我国工程建设企业要想更好地发展，必然要有效地借助工期反索赔的机制，从工程立项、施工、竣工各个环节加强工期反索赔机制的管理，尽可能避免自身出现违约，同时，在对方违约时亦能够通过反索赔机制有效“狙击”对方的索赔请求，减少己方可能承担的损失，维护己方的合法权益。随着反索赔成功案例的不断增加、反索赔体制的逐步完善以及反索赔观念的深入人心，工期反索赔未来将逐渐呈现以下向好趋势。

一、企业更加注重进行有效的工期反索赔管理

反索赔管理是施工企业运营、发展过程中的一项重要内容。一方面，有效的工期反索赔管理能够从源头上避免争议的发生，在签订工程合同的过程中约定详细的工期索赔事项，督促企业严格履行工程合同；另一方面，即便工程合同相对方提出了索赔请求，有效的工期反索赔管理也有助于收集反索赔的有力证据，防止因证据缺失导致不必要的损失。

早在 20 年前，国际市场上通过索赔、反索赔管理便能够使工程利润增加 10% ~ 20%[①]。不过施工企业也逐渐认识到，不能将工期反索赔作为获得利润的主要手段，而是应该从源头上加强企业管理，以科技进步与人才培养促进生产效率的提升。

二、企业法律风险防范意识继续增强

建设工程领域企业增强法律风险防范意识，是提高企业利润、尽可能避免自身损失的必然要求。许多企业或许已经有过索赔与反索赔的法律实践经验。无论曾经的索赔与反索赔经历是否成功，企业都会从中吸取教训、总结经验，防范今后可能再次遭受的索赔或反索赔。即使企业尚未经历索赔与反索赔，也可以借鉴建设工程领域的其他企业索赔与

① 参见郭耀煌、王亚平：《工程索赔管理》，中国铁道出版社 1999 年版，第 8 页。

反索赔的经验,在工程合同的签订、履行的整个过程中提高警惕,尽可能地避免法律风险。

三、企业将学习和应用更多国际化工期反索赔经验

随着国家“一带一路”倡议的施行,我国施工企业将会有更多机会与国外同行业竞争与协作。在日益深入的国际合作中,我国企业应学习和积累国际上关于工期反索赔的先进经验,逐渐形成较成熟的反索赔策略,借助索赔、反索赔机制确保工程利润的最大化、损失的最小化,不断提升企业在行业内的声誉和知名度,促进企业良性发展。

四、BIM 等先进技术得到推广,工期反索赔效率提高

通过前沿的科学技术手段帮助企业进行索赔管理、提高包括工期反索赔在内的索赔与反索赔效率,是大势所趋。BIM 技术将工程的设计、施工、运行直至全生命周期的终结等信息整合于一个三维模型信息数据库中,BIM 技术能够大大降低索赔与反索赔过程中证据收集的难度。通过 BIM 技术,能够更加方便地保存证据,同时大幅度降低取证周期①,从而减少取证成本。

随着人工智能技术的发展、成熟与普及,未来工程项目实施全过程将逐步实现可视化,能够及时、准确记录工程合同履行过程中出现的每一个可能对工期反索赔的结果产生影响的信息,增加施工过程的可预测性,提高工期反索赔的效率,降低提起工期反索赔的成本。在工期反索赔的效率提高、成本下降的情况下,还会使得承发包双方更愿意将工期反索赔作为维护己方合法权益的武器,促进工期反索赔发展的良性循环。

---

① 参见曹文岩等:《施工索赔的未来展望》,载《居业》2019 年第 7 期。

第二章

工期索赔报告的普遍问题

在实践中，工期索赔报告往往存在诸多问题，在此主要讨论其中最普遍的四类问题，包括索赔事件描述不清、索赔事项缺乏合同和法律依据、责任范围区分不清、索赔值不准确的问题。该四类问题对工期索赔主张的成功实现具有较大影响，也是反索赔频率较高的热、难点领域。

第一节　索赔事实描述不清

一、概述

工期索赔报告是发包人或承包人一方（以下简称索赔方）向对方提出工期索赔要求的书面文件，是索赔方对索赔事件的处理意见，也是对方审核索赔方索赔请求的基础与依据。工期索赔报告中要包含索赔的理由、索赔的依据、索赔事项的描述、具体索赔的项目、索赔计算、索赔说明等。索赔事项描述是否清楚、索赔事件是否真实客观，是合同引证、责任划分、索赔额计算的基础，直接关系索赔方的信誉及索赔能否成功。如果索赔方不能清楚、客观地说明索赔事实，对方将拒绝或者要求索赔方进行修改。工期索赔报告中所指出的干扰事件及造成的损失，必须具备真实、充分且具有关联性的证据予以证明。

工期索赔事实的描述应包括事实描述部分及证据部分。事实描述部分通常在工期索赔报告正文中出现，通过文字、图表等形式对索赔事件进行清楚、客观的描述，包括合同约定、施工方案、进度计划、干扰事件描述、对工期的影响、事件发生后的处理方式等。证据部分通常以附件的形式出现，包括该索赔事项所涉及的一切有关证据以及对这些证据的说明，索赔证据资料的范围很广，包括合同、施工过程中发生的与索赔事件相关的往来函件、会议纪要、物价指数、工资指数、材料采购租赁运输价格、停水停电记录、技术、财务、气象、地质、政治、经济、政策法规等方面的资料，以及直观记录资料如照片、录像等。索赔证据部分应在施工过程中及时收集，并根据具体索赔事项有针对性地组织证据。

二、相关案例

在重庆鑫茂源房地产开发有限公司(以下简称鑫茂源房地产公司)与重庆巴洲建设(集团)有限公司(以下简称巴洲建设公司)建设工程施工合同纠纷①案中,2006年8月16日,鑫茂源房地产公司与巴洲建设公司签订《建设工程施工合同》,约定由巴洲建设公司承建鑫茂源房地产公司开发的重庆市经开区南坪四公里206号E时代工程。工程内容包括商住楼,3、4、5、6号楼及地下车库、商场、居委会、幼儿园、物业房等附属项目,建筑面积约7.5万平方米,以施工图计算为准。工程承包范围包括基础、主体、内外装饰、给排水、电路、环境及园区道路等。合同工期总日历天数:450天。上述合同第14条"违约责任"第3款规定:因乙方原因造成该工程未能按合同约定工期通过预验收合格,则按每幢楼每天计算,超过一天罚违约金1万元(人民币),以此类推;反之如每幢楼提前一天完工,则奖励1万元(人民币),以此类推。

2009年2月24日,鑫茂源房地产公司与巴洲建设公司签订《停工损失抵扣房屋协议书》,约定双方同意以该项目的部分房屋抵扣停工损失或工程款。抵扣房屋款的金额先作为抵扣2008年9月2日至12月18日的停工损失费。

2009年7月31日,巴洲建设公司承建的鑫茂源E时代3、4号楼完成竣工验收。此前巴洲建设公司承建的鑫茂源E时代5、6号楼已完成竣工验收。2010年1月19日,鑫茂源E时代3、4号楼取得重庆市建设工程竣工验收备案登记证。2010年7月22日,巴洲建设公司赵某凤向鑫茂源房地产公司曹某君移交了鑫茂源E时代3、4号楼结算书。

因双方对工程结算无法达成一致,鑫茂源房地产公司向重庆市第五中级人民法院提起诉讼,请求判令巴洲建设公司支付迟延竣工违约金1105万元。巴洲建设公司提起反诉,请求判令鑫茂源房地产公司给付提前完工的奖励费用629万元及停工损失费用5,548,060元。

一审法院经审理,未支持巴洲建设公司要求鑫茂源房地产公司支付提前完工奖励费及停工损失费用的请求,亦未支持鑫茂源房地产公司要求支付迟延竣工违约金的请求。巴洲建设公司不服一审法院作出的判决,向重庆市高级人民法院提起上诉,巴洲建设公司主张施工过程中因中考、施工道路阻塞等客观原因停工,但主要因鑫茂源房地产公司未按约支付工程进度款导致各号楼施工过程中先后多次停工。其中3号楼停工288天,4号楼停工365天,5、6号楼停工184天,鑫茂源房地产公司应承担相应的停工损失,参照《停工损失抵扣房屋协议书》的标准,扣除另案起诉的108天,鑫茂源房地产公司还应赔偿停工损失5,548,060元。

鑫茂源房地产公司辩称,巴洲建设公司上诉所称的造成工期顺延的停工均不属于工期顺延的约定或者法定事由,巴洲建设公司应当承担工期延误违约责任。请求驳回巴洲

① 参见重庆市高级人民法院民事判决书,(2015)渝高法民终字第00037号。

建设公司的上诉请求。

二审中,巴洲建设公司明确其一审反诉主张的停工损失费不包含2009年2月24日双方签订的《停工损失抵扣房屋协议书》中载明的2008年9月2日至12月18日的停工损失费。

二审法院认为,关于赔偿停工损失的问题,巴洲建设公司虽出示了2009年2月24日双方签订的《停工损失抵扣房屋协议书》,但其在二审中明确表示本案主张的停工损失费不包含该协议书中确认的2008年9月2日至12月18日停工期间的损失费用,且其不能举证证明案涉工程在其他期间还存在停工事实及实际损失,故其主张停工损失的上诉主张不能成立,本院不予支持。

从该案例可以看出,停工事实及损失描述不清是索赔失败的根本原因。因此,工期索赔事实描述及相应证据组织,是工期索赔报告编制的基础工作,是合同引证、责任划分、索赔额计算的基础。清楚、完整、准确、客观的工期索赔事实描述及翔实的证据组织,将有助于索赔成功,为索赔方争得期望的利益;反之,不清楚、不完整、不准确、不客观的工期索赔事实描述及不充分的证据组织,将很可能导致索赔失败,无法为索赔方争得期望的利益,甚至导致项目亏损。因此,发包人、承包人在面对工期索赔事件时,应当及时收集证据,并及时按照合同约定的时间与对方确认,在编制工期索赔报告的事实描述部分时,应当遵循清楚、完整、准确、客观的原则,并举示充分的证据,争取获得理想的索赔结果。

第二节　索赔事项缺乏合同和法律依据

一、概述

除上节所述的工期索赔报告应当事实描述清楚之外,工期索赔报告还应具备充分的合同和法律依据。工期索赔报告具备充分的合同和法律依据是索赔成功的关键。理由充分的索赔必须符合合同约定或法律规定,包括符合合同约定或法律规定的索赔事由、提出索赔的期限等。若工期索赔报告中的某些索赔事项缺乏合同和法律依据,则欠缺索赔的基础,对方将予拒绝。

二、相关案例

(一)索赔请求缺乏合同依据

在兴明公司与中海公司建设工程施工合同纠纷仲裁案件中,2015年6月10日,发包人兴明公司向承包人中海公司发出中标通知书,双方于2015年6月12日签订了《建设工程施工合同》。《建设工程施工合同》第35.2款约定:“承包人如不能按约定的进场期限进场施工或总工期延误超出一个月后(总工期延误一个月内不追究违约责任),每延误一天,按人民币2000元的标准向发包人支付工期违约金,本违约金累计计算,在支付当期进度款时直接扣减。”合同履行过程中,案涉工程于2016年1月20日停工,2016年4月26日由双方当事人共同申请,经监理单位同意后复工;2016年7月16日再次停工后,中海公司施工人员退出工地。之后,双方当事人因工程结算及退场协议签订事项不能达成一致意见而发生争议,兴明公司遂于2016年11月提起仲裁,要求中海公司承担因工期延误产生的违约金10,732,000元。

中海公司辩称,兴明公司的请求不符合合同约定,根据《建设工程施工合同》约定,如中海公司不能按约定的总工期竣工,总工期延误超出一个月后,按每延误一天2000元的标准支付违约金。该条约定的是总工期延误的违约责任,而不是中途停工或工程进度滞后的违约责任。

仲裁庭经审理认为,根据《建设工程施工合同》,中海公司支付工期延误违约金的约定是总工期延误的违约责任,而不是中途停工或工程进度滞后的违约责任。本案中,中海公司在施工过程中两次停工,但中海公司未完成全部工程施工即退场属于中途停工的情形,不应当适用该条约定,兴明公司要求中海公司承担延期违约金,缺乏事实和合同依据,仲裁庭对其请求不予支持。

(二)索赔请求无法律依据

在创美公司与凯尚公司建设工程施工合同纠纷仲裁案中,2012年7月10日,发包人创美公司与承包人凯尚公司签订《建设工程施工合同》,约定创美公司将某机电数码园项目发包给凯尚公司施工,竣工日期为2013年5月10日。通用条款第13.1款约定,因以下原因造成工期延误,经工程师确认,工期相应顺延:……(6)不可抗力……第13.2款约定,凯尚公司在第13.1款情况发生后14天内,就延误的工期以书面形式向工程师提出报告;工程师在收到报告后14天内予以确认,逾期不予确认也不提出修改意见,视为同意顺延工期。工程开工后,因一系列原因,工期延误一年。后因双方对结算无法达成一致,凯尚公司提起仲裁。

仲裁过程中,就工期延误问题,凯尚公司提出因冬季气温过低影响施工,构成不可抗力,应当顺延工期,具体为,根据第25次例会纪要,监理单位对做好冬季施工作出了如下要求:-3℃以下禁止泥工施工(包括砌筑、砼浇捣、粉刷等);5℃以下禁止涂料施工。凯尚公司提供的气象资料表明施工期间最低温度在-3℃以下有5天,最低温度在5℃以下有29天。因气温过低导致至少有29天不能施工,工期应当顺延29天。创美公司辩称,因冬季气温低导致不能施工不能认定为法律规定的不可抗力,根据第25次例会纪要,气温在5℃以下不能进行涂料施工,但可以进行墙面粉刷施工,并非完全不能克服,根据气象资料上记载的最低温度(并非日均温度)在5℃以下29天就要求顺延工期29天不具有科学性。

仲裁庭经审理认为,《合同法》第 117 条[①]规定,因不可抗力不能履行合同的,根据不可抗力的影响,部分或者全部免除责任,但法律另有规定的除外。该法所称不可抗力,是指不能预见、不能避免并不能克服的客观情况。凯尚公司所列冬季低温情况,并非灾害性天气,不符合法律规定的不可抗力的构成要件。监理单位对做好冬季施工阶段提出的要求,与是否能顺延工期无必然联系,凯尚公司以冬季气温过低为由要求顺延工期没有法律依据,故采纳创美公司的意见,裁定凯尚公司不能因冬季气温过低顺延工期。

从上述案例可以看出,工期索赔事项具备合同和法律依据,是索赔事项"站稳脚跟"的关键。具备合同和法律依据的工期索赔事项较易索赔成功,反之,索赔事项很难索赔成功。在编制工期索赔报告时,应当注意将各个索赔事项匹配相应的合同和法律依据,这是工期索赔的基础。

第三节　责任范围区分不清

一、概述

工期延误可能由多种干扰事件导致,而干扰事件产生的具体原因,是明确工期延误责任归属的首要考虑因素。在工期索赔报告中,索赔方可以就对方原因造成的工期延误损失进行索赔,或就不可抗力、政策因素等造成的工期延误损失分担后进行索赔。若工期索赔报告中索赔责任范围区分不清,将本不应由对方承担的工期延误责任,也纳入工期索赔范围中,则索赔方的该索赔项目将很难得到支持。

二、相关案例

在宏明公司与润丰公司建设工程施工合同纠纷仲裁案中,2014 年 3 月 9 日,发包人宏明公司与承包人润丰公司签订《合同协议书》,《合同协议书》签订后,润丰公司开始进场进行零星工程施工,2015 年上半年开始正式全面开工,2018 年 1 月竣工。因宏明公司欠付工程款,润丰公司于 2018 年 8 月提起仲裁,仲裁请求包括要求宏明公司支付停工损失约 300 万元。具体为,润丰公司主张案涉工程存在进场后施工场地不符合施工条件,及 APEC 会议、抗战胜利 70 周年纪念等原因导致的停工损失,并提交相关洽商记录、工资表、政府文件予以证明。宏明公司表示洽商记录只有润丰公司单方签字,不予认可;工资表是润丰公司单方制作,不予认可;政府文件真实性认可,但因此导致停工是不可抗力,不应由

① 《合同法》已失效,该条款现被拆分为《民法典》第 180 条第 2 款与第 590 条第 1 款。《民法典》第 180 条第 2 款:不可抗力是不能预见、不能避免且不能克服的客观情况。第 590 条第 1 款:当事人一方因不可抗力不能履行合同的,根据不可抗力的影响,部分或者全部免除责任,但是法律另有规定的除外。因不可抗力不能履行合同的,应当及时通知对方,以减轻可能给对方造成的损失,并应当在合理期限内提供证明。

宏明公司承担全部责任。

仲裁庭审理过程中,润丰公司就案涉工程造价申请鉴定,鉴定机构于2019年1月10日出具工程造价鉴定意见书,鉴定意见为:……停工损失金额256万元。

仲裁庭经审理认为,关于停工损失金额争议项,鉴定机构单列出256万元,其中76万元提前进场索赔,润丰公司所提交的证据均为单方形成,故该项应予扣除;剩余的APEC会议、抗战胜利70周年纪念两项停工索赔均有相关文件佐证为客观存在的事实,但由于该情形均为不可归责为双方的事由,故应当由双方分担。综合考虑认定宏明公司应支付润丰公司APEC会议、抗战胜利70周年纪念两项停工损失的50%,即90万元。

从该案例可以看出,责任范围区分是编制工期索赔报告的重要一步。梳理索赔项目时,应当针对因对方原因造成的工期延误损失进行索赔,或针对不可抗力等不可归责于双方的原因造成的工期延误损失分担后进行索赔,而不应针对本不应由对方承担的工期延误责任进行索赔。准确区分造成工期延误的双方责任范围,是索赔成功重要的一步。

第四节　索赔值不准确

一、概述

索赔值不准确主要表现为工期延误天数计算不准确和工期延误损失金额计算不准确两方面。

工期索赔方在递交的索赔报告中,需说明延误事由对工程进度造成的延误影响及可能造成的延误影响,这里就涉及工期延误天数的计算问题。但目前并无通行的工期延误天数计算方法,司法裁判标准也并未达到一致。工期延误天数的计算是工期索赔中最具技术含量的环节,工期延误天数计算的科学性和合理性对工期索赔具有十分重要的意义。实践中,工期索赔报告经常出现的问题是索赔报告不能准确计算和解释索赔时间,影响了工期索赔的最终效果。实践中,导致工期延误天数计算不准确的主要表现是工期延误责任认定不清和将非关键线路工作当成关键线路工作给予工期顺延。通常情况下,因承包人的原因造成施工进度滞后,属于不可原谅的延期,只有承包人不应承担任何责任的延误,才是可原谅的延期。同时,只有位于关键线路上工作内容的滞后,才会影响竣工日期,非关键线路上工作内容的滞后一般不会影响总工期,但延误导致进度计划中非关键线路转化为关键线路的,亦会导致竣工时间滞后。在工期延误天数计算过程中,索赔方经常会采用简单叠加法计算工期顺延天数,该方法往往割裂了不同干扰事件间的逻辑关系,无法区分干扰事件是否会对关键线路造成延误,使得计算结果的科学性、合理性存疑。另外,在共同延误情形下,运用简单叠加法计算出的工期索赔值,虽然可以结合酌定的工期责任比例来分别承担工期延误责任,但仍无法准确、客观反映工期延误的全貌。

确定工期延误天数的最终目的在于锁定工期延误损失金额，计算工期延误天数是手段，确定损失金额才是目的。实践中，在工期延误天数确定的情况下，工期延误损失金额计算中的主要问题是费用标准过高、计算依据不足，导致索赔费用数额虚高。

二、相关案例

（一）工期延误索赔天数不准确

在贵州绿源城置业有限公司（以下简称绿源城公司）与重庆祥云建设工程有限公司（以下简称祥云公司）建设工程施工合同纠纷①案中，2013 年 12 月 10 日，绿源城公司作为发包人与承包人祥云公司签订《施工承包合同》，约定由祥云公司承建绿源城公司开发的“灵智东门 · 鑫都”一、二期工程；开工日期为 2014 年 2 月 9 日，竣工日期为 2015 年 9 月 1 日，合同工期为总日历天数 578 天，合同采取总价包干的承包方式，总价款为 21,120.502327 万元。

2017 年 3 月 7 日，绿源城公司以案涉的灵智东门 · 鑫都项目严重逾期、该公司要求复工未果为由，向祥云公司发出解除合同通知书，解除双方签订的《施工承包合同》，并要求祥云公司清场、退场。该解除合同通知书通过快递于 2017 年 3 月 9 日送达祥云公司。

绿源城公司向贵州省黔南布依族苗族自治州中级人民法院提起诉讼，要求确认双方签订的《施工承包合同》已解除，并要求祥云公司承担工期延期违约金 1670.88874 万元等。一审法院判决祥云公司向绿源城公司支付延误工期违约金 334.177748 万元。祥云公司不服一审判决，向贵州省高级人民法院提起上诉。

针对工期延误责任，承包人祥云公司主张工期延误的原因为：（1）绿源城公司未能按照合同约定支付工程进度款；（2）因重大设计变更，未及时将变更后的施工图纸交付；（3）绿源城公司未能及时完成土地征收等原因。发包人绿源城公司则主张是祥云公司管理混乱、工程进度缓慢、材料供应不及时等原因造成工期延误。

二审法院认为，案涉工程于 2014 年 2 月 9 日开工，至 2017 年 3 月 9 日合同解除，案涉工程仍未完工，期间为 1125 天。根据双方签订的合同，施工期间为 578 天，至少逾期完工 547 天。对于逾期完工 547 天责任认定，还需考虑是否存在法定或者约定的工期顺延情况。针对本案中工期违约责任主体及延误天数问题，二审法院评判如下：

第一，工程进度款支付情况是否造成工期拖延。经核查计算，绿源城公司支付祥云公司的工程进度款确有未能按照合同约定时间支付的情况，应当扣除 135 天工期，即工期应当顺延 135 天。具体计算过程如表 7－2－1 所示。

① 参见贵州省高级人民法院民事判决书，（2018）黔民终 349 号。

表 7-2-1 工期进度款逾期支付情况统计

期数	应付工程款之日	实付工程款之日	逾期天数/天
第一期			0
第二期	2014.9.6	2014.9.10	4
第三期	2014.10.10	2014.11.5	25
第四期	2014.11.5	2014.12.17	42
第五期	2014.12.5	2015.1.7	33
第六期	2015.1.5	2015.2.5	30
第七期	2015.2.5	2015.2.6	1
总计			135

第二,工程设计变更延迟提交图纸是否造成工期拖延。2015 年 4 月 16 日,绿源城公司通知进行设计变更,但其是于 2015 年 9 月 24 日提供施工图纸,并未按照工程施工规范和合同约定及时提供变更施工图纸,造成工期延误,应当承担工期顺延的责任,工期延误时间为 161 天。

第三,对于 2014 年 6 月期间,因中考、高考等原因,根据相关部门的要求,停止施工作业 9 天,工期予以顺延。2014 年 6 月因贵宾新城出现安全事故,全县停工安全整改 13 天,工期予以顺延。根据双方的《工程总承包意向协议书》约定,国家法定假日及春节工期顺延,祥云公司主张的 2015 年春节 29 天,2015 年纪念抗战胜利 70 周年 3 天、国庆放假 7 天,2016 年春节放假 35 天、国庆放假 7 天,2017 年春节 35 天,予以确认。以上工期顺延天数共 138 天。

第四,对于土地拆迁征收工作。根据本案工程进度表显示的数额,在 2014 年 2 ~ 7 月,工程申报的产值为 53,499,747.5 元,审定金额为 43,145,995.58 元,祥云公司主张未及时完成土地征收拆迁造成主体工程工期延误与法院查明的事实不符,不予采信。

第五,对于持续大雨造成的停工影响,根据双方合同约定:"异常恶劣气候的条件是 20 年一遇(以黔南州气象部门发布的信息为准)。"祥云公司未提供相应证据,不予确认。

第六,对于因绿源城公司外墙干挂未入场导致工期延误,因提供的证据不能表明是绿源城公司的原因,且停工时间及是否影响关键线路均无法确认,不予确认。

综上所述,因绿源城公司延迟支付工程进度款造成工期顺延 135 天,逾期提交工程变更设计造成工期顺延 161 天,因法定节假日及停工安排等原因造成工期顺延 138 天。共计 434 天。实际逾期完工天数 547 天 - 工期顺延 434 天 = 113 天,即使认定上述工期延误均影响关键线路的施工,祥云公司仍存在逾期完工至少 113 天的事实。祥云公司应当承担逾期完工的赔偿责任。

在该案例中,绿源城公司主张工期延误 547 天的责任全部由祥云公司承担,但经法院审查,其中434天祥云公司均有合理理由可以顺延工期,祥云公司仅应承担113天工期延误的责任,绿源城公司索赔天数不准确。当然,二审法院的审核方法也并不精确,二审法院大致采用了简单叠加法的思路,将有证据证明可以顺延工期的干扰事件所致延误天数进行简单相加,计算出承包人可以相应顺延的工期。但这一计算过程并没有很好地区分关键线路和非关键线路的延误对工期索赔的影响,也没有对延误时间重叠的部分予以考虑,在最终可顺延工期的计算上可能存在一定的偏差。

（二）工期延误索赔费用计算不准确

在龙创公司与鑫海公司建设工程施工合同纠纷案中,2012年7月,发包人龙创公司与承包人鑫海公司签订《建设工程施工合同》,合同为固定总价,合同金额为1.38亿元。承包范围包括A1～A11栋公寓楼、V1～V21栋别墅和6座辅助用房土建、机电。合同工期为884天,计划开工时间为2012年8月15日,计划竣工时间为2015年1月15日。逾期交工违约金为13.8万元/天。2012年8月1日,龙创公司下发开工通知,通知鑫海公司于2012年8月15日开工。施工过程中,因龙创公司移交A10、A11栋公寓施工场地滞后导致工程竣工验收时间拖延至2015年11月15日,较计划工期滞后10个月。

因龙创公司与鑫海公司无法就工程结算及停工损失达成一致意见,鑫海公司提起仲裁,要求龙创公司赔偿鑫海公司施工机械及设备租赁费、施工人员待工损失等合计1500万元。其中,关于停工期间施工人员窝工损失,鑫海公司主张的损失金额为2,990,000元。

仲裁庭经审理认为,根据鑫海公司提供的施工组织设计中的施工人员投入计划、现场施工人员考勤记录、监理会议纪要、收方单等证明材料,施工人员窝工情况客观存在,A10、A11栋公寓施工场地移交滞后停工期间,龙创公司和监理单位确认的每天待工人员数量为65人,停工时间230天,但双方并未就待工人员补偿标准进行确认,合同中亦无约定,鑫海公司主张按照每人每天200元的标准进行补偿,依据是《建设工程施工合同》中约定的零工工资标准。仲裁庭认为,双方合同中约定的零工工资标准是在实际投入劳动情况下的日工资报酬,停工期间,施工人员并未实际付出劳动,按合同约定的零工工资标准支付待工损失不符合合同约定。由于停工原因系龙创公司导致,且龙创公司和监理单位已经对停工事实予以确认,仲裁庭酌定按照每人每天100元的标准计取待工损失,因此,龙创公司应支付鑫海公司施工人员待工损失1,495,000元(65人×230天×每人100元/天)。

在该案例中,鑫海公司在施工过程中取得了龙创公司及监理单位对停工人数、停工天数的确认,为后期停工损失索赔奠定了基础,但鑫海公司在停工期间未投入实际劳动的情况下主张按照合同约定的零工工资标准进行补偿,其索赔费用计算标准偏高,最终未全部获得仲裁庭支持。

总的来说,如何进行索赔值计算,取决于建设工程规模大小、复杂程度、当前施工进度、延误事件数量、已有事实材料的种类以及索赔方的实际需要,并且,运用多种索赔值计算方法进行检验,无疑能够极大地提高索赔报告的说服力,也能够有效避免索赔值不准确的问题。

第三章

反击或反驳索赔报告

第一节　索赔报告的时限性

一、概述

(一)“逾期索赔失权”的概念及效力

“逾期索赔失权”是建设工程施工合同中广泛采用的,以当事人约定为基础的一项制度。逾期索赔失权条款的表述通常为承包人应当在知道或者应当知道索赔事件发生后一定天数内,向监理人/发包人递交索赔报告,说明发生索赔事件的事由并附相关支撑性文件;承包人未在前述期限内发出索赔报告的,即丧失要求追加付款和(或)延长工期的权利。《标准施工招标文件》首次引入了“逾期索赔失权”制度,在此之后,大多标准文本和示范文本均沿袭了该制度,但现有的标准文本和示范文本关于索赔时限性的规定略有不同,部分文件约定见表 7-3-1。

表 7-3-1　国内标准文本和示范文本关于索赔时限的规定

文件名称	关于索赔时限的规定
《标准施工招标文件》	知道或应当知道索赔事件发生后 28 天内
《标准设计施工总承包招标文件》	知道或应当知道索赔事件发生后 28 天内
《简明标准施工招标文件》	知道或应当知道索赔事件发生后 14 天内
《建设工程施工合同(示范文本)》(GF-1999-0201)、(GF-2013-0201)与(GF-2017-0201)	知道或应当知道索赔事件发生后 28 天内
《建设项目工程总承包合同示范文本(试行)》(GF-2011-0216)	索赔事件发生后 30 天内
《建设项目工程总承包合同(示范文本)》(GF-2020-0216)	在知道或应当知道索赔事件发生后 28 天内

自逾期索赔失权约定出现以来,学界和司法实践中不乏对其效力的争论,主张该等约定有效者认为:该等约定系当事人对于自身权利的处分,并未违反法律法规的强制性规定,应当认定为有效;法律不应保护躺在权利上睡觉的人;且承包人具有对等的权利,发包人逾期答复,即视为发包人认可承包人的索赔请求;建设工程周期长,事实复杂,约定一定的索赔期限,有助于查清事实,减少争议。而反对者认为:该等约定指向的是程序性权利,承包人逾期提出索赔,不应丧失实体性权利;该等约定系发包人利用其强势地位强迫承包人同意的格式条款,预先排除了承包人的权利,应属无效;该等约定属于当事人对诉讼时效利益的预先放弃,应属无效。

上述观点相左的原因之一系各方对逾期索赔失权约定的性质和工期索赔权性质的认识不同。反对逾期索赔失权约定有效者认为,工期索赔权属于损害赔偿请求权,不应适用除斥期间,而应适用诉讼时效,进而认定逾期索赔失权约定属于当事人对诉讼时效利益的预先放弃,故而无效。支持逾期索赔失权约定有效者认为,工期索赔逾期失权属于民法理论上的权利失效制度,而非传统的诉讼时效或除斥期间制度,故不能直接适用关于诉讼时效的相关规定,认定该等约定无效 ①。

在原《施工合同司法解释(二)》施行后,工期逾期索赔失权制度的效力问题得到了进一步的明确。原《施工合同司法解释(二)》第6条第2款规定:"当事人约定承包人未在约定期限内提出工期顺延申请视为工期不顺延的,按照约定处理,但发包人在约定期限后同意工期顺延或者承包人提出合理抗辩的除外。"该规定首次从司法解释的层面认可了关于工期逾期索赔失权约定的效力。

《民法典》于2021年1月1日施行后,最高人民法院出台了《施工合同司法解释(一)》,废止了原《施工合同司法解释(一)》与原《施工合同司法解释(二)》。《施工合同司法解释(一)》第10条完全承继了原《施工合同司法解释(二)》第6条的规定,认可了关于工期逾期索赔失权约定的效力,同时明确了工期逾期索赔条款的适用规则:原则上,若索赔人未能在约定的期限内提出工期索赔的,视为索赔人同意工期不顺延;例外情况下,即被索赔人同意延期的或索赔人能够提出合理抗辩的,索赔人并不丧失索赔工期的权利。

在原《施工合同司法解释(二)》施行后,司法实践中主流观点为依据该司法解释第6条之规定,认可关于工期逾期索赔失权约定的效力,但司法实践中,裁判机构对该类问题的处理意见并未完全统一。

(二)对于"变更逾期失权约定"合意的认定以及"合理抗辩"的认定

1. 对于"变更逾期索赔失权约定"合意的认定

尽管在实践中,许多当事人均在建设工程施工合同中约定了逾期索赔失权条款,但在

① 参见最高人民法院民事审判第一庭编著:《最高人民法院建设工程施工合同司法解释(二)理解与适用》,人民法院出版社2019年版,第138页。

相关合同的实际履行过程中，并未严格履行该等约定，而是以实际履行行为等方式变更了逾期索赔失权条款。当事人形成“变更逾期索赔失权约定”的合意具体表现形式包括但不限于：

(1)在工程价款结算过程中，发包人与承包人形成会议纪要等书面文件，要求承包人在一定期限内上报相关工期索赔报告；

(2)在工程价款结算过程中，发包人对承包人报送的索赔项目进行了审核，支持了部分工期索赔项目，而未以逾期失权为由主张承包人无权索赔，可以认为双方变更了关于逾期索赔失权的约定；

(3)承包人未按照合同约定递交正式的工期索赔报告，但在施工过程中，承包人曾通过工作联系单、往来函件提出或在施工会议中提出工期索赔主张或要求发包人免除其相应工期违约责任的主张。

2. 对于“合理抗辩”的认定

根据《施工合同司法解释(一)》第10条的规定，承包人在约定的索赔期限之内未能提出索赔主张，但承包人能够提出合理抗辩的，承包人并不丧失索赔的权利。关于如何认定“合理抗辩”，《施工合同司法解释(一)》未予以明确，也为裁判机构在司法实践中运用自由裁量权留下了空间。我们认为，以下事由可能构成合理抗辩：

(1)承包人项目相关负责人下落不明、生病、死亡。如承包人项目相关负责人下落不明、突发疾病或死亡的，承包人需要合理时间等待相关人员恢复健康或处理交接工作，由此导致工期索赔逾期的，可以视为承包人具有合理抗辩理由。

(2)不可抗力。如在索赔期限内，发生了不可抗力，导致承包人无法按照约定递交索赔报告的，可以视为承包人具有合理抗辩理由。

(3)承包人项目相关负责人因涉嫌犯罪失去自由。对于承包人项目相关负责人因涉嫌犯罪失去自由，能否构成合理抗辩，可能还须裁判机构在具体案件中根据不同情况进行具体分析。

二、相关案例

(一)当事人约定了索赔时限，并明确约定超过索赔时限提出索赔报告，索赔方即丧失索赔权利的，若索赔方未在索赔期限内提交索赔报告，对于索赔方的索赔请求，不予支持

在陕西有色建设有限公司(以下简称有色公司)与陕西郝其军制药股份有限公司(以下简称郝其军公司)建设工程施工合同纠纷[①]一案中，2011年9月1日，郝其军公司作为发包方，有色公司作为承包方，签订了《陕西省建设工程施工合同》，约定有色公司负责陕西血液病防治研究所附属医院的施工工作。合同工期为360天。计价方式为综合单价，

① 参见陕西省高级人民法院民事判决书，(2019)陕民终48号。

合同价款为33,964,157.99元。2011年9月5日,双方签订第一份补充协议,将原综合单价合同变更为总价包干合同,总价包干金额为3750万元。

2011年9月15日,有色公司开工建设。2012年9月14日,双方签订补充协议二,对材料价格、认质认价的标准等事项进行了补充约定。同时,该协议第5条第1项载明:有色公司自2012年5月上旬起擅自停工4个月,应赔偿郝其军公司受到的损失。但为工程的顺利进行,促使有色公司积极施工,郝其军公司不追究有色公司的责任。第4项载明:如本协议签订后,有色公司仍不能完成整个工程直至竣工验收,则本协议无效。执行原合同及承诺书、补充协议。2013年1月15日,双方签订施工备忘录,约定有色公司承诺工程迟延后的竣工日期为2013年4月30日(指验收会最迟的召开日期),2013年5月10日确定为最迟交工日期。同时,双方对措施费的计算进行了约定。2013年4月2日,有色公司出具工作联系单,征求工程甩项事宜,郝其军公司同意将门诊住院楼二层功能房间施工项目予以甩项。2013年12月14日,有色公司、郝其军公司及监理单位签订工程移交单。同日,案涉建设工程未经竣工验收,由郝其军公司接收并投入使用。后因双方就结算事宜产生争议,郝其军公司向陕西省西安市中级人民法院起诉要求有色公司承担逾期竣工违约金930万元等。有色公司提起反诉,要求郝其军公司支付工程款11,341,386.05元、利息损失1,047,198.34元等。

一审法院认为,尽管有色公司提交的证据能够证明案涉工程存在大量工程变更的客观事实,但有色公司作为具有丰富施工经验和悠久施工历史的总承包方,完全知晓工程变更对施工进度的影响,有色公司可以依据合同约定向原告或者监理公司提出顺延工期的申请,以弥补工程变更对施工进度产生的不利影响,当然也可以通过适当延长施工时间、增加施工人员数量、改进施工方法、合理调整施工工序以及有效提高施工效率等措施来抵销工程变更对工期的影响,故有色公司在没有向郝其军公司提出顺延工期情形下,仅仅以其单方所述的各项理由为据作为案涉工程的工期自然应当顺延,其迟延竣工交付不构成违约,不应当承担违约责任的抗辩理由,明显不能成立,本院不予采纳。有色公司不服一审法院判决,向陕西省高级人民法院提起上诉。

二审法院认为,关于案涉工程工期延误的原因及责任问题,案涉工程工期比照双方的合同约定,存在明显的延误情况。2011年9月1日双方签订《陕西省建设工程施工合同》专用条款第13条、通用条款第13条均有明确约定,工期顺延须经工程师同意或发包人和监理单位确认。根据原《施工合同司法解释(二)》第6条:"当事人约定顺延工期应当经发包人或者监理人签证等方式确认,承包人虽未取得工期顺延的确认,但能够证明在合同约定的期限内向发包人或者监理人申请过工期顺延且顺延事由符合合同约定,承包人以此为由主张工期顺延的,人民法院应予支持。当事人约定承包人未在约定期限内提出工期顺延申请视为工期不顺延的,按照约定处理,但发包人在约定期限后同意工期顺延或者承包人提出合理抗辩的除外。"有色公司没有证据证明其在约定的期间内向郝其军公司提出顺延工期的情形下,一审法院不予采纳其单方所述的各项理由作为案涉工程的工期自然顺延的抗辩依据，并无不妥。

（二）当事人对索赔时限与逾期失权进行了约定，索赔方未在索赔期限内提交索赔报告，但具有“合理抗辩事由”的，索赔方仍有权提出索赔请求

在凯创公司与鑫雅公司建设工程施工合同纠纷一案中，2010 年 12 月 28 日，凯创公司作为发包人，鑫雅公司作为承包人，签订《建设工程施工合同》，约定凯创公司将某地 M 地块工程交付鑫雅公司施工；开工日期为 2010 年 12 月 28 日，竣工日期为 2012 年 1 月 8 日，合同工期为总日历天数 680 天；合同价款暂定为 8000 万元；承包人应当在知道或者应当知道索赔事件发生之日起 15 天内，向发包人提交索赔报告，索赔事件持续的，承包人应在索赔事件结束后 7 天内向发包人提交最终索赔报告；承包人未按照前述约定期限提出索赔的，视为其放弃索赔的权利，发包人无须承担任何责任。

鑫雅公司于 2011 年 1 月 20 日进场开工。2012 年 2 月 21 日，凯创公司因资金紧张发出停工令，要求鑫雅公司停工。2012 年 7 月 18 日，凯创公司发出复工令，要求鑫雅公司复工。M 地块工程于 2014 年 7 月 30 日通过竣工验收。

后因工期延误及结算等问题，双方产生争议，凯创公司向某仲裁委员会申请仲裁，要求鑫雅公司赔偿工期延误违约金 130,083,131 元。鑫雅公司提出仲裁反请求，要求凯创公司赔偿鑫雅公司因停工、窝工造成的租赁费、人工费、材料损耗和其他损失共计 19,139,180 元。

仲裁庭总结本案争议焦点包括逾期索赔失权约定的效力以及鑫雅公司是否丧失索赔权利。

针对该争议焦点，凯创公司主张，双方签订的《建设工程施工合同》第 22 条约定，承包人应当在知道或者应当知道索赔事件发生之日起 15 天内，向发包人提交索赔报告，承包人未按照前述约定期限提出索赔的，视为其放弃索赔的权利，发包人无须承担任何责任。该约定系双方真实意思表示，符合相关法律法规的规定，是合法有效的约定，双方均应遵守。如鑫雅公司认为停工给其造成了损失，应在 2012 年 2 月 21 日凯创公司发出停工令之日起 15 日内提交索赔报告，但鑫雅公司未在该期限内向凯创公司提交索赔报告，应视为鑫雅公司已放弃了索赔权利，凯创公司不负有赔偿义务。鑫雅公司辩称，双方关于逾期索赔失权的约定是对鑫雅公司诉讼时效利益预先放弃的约定，根据原《民法总则》第 197 条①的规定，属于无效约定，不能对鑫雅公司形成约束，鑫雅公司有权向凯创公司提出索赔。退一步而言，即使该约定被认定为有效，鑫雅公司未能及时提交索赔报告系因鑫雅公司负责人突发疾病死亡导致，因项目相关资料均由该负责人掌握，鑫雅公司确需合理时间完成交接工作。鑫雅公司未能及时提出索赔报告具有合理抗辩理由，不存在主观过错，符

① 《民法总则》已失效，该条款现为《民法典》第 197 条：诉讼时效的期间、计算方法以及中止、中断的事由由法律规定，当事人约定无效。当事人对诉讼时效利益的预先放弃无效。

合原《施工合同司法解释(二)》第6条①的规定。因此,鑫雅公司有权继续向凯创公司进行索赔。

仲裁庭经审理认为,关于逾期索赔失权约定的效力。双方当事人约定了索赔的期限,同时明确约定承包人逾期索赔即视为放弃索赔权利,该等约定系当事人双方的真实意思表示,且未违反法律、行政法规的效力性强制性规定,应属有效。关于鑫雅公司是否丧失索赔权利,根据原《施工合同司法解释(二)》第6条第2款②的规定,当事人约定承包人未在约定期限内提出工期顺延申请视为工期不顺延,按照约定处理,但承包人提出合理抗辩的除外。本案中,鑫雅公司虽未在2012年2月21日凯创公司发出停工令之日起15日内向凯创公司提交索赔报告,但经查,鑫雅公司案涉工程具体负责人因突发疾病于2012年2月25日死亡,而项目相关资料均由其保存在保险箱中,保险箱钥匙由其保管。鑫雅公司于2012年2月27日另行指派项目负责人。另根据鑫雅公司提交的双方于2012年3月30日签署的监理会议纪要的内容,鑫雅公司已于该会议中提出索赔主张,并于2012年4月12日向凯创公司提交了索赔报告及索赔材料。鉴于鑫雅公司项目负责人死亡,项目交接确需合理时间进行,因此鑫雅公司逾期提交索赔报告具有合理的抗辩事由,鑫雅公司并未丧失索赔的权利,鑫雅公司仍有权向凯创公司提出索赔。

综合上述案例,被索赔方在针对工期索赔报告开展反索赔工作的过程中,以索赔报告违反约定的索赔程序作为反索赔的抗辩事由是一种常见的反索赔思路。相对于其他索赔程序要件,例如,对索赔形式中要求索赔报告须附详细资料等情况发起进攻,针对索赔的时限性进行反击是一种更为有效的反索赔手段。为成功以索赔时限性为由实现反索赔,被索赔方应注意以下几个方面:

首先,被索赔方在订立合同时,应明确约定逾期索赔即丧失索赔权利,若仅对索赔方提出索赔的期限进行约定,难以据之主张索赔方逾期索赔即丧失索赔权利。

其次,被索赔方应当厘清索赔方未在约定期限内向被索赔方提出工期索赔报告,是否具有一定合理理由,并考虑相应的抗辩理由。

再次,在索赔方逾期提交索赔报告后,被索赔方应当严守逾期索赔失权条款,对于索赔方逾期提交的索赔报告不予认可,并进行书面回复。

最后,对于索赔方未按期提交索赔报告,又以其他形式提出索赔的,如在监理会议或结算会议中提出索赔的,被索赔方应当明确以逾期索赔为由予以拒绝,并将拒绝理由载入

---

① 原《施工合同司法解释(二)》已失效,该条款现为《施工合同司法解释(一)》第10条:当事人约定顺延工期应当经发包人或者监理人签证等方式确认,承包人虽未取得工期顺延的确认,但能够证明在合同约定的期限内向发包人或者监理人申请过工期顺延且顺延事由符合合同约定,承包人以此为由主张工期顺延的,人民法院应予支持。当事人约定承包人未在约定期限内提出工期顺延申请视为工期不顺延的,按照约定处理,但发包人在约定期限后同意工期顺延或者承包人提出合理抗辩的除外。

② 原《施工合同司法解释(二)》已失效,该条款现为《施工合同司法解释(一)》第10条第2款:当事人约定承包人未在约定期限内提出工期顺延申请视为工期不顺延的,按照约定处理,但发包人在约定期限后同意工期顺延或者承包人提出合理抗辩的除外。

相应会议纪要或进行书面回复。

第二节　索赔事件真实性

一、概述

索赔事件的真实性，是指索赔事件是否真实可靠，是否符合工程实际情况，以及相应证据是否具有足够的证明力。索赔方就不真实、不确定或没有证据证明的索赔事件不能提出索赔，即使提出索赔也很难得到法院或仲裁机构的支持。因此在反索赔中，应当首先注意对索赔事件的真实性进行核实。当确认索赔事件真实的情况下，再通过相应材料就索赔事件发生的原因、责任等进行证明。

被索赔方在确认相对方提出的索赔事件是否真实时，首先，应当向现场人员进行核实；其次，应当梳理索赔方提交的相应证据，从证据的真实性、合法性、关联性角度考察证据是否具有证明力；最后，还应当收集对己方有利的证据，包括但不限于能够反映现场真实情况的监理会议纪要、往来发函等，证明索赔报告中的相应索赔事件并未发生，或即使发生了也与索赔方提出的不完全一致。如相应证据不足或存在某些瑕疵，可以通过现场踏勘、鉴定等方式，补足、补强证据。

二、相关案例

（一）索赔事件不真实，发包人反索赔成功

在四川浩橼建筑工程有限责任公司（以下简称浩橼公司）与成都东日机械有限公司（以下简称东日公司）建设工程施工合同纠纷①一案中，2010年10月29日，浩橼公司与东日公司签订《建设工程施工合同》，由浩橼公司承包建设东日公司生产基地（生产车间、科研车间）。合同约定，开工日期以开工通知为准，工期为7个月，合同工期总日历天数为210天，合同价款为4,450,500元。2011年4月8日，双方签订《建设工程施工合同补充协议书》，约定“开工日期以浩橼公司于2011年1月14日实际进场开工为准，工期定为240个日历天，工期计算的起止时间是自2011年1月14日浩橼公司实际进场开工，至2011年9月20日竣工。按照竣工时间，浩橼公司超期一天，应向东日公司支付1000元作为违约金，超过10天后每天向东日公司支付2000元作为违约金”。

2011年4月5日，浩橼公司、东日公司及监理单位四川成化工程项目管理有限公司、成都东日机械有限公司生产基地工程项目监理部共同向双流县建筑工程安全监督站出具停工报告，载明“本项目由于建设方要求进行设计变更方案最终版一直没有确定，导致现

---

① 参见四川省高级人民法院民事裁定书，(2014)川民申字第1546号。

场无法施工,故我项目部申请暂停施工。待最终的设计变更下来后再恢复施工”。2011 年 11 月 24 日,浩橡公司、东日公司及监理单位四川成化工程项目管理有限公司、成都东日机械有限公司生产基地工程项目监理部共同向双流县建筑工程安全监督站出具复工报告,载明“建设单位要求的设计变更最终版已于昨日确定下来,故我项目部申请恢复施工”。

2012 年 10 月 25 日,该工程通过竣工验收。双方因工程款结算发生纠纷,浩橡公司起诉至成都市双流区人民法院,请求判令东日公司支付工程款及赔偿工期延误损失 884,926.75元;东日公司提起反诉,要求浩橡公司支付工期延误违约金 590,000 元。

关于浩橡公司提出要求东日公司赔偿工期延误损失的主张,东日公司辩称,工程并不存在变更设计方案和停工的情况,浩橡公司、东日公司、设计单位及监理单位共同出具的停工报告和复工报告是为了避免向安监局申请延期使用架管而做的虚假材料,浩橡公司提出的工期延误损失的主张不能成立。相反,浩橡公司延期竣工,应当承担违约责任。

一审法院经审理认为,停工损失应当以存在停工事实为基础,浩橡公司提交的停工报告和复工报告因设计单位深圳市广泰建筑设计有限公司、监理单位四川成化工程项目管理有限公司均对该两份报告的真实性予以否认,故对浩橡公司提交的停工报告和复工报告不予采信。根据 2008 年《最高人民法院关于民事诉讼证据的若干规定》第 2 条“当事人对自己提出的诉讼请求所依据的事实或者反驳对方诉讼请求所依据的事实有责任提供证据加以证明。没有证据或者证据不足以证明当事人的事实主张的,由负有举证责任的当事人承担不利后果”的规定,因浩橡公司未能提供充分证据证明停工的事实,故对浩橡公司要求东日公司支付停工损失的主张不予支持。浩橡公司不服一审法院判决,向四川省成都市中级人民法院提起上诉。

二审法院经审理认为,关于浩橡公司主张的工期延误损失问题,东日公司、浩橡公司及监理单位虽向相关部门出具有停工报告、复工报告,但根据双方提交的证据能够查明浩橡公司主张的停工期间(2011 年 4 月 5 日至 11 月 24 日)实际并未停工,且监理单位出具的情况说明也能证明此期间浩橡公司一直在施工。同时,根据合同约定,浩橡公司应在索赔事件发生后 28 天内向工程师发出索赔意向通知书,在此后 28 天内向工程师提出延长工期或补偿经济损失的索赔报告及有关资料,但浩橡公司并未提出过延长工期,也未提出过索赔报告。故二审法院对浩橡公司的工期延误损失主张不予支持。浩橡公司不服二审法院判决,向四川省高级人民法院申请再审。

再审法院经审理认为,关于停工损失问题,浩橡公司与东日公司及工程监理单位共同签署的停工报告、复工报告虽然载明,因建设方要求进行设计变更,导致 2011 年 4 月 5 日至 11 月 24 日工程停工,但大量证据表明此期间并未实际停工。一是 2011 年 5 月 27 日浩橡公司函告东日公司通报施工情况,称 2011 年 3 月 18 日至 5 月 16 日完成主体施工;同年 8 月 9 日浩橡公司再次函告东日公司,称项目已接近收尾阶段。二是在此期间,双方于 2011 年 7 月 11 日和 11 月 18 日签订了两份补充协议,分别约定工程竣工日期为 2011 年 9 月 20 日和 12 月 31 日。如果此时正处于停工期间,补充协议应当对停工事实予以确认,并在约定竣工日期时考虑到停工的影响，而两份补充协议均未反映这一事实。三是2011年5月至8月双方签署的数份安全技术交底文件，以及2011年10月24日的消防工程验收报告，均证明浩橼公司在此期间仍在正常施工。四是监理单位出具的情况说明，称停工报告和复工报告是浩橼公司为延期使用架管，避免重新办理安监手续而请求其签署的，此期间一直在持续施工。反之，浩橼公司提交的技术核定单，基本上都签署于2012年10月，此时距离实际竣工时间只有十几天，其中只有一份签署于2011年8月，内容为：建设方要求生产车间生产区域强电布置更改。而在此之后，双方签订了补充协议，约定竣工日期为2011年12月31日，显然浩橼公司在签订补充协议时，已经考虑了该设计变更对工程进度的影响。此外，浩橼公司提交的现场停工核定单、设备闲置核定单及窝工人员核定单，是在工程竣工验收后才由工程项目监理部签署的，且没有东日公司的签字确认，不足以证明停工事实。因此，二审法院未支持浩橼公司的停工损失请求，并无不当。至于二审判决关于浩橼公司未按照合同约定在28天内发出停工索赔意向通知的表述，主要是以浩橼公司未在约定时间提出索赔请求不合常理，来佐证浩橼公司主张的停工损失并不成立，并非以浩橼公司未依约主张权利而驳回其赔偿请求。

本案中，浩橼公司主张停工损失，而根据东日公司提交的证据、监理公司出具的情况说明以及浩橼公司自己提交的证据可知，浩橼公司并未实际停工，其索赔事件未真实发生，浩橼公司的索赔请求无法获得支持。索赔事件真实发生是索赔的前提条件，反索赔方应着重对索赔事件的真实性进行核实，在核实索赔事件真实性时不仅应审查对方的证据，还需对己方留存文件进行查阅，同时也可向监理公司核实并收集相关证据。

(二)索赔事件可能真实，但证据不足以证明索赔事件实际发生

在天津市天山房地产开发有限公司(以下简称天山公司)与中建六局土木工程有限公司(以下简称中建六局)建设工程施工合同纠纷①一案中，2010年10月2日，发包人天山公司与承包人中建六局就天津市天山1D地块1#～5#楼土建、水暖电等施工工程签订《建设工程施工合同》。

在合同履行过程中，发生多次停工。后双方因工程款结算问题产生争议，中建六局向天津市第二中级人民法院提起诉讼，要求天山公司支付工程款及窝工误工费等。

针对中建六局因为水电外网工程未完成施工提出的工期索赔问题，天山公司辩称，中建六局并未提供证据证明窝工的事实存在且责任在于天山公司，故该项诉讼请求不应予以支持。

一审法院经审理认为，中建六局主张2013年5月31日至2013年10月21日停工33天，停工原因为水电外网工程未完成施工，导致其无法施工。根据中建六局提交的2013年7月15日工程延期说明中第4条所提及自2013年5月31日至2013年7月停工33天，

① 参见天津市高级人民法院民事判决书，(2018)津民终291号。

2013年7月份后复工。但中建六局所提交的施工日志记载，至2013年10月21日停工，该日后再没有记施工日志。该延期说明中所载情形与中建六局自行记录的施工日志所载情形自相矛盾。故在无其他证据佐证的情况下，仅凭现有证据无法确认中建六局所主张的该时间段是否存在停工情形，亦无法确认停工原因，故在中建六局主张已于2013年5月31日将案涉工程交付使用的情况下，对于其主张天山公司承担该期间停工损失的诉讼主张，依据不足，本院不予支持。

中建六局不服一审法院判决，向天津市高级人民法院提起上诉。二审法院维持了一审判决。

"谁主张，谁举证"是我国《民事诉讼法》规定的一般举证规则，是指当事人对自己的主张负有提供证据的责任。提出主张的一方要对其主张提供证据加以证明。本案中，中建六局要求天山公司支付因停工而发生的窝工误工费，但综合分析本案证据情况，中建六局并不能证明其主张的停工情形实际发生，也未证明停工原因，中建六局应承担举证不能的不利后果。由此可见，索赔方证据不足以证明索赔事件真实发生的，其索赔请求将无法获得支持。

（三）索赔事件可能真实，但双方已有合意不予追究工期延误责任

在烟台鲁鑫城市建设综合开发有限公司（以下简称鲁鑫公司）与山东万鑫建设有限公司（以下简称万鑫公司）、第三人烟台市牟平养马岛建筑防水工程有限公司、第三人曲某民建设工程施工合同纠纷①一案中，2007年4月3日、4日，鲁鑫公司、万鑫公司先后签订两份建筑工程施工合同，由万鑫公司承建鲁鑫公司开发的鲁鑫－锦秀豪庭1#、2#、5#、6#、7#楼及地下停车场（总面积约33,000平方米）及3#、4#、8#、9#二层网点（不含住宅）及综合楼（总面积约23,000平方米）项目的施工。

付款过程中，双方签订了三份有关付款的补充协议，约定鲁鑫公司以房屋抵顶工程款。其中第三份补充协议约定："该协议是合同和补充协议的补充内容，有冲突部分按本协议履行，未包括部分按原合同和原协议执行。双方须严格履行，造成再次停工，违约方赔偿对方因此造成的经济损失。"

后双方因工程质量问题产生纠纷，鲁鑫公司向山东省烟台市中级人民法院提起诉讼，要求万鑫公司支付工程维修费用及工期延误违约金3,868,800元等。

万鑫公司辩称，工程延误是事实，但延误是因鲁鑫公司工程款未按合同约定及时支付造成春节期间停工、材料定价不及时、供料不及时、设计变更增加工程量、验收延误等原因造成的，万鑫公司提交了有监理公司签字盖章的30余份工作联系单，主张工期延误365天，并另案主张了工期损失2,211,040元及工程违约索赔2,553,656.84元。

一审法院经审理认为，双方当事人关于工期延误、工程付款除双方合同约定外，又先

① 参见山东省高级人民法院民事判决书，(2014)鲁民一终字第98号。

后形成了三份补充协议,工程付款一直延续至2009年5月18日。上述三份补充协议均是双方当事人真实意思表示,内容不违反法律法规相关强制性规定,应依法认定其效力。其中2008年8月21日签订的协议明确"该协议是合同和补充协议的补充内容,有冲突部分按本协议履行,未包括部分按原合同和原协议执行。双方须严格履行,造成再次停工,违约方赔偿对方因此造成的经济损失"。从上述约定看,双方对于工期、停工问题双方达成了一致意见,该协议达成后再次停工的才存在损失赔偿问题,鲁鑫公司主张由万鑫公司支付工期延误违约金与补充协议内容不符,不予支持。

鲁鑫公司不服一审法院判决,向山东省高级人民法院提起上诉,二审法院维持了一审判决。

从该案例可以看出,如无法对索赔方证据真实性直接提出异议的,可以通过提出反证,证明索赔事件不真实或即便真实也不应承担赔偿责任,从而达到工期反索赔的目的。

从以上案例可以看出,由于建设工程的周期长、洽商变更多,干扰事件多,导致无论发包人还是承包人在工程结算时往往对于一些索赔事件是否真实发生难以确认。为了维护己方的利益,发包人和承包人在施工过程中须有风险意识,积累一切可能涉及索赔和反索赔的资料,包括但不限于做好日常的文字记录,尤其在可能涉及索赔的事件发生时,应当注意在会议中提出,记录各方意见或通过双方签认以及发函要求对方回复的方式及时固定证据,并注意会议纪要及发文的签收工作,以保证在索赔与反索赔中能够充分举证,为后续的谈判或诉讼、仲裁中维护自身合法权利奠定坚实的基础。

此外,任何一份证据都有可能不仅对索赔方有利,也同时对被索赔方有利,这就需要反索赔时尽可能寻找对己方有利又不会被对方利用的证据,从时间线、证明力、内在逻辑矛盾等角度还原真实的索赔事件、反驳索赔请求,最终实现反索赔成功。

第三节　干扰事件原因责任分析

一、概述

在工程建设过程中,导致工期延误的干扰事件时有发生。工期延误可能会导致工期索赔纠纷,在工期索赔纠纷中,索赔方会依据其梳理的工期索赔报告主张工期索赔。然而索赔方为了实现己方利益的最大化,往往对造成工期延误的干扰事件的原因和责任范围不做区分,而将责任全部归于被索赔方,将本不应当由被索赔方承担的工期延误责任,也全部纳入工期索赔范围中。因此,作为被索赔方,需要对索赔报告中所提及的工期延误干扰事件的原因和责任进行细致分析,以厘清各方责任范围,避免承担不必要的损失。

工期索赔报告责任范围区分不清,主要指索赔方将不属于被索赔方应当承担的工期延误责任,也作为向被索赔方主张赔偿的依据,具体表现包括:因索赔方自身疏漏、决策失误等原因导致的工期延误;或是因索赔方和被索赔方共同原因造成的干扰事件所导致的工期延误;又或是非由承发包任何一方引发的干扰事件,如不可抗力、政策因素等导致的工期延误。若干扰事件是因索赔方自身疏漏、决策失误等原因导致的,那么该项索赔就不能成立,应由索赔方自行承担损失;若干扰事件因索赔方和被索赔方共同原因造成,则应按双方责任的比重确定各自应分担的损失;若干扰事件非由承发包任何一方引发,如不可抗力、政策因素等,则应由双方按公平原则承担各自损失;仅当干扰事件产生的原因不可归责于索赔方时,该项索赔事由才有可能成立。工期索赔报告若存在责任范围区分不清的情况,将会导致索赔方的索赔主张无法得到支持。

二、相关案例

(一)干扰事件系由索赔方原因导致,工期延误责任由索赔方承担

在青海方升建筑安装工程有限责任公司(以下简称方升公司)与青海隆豪置业有限公司(以下简称隆豪公司)建设工程施工合同纠纷[①]一案中,2011 年 9 月 1 日,隆豪公司与方升公司签订《建设工程施工合同》约定:由方升公司为隆豪公司的建设工程施工。开工日期为 2011 年 5 月 8 日,竣工日期为 2012 年 6 月 30 日,工期为 419 天。2012 年 6 月 25 日,隆豪公司发出通知,内容为:方升公司不按约履行合同,拖延工程进度,不按图施工,施工力量薄弱,严重违约,导致工程延误、给隆豪公司造成了巨大经济损失,要求解除合同,并要求方升公司接到通知的一日内撤场、拆除临设。之后,双方解除合同,方升公司撤场。方升公司将隆豪公司起诉至青海省高级人民法院,请求判令隆豪公司支付工程款 22,439,200 元及违约金(工程款以及违约金以司法鉴定结果为准)。同时隆豪公司提起反诉,要求方升公司赔偿工期延误违约金 425,000 元。

关于方升公司是否存在工期延误及是否应赔偿工期延误损失的问题,方升公司辩称,工期延误的原因完全是由于隆豪公司未按照合同约定提供案涉工程图纸,导致实际案涉工程开工日期晚于合同约定日期。当时没有完成工期顺延手续的原因也在于隆豪公司的不配合导致的,方升公司不应当承担工期延误的违约金。

一审法院经审理认为,本案合同生效时间为 2011 年 9 月 1 日,双方当事人合同约定的开工日期为 2011 年 5 月 8 日,竣工日期为 2012 年 6 月 30 日,合同工期总日历天数为 419 天。在合同生效之前,方升公司已开始施工。方升公司施工期间,双方当事人与有关单位于 2011 年 6 月 29 日完成图纸会审,此时施工的内容才得以明确具体,双方当事人对合同约定的施工内容在合同生效时进一步得到最终的确认。另外,在方升公司施工期间也存在部分工程的设计变更,虽然方升公司未提交证据证明发生以上事实后办理了工期顺延

① 参见最高人民法院民事判决书,(2014)民一终字第 69 号。

手续,但结合到本案的实际,方升公司的施工期限不应严格依照合同约定的施工期间执行。隆豪公司发出解除合同通知时,方升公司仍在施工。隆豪公司主张方升公司延误工期,赔偿工期延误损失,不符合本案实际,并且其主张工期延误损失的计算方法亦依据不足。因此,对隆豪公司对此的反诉请求,不予支持。隆豪公司不服一审判决,向最高人民法院提起上诉。

二审法院认为,第一,就案涉工程开工日期的确定而言,在《建设工程施工合同》、开工报告及建设工程施工许可证三份文本中记载的开工日期均不相同的情形下,应当以监理单位确认的开工报告中载明的2011年5月15日作为本案工程开工日期。尽管方升公司与隆豪公司签订《建设工程施工合同》约定的开工日期为2011年5月8日,但双方均认可在该时间节点上,方升公司并未开始施工。合同约定的开工日期与实际开工日期不一致的,应当以改变了的日期作为开工日期。第二,就方升公司履行合同过程中是否存在违约而言,首先,在以方升公司、隆豪公司及监理机构均曾确认的2011年5月15日作为开工日期的前提下,案涉工程的竣工日期同样应当以开工报告载明的日期为准。开工报告中记载了"计划竣工时间为2012年10月1日",因此,应当以此作为认定双方约定的竣工日期。同时,当合同约定的开工日期与实际开工日期不一致时,竣工日期一般情况下也要随之发生变更。隆豪公司向建设行政主管部门申领的施工许可证上,明确载明方升公司为施工单位,合同竣工日期为2012年12月31日,且该日期甚至晚于开工报告中载明的竣工日期。由此可见,隆豪公司亦认为《建设工程施工合同》约定的竣工日期发生了相应变化。其次,2012年6月25日,隆豪公司解除了合同,此时距开工报告确定的竣工日期尚有三个多月才届满;在工程施工期间,双方当事人与有关单位于2011年6月29日才完成图纸会审,施工内容才得以明确具体;施工期间还存在部分工程的设计变更;隆豪公司解除合同时,方升公司已经完成了基础和主体工程的施工。由此而见,方升公司并不存在工程延误的情形,一审判决认定方升公司未延误工期正确,应予维持;隆豪公司提出的方升公司故意拖延施工造成工期严重延误的上诉理由不当,不予支持。

(二)因索赔方和被索赔方共同原因导致的干扰事件造成工期延误,工期延误责任由双方分担

在白桥公司与凯瑞公司建设工程施工合同纠纷一案中,2013年10月,凯瑞公司与白桥公司签订《建设工程施工合同》,在签订合同之前的招投标阶段,凯瑞公司已经明确向白桥公司说明案涉项目属于"边设计、边变更、边整改、边施工"的工程,存在设计变更的可能性很大,白桥公司已明确知悉。根据《建设工程施工合同》第5.1.1项约定"合同价款:100,880,000元";第10.3.3项约定"工期延误:因乙方原因不能按照约定按期竣工或甲方工程师同意顺延的工期竣工的,乙方每延期一天,乙方按日给付甲方合同价款0.1%的违约金,但最高不超过合同价款的10%"。2014年3月28日至2016年6月15日,凯瑞公司的土建监理工程师赵某等人向白桥公司发送多封电子邮件,涉及补桩方案、TM1图纸更

新、加工区改造、加工碎浆机桩基结构修改、新增钢平台、11.5 米标高层屋顶增加设备基础、纸机基础问题设计变更等多项设计变更或新增设计的内容，上述电子邮件由白桥公司委托当地公证处进行了公证。此外，凯瑞公司多次向白桥公司、监理单位发送联络函，下达关于增加、变更工作内容的工作指令，要求其按照凯瑞公司增加或变更的方案组织施工。施工过程中，白桥公司案涉工程项目经理部亦多次向凯瑞公司、监理单位发出工程技术核定单、工程联系及确认单、工程联系单等，要求凯瑞公司对其完成的工程量（包括增加、变更的工程）、产生的费用进行确认，建设单位和监理单位的相关工作人员进行了签字确认。后白桥公司、凯瑞公司双方对案涉工程工期延误造成的损失承担问题产生争议，凯瑞公司向双方约定的仲裁委员会提出仲裁申请，要求白桥公司赔偿延期交付工程违约金10,088,000元。

白桥公司辩称，凯瑞公司前期工程延误、迟延取得建筑工程施工许可证，后在正式施工过程中多次单方进行设计变更，案涉工程与前期工程还存在大量交叉施工等原因，工程工期延误的主要责任在凯瑞公司。

仲裁庭经审理认为，案涉工程属于"边设计、边变更、边整改、边施工"的工程，凯瑞公司在招标文件已经告知投标方应充分考虑这些因素，白桥公司对于案涉工程的施工风险应当预见；在实际施工中，白桥公司并未根据案涉工程的特殊性，采取更为合理有效的施工管理措施，对工期延误也应当承担一定责任。结合本案事实，案涉工程工期延误的原因是多方面的，不能只归因于一方当事人。结合案涉工程施工中出现大量的设计变更、签证工程量增加，土建施工和设备安装交叉施工，施工管理有欠妥当等问题，认定双方当事人对工期延误均负有一定的责任。在此情况下，能够确定案涉工程逾期竣工并非全部是白桥公司的原因，对凯瑞公司要求白桥公司支付工期延误违约金的请求，按照白桥公司与凯瑞公司责任比例，裁决白桥公司向凯瑞公司支付工期延误违约金 5,044,000 元。

（三）干扰事件非由承发包任何一方引发，由双方分担风险

例如，在陕西建工集团机械施工有限公司（以下简称陕西建工）与泰州三福船舶工程有限公司（以下简称三福公司）建设工程施工合同纠纷[①]一案中，2008 年 1 月 16 日，三福公司与陕西建工订立《泰州三福船舶工程有限公司分段车间桩基工程施工合同书》（以下简称合同），约定由陕西建工承建三福公司的分段车间桩基工程，合同工期为 2008 年 1 月 20 日前桩机进场施工，2008 年 4 月 20 日前竣工；工程总价款为 14,298,121.48 元。同时约定因不可抗力、专用条款中约定或者发包人同意工期顺延的其他情况发生，造成工期延误的，承包人必须在 4 天内就延误的工期以书面形式向工程师提出报告，经工程师确认，工期相应顺延。合同订立后，陕西建工依约进场施工，但至 2008 年 5 月，分段车间工程仍未能竣工。三福公司向陕西建工主张因其违约行为导致的损失未果，遂诉至江苏省泰州

① 参见江苏省高级人民法院民事判决书，(2012)苏民终字第 0057 号。

市中级人民法院,请求判令陕西建工赔偿三福公司经济损失及违约金1650万元。一审法院判决支持了三福公司的经济损失及违约金赔偿请求。

陕西建工不服一审判决,向江苏省高级人民法院提起上诉。陕西建工主张,工期延误的原因不在陕西建工,而是由于天气因素、施工场地条件不具备、不按期付款等客观原因或甲方(三福公司)原因造成。这些工期迟延原因在专题会议、工程例会中都有认定,原审法院以不符合合同约定的工期顺延形式要件为由不予认可是错误的。

二审法院认为,根据合同约定,只有在雨雪天气构成不可抗力的情形下,才可能构成工期顺延,且施工方还需报工程师审核。据此,一般的雨雪天气不应认定是工期顺延的正当理由,但本案施工中恰逢2008年特大雪灾,下雪构成不可抗力,可以顺延工期。施工工期内的雪灾期间下雪天气是2天,考虑到雪后积雪对施工的影响,该期间内的工期可以再适当顺延。二审法院改判了一审法院作出的判决,酌减了山西建工的经济损失及违约金赔偿金额。

再如,在南京机电产业(集团)有限公司(以下简称机电公司)与江苏平潮建筑安装工程股份有限公司(以下简称平潮公司)建设工程施工合同纠纷①一案中,2002年9月28日,机电公司与平潮公司签订一份建设工程施工合同,约定:工程名称为红山机电花园05~08幢工程,工程内容土建、水电安装,开工日期以甲方的开工令为准,工程工期为从正式开工后253个日历天;工程质量标准符合国家验收标准,合同价款5,878,660元。违约责任执行通用条款,即承包人合同工期每推迟一天,赔偿合同价的0.1%,误期赔偿限额为合同总价的5%。机电公司与平潮公司因案涉工程质量、工程价款支付问题产生巨大争议,机电公司一审诉至南京市玄武区人民法院,请求平潮公司返还超付工程款、支付违约金等。

平潮公司辩称,机电公司虽提交了开工令,但当时正处于"非典"疫情期间,项目所在地是禁止施工和人口流动的。由于"非典"疫情导致的工期延误责任不应当让平潮公司承担。

一审法院经审理认为,2003年上半年的"非典"疫情系突发情况,对正常的生产、生活秩序确有不利影响,平潮公司因此施工迟延有正当理由,对发包人机电公司要求承包人平潮公司承担工期延误违约金的主张不予支持。机电公司不服该判决,向南京市中级人民法院提起上诉。二审法院维持了该项判决结果。

在前一个案例中,法院认为一般的雨雪天气不应认定是工期顺延的正当理由,但该案施工中恰逢2008年特大雪灾,雪灾天气构成不可抗力,可以顺延工期。同时,考虑到积雪对施工的影响,该期间内的工期可以再适当顺延。由此可以看出,判断突发自然灾害能否构成"不可抗力",应结合实际情况,综合考量其不可预见性与严重性,考察其是否符合法律法规中对不可抗力的定义。在后一个案例中,法院认为突然暴发的"非典"疫情对正常

① 参见江苏省南京市中级人民法院民事判决书,(2019)苏01民终6726号。

的生产生活秩序产生了不利影响，承包人因“非典”疫情导致工期延误属正当理由，发包人不得对此主张违约责任。由此可见，当工程的正常建设遭遇非因承发包任何一方引发的工期延误事件，如“不能预见、不能避免且不能克服”的不可抗力风险时，应结合实际情况，分析不可抗力造成的影响，部分或者全部免除当事一方的责任。需要注意的是，在司法实践中，若双方签署的合同中约定了非因承发包任何一方引发的工期延误事件，如不可抗力风险的负担规则的，则应按照合同的约定分担风险，合同未做约定的，应由双方按公平原则承担各自损失。在2020年新冠疫情延续、洪涝灾害频发的背景下，上述两案判例亦对处理其他与此类似的工期延误案件有重要的启示与借鉴作用。

综合以上案例，作为索赔方，若在工期索赔之前没有将工期延误责任进行区分，将不应由被索赔方承担的工期延误责任也作为向被索赔方主张索赔的依据，那么索赔方的主张将不会得到全部支持。作为被索赔方，在面对索赔方提出的索赔请求时，首先，要厘清事实，尽可能找到在建设工程施工过程中造成工期延误的所有干扰事件。其次，应仔细分析干扰事件的产生原因，分清哪些干扰事件可归责于发包人，哪些可归责于承包人。基于此，才能判断其对工期延误后果的原因力大小，从而界定双方应分担的责任比例。在司法实践中，一般发生在先的干扰事件对工期延误往往负较大责任。最后，非由承发包任何一方引发的干扰事件产生的工期延误，应依据《民法典》等相关法律法规中的公平原则处理责任负担问题，如不可抗力风险责任负担规则。此外，在分析干扰事件责任承担比例的过程中，明确干扰事件发展的时间轴，可以有效地帮助当事人捋顺思路、厘清因果，进而更准确地划定责任。

第四节 索赔理由分析

一、概述

建设工程工期反索赔与索赔所针对的焦点问题基本一致，即因工期延误事件而产生的双方应承担责任的认定问题。由此，工期反索赔中的索赔理由分析意味着分析索赔方的索赔请求是否与合同条款或有关法律法规相一致，其所受损失是否由被索赔方原因所造成。在索赔理由分析过程中，可能会涉及工期顺延、工程变更、加速、暂停、复工及工期索赔的举证证明责任和索赔时效等问题，还可能涉及合同解除、无效等法律问题。在反索赔过程中，需要找到对己方有利的法律条文或合同条款并加以分析与举证，如此才可能避免承担责任，或找到对索赔方不利的法律条文或合同条款，使索赔方不能推卸或至少不能全部推卸其责任，最终达到全部或部分否定索赔方索赔请求的目的。

进一步而言，索赔理由分析需要明确双方基于合同条款以及法律规定所享有的权利义务，以合同约定或法律规定为依据，针对性地提出对方索赔理由中存在的问题，通过一定的程序阻止或者反击索赔方提出的索赔请求，指出其不合约或不合法之处。索赔理由分析的最终目的是阻止索赔方成功索赔，使其索赔请求全部或部分被否定，从而压低甚至免除索赔金额。

因索赔与反索赔是双向的，索赔理由的分析需要结合双方就某一特定事项的权利义务和责任分配约定等，以合同约定或者法律规定为依据，通过合法性以及合理性的分析与举证进行反索赔。无论是发包方还是承包方，全面履行合同义务，做好工程索赔与反索赔既是对自身权益的保障，也是避免对方反索赔或索赔成功的有效手段。

二、相关案例

（一）以合同约定作为依据成功反索赔

在天津滨海名苑投资有限公司（以下简称滨海名苑公司）、大庆建筑安装集团有限责任公司（以下简称大庆建筑公司）建设工程施工合同纠纷[①]一案中，大庆建筑公司依据电子版图纸进行了工程量清单报价并中标后，与滨海名苑公司于2011年5月23日依据招标文件和中标文件签订了《施工合同》并进行备案。合同约定开工日期为2011年5月9日，竣工日期为2011年12月19日，并要求大庆建筑公司于开工前提供图纸三套，开工后7天内由发包人组织设计、勘察、监理、施工等单位进行图纸会审及设计交底。2011年5月9日，大庆建筑公司应滨海名苑公司通知进场施工。但大庆建筑公司到2011年9月25日才开始陆续收图。实际施工过程中，共有16次图纸设计变更和73项签证洽商变更，其间有数次停工。2013年6月6日，在大庆建筑公司已经按照滨海名苑公司的工期要求完成2、3、4、5号楼施工的情况下，滨海名苑公司要求1号楼应于2013年8月15日竣工。但滨海名苑公司又对1号楼提出了18项变更，1号楼实际于2013年10月28日完工。滨海名苑公司诉至天津市高级人民法院，要求大庆建筑公司支付工程迟延违约金26,349,091元，大庆建筑公司提起反诉要求滨海名苑公司给付争议变更部分的款项4,382,413元、人工费和材料费调整差价款16,923,364元以及窝工损失11,771,176元。

就工期延误责任承担问题，大庆建筑公司辩称，根据合同实际的履行情况，大庆建筑公司于2011年5月9日进场施工后，案涉工程土建、水暖电部分的变更施工图直至2011年7月12日和9月5日才出图。此外，施工过程中共计出现了16次图纸设计变更和73项签证洽商变更，装修过程中还存在滨海名苑公司要求变更装修方案的情况。一般来说，因工程设计变更或装修方案调整必然导致工期延长，故不能归咎于大庆建筑公司。

一审法院经审理认为，在开工许可证下发之前，尤其是新图纸下发前，工期延误的原因在于滨海名苑公司重新下发图纸；在开工许可证下发之后，在实际施工过程中，工期延误的主要原因是滨海名苑公司仍然存在多次图纸设计变更和签证洽商变更的情形。因

① 参见最高人民法院民事判决书，(2019)最高法民终126号。

此,从实际履行来看,涉诉工程因图纸的变化已不能再适用双方《施工合同》所约定的工期。一审法院最终参考鉴定单位出具的鉴定意见支持了大庆建筑公司的反索赔主张。滨海名苑公司不服一审法院判决,向最高人民法院提起上诉。

二审法院经审理认为,在建设工程施工合同中,确保工程按期完工是发包方和承包方共同的合同义务。根据合同约定,发包人应当在开工前提供图纸并在开工后7天内,由发包人组织设计、勘察、监理、施工等单位进行图纸会审及设计交底,而从实际履行情况看,在开工许可证下发之前,尤其是新图纸下发前,工期延误的原因在于滨海名苑公司重新下发图纸。在开工许可证下发之后,在实际施工过程中,工期延误的主要原因是滨海名苑公司仍然存在多次图纸设计变更和签证洽商变更的情形。滨海名苑公司的上述行为导致工程施工不能正常进行。大庆建筑公司主张的人工费、材料费调整差价款以及窝工损失费等,符合实际,依法予以支持。

由上述案例可见,发包人在反索赔时,应仔细查找合同中对己方有利的条款以及对对方不利的条款,并以此为依据进行抗辩。

(二)以施工规范、质量标准等作为依据成功反索赔

在大河建筑公司与景旅开发公司建设工程施工合同纠纷一案中,承包人大河建筑公司与发包人景旅开发公司于2012年1月6日就景旅开发公司职工公寓楼工程签订了《建设工程施工合同》,约定:建筑面积为20,591平方米;合同工期为225天,开工日期为2012年1月8日,竣工日期为2012年8月20日;工程总造价为36,198,676.83元。该合同的通用条款中约定:工程质量应当达到协议书约定的质量标准,质量标准的评定以国家或行业的质量检验评定标准为依据。承包人负责采购材料设备的,应按照专用条款约定及设计和有关标准要求采购,并提供产品合格证明,对材料设备质量负责。

在大河建筑公司进场施工过程中,监理公司发现大河建筑公司部分进场材料与合同要求不符,如商品混凝土,合同要求用秦岭主厂水泥,而大河建筑公司采用的是尧柏水泥。此外,监理公司还发现大河建筑公司对部分材料品牌进行了变更。2012年9月3日,案涉工程的各分项分部工程通过综合验收,即大河建筑公司于2012年9月3日才完成单位工程,没有在合同约定的工期内完成施工。后因双方无法就工程结算价款及赔偿事宜达成一致,大河建筑公司遂向某仲裁委员会提起仲裁申请,要求景旅开发公司支付剩余工程价款并赔偿因工期延长、更换材料等增加的费用。景旅开发公司提起仲裁反请求,要求大河建筑公司支付工期延误违约金并赔偿其因大河建筑公司部分产品不符合国家标准而增加的拆除、清理、运输等费用。

就工期延误的责任承担问题,景旅开发公司辩称,大河建筑公司采用不符合合同约定和国家标准规定的材料进行施工导致案涉工程的质量不达标,由此不得不在施工过程中拆除并更换部分材料,由此导致的未能按期完工的责任以及产生的相关费用均应由大河建筑公司自己承担,大河建筑公司无权向其主张损失。

仲裁庭经审理认为,双方签订的《建设工程施工合同》约定,案涉工程所使用的Bv单芯线品牌应为国标西安鸿雁,公寓夹板木门为5mm厚胶合板,塑钢窗为高科材料80系列。但根据鉴定意见,Bv单芯线产品标识不符合GB/T5023.1－2008《额定电压450/750V及以下聚氯乙烯绝缘电缆 第1部分:一般要求》中3.1条,Bv单芯线导体电阻不符合GB/T5023.1－2008《额定电压450/750V及以下聚氯乙烯绝缘电缆 第1部分:一般要求》中5.1.4条,还有个别指标也不符合相关标准;外墙保温板经检测,燃烧性能不符合公安部、住房和城乡建设部文件《民用建筑外保温系统及外墙装饰防火暂行规定》中相关条款的规定,产品的主要性能不合格;公寓夹板门的胶合板厚度明显小于合同约定的5mm,不符合合同约定;加工塑钢窗其内腔未加增强型钢,不符合中华人民共和国建筑工业行业标准JG/T140－2005《未增塑聚氯乙烯(PVC－U)塑料窗》中的6.2.1条款,且塑钢窗检材的主型材非可视面上没有任何标识,不符合GB/T8814－2004《门窗用未增塑聚氯乙烯(PVC－U)型材》中的8.2条款,不符合国家标准。由此可见,案涉工程中实际安装的Bv单芯线、外墙保温板、公寓夹板门、塑钢窗与合同约定不符,均不符合国家标准或无法满足正常使用功能,故该项目应当予以拆除。大河建筑公司作为施工方,应当承担因拆除产生的费用。而根据合同约定,由此导致不能按照约定的竣工日期竣工的,大河建筑公司应承担违约责任,每逾期一日应按工程总造价万分之五的标准向景旅开发公司支付违约金。大河建筑公司迟延15日完工,应当赔偿景旅开发公司逾期竣工违约金271,490.08元(工程总造价36,198,676.83元×万分之五/日×15日)。

由此可见,承包人在施工过程中不仅应严格履行合同约定,还应遵守相关法律法规规定及施工规范、标准等,避免因己方原因承担额外的更换和拆除等费用甚至被发包人责令停工。发包人在反索赔时,不仅应关注合同约定,还应寻找法律法规及施工规范、标准等一切对己方有利和对对方不利的规定作为反索赔的理由和依据进行抗辩。

(三)合同条款存在不公平情形的,不一定成为工期反索赔的有效依据

在上海万居德实业有限公司(以下简称万居德公司)与南通四建集团有限公司(以下简称南通四建)建设工程施工合同纠纷[①]一案中,万居德公司(发包人、甲方)与南通四建(承包人、乙方)于2012年6月27日签订《名企公馆上海产业创新总部园施工合同A标》,约定合同总工期为440日历天,预计2012年7月18日开工,2013年9月30日竣工。双方在上述合同第3部分"专用条款"第3条"施工组织设计和工期"中约定:仅因施工关键线路造成工期延误,且系因万居德公司原因引起、行政主管部门通知要求暂停或停止施工(因南通四建违反规定被处罚的除外)、不可抗力因素,经万居德公司确认,工期才相应顺延。且工期顺延的签证须经监理方和万居德公司签章为准,工期顺延引起的费用一律不增加、不补贴。案涉工程于2012年9月5日正式开工,南通四建于2014年12月向万居德

① 参见最高人民法院民事裁定书,(2019)最高法民申2995号。

公司提交竣工结算报告,但一直未进行竣工结算。南通四建主张,在合同履行期间,由于基坑围护、土方外运、材料核价、清水墙砖确定等存在严重拖延,以及现场用水、用电未能及时解决等万居德公司的原因,导致现场工期拖延,起诉至上海市第一中级人民法院要求判令万居德公司支付工程欠款并承担工期延误导致的损失 5,596,299 元;万居德公司提出反诉,主张从南通四建已支付的保证金中扣除工期延误罚金 18,375,400 元。

就工期延误的责任承担问题,万居德公司辩称,根据双方约定及施工惯例,南通四建主张的问题均不构成工期顺延的条件,且其也并未按约定办理相关申报程序;根据双方施工合同第 3 部分“专用条款”第 3 条关于“施工组织设计和工期”的约定,即便因万居德公司原因导致工期延误,也仅是顺延工期,万居德公司并不承担赔偿责任。

一审法院经审理认为,根据工期索赔说明,案涉工程从约定的脚手架落地时间至全部脚手架实际落地时间,延期九个半月。根据双方对相关证据的质证意见,工期迟延的主要原因在于双方对于施工材料采购过程中因甲方核价问题产生争议、甲方未能及时解决图纸相关问题、甲方提供相关材料不及时、甲方对屋面及外墙装饰面等工程做法存在频繁变更等。万居德公司并不否认施工过程中存在上述情况,但认为根据双方约定及施工惯例,此均不构成工期顺延的条件,南通四建也并未按约定办理相关申报程序,且双方施工合同第 3 部分“专用条款”第 3 条明确约定即便因甲方原因导致工期延误,也仅是顺延工期,万居德公司不承担赔偿责任。首先,南通四建发出的多份施工联系单均提到了工期延误问题,而万居德公司多以按合同约定办理而予以拒绝。鉴于施工合同对工期可予顺延的情况规定了极为苛刻的条件,故根据权利义务相对等原则,对该条款的适用亦应从严掌握。由此,对万居德公司存在的材料批价不及时、拖延提供施工材料、无合理理由迟延确定施工图纸存在的问题等情形,因此均系万居德公司单方行为,南通四建就此均无法预知,亦无法控制解决,故不属于南通四建在投标时就工期问题已充分考量的因素,由此导致工期延误,万居德公司理应承担相应责任。万居德公司简单以合同条款的字面意思主张其不应承担工期延误的相应责任,不能成立。其次,就双方对万居德公司材料批价合理与否所产生的争议,鉴于双方对万居德公司批价材料是否合理的标准并未作出明确约定,故由此导致工期迟延双方均有一定责任。再次,就万居德公司存在频繁变更施工做法的问题。根据约定,单体结构封顶时间应为 2013 年 6 月 11 日,脚手架落地时间应为 2013 年 7 月 21 日,期间 40 天主要进行的系屋面、外墙施工,而万居德公司在单体结构封顶后就上述施工做法的频繁变更持续了近 5 个月的时间,明显超过了合同约定的工期,故此实在难谓施工中的正常情况,由此引起的工期延误万居德公司应承担相应责任。最后,就 2014 年 5 月 10 日脚手架全部落地至 2014 年年底的施工期间,基于合同本身约定的工期、后续施工存在万居德公司指定分包工程,万居德公司并无证据证明就后续施工迟延曾向南通四建提出过异议或主张过权利等情况,故对万居德公司主张该期间的工期逾期罚金,不予支持。南通四建因双方对万居德公司核价合理与否的标准未予明确而对工期延误亦有一定责任,且考虑到各房型脚手架拆除时间确实存在先后,沪港公司采取大致统一的时间计算相关费用而与实际情况确实存在一定出入，故综合考虑上述情况，就沪港公司核定的工期延误损失共计 5,596,299 元，确认由万居德公司承担 80% 的责任，南通四建承担 20% 的责任，并就万居德公司主张南通四建应承担相应期间工期罚金的反诉请求不予支持。后万居德公司不服一审法院判决，向上海市高级人民法院提起上诉。二审法院经审理后将万居德公司应支付南通四建的工期延误损失费用调整为 4,015,375.20 元。万居德公司不服二审法院作出的判决，向最高人民法院申请再审。

再审法院认为，万居德公司主张延期完工违约金没有事实依据。第一，由于万居德公司变更屋面和外墙装饰面做法等原因，致使脚手架拆除延后长达 9.5 个月之久，必然导致工期顺延，由此给南通四建造成的窝工损失，万居德公司应负赔偿责任，工期顺延的天数不应认定为南通四建逾期完工的天数。第二，从双方一审期间对工期索赔说明发表的质证意见看，导致工期延后的另一原因是双方对甲定乙购材料的品牌、价格等无法达成一致，对此双方均负有责任。因此，万居德公司主张延期完工违约金，与在案事实不符，一审、二审判决在综合脚手架拆除时间先后、双方定价争议等因素后，酌情减免万居德公司 20% 窝工损失赔偿责任，处理并无不当。

由本案可以看出，即使索赔理由不符合合同约定，也并非一定不会获得法院支持。如果合同约定存在不公平、不合理的情形，法院基于平衡双方权利义务、公平原则可能支持部分索赔主张。该等情况下，反索赔不一定能得到支持。

综合以上案例，建设工程工期反索赔报告中的索赔理由分析重点在于从双方在合同中的具体约定以及有关的法律规定这两个维度展开对对方索赔合理性以及合法性的分析，最终目的是否定对方的索赔请求。无论是承包人还是发包人进行的反索赔，最终决定能否反索赔成功的关键主要在于以下两点：一是能否结合合同约定与法律规定论证工期延误是由对方造成或应由对方承担责任，如在本章第 3 节“干扰事件原因责任分析”中指出的，被索赔方需要对导致工期延误干扰事件的原因和责任进行细致分析，厘清各方尤其是对方的责任范围，通过合理反击或反驳避免承担不必要的损失；二是能否针对对方可能主张的工期可以（或不予）顺延的抗辩理由进行反击或反驳，但是如果合同中的相关约定显失公平或明显不合理的，不一定能够获得支持。此外，因建设工程本身具有的规模大、工期长、结构复杂等特点，需要双方在合同中对工期、工期顺延以及可能产生的工期延误问题进行更加充分和细化的约定，尽可能使施工过程中双方的权利义务约定清晰明确，如此才有助于后续相关工期争议问题的顺利解决。

总而言之，无论是承包人还是发包人，都应当对工程合同以及工期进度进行积极管理与跟进，尽可能做到工程合同履行过程中的每一个关键节点都精确锁定到具体文件或其他证据中，对相关法律法规规定的与合同约定的各项权利义务有着明确、清晰且充分的认识，并善于运用该等依据积极维护己方权益。

第五节　索赔证据分析

一、概述

工期索赔的核心是对索赔材料的梳理与组织，而索赔证据，即索赔材料经过梳理和组织后的系统化体现。工期索赔证据，实际上是主张与工期相关权利的一方当事人为证明工期延误事实与责任归属所提供的经过系统梳理、组织的相关工期索赔材料。

索赔证据与索赔材料并非等同的概念。索赔材料，主要是指在建设工程合同履行过程中，合同当事人因非自身原因受到经济损失或权利损害时直接向对方提出赔偿、补偿请求所依据的材料。索赔材料在形式上一般比较灵活，但应符合建设工程合同当事人之间关于索赔程序的特殊约定；索赔材料可以在工程进行期间随时提出，也可能在工程竣工结算前以综合索赔（“一揽子索赔”）的方式提出。而索赔证据需要向法院、仲裁庭提交，因此需要在索赔材料的基础上进行整理组织。从证据内容上看，工期索赔证据主要可以分为项目前期文件、合同和招投标文件、工程进度计划文件、工程实施过程记录文件、款项支付记录文件、往来函件和管理记录文件以及其他文件等；从法定证据类型上看，根据《民事诉讼法》第63条规定，结合工期索赔的相关司法实践案例，工期索赔证据可以分为：(1)当事人的陈述（如经办人员的陈述）；(2)书证（如建设用地使用权证等行政批准文件、招投标文件、工程进度计划、承包人施工记录、施工签证材料等）；(3)物证（如现场投入设施、施工材料等）；(4)视听资料（如工程照片、声像资料等）；(5)电子数据（如项目信息电子数据、系统数据等）；(6)证人证言；(7)鉴定意见；(8)勘验笔录。

在反索赔过程中，很重要的一点就是对索赔证据进行分析，分析索赔证据是否符合有关法律、司法解释或仲裁规则的要求，与待证事实是否存在关联，是否能够达到证明目的。该等分析的目的是指出索赔证据的缺陷，或针对索赔证据提出反击或反驳索赔的证据，最终使索赔证据无法证明待证事实。需要注意的是，在建设工程施工合同履行过程中，由于工期索赔往往不是在工期延误事件发生时立即进行，导致多数情况下存在多个索赔事件交织在一起、原因和责任错综复杂、证据材料相互交叉等种种情形，使索赔证据的分析较为困难。如何化繁为简，抓住重点，确保索赔方在索赔过程中拟提出的事实和理由无法得到支持，是反击或反驳索赔过程中进行索赔证据分析的核心要素。

二、相关案例

（一）关注索赔证据真实性，攻击证据链不完善之处

在舜杰建设（集团）有限公司（以下简称舜杰公司）与上海甲龙建设工程有限公司（以

下简称甲龙公司)建设工程施工合同纠纷[①]一案中,2009 年 9 月,舜杰公司与案外人上海金深房地产开发有限公司签订《金地徐泾三号地块项目总承包工程(一标段)合同协议书》,由舜杰公司承接位于上海市青浦区徐泾镇联民路的"金地徐泾项目一标段总承包工程"。嗣后,舜杰公司将上述工程中的脚手架工程交由甲龙公司施工,甲龙公司于 2009 年年底入场。约 2010 年 5 月至 6 月,双方当事人补签《脚手架班组承包协议书》。合同履行过程中,双方因工期延误损失赔偿发生争议,舜杰公司将甲龙公司起诉至上海市青浦区人民法院,其中一项诉讼请求为:请求甲龙公司赔偿罚款 747,000 元(①因被告拆除 8#楼外墙脚手架迟延导致工期延误应扣罚款 100,000 元;②因被告施工安全问题影响其他分包方施工进度应扣罚款 100,000 元;③因被告施工不合格致监理发出 18 份整改通知单要求整改应扣罚款 45,000 元;④被告材料延期进场 151 天应扣罚款 302,000 元;⑤被告不文明施工应扣罚款 200,000 元)。

为分别证明该诉讼请求的各子项,舜杰公司提交证据五组:①总承包合同附件、安全监理工作联系单、工程联系单等;②工作周报、现场联系单、罚款单等;③安全文明施工专项检查整改通知单、安全监理工作联系单、安全监理工程师通知单、工程联系单、舜杰公司整改通知单、隐患整改措施记录表等 18 份;④延期进场汇总表、工作联系单、班组签证申请单等;⑤工程联系单、报警单、照片、违章罚款单等。

对于上述五组证据,甲龙公司分别质证称:①总承包合同附件与本案无关,舜杰公司与业主单位间的约定不能制约甲龙公司,且安全监理联系单上日期有涂改,真实性存疑,甲龙公司未收到过工程联系单。②工作周报真实性无法确认,且与甲龙公司无关;现场联系单未记载监理单位意见,对其真实性、关联性均不予认可;甲龙公司从未收到过罚款单,对罚款单的真实性、关联性以及罚款的合法性均不予认可。③舜杰公司提供的 18 份整改通知单中 16 份包含甲龙公司应负责施工的范围,但甲龙公司从未收到整改通知单,甲龙公司系合格施工,不存在需要整改的内容;另 2 份整改通知单并非对应甲龙公司施工范围,与甲龙公司无关。④"延期进场汇总"系由舜杰公司单方制作,"工作联系单"甲龙公司从未收到,"班组签证申请单"作为证人证言不符合证据形式要件,对上述证据真实性、合法性均不予认可,甲龙公司有理由怀疑该等证据系舜杰公司事后同一天补写伪造;"吕甲"就是舜杰公司项目部安全员吕乙的弟弟,所涉签证款有无实际支付都无从知晓,舜杰公司借此假证无法证明甲龙公司材料延期进场。实际上,案涉项目材料采购绝大部分是口头或电话通知,并非使用舜杰公司所谓的工作联系单。⑤对于工程联系单以及违章罚款单甲龙公司均不知情。舜杰公司未经甲龙公司同意将 7 号楼门头脚手架工程擅自包给其他单位施工,双方发生争议,但甲龙公司从未将案外人搭建的幕墙进行拆除。公安机关接到报警系因甲龙公司农民工向舜杰公司讨要工资的劳资纠纷。照片中戴安全帽的人均是舜杰公司员工而非甲龙公司员工,且违章罚款单从未送达过给甲龙公司。

---

① 参见上海市第二中级人民法院民事判决书,(2012)沪二中民二(民)终字第 844 号。

一审法院认为:①根据甲龙公司自述,舜杰公司曾要求其在春节前雨雪天时拆除外脚手架,作为支付工程款的前提,可见舜杰公司确实已经按照工期节点要求甲龙公司于2011年1月18日拆除8#8～12层外脚手架,甲龙公司未能按时拆除属于违约,理应承担延期违约责任,鉴于双方当事人《脚手架班组承包协议书》中有关"罚款"的表述包含一定违约责任的含义,酌情确定甲龙公司应向舜杰公司承担延期拆除8#8～12层脚手架延期损失责任32,000元。②首先,舜杰公司未能提供相应证据证明脚手架问题是否真实存在、是否系甲龙公司原因所致;其次,工程施工中各方本应相互配合,作为总包单位发现问题理应及时协调整改,而非立即罚款,且舜杰公司未能提供已经通知对方整改的证据,故对该项诉请不予支持。③舜杰公司提供的整改通知单所载内容多为建设监理方发现施工中存在的各类问题后要求进行"整改",可见"整改通知单"的本质在于发现问题后以书面形式通知施工责任方在限定期限内及时采取有效措施整改,建设监理方可要求施工方承担损失赔偿等违约责任,并非直接罚款。退一步而言,即使此处"扣罚每次2500元"的约定属于舜杰公司所称的违约金性质,也有悖于公平合理原则,故对该项诉请不予支持。④首先,舜杰公司未能提供工作联系单已送达甲龙公司、已明确告知对方材料进场时间的证据;其次,舜杰公司以案外人出具的签证申请来计算甲龙公司材料实际进场时间及进场延误天数,一方面不符合证据的形式要件,另一方面舜杰公司也未提供证据证明该等签证已经其确认并实际结算支付,故对该项诉请不予支持。⑤双方当事人因施工及工程款问题多次发生纠纷主要系甲龙公司责任。综合考虑双方冲突的起因、事后的处理以及合同之有关处罚约定,酌情确定甲龙公司就其不文明施工行为向舜杰公司承担违约金30,000元。一审法院认为,当事人对自己提出的诉讼请求所依据的事实或者反驳对方诉讼请求所依据的事实有责任提供证据加以证明。没有证据或者证据不足以证明当事人的事实主张的,由负有举证责任的当事人承担不利结果。综上所述,支持舜杰公司关于延期拆除8#8～12层脚手架的违约损失32,000元以及因甲龙公司不文明施工的30,000元违约金,驳回舜杰公司其他诉讼请求。舜杰公司不服一审法院判决,向上海市第二中级人民法院提起上诉。

二审法院认为,关于舜杰公司提出的该诉请第2、3、4项,因其提供的证据尚不能充分证明其主张,一审法院根据查明事实作出的认定并无明显不当,最终判决维持该判项。

上述案例为反索赔成功的典型案例,在司法实践中,也有大量反索赔失败的案例。如在核工业西南建设集团有限公司(以下简称核工业公司)与遂宁金红叶纸业有限公司(以下简称金红叶公司)建设工程施工合同纠纷[①]一案中,2014年2月,金红叶公司与核工业公司签订《建设工程施工合同》,约定由核工业公司承包金红叶公司TM1造纸车间土建工程。合同履行过程中,双方因工程结算及损失赔偿事宜发生争议,核工业公司起诉至四川省遂宁市中级人民法院,一审法院判决金红叶公司向核工业公司支付工期延误赔偿金2,543,935.62元。

① 参见四川省高级人民法院民事判决书,(2018)川民终740号。

核工业公司与金红叶公司均不服一审法院判决，向四川省高级人民法院提起上诉。

金红叶公司在二审中提交了如下证据：①金红叶公司TM1造纸车间土建工程进度说明，拟证明核工业公司延误交付工程，构成工期延误，应当承担合同总价款的10%的工期延误违约金。②金红叶公司TM1造纸车间土建工程实际施工进度图、金红叶公司TM1造纸车间土建工程工期情况统计表，拟证明案涉工程的实际施工时间以及工期延误的责任在于核工业公司。③关于工期索赔会议纪要的情况说明、情况说明及（工期索赔）会议记录，拟证明核工业公司提交的案涉工程工期索赔会议纪要系伪造；索赔会议纪要内容未经金红叶公司同意或认可。④施工监理日志，拟证明案涉工程的实际施工情况以及工期延误的责任在于核工业公司。⑤金红叶公司西部生活用纸制造及配送基地项目加工厂、仓库地面及室外路面质量检测报告，拟证明案涉工程仓库地面及室外路面的厚度不满足设计要求，室外路面级配碎石基层厚度不满足设计要求。案涉工程结算时应当减少工程价款。⑥公函，拟证明金红叶公司邀请核工业公司于2018年5月31日参加案涉工程室外道路、仓库地面的检测试验。⑦金红叶公司TM1造纸车间土建工程鉴定报告问题汇总及其附件，拟证明鉴定报告存在诸多认定失实、错误情形。⑧2014年6月11日至2014年7月21日的监工日报表、2014年3月27日至2014年5月2日的监工日报表，拟证明案涉工程在2014年3月27日至2014年5月2日没有停工，承包商针对40天停工期间的窝工索赔人工数量及机械台班数量与实际情况不符，2014年7月7日至2014年7月21日不存在停工情况，不存在窝工损失，以及承包商针对30天灌注桩停工期间的窝工索赔人工数量及机械台班数量与实际情况不符。就上述证据，核工业公司分别质证认为：证据1～2、5～7系金红叶公司单方制作，不具有真实性，且证据5、证据6未附通知核工业公司的证据，核工业公司并未收到该报告或函件；证据3是证人证言，不具有真实性，不能推翻2014年10月14日形成的工期索赔专题会议记录；证据4、证据8为诉讼前就形成的证据，为何一审未提交？该等证据不具真实性。

二审法院就金红叶公司提交的上述证据，认定如下："证据一、二、五、六系金红叶公司单方制作，并无其他证据予以佐证，也无送达核工业公司并予确认的证据，不予采信；证据四、八系诉讼之前已经形成的证据，金红叶公司在一审中未予提交，且其内容与一审已证以及金红叶公司确认的事实相反，根据民事诉讼禁止反言的原则，不予采信；证据三系证人证言，所述证人为金红叶公司人员，仅以证人证言陈述其在2014年10月14日工期索赔专题会议记录上签字为伪造，并未出庭作证，金红叶公司也未提交其他证据予以佐证，所以不具真实性。"

二审法院认为，案涉工程工期延误的原因主要包括：金红叶公司延迟取得建筑工程施工许可证；因金红叶公司原因，前期桩基施工单位遗留问题造成工期延误；因成都市第一建筑工程公司（以下简称成都一建）堵门造成工程停工；土建施工和设备安装频繁交叉施工状况；多次工程设计变更；签证工程量增加。由于延迟取得建筑工程施工许可证、前期桩基施工单位遗留问题造成工期延误以及成都一建堵门造成工程停工的责任均在于金红叶公司,故原判以鉴定报告确认的以上事项的停工索赔金额2,543,935.62元全部由金红叶公司负担符合客观事实。

由以上案例可以看出,反索赔过程中对于索赔证据的审查应围绕证据真实性、合法性、关联性进行,尤其是指出证据真实性存疑或者证据链条不完善的,最易取得法院和仲裁庭的支持。在审查证据真实性时,应注意原件复印件是否一致,双方公司或委托代理人是否进行签章以及签章的真实性;在合法性上,注意审查证据收集主体、获取方式、手续与形式、提交时限等是否合法;在关联性上,注意对单项直接证据所证明的案件事实是否有其他证据予以佐证(间接证据),能否形成证据链条。《民事诉讼证据规定》第90条规定:"下列证据不能单独作为认定案件事实的根据:(一)当事人的陈述;(二)无民事行为能力人或者限制民事行为能力人所作的与其年龄、智力状况或者精神健康状况不相当的证言;(三)与一方当事人或者其代理人有利害关系的证人陈述的证言;(四)存有疑点的视听资料、电子数据;(五)无法与原件、原物核对的复制件、复制品。"需要注意的是,前述规定的第1、3、4、5项均是工期索赔证据中经常出现的情形,也是最易导致索赔证据作为"孤证"无法被法院或仲裁庭认可。

(二)善用监理单位出具的书证、证人证言进行反索赔

在江苏弘盛建设工程集团有限公司(以下简称弘盛公司)、云南仟浩房地产开发有限公司(以下简称仟浩公司)建设工程施工合同纠纷①一案中,2015年6月12日,仟浩公司与弘盛公司签订《施工合同》,约定由弘盛公司承包仟浩尚城项目,具体承包范围为商住楼1、2、3、4、5栋及商业裙房、地下室施工图纸内(含人防)土建、水电(发包人另行分包的除外)。合同履行过程中,双方因停工损失赔偿事宜发生争议,弘盛公司起诉至云南省高级人民法院,要求仟浩公司支付两次停工损失费8,230,359元。仟浩公司辩称项目的两次停工均是弘盛公司原因所致,第一次停工系因弘盛公司施工现场和施工安全管理不规范,导致文山市住建局发出停工整改通知书;第二次停工系其资金链断裂,无法履行合同约定义务。为支撑其抗辩理由,仟浩公司向一审法院提交了经仟浩公司、弘盛公司及监理单位三方确认的工程施工联系单和会议纪要。

经一审法院查明,合同履行过程中,仟浩公司、弘盛公司与监理单位形成了多份工程施工联系单和会议纪要,仟浩公司杨某、弘盛公司彭某、监理单位徐某分别在2016年8月5日、8月8日、9月7日的会议纪要上签字。2016年8月5日的会议纪要载明:由于弘盛公司资金链断裂,无法正常进行施工,经过双方慎重考虑,弘盛公司文山仟浩尚城项目部提出退场要求。2016年8月8日的会议纪要载明:①弘盛公司与仟浩公司的合同约定,建设单位付款节点时间为地下室、裙楼结构验收合格且地上所有幢号平均结构施工至七层楼面板混凝土浇筑完成时开始第一次付款,现施工进度尚未达到第一次付款节点。但由

① 参见最高人民法院民事判决书,(2019)最高法民终272号。

于弘盛公司资金链断裂,无力继续垫资履行合同,从2016年7月5日至7月15日,施工班组人员较少,工地进入大部分停工状态,7月16日起至今工地已全面停工,现由于无资金继续履行合同,弘盛公司要求退场,经过双方协商,仟浩公司同意弘盛公司退场。②会后双方对合同期间已完成的工程形象进度进行现场确认。③双方认可完成的工程形象进度之日起3日内,新的施工队伍可以进场施工。④关于已完成工程量的工程价款结算事宜和支付办法,以及履约过程中双方的各自违约责任等事项,双方另进行协商解决。2016年9月7日的会议纪要中,弘盛公司彭某的意见为:①弘盛公司因资金链断裂,现在资金非常困难。②8月份农民工讨薪问题,公司正在积极想办法解决。初步想法是等仟浩公司与弘盛公司签订退场协议后,先付农民工50% ~60%的工资,最后在春节前一次性付清农民工工资。③从停工至今,项目管理人员共有3人,后勤2人,共计5人。自2016年7月16日工人退场后全面停工以来工地上目前无工人。④已完成工程的地基与基础分项工程验收、裙楼结构验收及结构相关检测事宜,待9月9日工地例会上才作答复。⑤地下室、裙楼、1号至5号楼的缺陷处理,地下室、裙楼、主楼已完工程提交竣工图事宜,9月9日工地例会上报处理方案及竣工图。另查明:文山市住房和城乡建设局(以下简称文山市住建局)于2015年12月15日向弘盛公司发出安监字(2015)第1215003号建设工程施工安全停工整改通知书,认为弘盛公司承建的仟浩尚城项目工程存在未按正规基本程序办理相关手续和施工现场材料堆放混乱、模板支撑系统未按规范搭设等施工安全问题,要求弘盛公司停工整改,整改后以书面形式经监理工程师复核后申请复工。2016年1月4日,文山市住建局发出关于做好全市建设工程春节前停工节后复工期间安全生产工作的通知,要求全市报监在建工程从2016年1月20日起一律按停工处理,并要求各建设单位、监理单位、施工单位要认真组织开展复工前安全隐患排查整改,所有项目复工前必须经监理单位组织验收合格并经同意方可开工。合同履行过程中,案涉工程于2016年1月20日停工,2016年4月26日由双方当事人共同申请,经监理单位同意后复工;2016年7月16日再次停工后,弘盛公司施工人员退出工地。之后,双方当事人及监理单位于2016年8月12日签署了仟浩尚城项目2016年7月16日已完成工程形象进度和2016年8月8日至8月10日工程形象进度复核各栋号、裙楼区域质量问题。双方当事人因工程结算及退场协议签订事项不能达成一致意见而发生争议。

关于弘盛公司主张的两次停工损失的问题,一审法院认为,《施工合同》履行过程中,弘盛公司发生两次停工,第一次是2016年1月20日至4月25日,第二次是2016年7月16日停工后退场。文山市住建局虽在2015年12月15日向弘盛公司发出过停工整改通知,但弘盛公司并未按通知要求停工,弘盛公司是在文山市住建局要求全市报监在建工程春节期间自2016年1月20日起停工的通知发出后,才于2016年1月20日开始停工,这是弘盛公司第一次停工的真正原因;但2016年春节过后,双方并未及时申请复工,根据弘盛公司提交的录音资料及文字整理可以证实,双方在复工前一直在就工程款支付时间、更换劳务公司、后期融资等事项进行协商,至2016年4月26日,双方当事人和监理单位才共同向文山市住建局申请复工,故双方当事人对第一次停工后未及时复工均有责任。关于第二次停工,弘盛公司在多份会议纪要中确认是由于其资金链断裂,无力继续垫资施工所致。综上所述,由于弘盛公司对两次停工都有责任,故对其要求仟浩公司承担停工损失的主张不予支持。一审法院最终驳回弘盛公司该项诉讼请求。弘盛公司不服一审法院判决,向最高人民法院提起上诉。

二审法院认为,关于第一次停工,文山市住建局发出要求全市报监在建工程春节期间停工的通知后,弘盛公司按照通知要求于2016年1月20日开始停工。2016年春节过后,弘盛公司应立即申请复工。弘盛公司上诉主张,系因仟浩公司拟变更工程款支付时间,而故意拖延复工时间。但弘盛公司举证的证据不足以证明仟浩公司存在故意拖延复工时间的行为,且弘盛公司也没有举证证明其履行了及时申请复工的义务,因此弘盛公司对未及时复工导致的停工负有一定的责任。关于第二次停工,弘盛公司在2016年8月5日、8月8日会议纪要中均确认是由于其资金链断裂,无力继续垫资施工所致。因此,弘盛公司对第二次停工负有责任。综上所述,弘盛公司对两次停工都有责任,故其要求仟浩公司承担停工损失的主张于法无据,依法应不予支持。二审法院最终维持该判项。

由上述案例可以看出,在反索赔过程中,监理单位的作用不可忽视。监理单位出具的监理报告、监理日志、验收环节文件、工程签证文件及相关经办人员的证人证言等材料,往往对双方所主张的主要案件事实起到重要佐证作用。在实践中,一方面,监理单位依照监理合同等约定,通常具有工程施工进度检查、监督、见证权,并在合同授权范围内有权审核承包人所完成的工程量及发包人应支付的工程款项;另一方面,监理单位通常由发包人聘请,并可能与承包人等其他各方存在各种利益纠葛,其出具文件的真实性、公正性并不能完全保证。因此,在反索赔的过程中,应系统性分析梳理监理单位出具的各项文件及其他证据材料的真实性,对于有利证据要及时固定,并收集有关辅助材料对该证据的真实性予以印证;对于不利证据,应从证据三性的角度出发充分发表质证意见,并从案件其他证据的证明内容及对方当事人的举证过程寻找突破口,打破索赔证据的证明链条。

(三)索赔证据提交应当及时,在二审乃至再审中提交存在不被认定为新证据的风险

在江苏省建工集团有限公司(以下简称建工集团)与滨州至尊置业有限公司(以下简称至尊公司)建设工程施工合同纠纷①一案中,2006年1月18日,案外人万鑫房产公司滨州分公司(以下简称万鑫房产公司)作为发包人与承包人建工集团签订《建设工程施工合同》(以下简称《2006合同》),承包范围为:滨州新城广场花园小区高层G7#、G8#、G9#楼,2008年3月10日,万鑫房产公司、建工集团及至尊公司三方签订《合同转让协议》,约定将万鑫房产公司在《2006合同》项下的权利义务转让给至尊公司;2009年5月10日,至尊公司再次与建工集团签订《建设工程施工合同》(以下简称《2009合同》,与《2006合同》合称本案合同),承包范围为:滨州新城广场花园小区1#车库、2#车库。本案合同履行过程中,

① 参见最高人民法院民事判决书,(2016)最高法民再64号。

至尊公司与建工集团因工期延误损失赔偿事宜发生争议，至尊公司诉至山东省滨州市中级人民法院，要求建工集团支付工期延误违约金7,774,899元，一审法院判决建工集团向至尊公司支付工期延误违约金2,214,945.73元。建工集团不服一审法院判决，向山东省高级人民法院提起上诉。

二审法院认为：关于违约责任的认定，建工集团主张，因至尊公司未按合同约定支付工程进度款、开工日期晚、内外墙装饰做法迟迟未确定、原设计17层增加一层变更为18层、甩项工程进场晚、完工晚、拖延竣工等情形，致使其无法在合同工期内完工，建工集团不应承担工期延误违约金。对此，本院认为，在合同约定的时间内完成建设工程是承包人的主要义务，否则应承担违约责任。若出现应当顺延工期的情形，双方应按合同约定方式处理。根据施工合同通用条款第13.1条及第13.2条之约定，承包人应当在工期延误情况发生后14天内，就延误的工期以书面形式向工程师提出报告，由工程师予以确认或提出修改意见，工期方能顺延，此为双方一致认可的工期顺延的办理方式。建工集团虽主张案涉工程存在合理顺延工期之情形，但既未向法院提交顺延工期的书面申请，也未提交建设单位或监理单位同意顺延工期的签证，其主张工期顺延的理由不成立，应当承担由此造成的工期延误的违约责任。建工集团不服二审法院判决，向最高人民法院申请再审，再审法院裁定提审本案。

建工集团在再审过程中提交以下证据材料：第一组证据为建工集团停工报告、2007年各分部分项工程施工进度计划及案涉工程监理工程师刘某出具的证明；第二组证据为劳务分包单位福华集团、宏博公司、田兴公司的停工报告、2007年各分部分项工程施工进度计划。建工集团拟依据上述证据证明G7#、G8#、G9#楼计划竣工日期为2007年5月1日。对此，至尊公司质证认为，建工集团提交的上述证据材料均存在瑕疵，不具有客观真实性；在一审、二审中能够提交而未予提交，不具有合法性。

再审法院根据材料认证如下：第一组证据系原件，至尊公司对证据的真实性虽不予认可，但未能提供相反证据证明，故对该证据的真实性予以确认；第二组证据虽然是复印件，但经监理公司盖章确认属实，对该证据的真实性予以确认。上述证据均形成于一审判决作出之前。其中第一组证据由建工集团持有，第二组证据建工集团亦有条件向监理公司调取，其迟延至申请再审阶段予以提交，存在过失。但依照《民事诉讼法司法解释》第102条“当事人因故意或者重大过失逾期提供的证据，人民法院不予采纳。但该证据与案件基本事实有关的，人民法院应当采纳……”的规定，因上述证据系用于证明工程计划竣工时间，与本案基本事实相关，故对证据的合法性、关联性亦予认定。

再审法院认为：“本案的争议焦点为：（一）建工集团、至尊公司是否就工期顺延达成一致。（二）如果达成一致，工期应当顺延至何时。关于双方是否就工期顺延达成一致的问题。建工集团提交的停工报告载明，建工集团申请于2006年12月6日停工，并就停工原因作出了说明，同时拟定了《2007各分部分项工程施工进度计划》，变更了原竣工进度计划。至尊公司的项目负责人陈某在报告上签字同意停工，同时注明‘但必须确保按进度计划竣工’。至尊公司认为陈某系要求建工集团按照原合同约定的进度计划竣工,该解释与陈某同意停工的意思表示相矛盾,不合常理,本院不予采纳。建工集团还提交了由监理工程师刘某出具并经建银监理公司盖章确认的证明,内容为 G7#、G8#、G9#楼存在工期顺延的情形。本案再审审查阶段,本院对刘某进行了询问,刘某再次对上述事实予以确认,且询问笔录已由双方当事人质证。至尊公司称刘某并非案涉工程监理工程师,但不能对刘某曾在开工报告、主体工程质量验收报告上作为总监理工程师签字的事实作出合理解释,本院不予采纳。此外,建工集团提交的案外人福华集团①、宏博公司②、田兴公司③的停工报告等证据亦可证明,除建工集团承建的 G7#、G8#、G9#楼外,G1#、G2#等其他工程在同一时间段也均存在停工的情况。综合上述分析,建工集团提交的停工报告《2007 各分部分项工程施工进度计划》证明等相关证据已经形成证据链,足以证明建工集团已与至尊公司就工期顺延达成一致。(三)关于工期顺延至何时的问题。《2007 年各分部分项工程施工进度计划》载明,G7#、G8#、G9#楼竣工日期为 2007 年 5 月 1 日,该日期应当视为至尊公司与建工集团对顺延后工期的约定。至尊公司实际竣工日期为 2007 年 8 月 28 日,逾期竣工 119 天。按照二审确定的 27,733,398 元的工程款总额和合同约定的工程造价日万分之四计算工期延误违约金,建工集团应当向至尊公司支付违约金1,320,109.75元(27,733,398 元×0.0004 元/天×119 天)。综上所述,建工集团再审请求成立,应予支持。”

从该案例可以看出,本案中的停工报告与施工进度计划系反索赔的关键证据。鉴于建工集团在一审、二审期间并未提交上述证据,一审法院最终判决建工集团向至尊公司支付工期延误违约金 2,214,945.73 元,二审法院予以维持。因建工集团证据管理的不利,其直至再审期间才找出并提交该等关键证据,好在再审法院最终依据该等证据部分支持了建工集团反击索赔的主张,依法改判建工集团向至尊公司仅需支付工期延误违约金 1,320,109.75元,为建工集团最大化地争取了合法权益。本案中,建工集团因索赔证据管理的问题,徒增了二审、再审的诉累,付出了高昂的诉讼成本和时间成本,教训深刻。另外,从该案中也可以看出,逾期提交证据存在证据不被认定为新证据的风险,即使被采信,也有可能面临被人民法院训诫、罚款的风险。

综合以上案例,在工程施工过程中,各方当事人应重视索赔第一手资料的收集和整理。对于索赔而言,若双方对索赔事项无法达成一致而提交至法院或仲裁机构审理的,在庭审准备时应注重自查索赔证据的真实性、合法性、关联性,注重直接证据与间接证据、言词证据与实物证据的相互配合,注重文书原件的保存,确认己方在索赔过程中提出的事实和理由有充分依据,确保今后在结算谈判及争议纠纷解决程序中占据主动地位,还应尽可能保证证据提交的全面性与及时性,避免因未按期提交全部证据导致不被裁判机构采信

① 全称为东营福华建筑安装工程有限公司。

② 全称为山东宏博建工有限公司。

③ 全称为淄博田兴建工有限公司。

的风险。而在反索赔过程中，则不但要针对性地对索赔方的索赔证据三性提出异议，同时也要通过己方证据的整理组织，攻击对方的索赔主张，必要时可以向监理单位、设计单位等其他当事方调查收集证据，在庭审过程中，还可以善用申请调取证据制度，为反击索赔的主张提供充分依据。

第六节　已明示或默示放弃索赔要求

一、概述

工期索赔作为一项民事权利，当事人既可以选择主张，也可以选择放弃，只要该等处分行为不损害公共利益、不违反国家法律或行政法规的禁止性规定，就应当被认定为合法有效。因此，一方在建设工程施工合同履行过程中，有权放弃工期索赔的权利。

根据《民法典》第140条第1款的规定，行为人可以明示或者默示作出意思表示。基于意思自治原则和诚实信用原则，一方在合同履行中已经明示或暗示放弃工期索赔要求的，不能再行提出工期索赔的主张。因此，在反索赔时，反索赔方可以主张索赔方在履约过程中曾经通过明示或默示的方式放弃工期索赔要求，以此对抗其工期索赔主张，避免承担工期违约责任。

常见的明示放弃工期索赔要求的形式，包括双方以订立合同、签署会议纪要、发函等方式明确一方对于另一方的工期延误责任不予追究。常见的默示放弃工期索赔要求的形式，一种是通过签证确认明确给予对方工期顺延，另一种是在工程结算中未提出工期索赔，也未保留工期索赔的权利。前者的逻辑在于，工期顺延即意味着，在合同约定的顺延工期条件出现时，发包人或监理人就工期的延后予以确认，因此工期顺延即证明发包人或监理人已经认可工期延误责任不应归责于承包人；后者的逻辑在于，司法实践中普遍认为，结算的目的是确定因建设工程施工合同履行产生的债权债务的数额，除非在结算协议中明确争议事项另行解决，否则双方在结算时会考虑所有对最终结算价款产生影响的因素一并解决，这也是符合交易惯例的。

需要注意的是，如果一方放弃工期索赔是附条件的，条件不成立的情况下，反索赔方无权抗辩；如果一方仅放弃了部分工期索赔，对于未明确放弃的部分，仍然有权提出工期索赔要求。

二、相关案例

（一）合同明确约定一方放弃工期索赔的，以双方约定为准

在四川省第一建筑工程有限公司（以下简称一建公司）与昭通市泰斗房地产开发经营

有限公司(以下简称泰斗公司)建设工程施工合同纠纷[①]一案中,2013 年 1 月 23 日,泰斗公司与一建公司通过招投标签订案涉工程《建设工程施工合同》,约定工期为 660 个日历天。2013 年 7 月 23 日,泰斗公司发出开工令,确定开工时间为 2013 年 8 月 1 日,竣工时间为 2015 年 5 月 22 日,工期为 660 个日历天数。2015 年 5 月 28 日,双方签订《5 月 28 日补充协议》,确认泰斗公司欠付进度款 3000 万元,泰斗公司承诺一个月内付清,并对工程结算、支付担保、违约责任等进行约定。2015 年 7 月 29 日,双方签订《7 月 29 日补充协议》,载明"因工程建设过程中甲方(泰斗公司)工程进度款支付不到位、甲供混凝土不能满足现场施工进度需要等情况,工程进展不够顺利",约定由于甲供不及时等原因影响施工进度,导致工程成本增加、窝工,一建公司应报送相关费用资料,泰斗公司进行确认,泰斗公司承诺不追究一建公司工期违约责任。2016 年 12 月 6 日,一建公司向泰斗公司提交验收申报书,当日泰斗公司项目负责人及案涉工程监理单位云南实信工程监理有限公司总监理工程师签署"同意验收"并盖章。2016 年 12 月 9 日,案涉工程竣工验收合格。后双方因工程价款问题发生纠纷,一建公司向云南省高级人民法院起诉要求泰斗公司向其支付工程欠款 198,005,277.43 元及利息、违约金,并主张优先受偿权;泰斗公司提起反诉,要求确认 2015 年 7 月 29 日签订的补充协议无效,并主张一建公司支付逾期完工违约金。

就工期索赔,泰斗公司认为,《7 月 29 日补充协议》取消了《建设工程施工合同》中工程款计价后总额下浮 5.5% 的约定,且约定不追究一建公司工期违约责任,该补充协议并非其真实意思表示,且与经过备案的《建设工程施工合同》实质内容不一致,应为无效合同。一建公司辩称,因泰斗公司支付工程款不到位、混凝土供应不能满足施工等违约行为导致停工,经政府协调后,一建公司才同意签订《7 月 29 日补充协议》,该补充协议有效;一建公司不存在违约行为,《7 月 29 日补充协议》中明确了是泰斗公司存在违约行为而给一建公司带来损失,一建公司不应承担逾期完工损失。

一审法院经审理认为,第一,《7 月 29 日补充协议》分别由泰斗公司和一建公司法定代表人签名并加盖各自公司公章。泰斗公司主张该协议系其法定代表人迫于无奈而与一建公司签订,但所提交的相关证据并不能证明该主张,故应认定《7 月 29 日补充协议》是泰斗公司和一建公司的真实意思表示。第二,合同当事人有依法变更合同的权利。《7 月 29 日补充协议》取消《建设工程施工合同》中工程总价款下浮 5.5% 的约定可视为泰斗公司对一建公司停工、窝工等损失的补偿,泰斗公司承诺不追究一建公司工程违约责任亦符合工程停工并非完全可归责于一建公司原因的事实,《7 月 29 日补充协议》相关约定系双方当事人根据案涉工程进展情况的变化而对价款结算方式的调整和项目停工责任的清理,该变更内容与合同履行状况的变化基本对等,符合公平原则,并不违反法律、行政法规强制性规定。第三,民事活动应遵循诚实信用原则。《7 月 29 日补充协议》签订后,泰斗公司于 2015 年 8 月 6 日召开会议,与一建公司协商落实该补充协议的具体事宜。在其 2017

① 参见最高人民法院民事判决书,(2019)最高法民终 557 号。

年2月15日向一建公司作出的承诺书中,亦明确表示要"保障贵我双方施工合同与补充协议的有效履行"。直至本案起诉前,泰斗公司在与一建公司的交涉过程中从未提出《7月29日补充协议》系无效合同的主张。在本案中泰斗公司主张补充协议无效与其在先行为及允诺相冲突,亦不符合合同无效法律制度的立法精神和适用条件,违背诚实信用原则。综上所述,《7月29日补充协议》系泰斗公司和一建公司真实意思表示,内容不违反法律、行政法规强制性规定,故对泰斗公司要求确认该补充协议无效、要求一建公司承担工期逾期责任的反诉请求不予支持。泰斗公司不服一审法院判决,向最高人民法院提起上诉。

二审法院认为,关于《7月29日补充协议》的效力问题,虽然补充协议中约定的"07#地块一、二标段的合同价款按《建设工程施工合同》约定的计价依据总额不再下浮;工程进度款支付变更为按照月进度报表80%支付,如泰斗公司不能按约支付,应按年18%利率计取所有未支付的工程进度款的利息"等内容对中标备案合同的约定确有变更,但究其背景与缘由,是因泰斗公司工程进度款支付不到位、所提供的混凝土不能满足现场施工进度需要等原因导致工程全面停工,当事人为了尽快复工、减少损失,保障各方权利而根据实际情况协商一致的结果,而不是背离中标合同实质性内容,通过签订"阴阳合同"或者"黑白合同",作为不正当竞争的手段损害其他竞争者的利益、破坏竞争秩序,或者串通投标,达到损害国家、社会公共利益和他人利益的目的,与《招标投标法》及司法解释相关规定并不相冲突。《7月29日补充协议》由一建公司与泰斗公司的法定代表人签名并加盖各自单位公章,系当事人真实意思表示,不违反法律、行政法规的强制性规定,应为有效合同。泰斗公司在一建公司按该补充协议继续履行施工义务、案涉工程现已交付使用的情况下,主张协议无效,有违诚实信用原则,最终不予支持。

根据这一案例,一方在合同中明示放弃索赔要求的,另一方可以此抗辩其工期索赔的请求。

(二)结算时未就工期索赔提出主张或声明保留权利,完成结算后主张工期索赔的,人民法院依法不予支持

在海南金盛建筑工程有限公司(以下简称金盛公司)与五指山兆通房地产开发有限公司(以下简称兆通公司)建设工程施工合同纠纷[①]一案中,2011年5月17日,兆通公司与金盛公司签订施工合同约定,兆通公司将案涉工程发包给金盛公司总承包施工,金盛公司必须按照协议书约定的竣工日期或工程师同意顺延的工期竣工,否则承担违约责任。因金盛公司原因造成工程延误的,工期每延误一天应向兆通公司支付已完成工程进度款万分之二的违约金。金盛公司逾期竣工的,按合同总价款向兆通公司承担支付同期贷款利息的违约责任。

① 参见最高人民法院民事判决书,(2017)最高法民再97号。

合同签订后，金盛公司进场施工。2011 年 6 月 30 日，兆通公司取得建筑工程施工许可证。2013 年 8 月 26 日，金盛公司向兆通公司提交竣工验收报告，申请竣工验收。2013 年 11 月 15 日，案涉工程通过竣工验收。2014 年 3 月 4 日，双方签订桩基工程的工程结算书，结算桩基工程款为 2,013,327 元。2014 年 3 月 14 日，双方签订工程结算书对 1 ~ 4 号楼项目工程变更、签证、未做项目、面积差补款、签证运土方、安装签证等进行综合结算，工程结算款为 37,297,323.32 元，并在案涉工程结算书上注明"2、3、4 号楼阳台面积待定"。双方均在结算书中签名盖章。工程施工过程中，兆通公司累计支付金盛公司工程款 2780 万元（桩基工程款 200 万元除外）。后双方因工程价款存在争议，金盛公司向海南省第一中级人民法院起诉，要求兆通公司支付工程款 12,518,597.52 元及利息，并主张优先受偿权；兆通公司提起反诉，要求金盛公司支付工程逾期竣工违约金、工期延误违约金。

就工期索赔，金盛公司辩称，首先，兆通公司于 2011 年 6 月 30 日才取得建筑工程施工许可证，合同订立之时尚未完成建设场地"三通一平"和临建等准备工作，至今未取得土地使用权证和规划许可证等，因此，2011 年 5 月 17 日即合同订立之日不能作为开工日期。其次，兆通公司未按时足额支付工程进度款影响工期。

一审法院经审理认为，关于兆通公司主张金盛公司支付工程逾期竣工、工程工期延误、桩基工程工期延误、未移交竣工验收资料等违约金问题。按合法有效的案涉工程结算书，兆通公司已认可案涉工程工程款为 37,543,465.72 元，并未对合同履行过程中的违约责任有约定，其关于上述违约金的主张不能成立。兆通公司不服一审法院判决，向海南省高级人民法院提起上诉。

二审法院认为，因桩基协议和施工合同无效，兆通公司上诉主张金盛公司承担桩基工程工期延误、案涉工程工期延误、逾期竣工和逾期交付竣工验收资料的违约金，没有事实和合同依据，不予支持。一审法院驳回兆通公司有关违约金的反诉请求，并无不当。兆通公司不服二审法院判决，向最高人民法院申请再审。

再审法院认为，建设工程施工合同当事人在进行工程竣工结算时，应当依照合同约定就对方当事人履行合同是否符合约定进行审核并提出相应索赔。索赔事项及金额，应在结算时一并核定处理。因此，除在结算时因存有争议而声明保留的项目外，竣工结算报告经各方审核确认后的结算意见，属于合同各方进行工程价款清结的最终依据。一方当事人在进行结算时没有提出相关索赔主张或声明保留，完成工程价款结算后又以对方之前存在违约行为提出索赔主张，依法不予支持。由此，在案涉合同未就工程价款结算时保留违约索赔权利作出专门规定的情况下，一审、二审法院对于兆通公司一审反诉主张金盛公司逾期竣工、工期延误以及未移交竣工验收资料等违约索赔请求未予支持，符合法律规定，就该部分判决内容予以维持。

根据该案例可以看出，实践中人民法院普遍认为，结算系承发包双方对于全部工程价款的清算，一般包含工期索赔在内。如结算中双方未计算工期索赔，或未明确约定保留工期索赔的权利，则默认为一方放弃工期索赔。

（三）双方在工期延误情况下的施工进度安排不构成对工期索赔的明示放弃

在陕西建工第十建设集团有限公司（以下简称十建公司）与西安雅致集成建筑有限公司（以下简称雅致公司）建设工程施工合同纠纷①一案中，2012 年 2 月 18 日，雅致公司与十建公司签订《施工合同》《补充协议》，将案涉工程发包给十建公司施工。合同约定，合同工期为总日历天数 240 天，开工日期为 2012 年 3 月 26 日，竣工日期为 2012 年 11 月 20 日。2012 年 2 月 18 日，雅致公司与十建公司签订《土石方工程施工合同》，合同工期为一个月，自 2012 年 2 月 25 日至 2012 年 3 月 25 日。2012 年 3 月 1 日，雅致公司向十建公司发函要求尽快安排机械和人员进场进行土石方工程施工。十建公司于 2012 年 5 月 27 日开始案涉工程施工，于 2014 年 11 月 30 日基本完成案涉工程内容。2015 年 2 月 6 日，监理单位、十建公司及雅致公司进行了工程初验，十建公司未向雅致公司给付工程竣工图纸。因对工程结算价款存在争议，十建公司向西安市中级人民法院起诉，要求雅致公司支付工程款 20,302,888.2 元及利息；雅致公司提起反诉，要求十建公司支付延误工期造成的损失 237 万元。

就工期索赔事宜，十建公司辩称，首先，2014 年 7 月 21 日的会议纪要中约定，双方同意将工期顺延至 2014 年 9 月 30 日，十建公司也于 2014 年 9 月 30 日之前完成了施工任务，不存在延误工期的情形，故不应承担逾期完工的责任；其次，《施工合同》专用条款约定，“工期每延误一天承包人应付每天伍仟元，累计不超过伍拾万元”，因此，即使十建公司承担延误工期的违约责任，违约责任的最大限额也仅为 50 万元；最后，雅致公司无证据证明续租办公房和场地费用与案涉工程顺延施工有因果关系。

一审法院经审理认为，十建公司与雅致公司共同提交的 2014 年 7 月 21 日的会议纪要显示，截至会议纪要形成之日，雅致公司付款额度占完工验工产值的 79%，超付工程进度款 75% 的付款比例；十建公司在该会议纪要中表示对施工进度缓慢、严重拖延工期表示歉意，承认前期由于施工队伍的管理，实际承包人不善于经营、挪用该工程的部分工程款，十建公司所确定事实与雅致公司施工期间向十建公司多次发送的催促施工的函件能够相互印证，故导致案涉工程延误的主要责任在十建公司，十建公司应当赔偿因此给雅致公司造成的损失。十建公司依据该会议纪要中关于“会后由十建公司排出剩余工程施工进度，在 9 月底全面完成剩余工程量”的内容主张双方就工期顺延至 2014 年 9 月 30 日达成一致。该会议纪要系当事人双方在工程延期情况下的施工进度安排，并无变更合同工期的意思表示，雅致公司也未明确放弃向十建公司提出逾期完工索赔的权利。案涉工程初验时间为 2015 年 2 月 6 日，故对十建公司主张案涉工程的竣工日期为 2014 年 9 月 30 日，十建公司在 2014 年 9 月 30 日完成工程，不应承担逾期完工责任的主张，不予采信。十建公司不服一审法院判决，向陕西省高级人民法院提起上诉。

① 参见最高人民法院民事裁定书，(2020) 最高法民申 2786 号。

二审法院认为，一审判决依据2014年7月21日的会议纪要认定导致案涉工程延误的主要责任在十建公司，十建公司应当赔偿因此给雅致公司造成的损失并无不当。十建公司主张双方将工期顺延至2014年9月30日，依据不足。十建公司不服二审法院判决，向最高人民法院申请再审。

再审法院认为，案涉2014年7月21日会议纪要与雅致公司多次催促十建公司施工的函件能够证明工期延误系十建公司造成。十建公司主张会议纪要能够证明双方将工期顺延至2014年9月30日。经审查，会议纪要的主要内容是双方在工程延期情况下对施工进度进行的安排，未有变更合同工期的意思表示，雅致公司亦未明示放弃工期延误索赔的权利。原判决认定十建公司承担工期延误责任具有事实依据。

根据这一案例，双方对于明示放弃工期索赔的约定应当具体明确，如双方仅是对工期延误后新的工期安排作出补充约定，一方主张另一方已经明示放弃工期索赔权利，一般不会被人民法院认可，反索赔难以成功。

从前述案例可以看出，人民法院在判断一方是否确实放弃了工期索赔要求时，主要考察该意思表示是否是当事人的真实意思表示。一方明示放弃工期索赔要求的，一般要求该明示明确具体，双方通过协议、发函、会议纪要等明确说明，一方对另一方的工期延误违约责任不再追究。语焉不详、顾左右而言他的表述都有可能被人民法院认定为不足以证明一方已经明示放弃，从而不予支持。至于默示放弃，相比较于明示放弃，人民法院的审查更为严格，需要结合其他证据达到足以证明一方确实存在放弃工期索赔权利的意思表示的标准。

第七节　未采取适当措施避免或减少损失

一、概述

施工过程中，如果因发包人原因导致工程中途停建、缓建，承包人有权根据《民法典》第804条[①]规定向发包人递交索赔报告，索赔报告中多会要求发包人采取措施弥补或者减少损失并赔偿因此给承包人造成的停工、窝工、倒运、机械设备调迁、材料和构件积压等损失和实际费用。当然，合同当事人对索赔期限、程序另有约定的从约定，比如住房和城

① 《民法典》第804条：因发包人的原因致使工程中途停建、缓建的，发包人应当采取措施弥补或者减少损失，赔偿承包人因此造成的停工、窝工、倒运、机械设备调迁、材料和构件积压等损失和实际费用。

乡建设部《建设工程施工合同(示范文本)》(GF-2017-0201)第19.1条[①]约定,承包人应在知道或应当知道索赔事件发生后28天内递交索赔意向通知,并在发出索赔意向通知书后28天内或在索赔事件影响结束后28天内,递交最终索赔报告。

发包人在收到索赔报告后,除了会对何时停工、是否撤场提出异议外,多会指出承包人在损失发生后没有尽到及时减损义务导致损害扩大,要求承包人在损害扩大的范围内承担责任。其背后的法理基础在于,基于诚实信用原则,损害发生后受损害方应当采取合理措施防止损失扩大,这不仅是公平正义理念的体现,更是道德标准的具体化。

立法层面,《民法典》第591条第1款沿用了此前《合同法》的表述,明确指出"当事人一方违约后,对方应当采取适当措施防止损失的扩大;没有采取适当措施致使损失扩大的,不得就扩大的损失请求赔偿",有效平衡了承包人、发包人的利益。司法实践中,发包人的合理主张也多会得到支持。

二、相关案例

(一)发生停工时,承包人未及时撤离施工人员,视为对己方损失扩大的放任,发包人成功反索赔

在陕西省咸阳市建筑安装工程总公司(以下简称咸阳建筑公司)与宁夏台建房地产开发有限公司(以下简称台建公司)建设工程施工合同纠纷[②]一案中,2012年8月19日,台建公司(甲方)与咸阳建筑公司(乙方)签订一份意向书,约定由咸阳建筑公司承包浙商大厦金融商业区公寓写字楼、地下车库的土建工程,承包范围和内容以双方签订的正式合同约定为准。意向书签订后咸阳建筑公司进场施工。台建公司未就案涉工程办理建设用地规划许可证等相关施工手续,也未对案涉工程进行招投标,双方在签订意向书后未再另行签订合同。案涉工程从2013年11月停工。

2015年7月6日,台建公司向咸阳建筑公司出具承诺书,承诺向咸阳建筑公司支付工人补助:工人总数55人、工资200元/天、生活费50元/天、住宿费75元/天,计算至工人工资支付结束后,并在7日内把工程所有相关款项结算完毕。后双方就工程款结算及停窝

---

① 《建设工程施工合同(示范文本)》(GF-2017-0201)第19.1条"承包人的索赔":根据合同约定,承包人认为有权得到追加付款和(或)延长工期的,应按以下程序向发包人提出索赔:

(1)承包人应在知道或应当知道索赔事件发生后28天内,向监理人递交索赔意向通知书,并说明发生索赔事件的事由;承包人未在前述28天内发出索赔意向通知书的,丧失要求追加付款和(或)延长工期的权利;

(2)承包人应在发出索赔意向通知书后28天内,向监理人正式递交索赔报告;索赔报告应详细说明索赔理由以及要求追加的付款金额和(或)延长的工期,并附必要的记录和证明材料;

(3)索赔事件具有持续影响的,承包人应按合理时间间隔继续递交延续索赔通知,说明持续影响的实际情况和记录,列出累计的追加付款金额和(或)工期延长天数;

(4)在索赔事件影响结束后28天内,承包人应向监理人递交最终索赔报告,说明最终要求索赔的追加付款金额和(或)延长的工期,并附必要的记录和证明材料。

② 参见最高人民法院民事判决书,(2017)最高法民终944号。

工损失赔偿发生争议,咸阳建筑公司向宁夏回族自治区高级人民法院起诉,主张台建公司未按时完成拆迁工作、未办理工程施工手续导致不完全具备施工条件,致使咸阳建筑公司自2013年11月底至2015年年底一直在工地等待开工,要求台建公司赔偿由此造成的停窝工损失。

台建公司辩称,案涉工程没有办理建设用地规划许可证,也没有经过招投标,双方签订的意向书为无效合同。承诺书为意向书的附属合同,主合同无效,附属合同自然无效。台建公司不可能承诺支付已停工多时不进行施工的施工人员工资。台建公司法定代表人被胁迫在承诺书上签字,事后也未得到公司的认可,并未加盖公司公章,承诺书不具有法律效力。

一审法院经审理认为,无论合同是否有效,合同当事人在履行合同发生纠纷时均应本着诚实信用的原则协商处理。对于因故导致建设工程停工的,停工时间及停工后的处理事项等应当按照合同约定执行。未约定停工事项的,双方当事人应当本着诚实信用的原则进行协商,当事人之间达不成协议的发包方对于何时停工、是否撤场应当有明确的意见,并应当给予承包方合理的赔偿;承包方也不应盲目等待而放任停工损失的扩大,应当采取适当措施,如做好人员、机械的撤离等工作,以减少自身的损失。咸阳建筑公司提交的双方往来函件等证据可以证明停工的原因为台建公司未完成拆迁工作、未办理工程施工手续导致不完全具备施工条件。工程停工造成咸阳建筑公司的人员误工损失,但咸阳建筑公司在停工后未采取积极措施阻止损失的扩大,也应承担相应的责任。案涉工程从2013年11月停工至今,咸阳建筑公司主张人员误工损失费13,163,500元。然而承包方不应由于停工的发生而额外受益,咸阳建筑公司主张的误工损失费过高,对于人员误工损失费,可酌情按照台建公司2015年7月6日出具的承诺书中载明的标准,计付3个月,即55人×325元×30天×3个月=1,608,750元。咸阳建筑公司不服一审法院判决,向最高人民法院提起上诉。

二审法院认为,按照咸阳建筑公司的主张,其组织的工人自2013年11月底至2015年年底,一直在工地等待开工,不符合常理,并且在工程实际停工后,咸阳建筑公司应积极采取措施阻止损失的扩大。一审判决酌情认定支持3个月的人员误工损失,在一审法院的裁量范围之内。咸阳建筑公司该项上诉理由不能成立。二审法院最终维持该判项。

(二)发包人要求解除合同后,承包人未采取措施另行安排雇用建筑工人,属于对己方损失扩大的放任,发包人成功反索赔

在江西中联建设集团有限公司①(以下简称中联公司)与江西天睿投资有限公司(以下简称天睿公司)建设工程施工合同纠纷②一案中,2012年4月25日,天睿公司与中联公

① 现更名为中联建设集团股份有限公司。

② 参见最高人民法院民事判决书,(2016)最高法民申674号。

司签订《南威科技大厦综合楼工程施工承包合同》,约定由中联公司承建南威科技大厦综合楼工程项目,承包范围为:地下室1层及办公楼27层。2012年10月28日,天睿公司向中联公司发出通知:因南威科技大厦综合楼工程项目尚未办理取得施工许可证,中联公司在未接到天睿公司开工令之前,不得自行组织进场或进场施工,如自行组织进场或进场施工,产生的法律责任由中联公司承担。2012年11月22日,天睿公司向中联公司发出解除建设工程施工合同通知书:因该工程项目的建设工程规划许可证、建筑工程施工许可证尚未取得,且该建设工程项目的土地使用权存在被政府部门收储的可能,要求解除与中联公司签订的《南威科技大厦综合楼工程施工承包合同》,若因解除合同对中联公司造成损失,可协商解决。2012年12月8日,天睿公司与中联公司有关人员对截至2012年11月25日中联公司已完成工程量和购进的设备、材料进行了汇总。在该汇总表中,天睿公司工程部经理叶某确认中联公司人员窝工时间为105天,但要求补充提供窝工人员身份证明。后天睿公司与中联公司就解除合同事宜未达成一致,天睿公司遂起诉至江西省宜春市袁州区人民法院。江西省宜春市袁州区人民法院一审判决解除天睿公司与中联公司签订的《南威科技大厦综合楼工程施工承包合同》。中联公司对此判决不服提起上诉,江西省宜春市中级人民法院于2014年2月17日作出二审判决:驳回上诉,维持原判。后双方因停窝工损失赔偿发生争议,中联公司向江西省宜春市中级人民法院起诉,主张由天睿公司按照建设工程施工合同履行期间的市场标准,向其支付窝工期间工人留守工地的工资。

天睿公司辩称,天睿公司与中联公司签订的《南威科技大厦综合楼工程施工承包合同》已被法院依法解除,中联公司完成部分的工程款及工地添置材料已被法院判决确定,中联公司起诉要求天睿公司赔偿损失6,477,327元缺乏事实和法律依据,应予驳回。

一审法院认为,天睿公司工程部经理叶某确认中联公司人员窝工时间为105天,但要求补充提供窝工人员身份证明,现中联公司已提供相关人员身份证明,故对上述人员窝工损失1,449,000元(105天×69人×200元/天),予以支持。天睿公司不服一审法院作出的判决,向江西省高级人民法院提起上诉。

二审法院认为,虽然按照当前的市场行情,建筑工人正常施工时每天可能达到200元的工资标准,但正常施工与窝工不同,在窝工期间工人没有实际从事劳动,且并非所有的工人在窝工期间一定会留守工地,按照正常施工期间的市场行情计算工资违背公平原则,中联公司主张按照每人每天200元计算窝工期间的工人工资无事实依据,一审判决按照每人每天200元计算窝工损失不当。在窝工期间,工人没有实际从事劳动,但有一定的生活支出,对窝工人员可酌情给予一定的生活费用,可按照每人每天47元的标准计算窝工损失。中联公司不服二审法院判决,向最高人民法院申请再审。

再审法院认为,关于二审判决认定中联公司的窝工损失按每人每天47元标准计算是否错误的问题。一方面,虽然按照案涉工程施工合同履行期间的市场行情,建筑工人正常施工时每天可达到200元工资标准,但就案涉工程施工合同的实际履行情况而言,中联公司自施工合同签订之日起就面临天睿公司要求解除施工合同的情况,就此而言,中联公司并不会要求所雇用的建筑工人在窝工期间一直留守工地，故如果仍然按照正常施工期间的市场工资标准来计算案涉工程窝工期间建筑工人的损失，有违公平原则。另一方面，《合同法》第119条第1款[①]规定，当事人一方违约后，对方应当采取适当措施防止损失的扩大；没有采取适当措施致使损失扩大的，不得就扩大的损失要求赔偿。就案涉工程施工合同履行情况来看，中联公司在天睿公司已经明确要求解除合同的情况下，应积极采取措施避免损失扩大，其中就包括在已经明确知悉施工会出现停工的情况下，应另行安排所雇用的建筑工人，而不能将所雇用的工人留守在工地，否则中联公司不能就扩大的损失请求赔偿。结合上述两方面因素，二审法院对窝工人员酌情支持其必要的生活费用，即按照每人每天47元的标准予以补偿，并无不当。中联公司请求按照每天每建筑工人200元的工资标准予以补偿，依据不足，本院不予支持。

综合以上两案例不难发现，现行司法实践中因故导致建设工程停工的，停工时间及停工后相应事项的处理应当遵照合同约定。合同未约定的，当事人应当本着诚实信用的原则协商，作为发包人，对于何时停工、是否撤场应当有明确的意见，并且给予承包人合理的赔偿；作为承包人也不能盲目等待、放任损失扩大，应当采取措施做好人材机的撤离，减少己方损失。

第八节　索赔值审核

一、概述

如前所述，在建设工程施工合同履行过程中，发包人或承包人因非自身原因导致工期延误而遭受经济损失或权利损害时，基于法律规定或合同约定，可通过一定的程序向相对方发出工期索赔报告主张工期索赔，维护自身合法权益。索赔方为了实现己方利益的最大化，往往会夸大索赔天数和索赔费用数额，因此在审查工期索赔报告时，承发包双方除需关注对工期索赔依据的考量、工期索赔条件成就与否的核查、工期索赔范围的确定以及工期、费用索赔的举证等因素，还应着重对索赔值的准确性、合理性进行审核。

索赔值计算，一般包含两个方面的事实认定，一是确实存在可能导致工期延误的事由，二是确定工期延误的原因及可索赔的具体时间和相应的费用。在工期延误发生后，实际竣工日期和实际开工日期之间的差值即为实际工期，也就可以计算出实际工期相对于合同约定工期的延误时间。但是，这对于工期和费用索赔值的审核而言还是不够的，对于工期延误天数的计算，还有以下三个问题需要明确：(1)判断是否存在工期索赔的合理理由，以及合同双方是否履行了合同约定的通知或变更手续；(2)延误的工序对总工期的影

① 《合同法》已失效，该条款现为《民法典》第591条第1款：当事人一方违约后，对方应当采取适当措施防止损失的扩大；没有采取适当措施致使损失扩大的，不得就扩大的损失请求赔偿。

响程度,特别对于大型建设工程而言,并非所有的工序延误都会对整个工程的总工期造成影响,只有在关键线路上产生的延误才会真正影响工程的总工期,才是建设工程项目中的实际工期延误值;(3)划定工期延误的责任范围,对于因索赔方原因造成的工期延误,显然对方不应承担责任,在工期延误发生后因索赔方没有采取适当措施而扩大部分的损失,根据《民法典》第591条确立的减损规则,对方也不应承担责任。对于工期延误导致的损失费用计算,有以下三个问题需要明确:(1)费用发生的真实性;(2)费用发生的必要性;(3)费用发生与工期延误的关联性及责任承担。

双方就工期问题产生争议后,索赔值审核过程中,反索赔方应该从上述角度出发,尽最大努力,参考已有类案裁判中所体现的裁量规则,使用能为法院、仲裁庭及索赔方共同接受的方法对工期、费用索赔值进行评估、分析,审核索赔方的工期、费用索赔值。

二、相关案例

(一)发包方工期索赔天数虚高,法院对不合理的索赔天数予以核减

在江苏南通六建建设集团有限公司(以下简称南通六建)与上海浦庆投资有限公司(以下简称浦庆公司)建设工程施工合同纠纷①一案中,2004年2月24日,南通六建与浦庆公司订立《施工合同》和《补充协议》各一份,《施工合同》约定:开工日期为2004年2月15日,竣工日期为2004年10月12日,合同工期为总日历天数240天。《施工合同》通用条款第13.1款约定,因以下原因造成工期延误,经工程师确认,工期相应顺延:(1)发包人未能按专用条款的约定提供图纸(发包人须在相应部位之工程开工前提供相应部位工程之设计施工图纸)及开工条件;(2)发包人未能按约定的日期支付工程预付款、进度款,致使施工不能正常进行;(3)工程师未按合同约定日期提供所需指令、批准等,致使施工不能正常进行;(4)设计变更和工程量增加;(5)一周内非承包人原因停水、停电、停气造成停工累计超过8小时;(6)不可抗力;(7)专用条款中约定或工程师同意工期顺延的其他情况。第13.2款约定,南通六建在第13.1款情况发生后14天内,就延误的工期以书面形式向工程师提出报告。工程师在收到报告后14天内予以确认,逾期不予确认也不提出修改意见,视为同意顺延工期。《施工合同》通用条款第26.2、26.3、26.4款约定,通用条款第23条确定调整的合同价款,第31条工程变更调整的合同价款及其他条款中约定的追加合同价款,应与工程款(进度款)同期调整支付。浦庆公司超过约定的支付时间不支付工程款(进度款),南通六建可向浦庆公司发出要求付款的通知,浦庆公司收到南通六建通知后仍不能按要求付款,可与南通六建协商签订延期付款协议;协议应明确延期支付的时间和从计量结果确认后第15天起计算应付款的贷款利息。浦庆公司不按合同约定支付工程款(进度款),双方又未达成延期付款协议,导致施工无法进行,南通六建可停止施工,由浦

① 参见上海市高级人民法院民事判决书,(2010)沪高民一(民)终字第26号。

庆公司承担违约责任。后工程于2005年7月7日竣工。

双方因工程结算产生争议,南通六建提起诉讼,要求浦庆公司支付工程欠款等,浦庆公司提起反诉要求六建公司支付延误工期违约金1,341,600元(暂主张200天,其余违约金保留追索权)。案件经上海市第一中级人民法院、上海市高级人民法院审理终结。

就本案中出现的导致工期延误的事由,一审、二审法院评判如下。

1. 关于工程量变更及增加要求顺延工期的问题。一审法院认为,工程量变更并非顺延工期的法定事由,工程量变更后并不必然改变工期。工程量变更后是否缩短或延长工期,如何确定工期,应由当事人在订立合同时约定或在履行过程中协商一致确定。而南通六建的本项主张,既不符合双方当事人关于因工程量变更而顺延工期的约定,也未就此协商达成一致意见。故对南通六建的本项主张,不予采纳。二审法院认为,工程量变更及增加,如果影响施工工期的,施工方应当提出相应的工期顺延。如果未提出申请的,视为对施工工期没有影响。本案中,南通六建以工程量变更及增加为由要求工期顺延,缺乏相应的事实依据,本院不予采信。

2. 关于天气原因应顺延工期的问题。一审法院认为,《合同法》第117条①规定,因不可抗力不能履行合同的,根据不可抗力的影响,部分或者全部免除责任,但法律另有规定的除外。该法所称不可抗力,是指不能预见、不能避免并不能克服的客观情况。南通六建所列低温情况,并非灾害性天气,不符合法律规定的不可抗力的构成要件。监理单位对做好冬季施工阶段提出的要求,与是否能顺延工期无必然联系。故采纳浦庆公司的意见,南通六建不能因天气原因顺延工期。二审法院支持了上述意见。

3. 甲供料、分包延迟工期(电表箱、外墙涂料施工)的问题。一审法院认为,根据《合同法》第283条②规定,按照约定的时间和要求提供原材料、设备、场地、资金、技术资料等,是浦庆公司的法定义务。甲供料供应不及时及分包工程施工队伍不及时进场,势必影响南通六建施工进度。现有证据表明,浦庆公司确有材料供应不及时及专业分包队伍进场延迟的情况。浦庆公司对鉴定单位的计算依据施工进度计划持有异议,认为监理单位、浦庆公司均未签收该施工进度计划。但监理单位2004年10月22日的第二十次例会上确有"两个施工单位的施工总进度计划已报项目监理部"之表述。至于天数,鉴定单位已扣除时间重叠的部分。南通六建本项主张的依据为法定事由。据此,采纳鉴定单位的意见,即本项南通六建可顺延工期77天。二审法院认为,双方往来函件及工程例会纪要证明,系争工程在实际施工过程中存在甲供料供应不及时及专业分包队伍进场延迟而影响工程正

---

① 《合同法》已失效,该条款现被拆分为《民法典》第180条第2款与第590条第1款。《民法典》第180条第2款:不可抗力是不能预见、不能避免且不能克服的客观情况。第590条第1款:当事人一方因不可抗力不能履行合同的,根据不可抗力的影响,部分或者全部免除责任,但是法律另有规定的除外。因不可抗力不能履行合同的,应当及时通知对方,以减轻可能给对方造成的损失,并应当在合理期限内提供证明。

② 《合同法》已失效,该条款现为《民法典》第803条:发包人未按照约定的时间和要求提供原材料、设备、场地、资金、技术资料的,承包人可以顺延工程日期,并有权请求赔偿停工、窝工等损失。

常施工的现象，该部分工期应予扣除。一审法院采纳鉴定单位意见，确认工期相应顺延77天，有事实依据，本院予以维持。

4. 关于延期支付进度款应推迟工期的问题。一审法院认为，正如南通六建所称，根据《补充协议》第5条第5.1.1项的约定，支付进度款的基数为合同单价或者根据第4.1.1项调整后的合同单价。而现有证据显示，双方当事人并未根据《补充协议》第4条的约定调整过合同单价。虽法院在阐述"关于工程造价计算方式的问题"时，基本采纳了南通六建的意见，即在确定工程造价的方式时，套用"九三定额"的方式按实结算。但当时南通六建、浦庆公司并未按约调整单价，南通六建要求将根据本院现在确定的计算方式得出的造价，作为浦庆公司当时应付进度款的基数，不符合《补充协议》第5条的约定，故采纳浦庆公司的意见，确定本项浦庆公司延期支付进度款的时间为14天。南通六建据此可顺延工期14天。二审法院认为，本争议焦点首先解决支付进度款的依据问题。双方约定支付进度款的基数是合同单价。而双方约定的合同单价只有白图的合同价款，故一审法院以该价款作为支付进度款依据，有事实依据。南通六建要求按照蓝图作为支付进度款依据，本院不予采信。鉴定单位据此确认浦庆公司延期支付进度款，工期相应顺延14天，有事实依据。浦庆公司上诉认为不应当顺延工期，无事实依据，本院不予采信。

综上所述，二审法院认为，系争工程约定于2004年10月20日竣工，实际竣工日期为2005年7月7日，经过审查可顺延工期为91天。

通过上述案件的裁判过程，可以比较明显地看出，在可能导致工期延误的4项事由（工程量增加、天气原因、甲供材料及分包单位进场不及时、迟延支付工程款）发生后，应具体根据该延误事由的责任划分及对于整体工期的影响程度，确定可顺延的工期。对于索赔值审核来说，同样可以参照上述思路，在确定具体延误事由后，再依据延误事由的责任划分及对整体工期可能产生的影响，合理裁量索赔值。该思路亦有助于反索赔方梳理索赔值的计算过程，对索赔报告中不合理、不准确、不适当的部分相应扣减，以得出最终可接受的索赔值。

（二）承包方索赔工期延误损失虚高，仲裁庭对不合理的索赔费用予以核减

在盛威公司与中邦公司建设工程施工合同纠纷仲裁案中，发包人盛威公司与承包人中邦公司就科研大楼工程签订《建设工程施工合同》，合同金额为人民币1.2亿元，自2014年8月6日开始施工，合同工期为总日历天数460天。中邦公司编制了详细的关键线路进度计划，并于项目开始时递交盛威公司。工程因场地移交滞后、环保检查，导致工期延误、施工成本增加。因工程款结算争议，中邦公司提起仲裁，要求盛威公司支付工程款并赔偿停工、窝工损失。就中邦公司工期索赔，仲裁庭评价如下：

1. 因盛威公司未按期移交场地导致基坑开挖时间滞后，中邦公司索赔工期85天，索赔费用156万元，具体包括施工机械闲置及进出场费用损失90万元，施工人员误工、退场费用36万元，项目部管理人员工资损失30万元。仲裁庭认为，盛威公司移交场地是中邦

公司进行施工作业的前提，故支持中邦公司的工期顺延请求，工期顺延 85 天。对于索赔费用，仲裁庭认为，中邦公司虽主张因盛威公司未按期移交场地导致产生费用 156 万元，但是，根据中邦公司提交的施工设备租赁合同、设备使用记录、进出场记录及结算单等证明材料，其主张金额及费用计价标准均高于实际发生金额，根据造价鉴定单位的计算结果，仲裁庭认定实际发生施工设备闲置及进出场费用损失 60 万元；根据中邦公司提交的施工人员、管理人员工资发放记录、签到考勤记录以及盛威公司提供的监理例会纪要等证明材料，仲裁庭认为，虽然中邦公司提供了相应的施工人员、管理人员的工资发放记录，但在此期间中邦公司进行了现场临建的施工和施工准备工作，无法证明上述施工人员、管理人员在此期间完全处于停工状态，即使工程完全停工，中邦公司亦应采取必要措施进行减损，盛威公司的抗辩理由成立，仲裁庭根据双方提交的证据及造价鉴定单位的意见，酌定支持中邦公司施工人员误工、退场费用 12 万元，项目部管理人员工资损失 7 万元，即盛威公司支付中邦公司损失共计 79 万元。

2. 因环保检查导致地下室施工整体暂停，承包人索赔工期 7 天，索赔费用 25 万元。仲裁庭认为，因国家环保检查导致工程停工，盛威公司向中邦公司下发了停工令，工程也实际停工 7 天，中邦公司可以获得工期顺延，故支持中邦公司的工期顺延请求，工期顺延 7 天。对于索赔费用，仲裁庭认为，根据中邦公司提交的施工设备租赁合同、使用记录、施工人员、管理人员工资发放记录、签到考勤记录、施工日志、监理会议纪要等证明材料，中邦公司确因环保检查全面停工 7 天，产生了停工人员、施工设备窝工损失，但是，盛威公司抗辩认为，盛威公司对环保检查不存在过错，在签订合同时亦不能预见，让盛威公司承担全部损失不符合公平原则，该损失应由双方分担，仲裁庭认为，盛威公司的抗辩理由成立，酌定盛威公司承担停工损失 10 万元。

通过上述案例可知，索赔方在索赔报告中所载明的工期索赔值计算过程，无疑是运用了有利于索赔方的计算方法。各种索赔值的计算方法有其计算特点和最佳适用范围，也有其特殊的优劣点，如何在索赔报告之外，寻找案涉建设工程最为适用、延误天数计算最为准确的索赔值计算方法，是工期反索赔是否成功的关键要素之一。从表面上看，工期索赔的目的在于获得工期的延长，但其真正目的在于避免承担因合同逾期带来的违约赔偿及获得赶工费用补偿，因此工期索赔值审核直接关涉建设工程的最终结算，反索赔方应给予充分的重视，避免因索赔值审核不力带来的额外损失。

第八编

工期鉴定

第一章

工期鉴定的需求

第一节　工期鉴定问题的提出

工期是工程合同管理的主线,对合同双方均至关重要。就承包人而言,无法按期完工即需支付发包人延期赔偿费,且每延期一天所发生的额外费用金额庞大;就发包人而言,所投资的项目延期投入使用,不仅将导致经济效益受损,甚至还可能造成一定的社会负面影响。

此外,工期管理属于动态管理,而承发包双方签约时约定的竣工日期是静态时间,由于合同管理技术原因,工程合同对工期的约定仅仅体现在权利义务层面的总体定性表述,难以给出具体的操作程序。即使是国际知名的工程合同范本,如FIDIC、AIA ①、JCT ②等系列合同范本亦是如此。因此,在项目执行期间,工期延误问题很容易成为双方争议焦点之一,也是建设工程合同中最难解决的问题之一。

建设工程中的工期问题,作为建设工程进度管理的关注要点,与建设工程管理质量、造价两大要素同为工程管理重要内容。但在国内工程管理实务中,无论从规范体系还是实际操作上来看,工期管理水平与重视程度均不及质量管理与造价管理。而工期管理水平无法满足工程建设管理需求,极易导致承发包双方对工期问题产生争议。由于建设工程项目具有长期性、复杂性、专业性与动态性等特点,工期的计算和索赔问题一直是工程建设领域和司法实践中的难题,绝非实际工期和合同工期之间简单的加减计算。

工期问题属于建立在施工进度计划基础上的专业工程技术问题。工期争议发生后,当事人往往就工期延误的原因、天数、损失以及责任划分等问题,亦即定性和定量问题各持己见。出现该等情形时,裁判者可能大多并非建设工程领域的专业人士,可能会因工期专业知识储备不足而无法量化分析,故需聘请工期鉴定专业机构使用专业技术方法进行分析。工期鉴定机构针对争议中所涉及的工期专门性问题出具的鉴定意见,对法官或仲

① 美国建筑师协会,全称为“American Institute of Architects”。

② 英国联合合同委员会,全称为“The Joint Contracts Tribunal”。

裁员就相关问题作出判断与认定具有重要的参考与借鉴意义,工期鉴定制度存在予以推广的必要。

第二节　工期鉴定概述

一、工期鉴定的概念

《民事诉讼法》第76条第1款规定:"当事人可以就查明事实的专门性问题向人民法院申请鉴定……"建设工程工期是承包人依据工程技术规范及其施工经验编制并经发包人批准的施工计划,按照特定的工艺流程和组织关系严格有序地完成全部或部分工程所需要的期间①。而工期鉴定是指鉴定机构接受人民法院或仲裁机构委托,在诉讼或仲裁案件中,运用工程进度管理方面科学技术和专业知识,对工程工期争议中涉及的专门性问题进行鉴别、判断并提供鉴定意见的活动。具体而言,专门性问题如工期延误的原因、工期延误的天数属于工期鉴定的委托范围。

二、工期鉴定的规范安排

我国司法部司法鉴定管理局发布的SF/ZJD0500001—2014《建设工程司法鉴定程序规范》,从体例编排结构上,将建设工程司法鉴定分为质量类鉴定及造价类鉴定两种,而工期鉴定从属于造价鉴定。工期鉴定的相应鉴定程序规定体现在该规范的第7.2条。虽然该规范于2018年11月8日被司法部办公厅发文废止②,但其原则依然被住房和城乡建设部批准并发布的国家标准《建设工程造价鉴定规范》(GB/T 51262—2017)沿用,在该国家标准的第5.7条亦将工期鉴定作为造价鉴定中的一种,纳入该国家标准的规制范围,规定由接受委托从事工程造价鉴定的工程造价鉴定咨询企业进行工期鉴定。

可见,在目前的建设工程司法鉴定规范体例中,工期鉴定并未受到应有的关注,而是仍依附于造价鉴定之下,由造价咨询公司实施。且此类规范对于鉴定内容、鉴定方法、现场勘验、证据提交等重要环节,均未针对工期鉴定作出规定,导致工期鉴定的操作依据不足,进而出现鉴定机构不甚专业,鉴定报告质量不高,法院、仲裁机构采信难度较大等问题。如在江苏省高级人民法院审理的常熟市九泰宏业置业有限公司与浙江国泰建设集团有限公司建设工程施工合同纠纷案③中,鉴定人对工期的鉴定方法使用不当,导致工期延误鉴定意见不被采信。在实务中,启动工期鉴定以及使用鉴定意见审理当事人工期争议

① 参见吕辉木:《工期延误司法鉴定法律问题浅析》,载《中国招标》2014年第43期。

② 参见《关于颁布和废止部分司法鉴定技术规范的通知》(司办通〔2018〕139号)。

③ 参见江苏省高级人民法院民一庭课题组:《建设工程司法鉴定疑难问题研究》,载《法律适用》2016年第4期。

的现状不容乐观。

三、工期鉴定的技术发展——法务工期分析

法务工期分析与一般项目管理中的进度管理不同，是指在诉讼或仲裁等争议解决过程中使用关键线路法（CPM）等进度计算方法专门进行工期研究与调查的法律过程。① 简言之，即法务工期是建设工程工期争议解决的一种技术分析方法。国内实务界已有机构 ②引进法务工期概念进行工期鉴定分析。

我国目前并无法务工期分析规范，分析方法主要参考美国国际工程造价促进会出版的《法务工期分析》和英国工程法学会出版的《工期延误与干扰索赔分析准则》。《法务工期分析》将专门用于法务工期分析的方法进行了分类，共包含 9 个类别。具体如何选择分析方法，需要依据进度来源数据的可靠性和可用性等因素进行选择与组合。

目前，已有法院 ③或仲裁机构 ④委托专业机构利用法务工期分析方法为其提供工期延误责任划分以及工期延误损失计量鉴定意见的做法。

第三节　工期鉴定的必要性与可行性

一、工期鉴定的必要性

（一）司法实践中，工期延误责任和损失认定较难

如前所述，施工过程中影响工期施工进度的因素众多，且工期延误认定具有很强的专业性，而发包人、承包人工期管理能力参差不齐，发生争议时通常无法提供完整的证据材料，故司法实践中少有当事人能够准确举证证明工期延误责任和损失，从而获得裁判机构支持。加之大部分法官或仲裁员并非工程出身，掌握的工期专业知识有限，因此工期延误定量分析便成为一个难题，尤其是共同延误导致工期延误时，裁判者更加难以厘清发包人、承包人各自的责任。多数当事人举证证明工期延误只是笼统进行定性分析，仅凭合同约定的工期顺延事项或其他影响工期的事项进行举证，而忽略分析该事件是否足以导致工期顺延以及工期顺延的具体天数，此时若不借助专业工期鉴定机构的力量协助裁判，往往导致裁判者或者以证据不足为由不支持当事人工期延误损失或停、窝工损失的主张，或者仅凭笼统分析，同时考虑双方的举证责任，并依据平衡双方利益等原则将责任粗略划分。

---

① 参见 *Forensic Schedule Analysis*，AACE International Recommended Practice No. 29R－03。
② 如联合建管（北京）管理咨询有限责任公司。
③ 如北京市朝阳区人民法院委托联合建管（北京）管理咨询有限责任公司进行工期鉴定。
④ 如北京仲裁委员会委托联合建管（北京）管理咨询有限责任公司进行工期鉴定。

(二)工期鉴定的作用

审判实践中较为先进的做法是启动工期鉴定。工期鉴定的关键作用在于解决定量问题。鉴定机构可使用专业技术进行科学的计算与分析,对延误影响事件、影响时段、造成工期延误的天数等作出定量分析,力求真实、全面地还原工程建设历史过程,并结合3D、4D等可视化模拟技术,使鉴定分析内容既专业又直观,更好更快地帮助裁判者进行决策。

二、工期鉴定的可行性

当然,工期鉴定与鉴定材料的充分程度、鉴定人员的专业技术、建设工程施工水平及技术难度有很大关系,很多情况下鉴定结果都具有不确定性。只有当证据充足、鉴定人员专业的情况下,启动工期鉴定以及作出较为明确的鉴定意见才具有较大可行性。若当事人无法提交充足证据证明工期延误事实与损失,则无法启动工期鉴定;若工期鉴定意见书因依据不足无法确定工期延误天数及损失,则裁判机构无法采信。

因此,就当事人而言,只有在启动工期鉴定前对案件工期争议事实问题做全面梳理后再开展工期鉴定才是有效、可行的,具体包含两个方面:

第一,有主张工期延误的实体请求。当事人申请工期鉴定系基于其在争议解决过程中提出了工期索赔请求,包括工期顺延、额外费用损失赔偿等。

第二,有初步证据证明存在工期延误事实。启动工期鉴定的前提是存在与工期有关的争议事实。鉴于工期延误责任的划分是最核心的争议,工期鉴定需要当事人双方,尤其是申请工期鉴定的一方当事人提出初步证据证明工期延误事实,包括但不限于发生延误事件的事实、产生延误结果的事实、事件与结果之间的因果关系。

就鉴定机构而言,应在证据充足的基础上,根据不同工程的情况,选择适当的分析方法,尽可能采用更直观的展示方法,使裁判者更易读懂专业性较强的工期鉴定意见书,同时避免对应由裁判者自行判断的事项越俎代庖,力争成为裁判者厘清工期责任的好助手。

第二章

工期鉴定机构的选择

第一节　工期鉴定机构的产生

各地法院以及部分仲裁机构对建设工程的质量和造价的司法鉴定机构都有名录，一旦法院或仲裁庭同意进行鉴定，具体的鉴定机构由双方当事人协商确定，协商不成的，会采取随机抽选或从名录中指定的方式确定。

如前所述，实践中关于工期鉴定机构的选择常常存在两个误区。第一个误区是将造价鉴定能力与工期鉴定能力相混淆，误以为具备造价鉴定能力和资质的鉴定机构必然具备工期鉴定能力。实际上，工期鉴定能力与造价鉴定能力是两类截然不同的能力。因此，通常名录上的鉴定机构并不具备工期鉴定的能力。这样，工期鉴定机构常常需要从社会上具备工期鉴定能力的中介机构中进行选择，而非必然是名录上的鉴定机构。第二个误区是认为存在对工期鉴定资格的官方认定。目前，我国并没有对于工期鉴定设置专门的司法鉴定资格认定，关于工期鉴定并不存在专门的资格。

因此，在进行工期鉴定机构选择时，应该重点关注候选的工期鉴定机构是否具有相应的工期鉴定经验，以及这些机构的人员是否拥有工期鉴定或担任工期延误专家证人的丰富经验。

第二节　工期鉴定机构的委托

一、工期鉴定服务建议书

工期鉴定在实践中还比较少，没有特别成熟的先例可供借鉴。不过，北京仲裁委员会是中国最先引入工期鉴定的争议解决机构之一，其让工期鉴定机构候选单位提供工期鉴定服务建议书的做法值得借鉴。该做法便于法庭或仲裁庭明确工期鉴定范围，并为未来工期鉴定机构的遴选与确定提供参考依据。

示例

关于A小区建设项目施工合同纠纷工期鉴定服务建议书

1. 案情背景理解

根据北京仲裁委员会(以下简称北仲)提供给我们的本案有关资料,我们对于案情初步了解如下:

甲公司与乙公司签订《A小区建设项目施工总承包合同》,并约定竣工日期为2015年12月31日。在合同实际履行过程中,本项目出现多次停工以及工期延误情况,双方已于2018年2月11日解除合同。

甲公司在北仲提请仲裁,请求裁决乙公司支付工程索赔款,其中包括因工期延误导致的管理费、水电费增加以及停工期间的窝工损失等。乙公司提出反请求,请求裁决甲公司支付工期延长产生的咨询服务费、物业管理费、企业管理费和资金占用成本等。

2. 本案核心焦点看法

从初步了解的资料来看,工期延误责任和与工期有关的费用计算是本案主要的争议焦点。双方当事人的仲裁请求和反请求中均包括数项与工期延误及相关费用争议有关的请求。鉴于此,首先需要对工期时间、延误事件、延误原因、延误影响程度以及延误责任进行清晰地梳理,然后在确定的工期延误责任基础上进行有关费用的计算,该费用计算需要使用与工期索赔相关的特殊计算方法进行。

3. 我们可以提供的鉴定服务

根据我们对本案的初步理解,我们可以为本案提供下列相关服务:

(1)针对双方当事人所提交的仲裁资料提出《工期延误分析报告》

我们注意到本案中有关工期的争议可以划分为三类。

第一类是双方对停工期间及停工原因均已达成一致。此类包括APEC会议停工、反法西斯胜利庆祝活动、2017年冬季停工。

第二类是双方对停工期间认可一致,但对原因及责任不一致。此类包括清华附中教学楼事故、2016年无正式图纸并修改设计、2017年无正式图纸并修改设计。

第三类是双方对停工期间及停工原因均不一致。此类包括复工前准备、冬季停工、雨季影响、图纸影响、反法西斯胜利庆祝活动计算差异等。

在建设工程合同中,工期延误的因果关系一般可以分为三段。

第一段:必须发生了工期延误事件;

第二段:工期延误风险事件导致了工程进展延误;

第三段:工程竣工日期的延误必须是由工期延误事件引起的工程进展延误。

根据前述,我们将《工期延误分析报告》范围矩阵总结如表8-2-1所示:

表8-2-1 工期延误分析报告范围矩阵分析

类别	因果关系		
	第一段延误事件性质	第二段工程进展延误	第三段工期延误
第一类			√
第二类	√		√
第三类	√	√	√

对于第一类延误,虽然双方对停工期间及停工原因均已达成一致,但停工期间的天数并不必然等于工期延误的天数(可能等于也可能不等于),因此仍然需要在整个工程进度计划环境下来看具体的工期延误天数。

对于第二类延误,双方对停工期间认可一致,我们将分析停工责任以及工期延误天数。

对于第三类延误,双方对停工期间及停工原因均不一致,我们将分析延误事件性质、停工天数以及相应的工期延误天数。

除此之外,我们还发现停工天数与项目工期实际延误天数不一致,并且乙公司在其《鉴定申请书》的"申请事项"中写明"请求仲裁庭指定鉴定机构,对系争项目除停工期外的其他施工期间施工天数有所增加的原因进行鉴定"。因此,除上述停工争议之外,我们还将分析其他工期延误事件对项目工期的影响。

为了完成该分析报告,我们需要确定双方的基准进度计划,整理出双方在项目实施过程中各自应承担责任的延误事件,确定各个延误事件的影响范围和程度,进而最终分析确认本案双方应当承担的有关工期延误责任。

具体的工期延误分析方法,我们将根据可获得的资料,从国际工期延误分析方法中选择适合本案的方法。

(2)根据工期分析进行费用计算完成与工期有关的《工期延误补偿费用分析报告》

双方在本案中的焦点争议之一是由于项目长期拖延而产生的各种费用增加。因此,在完成工期延误分析并已明确本案双方各自工期延误责任的基础上完成有关费用计算是本案工期鉴定服务的重点。

从国内外建设工程合同实践来看,一般合同都不会约定工期延误补偿费用的计算方法。在合同没有约定的情况下,根据有关国际准则和相关国际工程争议解决实践,与工期有关的争议费用是以工期延误期间的实际损失为计算依据的。因此,我们需要整理和分析双方当事人在有关工期延误期间实际发生的额外费用,并确定该费用与工期延误之间的直接因果关系,再运用国际通行费用计算公式对有关间接成本进行计算,从而得到有关的赔偿费用分析报告。

目前国内能够使用与国际争议解决相同方式进行工期鉴定的实践非常匮乏。很多从业人员习惯借鉴工期定额作为有关计算的依据和基础,但是工期定额作为长时间未能更新的行业平均水平,并不能反映特定工程发生工期延误以后,一方当事人由于另一方当事人的责任而遭受的实际损失程度,因此,在工期鉴定过程中不宜使用工期定额作为有关工期争议的计算依据。我们在本案中将尽可能地按照国际工程争议解决实践中的惯常做法,即以当事人实际遭受的损失作为基础,同时采用国际准则中推荐的有关计算公式完成相关计算。

由于乙公司在其《鉴定申请书》的“申请事项”中写明“请求仲裁庭指定鉴定机构,对系争项目除停工期外的其他施工期间施工天数有所增加的原因进行鉴定”。这样有可能会存在当事人双方在仲裁请求和反请求中没有提及的新的延误事件所导致的费用补偿。我们是否需要针对此类新出现的延误事件计算补偿费用,将会密切与仲裁庭沟通。

此外,工期鉴定会与合同解释以及法律密切关联,我们会及时与仲裁庭沟通。

4. 需要资料

为了在本项目中与仲裁庭一起配合为本案提供高质量的专业服务,我们需要查阅有关项目资料以便开展后续工作。项目资料清单包括并不限于如下内容:

(1)项目合同文件。

(2)合同进度计划以及过程中合同进度计划的更新。

(3)项目月报及其他周期性报告。

(4)项目往来文件和联络单。

(5)项目会议纪要。

(6)乙公司和甲公司延误事件清单及相应证明文件。

(7)乙公司和甲公司延误事件影响程度计算结果。

(8)双方已提交的仲裁请求、反请求、变更仲裁请求以及相关证据文件。

(9)有关索赔费用的实际发生证据资料。

(10)乙公司和甲公司在本案合同存续期间内的企业财务报告。

联合建管(北京)管理咨询有限责任公司

二、工期鉴定委托函

法庭或仲裁庭参考前述工期鉴定机构的工期鉴定服务建议书,并根据案件其他具体情况向选定的工期鉴定单位发送工期鉴定委托函。

示例

关于(2017)京仲案字第×号仲裁案委托鉴定函

联合建管(北京)管理咨询有限责任公司:

北京仲裁委员会于2017年10月13日受理了申请人甲公司与被申请人乙公司之间因《A小区建设项目施工总承包合同》所引起的争议仲裁案。鉴于双方当事人对工期延误情况以及与工期有关的工期延误补偿费用情况产生争议,仲裁庭决定委托贵公司进行鉴定。

鉴于本案的实际情况,本案的鉴定工作将分为两个阶段:

(1)工期延误鉴定阶段,对工期延误天数、双方存在分歧的工期延误事件性质及其对工期的影响、双方存在分歧的停工原因和责任等进行鉴定;

(2)工期延误相关损失鉴定阶段,即根据前述工期延误鉴定意见并结合双方当事人的仲裁请求和反请求,对工期延误相关损失进行鉴定。第二阶段的鉴定工作将在第一阶段完成后,再根据第一阶段鉴定结果和本案审理的需要,由仲裁庭决定具体的鉴定事项内容和范围。

现将委托函转呈贵公司,请贵公司书面告知仲裁庭是否接受委托。如同意接受委托,请贵公司同时告知第一阶段鉴定所需费用、需要当事人提交的资料以及所需鉴定时间,并告知贵公司负责鉴定工作的主要联系人和联系方式。

鉴定结束后,请提供书面鉴定意见一式六份。

谢谢合作!

本案秘书工作由张某负责。

北京仲裁委员会

第三章

工期鉴定意见书的编写

第一节　工期鉴定意见书概述

工期鉴定意见书一般包括如下内容:(1)概述;(2)主要意见和观点;(3)延误事件识别;(4)延误事件对工程进度的影响;(5)延误事件对工程工期的影响分析;(6)延误事件的责任归属。

概述通常包括委托内容与范围、鉴定机构及鉴定人资格的说明、鉴定工作过程简述和收到的资料及分析依据。

一、委托内容与范围

委托内容与范围通常需要说明裁判机构名称、本案的原告/申请人、被告/被申请人以及裁判机构委托工期鉴定机构的名称、工期鉴定的范围。

二、鉴定机构及鉴定人资格的说明

该部分着重介绍鉴定机构与鉴定人的基本信息与资格情况。实践中,在采用工期延误专家证人方式时,通常仅着重介绍工期延误专家证人的简历,不会介绍工期延误专家证人所在机构;但工期鉴定意见书中则需要着重介绍鉴定机构的业绩。为了保持此部分内容的简洁,不影响报告正文的阅读,通常将该部分内容以附件形式附在鉴定意见书正文后。

三、鉴定工作过程简述

鉴定工作过程简述是将鉴定意见书编写工作前的主要工作按照时间顺序列出,主要包括工期鉴定工作委托、工期鉴定工作开始、工期鉴定证据收集等事件的时间点。实践中,形成工期鉴定意见书初稿的相关工作过程主要有以下步骤:

1. 裁判机构委托鉴定机构对本案进行工程工期鉴定并提交与工期鉴定有关的案件

材料。

2. 原告/申请人向鉴定机构提交工期鉴定补充材料。

3. 鉴定机构将原告/申请人提交的工期鉴定补充材料转交被告/被申请人，并要求被告/被申请人限期书面回应。

4. 被告/被申请人向鉴定机构提交关于原告/申请人补充鉴定材料的书面回应意见。

5. 鉴定机构分别与原告/申请人、被告/被申请人召开会议，听取其各自陈述本案工期争议的主张并就鉴定资料问题交换意见。

6. 原告/申请人、被告/被申请人双方向鉴定机构进一步提交关于本案鉴定所需的其他资料及补充说明。

7. 鉴定机构向本案当事人提供鉴定分析报告（草稿）及相关附录、附件。

四、收到的资料及分析依据

鉴定意见书需要介绍工期鉴定所依据的工期延误相关证据资料，包括合同文件、招投标文件、进度计划、工程实施过程的记录、技术文件、往来信函等。

此外，鉴定意见书还需要说明鉴定机构作出鉴定意见所依据的规范性文件。由于中国行业协会并没有发布工期鉴定规范，特别是工期延误分析的规范，因此，工期延误分析通常借鉴英美行业学会的规范。

第二节　工期鉴定意见书其他主要内容

一、主要意见和观点

该部分将整个报告的主要意见和观点进行综述介绍，使法庭或仲裁庭以及双方当事人能够在很短的时间内了解整个报告的大致内容。如某鉴定机构通过阅读大量鉴定资料并采用经典法务工期分析方法，就本案工程的工期争议形成以下意见和观点：以 2010 年 12 月 20 日为合同开工日期，合同工期为 563 个日历天，合同计划竣工日期为 2012 年 7 月 5 日。实际竣工日期为 2014 年 7 月 18 日，共计延误 744 个日历天。其中申请人的工期责任为 318 个日历天，被申请人的工期责任为 350 个日历天，不利降雨天数抵扣 76 个日历天。

二、延误事件识别

延误事件识别是工期鉴定机构在进行工程任务延误和工期延误分析之前需要做的基础工作。工期鉴定机构通过大量阅读鉴定资料以明确项目中发生的延误事件，在该部分列出延误具体事由与所依据的基础文件信息。

三、延误事件对工程进度的影响

在对延误事件进行识别之后,本部分将介绍延误事件对工程进度的影响情况,重点以延误事件对工程进度计划表中各项任务的影响程度为出发点进行分析,具体包括延误事件名称、延误程度(具体延误日历天数)、受影响的进度任务名称等。

四、延误事件对工程工期的影响分析

本部分将重点介绍延误事件对工程工期(竣工日期)的影响并进行分析,具体需要说明延误分析方法的采用、各版进度计划的法律地位以及基于延误分析方法进行分析的过程等。

五、延误事件的责任归属

根据延误事件对竣工日期影响的分析,将分析意见在此进行最后的汇总。

第四章

工期鉴定案例展示

第一节　案 例 背 景

本案例是北京仲裁委员会/北京国际仲裁中心第一例按照国际法务工期分析方法进行工期鉴定的案例。本案首席仲裁员是本书著者之一袁华之律师,工期鉴定机构为联合建管(北京)国际工程科技有限责任公司(以下简称联合建管、鉴定机构或鉴定人)。

一、本案例工期鉴定文件组成

1. 工期鉴定意见书
2. 申请人复议意见
3. 被申请人复议意见
4. 鉴定机构关于复议意见的回复
5. 对鉴定意见书的意见汇总
6. 鉴定机构关于申请人意见的回复
7. 鉴定机构关于被申请人意见的回复
8. 申请人补充鉴定意见
9. 被申请人关于《对鉴定意见书的意见汇总》的异议
10. 补充鉴定分析报告
11. 鉴定机构对申请人补充鉴定意见的回复
12. 鉴定机构对被申请人异议的回复
13. 鉴定机构关于工期鉴定争议问题的建议意见
14. 鉴定机构关于施工难度增加的影响分析

二、工期鉴定的启动

2016 年 5 月 6 日,北京仲裁委员会委托联合建管对“(2016)京仲案字第 × 号仲裁案”

进行工程工期鉴定。

2016 年 5 月 17 日,联合建管回函北京仲裁委员会同意接受该案的工期鉴定工作。

三、工期鉴定的证据收集

2016 年 6 月 6 日,该案被申请人向鉴定人提交《延期提交工期鉴定资料申请书》。同日,鉴定人向该案双方当事人发函明确鉴定资料提交时间推迟至 2016 年 7 月 1 日。

2016 年 6 月 20 日,鉴定人收到申请人提交的工期鉴定资料。

2016 年 6 月 30 日,鉴定人收到被申请人提交的工期鉴定资料。

2016 年 8 月 4 日,鉴定人与申请人召开会议,听取其陈述该案工期争议的主张并就鉴定资料问题交换意见。

2016 年 8 月 11 日,鉴定人与被申请人召开会议,听取其陈述该案工期争议的主张并就鉴定资料问题交换意见。

2016 年 8 月 19 日,被申请人向鉴定人提交工期鉴定补充资料。

2016 年 8 月 25 日,申请人向鉴定人提交工期鉴定补充资料。

2016 年 8 月 26 日,被申请人向鉴定人二次提交工期鉴定补充资料。

2016 年 9 月 13 日,鉴定人将截至此时收到的被申请人全部鉴定资料转交给申请人。

2016 年 9 月 19 日,鉴定人将截至此时收到的申请人全部鉴定资料转交给被申请人。

2016 年 11 月 2 日,鉴定人召集该案双方当事人共同召开鉴定资料澄清会,双方分别就对方的鉴定资料发表意见。

2016 年 11 月 25 日,申请人按照被申请人请求提供部分鉴定资料原件及相关证明文件,被申请人就其发表意见。

2016 年 11 月 28 日,鉴定人收到申请人提供的“002 - 006 部分补充说明资料”并转交至被申请人。

2016 年 12 月 1 日,鉴定人收到被申请人关于“002 - 006 部分补充说明资料”的回复意见。

第二节 工期鉴定意见书示例

2017 年 1 月 16 日,鉴定人根据该案双方当事人提供的各类鉴定资料,按照国际通行的法务工期分析方法,对本案工期争议出具鉴定意见。

以下为工期鉴定意见书示例:

关于S省某高速公路土建工程施工IV标段工程工期鉴定意见书

联合建管（北京）国际工程科技有限责任公司

2017年1月16日

目　　录①

① 出于本书页码整体排版的考虑,暂未列入鉴定意见书本身的页码。

1. 概述

1.1 委托内容与范围

1. 承包人万康公司(以下简称“申请人”)与发包人乾润公司(以下简称“被申请人”)就S省某高速公路土建工程施工Ⅳ标段承包合同纠纷案件(以下简称“本案”)在北京仲裁委员会(以下简称“北仲”)进行争议仲裁。

2. 北仲委托联合建管就本案为北仲提供工期鉴定服务。鉴定人的服务范围如下:

本案所需的全部工期鉴定服务,主要包括:

1)分析本案所涉整体工程工期延误的影响事件;

2)根据上述影响事件分析其影响的时段;

3)分析各影响事件分别造成工期延误的天数。

3. 本案工期鉴定服务的具体内容详见附件1[①]:关于(2017)京仲案字第X号仲裁案委托鉴定函。

① 鉴于本书篇幅所限,鉴定意见书原文所附全部附件暂未列入,仅在报告文末以附件名称列表与附件节选摘录的方式体现。但为保留鉴定意见书原貌,便于读者理解,我们未对鉴定意见书中引用相关附件的表述进行调整与删减。

1.2 鉴定机构及鉴定人资格的说明

4. 鉴定人委托刘磐同志为编制本报告的负责人。鉴定人的企业简介与刘磐同志的个人履历详见本报告附件2。

1.3 鉴定工作过程简述

5. –21. 略①

1.4 收到的资料及分析依据

22. 双方当事人向鉴定人提供了各自在本案中的资料以及各自关于工期争议的意见书。鉴定人根据报告编制的需要对相应文件进行了查阅。

23. 本次报告的编制所依赖的资料如下:

1)合同文件

①合同协议书

②中标通知书

③项目专用合同条款

④通用合同条款

⑤图纸

⑥投标文件中的施工组织设计

2)进度计划

①2011年2月版《总体施工进度计划》

②2011年4月版《实施性施工组织设计》及所附《总体施工进度计划》

③2011年2月至2013年12月每月施工进度计划报告

3)与工期相关的记录文件

①监理日志

②工程变更

③双方往来函件

④重要的会议记录文件

4)仲裁过程记录文件

①2015年12月2日本案第一次开庭笔录

②2016年2月3日本案第二次开庭笔录

5)其他文件

①双方支付款过程记录文件

②项目照片

③质量检验报告

① 本案第5–21项为鉴定人自2016年5月6日由北仲委托进行工期鉴定,至2017年1月16日鉴定人出具工期鉴定意见书期间的鉴定工作内容,具体过程详见本编第四章第一、二节,此处为节省篇幅不再赘述。

6)行业学会/协会及文献资料

①AACE ® International Recommended Practice No. 29R－03, FORENSIC SCHEDULE ANALYSIS, TCM Framework: 6.4 － Forensic Performance Assessment, April 25, 2011[1]

②英国工程法学会(SCL)著,张水波、吕文学译,《工期延误与干扰索赔分析准则》,北京交通大学出版社,2012 年

③《标准文件》编制组,《中华人民共和国标准施工招标文件》,中国计划出版社,2007 年

④Roger Gibson, *Construction Delays: Extensions of Time and Prolongation Claims*, 2008[2]

⑤Russell Kenley, Olli Seppänen, *Location－Based Management for Construction: Planning, scheduling and control*, Spon Press, 2010[3]

2. 主要鉴定意见和观点

24. 鉴于本案法务工期分析中关于同期延误和不利降水问题分别采用了三种不同的计算方法,因此本案工期鉴定结果将根据不同的组合情况得到 9 个分析结果。本鉴定机构先将这 9 个分析结果展示如下,供仲裁庭分析判断。如下计算结果均未考虑申请人反复强调的设计图纸重大变化引起的施工难度提升问题和工程款支付不力问题,仲裁庭可根据有关计算结果酌情考虑。

表 1 分析结果矩阵表

<table>
<tr><td colspan="2" rowspan="2">同期延误(日历天)</td><td colspan="6">不利降水(日历天)</td></tr>
<tr><td colspan="2">按原报告
(－76)</td><td colspan="2">按申请人
(－201)</td><td colspan="2">按被申请人
(0)</td></tr>
<tr><td rowspan="2">主导因素法</td><td>不可原谅</td><td colspan="2">364</td><td colspan="2">239</td><td colspan="2">440</td></tr>
<tr><td>可原谅可补偿费用及利润</td><td colspan="2">304</td><td colspan="2">304</td><td colspan="2">304</td></tr>
<tr><td rowspan="2">责任分摊法</td><td>不可原谅</td><td colspan="2">452</td><td colspan="2">327</td><td colspan="2">528</td></tr>
<tr><td>可原谅可补偿费用及利润</td><td colspan="2">216</td><td colspan="2">216</td><td colspan="2">216</td></tr>
<tr><td rowspan="4">“阻碍原则”</td><td>不可原谅</td><td colspan="2">364</td><td colspan="2">239</td><td colspan="2">440</td></tr>
<tr><td>可原谅不可补偿</td><td></td><td rowspan="3">176</td><td></td><td rowspan="3">176</td><td></td><td rowspan="3">176</td></tr>
<tr><td>可原谅可补偿费用</td><td></td><td></td><td></td></tr>
<tr><td>可原谅可补偿费用及利润</td><td>128</td><td>128</td><td>128</td></tr>
</table>

① 美国国际工程造价促进会,国际推荐实践 No. 29R－03:《法务工期分析推荐实践》,TCM 框架:6.4－法务履行评价,2011 年 4 月 25 日。

② 罗杰·吉布森:《建设延误:工程延期与延期索赔》(2008 版)。

③ 罗素·肯利、奥利·塞普宁:《基于位置的建设管理》(2010 版)。

25. 按照本案合同的有关条款，工期责任可以分为四类，分别是：(1)不可原谅延误；(2)可原谅不可补偿延误；(3)可原谅可补偿费用延误；(4)可原谅可补偿费用和利润延误。其中第1类的工期风险责任由申请人承担，第2、3、4类的工期风险责任由被申请人承担。

26. 上述工期责任的分配是鉴定人基于法务工期分析专家具备的合同专业知识进行的判断，因此仅供仲裁庭参考。

3. 延误事件的识别

27. 鉴定人收到本案当事人分别提供的鉴定资料后立即开始了延误事件的识别工作。目前，通过大量阅读鉴定资料已经可以明确的项目中发生的延误事件如下表2所列：

表2　延误事件列表

序号	延误事件名称	证据来源
1	第二册(路基及路面)施工图发放延误	附件4:S省某高速公路两阶段施工图移交资料清单
2	第一册(总体设计及路线)施工图发放延误	附件4:S省某高速公路两阶段施工图移交资料清单
3	第六册(其他工程、筑路材料以及施工组织设计)施工图发放延误	附件4:S省某高速公路两阶段施工图移交资料清单
4	第三册(桥梁及涵洞)、第五册(路线交叉)施工图发放延误	附件4:S省某高速公路两阶段施工图移交资料清单
5	下部构造、公用构造、空心板和T梁通用图施工图发放延误	附件4:S省某高速公路两阶段施工图移交资料清单
6	驻地建设延误	附件5:关于上报项目经理部标准化建设验收申请的报告
7	K10+716-K10+930路基开挖遗漏实际开工	附件6:每月施工进度计划
8	K10+760-K10+920右侧边坡塌方	附件7:K10+720-K10+920段边坡防护存在问题报告
9	K10+716-K10+930路基开挖遗漏过程延误	附件6:每月施工进度计划
10	K11+425-K11+500路基填筑开工延误	附件6:每月施工进度计划
11	K11+425-K11+500路基填筑过程延误	附件6:每月施工进度计划,附件8:填土路基检验申请批复单
12	K11+360-K11+520路基施工整改	附件9:关于要求对路基填筑施工进行整顿的通知
13	K11+440-K11+475路基填筑质量问题整改	附件10:关于要求对路基施工进行整改的通知
14	K11+525-K11+650路基开挖开工延误	附件6:每月施工进度计划

续表

序号	延误事件名称	证据来源
15	K11 +525 – K11 +650 路基开挖过程延误	附件 6:每月施工进度计划
16	地质报告(最终版)施工图发放延误	附件 4:S 省某高速公路两阶段施工图移交资料清单
17	盖板涵通用图施工图发放延误	附件 4:S 省某高速公路两阶段施工图移交资料清单
18	K10 +500 – K10 +656 路基开工延误	附件 6:每月施工进度计划
19	K10 +500 – K10 +656 路基过程延误	附件 6:每月施工进度计划
20	陆现中桥开工延误	附件 6:每月施工进度计划
21	陆现中桥桩基延误	附件 6:每月施工进度计划
22	陆现中桥墩柱开工延误	附件 6:每月施工进度计划
23	陆现中桥盖梁及耳背墙延误	附件 6:每月施工进度计划
24	陆现中桥板梁预制延误	附件 6:每月施工进度计划
25	陆现中桥板梁安装延误	附件 6:每月施工进度计划
26	驮呆中桥开工延误	附件 6:每月施工进度计划
27	驮呆中桥 T 梁预制开工延误	附件 6:每月施工进度计划
28	驮呆中桥桥面系及附属工程延误	附件 6:每月施工进度计划
29	K11 +005 – K11 +080 路基开挖过程延误	附件 6:每月施工进度计划
30	岩康乐中桥改路设计变更	附件 11:工程变更意向现场签认单,附件 13:C 工程勘察设计院设计更改通知单
31	K11 +650 – K11 +750 淤泥换填	附件 12:K11 +650 – K11 +750 淤泥换填
32	岩康乐中桥改路过程延误	附件 6:每月施工进度计划
33	K11 +680 – K11 +720 路基施工整改	附件 14:关于对路基填筑施工进行整改的通知
34	K11 +750 – K11 +875 路基开挖开工延误	附件 6:每月施工进度计划
35	K11 +750 – K11 +875 路基开挖过程延误	附件 6:每月施工进度计划
36	K11 +760 – K11 +870 右侧边坡塌方	附件 15:K11 +760 – K11 +870 右侧边坡塌方报告
37	驮呆大桥桩基延误	附件 6:每月施工进度计划
38	驮呆大桥桩系梁及承台延误	附件 6:每月施工进度计划
39	驮呆大桥墩柱及系梁延误	附件 6:每月施工进度计划
40	驮呆大桥盖梁及耳背墙延误	附件 6:每月施工进度计划,附件 16:水泥混凝土抗压强度试验记录表

续表

序号	延误事件名称	证据来源
41	驮呆大桥T梁预制延误	附件16:水泥混凝土抗压强度试验记录表
42	驮呆大桥T梁安装延误	附件6:每月施工进度计划,附件19:中间交工证书
43	驮呆大桥桥面系及附属工程延误	附件6:每月施工进度计划
44	岩康乐大桥开工延误	附件6:每月施工进度计划
45	岩康乐大桥桩基延误	附件6:每月施工进度计划
46	岩康乐大桥桩系梁延误	附件6:每月施工进度计划
47	岩康乐大桥墩柱及系梁延误	附件6:每月施工进度计划
48	岩康乐大桥盖梁及耳背墙延误	附件6:每月施工进度计划,附件16:水泥混凝土抗压强度试验记录表
49	岩康乐大桥T梁预制延误	附件6:每月施工进度计划,附件16:水泥混凝土抗压强度试验记录表
50	岩康乐大桥T梁安装延误	附件6:每月施工进度计划,附件19:中间交工证书
51	岩康乐大桥左幅竖曲线变更	附件13:C工程勘察设计院设计更改通知单
52	岩康乐大桥桥面系及附属工程延误	附件6:每月施工进度计划
53	甫孟大桥7-10轴拆迁延误	附件17:红线内房屋拆迁的报告及W县征地拆迁推进表,附件18:甫孟大桥桩基爆破受限制约施工的相关报告
54	甫孟大桥T梁设计变更	附件13:C工程勘察设计院设计更改通知单
55	甫孟大桥桩基其他部分延误	附件19:中间交工证书,附件6:每月施工进度计划
56	甫孟大桥桩基施工受阻	附件18:甫孟大桥桩基爆破受限制约施工的相关报告
57	甫孟大桥7-10轴桩基延误	附件6:每月施工进度计划
58	甫孟大桥承台及桩系梁延误	附件6:每月施工进度计划
59	甫孟大桥墩柱及系梁延误	附件6:每月施工进度计划
60	甫孟大桥盖梁及耳背墙延误	附件6:每月施工进度计划
61	甫孟大桥T梁开工延误	附件6:每月施工进度计划
62	甫孟大桥桩基爆破受阻	附件18:甫孟大桥桩基爆破受限制约施工的相关报告
63	甫孟大桥7-10轴承台及桩系梁延误	附件6:每月施工进度计划
64	甫孟大桥7-10轴墩柱及系梁延误	附件6:每月施工进度计划

续表

序号	延误事件名称	证据来源
65	甫孟大桥 7－10 轴盖梁及耳背墙延误	附件 6：每月施工进度计划，附件 16：水泥混凝土抗压强度试验记录表
66	甫孟大桥 T 梁预制延误	附件 6：每月施工进度计划，附件 16：水泥混凝土抗压强度试验记录表
67	甫孟大桥 T 梁安装延误	附件 6：每月施工进度计划，附件 19：中间交工证书
68	甫孟大桥桥面系及附属工程延误	附件 6：每月施工进度计划
69	K11＋460 涵洞施作片石护坡	附件 20：1－12 标桥涵路基问题会议讨论及现场勘查纪要
70	预制梁质量整改	附件 21：与施工整改相关的监理工作指令和监理通用函
71	40 米 T 梁质量整改	附件 21：与施工整改相关的监理工作指令和监理通用函
72	驮呆大桥 3 号墩右幅墩柱整改	附件 21：与施工整改相关的监理工作指令和监理通用函
73	预制梁梁底及横隔板漏水整改	附件 21：与施工整改相关的监理工作指令和监理通用函
74	驮呆大桥 2、3 号墩整改	附件 21：与施工整改相关的监理工作指令和监理通用函
75	K12＋920－K13＋100 左侧框架梁质量整改	附件 21：与施工整改相关的监理工作指令和监理通用函
76	预制场及预制梁质量整改	附件 21：与施工整改相关的监理工作指令和监理通用函
77	墩柱及盖梁施工安全隐患整改	附件 21：与施工整改相关的监理工作指令和监理通用函
78	高墩柱安全检查擅自复工整改	附件 21：与施工整改相关的监理工作指令和监理通用函
79	预制梁质量整改	附件 21：与施工整改相关的监理工作指令和监理通用函
80	驮呆大桥支座垫石及橡胶支座安装整改	附件 21：与施工整改相关的监理工作指令和监理通用函
81	T 梁预制整改	附件 21：与施工整改相关的监理工作指令和监理通用函
82	预制喷淋养护整改	附件 21：与施工整改相关的监理工作指令和监理通用函

续表

序号	延误事件名称	证据来源
83	驮呆大桥T梁预制及安装整改	附件21:与施工整改相关的监理工作指令和监理通用函
84	20米空心板预制质量整改	附件21:与施工整改相关的监理工作指令和监理通用函
85	T梁预制养护质量整改	附件21:与施工整改相关的监理工作指令和监理通用函
86	20米空心板预制整改	附件21:与施工整改相关的监理工作指令和监理通用函
87	岩康乐天桥墩柱开工延误	附件6:每月施工进度计划
88	机耕天桥纵坡调整及施工受阻	附件22:与岩康乐天桥相关文件
89	K12+920-K13+100路基开挖过程延误	附件6:每月施工进度计划
90	安全检查停工	附件23:工程暂时停工指令及复工指令
91	K10+560-K10+620半幅桥设计变更	附件24:K10+560-K10+620段右幅路改桥
92	陆现半幅桥施工过程	附件6:每月施工进度计划,附件16:水泥混凝土抗压强度试验记录表,附件25:项目监理巡视记录
93	K11+080-K11+210竖曲线变更	附件13:C工程勘察设计院设计更改通知单
94	K11+210-K11+350竖曲线变更	附件13:C工程勘察设计院设计更改通知单
95	K11+400竖曲线变更	附件13:C工程勘察设计院设计更改通知单
96	K11+400-K11+899竖曲线变更	附件13:C工程勘察设计院设计更改通知单
97	K11+899-K12+640竖曲线变更	附件13:C工程勘察设计院设计更改通知单
98	K12+900-K13+100由5标段承担	附件26:三方施工协议书
99	K11+368-K11+660路基工程交工	附件27:S省某高速公路工程交接单

28.上述延误事件的识别标准是鉴定资料中存在该事件发生的明确时间以及该事件所造成的影响。同时具备这两个条件的事件作为延误事件进行记录和整理。

4.延误事件对进度任务的影响程度

29.判定这些延误事件对项目竣工日期造成的影响之前,需要在已经识别出的延误事件基础之上进一步明确这些事件持续的时间长度以及受它们直接影响的进度任务范围。

30.根据本项目鉴定资料的内容显示,上述各项延误事件的延误程度以及影响范围如下表3所示:

表3 延误事件的延误程度及其影响范围

序号	延误事件名称	延误程度（日历天）	受影响的进度任务
1	第二册（路基及路面）施工图发放延误	11	K11 +350 – K11 +400 路基开挖
			K11 +750 – K11 +875 路基开挖
			K11 +005 – K11 +080 路基开挖
			K10 +525 – K10 +550 路基开挖
			K12 +268 – K12 +409 路基开挖
			K10 +625 – K10 +650 路基开挖
			K12 +920 – K13 +100 路基开挖
			K11 +320 – K11 +325 路基填筑
			K10 +500 – K10 +525 路基填筑
			K10 +575 – K10 +600 路基填筑
			K10 +937 – K11 +000 路基填筑
			K10 +716 – K10 +930 路基开挖
			K11 +425 – K11 +500 路基填筑
			K11 +525 – K11 +650 路基开挖
2	第一册（总体设计及路线）施工图发放延误	14	K11 +350 – K11 +400 路基开挖
			K11 +750 – K11 +875 路基开挖
			K11 +005 – K11 +080 路基开挖
			K10 +525 – K10 +550 路基开挖
			K12 +268 – K12 +409 路基开挖
			K10 +625 – K10 +650 路基开挖
			K12 +920 – K13 +100 路基开挖
			K11 +320 – K11 +325 路基填筑
			K10 +500 – K10 +525 路基填筑
			K10 +575 – K10 +600 路基填筑
			K10 +937 – K11 +000 路基填筑
			K10 +716 – K10 +930 路基开挖
			K11 +425 – K11 +500 路基填筑
			K11 +525 – K11 +650 路基开挖
3	第六册（其他工程、筑路材料以及施工组织设计）施工图发放延误	19	/

续表

序号	延误事件名称	延误程度（日历天）	受影响的进度任务
4	第三册（桥梁及涵洞）、第五册（路线交叉）施工图发放延误	35	驮呆大桥桩基
			K11+450 涵洞工程
			岩康乐大桥桩基
5	下部构造、公用构造、空心板和T梁通用图施工图发放延误	44	岩康乐大桥T梁预制
			驮呆大桥T梁预制
			驮呆中桥T梁预制
			甫孟大桥T梁预制
			陆现中桥梁板预制
			岩康乐天桥箱梁现浇
			K11+450 涵洞工程构件预制、安装或现浇
6	驻地建设延误	89	拌合站
			K11+450 涵洞工程基础及下部
7	K10+716－K10+930 路基开挖遗漏实际开工	（原计划无此任务）	K10+716－K10+930 路基开挖实际施工
8	K10+760－K10+920 右侧边坡塌方	55	K10+716－K10+930 路基开挖实际施工
9	K10+716－K10+930 路基开挖遗漏过程延误	183	K10+760－K10+920 右侧边坡塌方
10	K11+425－K11+500 路基填筑开工延误	53	K11+425－K11+500 路基填筑
11	K11+425－K11+500 路基填筑过程延误	204	K11+320－K11+325 路基填筑
			1 号预制场（K11+500）
12	K11+360－K11+520 路基施工整改	1	K11+425－K11+500 路基填筑
13	K11+440－K11+475 路基填筑质量问题整改	2	K11+425－K11+500 路基填筑
14	K11+525－K11+650 路基开挖开工延误	53	K11+525－K11+650 路基开挖
15	K11+525－K11+650 路基开挖过程延误	98	K11+400－K11+899 竖曲线变更
16	地质报告（最终版）施工图发放延误	200	/

续表

序号	延误事件名称	延误程度（日历天）	受影响的进度任务
17	盖板涵通用图施工图发放延误	209	K11 +450 涵洞工程基础及下部
			通道涵洞工程(K11 +683)
18	K10 +500 – K10 +656 路基开工延误	12	K10 +525 – K10 +550 路基开挖
19	K10 +500 – K10 +656 路基过程延误	29	项目结束
20	陆现中桥开工延误	104	陆现中桥桩基
21	陆现中桥桩基延误	95	陆现中桥墩柱
22	陆现中桥墩柱开工延误	60	陆现中桥墩柱
23	陆现中桥盖梁及耳背墙延误	157	陆现中桥板梁安装
24	陆现中桥板梁预制延误	264	板梁安装
			岩康乐天桥墩柱
25	陆现中桥板梁安装延误	39	陆现中桥桥面系及附属工程
26	驮呆中桥开工延误	265	驮呆中桥桩基
27	驮呆中桥 T 梁预制开工延误	220	驮呆中桥 T 梁预制
28	驮呆中桥桥面系及附属工程延误	316	项目结束
29	K11 +005 – K11 +080 路基开挖过程延误	30	K10 + 500 – K10 + 656 路基开工延误
30	岩康乐中桥改路设计变更	112	岩康乐中桥改路实施过程
31	K11 +650 – K11 +750 淤泥换填	7	岩康乐中桥改路实施过程
32	岩康乐中桥改路过程延误	112	K11 +400 – K11 +899 竖曲线变更
33	K11 +680 – K11 +720 路基施工整改	3	岩康乐中桥改路实施过程
			K11 +750　K11 +875 路基开挖
34	K11 +750 – K11 +875 路基开挖开工延误	174	K11 +750 – K11 +875 路基开挖
35	K11 +750 – K11 +875 路基开挖过程延误	36	K11 + 760 – K11 + 870 右侧边坡塌方
36	K11 +760 – K11 +870 右侧边坡塌方	1	K11 +400 – K11 +899 竖曲线变更
37	驮呆大桥桩基延误	148	驮呆大桥桩系梁及承台
38	驮呆大桥桩系梁及承台延误	122	驮呆大桥墩柱及系梁
39	驮呆大桥墩柱及系梁延误	160	驮呆大桥盖梁及耳背墙
40	驮呆大桥盖梁及耳背墙延误	157	驮呆大桥 T 梁安装

续表

序号	延误事件名称	延误程度（日历天）	受影响的进度任务
41	驮呆大桥T梁预制延误	174	驮呆大桥T梁安装
			驮呆中桥T梁预制
42	驮呆大桥T梁安装延误	57	驮呆大桥桥面系及附属工程
43	驮呆大桥桥面系及附属工程延误	229	项目结束
44	岩康乐大桥开工延误	156	岩康乐大桥桩基
45	岩康乐大桥桩基延误	330	岩康乐大桥桩系梁
			安全检查停工
46	岩康乐大桥桩系梁延误	289	岩康乐大桥墩柱及系梁
			安全检查停工
47	岩康乐大桥墩柱及系梁延误	246	岩康乐大桥盖梁及耳背墙
48	岩康乐大桥盖梁及耳背墙延误	231	岩康乐大桥T梁安装
49	岩康乐大桥T梁预制延误	270	岩康乐大桥T梁安装
50	岩康乐大桥T梁安装延误	167	岩康乐大桥左幅竖曲线变更
			K11+899－K12+640竖曲线变更
51	岩康乐大桥左幅竖曲线变更	75	岩康乐大桥桥面系及附属工程
52	岩康乐大桥桥面系及附属工程延误	188	项目结束
53	甫孟大桥7－10轴拆迁延误	470	甫孟大桥7－10轴桩基
54	甫孟大桥T梁设计变更	242	甫孟大桥T梁预制
55	甫孟大桥桩基其他部分延误	120	甫孟大桥承台及桩系梁
56	甫孟大桥桩基施工受阻	128	甫孟大桥7－10轴桩基
			甫孟大桥桩基爆破
57	甫孟大桥7－10轴桩基延误	183	甫孟大桥7－10轴承台及桩系梁
58	甫孟大桥承台及桩系梁延误	149	甫孟大桥墩柱及系梁
59	甫孟大桥墩柱及系梁延误	243	甫孟大桥盖梁及耳背墙
60	甫孟大桥盖梁及耳背墙延误	83	甫孟大桥T梁安装
61	甫孟大桥T梁开工延误	263	甫孟大桥T梁预制
62	甫孟大桥桩基爆破受阻	44	甫孟大桥7－10轴桩基
63	甫孟大桥7－10轴承台及桩系梁延误	60	甫孟大桥7－10轴墩柱及系梁
64	甫孟大桥7－10轴墩柱及系梁延误	90	甫孟大桥7－10轴盖梁及耳背墙
65	甫孟大桥7－10轴盖梁及耳背墙延误	50	甫孟大桥T梁安装

续表

序号	延误事件名称	延误程度（日历天）	受影响的进度任务
66	甫孟大桥T梁预制延误	227	甫孟大桥T梁安装
67	甫孟大桥T梁安装延误	112	甫孟大桥桥面系及附属工程
68	甫孟大桥桥面系及附属工程延误	140	项目结束
69	K11+460涵洞施作片石护坡	2	通道涵洞工程（K11+450）
70	预制梁质量整改	8	岩康乐大桥T梁预制
			驮呆大桥T梁预制
71	40米T梁质量整改	2	驮呆大桥T梁预制
72	驮呆大桥3号墩右幅墩柱整改	2	驮呆大桥墩柱及系梁
73	预制梁梁底及横隔板漏水整改	2	岩康乐大桥T梁预制
			驮呆大桥T梁预制
74	驮呆大桥2、3号墩整改	3	驮呆大桥墩柱及系梁
75	K12+920－K13+100左侧框架梁质量整改	4	K12+920－K13+100路基开挖
76	预制场及预制梁质量整改	7	岩康乐大桥T梁预制
77	墩柱及盖梁施工安全隐患整改	3	岩康乐大桥墩柱及系梁
			驮呆大桥盖梁及耳背墙
			甫孟大桥墩柱及系梁
78	高墩柱安全检查擅自复工整改	3	岩康乐大桥墩柱及系梁
			驮呆大桥墩柱及系梁
79	预制梁质量整改	6	岩康乐大桥T梁预制
			驮呆大桥T梁预制
80	驮呆大桥支座垫石及橡胶支座安装整改	5	驮呆大桥盖梁及耳背墙
81	T梁预制整改	7	岩康乐大桥T梁预制
			驮呆大桥T梁预制
82	预制喷淋养护整改	7	岩康乐大桥T梁预制
			驮呆大桥T梁预制
83	驮呆大桥T梁预制及安装整改	24	驮呆大桥T梁预制
			驮呆大桥T梁安装
84	20米空心板预制质量整改	15	陆现中桥板梁预制
85	T梁预制养护质量整改	2	甫孟大桥T梁预制

续表

序号	延误事件名称	延误程度（日历天）	受影响的进度任务
86	20米空心板预制整改	15	陆现中桥板梁预制
87	岩康乐天桥墩柱开工延误	760	岩康乐天桥墩柱
88	机耕天桥纵坡调整及施工受阻	53	岩康乐天桥边坡完善
89	K12+920-K13+100路基开挖过程延误	131	K12+920-K13+100左侧框架梁质量整改
90	安全检查停工	41	陆现中桥板梁预制
			岩康乐大桥墩柱及系梁
			岩康乐大桥盖梁及耳背墙
			岩康乐大桥T梁预制
			岩康乐大桥T梁安装
			驮呆大桥T梁安装
			驮呆中桥T梁预制
91	K10+560-K10+620半幅桥设计变更	288	陆现半幅桥施工
92	陆现半幅桥施工过程	200	项目结束
93	K11+080-K11+210竖曲线变更	75	驮呆大桥桥面系及附属工程
94	K11+210-K11+350竖曲线变更	75	驮呆大桥桥面系及附属工程
95	K11+400竖曲线变更	75	/
96	K11+400-K11+899竖曲线变更	75	K11+425-K11+500路基填筑
			K11+525-K11+650路基开挖
			岩康乐中桥改路
			K11+750-K11+875路基开挖
97	K11+899-K12+640竖曲线变更	75	岩康乐大桥桥面系及附属工程
			甫孟大桥T梁安装
98	K12+900-K13+100由5标段承担	60	/
99	K11+368-K11+660路基工程交工	190	项目结束

31.对上述信息的识别与提取仅仅能够帮助判断出某项延误事件自身的延误时间长短，以及其对某些具体进度任务造成的延误影响。进一步判断这些延误事件与项目竣工日期拖延之间存在的因果关系还需要采用更加严谨、科学的法务工期分析方法对项目整体实际实施过程进行还原。如此才能真正判断出在项目实际延误发生时，本案双方当事人在项目合同条件下各自应当承担的工期责任。

5. 延误事件对竣工日期影响的分析

5.1 分析方法的采用

32. 法务工期分析与一般项目管理中的进度管理不同，是指专门用于诉讼或仲裁等争议解决过程中使用关键线路法（CPM）等进度计算方法进行工期研究与调查的法律过程。①

33. 鉴于中国目前并无法务工期分析规范，鉴定人重点参考了美国国际工程造价促进会出版的《法务工期分析》（FORENSIC SCHEDULE ANALYSIS）和英国工程法学会出版的《工期延误与干扰索赔分析准则》（The Society of Construction Law Delay and Disruption Protocol）。

34.《法务工期分析》将专门用于法务工期分析的方法进行了分类，共包含如下九种类别：

· 3.1. Observational / Static / Gross (MIP 3.1)②

· 3.2. Observational / Static / Periodic (MIP 3.2)③

· 3.3. Observational / Dynamic / Contemporaneous As – Is (MIP 3.3)④

· 3.4. Observational / Dynamic / Contemporaneous Split (MIP 3.4)⑤

· 3.5. Observational / Dynamic / Modified or Recreated (MIP 3.5)⑥

· 3.6. Modeled / Additive / Single Base (MIP 3.6)⑦

· 3.7. Modeled / Additive / Multiple Base (MIP 3.7)⑧

· 3.8. Modeled / Subtractive / Single Simulation (MIP 3.8)⑨

· 3.9. Modeled / Subtractive / Multiple Base (MIP 3.9)⑩

35. 针对上述九种类型的分析方法，需要考虑的影响因素之一是进度来源数据的可靠性和可用性。这主要包括：计划进度计划（As – Planned/Baseline Schedule）、进度计划更新（Schedule Updates）和实际进度计划（As – Built Schedule）。根据不同项目资料的完备性可以适用不同的分析方法，下表4对其进行了总结：

---

① 详见 FORENSIC SCHEDULE ANALYSIS, 1.1. Introduction, "Forensic scheduling analysis refers to the study and investigation of events using CPM or other recognized schedule calculation methods. It is recognized that such analysis may potentially be used in a legal proceeding."（中文大意为：法务工期分析是指使用关键线路法或其他公认的进度计算方法对事件进行研究和调查。这种分析方法可能会被用于法律程序中。）

② 观察/静态/整体（MIP 3.1）

③ 观察/静态/周期（MIP 3.2）

④ 观察/动态/当期原样（MIP 3.3）

⑤ 观察/动态/当期分列（MIP 3.4）

⑥ 观察/动态/修改或重新创建（MIP 3.5）

⑦ 建模/添加/单基线（MIP 3.6）

⑧ 建模/添加/多基线（MIP 3.7）

⑨ 建模/扣减/单基线（MIP 3.8）

⑩ 建模/扣减/多基线（MIP 3.9）

数据要求	方法								
	MIP 3.1	MIP 3.2	MIP 3.3	MIP 3.4	MIP 3.5	MIP 3.6	MIP 3.7	MIP 3.8	MIP 3.9
基线进度计划	最低要求	最低要求				最低要求	最低要求		
进度计划更新			最低要求	最低要求			最低要求		最低要求
完工记录	最低要求	最低要求			最低要求			最低要求	最低要求

表4　各种方法对进度计划和数据的来源要求①

36. 在本案中,双方当事人向鉴定人提供了大量项目资料。通过整理,鉴定人可以明确其中的合同进度计划以及其他过程管理文档作为进度更新资料。根据上表内容,鉴定人认为可以采用方法3.7进行本案的法务工期分析。

37. 除此之外,为了分析本项目中各项事件及任务的相互干扰情况及施工生产效率受到的相应影响,鉴定人采用基于位置的进度分析方法进行辅助分析。

5.1.1　窗口与时间影响相结合分析法

38. 美国国际工程造价促进会在其出版的《法务工期分析》(FORENSIC SCHEDULE ANALYSIS)指出方法3.7在不同场合下又可以被称为窗口分析法(Windows Analysis)或时间影响分析法(Time Impact Analysis, TIA)。②

39. 英国工程法学会出版的《工期延误与干扰索赔分析准则》(The Society of Construction Law Delay and Disruption Protocol)中对时间影响分析法作出了如下总结和描述:

*"时间影响分析是基于延误事件对承包商依据延误事件发生时已经完成的实际工作进度而作出的未来工作安排意图所造成的影响。……在解决工期延误以及延误补偿的复杂争议时,这一分析技术应该优先使用。"*③

40. 对于窗口分析法(Windows Analysis),英国工程进度与工期争议解决专家Roger Gibson在其著作中给出了如下解释:

"The technique functions to determine the amount of delay that has occurred on a project and when the delay(s) occurred. ...The basis of the 'windows' technique is

---

① 详见FORENSIC SCHEDULE ANALYSIS, 5.3 Factor 3: Source Data Availability and Reliability。

② 详见FORENSIC SCHEDULE ANALYSIS, 3.7. Modeled/Additive/Multiple Base (MIP 3.7), "Common Names 1. Window analysis 2. Windows analysis 3. Impacted update analysis 4. Time impact analysis (TIA) 5. Time impact evaluation (TIE) 6. Fragnet insertion 7. Fragnet analysis"。(中文大意为:常见名字1. 窗口分析 2. 多窗口分析 3. 受影响的更新分析 4. 时间影响分析(TIA) 5. 时间影响评估(TIE) 6. Fragnet插入 7. Fragnet分析)

③ 详见附件29:《工期延误与干扰索赔分析准则》第4.8条。

that the total life of the project is divided into a number of consecutive time periods, or windows. It is based on the analysis of the effects of delays within each window sequentially."①

41. 从以上文献中可以看出,即使将窗口分析法(Windows Analysis)和时间影响分析法(Time Impact Analysis,TIA)分开讨论,它们也都是围绕延误事件对工期造成的影响所采取的分析手段。

42. 美国国际工程造价促进会出版的《法务工期分析》(FORENSIC SCHEDULE ANALYSIS)中对窗口与时间影响相结合分析方法的实施步骤给出了明确的操作指南:

"1. *Fixed Periods*

The analysis periods are of virtually identical duration and may coincide with regular schedule update periods.

2. *Variable Periods*

The analysis periods are of varying durations and are characterized by their different natures such as the type of work being performed, the types of delaying influences, significant project events, changes to the critical path, revised baseline schedules, and/or the operative contractual schedule under which the work was being performed.

3. *Global Insertion*

All the delay events and influences are added together and the impact is determined on the combined effect of the added delays.

4. *Stepped Insertion*

The delays are added individually or in groups and the impact is determined after each iterative insertion. Note that stepping is different from inserting the delays in time periods groups that create a straight, vertical delineation of analysis periods; whereas, delays for each step insertion may not fit neatly into an existing analysis period."②

43. 根据本案工期持续时间长、延误事件相对复杂等项目特点,鉴定人认为选用上述方法中的"Variable Periods"和"Stepped Insertion"组合的方式以灵活的窗口期分阶段

---

① 详见附件30:Construction Delays,D2 Windows(aka'time slice', or'snapshot')analysis。中文大意为:该项技术的作用是确定项目中已经发生的延误天数以及延误发生的时间……"窗口"技术的基础是将项目的整个生命周期划分为若干个连续的时间段或窗口。它是基于对每个窗口内延误的影响的依次分析。

② 中文大意为:1. 固定期间　分析周期的持续时间几乎相同,并且可能与定期计划更新周期一致。2. 可变期间　分析周期的持续时间各不相同,根据性质不同而进行周期分类,如正在实施的工程类型、延误影响类型、重大项目事件、关键线路的变化、修订的基线进度表和/或正在执行工作的有效合同进度表。3. 整体插入　将所有延误事件一起添加,并根据添加的所有延误的综合结果确定延误影响。4. 依次插入　延误被单独或成组地添加,并且在每次迭代插入之后确定影响。请注意,依次插入不同于在时间周期组中插入延误,这些时间周期组创建了一个截止性的分析周期;然而,每个依次插入的延误可能不适合已有的分析周期。

的实施窗口与时间影响相结合分析法是恰当且合理的。

5.1.2　基于位置的进度分析方法

44. 基于位置的进度管理方法的英文名称是 Location Based Scheduling，由 Russell Kenley 和 Olli Seppänen 在其联合著作中对其理论方法进行了完整的阐述和说明。①

45. 在该方法体系中，项目管理者可以通过位置分解结构（Location Breakdown Structure）对进度计划进行二次组织，并使用任务工作流（Flow）替代原来活动式（Activity）的工作任务进行进度安排，从而分析进度计划中的工序组织以及资源消耗情况，并能实现对施工干扰和施工生产效率的计算和优化。这种进度计划的图形表示方法称为流线图（Flowline）进度计划。

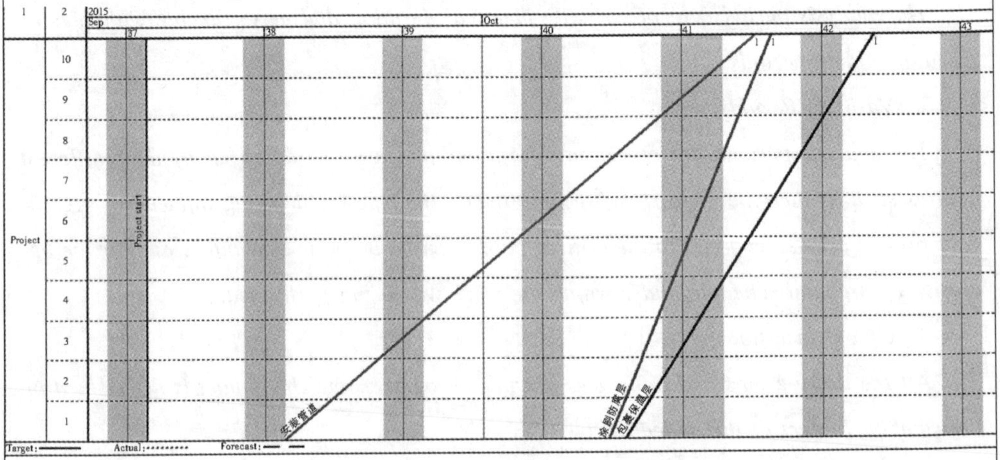

图 1　流线图（Flowline）进度计划

46. 因此，在使用传统法务工期分析方法的同时，鉴定人还采用基于位置的进度分析方法对施工过程中可能出现的工序干扰和施工生产效率进行强化分析，以期得到更加真实和全面的对历史过程的还原。

① 详见附件 31：Location – Based Management for Construction—Planning，Scheduling and Control，"This methodology was originally based on graphical techniques，used as early as 1929 on such innovative projects as the Empire State Building，further developed by the Goodyear Company in the 1940s and expanded by the US Navy in the 1950s. This older suite of techniques found strong support in continuous general production systems（and is more typical in engineering construction）but has only found limited support in commercial construction，despite a large amount of research being undertaken in the 1960s and 1970s."［中文大意为：这种方法最初系基于图形技术，其早在 1929 年就被用于帝国大厦等创新项目，由固特异公司在 20 世纪 40 年代进一步发展，并在 20 世纪 50 年代由美国海军推广。这个较老的技术组合在连续的通用生产系统中得到了强大的支持（在设计施工中更典型），但在商业建设方面却只得到有限的支持，尽管其在 20 世纪 60 年代和 70 年代已经被进行大量研究。］

47. 针对本案涉及的项目特点，鉴定人利用设计图纸中约定的桩号进行空间位置划分和图纸中写明的工程量计算计划进度计划（As – Planned/Baseline Schedule）中体现的计划生产效率，从而完成上述分析工作。

5.1.3 建筑信息模型（Building Information Modeling，BIM）

48. 建筑信息模型是以建筑工程项目的各项相关信息数据作为基础，建立起三维的建筑模型，通过数字信息仿真模拟建筑物所具有的真实信息。

49. 该技术方法的最大优势是可视化。通过三维建模工具可以将过去需要专业解读的工程图纸转化为更加直观形象的三维图像，强化仲裁或鉴定过程中所有参与者对于项目本身的理解。此外，通过4D模拟技术可以最大程度上还原项目实施过程的历史场景，帮助案件参与各方快速直观地了解项目概况及个别技术细节。

图2 本案工程建筑信息模型（BIM）

50. BIM技术和手段将在最大程度上弥补传统鉴定分析内容过于专业、晦涩难懂的不足，使工期鉴定服务成果能够更快更好地帮助仲裁庭进行裁决。

51. 此外，BIM技术的另外一个特点是信息的完备性。通过参数化的BIM模型，分析人员可以直接从中提取工程量等数据，从而完成基于工程量数据的进度工期计算，使法务工期分析更加量化和客观。

5.2 合同进度计划的确定

5.2.1 合同进度计划的作用

52. 如前所述，窗口与时间影响相结合的分析方法的应用基础首先是项目实际执行所参照的基准计划。

53. 根据英国工程法学会出版的《工期延误与干扰索赔分析准则》中的解释，用于法务工期分析的基准进度计划一般是指由承包商编制并由合同管理员接受的用于表明承包商计划实施工程的方式和顺序的进度计划。①

54. 与上述解释相一致，本案双方当事人对用于进度管理的基准进度计划在合同中作出了明确和具体的约定。项目合同第10.1条约定用于控制合同工程进度的基准计划就是合同进度计划。具体内容如下：

"10.1 合同进度计划 承包人应按合同条款约定的内容和期限，编制详细的施工进度计划和施工方案说明报送总承包人后报送监理人。总承包人、监理人应在合同条款约定的期限内批复或提出修改意见，否则该进度计划视为已得到批准。经监理人批准的施工进度计划称合同进度计划，是控制合同工程进度的依据。"

55. 除了增加总承包人作为被报送人和审批人之外，本案合同中的上述约定与《标准施工招标文件》②中的规定基本保持一致。

56. 因此，按照合同约定流程成为本案合同进度计划的基准进度计划将作为本分析报告进行法务工期分析的基础。

5.2.2 本项目中的合同进度计划

57. 通过整理双方当事人提交的鉴定资料，本项目实施过程中有先后两份《总体施工进度计划》按照合同约定获得了总承包人和监理方的审批。它们分别是2011年2月版《总体施工进度计划》和2011年4月版《总体施工进度计划》。

- 2011年2月版《总体施工进度计划》

58. 在本案申请人于2011年2月22日提交的《总体施工进度计划》中有一份以Microsoft Project软件编制完成的《S省某高速公路第Ⅳ标段总体施工进度计划》。鉴定人收到了由本案申请人提供的该进度计划的纸质扫描版文档。③

59. 该版进度计划共包含97项内容，其中具体施工活动79项，涵盖的工作范围主要包括：施工准备、路基开挖、路基填筑、路基排水及防护工程、拌合站、预制场、岩康乐中桥、岩康乐大桥、驮呆大桥、驮呆中桥、甫孟大桥、陆现中桥、岩康乐天桥以及通道涵洞工程。

60. 该份文件经本案申请人于2011年2月22日上报，总承包人于2011年2月23日批准继续上报项目驻地办，并于2011年3月18日和2011年3月23日分别得到驻地办和总监办审批同意的回复意见。④

① 详见附件29：《工期延误与干扰索赔分析准则》第1条"进度计划与记录"："为减少工期延误争议的次数，承包商应编制一份恰当的进度计划，表明承包商计划实施工程的方式和顺序，合同管理员应接受该计划。"

② 详见附件32：《标准施工招标文件》第10.1条："承包人应按专用合同条款约定的内容和期限，编制详细的施工进度计划和施工方案说明报送监理人。监理人应在专用合同条款约定的期限内批复或提出修改意见，否则该进度计划视为已得到批准。经监理人批准的施工进度计划称为合同进度计划，是控制合同工程进度的依据。承包人还应根据合同进度计划，编制更为详细的分阶段或分项进度计划，报监理人审批。"

③ 详见附件33：两版《总体施工进度计划》及审批单，第1、2页。

④ 详见附件33：两版《总体施工进度计划》及审批单，第3页。

● 2011 年 4 月版《总体施工进度计划》

61. 本案申请人又于 2011 年 4 月 9 日编写完成了一份施工组织设计文件，其中附有 2011 年 4 月版《总体施工进度计划》。[①] 鉴定人收到了由本案申请人提供的该进度计划的 MS Project 版电子文档。

62. 该版进度计划共包含 89 项内容，其中具体施工活动 70 项，涵盖的工作范围主要包括：施工准备、路基开挖、路基填筑、特殊路基处理、路基排水及防护工程、拌合站、预制场、岩康乐中桥、驮呆大桥、岩康乐大桥、驮呆中桥、陆现中桥、甫孟大桥、岩康乐天桥以及通道涵洞工程。

63. 该份文件经本案申请人于 2011 年 4 月 10 日上报，总承包人于 2011 年 4 月 10 日批准可行并继续上报，后于 2011 年 4 月 13 日和 2011 年 4 月 18 日分别得到驻地专业监理工程师和驻地高级监理工程师审批同意的回复意见。[②]

64. 上述两份《总体施工进度计划》除了在具体施工活动数量上存在差异之外，在相同工作内容的组织计划安排上也存在明显差异。例如 2011 年 2 月版《总体施工进度计划》中“路基开挖”工作的计划开始时间和计划完成时间分别是 2011 年 2 月 25 日和 2012 年 3 月 31 日，而 2011 年 4 月版《总体施工进度计划》中“路基开挖”工作的上述两个时间分别变为 2010 年 12 月 1 日和 2011 年 12 月 31 日。并且两者的“路基开挖”的施工分段组织模式和顺序也发生了变化。

65. 除了以上说明的两者之间的差异，在鉴定人分别与案件双方当事人进行的资料沟通会上，双方均承认 2011 年 4 月版《总体施工进度计划》是对 2011 年 2 月版的整体替代。

66. 2016 年 8 月 4 日，鉴定人与本案申请人进行的资料碰头会中申请人表示：“2 月份进度计划是为了响应合同要求，4 月份进度计划是为了获得监理方的批准。”[③]

67. 2016 年 8 月 11 日，鉴定人与本案被申请人进行的资料碰头会中被申请人表示：“4 月份进度计划是就图纸下发后重新编制的进度计划，总包方和监理都同意将 4 月份进度计划替代 2 月份进度计划。”[④]

68. 由于未对原合同进度计划中的竣工时间等核心要素进行更改，因此 2011 年 4 月版《总体施工进度计划》应当被认定为是对 2011 年 2 月版内容进行的整体更新，而非重新形成的一份合同进度计划。因此，鉴定人认为 2011 年 2 月版《总体施工进度计划》是符合合同约定的合同进度计划，并将以此作为开展法务工期分析的计划进度计划（As – Planned），或称基线进度计划（Baseline Schedule））。

① 详见附件 33：两版《总体施工进度计划》及审批单，第 4、5 页。
② 详见附件 33：两版《总体施工进度计划》及审批单，第 6 页。
③ 详见附件 34：工期鉴定会议纪要。
④ 详见附件 34：工期鉴定会议纪要。

5.2.3　本项目中的更新进度计划

69. 本案申请人在2016年8月4日与鉴定人进行的资料沟通会中声明，不论是2011年2月版还是2011年4月版《总体施工进度计划》，“都没有作为基准计划用于指导施工”，并且“在实际施工过程中进度计划都是通过分阶段审批的方式进行的”。

70. 然而，根据本案合同第10.2条“合同进度计划的修订”中的约定，合同进度计划的修订需要遵循的流程是：

“不论何种原因造成工程的实际进度与第10.1条的合同进度计划不符时，承包人可以在合同条款约定的期限内向监理人提交修订合同进度计划的申请报告，并附有关措施和相关资料，报总承包人、监理人审批；总承包人也可以直接向承包人作出修订合同进度计划的指示，承包人应按该指示修订合同进度计划，报总承包人、监理人审批。总承包人、监理人应在合同条款约定的期限内批复。”

71. 鉴定人在整理鉴定资料的过程中未发现双方当事人在2011年4月版《总体施工进度计划》批准后遵循上述流程达成对合同进度计划的修订，且如前所述，本案申请人也承认此后双方未再对项目整体施工进度进行重新约定。

72. 本案申请人提出的分阶段审批的进度计划主要出现在申请人提交的每月施工进度计划报告中。虽然本案申请人根据项目实际施工进展每月提交的施工进度计划在施工内容的组织和工期安排上与2011年4月版《总体施工进度计划》也存在差异，并且得到了项目总承包人和驻地监理办的同意批复意见，但是由于每月提交的施工进度计划未对项目整体施工内容重新进行约定且不包含对项目总体竣工日期的修改，因此这些施工进度计划应当被视为对合同进度计划的更新而不是变更。

5.2.4　小结

73. 综上所述，根据合同文件以及过程资料显示，2011年2月版《总体施工进度计划》是本项目的合同进度计划。鉴定人将以此进度计划为计划进度计划/基线进度计划（As－Planned/Baseline Schedule）开展窗口与时间影响相结合的法务工期分析。

74. 2011年4月版施工组织设计文件中所附《总体施工进度计划》是对原合同进度计划的更新，属于进度计划更新（Schedule Updates）文件。在使用窗口与时间影响相结合分析法进行工期延误分析时，需要对此文件与当时项目实际进度情况进行更新和比较。

75. 与2011年4月版《总体施工进度计划》相类似，本案申请人每月提交的月进度计划也属于进度计划更新（Schedule Updates）文件。鉴定人将利用这些资料完善在窗口与时间影响相结合分析法中各个窗口期内进度状态的更新与对延误事件的提取和检查。

5.3　关键线路分析

5.3.1　计划进度计划的完善

76. 根据窗口与时间影响相结合分析法的应用步骤，鉴定人将按照各个阶段的分析窗口把双方当事人的延误事件插入到计划进度计划中，以分析出各自应当承担的工期责任。

77. 为了能够显示出各个延误事件对于项目工期的客观影响，作为分析基础的计划进度计划需要具有完整健壮的任务之间的逻辑关系，使计划进度计划成为一个严谨健全的进度任务网络图。该网络图中每个进度任务的计划起止时间，除了第一个起始任务之外，都是根据彼此之间的逻辑关系和任务的持续时间自动计算得出的。

78. 根据上文所述，2011 年 2 月版《总体施工进度计划》是本项目的合同进度计划，是本案双方对本项目施工进度目标、工作内容和完成步骤达成的最早一份文件。因此，在本次工期鉴定分析的第一个窗口期内，该《总体施工进度计划》将作为最初的计划进度计划进行后续分析。

79. 然而，鉴定人目前关于 2011 年 2 月版《总体施工进度计划》仅有双方当事人提供的当时纸质资料的扫描版电子文件。从该文件中我们无法看到该进度计划中所包含的进度任务之间的逻辑关系，且双方当事人均已无法提供原始 Project 版电子文件，因此鉴定人无法判断该进度计划是否具有完整且健壮的进度任务网络图。

80. 鉴于此，鉴定人需要对 2011 年 2 月版《总体施工进度计划》的逻辑关系进行完善和补充，使之能够满足使用窗口与时间影响相结合分析法进行法务工期分析的需求。

81. 由于合同进度计划是双方当事人遵循本项目合同条款中的有关规定①形成的一份文件，虽不属于合同文件的组成部分，但是也在一定程度上表示出了双方当事人对于本项目进度工作的一种共识。因此，鉴定人在对 2011 年 2 月版《总体施工进度计划》进行完善和补充时严格遵守如下两项原则：

- 不改变进度计划中的工程内容和进度任务列项
- 不改变进度计划中各项目进度任务的计划起止时间

82. 在对计划进度计划进行完善的过程中，鉴定人首先将 PDF 版电子文件的 2011 年 2 月版《总体施工进度计划》编制成 MS Project 软件版，再在 MS Project 软件中增加各任务之间的逻辑关系。在关键线路法（CPM）中，任务间的逻辑关系包含以下四种：

- “S – S”：开始到开始，前置任务的开始导致后置任务的开始；
- “F – F”：完成到完成，前置任务的完成导致后置任务的完成；
- “F – S”：完成到开始，前置任务的完成导致后置任务的开始；
- “S – F”：开始到完成，前置任务的开始导致后置任务的完成。

① 详见本鉴定意见书正文第 54 项。

83. 此外，路桥工程的常规施工工艺和申请人提交的施工方法中拟定的工作顺序也是指导鉴定人对进度计划逻辑关系进行补充和完善的重要依据。其中桥梁工程和T梁/板梁预制安装工程的逻辑顺序如下：

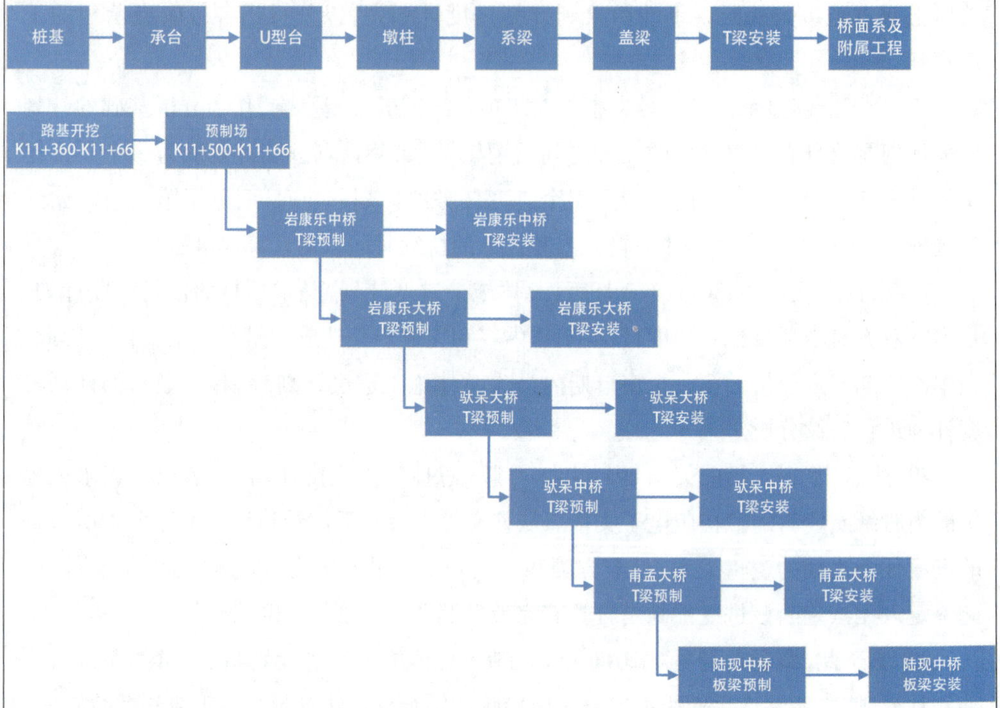

图3　施工任务逻辑顺序

84. 经过逻辑补充和完善，鉴定人编制完成了一份新版合同进度计划，即2011年2月版《总体施工进度计划》的逻辑健壮版。① 在该版本中鉴定人共添加1个“结束”里程碑事件、94个“F－S”逻辑关系、4个“S－S”逻辑关系。

5.3.2　关键线路的确定

85. 在基于关键线路法（CPM）的进度管理方法中，关键线路是决定项目工期长度的直接因素。在项目实施过程中，发生任何影响项目关键线路的事件都将直接对项目竣工时间造成影响。

86. 本案项目合同第11.3条“总承包人的工期延误”中明确约定了总承包人原因造成的工期延误的7种情况，并指出“即使由于上述原因造成工期延误，如果受影响的工程并非处在工程施工进度网络计划的关键线路上，则承包人无权要求延长总工期”。

① 详见附件35；2月及4月健壮版《总体施工进度计划》，第1－5页。

87. 由此可以看出,关键线路的确定对分析合同双方当事人工期延误责任和工期延长权利具有非常重要的作用和地位。而本案双方当事人对本项目关键线路提出了不同的观点和主张。

88. 与2011年2月和2011年4月分别提交的《总体施工进度计划》和《实施性施工组织设计》中,本案申请人对本工程关键线路的描述完全相同:①

"本工程的施工的关键线路为两条主线同时交错进行:

路线一:挖方施工准备(预制场主路路基填)→岩康乐中桥T梁预制与安装→岩康乐大桥T梁预制安装→甫孟大桥T梁预制与安装→桥面现浇段及湿接缝→桥面安全护栏安装→桥面铺装→路基排水及防护施工→交工验收。

路线二:挖方施工准备(预制场主路路基填)→驮呆大桥T梁预制与安装→驮呆中桥T梁预制与安装→陆现中桥空心板预制与安装→机耕天桥箱梁浇筑→桥面现浇段及湿接缝→桥面安全护栏安装→桥面铺装→路基排水及防护施工→交工验收。"

89. 被申请人认为《实施性施工组织设计》"是万康公司作为一个有经验的承包商对于乾润公司的一种承诺",应当有效。据此认为"本案工程的关键线路为:挖方施工准备—预制场主路路基—各桥梁T梁或梁板预制和安装"。②

90. 此外,被申请人提出了本案工程在施工过程中的实际关键线路:③

"路线一:挖方施工准备(预制场主路路基填)—岩康乐大桥T梁预制安装—甫孟大桥T梁预制与安装。

路线二:挖方施工准备(预制场主路路基填)—驮呆大桥T梁预制与安装—驮呆中桥T梁预制与安装—陆现中桥空心板预制与安装—机耕天桥箱梁浇筑—机耕天桥与机耕路连接—机耕天桥段路基整理。"

91. 同时,被申请人提出了他们认定的本案工程的关键任务:④

"需要特别指出的是:各桥梁的下部结构(桩基和墩柱、盖梁)均不在本案工程的关键线路上,各桥梁的T梁或梁板的预制和安装才是本案工程的关键线路。"

92. 对此,申请人在其补充提交的鉴定资料《工期延误事件及原因》中进行了表述:⑤*"本工程关键线路为两条主线交错进行。路线一:施工准备→K11+360-K11+870段路基挖填方→岩康乐大桥30米T梁安装→甫孟大桥下部结构施工→甫孟大桥T梁板安装→甫孟大桥上部整体化及附属工程→清理现场→交工验收。……路线二:施工准备→驮呆大桥下部结构施工→驮呆中桥下部结构施工→陆现中桥下部结构施工→*

① 详见附件36:2月及4月施组文件。
② 详见附件37:关于工期争议的意见,第1页。
③ 详见附件37:关于工期争议的意见,第1、2页。
④ 详见附件37:关于工期争议的意见,第2页。
⑤ 详见附件38:工期拖延事件及原因,第1页。

陆现中桥空心板安装及桥面系附属工程施工和K10+560 至K10+650 段路改桥施工→清理现场→交工验收。"

93. 通过以上对比可以发现,本案双方当事人对于关键线路的认定主要分歧点在于部分桥梁的下部结构施工是否被包含在内。申请人在本案中提交的技术文件中写明的及被申请人坚持的关键线路不包含桥梁的下部结构,但是申请人在随后的主张中声明关键线路应当包含桥梁的下部结构施工。

94. 鉴于本案双方当事人的不同主张,鉴定人利用已经修补完善的 2011 年 2 月版《总体施工进度计划》的健壮版通过 MS Project 的软件功能自动查找本项目合同计划中反映的关键线路。

95. 经过软件自动分析发现在 2011 年 2 月版《总体施工进度计划》的健壮版中存在着两条关键线路。他们分别是:

(1)关键线路一:驻地建设→[路基开挖(K11+360-K11+660)→预制场(K11+500-K11+660)]/拌合站(K12+850 右 150m)→岩康乐中桥 T 梁预制→岩康乐大桥 T 梁预制→驮呆大桥 T 梁预制→驮呆中桥 T 梁预制→甫孟大桥 T 梁预制→陆现中桥板梁预制→陆现中桥板梁安装→陆现中桥桥面系及附属工程

(2)关键线路二:驻地建设→拌合站(K12+850 右 150m)→岩康乐大桥桩基→甫孟大桥桩基→甫孟大桥承台→甫孟大桥 U 型台→甫孟大桥墩柱→甫孟大桥系梁→甫孟大桥盖梁→甫孟大桥 T 梁安装→甫孟大桥桥面系及附属工程

标识号	任务名称	工期	开始时间	完成时间	前置任务
1	**第四标段**	**563.88 days**	**2010/11/15**	**2012/5/31**	
2	**施工准备**	**40.88 days**	**2010/11/15**	**2010/12/25**	
3	驻地建设	41 days	2010/11/15	2010/12/25	
6	**路基工程**	**401 days**	**2011/2/25**	**2012/3/31**	
7	**路基土石方工程**	**401 days**	**2011/2/25**	**2012/3/31**	
8	**路基开挖**	**401 days**	**2011/2/25**	**2012/3/31**	
9	K11+360-K11+660	64 days	2011/2/25	2011/4/29	3FS+61 days
24	**桥梁工程**	**408 days**	**2011/2/10**	**2012/5/31**	
25	**拌合站**	**41 days**	**2011/2/19**	**2011/3/31**	
26	拌合站(K12+850右150m)	41 days	2011/2/19	2011/3/31	3FS+55 days
27	**预制场**	**72 days**	**2011/4/20**	**2011/6/30**	
28	预制场(K11+500-K11+660)	72 days	2011/4/20	2011/6/30	9FS-10 days
29	**岩康乐中桥(K11+665-K11+740)**	**177 days**	**2011/3/1**	**2011/8/24**	
36	T梁预制	20 days	2011/7/1	2011/7/20	28,26
39	**岩康乐大桥(K11+990-K12+260)**	**271 days**	**2011/3/1**	**2011/11/26**	
40	桩基	39 days	2011/3/1	2011/4/8	3FS+65 days

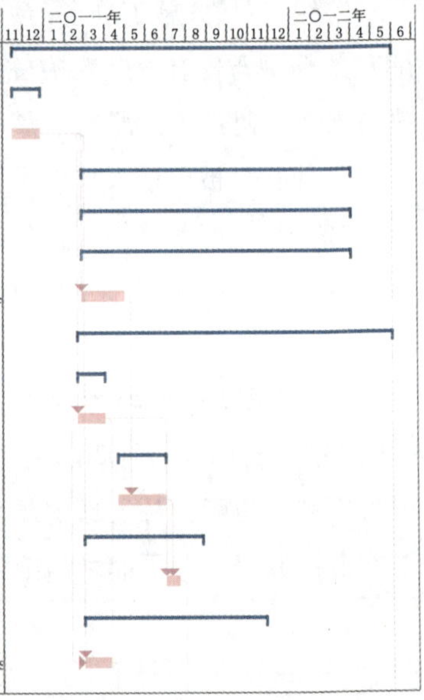

46	T梁预制	80 days	2011/7/21	2011/10/8	36
49	**驮呆大桥（K11+080-K11+320）**	**281 days**	**2011/3/22**	**2011/12/27**	
56	T梁预制	43 days	2011/10/9	2011/11/20	46
59	**驮呆中桥（K10+930-K11+005）**	**250 days**	**2011/5/15**	**2012/1/19**	
64	T梁预制	20 days	2011/11/21	2011/12/10	56
67	**甫孟大桥（K12+420-K12+900）**	**419 days**	**2011/4/9**	**2012/5/31**	
68	桩基	50 days	2011/4/9	2011/5/28	40,26
69	承台	38 days	2011/8/24	2011/9/30	68FS+87 day
70	U型台	14 days	2011/10/1	2011/10/14	69
71	墩柱	84 days	2011/10/8	2011/12/30	69FS+7 days
72	系梁	42 days	2011/12/10	2012/1/20	71FS-21 day
73	盖梁	21 days	2012/1/18	2012/2/7	72FS-3 days
74	T梁预制	78 days	2011/12/11	2012/2/26	64
75	T梁安装	63 days	2012/2/8	2012/4/10	74FS-19 day
76	桥面系及附属工程	37 days	2012/4/25	2012/5/31	75FS+14 day
77	**陆现中桥（K10+556-K10+715）**	**364 days**	**2011/6/3**	**2012/5/31**	
84	板梁预制	34 days	2012/2/27	2012/3/31	74
85	板梁安装	37 days	2012/4/11	2012/5/17	84FS+10 day
86	桥面系及附属工程	14 days	2012/5/18	2012/5/31	85
98	结束	0 days	2012/5/31	2012/5/31	15,21,23,38

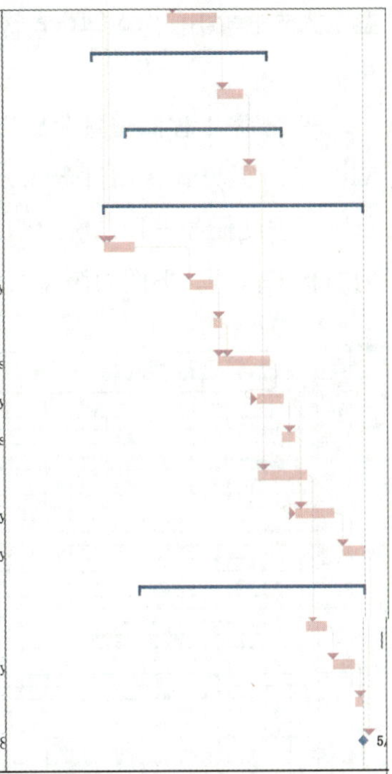

项目：2011年2月版关键路径
日期：2016/11/12

图4　2月版《总体施工进度计划》关键线路

96. 从上述分析中可以看出，影响本案工程总工期的直接因素主要包含两大类：各桥梁段的T梁预制和甫孟大桥的整体施工。鉴定人将据此展开本案工程的工期鉴定分析。

5.3.3　流线图进度计划的编制

97. 鉴于本案属于路桥线性工程，在进行法务工期分析的过程中不但需要就延误事件对项目工期造成的影响进行分析，同时还需要对项目各进度任务实际生产效率受到的影响及相互干扰进行分析。同时，申请人在2011年4月提交的《实施性施工组织设计》中包含的分项工程进度率计划（斜率图）也说明在路桥线性工程中有使用斜线（流线图）表示进度计划的习惯与做法。

98. 鉴定人使用国际领先的工程管理工具Vico Office进行本案工程工期分析的流线图进度计划编制。Vico Office不但可以实施流线图进度计划的编制与分析，而且该进度计划中的工程量数据可以直接从建筑信息模型（BIM模型）中直接提取。这个功能大大加强了法务工期定量分析能力，使分析结果更加接近项目实际发生情况。因此，鉴定人选择采用 Vico Office 软件实施基于位置的进度分析方法对本案工程进行辅助分析。

99. 本案工程的位置分解以路桥工程的桩号作为依据，按照 K10 + 500、K10 + 510、K10 + 520 的方式将项目全线分解成为共计 261 个区段。鉴定人利用该分解结构对项目所有进度任务进行二次组织，在明确每项任务的位置属性之后完成流线图进度计划的编制工作 ①。下图为该流线图进度计划的部分节选：

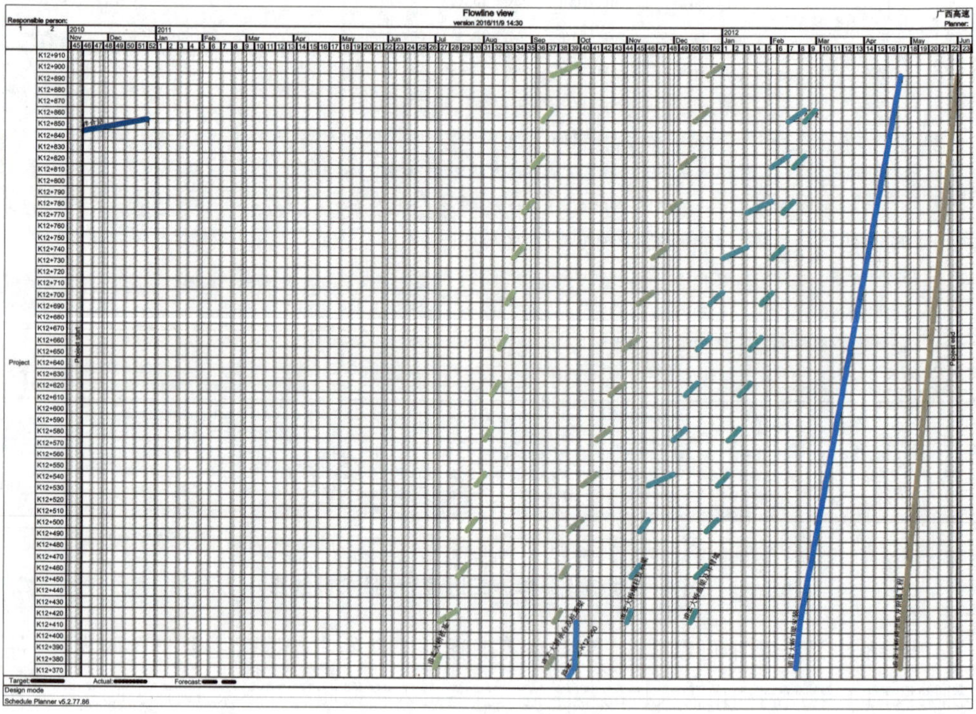

图 5　甫孟大桥流线图节选

① 详见附件 39：S 省某高速公路 – Flowline 计划。

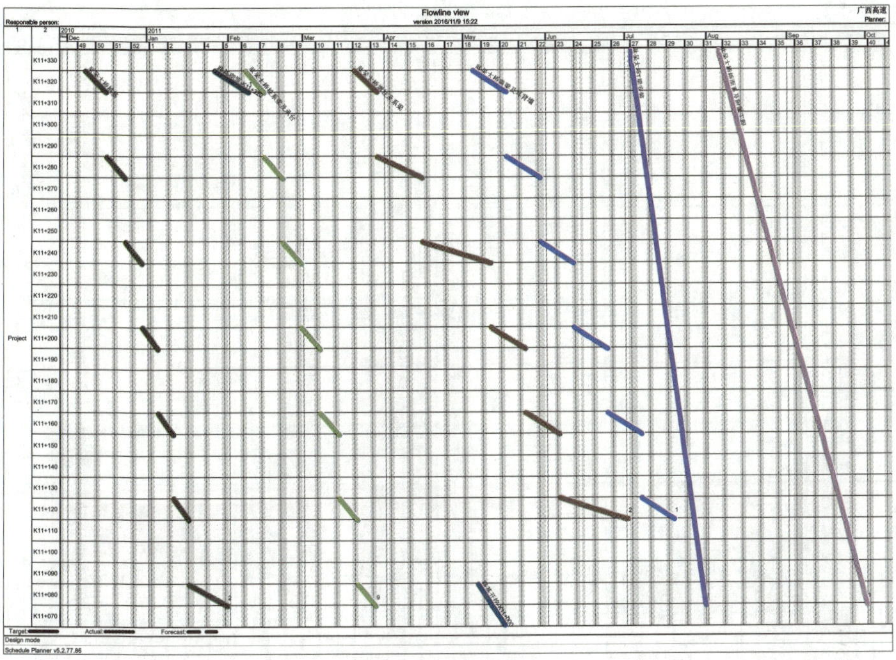

图6　驮呆大桥流线图节选

100. 除此之外，在流线图进度计划中还整合本案工程量数据。以此可以展开计划与实际施工生产效率的对比。本案桩基工程、墩柱工程、梁板预制工程和梁板安装工程的计划生产强度柱状图如下所示：

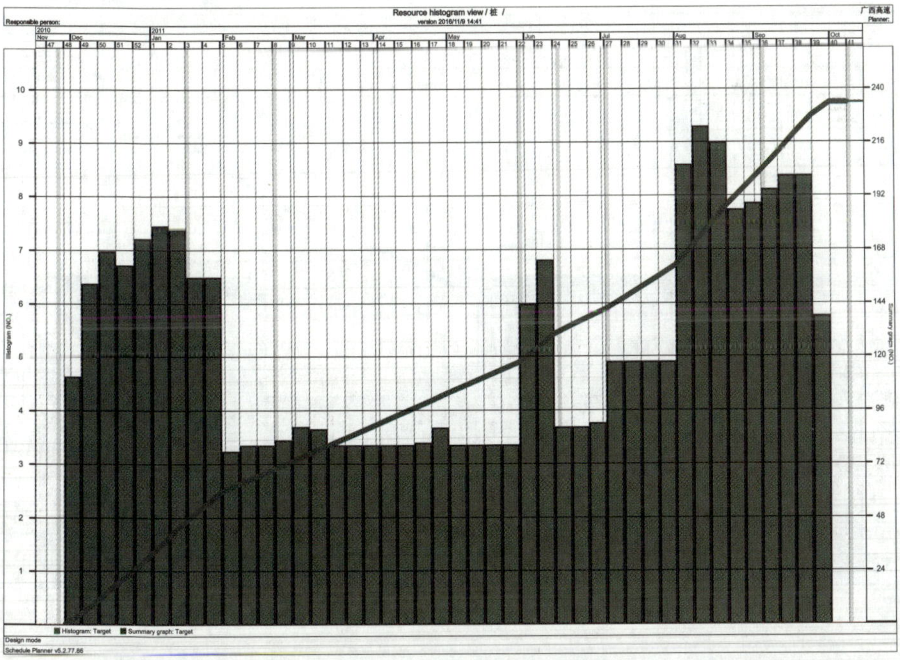

图7　桩基工程计划施工强度

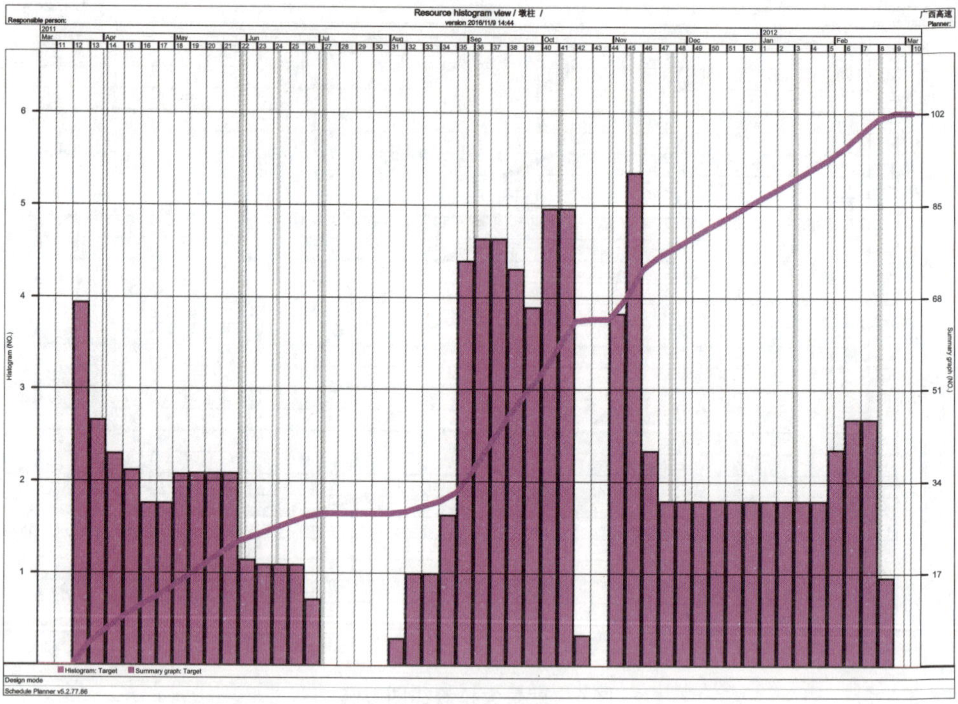

图 8　墩柱工程计划施工强度

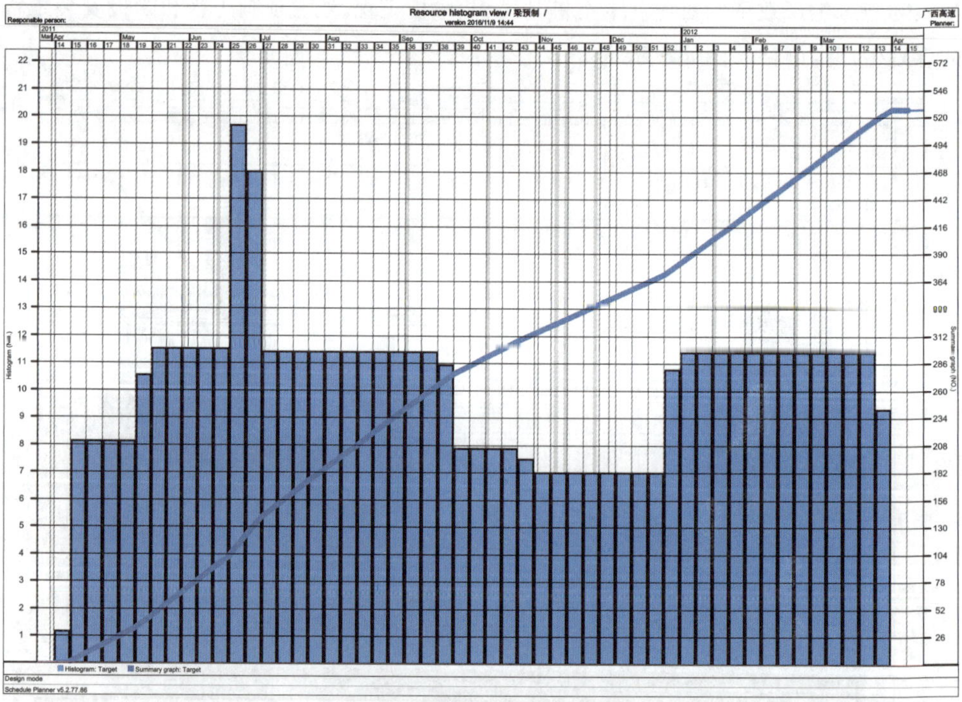

图 9　梁板预制工程计划施工强度

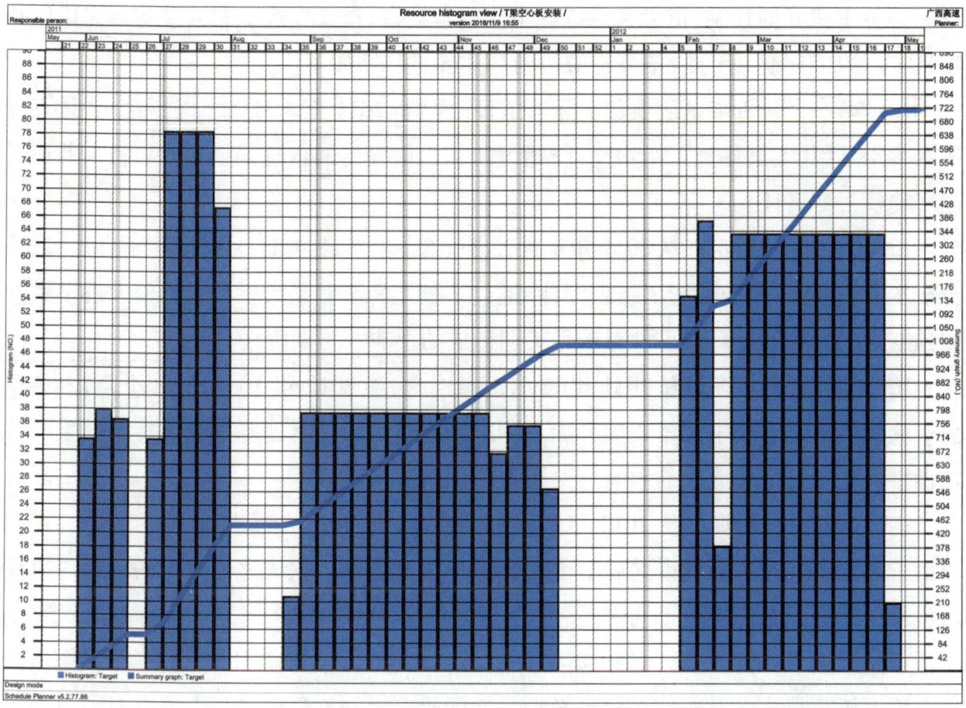

图 10　梁板安装工程计划施工强度

5.4　分析窗口期的划分

101. 根据窗口与时间影响相结合分析法的应用步骤，本案工程项目的全生命周期需要被划分为若干个窗口期以进行工期延误分析。窗口期的划分方法包含固定周期和可变周期两种方式。①

102. 由于本案工程实际工期较长，若采用每月固定窗口期的方式进行分析需要大量项目过程资料且导致分析过程过于复杂，因此鉴定人决定采用可变的窗口期划分方式确定本案分析周期。

103. 通过分析资料，鉴定人提取本案工程中的 6 个核心里程碑事件作为分析窗口的划分标志，将本案工程施工过程的生命周期分为 5 个阶段。这 6 个核心里程碑事件分别是：项目开工、4 月版《实施性施工组织设计》通过审核、预制场完工驮呆大桥和岩

① 详见 FORENSIC SCHEDULE ANALYSIS，第 80 – 81 页，"1. Fixed Periods The analysis periods are of virtually identical duration and may coincide with regular schedule update periods. 2. Variable Periods The analysis periods are of varying durations and are characterized by their different natures such as the type of work being performed, the types of delaying influences, significant project events, changes to the critical path, revised baseline schedules, and/or the operative contractual schedule under which the work was being performed."（中文大意为：1. 固定周期　分析周期有相同的时间期间，并可能与定期更新的时间表期间相吻合。2. 可变周期　分析周期有不同的时间期间，且具有不同的性质，如正在执行的工作类型，延迟影响的类型，重大项目事件、关键线路的变更，修改后的基线时间表，和/或有效的契约安排下所执行的工作。）

康乐大桥T梁开始预制、甫孟大桥拆迁工作基本结束、甫孟大桥T梁安装基本完成以及项目实际竣工日期。至此,各分析窗口的具体起止日期如下:

104. 第一个分析窗口从项目实际开工日(含)至2011年4月22日(不含)。重点分析本案4月版《实施性施工组织设计》通过审核之前发生的各延误事件对项目工期造成的影响及工期责任。

105. 第二个分析窗口从2011年4月22日(含)至2011年11月13日(不含)。重点分析本案4月版《实施性施工组织设计》通过审核之后至驮呆大桥和岩康乐大桥T梁开始预制之间发生的各延误事件对项目工期造成的影响及工期责任。

106. 第三个分析窗口从2011年11月13日(含)至2012年9月15日(不含)。重点分析驮呆大桥和岩康乐大桥T梁开始预制之后至甫孟大桥拆迁基本结束之间发生的各延误事件对项目工期造成的影响及工期责任。

107. 第四个分析窗口从2012年9月15日(含)至2013年8月8日(不含)。重点分析甫孟大桥拆迁基本结束之后至甫孟大桥T梁安装基本完成之间发生的各延误事件对项目工期造成的影响及工期责任。

108. 第五个分析窗口从2013年8月8日(含)至2014年7月18日(含)。重点分析甫孟大桥T梁安装基本完成之后至项目实际竣工之间发生的各延误事件对项目工期造成的影响及工期责任。

5.5　本案工期延误分析的基本前提

109. 本案工程项目法务工期分析所采用的方法是"窗口与时间影响相结合分析法"。在分析过程中,本案的实施生命周期以项目开工日、2011年4月22日、2011年11月13日、2012年9月15日、2013年8月8日和2014年7月18日被分为5个窗口。本鉴定机构按照各个窗口分别计算单窗口内各个延误事件对计划竣工日期的影响,并且按照"盲视法"计算窗口期末剩余工程量的计划工期进行推算。按照推算结果,本鉴定机构在此次鉴定意见中按照主导因素法、责任分摊法和英国法"阻碍原则"三种方式分别计算各个窗口期的工期延误责任。

5.6　窗口一

5.6.1　本窗口工期状态分析

110. 本窗口期从本案实际开工至2011年4月22日为止总共历时5个月左右。在此期间本案工程实际处于项目初期的施工准备阶段。但是本窗口期内发生的若干事件对项目整体工期分析可能造成重大影响,需要仲裁庭审慎判断。

111. 本案双方当事人均承认项目实际开工日期以按照合同第11.1.1款[①]执行的

① 详见附件3:项目合同协议书及合同条款,第11.1.1项:"监理人应在开工日期7天前向承包人发出开工通知,监理人在发出开工通知前应听取总承包人同意。工期自监理人发出的开工通知中载明的开工日期起计算。承包人应在开工日期后尽快施工。"

项目监理开工令①载明的2010年12月20日为准②。同时,按照本案工程中标通知书明确的工期563日历天③,则本案工程的合同计划竣工日期应为2012年7月5日。尽管在申请人同时提交的鉴定资料中还有一份由被申请人总包部盖章的《工程开工日期说明》文件④,其中写明本案工程开工日期为2011年3月2日。但是由于双方在此前的仲裁庭开庭过程中已经就2010年12月20日的开工日期达成了一致,因此鉴定人将采用此日期进行接下来的法务工期分析。

112. 此外,本案合同中约定被申请人应在书面合同正式文本订立之后42天内向申请人免费提供施工图纸。⑤ 依据2010年11月28日签订的项目合同协议书,被申请人应当于2011年1月9日无偿向申请人提供施工图纸。但申请人在2011年1月20日至2月22日陆续收到的施工图纸中,本案工程实体的整体坐标抬高了4至6米不等。⑥ 该内容的变化不符合施工图替代招标图的一般性原则,属于工程内容的实质性变化。虽然申请人未能提供此项图纸变化给工程进度带来何等影响的充足资料证据,但是由于鉴定人认为此次图纸内容的显著变化有极大可能会对工程进度造成影响,因此决定采用建筑信息模型(BIM)就其工程量变化对进度工期的影响进行计算。

113. 鉴定人通过依据本案工程招标图和施工图分别创建的BIM模型进行工程量提取,再以招标图工程量和计划工期相除得到理论上的计划施工生产率,进而推算出施工图工程量的理论计划工期,其计算结果如下表5、表6:

表5 招标图工程量及其计划生产率

工程内容	招标图工程量	计划工期	计划生产率
路基开挖			
K11+360 - K11+660	584.1万立方米	64日历天	9.13万立方米/日历天
K11+012.5 - K11+080	139.6万立方米	28日历天	4.99万立方米/日历天
K11+750 - K11+870	455.9万立方米	64日历天	7.12万立方米/日历天
K10+718 - K10+932.5	893.1万立方米	48日历天	18.61万立方米/日历天
K10+500 - K10+655	233.4万立方米	24日历天	9.72万立方米/日历天
K12+260 - K12+380	213.6万立方米	76日历天	2.81万立方米/日历天
K12+900 - K13+100	432.5万立方米	51日历天	8.48万立方米/日历天

① 详见附件40:中标通知书及开工令和开工说明第2页。

② 详见附件41:仲裁庭开庭笔录。

③ 详见附件40:中标通知书及开工令和开工说明第1页。

④ 详见附件40:中标通知书及开工令和开工说明第3页。

⑤ 详见附件3:项目合同协议书及合同条款,第1.6.1项:"总承包人应在书面合同正式文本订立之后42天内,向承包人免费提供由业主、监理或其委托的设计单位设计的施工图纸、技术规范和其他技术资料2份,并向承包人进行技术交底。"

⑥ 详见附件42:招标图与施工图对比节选。

续表

工程内容	招标图工程量	计划工期	计划生产率
路基填筑			
K11 +360 - K11 +575	382.5 万立方米	57 日历天	6.71 万立方米/日历天
K11 +650 - K11 +870	189.6 万立方米	13 日历天	14.58 万立方米/日历天
K10 +900 - K11 +080	184.9 万立方米	44 日历天	4.20 万立方米/日历天
K10 +500 - K10 +750	10.1 万立方米	35 日历天	0.29 万立方米/日历天
K12 +260 - K13 +050	12.7 万立方米	31 日历天	0.41 万立方米/日历天
岩康乐中桥			
桩基	287.8 米	21 日历天	13.70 米/日历天
桩系梁	8 个	33 日历天	0.24 个/日历天
墩柱及系梁	107.6 米	41 日历天	2.62 米/日历天
盖梁及耳背墙	4 个	26 日历天	0.15 个/日历天
T 梁预制	36 根	20 日历天	1.80 根/日历天
T 梁安装	36 根	23 日历天	1.57 根/日历天
桥面系及附属工程	82 米	23 日历天	3.57 米/日历天
驮呆大桥			
桩基	495.2 米	54 日历天	9.17 米/日历天
桩系梁及承台	14 个	46 日历天	0.30 个/日历天
墩柱及系梁	440.2 米	63 日历天	6.99 米/日历天
盖梁及耳背墙	12 个	30 日历天	0.40 个/日历天
T 梁预制	84 根	43 日历天	1.95 根/日历天
T 梁安装	84 根	22 日历天	3.82 根/日历天
桥面系及附属工程	248 米	32 日历天	7.75 米/日历天
驮呆中桥			
桩基	187.6 米	19 日历天	9.87 米/日历天
系梁	8 个	18 日历天	0.44 个/日历天
墩柱	123.7 米	26 日历天	4.76 米/日历天
盖梁及耳背墙	4 个	20 日历天	0.20 个/日历天
T 梁预制	36 根	20 日历天	1.80 根/日历天
T 梁安装	36 根	18 日历天	2.00 根/日历天
桥面系及附属工程	82 米	31 日历天	2.65 米/日历天

续表

工程内容	招标图工程量	计划工期	计划生产率
陆现中桥			
桩基	423.3 米	28 日历天	15.12 米/日历天
墩柱	67.1 米	81 日历天	0.83 米/日历天
盖梁及耳背墙	4 个	27 日历天	0.15 个/日历天
板梁预制	60 根	34 日历天	1.76 根/日历天
板梁安装	60 根	37 日历天	1.62 根/日历天
桥面系及附属工程	66 米	14 日历天	4.71 米/日历天
岩康乐大桥			
桩基	1723.4 米	39 日历天	44.19 米/日历天
桩系梁	23 个	32 日历天	0.72 个/日历天
墩柱及系梁	812.2 米	85 日历天	9.56 米/日历天
盖梁及耳背墙	24 个	52 日历天	0.46 个/日历天
T 梁预制	156 根	80 日历天	1.95 根/日历天
T 梁安装	156 根	74 日历天	2.11 根/日历天
桥面系及附属工程	367 米	46 日历天	7.98 米/日历天
甫孟大桥			
桩基	1207.7 米	50 日历天	24.15 米/日历天
承台及桩系梁	24 个	52 日历天	0.46 个/日历天
墩柱及系梁	977.4 米	126 日历天	7.76 米/日历天
盖梁及耳背墙	24 个	21 日历天	1.14 个/日历天
T 梁预制	144 根	78 日历天	1.85 根/日历天
T 梁安装	144 根	63 日历天	2.29 根/日历天
桥面系及附属工程	488 米	37 日历天	13.19 米/日历天

表 6 施工图工程量及其理论工期

工程内容	施工图工程量	计划生产率	理论工期
路基开挖			
K11 +360 – K11 +660	296.8 万立方米	9.13 万立方米/日历天	33 日历天
K11 +012.5 – K11 +080	145.9 万立方米	4.99 万立方米/日历天	29 日历天
K11 +750 – K11 +870	272.2 万立方米	7.12 万立方米/日历天	38 日历天
K10 +718 – K10 +932.5	756.1 万立方米	18.61 万立方米/日历天	41 日历天

续表

工程内容	施工图工程量	计划生产率	理论工期
K10 + 500 - K10 + 655	132.6 万立方米	9.72 万立方米/日历天	14 日历天
K12 + 260 - K12 + 380	119.6 万立方米	2.81 万立方米/日历天	43 日历天
K12 + 900 - K13 + 100	346.2 万立方米	8.48 万立方米/日历天	41 日历天
路基填筑			
K11 + 360 - K11 + 575	469.4 万立方米	6.71 万立方米/日历天	70
K11 + 650 - K11 + 870	196.6 万立方米	14.58 万立方米/日历天	13
K10 + 900 - K11 + 080	171.8 万立方米	4.20 万立方米/日历天	41
K10 + 500 - K10 + 750	11.0 万立方米	0.29 万立方米/日历天	38
K12 + 260 - K13 + 050	12.7 万立方米	0.41 万立方米/日历天	31
岩康乐中桥			
桩基	546.5 米	13.70 米/日历天	40 日历天
桩系梁	3 个	0.24 个/日历天	33 日历天
墩柱及系梁	127.4 米	2.62 米/日历天	49 日历天
盖梁及耳背墙	8 个	0.15 个/日历天	26 日历天
T 梁预制	36 根	1.80 根/日历天	20 日历天
T 梁安装	36 根	1.57 根/日历天	23 日历天
桥面系及附属工程	97 米	3.57 米/日历天	27 日历天
驮呆大桥			
桩基	746.4 米	9.17 米/日历天	81 日历天
桩系梁及承台	10 个	0.30 个/日历天	53 日历天
墩柱及系梁	551.6 米	6.99 米/日历天	79 日历天
盖梁及耳背墙	16 个	0.40 个/日历天	30 日历天
T 梁预制	84 根	1.95 根/日历天	43 日历天
T 梁安装	84 根	3.82 根/日历天	22 日历天
桥面系及附属工程	288 米	7.75 米/日历天	37 日历天
驮呆中桥			
桩基	216.4 米	9.87 米/日历天	22 日历天
系梁	7 个	0.44 个/日历天	18 日历天
墩柱	134.0 米	4.76 米/日历天	28 日历天
盖梁及耳背墙	8 个	0.20 个/日历天	20 日历天
T 梁预制	36 根	1.80 根/日历天	20 日历天

续表

工程内容	施工图工程量	计划生产率	理论工期
T梁安装	36根	2.00根/日历天	18日历天
桥面系及附属工程	97米	2.65米/日历天	37日历天
陆现中桥			
桩基	912.0米	15.12米/日历天	60日历天
墩柱	99.7米	0.83米/日历天	119日历天
盖梁及耳背墙	8	0.15个/日历天	27日历天
板梁预制	60根	1.76根/日历天	34日历天
板梁安装	60根	1.62根/日历天	37日历天
桥面系及附属工程	66米	4.71米/日历天	14日历天
岩康乐大桥			
桩基	2154.3米	44.19米/日历天	49日历天
桩系梁	15个	0.72个/日历天	38日历天
墩柱及系梁	1069.9米	9.56米/日历天	112日历天
盖梁及耳背墙	28个	0.46个/日历天	52日历天
T梁预制	156根	1.95根/日历天	80日历天
T梁安装	156根	2.11根/日历天	74日历天
桥面系及附属工程	367米	7.98米/日历天	46日历天
甫孟大桥			
桩基	1599.1米	24.15米/日历天	66日历天
承台及桩系梁	25个	0.46个/日历天	54日历天
墩柱及系梁	1123.2米	7.76米/日历天	145日历天
盖梁及耳背墙	23个	1.14个/日历天	20日历天
T梁预制	156根	1.85根/日历天	85日历天
T梁安装	156根	2.29根/日历天	68日历天
桥面系及附属工程	528米	13.19米/日历天	40日历天

114.由于图纸变化造成工程量增加导致的理论工期延长，鉴定人将把它们作为延误事件的影响结果统一添加到相应进度任务上，一并纳入法务工期分析中以判断其对竣工日期造成的影响。

115.本窗口期内识别出的延误事件共13项，具体内容如下表7：

表7　第一个窗口期内发生的延误事件

序号	延误事件名称	证据来源	延误程度（日历天）	受影响的进度任务
1	第二册（路基及路面）	附件4：S省某高速公路两阶段施工图移交资料清单	11	K11＋350－K11＋400路基开挖
				K11＋750－K11＋875路基开挖
				K11＋005－K11＋080路基开挖
				K10＋525－K10＋550路基开挖
				K12＋268－K12＋409路基开挖
				K10＋625－K10＋650路基开挖
				K12＋920－K13＋100路基开挖
				K11＋320－K11＋325路基填筑
				K10＋500－K10＋525路基填筑
				K10＋575－K10＋600路基填筑
				K10＋937－K11＋000路基填筑
				K10＋716－K10＋930路基开挖
				K11＋425－K11＋500路基填筑
				K11＋525－K11＋650路基开挖
2	第一册（总体设计及路线）	附件4：S省某高速公路两阶段施工图移交资料清单	14	K11＋350－K11＋400路基开挖
				K11＋750－K11＋875路基开挖
				K11＋005－K11＋080路基开挖
				K10＋525－K10＋550路基开挖
				K12＋268－K12＋409路基开挖
				K10＋625－K10＋650路基开挖
				K12＋920－K13＋100路基开挖
				K11＋320－K11＋325路基填筑
				K10＋500－K10＋525路基填筑
				K10＋575－K10＋600路基填筑
				K10＋937－K11＋000路基填筑
				K10＋716－K10＋930路基开挖
				K11＋425－K11＋500路基填筑
				K11＋525－K11＋650路基开挖

续表

序号	延误事件名称	证据来源	延误程度(日历天)	受影响的进度任务
3	第六册(其他工程、筑路材料以及施工组织设计)	附件4:S省某高速公路两阶段施工图移交资料清单	19	
4	第三册(桥梁及涵洞)、第五册(路线交叉)	附件4:S省某高速公路两阶段施工图移交资料清单	35	驮呆大桥桩基
				K11+450涵洞工程
				岩康乐大桥桩基
5	下部构造、公用构造、空心板和T梁通用图	附件4:S省某高速公路两阶段施工图移交资料清单	44	岩康乐大桥T梁预制
				驮呆大桥T梁预制
				驮呆中桥T梁预制
				甫孟大桥T梁预制
				陆现中桥梁板预制
				岩康乐天桥箱梁现浇
				K11+450涵洞工程构件预制、安装或现浇
6	岩康乐中桥改路设计变更	附件11:工程变更意向现场签认单,附件13:C工程勘察设计院设计更改通知单	49	岩康乐中桥改路实施过程
7	驻地建设延误	附件5:关于上报项目经理部标准化建设验收申请的报告	89	拌合站
				K11+450涵洞工程基础及下部
8	临时道路延误	附件5:关于上报项目经理部标准化建设验收申请的报告	89	
9	临时用电延误	附件5:关于上报项目经理部标准化建设验收申请的报告	89	
10	K11+525-K11+650路基开挖开工延误	附件6:每月施工进度计划	53	K11+525-K11+650路基开挖
11	K11+425-K11+500路基填筑开工延误	附件6:每月施工进度计划	53	K11+425-K11+500路基填筑

续表

序号	延误事件名称	证据来源	延误程度（日历天）	受影响的进度任务
12	K11 +425 - K11 +500 路基填筑过程延误	附件 6：每月施工进度计划，附件 8：填土路基检验申请批复单	30	K11 +320 - K11 +325 路基填筑
				1 号预制场（K11 +500）
13	K11 +440 - K11 +475 路基填筑质量问题整改	附件 10：关于要求对路基施工进行整改的通知	2	K11 +425 - K11 +500 路基填筑

116. 将上述延误事件插入到 2 月版《总体施工进度计划》中，可以得到这些事件对项目整体及竣工日期造成的影响。更新后的施工总进度计划如下图 11：

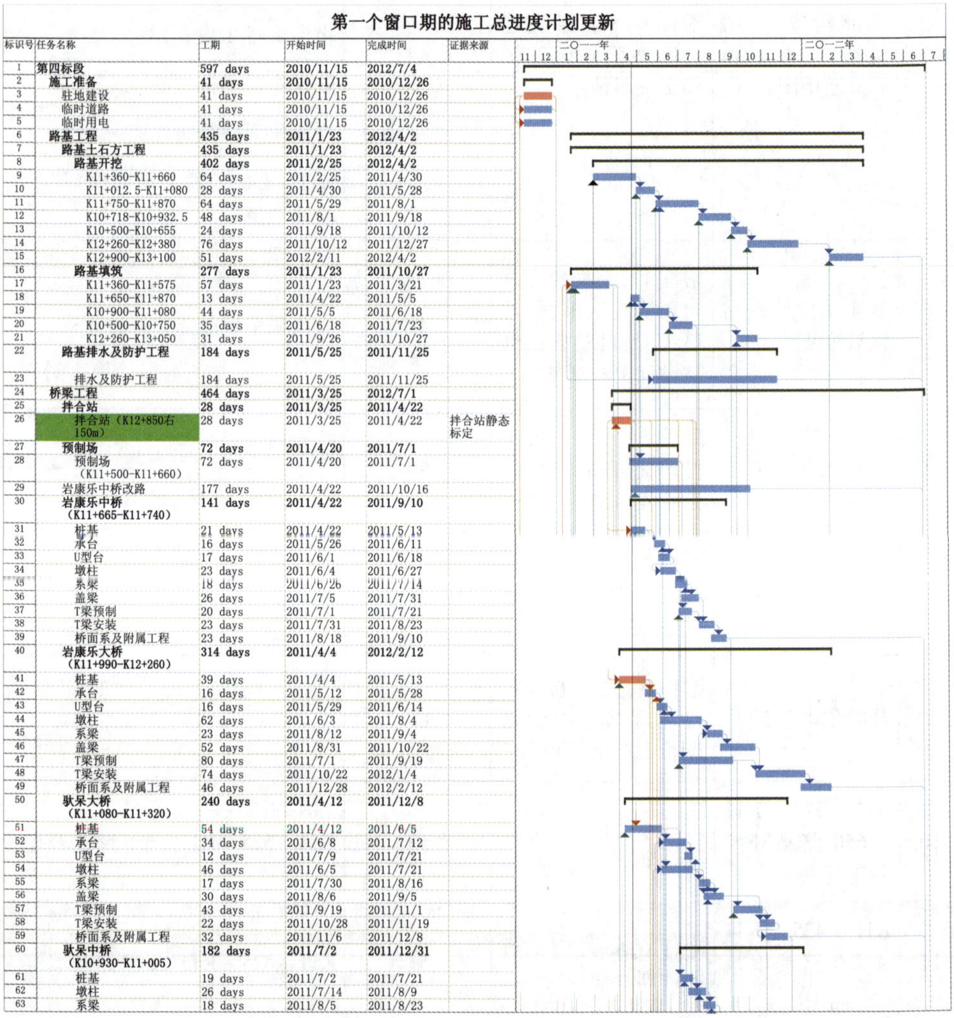

标识号	任务名称	工期	开始时间	完成时间	证据来源
1	**第四标段**	**597 days**	**2010/11/15**	**2012/7/4**	
2	**施工准备**	**41 days**	**2010/11/15**	**2010/12/26**	
3	驻地建设	41 days	2010/11/15	2010/12/26	
4	临时道路	41 days	2010/11/15	2010/12/26	
5	临时用电	41 days	2010/11/15	2010/12/26	
6	**路基工程**	**435 days**	**2011/1/23**	**2012/4/2**	
7	**路基土石方工程**	**435 days**	**2011/1/23**	**2012/4/2**	
8	**路基开挖**	**402 days**	**2011/2/25**	**2012/4/2**	
9	K11+360-K11+660	64 days	2011/2/25	2011/4/30	
10	K11+012.5-K11+080	28 days	2011/4/30	2011/5/28	
11	K11+750-K11+870	64 days	2011/5/29	2011/8/1	
12	K10+718-K10+932.5	48 days	2011/8/1	2011/9/18	
13	K10+500-K10+655	24 days	2011/9/18	2011/10/12	
14	K12+260-K12+380	76 days	2011/10/12	2011/12/27	
15	K12+900-K13+100	51 days	2012/2/11	2012/4/2	
16	**路基填筑**	**277 days**	**2011/1/23**	**2011/10/27**	
17	K11+360-K11+575	57 days	2011/1/23	2011/3/21	
18	K11+650-K11+870	13 days	2011/4/22	2011/5/5	
19	K10+900-K11+080	44 days	2011/5/5	2011/6/18	
20	K10+500-K10+750	35 days	2011/6/18	2011/7/23	
21	K12+260-K13+050	31 days	2011/9/26	2011/10/27	
22	**路基排水及防护工程**	**184 days**	**2011/5/25**	**2011/11/25**	
23	排水及防护工程	184 days	2011/5/25	2011/11/25	
24	**桥梁工程**	**464 days**	**2011/3/25**	**2012/7/1**	
25	**拌合站**	**28 days**	**2011/3/25**	**2011/4/22**	
26	拌合站（K12+850右150m）	28 days	2011/3/25	2011/4/22	拌合站静态标定
27	**预制场**	**72 days**	**2011/4/20**	**2011/7/1**	
28	预制场（K11+500-K11+660）	72 days	2011/4/20	2011/7/1	
29	岩康乐中桥改路	177 days	2011/4/22	2011/10/16	
30	**岩康乐中桥（K11+665-K11+740）**	**141 days**	**2011/4/22**	**2011/9/10**	
31	桩基	21 days	2011/4/22	2011/5/13	
32	承台	16 days	2011/5/26	2011/6/11	
33	U型台	17 days	2011/6/1	2011/6/18	
34	墩柱	23 days	2011/6/4	2011/6/27	
35	系梁	18 days	2011/6/26	2011/7/14	
36	盖梁	26 days	2011/7/5	2011/7/31	
37	T梁预制	20 days	2011/7/1	2011/7/21	
38	T梁安装	23 days	2011/7/31	2011/8/23	
39	桥面系及附属工程	23 days	2011/8/18	2011/9/10	
40	**岩康乐大桥（K11+990-K12+260）**	**314 days**	**2011/4/4**	**2012/2/12**	
41	桩基	39 days	2011/4/4	2011/5/13	
42	承台	16 days	2011/5/12	2011/5/28	
43	U型台	16 days	2011/5/29	2011/6/14	
44	墩柱	62 days	2011/6/3	2011/8/4	
45	系梁	23 days	2011/8/12	2011/9/4	
46	盖梁	52 days	2011/8/31	2011/10/22	
47	T梁预制	80 days	2011/7/1	2011/9/19	
48	T梁安装	74 days	2011/10/22	2012/1/4	
49	桥面系及附属工程	46 days	2011/12/28	2012/2/12	
50	**驮呆大桥（K11+080-K11+320）**	**240 days**	**2011/4/12**	**2011/12/8**	
51	桩基	54 days	2011/4/12	2011/6/5	
52	承台	34 days	2011/6/8	2011/7/12	
53	U型台	12 days	2011/7/9	2011/7/21	
54	墩柱	46 days	2011/6/5	2011/7/21	
55	系梁	17 days	2011/7/30	2011/8/16	
56	盖梁	30 days	2011/8/6	2011/9/5	
57	T梁预制	43 days	2011/9/19	2011/11/1	
58	T梁安装	22 days	2011/10/28	2011/11/19	
59	桥面系及附属工程	32 days	2011/11/6	2011/12/8	
60	**驮呆中桥（K10+930-K11+005）**	**182 days**	**2011/7/2**	**2011/12/31**	
61	桩基	19 days	2011/7/2	2011/7/21	
62	墩柱	26 days	2011/7/14	2011/8/9	
63	系梁	18 days	2011/8/5	2011/8/23	

64	盖梁	20 days	2011/8/23	2011/9/12	
65	T梁预制	20 days	2011/11/1	2011/11/21	
66	T梁安装	18 days	2011/11/19	2011/12/7	
67	桥面系及附属工程	31 days	2011/11/30	2011/12/31	
68	**甫孟大桥（K12+420-K12+900）**	**405 days**	**2011/5/23**	**2012/7/1**	
69	桩基	50 days	2011/5/23	2011/7/12	
70	承台	38 days	2011/9/2	2011/10/10	
71	U型台	14 days	2011/10/12	2011/10/26	
72	墩柱	84 days	2011/10/19	2012/1/11	
73	系梁	42 days	2012/1/9	2012/2/20	
74	盖梁	21 days	2012/2/17	2012/3/9	
75	T梁预制	78 days	2011/11/21	2012/2/7	
76	T梁安装	63 days	2012/3/9	2012/5/11	
77	桥面系及附属工程	37 days	2012/5/25	2012/7/1	
78	**陆现中桥（K10+556-K10+715）**	**300 days**	**2011/7/24**	**2012/5/19**	
79	桩基	28 days	2011/7/24	2011/8/21	
80	承台	24 days	2011/9/22	2011/10/16	
81	U型台	17 days	2011/11/23	2011/12/10	
82	墩柱	58 days	2011/12/2	2012/1/29	
83	系梁	23 days	2012/1/25	2012/2/17	
84	盖梁	27 days	2012/2/19	2012/3/17	
85	板梁预制	34 days	2012/2/14	2012/3/19	
86	板梁安装	37 days	2012/3/29	2012/5/5	
87	桥面系及附属工程	14 days	2012/5/5	2012/5/19	
88	**K11+573岩康乐天桥**	**109 days**	**2011/7/28**	**2011/11/14**	
89	桩基	17 days	2011/7/28	2011/8/14	
90	承台	8 days	2011/8/14	2011/8/22	
91	墩柱	12 days	2011/8/22	2011/9/3	
92	桥台盖梁	21 days	2011/9/3	2011/9/24	
93	箱梁现浇	38 days	2011/9/24	2011/11/1	
94	桥面系及附属工程	18 days	2011/10/27	2011/11/14	
95	**通道涵洞工程（K11+450）**	**96 days**	**2011/4/4**	**2011/7/9**	
96	基础及下部	47 days	2011/4/4	2011/5/21	
97	构件预制、安装或现浇	39 days	2011/5/21	2011/6/29	
98	填土	10 days	2011/6/29	2011/7/9	
99	结束	0 days	2012/7/4	2012/7/4	
100	**窗口一：开工至2011年4月22日**	**556 days**	**2010/12/26**	**2012/7/4**	
101	施工图计划发放日期	0 days	2011/1/9	2011/1/9	合同条款第1
102	**施工图发放延误**	**32.88 days**	**2011/1/20**	**2011/2/22**	
103	第二册（路基及路面）	0 days	2011/1/20	2011/1/20	施工图下发
104	第一册（总体设计及路线）	0 days	2011/1/23	2011/1/23	施工图下发签收记录 2
105	第六册（其他工程、筑路材料以及施工组织设计）	0 days	2011/1/28	2011/1/28	施工图下发签收记录-3
106	第三册（桥梁及涵洞）、第五册（路线交叉）	0 days	2011/2/13	2011/2/13	施工图下发签收记录-4
107	下部构造、公用构造、空心板和T梁通用图	0 days	2011/2/22	2011/2/22	施工图下发签收记录-5
108	**工程量增加导致理论工期的延长**	**471 days**	**2011/3/21**	**2012/7/4**	
109	**路基开挖**	**1 day**	**2011/5/28**	**2011/5/29**	
110	K11+012.5-K11+080	1 day	2011/5/28	2011/5/29	
111	**路基填筑**	**127 days**	**2011/3/21**	**2011/7/26**	
112	K11+360-K11+575	13 days	2011/3/21	2011/4/3	
113	K10+500-K10+750	3 days	2011/7/23	2011/7/26	
114	**岩康乐中桥（K11+665-K11**	**124 days**	**2011/5/13**	**2011/9/14**	
115	桩基	19 days	2011/5/13	2011/6/1	
116	墩柱	8 days	2011/6/27	2011/7/5	
117	桥面系及附属工程	4 days	2011/9/10	2011/9/14	
118	**岩康乐大桥（K11+990-K12**	**110 days**	**2011/5/13**	**2011/8/31**	
119	桩基	10 days	2011/5/13	2011/5/23	
120	承台	6 days	2011/5/28	2011/6/3	
121	墩柱	27 days	2011/8/4	2011/8/31	
122	**驮呆大桥（K11+080-K11+**	**191 days**	**2011/6/5**	**2011/12/13**	
123	桩基	27 days	2011/6/5	2011/7/2	
124	承台	7 days	2011/7/12	2011/7/19	
125	墩柱	16 days	2011/7/21	2011/8/6	
126	桥面系及附属工程	5 days	2011/12/8	2011/12/13	
127	**驮呆中桥（K10+930-K11+(**	**169 days**	**2011/7/21**	**2012/1/6**	
128	桩基	3 days	2011/7/21	2011/7/24	
129	墩柱	2 days	2011/8/9	2011/8/11	
130	桥面系及附属工程	6 days	2011/12/31	2012/1/6	
131	**甫孟大桥（K12+420-K12+**	**358 days**	**2011/7/12**	**2012/7/4**	
132	桩基	16 days	2011/7/12	2011/7/28	
133	承台	2 days	2011/10/10	2011/10/12	
134	墩柱	19 days	2012/1/11	2012/1/30	
135	T梁预制	7 days	2012/2/7	2012/2/14	
136	T梁安装	5 days	2012/5/11	2012/5/16	
137	桥面系及附属工程	3 days	2012/7/1	2012/7/4	
138	**陆现中桥（K10+556-K10+7**	**94 days**	**2011/8/21**	**2011/11/23**	
139	桩基	32 days	2011/8/21	2011/9/22	
140	承台	38 days	2011/10/16	2011/11/23	
141	岩康乐中桥改路设计变更	48 days	2011/3/5	2011/4/22	岩康乐桥改
142	驻地建设延误	89 days	2010/12/26	2011/3/25	驻地建设验
143	临时道路延误	89 days	2010/12/26	2011/3/25	驻地建设验
144	临时用电延误	89 days	2010/12/26	2011/3/25	驻地建设验
145	**K11+525-K11+650路基开挖延误**	**0 days**	**2011/2/10**	**2011/2/10**	
146	开工延误	0 days	2011/2/10	2011/2/10	
147	**K11+425-K11+500路基填筑延**	**71 days**	**2011/2/10**	**2011/4/22**	
148	开工延误	0 days	2011/2/10	2011/2/10	
149	过程延误1	6 days	2011/4/3	2011/4/9	施工月报
150	K11+440-K11+475路基填筑质量问题整改	2 days	2011/4/9	2011/4/11	路基填筑质量整改
151	过程延误2	11 days	2011/4/11	2011/4/22	

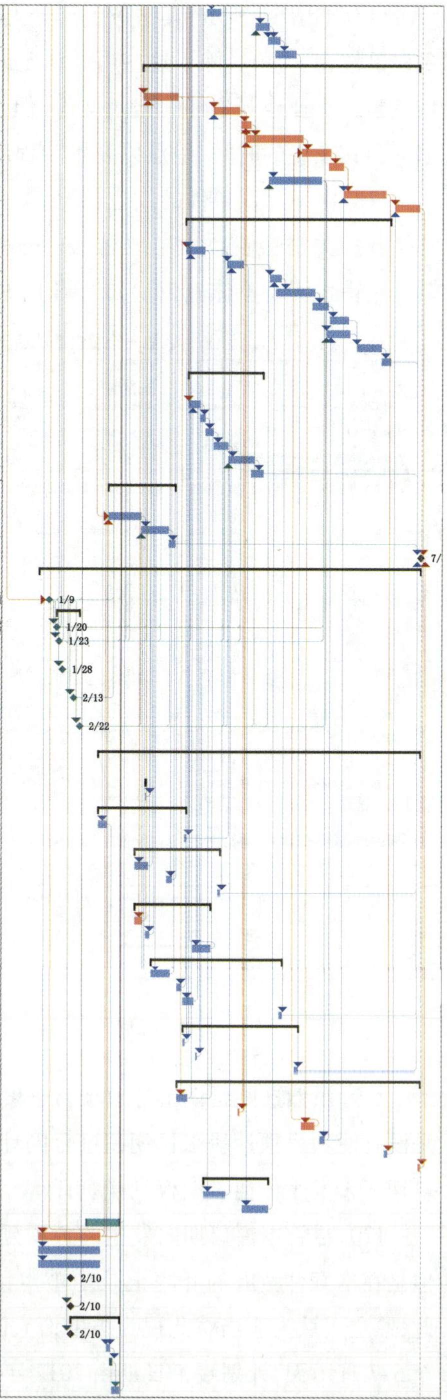

项目：2011年2月版关键路径
日期：2016/12/27

任务　拆分　里程碑　摘要　项目摘要　外部任务　外部里程碑　非活动任务　非活动里程碑　非活动摘要　手动任务　仅工期　手动摘要总成　手动摘要　仅开始时间　仅完成时间　期限　关键　关键拆分　进度　手动进度　进度落后

图 11　第一个窗口期的施工总进度计划更新

117. 如图 11 所示，其中黄色部分为被申请人延误事件，共 8 项；绿色部分为申请人延误事件，共 5 项。除了这些可以认定的延误事件之外，在本窗口期内还出现了诸如纵坡调整二次征地等事件的记录文件，但是由于本案当事人未能就这些事件提供充足证据证明其发生的时间、地点以及影响程度等等，因此鉴定人对这类事件不予采用。

118. 由于延误事件的发生，截至本窗口期末，本案工程的实际关键线路已经发生转移。新的关键线路为：驻地建设——驻地建设延误——拌合站——岩康乐大桥桩基——甫孟大桥整体施工。如下图 12 所示：

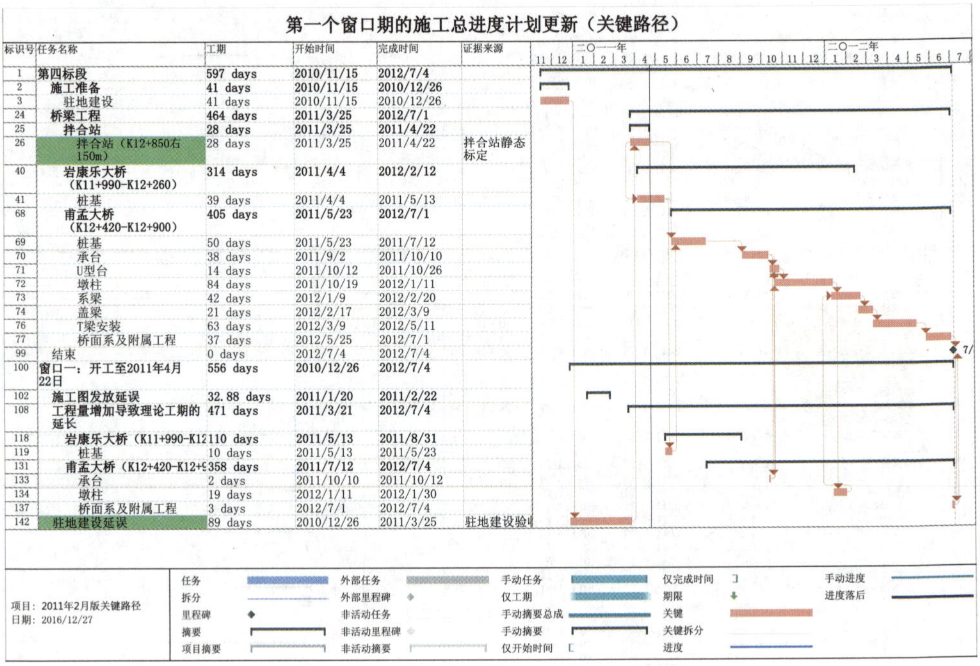

图 12　第一个窗口期末的关键线路

119. 虽然这些延误事件对项目进度计划造成了影响，例如关键线路的变化等等，但是没有使项目预计竣工日期超过合同计划竣工日期的 2012 年 7 月 5 日，因此截至本窗口期末未发生任何工期权利或责任。

120. 尽管本窗口期内发生的各项延误事件未对计划竣工日期造成任何直接影响，但是在本案仲裁庭的开庭记录中被申请人已经同意就图纸延迟顺延工期 14 天。① 因此，鉴定人认为应当将此视为被申请人已经承诺的工期延长，将 563 日历天的工期延长至 577 日历天，计划竣工日期由 2012 年 7 月 5 日变为 2012 年 7 月 19 日。

① 详见附件 41：仲裁庭开庭笔录。

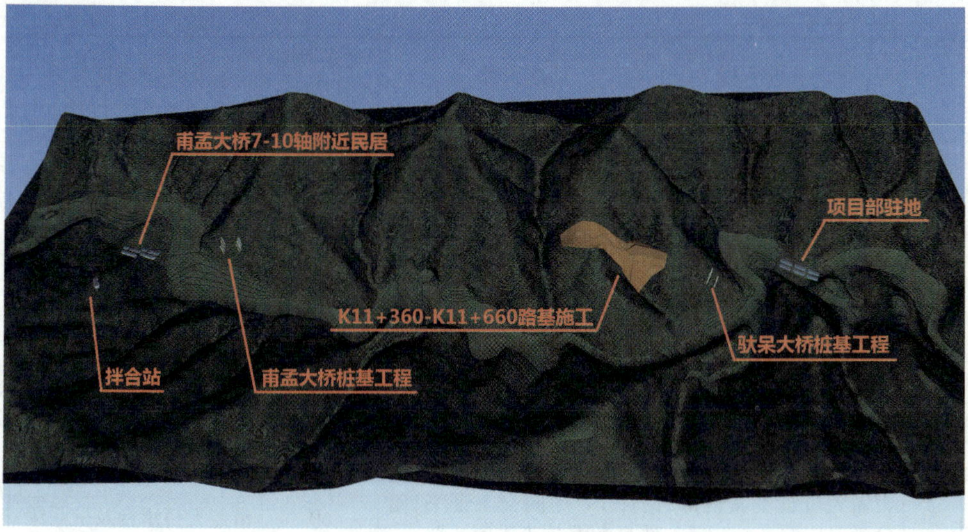

图 13 第一个窗口期末的项目状态

5.6.2 小结

121. 在本窗口期内共发生 8 项被申请人延误事件和 5 项申请人延误事件。这些延误事件仅对工程进展的某些活动造成延误，均未对项目竣工日期造成影响。但是，被申请人已经同意就图纸延迟提供而顺延工期 14 天，因此截至本窗口期末的项目工期具体情况如下表 8：

表 8 第一个窗口计划竣工日期及工期计算

窗口期	总工期(日历天)	计划竣工	本窗口内工期延误	总工期延误
原进度计划	563	2012 年 7 月 4 日	0	0
第一个窗口	577	2012 年 7 月 18 日	14	14

5.7 窗口二

5.7.1 本窗口工期状态分析

122. 本窗口期从 2011 年 4 月 22 日至 2011 年 11 月 13 日为止总共历时 7 个月左右。在此期间本案工程陆续开始路基和桥梁等核心工程的施工工作。

123. 本窗口期内识别出的延误事件共 22 项，具体内容如下表 9：

表 9 第二个窗口期内发生的延误事件

序号	延误事件名称	证据来源	延误程度(日历天)	受影响的进度任务
1	地质报告(最终版)施工图发放延误	附件 4：S 省某高速公路两阶段施工图移交资料清单	200	

续表

序号	延误事件名称	证据来源	延误程度（日历天）	受影响的进度任务
2	盖板涵通用图施工图发放延误	附件4:S省某高速公路两阶段施工图移交资料清单	209	K11+450涵洞工程基础及下部
				通道涵洞工程(K11+683)
3	甫孟大桥7-10轴拆迁延误	附件17:红线内房屋拆迁的报告及W县征地拆迁推进表,附件18:甫孟大桥桩基爆破受限制约施工的相关报告	163	甫孟大桥7-10轴桩基
4	甫孟大桥T梁设计变更	附件13:C工程勘察设计院设计更改通知单	242	甫孟大桥T梁预制
5	甫孟大桥桩基其他部分延误	附件19:中间交工证书,附件6:每月施工进度计划	60	甫孟大桥承台及桩系梁
6	甫孟大桥7-10轴桩基延误	附件6:每月施工进度计划	54	甫孟大桥7-10轴承台及桩系梁
7	岩康乐大桥开工延误	附件6:每月施工进度计划	75	岩康乐大桥桩基
8	驮呆中桥开工延误	附件6:每月施工进度计划	205	驮呆中桥桩基
9	陆现中桥开工延误	附件6:每月施工进度计划	205	陆现中桥桩基
10	K10+716-K10+930路基开挖遗漏过程延误	附件6:每月施工进度计划	151	K10+760-K10+920右侧边坡塌方
11	K10+760-K10+920右侧边坡塌方	附件7:K10+720-K10+920段边坡防护存在问题报告	55	K10+716-K10+930路基开挖实际施工
12	K11+005-K11+080路基开挖过程延误	附件6:每月施工进度计划	30	K10+500-K10+656路基开工延误
13	K11+425-K11+500路基填筑过程延误	附件6.每月施工进度计划,附件8:填土路基检验申请批复单	174	K11+320-K11+325路基填筑
				1号预制场(K11+500)
14	K11+360-K11+520路基施工整改	附件9:关于要求对路基填筑施工进行整顿的通知	1	K11+425-K11+500路基填筑
15	K11+525-K11+650路基开挖过程延误	附件6:每月施工进度计划	54	K11+400-K11+899竖曲线变更
16	岩康乐中桥改路设计变更	附件11:工程变更意向现场签认单,附件13:C工程勘察设计院设计更改通知单	63	岩康乐中桥改路实施过程
17	K11+650-K11+750淤泥换填	附件12:K11+650-K11+750淤泥换填	7	岩康乐中桥改路实施过程

续表

序号	延误事件名称	证据来源	延误程度（日历天）	受影响的进度任务
18	岩康乐中桥改路过程延误	附件 6：每月施工进度计划	112	K11 + 400 – K11 + 899 竖曲线变更
19	K11 +680 – K11 +720 路基施工整改	附件 14：关于对路基填筑施工进行整改的通知	3	岩康乐中桥改路实施过程
				K11 + 750 – K11 + 875 路基开挖
20	K11 +750 – K11 +875 路基开挖开工延误	附件 6：每月施工进度计划	30	K11 + 750 – K11 + 875 路基开挖
21	K11 +750 – K11 +875 路基开挖过程延误	附件 6：每月施工进度计划	18	K11 + 760 – K11 + 870 右侧边坡塌方
22	K10 +500 – K10 +656 路基开工延误	附件 6：每月施工进度计划	12	K10 + 525 – K10 + 550 路基开挖

124. 用上述延误事件更新第一个窗口期施工总进度计划之前，由于 2011 年 4 月 22 日被申请人批准了申请人《实施性施工组织设计》及其中的 4 月版《总体施工进度计划》，因此自第二个窗口期开始，此后所有的工期分析基础将整体转换成 4 月版《总体施工进度计划》体现的内容框架。

125. 由于 4 月版《总体施工进度计划》的申报与审批发生在第一个窗口期末，因此其内容应当视为申请人已知第一个窗口期延误事件及其影响的情况下，为了保证进度目标不受影响而更新的进度计划。因此从本窗口期开始，鉴定人将不再考虑第一个窗口期内由于图纸变化导致的预计工期影响结果，而只列出延误事件本身。

126. 将上述延误事件插入到第一个窗口期施工总进度计划和 4 月版《总体施工进度计划》相结合后的最新进度计划中，可以得到这些事件对项目整体及竣工日期造成的影响。更新后的施工总进度计划如下图 14：

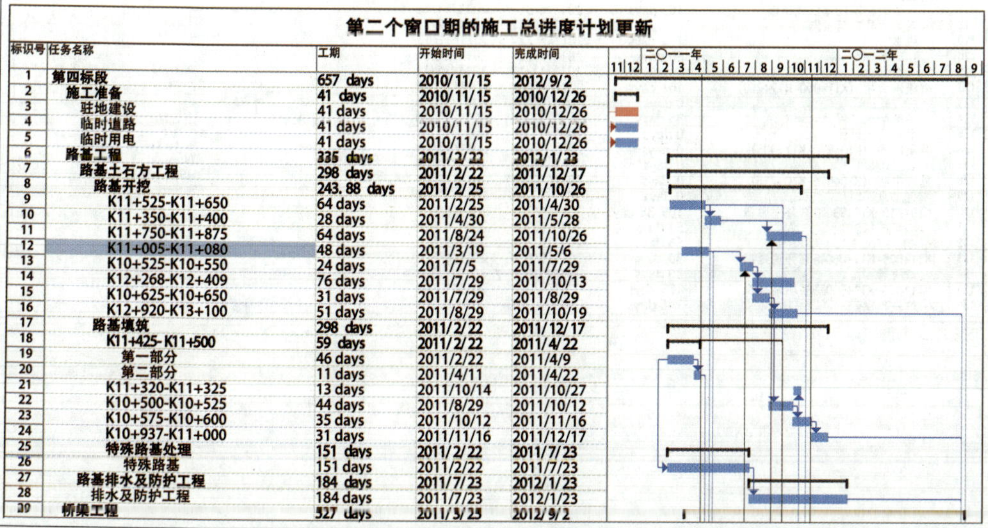

标识号	任务名称	工期	开始时间	完成时间
1	第四标段	657 days	2010/11/15	2012/9/2
2	施工准备	41 days	2010/11/15	2010/12/26
3	驻地建设	41 days	2010/11/15	2010/12/26
4	临时道路	41 days	2010/11/15	2010/12/26
5	临时用电	41 days	2010/11/15	2010/12/26
6	路基工程	335 days	2011/2/22	2012/1/23
7	路基土石方工程	298 days	2011/2/22	2011/12/17
8	路基开挖	243.88 days	2011/2/25	2011/10/26
9	K11+525-K11+650	64 days	2011/2/25	2011/4/30
10	K11+350-K11+400	28 days	2011/4/30	2011/5/28
11	K11+750-K11+875	64 days	2011/8/24	2011/10/26
12	K11+005-K11+080	48 days	2011/3/19	2011/5/6
13	K10+525-K10+550	24 days	2011/7/5	2011/7/29
14	K12+268-K12+409	76 days	2011/7/29	2011/10/13
15	K10+625-K10+650	31 days	2011/7/29	2011/8/29
16	K12+920-K13+100	51 days	2011/8/29	2011/10/19
17	路基填筑	298 days	2011/2/22	2011/12/17
18	K11+425-K11+500	59 days	2011/2/22	2011/4/22
19	第一部分	46 days	2011/2/22	2011/4/9
20	第二部分	11 days	2011/4/11	2011/4/22
21	K11+320-K11+325	13 days	2011/10/14	2011/10/27
22	K10+500-K10+525	44 days	2011/8/29	2011/10/12
23	K10+575-K10+600	35 days	2011/10/12	2011/11/16
24	K10+937-K11+000	31 days	2011/11/16	2011/12/17
25	特殊路基处理	151 days	2011/2/22	2011/7/23
26	特殊路基	151 days	2011/2/22	2011/7/23
27	路基排水及防护工程	184 days	2011/7/23	2012/1/23
28	排水及防护工程	184 days	2011/7/23	2012/1/23
29	桥梁工程	327 days	2011/3/25	2012/9/2

30	拌合站	28 days	2011/3/25	2011/4/22
31	拌合站（K12+850右150m）	28 days	2011/3/25	2011/4/22
32	预制场	41 days	2011/4/20	2011/5/31
33	1号预制场（K11+500）	41 days	2011/4/20	2011/5/31
34	2号预制场（K13+000）	41 days	2011/4/20	2011/5/31
35	岩康乐大桥（K11+990- K12+260）	379 days	2011/7/6	2012/7/19
36	桩基	132 days	2011/7/6	2011/11/15
37	桩系梁	86 days	2011/10/1	2011/12/26
38	墩柱及系梁	132 days	2011/11/5	2012/3/16
39	盖梁及耳背墙	94 days	2011/12/27	2012/3/30
40	T梁预制	96 days	2011/11/20	2012/2/24
41	T梁安装	84 days	2012/3/19	2012/6/11
42	桥面系及附属工程	41 days	2012/6/8	2012/7/19
43	驮呆大桥（K11+080- K11+320）	421 days	2011/4/22	2012/6/16
44	桩基	62 days	2011/4/22	2011/6/23
45	桩系梁及承台	56 days	2011/7/3	2011/8/28
46	墩柱及系梁	103 days	2011/11/18	2012/2/29
47	盖梁及耳背墙	76 days	2012/1/2	2012/3/18
48	T梁预制	51 days	2011/11/30	2012/1/20
49	T梁安装	31 days	2012/3/29	2012/4/29
50	桥面系及附属工程	61 days	2012/4/16	2012/6/16
51	驮呆中桥（K10+930- K11+005）	280 days	2011/11/13	2012/8/19
52	桩基	31 days	2011/11/13	2011/12/14
53	系梁	62 days	2011/11/28	2012/1/29
54	墩柱	50 days	2012/1/18	2012/3/8
55	盖梁及耳背墙	71 days	2012/3/2	2012/5/12
56	T梁预制	32 days	2012/3/19	2012/4/20
57	T梁安装	22 days	2012/6/11	2012/7/3
58	桥面系及附属工程	31 days	2012/7/19	2012/8/19
59	甫孟大桥（K12+420- K12+900）	499 days	2011/4/22	2012/9/2
60	桩基	91 days	2011/4/22	2011/7/22
61	承台及桩系梁	111 days	2011/10/25	2012/2/13
62	墩柱及系梁	113 days	2011/11/25	2012/3/17
63	盖梁及耳背墙	98 days	2011/12/15	2012/3/22
64	T梁预制	96 days	2012/2/9	2012/5/15
65	T梁安装	67 days	2012/5/21	2012/7/27
66	桥面系及附属工程	37 days	2012/7/27	2012/9/2
67	陆现中桥（K10+556- K10+715）	176 days	2011/11/13	2012/5/7
68	桩基	60 days	2011/11/13	2012/1/12
69	墩柱	51 days	2011/11/25	2012/1/15
70	盖梁及耳背墙	50 days	2011/12/15	2012/2/3
71	板梁预制	39 days	2012/2/20	2012/3/30
72	板梁安装	11 days	2012/3/30	2012/4/10
73	桥面系及附属工程	29 days	2012/4/8	2012/5/7
74	K11+573岩康乐天桥	206 days	2011/12/14	2012/7/7
75	桩基	31 days	2011/12/14	2012/1/14
76	墩柱	10 days	2012/1/13	2012/1/23
77	盖梁及耳背墙	28 days	2012/2/2	2012/3/1
78	箱梁现浇	46 days	2012/3/31	2012/5/16
79	桥面系及附属工程	31 days	2012/6/6	2012/7/7
80	通道涵洞工程（K11+450）	88 days	2011/8/6	2011/11/2
81	基础及下部	47 days	2011/8/6	2011/9/22
82	构件预制、安装或现浇	39 days	2011/9/14	2011/10/23
83	填土	10 days	2011/10/23	2011/11/2
84	通道涵洞工程（K11+683）	96 days	2011/8/6	2011/11/10
85	结束	0 days	2012/9/2	2012/9/2
86	窗口一：开工至2011年4月22日	117.88 days	2010/12/26	2011/4/22
107	窗口二：2011/04/22至2011/11/13	244 days	2011/4/20	2011/12/20
108	施工图发放延误	9 days	2011/7/28	2011/8/6
109	地质报告（最终版）	0 days	2011/7/28	2011/7/28
110	盖板涵通用图	0 days	2011/8/6	2011/8/6
111	驮呆大桥	163 days	2011/6/23	2011/12/3
112	桩基延误	143 days	2011/6/23	2011/11/13
113	桩系梁及承台延误	77 days	2011/8/28	2011/11/13
114	桩系梁及承台剩余工程量计划工期	20 days	2011/11/13	2011/12/3
115	墩柱开工延误	0 days	2011/11/18	2011/11/18
116	甫孟大桥	163 days	2011/6/3	2011/11/13
117	甫孟大桥7-10轴拆迁延误	163 days	2011/6/3	2011/11/13
118	甫孟大桥T梁设计变更	0 days	2011/10/22	2011/10/22
119	桩基	114 days	2011/7/22	2011/11/13
120	其他部分延误	60 days	2011/7/22	2011/9/20
121	7-12轴延误	0 days	2011/11/13	2011/11/13
122	岩康乐大桥（K11+990- K12+260）	167 days	2011/7/6	2011/12/20
123	开工延误	0 days	2011/7/6	2011/7/6
124	桩基剩余工程量计划工期	35 days	2011/11/15	2011/12/20
125	墩柱开工延误	0 days	2011/11/5	2011/11/5
126	驮呆中桥（K10+930- K11+005）	0 days	2011/11/13	2011/11/13
127	开工延误	0 days	2011/11/13	2011/11/13
128	陆现中桥（K10+556- K10+715）	0 days	2011/11/13	2011/11/13
129	开工延误	0 days	2011/11/13	2011/11/13
130	K10+716- K10+930路基开挖遗漏	105.88 days	2011/4/22	2011/8/5
131	实际过程2	51 days	2011/4/22	2011/6/12
132	K10+760-K10+920右侧	55 days	2011/6/12	2011/8/5
133	K11+005- K11+080路基开挖延误	30 days	2011/5/6	2011/6/5
134	过程延误	30 days	2011/5/6	2011/6/5
135	K11+425- K11+500路基填筑延误	175 days	2011/4/22	2011/10/14
136	过程延误2	146 days	2011/4/22	2011/9/15

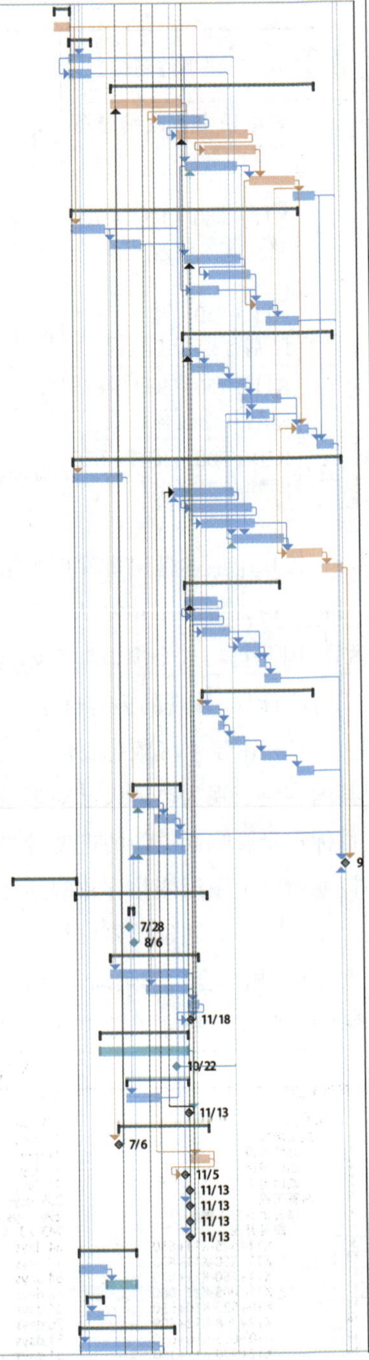

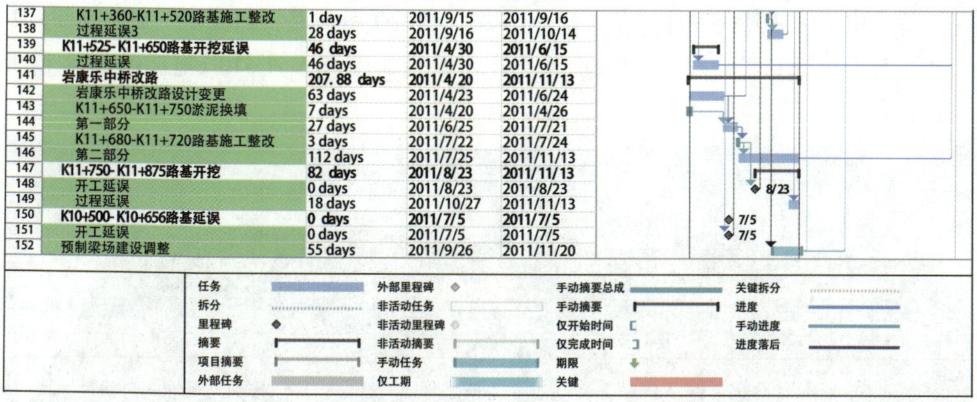

137	K11+360-K11+520路基施工整改	1 day	2011/9/15	2011/9/16
138	过程延误3	28 days	2011/9/16	2011/10/14
139	K11+525-K11+650路基开挖延误	46 days	2011/4/30	2011/6/15
140	过程延误	46 days	2011/4/30	2011/6/15
141	岩康乐中桥改路	207.88 days	2011/4/20	2011/11/13
142	岩康乐中桥改路设计变更	63 days	2011/4/23	2011/6/24
143	K11+650-K11+750淤泥换填	7 days	2011/4/20	2011/4/26
144	第一部分	27 days	2011/6/25	2011/7/21
145	K11+680-K11+720路基施工整改	3 days	2011/7/22	2011/7/24
146	第二部分	112 days	2011/7/25	2011/11/13
147	K11+750-K11+875路基开挖	82 days	2011/8/23	2011/11/13
148	开工延误	0 days	2011/8/23	2011/8/23
149	过程延误	18 days	2011/10/27	2011/11/13
150	K10+500-K10+656路基延误	0 days	2011/7/5	2011/7/5
151	开工延误	0 days	2011/7/5	2011/7/5
152	预制梁场建设调整	55 days	2011/9/26	2011/11/20

图 14　第二个窗口期的施工总进度计划更新

127. 如图 14 所示，其中黄色部分为被申请人延误事件，共 6 项；绿色部分为申请人延误事件，共 19 项。除了这些可以认定的延误事件之外，在本窗口期内还出现了诸如 K11 + 460 盖板涵和 K11 + 683 盖板涵附近排水等事件的记录文件，但是由于本案当事人未能就这些事件提供充足证据证明其发生的时间、地点以及影响程度等等，因此鉴定人对这类事件不予采用。

128. 本窗口期结束时计划竣工日期为 2012 年 9 月 2 日，该日期超过原计划竣工日期 46 日历天。本窗口期内发生的关键延误事件有：岩康乐大桥开工延误。如下图 15 所示：

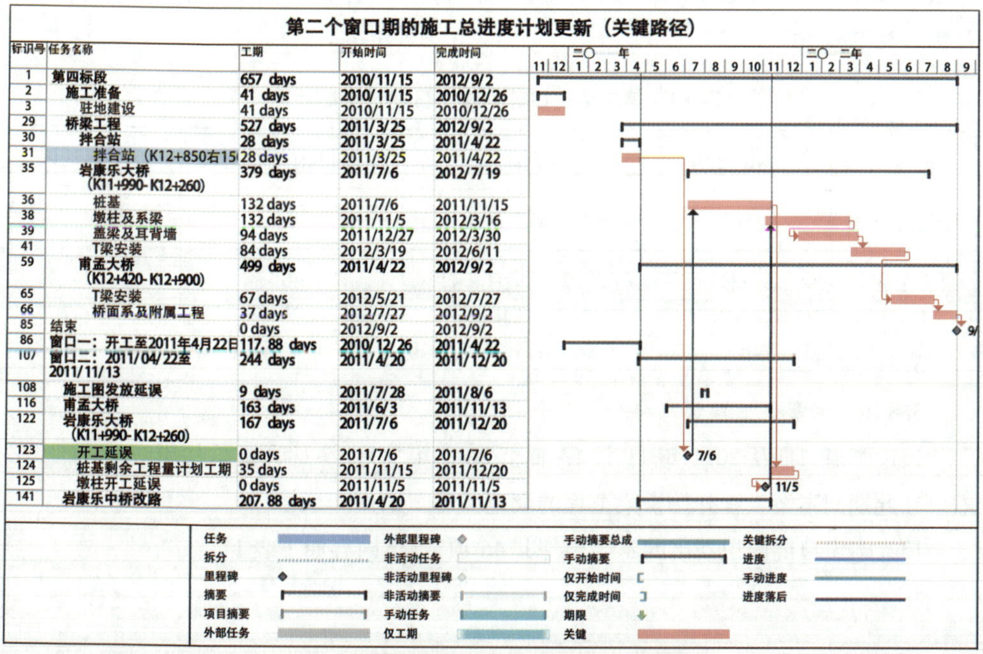

第二个窗口期的施工总进度计划更新（关键路径）

标识号	任务名称	工期	开始时间	完成时间
1	第四标段	657 days	2010/11/15	2012/9/2
2	施工准备	41 days	2010/11/15	2010/12/26
3	驻地建设	41 days	2010/11/15	2010/12/26
29	桥梁工程	527 days	2011/3/25	2012/9/2
30	拌合站	28 days	2011/3/25	2011/4/22
31	拌合站（K12+850右15	28 days	2011/3/25	2011/4/22
35	岩康乐大桥（K11+990-K12+260）	379 days	2011/7/6	2012/7/19
36	桩基	132 days	2011/7/6	2011/11/15
38	墩柱及系梁	132 days	2011/11/5	2012/3/16
39	盖梁及耳背墙	94 days	2011/12/27	2012/3/30
41	T梁安装	84 days	2012/3/19	2012/6/11
59	甫孟大桥（K12+420-K12+900）	499 days	2011/4/22	2012/9/2
65	T梁安装	67 days	2012/5/21	2012/7/27
66	桥面系及附属工程	37 days	2012/7/27	2012/9/2
85	结束	0 days	2012/9/2	2012/9/2
86	窗口一：开工至2011年4月22日	117.88 days	2010/12/26	2011/4/22
107	窗口二：2011/04/22至2011/11/13	244 days	2011/4/20	2011/12/20
108	施工图发放延误	9 days	2011/7/28	2011/8/6
116	甫孟大桥	163 days	2011/6/3	2011/11/13
122	岩康乐大桥（K11+990-K12+260）	167 days	2011/7/6	2011/12/20
123	开工延误	0 days	2011/7/6	2011/7/6
124	桩基剩余工程量计划工期	35 days	2011/11/15	2011/12/20
125	墩柱开工延误	0 days	2011/11/5	2011/11/5
141	岩康乐中桥改路	207.88 days	2011/4/20	2011/11/13

图 15　第二个窗口期末的关键线路

第八编　工期鉴定

129. 由于上述延误事件的发生，不但本案工程的关键线路再次发生了变化，同时预计竣工日期也受到影响发生了变动，从原计划中的 2012 年 5 月 31 日拖延到 2012 年 9 月 2 日。

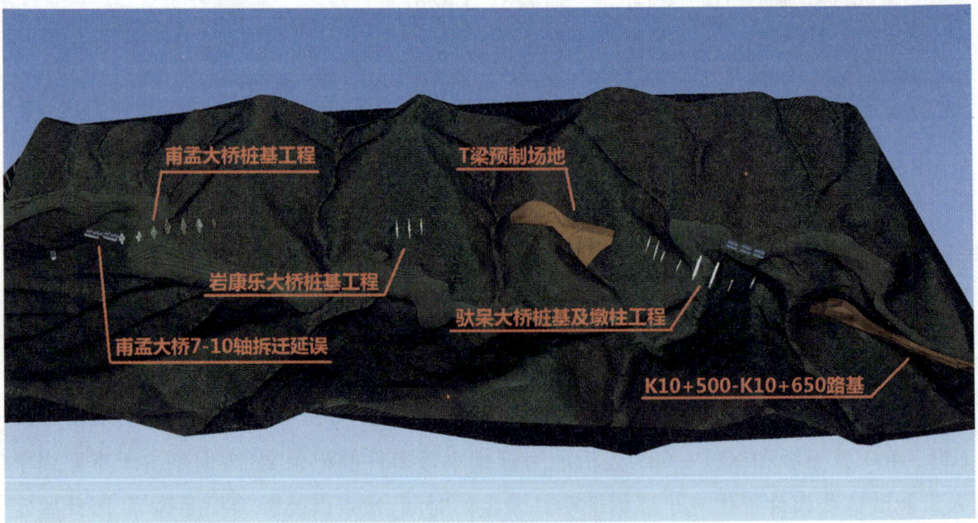

图 16　第二个窗口期末的项目状态

5.7.2　小结

130. 在本窗口期内共发生 6 项被申请人延误事件和 19 项申请人延误事件，其中岩康乐大桥开工延误直接导致本案 4 月版《总体施工进度计划》的工期目标发生变化。具体内容如下表 10：

表 10　第二个窗口计划竣工日期及工期计算

窗口期	总工期（日历天）	计划竣工	本窗口内工期延误	总工期延误
原进度计划	563	2012 年 7 月 4 日	0	0
第二个窗口	623	2012 年 9 月 2 日	46	60

5.8　窗口三

5.8.1　本窗口工期状态分析

131. 本窗口期从 2011 年 11 月 13 日至 2012 年 9 月 15 日为止总共历时 10 个月左右。在此期间本案工程开始桥梁工程的大范围施工工作。

132. 本窗口期内识别出的延误事件共 46 项，具体内容如下表 11：

表 11 第三个窗口期内发生的延误事件

序号	延误事件名称	证据来源	延误程度（日历天）	受影响的进度任务
1	K11 + 460 涵洞施作片石护坡	附件 20：1 – 12 标桥涵路基问题会议讨论及现场勘查纪要	2	通道涵洞工程（K11 + 450）
2	预制梁质量整改	附件 21：与施工整改相关的监理工作指令和监理通用函	8	岩康乐大桥 T 梁预制 驮呆大桥 T 梁预制
3	40 米 T 梁质量整改	附件 21：与施工整改相关的监理工作指令和监理通用函	2	驮呆大桥 T 梁预制
4	驮呆大桥 3 号墩右幅墩柱整改	附件 21：与施工整改相关的监理工作指令和监理通用函	2	驮呆大桥墩柱及系梁
5	预制梁梁底及横隔板漏水整改	附件 21：与施工整改相关的监理工作指令和监理通用函	2	岩康乐大桥 T 梁预制 驮呆大桥 T 梁预制
6	驮呆大桥 2、3 号墩整改	附件 21：与施工整改相关的监理工作指令和监理通用函	3	驮呆大桥墩柱及系梁
7	K12 + 920 – K13 + 100 左侧框架梁质量整改	附件 21：与施工整改相关的监理工作指令和监理通用函	4	K12 + 920 – K13 + 100 路基开挖
8	预制场及预制梁质量整改	附件 21：与施工整改相关的监理工作指令和监理通用函	7	岩康乐大桥 T 梁预制
9	墩柱及盖梁施工安全隐患整改	附件 21：与施工整改相关的监理工作指令和监理通用函	3	岩康乐大桥墩柱及系梁 驮呆大桥盖梁及耳背墙 甫孟大桥墩柱及系梁
10	高墩柱安全检查擅自复工整改	附件 21：与施工整改相关的监理工作指令和监理通用函	3	岩康乐大桥墩柱及系梁 驮呆大桥墩柱及系梁
11	预制梁质量整改	附件 21：与施工整改相关的监理工作指令和监理通用函	6	岩康乐大桥 T 梁预制 驮呆大桥 T 梁预制
12	驮呆大桥支座垫石及橡胶支座安装整改	附件 21：与施工整改相关的监理工作指令和监理通用函	5	驮呆大桥盖梁及耳背墙
13	T 梁预制整改	附件 21：与施工整改相关的监理工作指令和监理通用函	7	岩康乐大桥 T 梁预制 驮呆大桥 T 梁预制

续表

序号	延误事件名称	证据来源	延误程度（日历天）	受影响的进度任务
14	预制喷淋养护整改	附件21：与施工整改相关的监理工作指令和监理通用函	7	岩康乐大桥T梁预制 驮呆大桥T梁预制
15	驮呆大桥T梁预制及安装整改	附件21：与施工整改相关的监理工作指令和监理通用函	24	驮呆大桥T梁预制 驮呆大桥T梁安装
16	K11 + 750 - K11 + 875路基开挖过程延误	附件6：每月施工进度计划	18	K11 + 760 - K11 + 870右侧边坡塌方
17	K11 + 760 - K11 + 870右侧边坡塌方	附件15：K11 + 760 - K11 + 870右侧边坡塌方报告	1	K11 + 400 - K11 + 899竖曲线变更
18	K10 + 500 - K10 + 656路基过程延误	附件6：每月施工进度计划	29	项目结束
19	K10 + 716 - K10 + 930路基开挖遗漏过程延误	附件6：每月施工进度计划	32	K10 + 760 - K10 + 920右侧边坡塌方
20	K11 + 525 - K11 + 650路基开挖过程延误	附件6：每月施工进度计划	19	K11 + 400 - K11 + 899竖曲线变更
21	岩康乐大桥桩基延误	附件6：每月施工进度计划	305	岩康乐大桥桩系梁 安全检查停工
22	岩康乐大桥桩系梁延误	附件6：每月施工进度计划	261	岩康乐大桥墩柱及系梁 安全检查停工
23	岩康乐大桥墩柱及系梁延误	附件6：每月施工进度计划	177	岩康乐大桥盖梁及耳背墙
24	岩康乐大桥盖梁及耳背墙延误	附件6：每月施工进度计划，附件16：水泥混凝土抗压强度试验记录表	160	岩康乐大桥T梁安装
25	岩康乐大桥T梁预制延误	附件6：每月施工进度计划，附件16：水泥混凝土抗压强度试验记录表	175	岩康乐大桥T梁安装

续表

序号	延误事件名称	证据来源	延误程度（日历天）	受影响的进度任务
26	岩康乐大桥T梁安装延误	附件6:每月施工进度计划,附件19:中间交工证书	87	岩康乐大桥左幅竖曲线变更
				K11 + 899 - K12 + 640竖曲线变更
27	驮呆大桥桩基延误	附件6:每月施工进度计划	148	驮呆大桥桩系梁及承台
28	驮呆大桥桩系梁及承台延误	附件6:每月施工进度计划	122	驮呆大桥墩柱及系梁
29	驮呆大桥墩柱及系梁延误	附件6:每月施工进度计划	160	驮呆大桥盖梁及耳背墙
30	驮呆大桥盖梁及耳背墙延误	附件6:每月施工进度计划,附件16:水泥混凝土抗压强度试验记录表	157	驮呆大桥T梁安装
31	驮呆大桥T梁预制延误	附件16:水泥混凝土抗压强度试验记录表	174	驮呆大桥T梁安装
				驮呆中桥T梁预制
32	驮呆大桥T梁安装延误	附件6:每月施工进度计划,附件19:中间交工证书	32	驮呆大桥桥面系及附属工程
33	驮呆中桥开工延误	附件6:每月施工进度计划	265	驮呆中桥桩基
34	驮呆中桥T梁预制开工延误	附件6:每月施工进度计划	220	驮呆中桥T梁预制
35	甫孟大桥7 - 10轴拆迁延误	附件17:红线内房屋拆迁的报告及W县征地拆迁推进表,附件18:甫孟大桥桩基爆破受限制约施工的相关报告	307	甫孟大桥7 - 10轴桩基
36	甫孟大桥桩基施工受阻	附件18:甫孟大桥桩基爆破受限制约施工的相关报告	128	甫孟大桥7 - 10轴桩基
				甫孟大桥桩基爆破
37	甫孟大桥桩基其他部分延误	附件19:中间交工证书,附件6:每月施工进度计划	60	甫孟大桥承台及桩系梁
38	甫孟大桥7 - 10轴桩基延误	附件6:每月施工进度计划	48	甫孟大桥7 - 10轴承台及桩系梁
39	甫孟大桥承台及桩系梁延误	附件6:每月施工进度计划	149	甫孟大桥墩柱及系梁
40	甫孟大桥墩柱及系梁延误	附件6:每月施工进度计划	243	甫孟大桥盖梁及耳背墙

续表

序号	延误事件名称	证据来源	延误程度（日历天）	受影响的进度任务
41	甫孟大桥盖梁及耳背墙延误	附件6：每月施工进度计划	83	甫孟大桥T梁安装
42	陆现中桥桩基延误	附件6：每月施工进度计划	95	陆现中桥墩柱
43	陆现中桥墩柱开工延误	附件6：每月施工进度计划	60	陆现中桥墩柱
44	陆现中桥盖梁及耳背墙延误	附件6：每月施工进度计划	36	陆现中桥板梁安装
45	岩康乐天桥墩柱开工延误	附件6：每月施工进度计划	260	岩康乐天桥墩柱
46	K12 + 920 – K13 + 100路基开挖过程延误	附件6：每月施工进度计划	131	K12 + 920 – K13 + 100左侧框架梁质量整改

133. 将上述延误事件插入到第二个窗口期完成后更新的施工总进度计划中，可以得到这些事件对项目整体及竣工日期造成的影响。更新后的施工总进度计划如下图17：

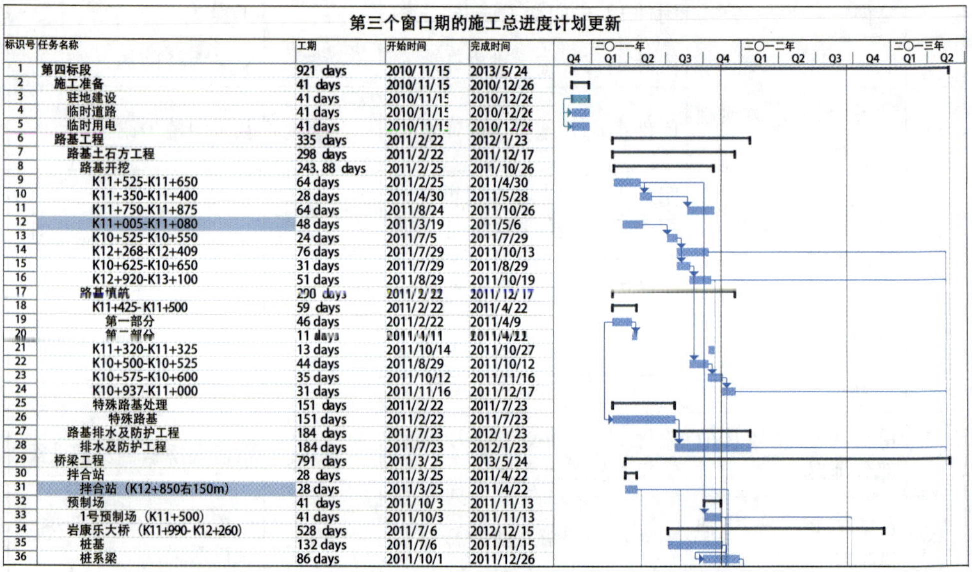

标识号	任务名称	工期	开始时间	完成时间
1	第四标段	921 days	2010/11/15	2013/5/24
2	施工准备	41 days	2010/11/15	2010/12/26
3	驻地建设	41 days	2010/11/15	2010/12/26
4	临时道路	41 days	2010/11/15	2010/12/26
5	临时用电	41 days	2010/11/15	2010/12/26
6	路基工程	335 days	2011/2/22	2012/1/23
7	路基土石方工程	298 days	2011/2/22	2011/12/17
8	路基开挖	243.88 days	2011/2/25	2011/10/26
9	K11+525-K11+650	64 days	2011/2/25	2011/4/30
10	K11+350-K11+400	28 days	2011/4/30	2011/5/28
11	K11+750-K11+875	64 days	2011/8/24	2011/10/26
12	K11+005-K11+080	48 days	2011/3/19	2011/5/6
13	K10+525-K10+550	24 days	2011/7/5	2011/7/29
14	K12+268-K12+409	76 days	2011/7/29	2011/10/13
15	K10+625-K10+650	31 days	2011/7/29	2011/8/29
16	K12+920-K13+100	51 days	2011/8/29	2011/10/19
17	路基填筑	290 days	2011/2/22	2011/12/17
18	K11+425-K11+500	59 days	2011/2/22	2011/4/22
19	第一部分	46 days	2011/2/22	2011/4/9
20	第二部分	11 days	2011/4/11	2011/4/22
21	K11+320-K11+325	13 days	2011/10/14	2011/10/27
22	K10+500-K10+525	44 days	2011/8/29	2011/10/12
23	K10+575-K10+600	35 days	2011/10/12	2011/11/16
24	K10+937-K11+000	31 days	2011/11/16	2011/12/17
25	特殊路基处理	151 days	2011/2/22	2011/7/23
26	特殊路基	151 days	2011/2/22	2011/7/23
27	路基排水及防护工程	184 days	2011/7/23	2012/1/23
28	排水及防护工程	184 days	2011/7/23	2012/1/23
29	桥梁工程	791 days	2011/3/25	2013/5/24
30	拌合站	28 days	2011/3/25	2011/4/22
31	拌合站（K12+850右150m）	28 days	2011/3/25	2011/4/22
32	预制场	41 days	2011/10/3	2011/11/13
33	1号预制场（K11+500）	41 days	2011/10/3	2011/11/13
34	岩康乐大桥（K11+990-K12+260）	528 days	2011/7/6	2012/12/15
35	桩基	132 days	2011/7/6	2011/11/15
36	桩系梁	86 days	2011/10/1	2011/12/26

37	墩柱及系梁	135 days	2011/11/5	2012/3/19
38	第一部分	120 days	2011/11/5	2012/3/4
39	第二部分	12 days	2012/3/7	2012/3/19
40	盖梁及耳背墙	94 days	2012/1/5	2012/4/8
41	T梁预制	113 days	2011/11/20	2012/3/12
42	第一部分	8 days	2011/11/20	2011/11/28
43	第二部分	69 days	2011/12/6	2012/2/13
44	第三部分	14 days	2012/2/15	2012/2/29
45	第四部分	5 days	2012/3/7	2012/3/12
46	T梁安装	84 days	2012/4/3	2012/6/26
47	桥面系及附属工程	41 days	2012/11/4	2012/12/15
48	驮呆大桥（K11+080-K11+320）	573 days	2011/4/22	2012/11/15
49	桩基	62 days	2011/4/22	2011/6/23
50	桩系梁及承台	56 days	2011/7/3	2011/8/28
51	墩柱及系梁	108 days	2011/11/18	2012/3/5
52	第一部分	20 days	2011/11/18	2011/12/8
53	第二部分	65 days	2011/12/10	2012/2/13
54	第三部分	18 days	2012/2/16	2012/3/5
55	盖梁及耳背墙	79 days	2012/1/2	2012/3/21
56	第一部分	62 days	2012/1/2	2012/3/4
57	第二部分	14 days	2012/3/7	2012/3/21
58	T梁预制	61 days	2011/11/20	2012/1/20
59	第一部分	8 days	2011/11/20	2011/11/28
60	第二部分	2 days	2011/12/6	2011/12/8
61	第三部分	41 days	2011/12/10	2012/1/20
62	T梁安装	31 days	2012/3/3	2012/4/3
63	桥面系及附属工程	61 days	2012/9/15	2012/11/15
64	驮呆中桥（K10+930-K11+005）	332 days	2012/2/20	2013/1/17
65	桩基	31 days	2012/2/20	2012/3/22
66	系梁	31 days	2012/3/2	2012/4/2
67	墩柱	31 days	2012/3/13	2012/4/13
68	盖梁及耳背墙	31 days	2012/3/27	2012/4/27
69	T梁预制	32 days	2012/10/24	2012/11/25
70	T梁安装	22 days	2012/11/25	2012/12/17
71	桥面系及附属工程	31 days	2012/12/17	2013/1/17
72	甫孟大桥（K12+420-K12+900）	763 days	2011/4/22	2013/5/24
73	桩基	91 days	2011/4/22	2011/7/22
74	承台及桩系梁	111 days	2011/10/25	2012/2/13
75	墩柱及系梁	116 days	2011/11/25	2012/3/20
76	第一部分	100 days	2011/11/25	2012/3/4
77	第二部分	13 days	2012/3/7	2012/3/20
78	盖梁及耳背墙	98 days	2012/3/18	2012/6/24
79	T梁预制	96 days	2012/9/15	2012/12/20
80	T梁安装	67 days	2013/2/9	2013/4/17
81	桥面系及附属工程	37 days	2013/4/17	2013/5/24
82	陆现中桥（K10+556-K10+715）	416 days	2011/11/13	2013/1/2
83	桩基	60 days	2011/11/13	2012/1/12
84	墩柱	51 days	2012/6/15	2012/8/5
85	盖梁及耳背墙	50 days	2012/6/21	2012/8/10
86	板梁预制	60 days	2012/9/26	2012/11/25
87	板梁安装	11 days	2012/11/25	2012/12/6
88	桥面系及附属工程	29 days	2012/12/4	2013/1/2
89	K11+573岩康乐天桥	467 days	2011/11/30	2013/3/11
90	桩基	31 days	2011/11/30	2011/12/31
91	墩柱	10 days	2012/9/16	2012/9/26
92	盖梁及耳背墙	28 days	2012/10/6	2012/11/3
93	箱梁现浇	46 days	2012/12/3	2013/1/18
94	桥面系及附属工程	31 days	2013/2/8	2013/3/11
95	通道涵洞工程（K11+450）	88 days	2011/8/6	2011/11/2
96	基础及下部	47 days	2011/8/6	2011/9/22
97	构件预制、安装或现浇	39 days	2011/9/14	2011/10/23
98	填土	10 days	2011/10/23	2011/11/2
99	通道涵洞工程（K11+683）	96 days	2011/8/6	2011/11/10
100	结束	0 days	2013/5/24	2013/5/24
101	窗口一：开工至2011年4月22日	117.88 days	2010/12/26	2011/4/22
121	窗口二：2011/04/22至2011/11/13	214 days	2011/4/20	2011/11/20
161	窗口三：2011/11/13至2012/09/15	607 days	2011/6/23	2013/2/19
162	涵洞工程	2 days	2012/3/20	2012/3/22
163	K11+460涵洞施作片石护坡	2 days	2012/3/20	2012/3/22
164	现场施工整改	266 days	2011/11/28	2012/8/20
165	预制梁质量整改	8 days	2011/11/28	2011/12/6
166	40米T梁质量整改	2 days	2011/12/8	2011/12/10
167	驮呆大桥3号墩右幅墩柱整改	2 days	2011/12/8	2011/12/10
168	预制梁梁底及横隔板漏水整改	2 days	2012/2/13	2012/2/15
169	驮呆大桥2、3号墩整改	3 days	2012/2/13	2012/2/16
170	K12+920-K13+100左侧框架梁质量整	4 days	2012/2/27	2012/3/2
171	预制场及预制梁质量整改	7 days	2012/2/29	2012/3/7
172	墩柱及盖梁施工安全隐患整改	3 days	2012/3/4	2012/3/7
173	高墩柱安全检查擅自复工整改	3 days	2012/3/30	2012/4/2
174	预制梁质量整改	6 days	2012/3/31	2012/4/6
175	驮呆大桥支座垫石及橡胶支座安装整改	5 days	2012/4/15	2012/4/20
176	T梁预制整改	7 days	2012/5/3	2012/5/10
177	预制喷淋养护整改	7 days	2012/7/16	2012/7/23
178	驮呆大桥T梁预制及安装整改	24 days	2012/7/27	2012/8/20
179	K11+750-K11+875路基开挖	19 days	2011/11/14	2011/12/2
180	过程延误2	18 days	2011/11/14	2011/12/1
181	K11+760-K11+870右侧边坡塌方	1 day	2011/12/2	2011/12/2
182	K10+500-K10+656路基延误	29 days	2011/11/16	2011/12/15
183	过程延误	29 days	2011/11/16	2011/12/15
184	K10+716-K10+930路基开挖遗漏	32 days	2011/11/14	2011/12/15
185	过程延误4	32 days	2011/11/14	2011/12/15
186	K11+525-K11+650路基开挖延误	19 days	2011/12/1	2011/12/20
187	过程延误3	19 days	2011/12/1	2011/12/20
188	K11+573岩康乐天桥	0 days	2012/9/16	2012/9/16
189	墩柱开工延误延误	0 days	2012/9/16	2012/9/16
190	K12+920-K13+100路基开挖延误	131 days	2011/10/19	2012/2/27
191	过程延误	131 days	2011/10/19	2012/2/27
192	岩康乐大桥（K11+990-K12+260）	355 days	2011/11/15	2012/11/4
193	桩基延误	305 days	2011/11/15	2012/9/15
194	桩基剩余工程量计划工期	3 days	2012/9/15	2012/9/18
195	桩系梁延误	264 days	2011/12/26	2012/9/15
196	桩系梁剩余工程量计划工期	3 days	2012/9/15	2012/9/18
197	墩柱及系梁延误	220 days	2012/3/19	2012/10/25
198	第一部分	11 days	2012/3/19	2012/3/30
199	第二部分	166 days	2012/4/2	2012/9/15
200	墩柱及系梁剩余工程量计划工期	40 days	2012/9/15	2012/10/25
201	盖梁及耳背墙延误	160 days	2012/4/8	2012/9/15
202	盖梁及耳背墙剩余工程量计划工期	40 days	2012/9/15	2012/10/25

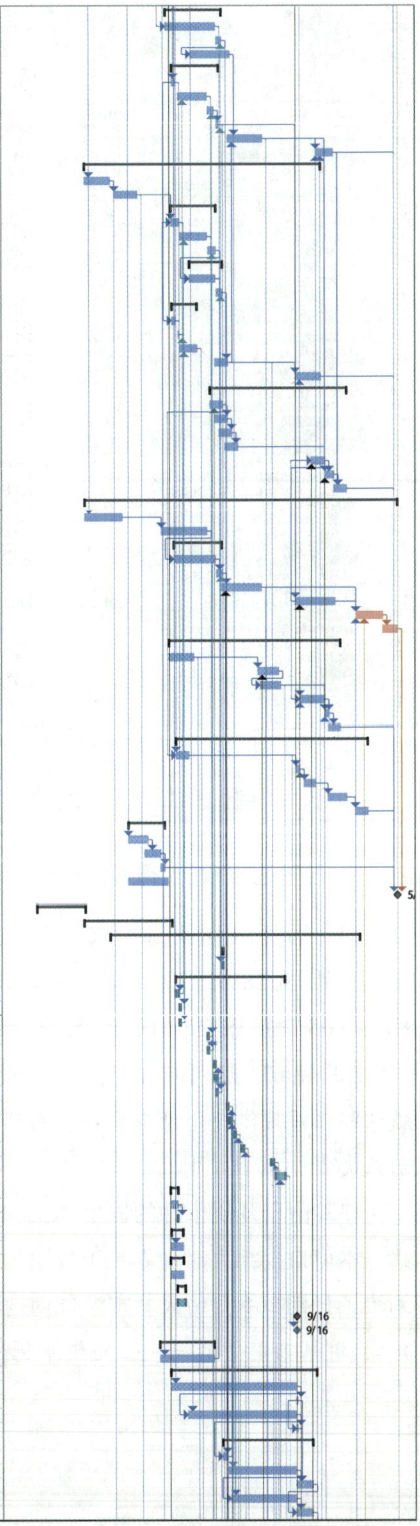

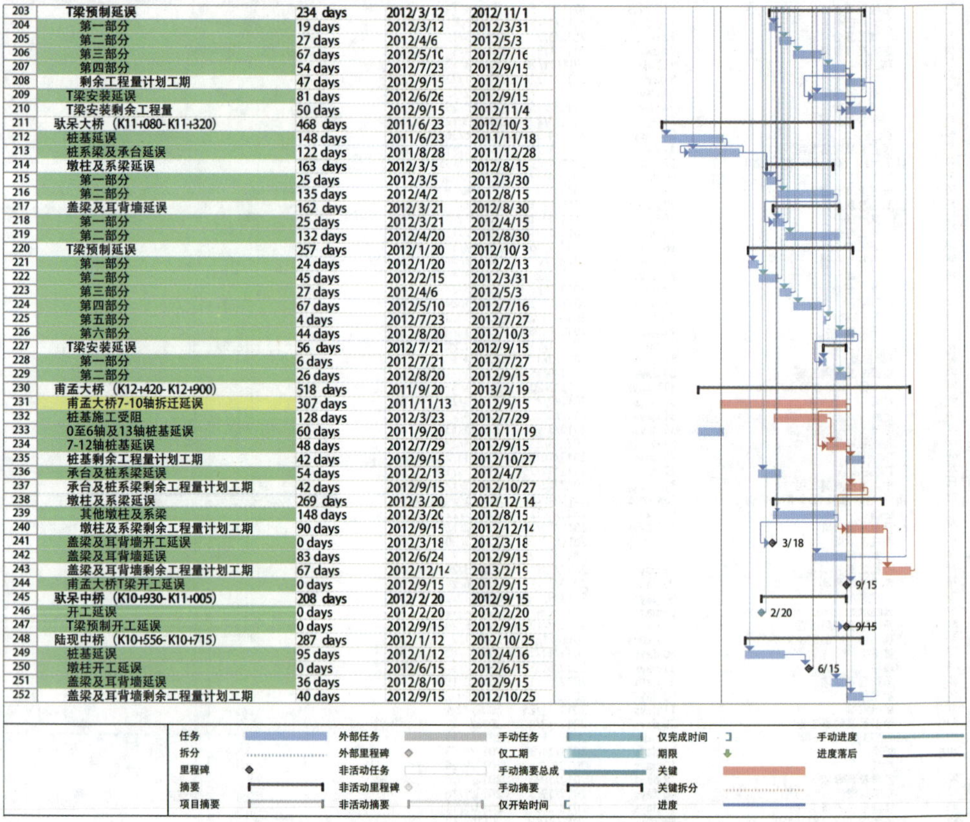

203	T梁预制延误	234 days	2012/3/12	2012/11/1
204	第一部分	19 days	2012/3/12	2012/3/31
205	第二部分	27 days	2012/4/6	2012/5/3
206	第三部分	67 days	2012/5/10	2012/7/16
207	第四部分	54 days	2012/7/23	2012/9/15
208	剩余工程量计划工期	47 days	2012/9/15	2012/11/1
209	T梁安装延误	81 days	2012/6/26	2012/9/15
210	T梁安装剩余工程量	50 days	2012/9/15	2012/11/4
211	驮呆大桥（K11+080-K11+320）	468 days	2011/6/23	2012/10/3
212	桩基延误	148 days	2011/6/23	2011/11/18
213	桩系梁及承台延误	122 days	2011/8/28	2011/12/28
214	墩柱及系梁延误	163 days	2012/3/5	2012/8/15
215	第一部分	25 days	2012/3/5	2012/3/30
216	第二部分	135 days	2012/4/2	2012/8/15
217	盖梁及耳背墙延误	162 days	2012/3/21	2012/8/30
218	第一部分	25 days	2012/3/21	2012/4/15
219	第二部分	132 days	2012/4/20	2012/8/30
220	T梁预制延误	257 days	2012/1/20	2012/10/3
221	第一部分	24 days	2012/1/20	2012/2/13
222	第二部分	45 days	2012/2/15	2012/3/31
223	第三部分	27 days	2012/4/6	2012/5/3
224	第四部分	67 days	2012/5/10	2012/7/16
225	第五部分	4 days	2012/7/23	2012/7/27
226	第六部分	44 days	2012/8/20	2012/10/3
227	T梁安装延误	56 days	2012/7/21	2012/9/15
228	第一部分	6 days	2012/7/21	2012/7/27
229	第二部分	26 days	2012/8/20	2012/9/15
230	甫孟大桥（K12+420-K12+900）	518 days	2011/9/20	2013/2/19
231	甫孟大桥7-10轴拆迁延误	307 days	2011/11/13	2012/9/15
232	桩基施工受阻	128 days	2012/3/23	2012/7/29
233	0至6轴及13轴桩基延误	60 days	2011/9/20	2011/11/19
234	7-12轴桩基延误	48 days	2012/7/29	2012/9/15
235	桩基剩余工程量计划工期	42 days	2012/9/15	2012/10/27
236	承台及桩系梁延误	54 days	2012/2/13	2012/4/7
237	承台及桩系梁剩余工程量计划工期	42 days	2012/9/15	2012/10/27
238	墩柱及系梁延误	269 days	2012/3/20	2012/12/14
239	其他墩柱及系梁	148 days	2012/3/20	2012/8/15
240	墩柱及系梁剩余工程量计划工期	90 days	2012/9/15	2012/12/14
241	盖梁及耳背墙开工延误	0 days	2012/3/18	2012/3/18
242	盖梁及耳背墙延误	83 days	2012/6/24	2012/9/15
243	盖梁及耳背墙剩余工程量计划工期	67 days	2012/12/14	2013/2/19
244	甫孟大桥T梁开工延误	0 days	2012/9/15	2012/9/15
245	驮呆中桥（K10+930-K11+005）	208 days	2012/2/20	2012/9/15
246	开工延误	0 days	2012/2/20	2012/2/20
247	T梁预制开工延误	0 days	2012/9/15	2012/9/15
248	陆现中桥（K10+556-K10+715）	287 days	2012/1/12	2012/10/25
249	桩基延误	95 days	2012/1/12	2012/4/16
250	墩柱开工延误	0 days	2012/6/15	2012/6/15
251	盖梁及耳背墙延误	36 days	2012/8/10	2012/9/15
252	盖梁及耳背墙剩余工程量计划工期	40 days	2012/9/15	2012/10/25

图 17　第三个窗口期的施工总进度计划更新

134. 如图 17 所示，其中黄色部分为被申请人延误事件，共 2 项；绿色部分为申请人延误事件，共 58 项。除了这些可以认定的延误事件之外，在本窗口期内还出现了诸如 K12 + 065 岩康乐大桥 10 墩增加柱系梁、完善 30mT 梁下构柱径 2.0m 对应盖梁配筋图、修正 40mT 梁下构空心高墩盖梁配筋等事件的记录文件，但是由于本案当事人未能就这些事件提供充足证据完整证明其发生的时间、地点以及影响程度等等，因此鉴定人对这类事件不予采用。

135. 由于延误事件的发生，截至本窗口期末，本案工程的实际关键线路已经发生转移。本窗口期结束时计划竣工日期为 2013 年 5 月 24 日，该日期超过第二个窗口期计划竣工日期 264 日历天。本窗口期内发生的关键延误事件有：甫孟大桥 7 – 10 轴拆迁延误、桩基施工受阻、7 – 12 轴桩基延误。如下图 18 所示：

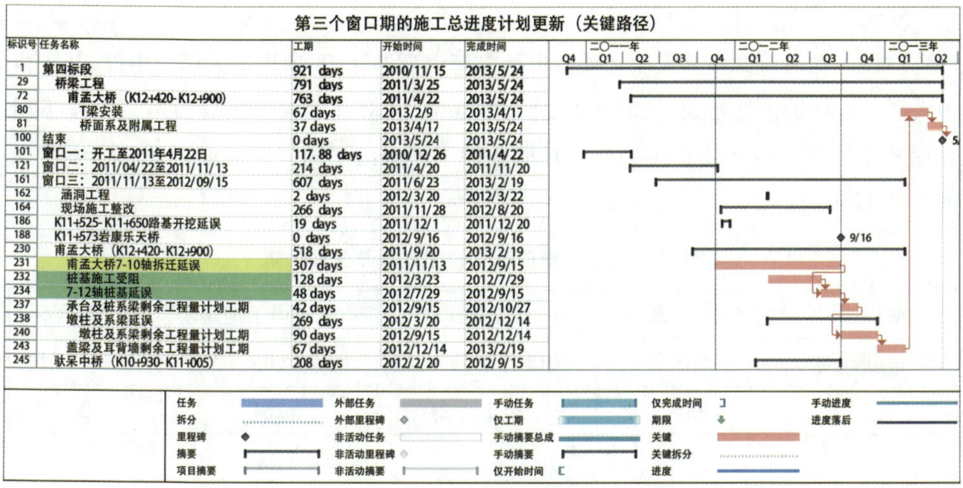

第三个窗口期的施工总进度计划更新（关键路径）

标识号	任务名称	工期	开始时间	完成时间
1	第四标段	921 days	2010/11/15	2013/5/24
29	桥梁工程	791 days	2011/3/25	2013/5/24
72	甫孟大桥（K12+420-K12+900）	763 days	2011/4/22	2013/5/24
80	T梁安装	67 days	2013/2/9	2013/4/17
81	桥面系及附属工程	37 days	2013/4/17	2013/5/24
100	结束	0 days	2013/5/24	2013/5/24
101	窗口一：开工至2011年4月22日	117.88 days	2010/12/26	2011/4/22
121	窗口二：2011/04/22至2011/11/13	214 days	2011/4/20	2011/11/20
161	窗口三：2011/11/13至2012/09/15	607 days	2011/6/23	2013/2/19
162	涵洞工程	2 days	2012/3/20	2012/3/22
164	现场施工整改	266 days	2011/11/28	2012/8/20
186	K11+525-K11+650路基开挖延误	19 days	2011/12/1	2011/12/20
188	K11+573岩康乐天桥	0 days	2012/9/16	2012/9/16
230	甫孟大桥（K12+420-K12+900）	518 days	2011/9/20	2013/2/19
231	甫孟大桥7-10轴拆迁延误	307 days	2011/11/13	2012/9/15
232	桩基施工受阻	128 days	2012/3/23	2012/7/29
234	7-12轴桩基延误	48 days	2012/7/29	2012/9/15
237	承台及桩系梁剩余工程量计划工期	42 days	2012/9/15	2012/10/27
238	墩柱及系梁延误	269 days	2012/3/20	2012/12/14
240	墩柱及系梁剩余工程量计划工期	90 days	2012/9/15	2012/12/14
243	盖梁及耳背墙剩余工程量计划工期	67 days	2012/12/14	2013/2/19
245	驮呆中桥（K10+930-K11+005）	208 days	2012/2/20	2012/9/15

图 18　第三个窗口期末的关键线路

136. 由于上述延误事件的发生，不但本案工程的关键线路再次发生变化，同时预计竣工日期也受到影响发生变动，从上一个窗口期的 2012 年 9 月 2 日拖延到 2013 年 5 月 24 日。

137. 根据以上分析，甫孟大桥 7－10 轴拆迁延误、桩基施工受阻和 7－12 轴桩基延误是导致预计竣工日期拖延的直接原因。虽然诸如岩康乐大桥桩基延误、驮呆大桥墩柱及系梁延误等申请人延误事件也在此窗口期内发生了较大程度的延误，但是由于这些延误事件并没有构成直接影响竣工日期变动的关键线路上的关键任务，因此不能认定这些延误事件的工期责任。

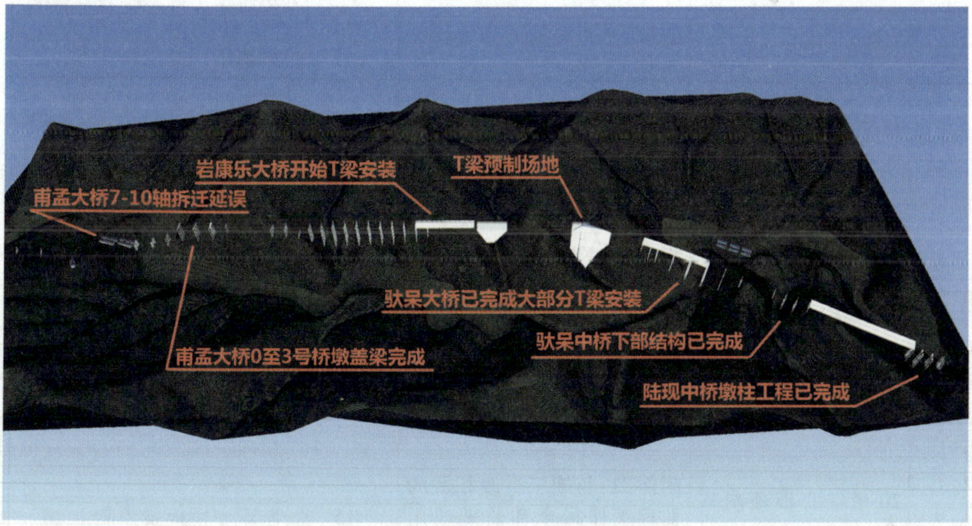

图 19　第三个窗口期末的项目状态

5.8.2 小结

138. 在本窗口期内共发生 2 项被申请人延误事件和 58 项申请人延误事件，其中甫孟大桥 7－10 轴拆迁延误、桩基施工受阻和 7－12 轴桩基延误直接导致本案工程工期目标发生变化。该变化在不同开工日期条件下体现出不同工期延误责任。具体内容如下表 12：

表 12 第三个窗口计划竣工日期及工期计算

窗口期	总工期(日历天)	计划竣工	本窗口内工期延误	总工期延误
原进度计划	563	2012 年 7 月 4 日	0	0
第三个	887	2013 年 5 月 24 日	264	324

5.9 窗口四

5.9.1 本窗口工期状态分析

139. 本窗口期从 2012 年 9 月 15 日至 2013 年 8 月 8 日为止总共历时 11 个月左右。在此期间本案工程处于桥梁工程的大范围施工工作。

140. 本窗口期内识别出的延误事件共 32 项，具体内容如下表 13：

表 13 第四个窗口期内发生的延误事件

序号	延误事件名称	证据来源	延误程度(日历天)	受影响的进度任务
1	安全检查停工	附件 23：工程暂时停工指令及复工指令	41	陆现中桥板梁预制
				岩康乐大桥墩柱及系梁
				岩康乐大桥盖梁及耳背墙
				岩康乐大桥 T 梁预制
				岩康乐大桥 T 梁安装
				驮呆大桥 T 梁安装
				驮呆中桥 T 梁预制
2	K10 + 560 － K10 + 620 半幅桥设计变更	附件 24：K10 + 560 － K10 + 620 段右幅路改桥	288	陆现半幅桥施工
3	T 梁预制养护质量整改	附件 21：与施工整改相关的监理工作指令和监理通用函	2	甫孟大桥 T 梁预制
4	20 米空心板预制整改	附件 21：与施工整改相关的监理工作指令和监理通用函	15	陆现中桥板梁预制

续表

序号	延误事件名称	证据来源	延误程度（日历天）	受影响的进度任务
5	岩康乐大桥桩基延误	附件6:每月施工进度计划	25	岩康乐大桥桩系梁安全检查停工
6	岩康乐大桥桩系梁延误	附件6:每月施工进度计划	25	岩康乐大桥墩柱及系梁安全检查停工
7	岩康乐大桥墩柱及系梁延误	附件6:每月施工进度计划	69	岩康乐大桥盖梁及耳背墙
8	岩康乐大桥盖梁及耳背墙延误	附件6:每月施工进度计划，附件16:水泥混凝土抗压强度试验记录表	71	岩康乐大桥T梁安装
9	岩康乐大桥T梁预制延误	附件6:每月施工进度计划，附件16:水泥混凝土抗压强度试验记录表	95	岩康乐大桥T梁安装
10	岩康乐大桥T梁安装延误	附件6:每月施工进度计划，附件19:中间交工证书	80	岩康乐大桥左幅竖曲线变更K11+899－K12+640竖曲线变更
11	岩康乐大桥左幅竖曲线变更	附件13:C工程勘察设计院设计更改通知单	75	岩康乐大桥桥面系及附属工程
12	岩康乐大桥桥面系及附属工程延误	附件6:每月施工进度计划	90	项目结束
13	驮呆大桥T梁安装延误	附件6:每月施工进度计划，附件19:中间交工证书	25	驮呆大桥桥面系及附属工程
14	驮呆大桥桥面系及附属工程延误	附件6:每月施工进度计划	105	项目结束
15	驮呆中桥桥面系及附属工程延误	附件6:每月施工进度计划	184	项目结束
16	甫孟大桥桩基爆破受阻	附件18:甫孟大桥桩基爆破受限制约施工的相关报告	44	甫孟大桥7－10轴桩基
17	甫孟大桥7－10轴桩基延误	附件6:每月施工进度计划	135	甫孟大桥7－10轴承台及桩系梁
18	甫孟大桥7－10轴承台及桩系梁延误	附件6:每月施工进度计划	60	甫孟大桥7－10轴墩柱及系梁
19	甫孟大桥7－10轴墩柱及系梁延误	附件6:每月施工进度计划	90	甫孟大桥7－10轴盖梁及耳背墙

续表

序号	延误事件名称	证据来源	延误程度（日历天）	受影响的进度任务
20	甫孟大桥 7－10 轴盖梁及耳背墙延误	附件 6:每月施工进度计划，附件 16:水泥混凝土抗压强度试验记录表	50	甫孟大桥 T 梁安装
21	甫孟大桥 T 梁预制延误	附件 6:每月施工进度计划，附件 16:水泥混凝土抗压强度试验记录表	227	甫孟大桥 T 梁安装
22	甫孟大桥 T 梁安装延误	附件 6:每月施工进度计划，附件 19:中间交工证书	89	甫孟大桥桥面系及附属工程
23	甫孟大桥桥面系及附属工程延误	附件 6:每月施工进度计划	52	项目结束
24	陆现中桥盖梁及耳背墙延误	附件 6:每月施工进度计划	121	陆现中桥板梁安装
25	陆现中桥板梁预制延误	附件 6:每月施工进度计划	211	板梁安装 岩康乐天桥墩柱
26	岩康乐天桥墩柱开工延误	附件 6:每月施工进度计划	328	岩康乐天桥墩柱
27	K11 ＋080 － K11 ＋210 竖曲线变更	附件 13:C 工程勘察设计院设计更改通知单	75	驮呆大桥桥面系及附属工程
28	K11 ＋210 － K11 ＋350 竖曲线变更	附件 13:C 工程勘察设计院设计更改通知单	75	驮呆大桥桥面系及附属工程
29	K11＋400 竖曲线变更	附件 13:C 工程勘察设计院设计更改通知单	75	
30	K11 ＋400 － K11 ＋899 竖曲线变更	附件 13:C 工程勘察设计院设计更改通知单	75	K11 ＋425 － K11 ＋500 路基填筑 K11 ＋525 － K11 ＋650 路基开挖 岩康乐中桥改路 K11 ＋750 － K11 ＋875 路基开挖
31	K11 ＋899 － K12 ＋640 竖曲线变更	附件 13:C 工程勘察设计院设计更改通知单	75	岩康乐大桥桥面系及附属工程 甫孟大桥 T 梁安装
32	K12 ＋900 － K13 ＋100 由 5 标段承担	附件 26:三方施工协议书	60	

141. 将上述延误事件插入到第三个窗口期完成后更新的施工总进度计划中,可以得到这些事件对项目整体及竣工日期造成的影响。更新后的施工总进度计划如下图20:

第四个窗口期的施工总进度计划更新

标识号	任务名称	工期	开始时间	完成时间
1	第四标段	1173 days	2010/11/15	2014/1/31
2	施工准备	41 days	2010/11/15	2010/12/26
3	驻地建设	41 days	2010/11/15	2010/12/26
4	临时道路	41 days	2010/11/15	2010/12/26
5	临时用电	41 days	2010/11/15	2010/12/26
6	路基工程	335 days	2011/2/22	2012/1/23
7	路基土石方工程	298 days	2011/2/22	2011/12/17
8	路基开挖	243.88 days	2011/2/25	2011/10/26
9	K11+525-K11+650	64 days	2011/2/25	2011/4/30
10	K11+350-K11+400	28 days	2011/4/30	2011/5/28
11	K11+750-K11+875	64 days	2011/8/24	2011/10/26
12	K11+005-K11+080	48 days	2011/3/19	2011/5/6
13	K10+525-K10+550	24 days	2011/7/5	2011/7/29
14	K12+268-K12+409	76 days	2011/7/29	2011/10/13
15	K10+625-K10+650	31 days	2011/7/29	2011/8/29
16	K12+920-K13+100	51 days	2011/8/29	2011/10/19
17	路基填筑	298 days	2011/2/22	2011/12/17
18	K11+425-K11+500	59 days	2011/2/22	2011/4/22
19	第一部分	46 days	2011/2/22	2011/4/9
20	第二部分	11 days	2011/4/11	2011/4/22
21	K11+320-K11+325	13 days	2011/10/14	2011/10/27
22	K10+500-K10+525	44 days	2011/8/29	2011/10/12
23	K10+575-K10+600	35 days	2011/10/12	2011/11/16
24	K10+937-K11+000	31 days	2011/11/16	2011/12/17
25	特殊路基处理	151 days	2011/2/22	2011/7/23
26	特殊路基	151 days	2011/2/22	2011/7/23
27	路基排水及防护工程	184 days	2011/7/23	2012/1/23
28	排水及防护工程	184 days	2011/7/23	2012/1/23
29	桥梁工程	1043 days	2011/3/25	2014/1/31
30	拌合站	28 days	2011/3/25	2011/4/22
31	拌合站(K12+850右150m)	28 days	2011/3/25	2011/4/22
32	预制场	41 days	2011/10/3	2011/11/13
33	1号预制场(K11+500)	41 days	2011/10/3	2011/11/13
34	2号预制场(K13+000)	41 days	2011/10/3	2011/11/13
35	岩康乐大桥(K11+990-K12+260)	674 days	2011/7/6	2013/5/10
36	桩基	132 days	2011/7/6	2011/11/15
37	桩系梁	86 days	2011/10/1	2011/12/26
38	墩柱及系梁	135 days	2011/11/5	2012/3/19
39	第一部分	120 days	2011/11/5	2012/3/4
40	第二部分	12 days	2012/3/7	2012/3/19
41	盖梁及耳背墙	94 days	2012/1/5	2012/4/8
42	T梁预制	113 days	2011/11/20	2012/3/12
43	第一部分	8 days	2011/11/20	2011/11/28
44	第二部分	69 days	2011/12/6	2012/2/13
45	第三部分	14 days	2012/2/15	2012/2/29
46	第四部分	5 days	2012/3/7	2012/3/12
47	T梁安装	84 days	2012/4/3	2012/6/26
48	桥面系及附属工程	41 days	2013/3/30	2013/5/10
49	驮呆大桥(K11+080-K11+320)	633 days	2011/4/22	2013/1/14
50	桩基	62 days	2011/4/22	2011/6/23
51	桩系梁及承台	56 days	2011/7/3	2011/8/28
52	墩柱及系梁	108 days	2011/11/18	2012/3/5
53	第一部分	20 days	2011/11/18	2011/12/8
54	第二部分	65 days	2011/12/10	2012/2/13
55	第三部分	18 days	2012/2/16	2012/3/5
56	盖梁及耳背墙	79 days	2012/1/2	2012/3/21
57	第一部分	62 days	2012/1/2	2012/3/4
58	第二部分	14 days	2012/3/7	2012/3/21
59	T梁预制	61 days	2011/11/20	2012/1/20
60	第一部分	8 days	2011/11/20	2011/11/28
61	第二部分	2 days	2011/12/6	2011/12/8
62	第三部分	41 days	2011/12/10	2012/1/20
63	T梁安装	31 days	2012/3/3	2012/4/3
64	桥面系及附属工程	55 days	2012/11/20	2013/1/14
65	驮呆中桥(K10+930-K11+005)	317 days	2012/2/20	2013/1/2
66	桩基	31 days	2012/2/20	2012/3/22
67	系梁	31 days	2012/3/2	2012/4/2
68	墩柱	31 days	2012/3/13	2012/4/13
69	盖梁及耳背墙	31 days	2012/3/27	2012/4/27
70	T梁预制	32 days	2012/9/15	2012/10/17
71	T梁安装	22 days	2012/11/10	2012/12/2
72	桥面系及附属工程	31 days	2012/12/2	2013/1/2

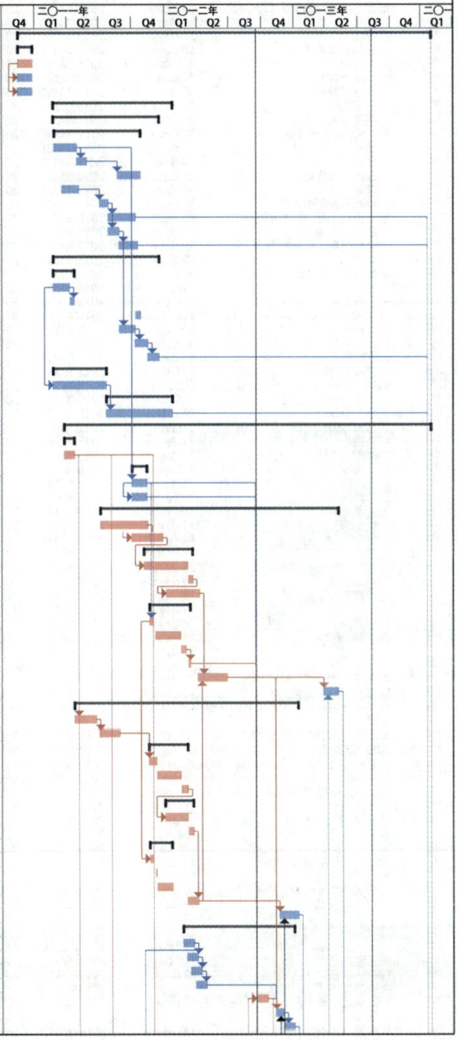

73	甫孟大桥（K12+420-K12+900）	787 days	2011/4/22	2013/6/17
74	桩基	91 days	2011/4/22	2011/7/22
75	承台及桩系梁	111 days	2011/10/25	2012/2/13
76	墩柱及系梁	116 days	2011/11/25	2012/3/20
77	第一部分	100 days	2011/11/25	2012/3/4
78	第二部分	13 days	2012/3/7	2012/3/20
79	盖梁及耳背墙	98 days	2012/3/18	2012/6/24
80	T梁预制	96 days	2012/9/15	2012/12/20
81	T梁安装	142 days	2012/12/20	2013/5/11
82	第一部分	25 days	2012/12/20	2013/1/14
83	第二部分	42 days	2013/3/30	2013/5/11
84	桥面系及附属工程	37 days	2013/5/11	2013/6/17
85	陆现中桥（K10+556-K10+715）	692 days	2011/11/13	2013/10/5
86	桩基	60 days	2011/11/13	2012/1/12
87	墩柱	51 days	2012/6/15	2012/8/5
88	盖梁及耳背墙	50 days	2012/6/21	2012/8/10
89	板梁预制	101 days	2012/9/15	2012/12/25
90	第一部分	25 days	2012/9/15	2012/10/10
91	第二部分	35 days	2012/11/20	2012/12/25
92	板梁安装	11 days	2013/8/28	2013/9/8
93	桥面系及附属工程	29 days	2013/9/6	2013/10/5
94	K11+573岩康乐天桥	793 days	2011/11/30	2014/1/31
95	桩基	31 days	2011/11/30	2011/12/31
96	墩柱	10 days	2013/8/8	2013/8/18
97	盖梁及耳背墙	28 days	2013/8/28	2013/9/25
98	箱梁现浇	46 days	2013/10/25	2013/12/10
99	桥面系及附属工程	31 days	2013/12/31	2014/1/31
100	通道涵洞工程（K11+450）	88 days	2011/8/6	2011/11/2
101	基础及下部	47 days	2011/8/6	2011/9/22
102	构件预制、安装或现浇	39 days	2011/9/14	2011/10/23
103	填土	10 days	2011/10/23	2011/11/2
104	通道涵洞工程（K11+683）	96 days	2011/8/6	2011/11/10
105	结束	0 days	2014/1/31	2014/1/31
106	窗口一：开工至2011年4月22日	117.88 days	2010/12/26	2011/4/22
126	窗口二：2011/04/22至2011/11/13	214 days	2011/4/20	2011/11/20
166	窗口三：2011/11/13至2012/09/15	476 days	2011/6/15	2012/10/3
247	窗口四：2012/09/15至2013/08/08	362 days	2012/9/15	2013/9/12
248	安全检查停工	41 days	2012/10/10	2012/11/20
249	陆现半幅桥(K10+560-K10+620)	318 days	2012/9/24	2013/8/8
250	K10+560-K10+620半幅桥设计变	288 days	2012/9/24	2013/7/9
251	陆现半幅桥施工过程	144 days	2013/3/17	2013/8/8
252	现场施工整改	180 days	2012/11/24	2013/5/23
253	T梁预制质量整改	0 days	2012/11/24	2012/11/24
254	T梁预制养护质量整改	2 days	2013/4/26	2013/4/28
255	20米空心板预制整改	15 days	2013/5/8	2013/5/23
256	岩康乐大桥（K11+990-K12+260）	331 days	2012/9/15	2013/8/12
257	桩基延误	25 days	2012/9/15	2012/10/10
258	桩系梁延误	25 days	2012/9/15	2012/10/10
259	墩柱及系梁延误	110 days	2012/9/15	2013/1/3
260	第一部分	25 days	2012/9/15	2012/10/10
261	第二部分	44 days	2012/11/20	2013/1/3
262	盖梁及耳背墙延误	112 days	2012/9/15	2013/1/5
263	第一部分	25 days	2012/9/15	2012/10/10
264	第二部分	46 days	2012/11/20	2013/1/5
265	T梁预制延误	136 days	2012/9/15	2013/1/29
266	第一部分	25 days	2012/9/15	2012/10/10
267	第二部分	70 days	2012/11/20	2013/1/29
268	T梁安装延误	121 days	2012/9/15	2013/1/14
269	第一部分	25 days	2012/9/15	2012/10/10
270	第二部分	55 days	2012/11/20	2013/1/14
271	岩康乐大桥左幅竖曲线变更	75 days	2013/1/14	2013/3/30
272	桥面系及附属工程延误	90 days	2013/5/10	2013/8/8
273	桥面系及附属工程剩余工程量计划工期	4 days	2013/8/8	2013/8/12
274	驮呆大桥（K11+080-K11+320）	301 days	2012/9/15	2013/7/13
275	T梁安装延误	66 days	2012/9/15	2012/11/20
276	第一部分	25 days	2012/9/15	2012/10/10
277	第二部分	0 days	2012/11/20	2012/11/20
278	桥面系及附属工程延误	105 days	2013/3/30	2013/7/13
279	驮呆中桥（K10+930-K11+005）	237 days	2012/11/10	2013/7/5
280	T梁预制延误	0 days	2012/11/10	2012/11/10
281	桥面系及附属工程延误	184 days	2013/1/2	2013/7/5
282	甫孟大桥（K12+420-K12+900）	328 days	2012/10/19	2013/9/12
283	甫孟大桥桩基爆破受阻	44 days	2012/10/19	2012/12/2
284	7-12轴桩基延误	151 days	2012/12/2	2013/5/2
285	7-12轴承台及桩系梁延误	80 days	2013/2/15	2013/5/6
286	7-12轴墩柱及系梁延误	90 days	2013/3/17	2013/6/15
287	7-12轴盖梁及耳背墙延误	50 days	2013/5/16	2013/7/5
288	T梁预制延误	229 days	2012/12/20	2013/8/6
289	第一部分	127 days	2012/12/20	2013/4/26
290	第二部分	100 days	2013/4/28	2013/8/6
291	T梁安装延误	89 days	2013/5/11	2013/8/8
292	桥面系及附属工程延误	52 days	2013/6/17	2013/8/8
293	桥面系及附属工程剩余工程量计划工期	35 days	2013/8/8	2013/9/12
294	陆现中桥（K10+556-K10+715）	347 days	2012/9/15	2013/8/28
295	盖梁及耳背墙延误	121 days	2012/9/15	2013/1/14
296	板梁预制延误	246 days	2012/12/25	2013/8/28
297	第一部分	134 days	2012/12/25	2013/5/8
298	第二部分	77 days	2013/5/23	2013/8/8
299	梁板预制剩余工程量计划工期	20 days	2013/8/8	2013/8/28
300	K11+573岩康乐天桥	0 days	2013/8/8	2013/8/8
301	墩柱开工延误	0 days	2013/8/8	2013/8/8
302	标高偏差竖曲线调整	75 days	2013/1/14	2013/3/30
303	K11+080-K11+210竖曲线变更	75 days	2013/1/14	2013/3/30
304	K11+210-K11+350竖曲线变更	75 days	2013/1/14	2013/3/30
305	K11+400竖曲线变更	75 days	2013/1/14	2013/3/30
306	K11+400-K11+899竖曲线变更	75 days	2013/1/14	2013/3/30
307	K11+899-K12+640竖曲线变更	75 days	2013/1/14	2013/3/30
308	K12+900-K13+100由5标段承担	60 days	2013/4/1	2013/5/31
309	K11+650-K11+760路基排水	0 days	2012/10/29	2012/10/29
310	K11+425-K11+475左侧边坡调整	0 days	2013/1/10	2013/1/10
311	K12+900-K13+050右侧挡墙变更	0 days	2013/1/14	2013/1/14
312	K10+400水沟处理	0 days	2013/6/17	2013/6/17
313	K10+550路基冲刷处理	0 days	2013/6/17	2013/6/17
314	通道涵洞工程	231 days	2012/10/29	2013/6/17

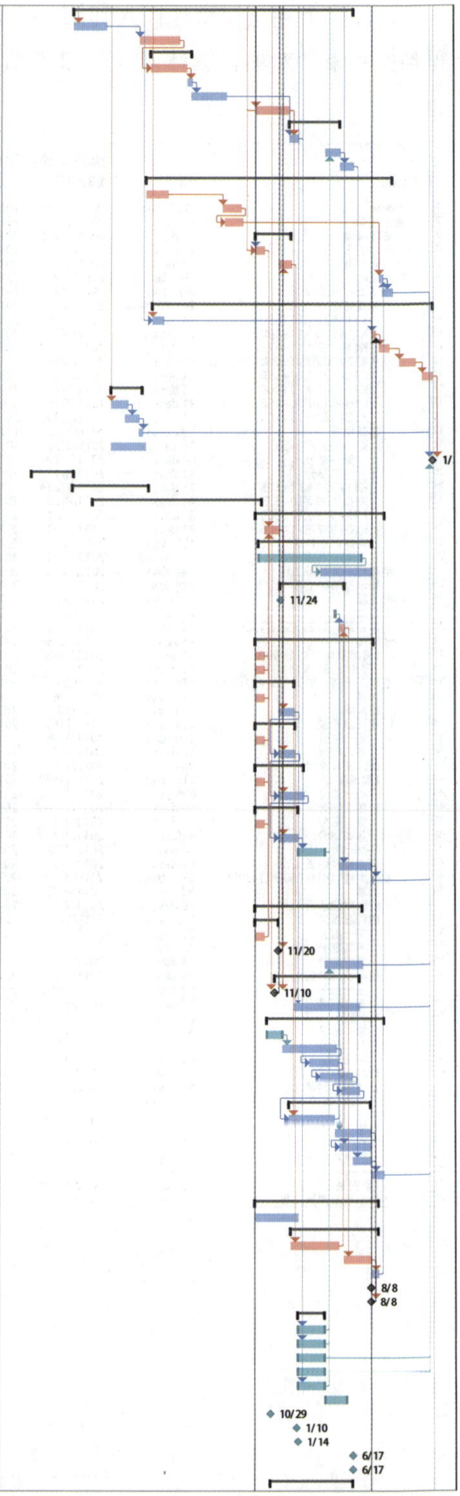

315	K11+460涵洞边坡防护及排水	0 days	2012/10/29	2012/10/29
316	K11+460涵洞增加片石水沟	0 days	2013/6/17	2013/6/17
317	K11+683涵洞增加片石水沟	0 days	2013/6/17	2013/6/17

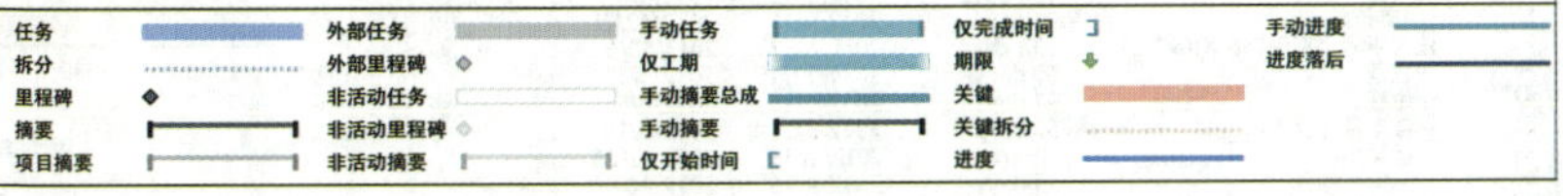

图 20　第四个窗口期的施工总进度计划更新

142. 如图 20 所示，其中黄色部分为被申请人延误事件，共 8 项；绿色部分为申请人延误事件，共 46 项。除了这些可以认定的延误事件之外，在本窗口期内还出现了诸如 K11 + 650 - K11 + 760 路基排水、K11 + 425 - K11 + 475 左侧边坡调整、K12 + 900 - K13 + 050 右侧挡墙变更、K10 + 550 路基冲刷处理以及涵洞增加片石水沟等事件的记录文件，但是由于本案当事人未能就这些事件提供充足证据完整证明其发生的时间、地点以及影响程度等等，因此鉴定人对这类事件不予采用。

143. 由于延误事件的发生，截至本窗口期末，本案工程的实际关键线路已经发生转移。本窗口期结束时计划竣工日期为 2014 年 1 月 31 日，该日期超过第三个窗口期计划竣工日期 252 日历天。本窗口期内发生的关键延误事件有：岩康乐大桥施工延误、驮呆大桥施工延误、安全检查停工、陆现中桥板梁预制延误、20 米空心板预制整改、岩康乐天桥（机耕天桥）墩柱开工延误。如下图 21 所示：

第四个窗口期的施工总进度计划更新（关键路径）

标识号	任务名称	工期	开始时间	完成时间
1	第四标段	1173 days	2010/11/15	2014/1/31
2	施工准备	41 days	2010/11/15	2010/12/26
3	驻地建设	41 days	2010/11/15	2010/12/26
29	桥梁工程	1043 days	2011/3/25	2014/1/31
30	拌合站	28 days	2011/3/25	2011/4/22
31	拌合站（K12+850右150m	28 days	2011/3/25	2011/4/22
35	岩康乐大桥（K11+990-K12+260）	674 days	2011/7/6	2013/5/10
36	桩基	132 days	2011/7/6	2011/11/15
37	桩系梁	86 days	2011/10/1	2011/12/26
38	墩柱及系梁	135 days	2011/11/5	2012/3/19
39	第一部分	120 days	2011/11/5	2012/3/4
40	第二部分	12 days	2012/3/7	2012/3/19
41	盖梁及耳背墙	94 days	2012/1/5	2012/4/8
42	T梁预制	113 days	2011/11/20	2012/3/12
43	第一部分	8 days	2011/11/20	2011/11/28
44	第二部分	69 days	2011/12/6	2012/2/13
45	第三部分	14 days	2012/2/15	2012/2/29
46	第四部分	5 days	2012/3/7	2012/3/12
47	T梁安装	84 days	2012/4/3	2012/6/26
49	驮呆大桥（K11+080-K11+320）	633 days	2011/4/22	2013/1/14
50	桩基	62 days	2011/4/22	2011/6/23
51	桩系梁及承台	56 days	2011/7/3	2011/8/28
52	墩柱及系梁	108 days	2011/11/18	2012/3/5
53	第一部分	20 days	2011/11/18	2011/12/8
54	第二部分	65 days	2011/12/10	2012/2/13
55	第三部分	18 days	2012/2/16	2012/3/5
56	盖梁及耳背墙	79 days	2012/1/2	2012/3/21
57	第一部分	62 days	2012/1/2	2012/3/4
58	第二部分	14 days	2012/3/7	2012/3/21
59	T梁预制	61 days	2011/11/20	2012/1/20
60	第一部分	8 days	2011/11/20	2011/11/28
61	第二部分	2 days	2011/12/6	2011/12/8
62	第三部分	41 days	2011/12/10	2012/1/20
63	T梁安装	31 days	2012/3/3	2012/4/3
65	驮呆中桥（K10+930-K11+005）	317 days	2012/2/20	2013/1/2
70	T梁预制	32 days	2012/9/15	2012/10/17

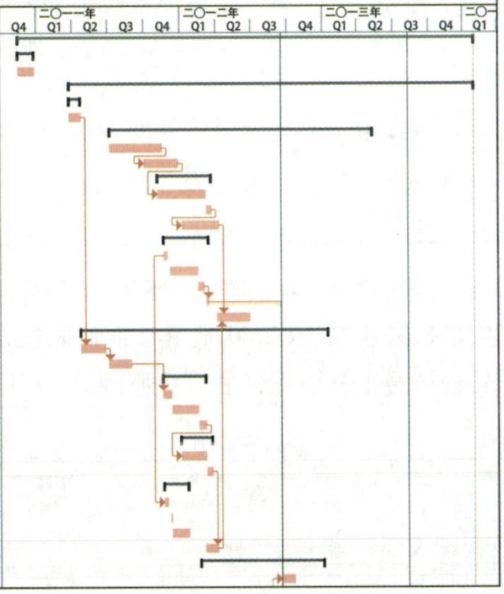

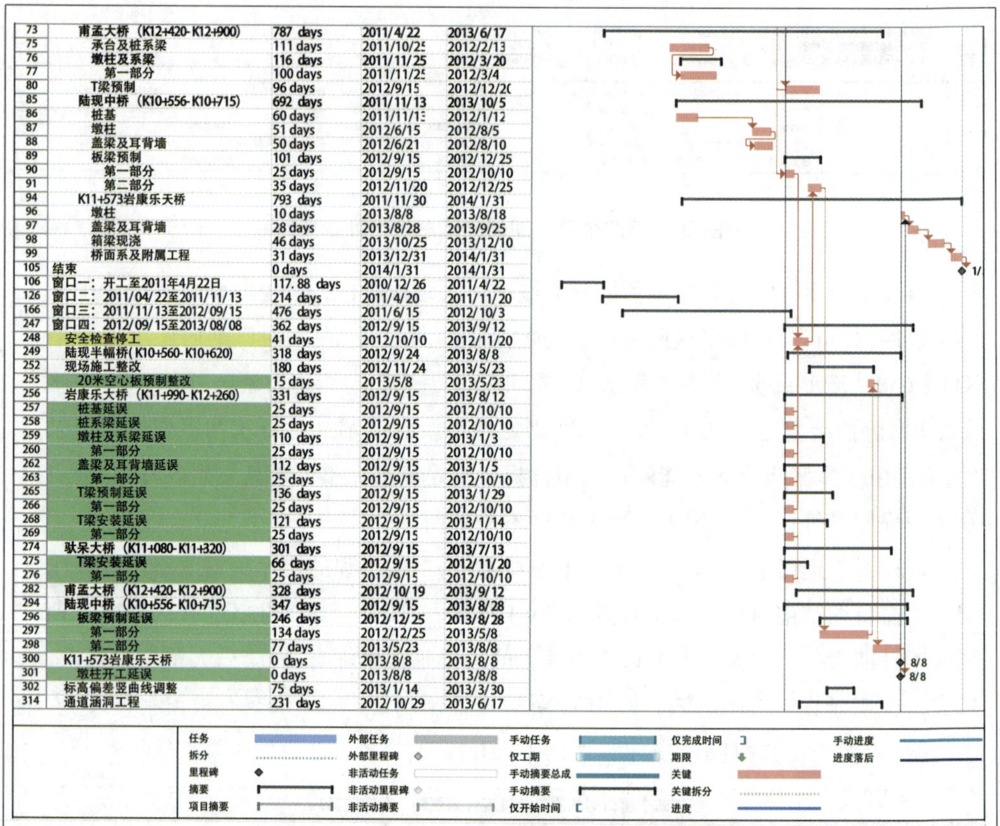

73	甫孟大桥（K12+420-K12+900）	787 days	2011/4/22	2013/6/17
75	承台及桩系梁	111 days	2011/10/2:	2012/2/13
76	墩柱及系梁	116 days	2011/11/25	2012/3/20
77	第一部分	100 days	2011/11/2:	2012/3/4
80	T梁预制	96 days	2012/9/15	2012/12/2(
85	陆现中桥（K10+556-K10+715）	692 days	2011/11/13	2013/10/5
86	桩基	60 days	2011/11/1:	2012/1/12
87	墩柱	51 days	2012/6/15	2012/8/5
88	盖梁及耳背墙	50 days	2012/6/21	2012/8/10
89	板梁预制	101 days	2012/9/15	2012/12/25
90	第一部分	25 days	2012/9/15	2012/10/10
91	第二部分	35 days	2012/11/20	2012/12/25
94	K11+573岩康乐天桥	793 days	2011/11/30	2014/1/31
96	墩柱	10 days	2013/8/8	2013/8/18
97	盖梁及耳背墙	28 days	2013/8/28	2013/9/25
98	箱梁现浇	46 days	2013/10/25	2013/12/10
99	桥面系及附属工程	31 days	2013/12/31	2014/1/31
105	结束	0 days	2014/1/31	2014/1/31
106	窗口一：开工至2011年4月22日	117.88 days	2010/12/26	2011/4/22
126	窗口二：2011/04/22至2011/11/13	214 days	2011/4/20	2011/11/20
166	窗口三：2011/11/13至2012/09/15	476 days	2011/6/15	2012/10/3
247	窗口四：2012/09/15至2013/08/08	362 days	2012/9/15	2013/9/12
248	安全检查停工	41 days	2012/10/10	2012/11/20
249	陆现半幅桥(K10+560-K10+620)	318 days	2012/9/24	2013/8/8
252	现场施工整改	180 days	2012/11/24	2013/5/23
255	20米空心板预制整改	15 days	2013/5/8	2013/5/23
256	岩康乐大桥（K11+990-K12+260）	331 days	2012/9/15	2013/8/12
257	桩基延误	25 days	2012/9/15	2012/10/10
258	桩系梁延误	25 days	2012/9/15	2012/10/10
259	墩柱及系梁延误	110 days	2012/9/15	2013/1/3
260	第一部分	25 days	2012/9/15	2012/10/10
262	盖梁及耳背墙延误	112 days	2012/9/15	2013/1/5
263	第一部分	25 days	2012/9/15	2012/10/10
265	T梁预制延误	136 days	2012/9/15	2013/1/29
266	第一部分	25 days	2012/9/15	2012/10/10
268	T梁安装延误	121 days	2012/9/15	2013/1/14
269	第一部分	25 days	2012/9/15	2012/10/10
274	驮呆大桥（K11+080-K11+320）	301 days	2012/9/15	2013/7/13
275	T梁安装延误	66 days	2012/9/15	2012/11/20
276	第一部分	25 days	2012/9/15	2012/10/10
282	甫孟大桥（K12+420-K12+900）	328 days	2012/10/19	2013/9/12
294	陆现中桥（K10+556-K10+715）	347 days	2012/9/15	2013/8/28
296	板梁预制延误	246 days	2012/12/25	2013/8/28
297	第一部分	134 days	2012/12/25	2013/5/8
298	第二部分	77 days	2013/5/23	2013/8/8
300	K11+573岩康乐天桥	0 days	2013/8/8	2013/8/8
301	墩柱开工延误	0 days	2013/8/8	2013/8/8
302	标高偏差竖曲线调整	75 days	2013/1/14	2013/3/30
314	通道涵洞工程	231 days	2012/10/29	2013/6/17

图 21　第四个窗口期末的关键线路

144. 由于上述延误事件的发生，不但本案工程的关键线路再次发生了变化，同时预计竣工日期也受到影响发生了变动，从上一个窗口期的 2013 年 5 月 24 日拖延到 2014 年 1 月 31 日。

145. 根据以上分析，岩康乐大桥施工延误、驮呆大桥施工延误、安全检查停工、陆现中桥板梁预制延误、20 米空心板预制整改、岩康乐天桥（机耕天桥）墩柱开工延误是导致预计竣工日期拖延的直接原因。

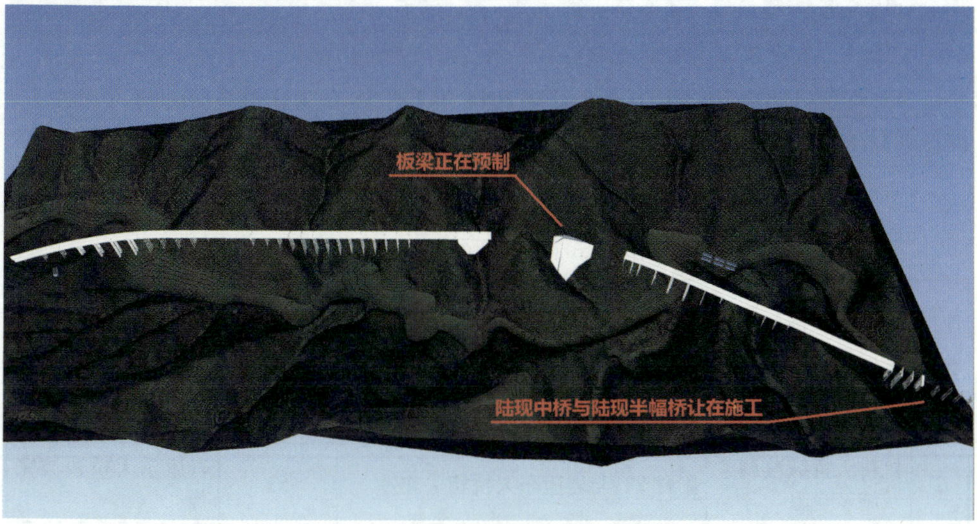

图 22 第四个窗口期末的项目状态

5.9.2 小结

146. 在本窗口期内共发生 8 项被申请人延误事件和 46 项申请人延误事件，其中岩康乐大桥施工延误、驮呆大桥施工延误、安全检查停工、陆现中桥板梁预制延误、20 米空心板预制整改和岩康乐天桥（机耕天桥）墩柱开工延误直接导致本案工程工期目标发生变化。该变化在不同开工日期条件下体现出不同工期延误责任。具体内容如下表 14：

表 14 第四个窗口计划竣工日期及工期计算

窗口期	总工期（日历天）	计划竣工	本窗口内工期延误	总工期延误
原进度计划	563	2012 年 7 月 4 日	0	0
第四个窗口	1139	2014 年 1 月 31 日	252	576

147. 在上述延误事件工期责任的划分中，鉴定人提请仲裁庭注意“安全检查停工”事件。该延误事件发生的原因是本案高速公路工程中的其他标段发生安全事故后涉及全线工程的安全检查施工暂停。针对这类事件的暂停施工在本案工程中涉及第 11.3 条和第 12.2 条两个合同条款，但它们对于工期责任给出了不同的责任承担范围，鉴定人在本报告中以第 11.3 条为依据进行责任划分，如果有适用不当，请仲裁庭决定。

5.10　窗口五

5.10.1　本窗口工期状态分析

148. 本窗口期从2013年8月8日至2014年7月18日为止总共历时11个月左右。在此期间本案工程处于全线工程的冲刺及收尾工作。

149. 本窗口期内识别出的延误事件共12项，具体内容如下表15：

表15　第五个窗口期内发生的延误事件

序号	延误事件名称	证据来源	延误程度（日历天）	受影响的进度任务
1	20米空心板预制质量整改	附件21：与施工整改相关的监理工作指令和监理通用函	3	陆现中桥板梁预制
2	机耕天桥纵坡调整及施工受阻	附件22：与岩康乐天桥相关文件	53	岩康乐天桥边坡完善
3	驮呆中桥桥面系及附属工程延误	附件6：每月施工进度计划	98	项目结束
4	驮呆大桥桥面系及附属工程延误	附件6：每月施工进度计划	98	项目结束
5	岩康乐大桥桥面系及附属工程延误	附件6：每月施工进度计划	98	项目结束
6	甫孟大桥T梁安装延误	附件6：每月施工进度计划，附件19：中间交工证书	23	甫孟大桥桥面系及附属工程
7	甫孟大桥桥面系及附属工程延误	附件6：每月施工进度计划	98	项目结束
8	陆现中桥板梁预制延误	附件6：每月施工进度计划	53	板梁安装 岩康乐天桥墩柱
9	陆现中桥板梁安装延误	附件6：每月施工进度计划	39	陆现中桥桥面系及附属工程
10	陆现半幅桥施工过程	附件6：每月施工进度计划，附件16：水泥混凝土抗压强度试验记录表，附件25：项目监理巡视记录	141	项目结束
11	岩康乐天桥墩柱开工延误	附件6：每月施工进度计划	15	岩康乐天桥墩柱
12	K11+368－K11+660路基工程交工	附件27：S省某高速公路工程交接单	190	项目结束

150. 将上述延误事件插入到第四个窗口期完成后更新的施工总进度计划中，可以得到这些事件对项目整体及竣工日期造成的影响。更新后的施工总进度计划如下图23：

第五个窗口期的施工总进度计划更新

标识号	任务名称	工期	开始时间	完成时间
1	第四标段	1341 days	2010/11/15	2014/7/18
2	施工准备	41 days	2010/11/15	2010/12/26
3	驻地建设	41 days	2010/11/15	2010/12/26
4	临时道路	41 days	2010/11/15	2010/12/26
5	临时用电	41 days	2010/11/15	2010/12/26
6	路基工程	335 days	2011/2/22	2012/1/23
7	路基土石方工程	298 days	2011/2/22	2011/12/17
8	路基开挖	243.88 days	2011/2/25	2011/10/26
9	K11+525-K11+650	64 days	2011/2/25	2011/4/30
10	K11+350-K11+400	28 days	2011/4/30	2011/5/28
11	K11+750-K11+875	64 days	2011/8/24	2011/10/26
12	K11+005-K11+080	48 days	2011/3/19	2011/5/6
13	K10+525-K10+550	24 days	2011/7/5	2011/7/29
14	K12+268-K12+409	76 days	2011/7/29	2011/10/13
15	K10+625-K10+650	31 days	2011/7/29	2011/8/29
16	K12+920-K13+100	51 days	2011/8/29	2011/10/19
17	路基填筑	298 days	2011/2/22	2011/12/17
18	K11+425-K11+500	59 days	2011/2/22	2011/4/22
19	第一部分	46 days	2011/2/22	2011/4/9
20	第二部分	11 days	2011/4/11	2011/4/22
21	K11+320-K11+325	13 days	2011/10/14	2011/10/27
22	K10+500-K10+525	44 days	2011/8/29	2011/10/12
23	K10+575-K10+600	35 days	2011/10/12	2011/11/16
24	K10+937-K11+000	31 days	2011/11/16	2011/12/17
25	特殊路基处理	151 days	2011/2/22	2011/7/23
26	特殊路基	151 days	2011/2/22	2011/7/23
27	路基排水及防护工程	184 days	2011/7/23	2012/1/23
28	排水及防护工程	184 days	2011/7/23	2012/1/23
29	桥梁工程	1023 days	2011/3/25	2014/1/11
30	拌合站	28 days	2011/3/25	2011/4/22
31	拌合站（K12+850右150m）	28 days	2011/3/25	2011/4/22
32	预制场	41 days	2011/10/3	2011/11/13
33	1号预制场（K11+500）	41 days	2011/10/3	2011/11/13
34	2号预制场（K13+000）	41 days	2011/10/3	2011/11/13
35	岩康乐大桥（K11+990-K12+260）	674 days	2011/7/6	2013/5/10
49	驮呆大桥（K11+080-K11+320）	633 days	2011/4/22	2013/1/14
50	桩基	62 days	2011/4/22	2011/6/23
51	桩系梁及承台	56 days	2011/7/3	2011/8/28
52	墩柱及系梁	108 days	2011/11/18	2012/3/5
53	第一部分	20 days	2011/11/18	2011/12/8
54	第二部分	65 days	2011/12/10	2012/2/13
55	第三部分	18 days	2012/2/16	2012/3/5
56	盖梁及耳背墙	79 days	2012/1/2	2012/3/21
57	第一部分	62 days	2012/1/2	2012/3/4
58	第二部分	14 days	2012/3/7	2012/3/21
59	T梁预制	61 days	2011/11/20	2012/1/20
60	第一部分	8 days	2011/11/20	2011/11/28
61	第二部分	2 days	2011/12/6	2011/12/8
62	第三部分	41 days	2011/12/10	2012/1/20
63	T梁安装	31 days	2012/3/3	2012/4/3
64	桥面系及附属工程	55 days	2012/11/20	2013/1/14
65	驮呆中桥（K10+930-K11+005）	317 days	2012/2/20	2013/1/2
66	桩基	31 days	2012/2/20	2012/3/22
67	系梁	31 days	2012/3/2	2012/4/2
68	墩柱	31 days	2012/3/13	2012/4/13
69	盖梁及耳背墙	31 days	2012/3/27	2012/4/27
70	T梁预制	32 days	2012/9/15	2012/10/17
71	T梁安装	22 days	2012/11/10	2012/12/2
72	桥面系及附属工程	31 days	2012/12/2	2013/1/2
73	南孟大桥（K12+420-K12+900）	787 days	2011/4/22	2013/6/17
74	桩基	91 days	2011/4/22	2011/7/22
75	承台及桩系梁	111 days	2011/10/25	2012/2/13
76	墩柱及系梁	116 days	2011/11/25	2012/3/20
77	第一部分	100 days	2011/11/25	2012/3/4
78	第二部分	13 days	2012/3/7	2012/3/20
79	盖梁及耳背墙	98 days	2012/3/18	2012/6/24
80	T梁预制	96 days	2012/9/15	2012/12/20
81	T梁安装	142 days	2012/12/20	2013/5/11
82	第一部分	25 days	2012/12/20	2013/1/14
83	第二部分	42 days	2013/3/30	2013/5/11
84	桥面系及附属工程	37 days	2013/5/11	2013/6/17
85	陆现中桥（K10+556-K10+715）	748 days	2011/11/13	2013/11/30
86	桩基	60 days	2011/11/13	2012/1/12
87	墩柱	51 days	2012/6/15	2012/8/5
88	盖梁及耳背墙	50 days	2012/6/21	2012/8/10
89	板梁预制	101 days	2012/9/15	2012/12/25
90	第一部分	25 days	2012/9/15	2012/10/10
91	第二部分	35 days	2012/11/20	2012/12/25
92	板梁安装	11 days	2013/9/20	2013/10/1
93	桥面系及附属工程	29 days	2013/11/1	2013/11/30
94	K11+673岩康乐天桥	773 days	2011/11/30	2014/1/11
95	桩基	31 days	2011/11/30	2011/12/31
96	墩柱	10 days	2013/9/30	2013/10/10
97	盖梁及耳背墙	28 days	2013/10/20	2013/11/17
98	箱梁现浇	46 days	2013/10/26	2013/12/11
99	桥面系及附属工程	31 days	2013/12/11	2014/1/11
100	通道涵洞工程（K11+450）	88 days	2011/8/6	2011/11/2
101	基础及下部	47 days	2011/8/6	2011/9/22
102	构件预制、安装或现浇	39 days	2011/9/14	2011/10/23
103	填土	10 days	2011/10/23	2011/11/2
104	通道涵洞工程（K11+683）	96 days	2011/8/6	2011/11/10
105	结束	0 days	2014/7/18	2014/7/18
106	窗口一：开工至2011年4月22日	117.88 days	2010/12/26	2011/4/22
126	窗口二：2011/04/22至2011/11/13	214 days	2011/4/20	2011/11/20
166	窗口三：2011/11/13至2012/09/15	468 days	2011/6/23	2012/10/3
247	窗口四：2012/09/15至2013/08/08	327 days	2012/9/15	2013/8/8
315	窗口五：2013/08/08至2014/07/18	344 days	2013/8/8	2014/7/18
316	20米空心板预制质量整改	3 days	2013/8/10	2013/8/13
317	K10+500-K13+100路侧混凝土护栏基础设计变更	0 days	2013/11/8	2013/11/8
318	机耕天桥纵坡调整及施工受阻	53 days	2014/3/21	2014/5/13
319	水土保持监测及完善	19 days	2014/6/29	2014/7/18
320	岩康乐大桥（K11+990-K12+260）	98 days	2013/8/8	2013/11/14
321	桥面系及附属工程延误	98 days	2013/8/8	2013/11/14
322	驮呆大桥（K11+080-K11+320）	98 days	2013/8/8	2013/11/14
323	桥面系及附属工程延误	98 days	2013/8/8	2013/11/14
324	驮呆中桥（K10+930-K11+005）	98 days	2013/8/8	2013/11/14

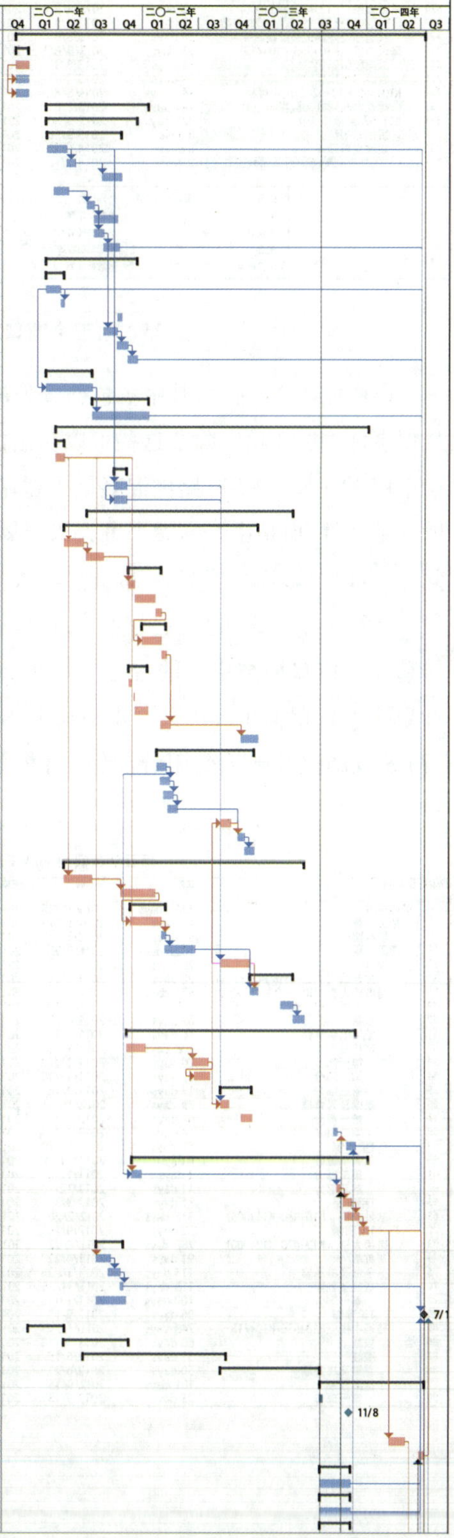

第八编 工期鉴定

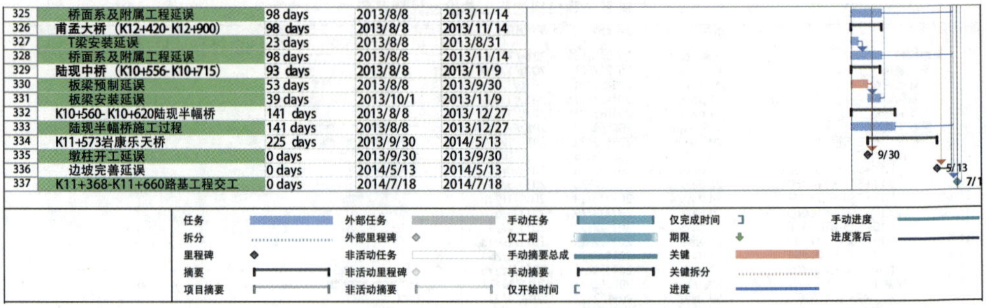

325	桥面系及附属工程延误	98 days	2013/8/8	2013/11/14
326	甫孟大桥（K12+420-K12+900）	98 days	2013/8/8	2013/11/14
327	T梁安装延误	23 days	2013/8/8	2013/8/31
328	桥面系及附属工程延误	98 days	2013/8/8	2013/11/14
329	陆现中桥（K10+556-K10+715）	93 days	2013/8/8	2013/11/9
330	板梁预制延误	53 days	2013/8/8	2013/9/30
331	板梁安装延误	39 days	2013/10/1	2013/11/9
332	K10+560-K10+620陆现半幅桥	141 days	2013/8/8	2013/12/27
333	陆现半幅桥施工过程	141 days	2013/8/8	2013/12/27
334	K11+573岩康乐天桥	225 days	2013/9/30	2014/5/13
335	墩柱开工延误	0 days	2013/9/30	2013/9/30
336	边坡完善延误	0 days	2014/5/13	2014/5/13
337	K11+368-K11+660路基工程交工	0 days	2014/7/18	2014/7/18

图 23　第五个窗口期的施工总进度计划更新

151. 如图 23 所示，其中黄色部分为被申请人延误事件，共 1 项；绿色部分为申请人延误事件，共 13 项。除了这些可以认定的延误事件之外，在本窗口期内还出现了诸如 K10 + 500 – K13 + 100 路侧混凝土护栏基础设计变更、K11 + 573 边坡完善延误等事件的记录文件，但是由于本案当事人未能就这些事件提供充足证据完整证明其发生的时间、地点以及影响程度等等，因此鉴定人对这类事件不予采用。

152. 由于延误事件的发生，截至本窗口期末，本案工程的实际关键线路已经发生转移。本窗口期结束时的竣工日期为 2014 年 7 月 18 日，该日期超过第四个窗口期计划竣工日期 168 日历天。本窗口期内发生的关键延误事件有：岩康乐天桥（机耕天桥）纵坡调整及施工受阻、陆现中桥板梁预制延误、其他申请人原因。如下图 24 所示：

第五个窗口期的施工总进度计划更新（关键路径）

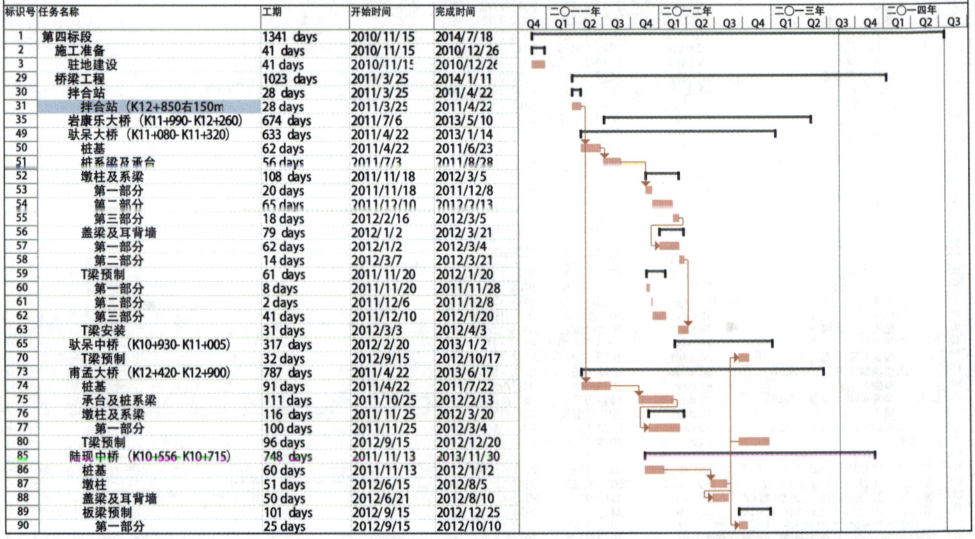

标识号	任务名称	工期	开始时间	完成时间
1	第四标段	1341 days	2010/11/15	2014/7/18
2	施工准备	41 days	2010/11/15	2010/12/26
3	驻地建设	41 days	2010/11/15	2010/12/26
29	桥梁工程	1023 days	2011/3/25	2014/1/11
30	拌合站	28 days	2011/3/25	2011/4/22
31	拌合站（K12+850右150m	28 days	2011/3/25	2011/4/22
35	岩康乐大桥（K11+990-K12+260）	674 days	2011/7/6	2013/5/10
49	驮呆大桥（K11+080-K11+320）	633 days	2011/4/22	2013/1/14
50	桩基	62 days	2011/4/22	2011/6/23
51	桩系梁及承台	56 days	2011/7/3	2011/8/28
52	墩柱及系梁	108 days	2011/11/18	2012/3/5
53	第一部分	20 days	2011/11/18	2011/12/8
54	第二部分	65 days	2011/12/10	2012/2/13
55	第三部分	18 days	2012/2/16	2012/3/5
56	盖梁及耳背墙	79 days	2012/1/2	2012/3/21
57	第一部分	62 days	2012/1/2	2012/3/4
58	第二部分	14 days	2012/3/7	2012/3/21
59	T梁预制	61 days	2011/11/20	2012/1/20
60	第一部分	8 days	2011/11/20	2011/11/28
61	第二部分	2 days	2011/12/6	2011/12/8
62	第三部分	41 days	2011/12/10	2012/1/20
63	T梁安装	31 days	2012/3/3	2012/4/3
65	驮呆中桥（K10+930-K11+005）	317 days	2012/2/20	2013/1/2
70	T梁预制	32 days	2012/9/15	2012/10/17
73	甫孟大桥（K12+420-K12+900）	787 days	2011/4/22	2013/6/17
74	桩基	91 days	2011/4/22	2011/7/22
75	承台及桩系梁	111 days	2011/10/25	2012/2/13
76	墩柱及系梁	116 days	2011/11/25	2012/3/20
77	第一部分	100 days	2011/11/25	2012/3/4
80	T梁预制	96 days	2012/9/15	2012/12/20
85	陆现中桥（K10+556-K10+715）	748 days	2011/11/13	2013/11/30
86	桩基	60 days	2011/11/13	2012/1/12
87	墩柱	51 days	2012/6/15	2012/8/5
88	盖梁及耳背墙	50 days	2012/6/21	2012/8/10
89	板梁预制	101 days	2012/9/15	2012/12/25
90	第一部分	25 days	2012/9/15	2012/10/10

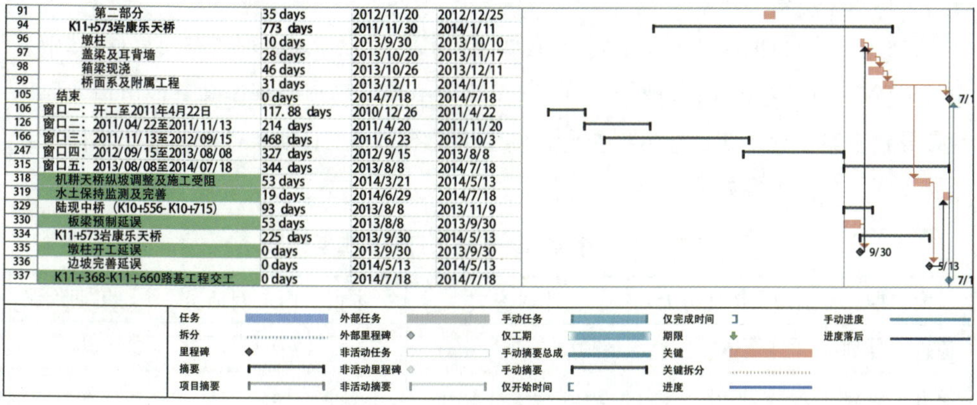

图 24　第五个窗口期末的关键线路

153. 由于上述延误事件的发生，不但本案工程的关键线路再次发生了变化，同时预计竣工日期也受到影响发生了变动，从上一个窗口期的 2014 年 1 月 31 日拖延到 2014 年 7 月 18 日。

154. 根据以上分析，岩康乐天桥（机耕天桥）纵坡调整及施工受阻、陆现中桥板梁预制延误和其他申请人原因是导致预计竣工日期拖延的直接原因。此外，在机耕天桥（岩康乐天桥）纵坡调整及施工受阻之后至竣工移交之前的延误时间内，申请人未能提供证据证明被申请人存在责任。

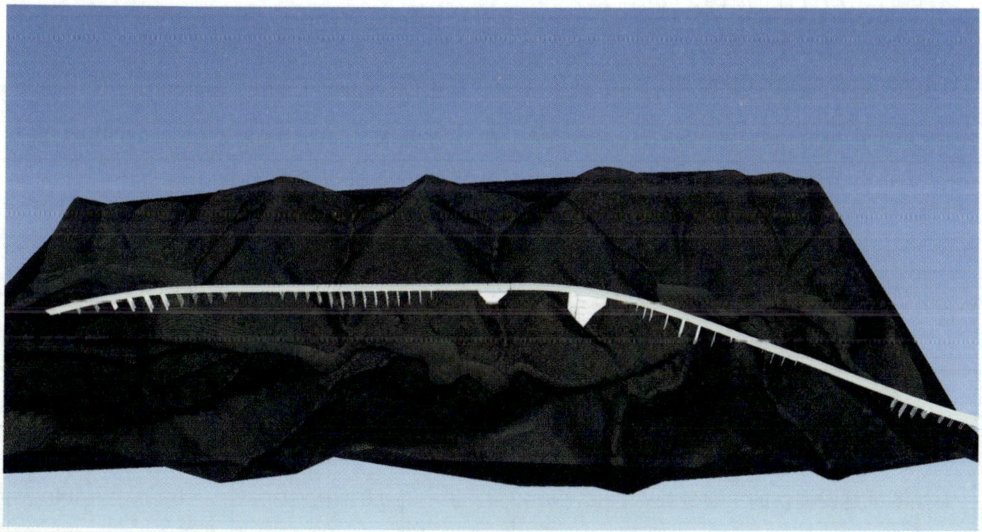

图 25　第五个窗口期末的项目状态

5.10.2　小结

155. 在本窗口期内共发生 1 项被申请人延误事件和 13 项申请人延误事件，其中岩康乐天桥（机耕天桥）纵坡调整及施工受阻、陆现中桥板梁预制延误和其他申请人原因直接导致本案工程工期目标发生变化。该变化在不同开工日期条件下体现出不同工期延误责任。具体内容如下表 16：

表 16　第五个窗口计划竣工日期及工期计算

窗口期	总工期（日历天）	计划竣工	本窗口内工期延误	总工期延误
原进度计划	563	2012 年 7 月 4 日	0	0
第五个窗口	1307	2014 年 7 月 18 日	168	744

156. 在上述延误事件工期责任的划分中，鉴定人提请仲裁庭注意"其他申请人原因"。根据合同进度计划中列明的内容以及鉴定人收到的鉴定资料，机耕天桥（岩康乐天桥）纵坡调整及施工受阻是关于工期延误事件的最晚记录，从此之后虽然出现了例如水土保持监测等事件，但是鉴定人认为未能从有关资料中找到明确的非申请人工期延误事件，因此推定该段时期为申请人工期责任。

5.11　同期延误分析

157. 由于本案中同期延误是当事人双方争议的焦点问题，而且双方当事人对于同期延误分析方法存在不同观点，因此本鉴定机构将按照如下三种方法分别就上述分析内容进行工期责任的归属计算。

5.11.1　主导因素法

158. 根据原鉴定意见附件 30 第 134 页"The Dominant Cause Approach. This contends that if there are two causes, the effective, dominant cause is to be the deciding factor."①的有关说明，本鉴定机构在此方法下计算的工期延误责任分配矩阵如下：

表 17　工期责任矩阵（除不利降水）

窗口期	延误事件	项目工期（日历天）	工期延误程度（日历天）	工期延误			
				不可原谅	可原谅不可补偿	可原谅可补偿费用	可原谅可补偿费用及利润
1	第一个窗口期汇总	577	14	0	0	0	14
1	图纸延误提供的工期延长			0	0	0	14
2	第二个窗口期汇总	623	46	46	0	0	0
2	岩康乐大桥开工延误			46	0	0	0

① 中文大意为：主导因素法。这一论点认为，如果有两个有效的原因，占主导地位的原因是决定因素。

续表

窗口期	延误事件	项目工期（日历天）	工期延误程度（日历天）	工期延误			
				不可原谅	可原谅不可补偿	可原谅可补偿费用	可原谅可补偿费用及利润
3	第三个窗口期汇总	887	264	0	0	0	264
3	甫孟大桥 7－10 轴拆迁延误			0	0	0	264
4	第四个窗口期汇总	1139	252	226	0	0	26
4	安全检查停工			0	0	0	26
4	陆现中桥板梁预制延误			211	0	0	0
4	20 米空心板预制整改			15	0	0	0
5	第五个窗口期汇总	1307	168	168	0	0	0
5	机耕天桥（岩康乐天桥）纵坡调整及施工受阻			53	0	0	0
5	陆现中桥板梁预制延误			53	0	0	0
5	其他申请人原因			62	0	0	0
汇总				440			304

5.11.2 责任分摊法

159. 责任分摊法是对造成同期延误的各方之间按照一定责任分摊比例进行工期延误计算的方法。本鉴定机构在本案中采用的计算方法是将双方当事人由于各自延误事件导致的同期延误天数以 50% 的比例进行责任分摊。本鉴定机构在此方法下计算的工期延误责任分配矩阵如下：

表 18 工期责任矩阵（除不利降水）

窗口期	延误事件	项目工期（日历天）	工期延误程度（日历天）	工期延误			
				不可原谅	可原谅不可补偿	可原谅可补偿费用	可原谅可补偿费用及利润
1	第一个窗口期汇总	577	14	0	0	0	14
1	图纸延误提供的工期延长			0	0	0	14
2	第二个窗口期汇总	623	46	46	0	0	0
2	岩康乐大桥开工延误			46	0	0	0
3	第三个窗口期汇总	887	264	88	0	0	176
3	甫孟大桥 7－10 轴拆迁延误			0	0	0	176
3	桩基施工受阻			64	0	0	0

续表

窗口期	延误事件	项目工期（日历天）	工期延误程度（日历天）	工期延误			
				不可原谅	可原谅不可补偿	可原谅可补偿费用	可原谅可补偿费用及利润
3	7－12 轴桩基延误			24	0	0	0
4	第四个窗口期汇总	1139	252	226	0	0	26
4	安全检查停工			0	0	0	26
4	陆现中桥板梁预制延误			211	0	0	0
4	20 米空心板预制整改			15	0	0	0
5	第五个窗口期汇总	1307	168	168	0	0	0
5	机耕天桥（岩康乐天桥）纵坡调整及施工受阻			53	0	0	0
5	陆现中桥板梁预制延误			53	0	0	0
5	其他申请人原因			62	0	0	0
汇总				528	0		216

160. 在第三个窗口期内，甫孟大桥 7－10 轴拆迁延误、桩基施工受阻和 7－12 轴桩基延误三个延误事件属于同期延误。根据上述责任分摊原则，申请人和被申请人在同期延误期间各自承担 50% 的工期责任。因此，在上述三个延误事件同时发生的 176 日历天中，双方当事人各承担 88 日历天的工期延误责任，剩余 88 日历天工期延误系因甫孟大桥 7－10 轴拆迁延误事件造成，应由被申请人承担责任。

5.11.3 英国法“阻碍原则”（Prevention Principle）

161. 根据原鉴定意见附件 29 第 1.4.12 款“本准则关于同期延误的立场受英国法中的‘阻碍原则’的影响，基于这一原则，若业主自身阻碍了某一条件的实现（如在某一日期完成工程），则其不能利用这一条件没有达到而获利。”和第 1.10.1 款“若由于受到业主延误与承包商延误共同影响而给承包商带来额外费用，则只有在承包商将业主延误导致的费用从承包商延误导致的费用区分开来的情况下，承包商才有权获得相应的补偿”的有关说明，本鉴定机构在此方法下计算的工期延误责任分配矩阵如下：

表 19 工期责任矩阵(除不利降水)

<table>
<tr><th rowspan="2">窗口期</th><th rowspan="2">延误事件</th><th rowspan="2">项目工期(日历天)</th><th rowspan="2">工期延误程度(日历天)</th><th colspan="4">工期延误</th></tr>
<tr><th>不可原谅</th><th>可原谅不可补偿</th><th>可原谅可补偿费用</th><th>可原谅可补偿费用及利润</th></tr>
<tr><td>1</td><td>第一个窗口期汇总</td><td>577</td><td>14</td><td>0</td><td>0</td><td>0</td><td>14</td></tr>
<tr><td>1</td><td>图纸延误提供的工期延长</td><td></td><td></td><td>0</td><td>0</td><td>0</td><td>14</td></tr>
<tr><td>2</td><td>第二个窗口期汇总</td><td>623</td><td>46</td><td>46</td><td>0</td><td>0</td><td>0</td></tr>
<tr><td>2</td><td>岩康乐大桥开工延误</td><td></td><td></td><td>46</td><td>0</td><td>0</td><td>0</td></tr>
<tr><td>3</td><td>第三个窗口期汇总</td><td>887</td><td>264</td><td>0</td><td colspan="3">264(注释如下)</td></tr>
<tr><td>3</td><td>甫孟大桥 7-10 轴拆迁延误</td><td></td><td></td><td>0</td><td colspan="3">264(其中 88 日历天为可原谅可补偿费用及利润,另外 176 日历天可以是上述三种中的任意一种)</td></tr>
<tr><td>4</td><td>第四个窗口期汇总</td><td>1139</td><td>252</td><td>226</td><td>0</td><td>0</td><td>26</td></tr>
<tr><td>4</td><td>安全检查停工</td><td></td><td></td><td>0</td><td>0</td><td>0</td><td>26</td></tr>
<tr><td>4</td><td>陆现中桥板梁预制延误</td><td></td><td></td><td>211</td><td>0</td><td>0</td><td>0</td></tr>
<tr><td>4</td><td>20 米空心板预制整改</td><td></td><td></td><td>15</td><td>0</td><td>0</td><td>0</td></tr>
<tr><td>5</td><td>第五个窗口期汇总</td><td>1307</td><td>168</td><td>168</td><td>0</td><td>0</td><td>0</td></tr>
<tr><td>5</td><td>机耕天桥(岩康乐天桥)纵坡调整及施工受阻</td><td></td><td></td><td>53</td><td>0</td><td>0</td><td>0</td></tr>
<tr><td>5</td><td>陆现中桥板梁预制延误</td><td></td><td></td><td>53</td><td>0</td><td>0</td><td>0</td></tr>
<tr><td>5</td><td>其他申请人原因</td><td></td><td></td><td>62</td><td>0</td><td>0</td><td>0</td></tr>
<tr><td colspan="2" rowspan="2">汇总</td><td rowspan="2"></td><td rowspan="2"></td><td rowspan="2">440</td><td></td><td></td><td>128</td></tr>
<tr><td colspan="3">176</td></tr>
</table>

162. 在第三个窗口期,根据英国法"阻碍原则",由于存在甫孟大桥 7-10 轴拆迁延误与桩基施工受阻和 7-12 轴桩基延误的同期延误问题,因此在双方当事人延误事件同时存在的 176 日历天内,申请人需证明业主延误导致的费用。而有关费用的争议问题不在本鉴定机构的鉴定范围,因此该 176 日历天在申请人未清晰计算有关费用的情况下,其性质可以归为"可原谅不可补偿""可原谅可补偿费用"或"可原谅可补偿费用及利润"中的任何一种。

5.11.4 小结

163. "阻碍原则"(Prevention Principle)是英国法下处理同期延误的一项基本法理,也是英国工程法学会出版的《工期延误与干扰索赔分析准则》中关于同期延误责任认定的基本准则。本鉴定机构认为,中国作为大陆法系国家,在双方当事人没有就该原则达成一致的情况下不适宜采用“阻碍原则”来处理同期延误。

164. 责任分摊法是对造成同期延误的各方之间按照一定责任分摊比例进行工期延误计算的方法。该方法认为在发生了竞合原因导致的共同延误时,如果两个原因所导致的延误后果或要因效力基本相同,则应由当事人双方之间按照过错责任的程度分摊延误后果。由于这种认定同期延误责任的方法依赖于对延误事实责任程度的解释,分摊比例的划分有可能存在比较大的主观因素。结合本案实际情况,双方当事人提交的鉴定资料难以量化同期延误期间各自延误事件对工期延误的责任比例,因此本鉴定机构在《补充鉴定分析报告》中采用了50/50的比例分配方法。本鉴定机构不建议该方法作为最优选择。

165. 主导因素法是本鉴定机构在原分析报告中推荐和采用的同期延误分析方法。该方法在分析同期延误问题时以两个或多个同期延误事件中占主导和支配地位的延误原因作为决定性因素,并据此认定工期延误责任归属。该方法在国际上许多国家的工期同期延误争议解决中得到了适用。在原《工期鉴定意见书》和《补充鉴定分析报告》中,本鉴定机构曾多次就有关方法和原则作出解释并注明有关资料来源。

166. 因此,针对本案同期延误问题,本鉴定机构推荐使用主导因素法并使用其分析成果作为有关事项的判断依据。

5.12 流线图施工进度分析

167. 鉴定人在本案的法务工期分析中采用基于位置的进度分析方法和支持其方法体系的Vico Office软件作为辅助手段开展分析。

168. 根据本案的施工总进度计划横道图,鉴定人利用Vico Office软件编制完成流线图(Flowline)施工进度计划,如下图26、图27所示。从图中可以看出,本案工程计划进度从中部向标段两端展开且在驮呆中桥至陆现中桥之间缺乏进度计划。此外,下图28为流线图施工进度计划岩康乐大桥节选。

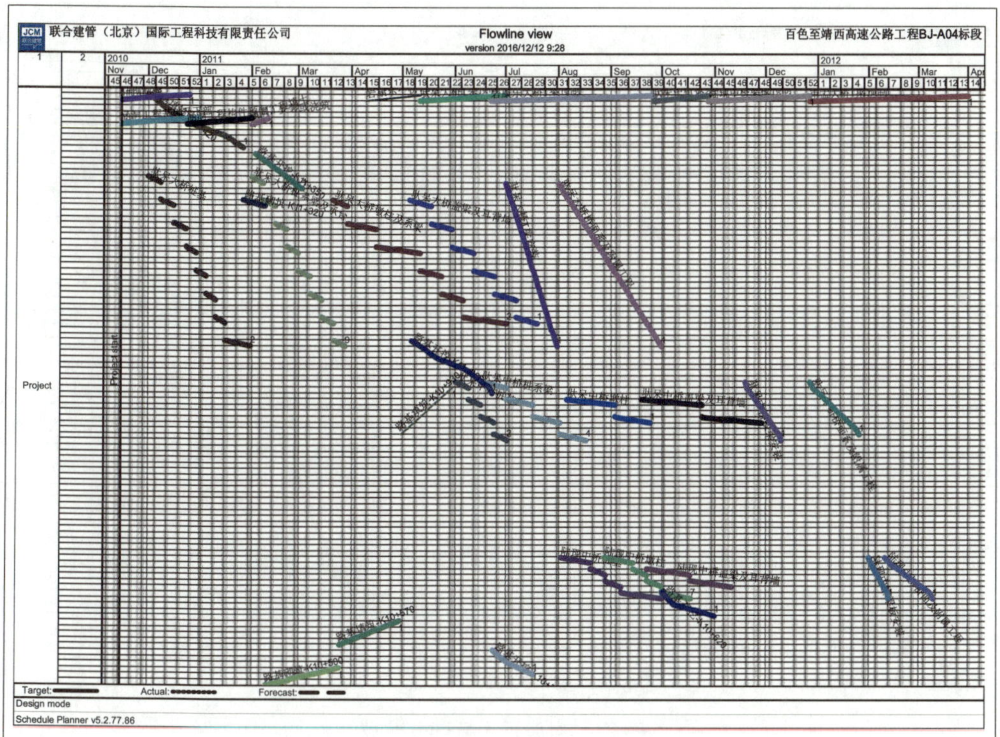

图 26 施工进度流线图 K10 +500 至 K11 +500

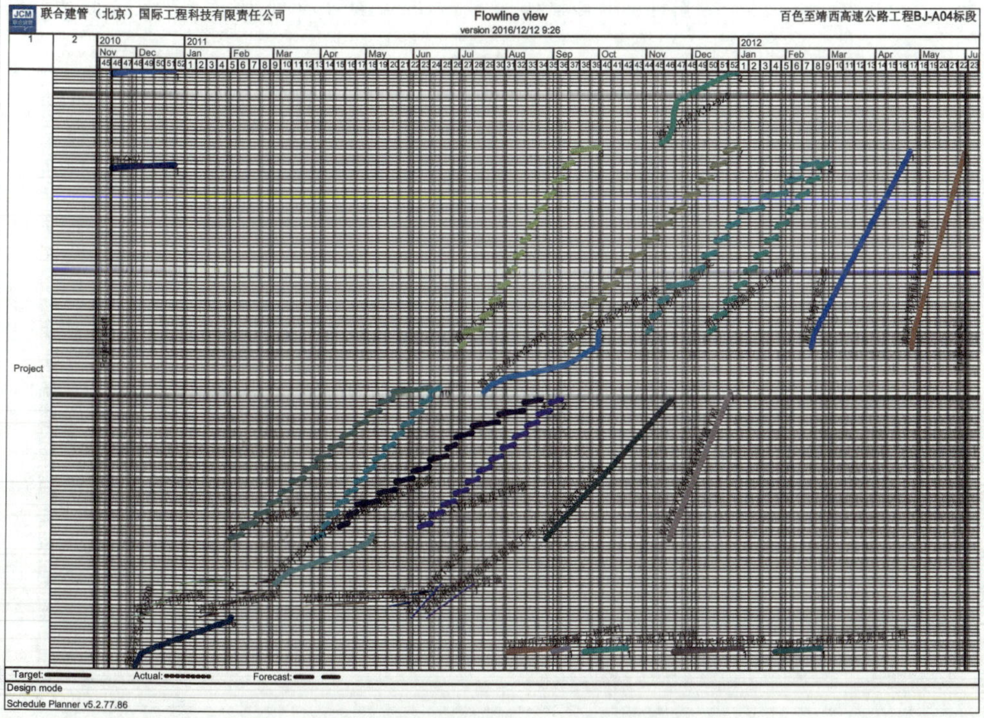

图 27 施工进度流线图 K11 +510 至 K13 +100

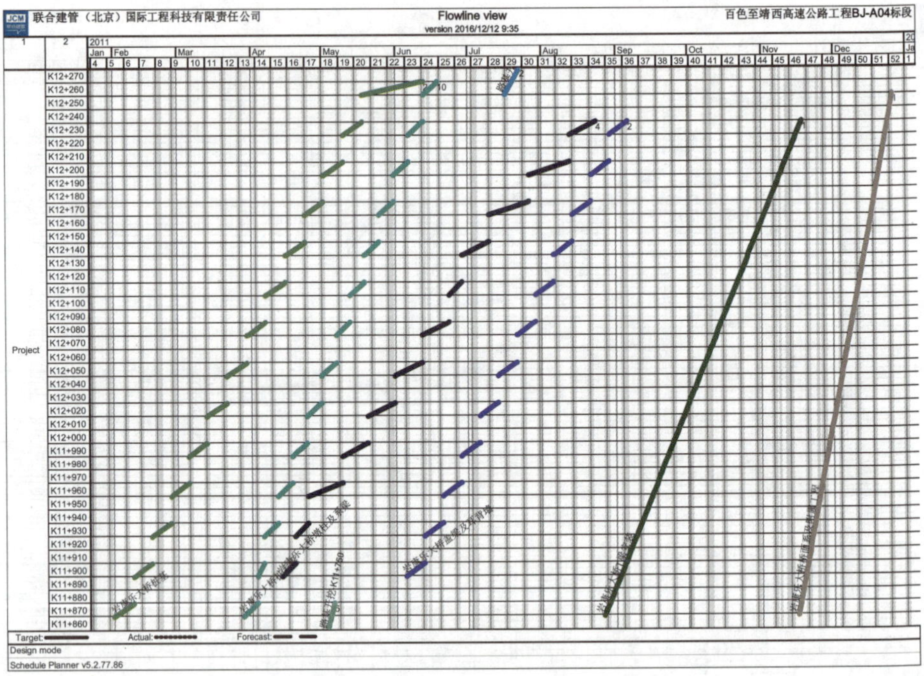

图 28　岩康乐大桥部分节选

169. 此后，鉴定人通过软件将实际施工进度信息与计划进度目标进行对比，形成如下图 29、图 30、图 31 所示的实际与计划对比流线图。图中实斜线为计划值，虚斜线为实际值。

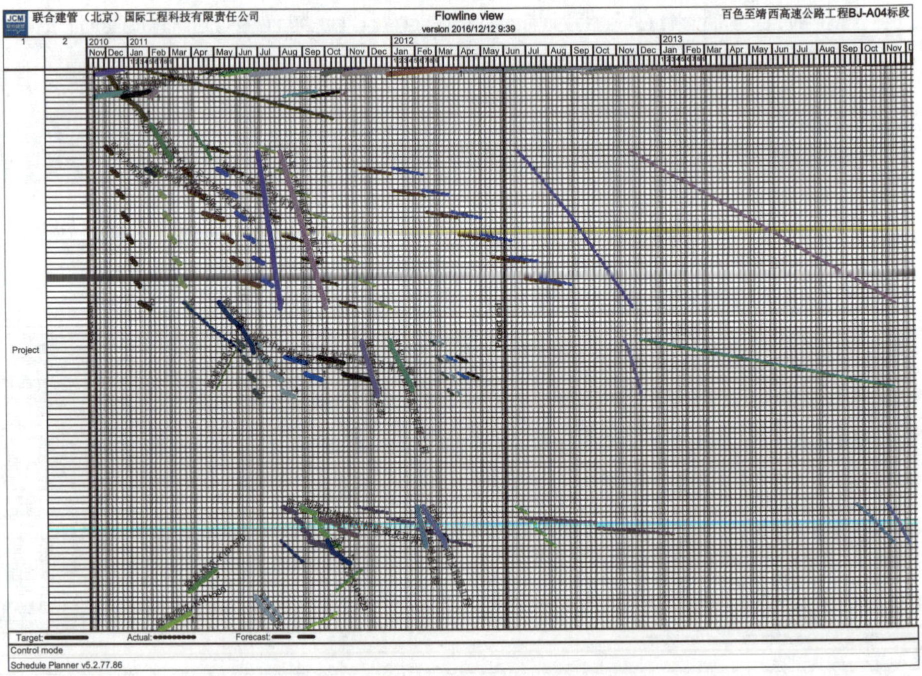

图 29　K10 + 500 至 K11 + 500 流线图进度对比

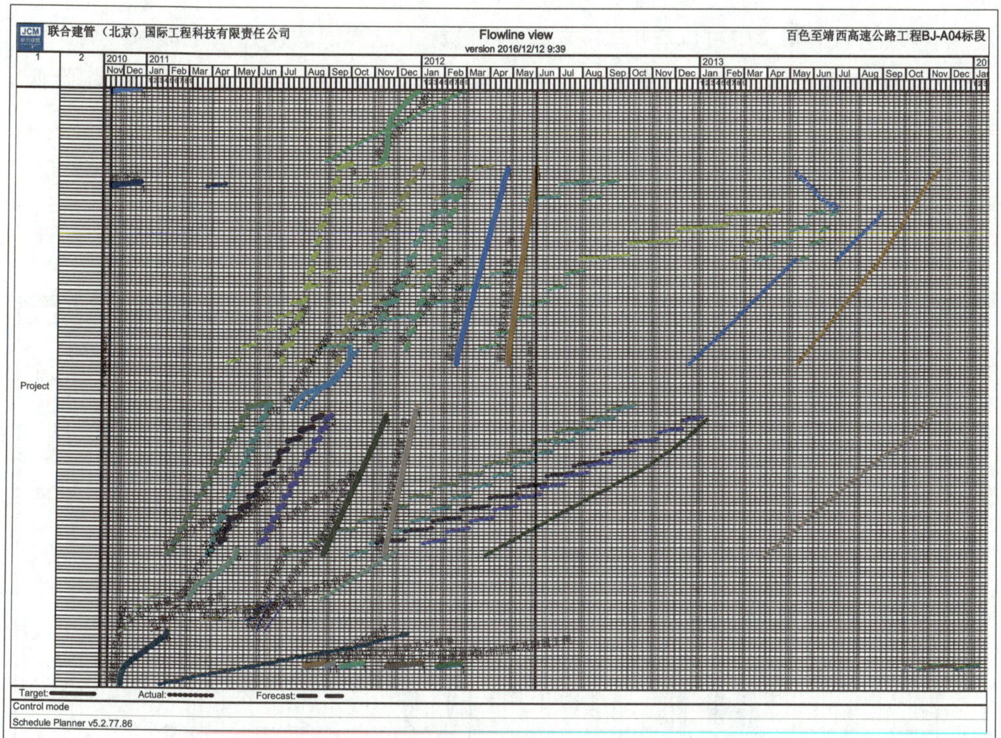

图 30 K11 +510 至 K13 +100 流线图进度对比

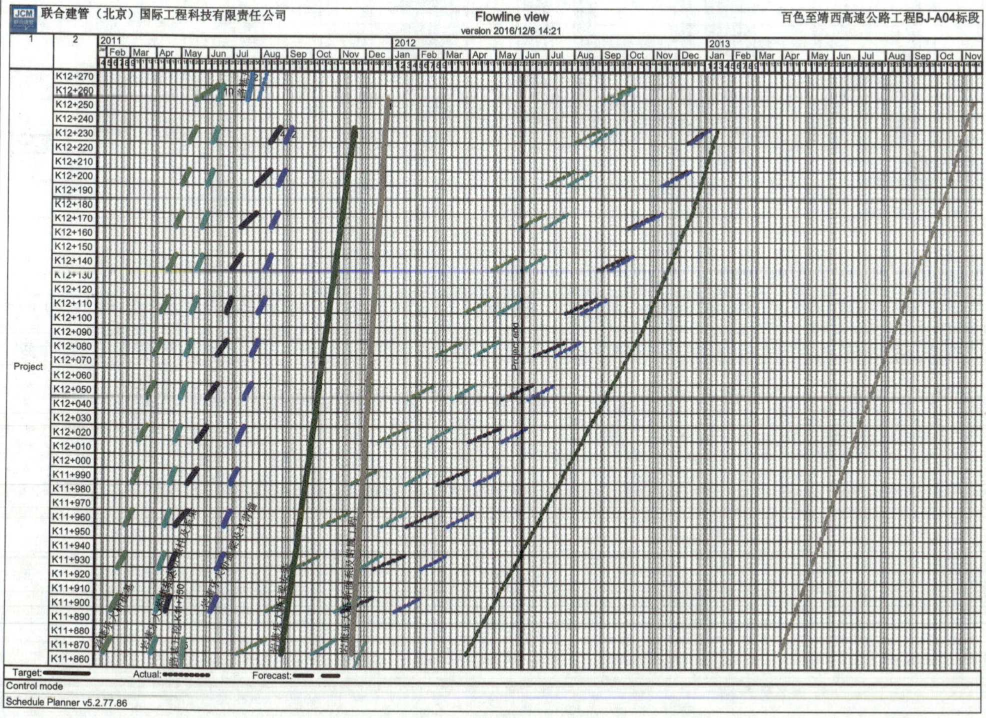

图 31 岩康乐大桥流线图进度对比

第八编 工期鉴定

170. 从以上图示中可以看出,本案工程实际施工过程依然按照由中部向两端发展的逻辑顺序,但是实际施工效率远远低于计划施工生产效率。造成施工生产效率降低的有关原因可以详见本报告第 5.5 节至第 5.9 节。

171. 鉴定人同时将本案工程施工图中写明的工程量与流线图进度计划进行关联,在不考虑节假日等其他施工暂停因素的条件下,本案工程桥梁部分的计划与实际的工程量生产强度柱状图如下图 32、图 33、图 34 和图 35。

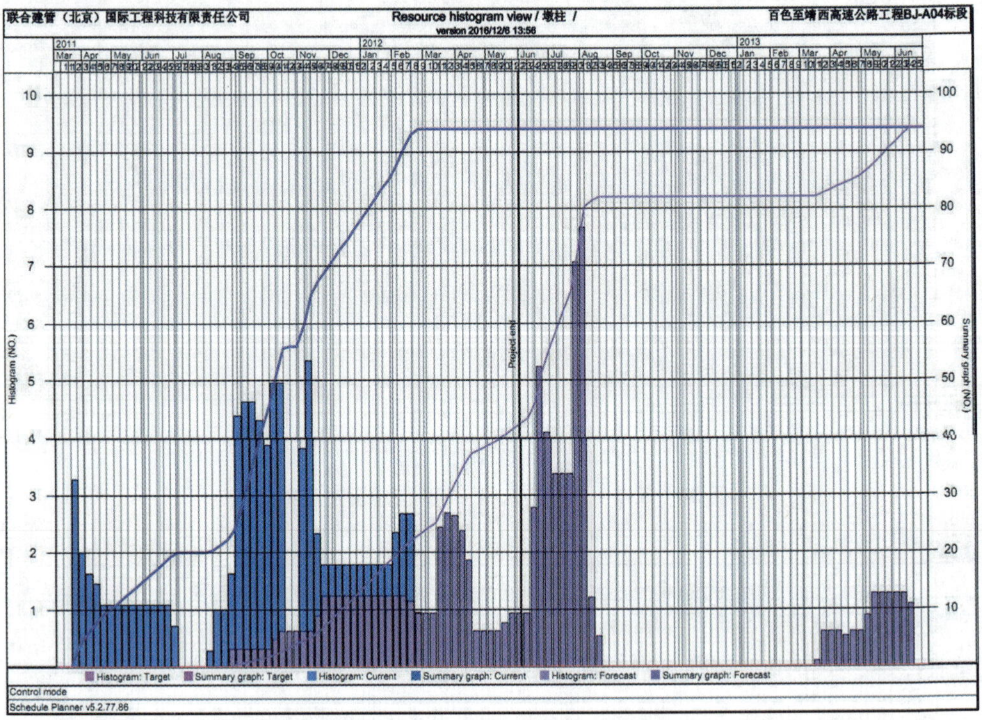

图 32　墩柱计划与实际施工强度对比

172. 在上图 32 中,蓝色柱状图为计划强度值,紫色为实际强度值。通过对比可以发现,墩柱工程受其他因素影响晚于计划日期开始,同时生产强度呈缓慢增长态势,到 2012 年中时达到的峰值虽然超过计划强度的峰值,但是由于其他因素干扰直至 2013 年上半年才将剩余墩柱工程完成。

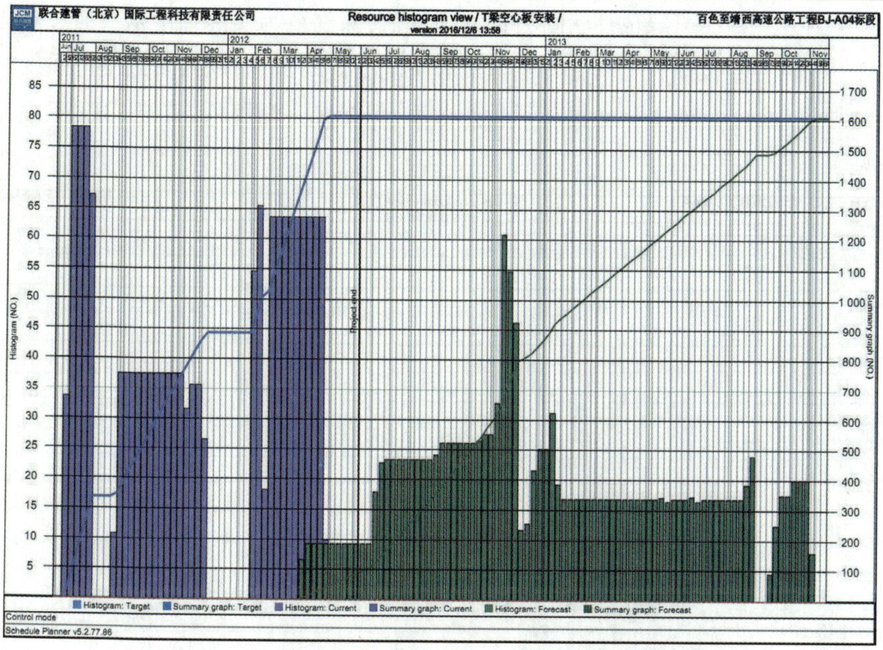

图 33　T 梁/空心板安装计划与实际生产强度对比

173. 在上图 33 中，紫色柱状图为计划强度值，绿色为实际强度值。通过对比可以发现，T 梁/空心板安装工作受其他因素影响晚于计划日期开始，实际生产强度始终小于计划值，虽然在 2012 年底提高了生产效率，但是又迅速降低，直至 2013 年底完成全部施工工作。

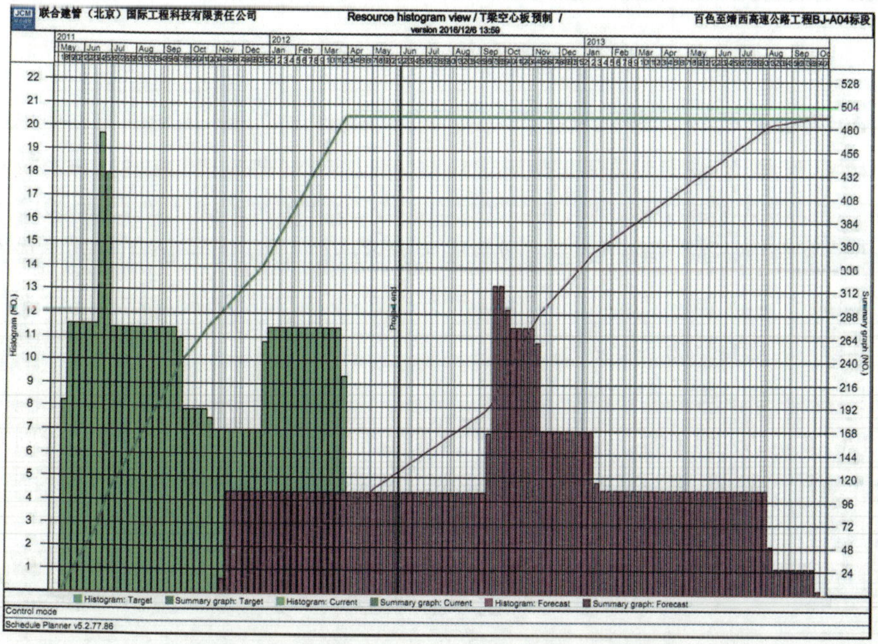

图 34　T 梁/空心板预制计划与实际生产强度对比

第八编　工期鉴定

174. 在上图 34 中，绿色柱状图为计划强度值，深红色为实际强度值。通过对比可以发现，T 梁/空心板预制工作受其他因素影响晚于计划日期开始，实际生产强度始终小于计划值，虽然在 2012 年底提高了生产效率，但是又逐渐降低，直至 2013 年中完成全部施工工作。

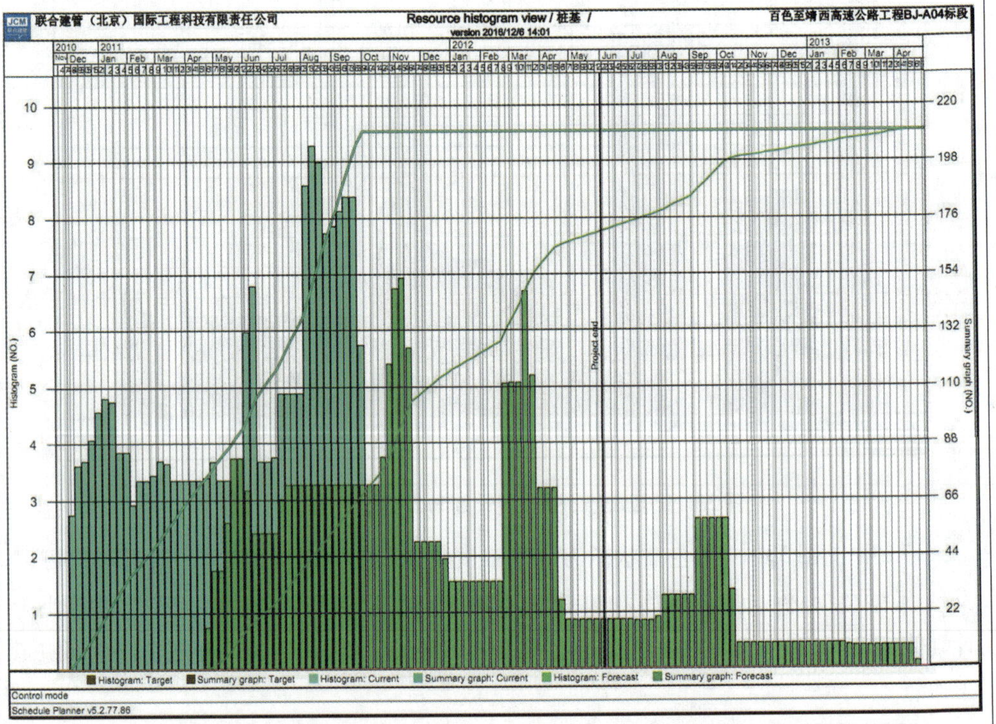

图 35　桩基计划与实际生产强度对比

175. 在上图 35 中，浅绿色柱状图为计划强度值，深绿色为实际强度值。通过对比可以发现，桩基工作受其他因素影响晚于计划日期开始，早期实际生产强度虽然接近计划值，但未能弥补进度上的延误，且在 2011 年底至 2012 年初迅速下降，尽管 2012 年春季重新达到较高的生产强度，但很快又再次下降至较低水平，直至 2013 年春完成全部施工工作。

5.13　其他因素及事件分析

5.13.1　被申请人支付不力

176. 在申请人提出的导致工期拖延的主要事件中包含被申请人支付不力等因素，①而且在项目合同通用条款第 11.3 条“总承包人的工期延误”中包含“未按合同约定及时支付预付款、进度款”的有关约定。

177. 首先，申请人所提供的材料未能证明申请人的支付款行为符合第 11.3 条的约

① 详见附件 38：工期拖延事件及原因，第 10～11 页。

定，即“未按合同约定及时支付预付款、进度款”，并且对“工程施工进度网络计划的关键线路”造成了影响。

178. 其次，根据被申请人提交的付款台账，考虑到被申请人代付材料款的因素，整个项目的现金流状态是被申请人一直处于超付状态。

179. 基于以上原因，鉴定人在本报告中未对被申请人支付款项行为对项目工期造成的影响进行法务工期分析。

5.13.2 不利降水

180. 在申请人提出的导致工期拖延的主要事件中还包含不利降水的干扰因素。① 虽然本案工程合同未对不利降水的程度和范围进行明确定义，但是就其计算方式给出了定义。②

181. 关于该问题，仲裁庭建议按照本案项目所在地的唯一气象数据来源进行计算，并由仲裁庭直接委托当地有关气象部门提供相关气象数据。

182. 本鉴定机构按照仲裁庭提供的来源于Z市气象科技服务中心的有关数据重新按照合同约定的计算方式进行计算后，应抵扣天数为0，详见表20：

表20 依照仲裁庭提供资料

（日历天）	2010年	2011年	2012年	2013年	2014年	汇总
历史统计天数	3.8	108	121	125	59.4	417.2
历史平均天数	3.9	117.4	117	117.5	63.8	419.6
应抵扣天数	-0.1	-9.4	4	7.5	-4.4	0(-2.4)

183. 上述表格中2010年是以2010年12月20日合同开工日至2010年12月31日为计算周期（12日历天），2014年是以2014年1月1日至7月18日为计算周期（199日历天），按照公式：降雨天数 = 计算周期 * 历史全年降雨天数/全年日历日，得到相应周期内的降雨天数从而进行进一步计算。

184. 虽然本案双方当事人均对仲裁庭提供的该气象数据资料提出了异议，并提交了相应资料，但是本鉴定机构认为该文件系由仲裁庭根据本案需要直接委托当地气象部门提供的证明资料，因此采信其中的有关数据重新计算得出上述结果。

① 详见附件38：工期拖延事件及原因，第11页。

② 详见附件3：项目合同协议书及合同条款，第11.4条：“上述不利降水的衡量标准如下：a. 按本省气象部门统计的降水资料，取得近二十年的平均降水天数为标准。b. 按实际统计的年降水天数与a所指的年降水天数之差，每年计算一次；监理工程师将根据承包人的申请予以评定，监理工程师评定恶劣气候对工程的影响还将考虑用施工期限内其他月份的异常良好的气候的时间予以补偿。异常气候在每一个月对工程进度影响的评定应在整个合同期内予以累计。”

5.13.3 甲供材料

185. 甲供材料也是申请人提出的导致工期延误的主要事件之一。① 本案工程合同中有多个条款就材料供应与工期相关的责任进行了描述和约定,其中约定由供应商承担工期责任的相关条款有第 5.2.6 款和第 13.6.2 款,而且合同第 5.2.1 款定义“供应商”为“总承包人选定的供应商”。

186. 但是,在项目实际实施过程中,本案工程的材料采购供应合同是由申请人与供应商直接签订的。② 因此,被申请人辩称本案事实上没有甲供材料。③

187. 即使按照本案工程项目的合同约定将这部分材料供应责任归为被申请人责任,并且申请人在其提交的资料中也声明了总包部物资供应延误天数统计结果,④但是在鉴定人收到的资料中仍然缺乏充足的证据证明涉及该事项的材料供应的申请、批复、供货、到货以及对项目关键线路直接影响的完整信息。

188. 因此,鉴定人无法就该事项进行分析,进而判断其对竣工日期的影响程度。

5.13.4 图纸重大变化

189. 关于申请人反复提及的设计图纸重大变化引起的施工难度提升问题,本鉴定机构邀请路桥领域专家对该问题进行了分析。根据专家的专业分析意见,本项目实施过程中虽然发生设计图纸的较大变化,但该变化未能引起施工难度的突变及提升,因此不能认定该问题对项目工期产生了影响。

190. 因此,本鉴定机构认为设计图纸重大变化未对施工难度造成本质影响,无需就该问题进行法务工期分析。

191. 路桥领域专家分析内容详见如下:

1. 路基土石方工程

全路段共计 7 段挖方路段,及 1 处改路挖方段,共计挖方量 53.34 万方;填方路段 1 处(K11 +360 ~ K11 +520),填方量 16.01 万方;弃方 37.33 万方。

设计纵断线提升较原设计方案减少了挖方、增加了填方、减少了弃方。总体分析,未现产生施工难度增加的因素。

2. 排水防护工程

排水防护工程数量随设计纵断线提升会有相应调整,防护工程施工难度则随着挖方数量的减少而降低。

3. 桥梁工程

桥梁及涵洞工程(大桥 3 座,中桥 3 座,车行天桥 1 座,盖板涵 1 座)。上部结构分

① 详见附件 38:工期拖延事件及原因,第 11 页。

② 详见附件 43:材料供应合同。

③ 详见附件 34:工期鉴定会议纪要。

④ 详见附件 38:工期拖延事件及原因,附表 2。

别为：陆现中桥20m预应力空心板梁(60片)，驮呆中桥、岩康乐中桥、岩康乐大桥30m预应力T梁(216片)、驮呆大桥、甫孟大桥40m预应力混凝土T梁(234片)，现场设预制场1座(K11+550处的路基挖方段)，上部结构采用工地预制，龙门架或架桥机架设，桥面整体浇筑张拉，完成体系转换；下部结构为柱式墩(119根)、高空心薄壁墩(12根，采用翻模施工，工作平台上置，模板及平台以塔吊提升安装)、钻(挖)孔灌注桩基础(264根)、承台(24座)，盖梁(含耳墙式桥台)87片。车行天桥采用一联(2×25米)预应力混凝土连续箱梁，支架现浇；桥台、桥墩均采用钻孔桩基础。

本工程七座桥梁与七段路基工程间隔交替，现场地形较复杂，交通不便，供电困难，给工程质量和施工进度带来了不可预测的影响。仅就设计纵断线提升单一因素对施工难度造成的影响，分析认为：

①所有桥梁的上部T梁及空心板制作及架设的施工难度，不受设计纵断线变化影响；

②桩基础和桥台现场施工，难度不受设计纵断线变化影响；

③设计纵断线变化影响到墩柱高度和系梁个数的增加，对工期的影响是属于原设计计划生产率基础上的线性提高，不属于施工难度增加的范畴；

④较原设计方案，如若增加了高空心薄壁墩的个数，其与圆形墩柱不同的施工方法和机具，会引发墩柱的计划生产率非线性变化，应属于施工难度增加的范畴。

据核查，设计图纸显示墩高大于40米时采用空心高墩，招标文件中驮呆大桥2#和3#墩为矩形高空心薄壁墩(共4根，墩高37.101～41.544米)，甫孟大桥4#、5#、6#、7#墩为矩形高空心薄壁墩(共8根，墩高37.149～50.015米)，施工图文件中高空心薄壁墩仍为12根，并未增加个数，仅仅是在原有12个高空心薄壁墩高度上的变化，并没有改变其原有的计划生产率，翻膜施工法可以完成百米以上的高墩。因此，设计高程增加4～6米，对高空心薄壁墩的施工难度也未发生质的变化。

⑤K11+573.200岩康乐车行天桥位于K11+740～K11+900的挖方路段，设计标高提升，没有产生天桥的施工难度增加的因素。

4.路面、及其他工程附属设施

路面工程及其他工程附属设施的施工难度不随设计纵断线的提升而增加。

《关于 S 省某高速公路土建工程施工 IV 标段工程工期鉴定意见书》附件

附件 1:关于(2017)京仲案字第 X 号仲裁案委托鉴定函

(略)

附件 2:鉴定机构及鉴定人简介

(略)

附件 3:项目合同协议书及合同条款

(略,需引用的条款已在鉴定意见书正文及脚注中列明)

附件 4:S 省某高速公路两阶段施工图移交资料清单(节选)

[redacted]高速公路两阶段施工图移交资料清单

标段	资料名称	份数	签收人	备注
2标	第二册	2	[redacted]	2011.1.20
3标	第二册	2	[redacted]	2011.01.20
4标	第二册	2	[redacted]	2011.1.20
5标	第二册	2	[redacted]	2011.1.20
6标	第二册	2	[redacted]	2011.1.20
8标	第二册	2	[redacted]	2011.1.21
9标	第二册	2	[redacted]	2011.1.20
11标	第三册、第五册	2	[redacted]	2011.1.20
12标	第五册	2	[redacted]	2011.1.20.
	[redacted]天桥上部构造	2	[redacted]	

2011-1-19

附件 5：关于上报项目经理部标准化建设验收申请的报告（节选）

[redacted]高速公路 　　SJ26

工 程 联 系 单

承包单位：[redacted]有限公司　　　　合同号：BJ-A04

监理单位：[redacted]咨询有限公司　　　　编　号：

约定单位	[redacted]设有限公司[redacted]公路 BJ-04 标项目经理部	被约单位	[redacted]高速公路第一驻地办
路线名称	[redacted]高速公路	工程项目	[redacted]公路
桩　号	K10+500～K13+100	日　期	2011 年 3 月 5 日

关于上报项目经理部标准化建设验收申请的报告

百靖高速公路第一驻地办公室：

BJ-A04 标段项目经理部标准化建设验收申请的报告

[redacted]04 标项目经理部

项目经理部

签　发	[redacted]	递交日期	2011 年 3 月 5 日
收件人		处理日期	2011 年 3 月 12 日

总包单位意见：

满足标准化建设标准要求

[redacted] 2011.3.7

驻地办意见：

同意报请总监办及项目公司验收。

[redacted]

总监办意见：

经现场检查，同意验收。

[redacted] 2011.3.25

业主意见：

注：此表一般上报驻地办，如有需要时再上报总监办和项目公司。

附件6:每月施工进度计划(节选封面及目录)

[redacted]高速公路工程第四标段

2011年10月份施工进度计划

编制:[redacted]2011年9月20日

审核:[redacted]2011年9月22日

审批:[redacted]2011年9月22日

[redacted]建设有限公司

[redacted]路J-4标

2011年9月20日

目 录

附件 7：K10 +720 – K10 +920 段边坡防护存在问题报告（节选）

K10+760～K10+920 段右侧边坡塌方照片 1

K10+760～K10+920 段右侧边坡塌方照片 2

附件8：填土路基检验申请批复单(节选)

[redacted]高速公路　　SJ05

检 验 申 请 批 复 单

承包单位：[redacted]有限公司　　合同号：BJ-A04

监理单位：[redacted]咨询有限公司　　编　号：

工程项目	[redacted]路.	
工程地点及桩号	填方路基.	
具体部位	填方路基第122层（K11+400-K11+525）94区顶.	
检验内容	压实度、纵断高程、中线偏位、宽度、平整度、横坡、边坡.	
要求到现场检验时间：	2011.10.14	
承包人递交日期、时间和签字：	2011.10.14.	[redacted]
监理员收件日期、时间和签字：	2011.10.14	

监理员评论和签字（包括工程执行情况和环保执行情况）：

符合规范要求.

[redacted]

质量证明文件的代码：

JTJ ZJ204. CS102. CS103 CS101.

[✓] 本项目（或工序）、环保措施合乎要求，可以继续进行下一步工作。

[ ] 本项目（或工序）、环保措施不合乎要求，对此另下指令。

其他：

专业监理工程师 [redacted] 2011.10.14

承包人（签收）：[redacted]

附件9：关于要求对路基填筑施工进行整顿的通知（节选）

[redacted]高速公路

监 理 通 用 函

承包单位：[redacted]有限公司　　合同号：№ I

监理单位：[redacted]询有限公司　　编　号：JIZL0074

关于要求对路基填筑施工进行整顿的通知

致 №BJ-A04 标项目经理部：

9 月 15 日我办在巡查过程中发现：你部 K11+360～+520 段路基第 118 层未经自检和报监理验收就擅自填筑第 119 层，严重违反监理程序。

你部该段路基填筑在此前亦发生过类似问题，为严肃监理程序，确保路基施工质量，我办要求：

一、暂停 K11+360～+520 段路基的施工。

二、项目部必须对路基施工队进行整顿，重新做好技术交底工作。

三、暂停上第 119 层的土，立即对第 118 层进行自检，并报监理验收。

四、对分管路基的副经理[redacted]、施工员[redacted]进行通报批评，并要求项目部对其进行处罚。

上述整改要求于 2011 年 9 月 16 日完成，并将整改结果（附相片）上报驻地办，经驻地办监理工程师复查合格后才能继续该段路基的施工。望项目经理部提高质量意识，加强管理，杜绝类似事情的发生。

附件：[redacted]

签发人：[redacted]　　2011年 9月 15日 16时签发

附件10：关于要求对路基施工进行整改的通知（节选）

[redacted]高速公路

监 理 工 作 指 令

承包单位：[redacted]有限公司　　合同号：№ I

监理单位：[redacted]咨询有限公司　　编　号：JIZL0007

关于要求对路基施工进行整改的通知

致 BJ-A04 项目经理部：

2011 年 4 月 8 日检查组对你标段 K11+440～+475 段路基填筑进行检查时，发现以下问题：

一、该段路基填筑的第 23 层未向监理报检就擅自填筑第 24 层，违反监理程序。

二、该段路基填方的第 22 层层厚为 38cm，超出规范允许范围。

针对以上问题，我办要求你部作以下整改：

一、将该段路基的第 24 层填土做挖除处理，并将处理过程拍照存档。

二、对于该段路基填方第 22 层的超厚问题，要求作返工处理，并将返工过程拍照存档。

以上整改须在 4 月 11 日前完成，并书面上报我办（附整改相片）

请于 2011 年 04 月 11 日前回复

抄报：[redacted]高速公路有限公司、总监办

抄送：总承包部

监理工程师（签名）：	[redacted]	2011 年 4 月 9 日 10 时签发
承　包　人（签名）：		2011 年 04 月 09 日　时签收

附件 11:工程变更意向现场签认单(节选)

工程变更意向现场签认单

承包单位:[redacted]有限公司　　合同段:BJ-A04

监理单位:[redacted]咨询有限公司　　编　号:BG01-04-001

变更工程桩号及位置:

K11+705 [redacted]桥

设计方案简述:

原设计 K11+705[redacted]桥为 3×30m 装配式预应力砼 T 梁桥,拟申请变更为路基填筑,同时,为满足行洪要求,需增加 4×4.5m 涵洞一道。

变更理由及说明:

1、经现场调查,[redacted]桥桥址为一“V”型沟,现状有一条小溪,桥址上游汇水面积约 0.5km²,经水文计算,一孔 4×4.5m 涵洞可满足行洪要求。

2、[redacted]桥前后各约为 300m、120m 挖方路基,需征用大量耕地、山坡作为弃土场,经现场调查及多方协商,地方政府及村民均不同意弃土场征地方案。

3、[redacted]桥改为路基填筑,一则可消化前后路段弃方,二则从 K11+360 到 K11+870 约 510m 均为路基,可作为本标段桥梁预制场地,三则保证路基施工连续性,便于施工管理。

因此,[redacted]桥申请变更为路基填筑,同时需增加 4×4.5m 涵洞一道。

变更数量及金额估算:

会签栏

承包人:[redacted]

驻地办:[redacted]

总监办:[redacted] 3.5

设计代[redacted]

业主代[redacted]

日期:2011 年 3 月 5 日

附件 12：K11 +650 – K11 +750 淤泥换填(节选)

清除原施工便道回填材料

清理淤泥情况

附件 13：C 工程勘察设计院设计更改通知单（节选）

变更通知单

承包单位：[redacted]有限公司　　　　合同段：

监理单位：[redacted]管理有限公司　　　　编　号：JZHT0260

支付编号	细目名称	计量单位	单价（元）	变更批复数量	变更金额（元）
变更工程桩号及位置： BJ-A04 标部分路段调整竖曲线					
变更理由及详细说明： BJ-A04 标部分路段根据现场实际情况调整竖曲线，详见附件。 附件：[redacted]设计院设计更改通知单（DL-120）。					
合　　计					
总监办	监理处签字：[redacted]　日期：2013.3.30				
	计量室签字：[redacted]　日期：2013.3.30				
	总监理工程师签字：[redacted]　日期：2013.3.30				

附件 14：关于对路基填筑施工进行整改的通知（节选）

[redacted]高速公路

监 理 通 用 函

承包单位：[redacted]建设有限公司　　　　合同号：№Ⅰ

监理单位：[redacted]监理咨询有限公司　　　　编　号：JⅠZL0047

关于对路基填筑施工进行整改的通知

致 BJ-A04 标项目经理部：

2011 年 7 月 22 日我办在巡视时发现你标 K11+680～K11+720 段路基施工存在以下问题：

一、路基填筑第 79 层未报监理检验就擅自进行填筑。

二、现场无施工人员，且未有自检资料。

针对以上问题，我办要求你部作以下整改：

一、将第 80 层的填土清除，对第 79 层填土重新碾压，并报我办验收。

二、要求增加施工人员，保证每个施工作业面均有施工员。

三、要求增加资料人员，及时收集整理自检资料，在报验时同时必须提交自检资料供我办监理工程师核查，否则我办将拒绝验收。

以上整改须在 7 月 24 日前完成，并书面上报我办

请于 2011 年 07 月 24 日前回复

抄报：[redacted]高速公路有限公司、总监办

抄送：总[redacted]

签发人：[redacted]　　　　2011 年 7 月 22 日 16 时签发

附件15：K11 +760 – K11 +870 右侧边坡塌方报告（节选）

K11+760～K11+870 右侧第一级边坡塌方

附件16：水泥混凝土抗压强度试验记录表（节选）

水泥混凝土抗压强度试验记录表（立方体抗压）

试验室名称：[redacted] 记录编号：JL-A04TKY3867

工程部位\用途	K10+686陆[redacted]	委托单编号	A04TKY3867
试验依据	JTG E30-20[redacted]	样品编号	YP-A04TKY-3867
试验条件	室内[redacted]	试验日期	2013-10-7
样品描述	无蜂窝、无[redacted]		
主要仪器设备及编号	Ⅱ023电液式压力试验机		

混凝土种类	普通混凝土					养护条件		同条件养护	
试件编号	成型日期	强度等级(MPa)	试验日期	龄期(d)	试件尺寸(mm)	极限荷载(kN)	抗压强度测值(MPa)	抗压强度测定值(MPa)	换算成标准试件抗压强度值(MPa)
1	2013-9-30	50	2013-10-7	7	150×150×150	1092.4	48.6	48.9	48.9
						1117.9	49.7		
						1088.4	48.4		

附件17：红线内房屋拆迁的报告及W县征地拆迁推进表（节选）

红线内房屋拆迁的报告

（[redacted]7-10轴）

致：[redacted]公路工程总包部

我标段在总包部生产进度评比会、驻地办生产例会及拆迁推进表等多次提出[redacted]人桥7 10轴红线内房屋拆迁问题，并于2011年6月3日为特为此事以报告的形式向总包部领导汇报。因为此段红线内房屋拆迁的迟缓将影响整体施工进度。

受红线内房屋拆迁影响，我标段不能施工的部位如下：

桩基:24棵；承台:4座；桩系梁:4道；薄壁空心墩:4座(187m)；墩柱:8棵(306m)；墩系梁：8道；盖梁：8座；T梁安装：84片；桥

附件18:大桥桩基爆破受限制约施工的相关报告(节选未拆除房屋与大桥位置照片)

附件 19：中间交工证书（节选）

[redacted]高速公路　　SJ14

中 间 交 工 证 书

承包单位：[redacted]建设有限公司　　合同号：BJ-A04

监理单位：[redacted]监理咨询有限公司　　编　号：

下列工程已完，申请交验，以便进行下一步　　作业。

工程内容：

K1+2[redacted]桥第13孔右幅T梁安装，检验合格。

承包人（签名）：[redacted] 2012.10.20

监理收件日期：2012.10.20　　签名：[redacted]

结　论：

同意中间交工。

专业监理工程师或监理组长（签名）：[redacted] 2012.10.20

承包人收件日期：2012.10.20　　签名：[redacted]

注：①工程内容应包括环保执行情况；

②专业监理工程师结论中应将环保作为评论条件之一。

附件20:1－12标桥涵路基问题会议讨论及现场勘查纪要(节选)

[redacted]公　路　项　目

1～12标桥涵路基问题会议讨论及现场勘查纪要

时　间：	2012-03-20、21、22（星期二、三、四）
地　点：	[redacted]工程总承包部招待室、各标现场
主　持：	
出　席：	[redacted]
记　录：	[redacted]
修　改：	
发　送：	

针对1～12标路基、桥涵存在问题，现场勘查及会议讨论解决方案。

4标

1、K11+460涵洞左侧出口按照设计图纸施作纵向长13.8m、横向宽3m浆砌片石护坡，防止冲刷；补征外侧因排水冲刷、淤填农田。

2、桥梁伸缩缝尺寸与通用图不一致的，以通用图35cm为准。

3、预制T梁30m跨预留张拉槽按照Q01-04-13图纸为准，波纹管露空，用于以后张拉。

4、K11+683涵洞路基右侧流水上游取消浆砌片石砌筑。

附件21：与施工整改相关的监理工作指令和监理通用函（节选）

[redacted]高速公路 **SJ06-1**

工 作 指 令 回 复 单

承包单位：[redacted]建设有限公司　　　　合同号：BJ-A04

监理单位：[redacted]监理咨询有限公司　　　　编　号：

关于预制梁钢筋施工整改的报告

致（监理工程师）[redacted]：

我项目经理部根据贵办下发监理工作指令JIZL0034号文件要求，对我标段预制梁场钢筋施工进行整改，现已根据要求整改完毕，请相关领导审核批复为感！

附件：1、关于预制梁钢筋施工整改的报告

2、相关整改照片

[redacted]

承包人申报时间：	2011 年 11 月 30 日	承　包　人：	[redacted]
监理工程师收件日期：	2011 年 12月 6 日	收件人签名：	[redacted]

监理工程师复查意见

经复核，已按要求整改。

监理工程师（签名）：[redacted]　　　　复查时间：2011　年　12月 6　日

备注：

附件 22：与某天桥相关文件（节选）

工程变更意向现场签认单

承包单位：[redacted]技术有限公司　　　　合同段：BJ-A04

监理单位：[redacted]监理咨询有限公司　　　　编　号：B601-04-025

变更工程桩号及位置： K11+573 机耕天桥	
原设计方案简述： 原设计接天桥左侧改路为 NK0+000~NK0+128.174	
变更理由及说明： 原设计接天桥左侧改路为 NK0+000~NK0+128.174，与原有道路顺接坡度太陡，无法保证村民正常出行，经各方现场踏勘确定方案：将改路终点迂回绕行延长、使纵坡变小，在高速公路红线外征地，恢复原有地方道路。	
变更数量及金额估算：	
会签栏	施工单位：[redacted] 总承包部： 驻地办： 总监办： 设计代表： 业主代表：

日期：201[illegible]年3月21日

附件23：工程暂时停工指令及复工指令（节选）

[redacted]高速公路

复 工 指 令 SJ18

承包单位：[redacted]有限公司　　合同号：总承包部

监理单位：[redacted]管理有限公司　　编　号：JZAQ0012

致（承包人）[redacted]公路总承包部：

今已收到[redacted]公路总承包部复工申请单，鉴于JZAQ0012号工程暂时停工指令所述的工程暂停的因素已经消除，请你于2012年11月20日16:30时[redacted]路基恢复施工。

附件24：K10+560－K10+620段右幅路改桥（节选）

变更通知单

承包单位：[redacted]有限公司　　合同段：

监理单位：[redacted]管理有限公司　　编　号：JZHT0284

变更工程桩号及位置：

BJ-A04标K10+560-K10+650段右幅路基

变更理由及详细说明：

BJ-A04标K10+560-K10+650段右幅路基改为3*20m空心板桥。详见附件。

附件：[redacted]设计更改通知单（QH-55）。

支付编号	细目名称	计量单位	单价（元）	变更批复数量	变更金额（元）
合　计					

总监办	监理处签字：[redacted] 日期：2013.7.9
	计量室签字：[redacted] 日期：2013.7.9
	总监理工程师签字：[redacted] 日期：2013.7.9

附件 25：项目监理巡视记录（节选）

巡 视 记 录

工程名称：[redacted][illegible]

施工单位	[redacted]	合同号	[illegible]
巡视监理	[redacted]	日 期	[illegible]
起始时间	[illegible]	终止时间	[illegible]
审 核 人	[redacted]	日 期	
天 气	[illegible]		
巡视范围、主要部位、工序	[illegible]		

附件 26：三方施工协议书（节选）

施 工 协 议 书

甲方：[redacted]高速公路BJ-A04 标段项目经理部

乙方：[redacted]高速公路BJ-A05 标项目经理部

丙方：[redacted]技术有限公司

甲方承建了丙方[redacted]公路 BJ-A04 标段工程。为加快施工进度，经丙方协调并由乙方同意，甲方承担施工的 K12+900-K13+100 终点段路基工程的剩余工程量交由乙方组织施工，以便更有利于施工组织。为此，甲、乙、丙三方根据《中华人民共和国合同法》、《中华人民共和国建筑法》及其他有关法律、行政法规，遵循平等、自愿、公平和诚实信用的原则，就本建设工程施工事项协商一致，订立本协议。

附件27:S省某高速公路工程交接单(节选)

[redacted]公路交工申请表

施工单位：[redacted]建设有限公司　　　　合同号：BJ-A04

监理单位：[redacted]咨询有限公司　　　　编　号：

拟交工工程名称	[redacted]公路4标路基工程		
交工范围（起止里程）	K11+368.8-K11+660主线左右幅	交工时间	2014.7.18
承包人自检情况简述	拟交工项目 我标段K11+368.8-K11+660段主线左右幅路基96区已完工。经自检高程、宽度、平整度、弯沉、压实度、边坡、排水设施均合格。现申请交工检验。 承包人签字：[redacted] 2014年7月18日		
总承包部意见： 具备交验条件 签字：[redacted] 2014年7月18日			
驻地办意见：同意交验。 签字：[redacted] 2014年7月18日			

附件 28：AACE recommended practice forensic schedule impact analysis－29r－03［2011］（文献封面展示）

aace International

AACE® International Recommended Practice No. 29R-03

FORENSIC SCHEDULE ANALYSIS

TCM Framework: 6.4 – Forensic Performance Assessment

Acknowledgments: (April 25, 2011 Revision)
Kenji P. Hoshino, CFCC PSP (Author)
John C. Livengood, CFCC PSP (Author)
Christopher W. Carson, PSP (Author)
Andrew Avalon, PE PSP
Michael S. Dennis, CCC
Rob Hartley, PSP
Richard J. Long, PE
J. Scott Lowe, PE
Robert B. McCullough, PE CCE CFCC
Donald F. McDonald, Jr., PE CCE PSP
Mark F. Nagata, PSP
Jeffery L. Ottesen, PE CFCC PSP
Thomas F. Peters, PE CFCC
Dr. Fredric L. Plotnick, PE
Dr. Anamaria I. Popescu, PE PSP
Mark C. Sanders, PE CCE PSP
L. Lee Schumacher, PE PSP
Michael D. Tarullo
Jeffrey M. Wentz
Ronald M. Winter, PSP
J. Kimon Yiasemides, PSP
James G. Zack, Jr., CFCC

Acknowledgments: (June 23, 2009 Revision)
Kenji P. Hoshino, CFCC PSP (Author)
Andrew Avalon, PE PSP
Christopher W. Carson, PSP
Michael S. Dennis, CCC
Sidney J. Hymes, CFCC
John C. Livengood, CFCC PSP
Richard J. Long
Mark F. Nagata, PSP
Jeffery L. Ottesen, PE CFCC PSP
Thomas F. Peters, PE CFCC
Dr. Anamaria I. Popescu, PE
Jose F. Ramirez, CCE
Mark C. Sanders, PE CCE PSP
L. Lee Schumacher, PSP
Stephen P. Warhoe, PE CCE CFCC
Ronald M. Winter, PSP
James G. Zack, Jr. CFCC

Acknowledgments: (June 25, 2007 Revision)
Kenji P. Hoshino, CFCC PSP (Author)
Robert B. Brown, PE
John J. Ciccarelli, PE CCE PSP
Gordon R. Costa, CFCC PSP
Michael S. Dennis, CCC
Edward E. Douglas, III CCC PSP
Philip J. Farrocco, PE
Sidney J. Hymes, CFCC
John C. Livengood, CFCC PSP
Mark F. Nagata, PSP
Jeffery L. Ottesen, PE CFCC PSP
Thomas F. Peters, PE CFCC
Keith Pickavance
Dr. Anamaria I. Popescu, PE
Jose F. Ramirez, CCE
Mark C. Sanders, PE CCE PSP
Takuzo Sato
L. Lee Schumacher, PSP
Robert Seals, PSP
Ronald M. Winter, PSP
James G. Zack, Jr. CFCC

 AACE® International Recommended Practices

附件 29：工期延误与干扰索赔分析准则（略）

附件 30：Construction Delays（文献封面展示）

附件 31:**Location - Based Management for Construction - - Planning, Scheduling and Control**(文献封面展示)

附件32：标准施工招标文件（2007年版）（略）

附件33：两版《总体施工进度计划》及审批单（节选第1-6页）

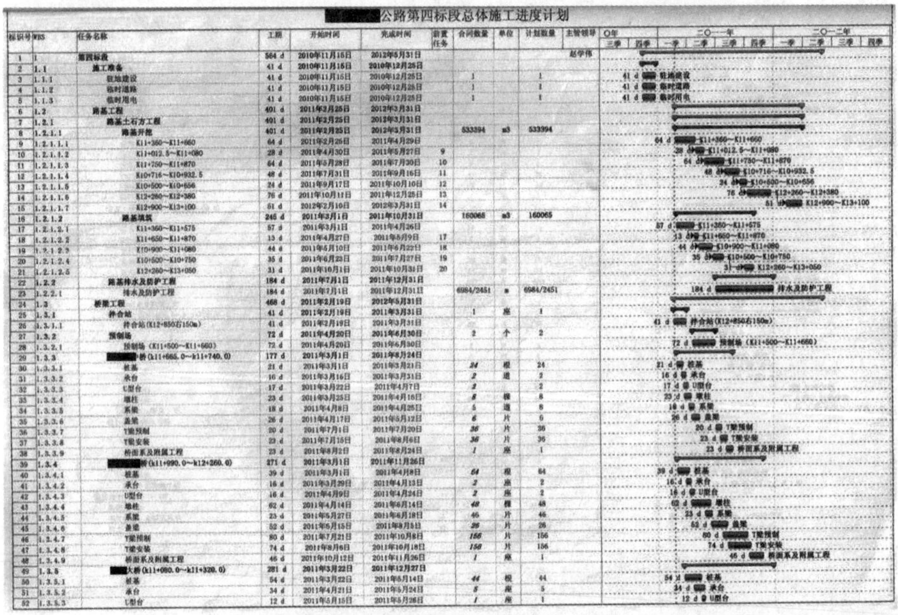

[redacted]公路第四标段总体施工进度计划

标识号	WBS	任务名称	工期	开始时间	完成时间	前置任务	合同数量	单位	计划数量	主管领导
1	1	第四标段	564 d	2010年11月15日	2012年5月31日					赵学伟
2	1.1	施工准备	41 d	2010年11月15日	2010年12月25日					
3	1.1.1	驻地建设	41 d	2010年11月15日	2010年12月25日		1		1	
4	1.1.2	临时道路	41 d	2010年11月15日	2010年12月25日		1		1	
5	1.1.3	临时用电	41 d	2010年11月15日	2010年12月25日		1		1	
6	1.2	路基工程	401 d	2011年2月25日	2012年3月31日					
7	1.2.1	路基土石方工程	401 d	2011年2月25日	2012年3月31日					
8	1.2.1.1	路基开挖	401 d	2011年2月25日	2012年3月31日		533394	m3	533394	
9	1.2.1.1.1	K11+360~K11+660	64 d	2011年2月25日	2011年4月29日					
10	1.2.1.1.2	K11+012.5~K11+080	28 d	2011年4月30日	2011年5月27日	9				
11	1.2.1.1.3	K11+750~K11+870	64 d	2011年5月28日	2011年7月30日	10				
12	1.2.1.1.4	K10+716~K10+932.5	48 d	2011年7月31日	2011年9月16日	11				
13	1.2.1.1.5	K10+500~K10+656	24 d	2011年9月17日	2011年10月10日	12				
14	1.2.1.1.6	K12+260~K12+380	76 d	2011年10月11日	2011年12月25日	13				
15	1.2.1.1.7	K12+900~K13+100	51 d	2012年2月10日	2012年3月31日	14				
16	1.2.1.2	路基填筑	245 d	2011年3月1日	2011年10月31日		160065	m3	160065	
17	1.2.1.2.1	K11+360~K11+575	57 d	2011年3月1日	2011年4月26日					
18	1.2.1.2.2	K11+650~K11+870	13 d	2011年4月27日	2011年5月9日	17				
19	1.2.1.2.3	K10+900~K11+080	44 d	2011年5月10日	2011年6月22日	18				
20	1.2.1.2.4	K10+500~K10+750	35 d	2011年6月23日	2011年7月27日	19				
21	1.2.1.2.5	K12+260~K13+050	31 d	2011年10月1日	2011年10月31日	20				
22	1.2.2	路基排水及防护工程	184 d	2011年7月1日	2011年12月31日					
23	1.2.2.1	排水及防护工程	184 d	2011年7月1日	2011年12月31日		6984/2451	m	6984/2451	
24	1.3	桥梁工程	468 d	2011年2月19日	2012年5月31日					
25	1.3.1	拌合站	41 d	2011年2月19日	2011年3月31日		1	座	1	
26	1.3.1.1	拌合站(K12+850右150m)	41 d	2011年2月19日	2011年3月31日					
27	1.3.2	预制场	72 d	2011年4月20日	2011年6月30日		2	个	2	
28	1.3.2.1	预制场（K11+500~K11+660）	72 d	2011年4月20日	2011年6月30日					
29	1.3.3	[redacted]桥(k11+665.0~k11+740.0)	177 d	2011年3月1日	2011年8月24日					
30	1.3.3.1	桩基	21 d	2011年3月1日	2011年3月21日		24	根	24	
31	1.3.3.2	承台	16 d	2011年3月16日	2011年3月31日		2	道	2	
32	1.3.3.3	U型台	17 d	2011年3月22日	2011年4月7日		2		2	
33	1.3.3.4	墩柱	23 d	2011年3月25日	2011年4月16日		8	棵	8	
34	1.3.3.5	系梁	18 d	2011年4月8日	2011年4月25日		5	道	8	
35	1.3.3.6	盖梁	26 d	2011年4月17日	2011年5月12日		6	片	6	
36	1.3.3.7	T梁预制	20 d	2011年7月1日	2011年7月20日		36	片	36	
37	1.3.3.8	T梁安装	23 d	2011年7月15日	2011年8月6日		36	片	36	
38	1.3.3.9	桥面系及附属工程	23 d	2011年8月2日	2011年8月24日		1	座	1	
39	1.3.4	[redacted]桥(k11+990.0~k12+260.0)	271 d	2011年3月1日	2011年11月26日					
40	1.3.4.1	桩基	39 d	2011年3月1日	2011年4月8日		64	根	64	
41	1.3.4.2	承台	16 d	2011年3月29日	2011年4月13日		2	座	2	
42	1.3.4.3	U型台	16 d	2011年4月9日	2011年4月24日		2	座	2	
43	1.3.4.4	墩柱	62 d	2011年4月14日	2011年6月14日		48	棵	48	
44	1.3.4.5	系梁	23 d	2011年5月27日	2011年6月18日		46	片	46	
45	1.3.4.6	盖梁	52 d	2011年6月15日	2011年8月5日		26	片	26	
46	1.3.4.7	T梁预制	80 d	2011年7月21日	2011年10月8日		156	片	156	
47	1.3.4.8	T梁安装	74 d	2011年8月6日	2011年10月18日		156	片	156	
48	1.3.4.9	桥面系及附属工程	46 d	2011年10月12日	2011年11月26日		1	座	1	
49	1.3.5	[redacted]大桥(k11+080.0~k11+320.0)	281 d	2011年3月22日	2011年12月27日					
50	1.3.5.1	桩基	54 d	2011年3月22日	2011年5月14日		44	根	44	
51	1.3.5.2	承台	34 d	2011年4月21日	2011年5月24日		5	座	5	
52	1.3.5.3	U型台	12 d	2011年5月15日	2011年5月26日		1	座	1	

第1页

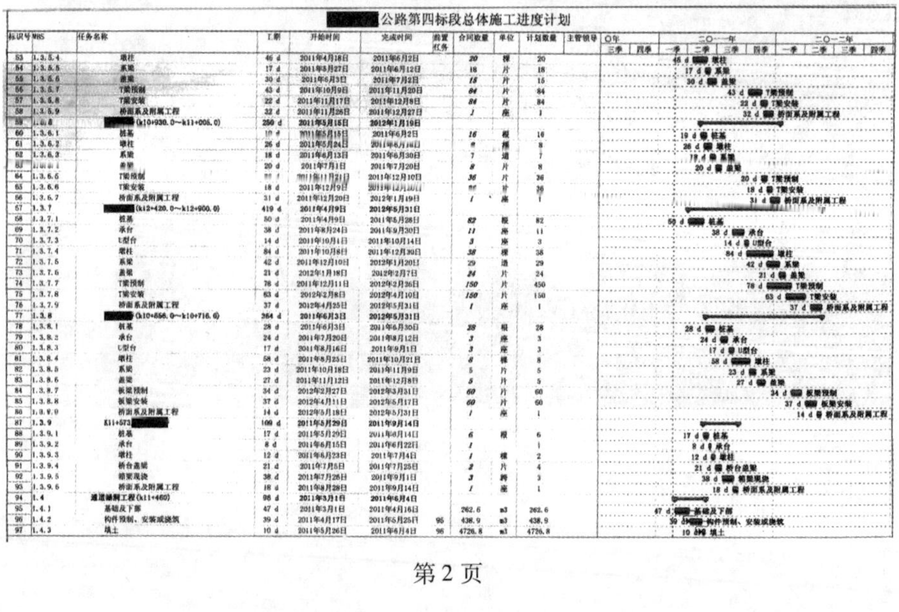

[redacted]公路第四标段总体施工进度计划

标识号	WBS	任务名称	工期	开始时间	完成时间	前置任务	合同数量	单位	计划数量	主管领导
53	1.3.5.4	墩柱	46 d	2011年4月18日	2011年6月2日		20	棵	20	
54	1.3.5.5	系梁	17 d	2011年5月27日	2011年6月12日		18	片	18	
55	1.3.5.6	盖梁	30 d	2011年6月3日	2011年7月2日		15	片	15	
56	1.3.5.7	T梁预制	43 d	2011年10月9日	2011年11月20日		84	片	84	
57	1.3.5.8	T梁安装	22 d	2011年11月17日	2011年12月8日		84	片	84	
58	1.3.5.9	桥面系及附属工程	32 d	2011年11月26日	2011年12月27日		1	座	1	
59	1.3.6	[redacted](k10+930.0~k11+005.0)	250 d	2011年5月15日	2012年1月19日					
60	1.3.6.1	桩基	19 d	2011年5月15日	2011年6月2日		16	根	16	
61	1.3.6.2	墩柱	26 d	2011年5月24日	[illegible]		[illegible]	棵	8	
62	1.3.6.3	系梁	18 d	2011年6月13日	2011年6月30日		7	道	7	
63	1.3.6.4	盖梁	20 d	2011年7月1日	2011年7月20日		8	片	8	
64	1.3.6.5	T梁预制	[illegible]	[illegible]	2011年12月10日		36	片	36	
65	1.3.6.6	T梁安装	18 d	2011年12月9日	[illegible]		[illegible]	片	36	
66	1.3.6.7	桥面系及附属工程	31 d	2011年12月20日	2012年1月19日		1	座	1	
67	1.3.7	[redacted](k12+420.0~k12+900.0)	419 d	2011年4月9日	2012年5月31日					
68	1.3.7.1	桩基	50 d	2011年4月9日	2011年5月28日		82	根	82	
69	1.3.7.2	承台	38 d	2011年8月24日	2011年9月30日		11	座	11	
70	1.3.7.3	U型台	14 d	2011年10月1日	2011年10月14日		3	座	3	
71	1.3.7.4	墩柱	84 d	2011年10月8日	2011年12月30日		38	棵	38	
72	1.3.7.5	系梁	42 d	2011年12月10日	2012年1月20日		29	道	29	
73	1.3.7.6	盖梁	21 d	2012年1月18日	2012年2月7日		24	片	24	
74	1.3.7.7	T梁预制	78 d	2011年12月11日	2012年2月26日		150	片	450	
75	1.3.7.8	T梁安装	63 d	2012年2月8日	2012年4月10日		150	片	150	
76	1.3.7.9	桥面系及附属工程	37 d	2012年4月25日	2012年5月31日		1	座	1	
77	1.3.8	[redacted](k10+556.0~k10+716.0)	364 d	2011年6月3日	2012年5月31日					
78	1.3.8.1	桩基	28 d	2011年6月3日	2011年6月30日		28	根	28	
79	1.3.8.2	承台	24 d	2011年7月20日	2011年8月12日		3	座	3	
80	1.3.8.3	U型台	17 d	2011年8月16日	2011年9月1日		3	座	3	
81	1.3.8.4	墩柱	58 d	2011年8月25日	2011年10月21日		8	棵	8	
82	1.3.8.5	系梁	23 d	2011年10月18日	2011年11月9日		5	片	5	
83	1.3.8.6	盖梁	27 d	2011年11月12日	2011年12月8日		5	片	5	
84	1.3.8.7	板梁预制	34 d	2012年2月27日	2012年3月31日		60	片	60	
85	1.3.8.8	板梁安装	37 d	2012年4月11日	2012年5月17日		60	片	60	
86	1.3.8.9	桥面系及附属工程	14 d	2012年5月18日	2012年5月31日		1	座	1	
87	1.3.9	K11+573[redacted]	109 d	2011年5月29日	2011年9月14日					
88	1.3.9.1	桩基	17 d	2011年5月29日	2011年6月14日		6	根	6	
89	1.3.9.2	承台	8 d	2011年6月15日	2011年6月22日		1		1	
90	1.3.9.3	墩柱	12 d	2011年6月23日	2011年7月4日		1	棵	2	
91	1.3.9.4	桥台盖梁	21 d	2011年7月5日	2011年7月25日		2	片	4	
92	1.3.9.5	箱梁现浇	38 d	2011年7月26日	2011年9月1日		3	跨	3	
93	1.3.9.6	桥面系及附属工程	18 d	2011年8月28日	2011年9月14日		1	座	1	
94	1.4	通道涵洞工程(k11+460)	96 d	2011年3月1日	2011年6月4日					
95	1.4.1	基础及下部	47 d	2011年3月1日	2011年4月16日		262.6	m3	262.6	
96	1.4.2	构件预制、安装或浇筑	39 d	2011年4月17日	2011年5月25日	95	438.9	m3	438.9	
97	1.4.3	填土	10 d	2011年5月26日	2011年6月4日	96	4726.8	m3	4726.8	

第2页

[redacted]高速公路 SJ26

工 程 联 系 单

承包单位：[redacted]有限公司　　合同号：BJ-A04

监理单位：[redacted]咨询有限公司　　编　号：

约定单位	[redacted]有限公司[redacted]路 BJ-04 标项目经理部	被约单位	[redacted]高速公路第一驻地办
路线名称	[redacted]高速公路	工程项目	[redacted]公路
桩　　号	K10+500～K13+100	日　　期	2011 年 2 月 22 日
关于上报总体施工进度计划 [redacted]公路第一驻地办公室： BJ-A04 标段总体施工进度计划 [redacted]公路[redacted]经理部 201[redacted]			
签　发	[redacted]	递[redacted]	2011 项目经理部 2日
收件人	[redacted]	收[redacted]	2011 年 3 月 15 日
总包单位意见： 同意此段路计[redacted] [redacted]11.2.25			
驻地办意见：同意该计划。 [redacted]			
总监办意见： 可按该计划实施。 [redacted]			
业主意见： [redacted]			

注：此表一般上报驻地办，如有需要时再上报总监办和项目公司。

第 3 页

[redacted]公路第四标段总体施工进度计划

标识号	WBS	任务名称	工期	开始时间	完成时间	前置任务	合同数量	单位	计划数量	主管领导	责任人
1	1	第四标段	564 d	2010/11/15	2012/5/31					赵学伟	
2	1.1	施工准备	41 d	2010/11/15	2010/12/25						
3	1.1	驻地建设	41 d	2010/11/15	2010/12/25		1		1		郭 军
4	1.1	临时道路	41 d	2010/11/15	2010/12/25	3SS	1		1		陈华友
5	1.1	临时用电	41 d	2010/11/15	2010/12/25	4SS	1		1		王海洋
6	1.2	路基工程	396 d	2010/12/1	2011/12/31						陈华友
7	1.2	路基土石方工程	396 d	2010/12/1	2011/12/31						
8	1.2	路基开挖	396 d	2010/12/1	2011/12/31		871185	m3	871185		
9	1.2	K11+525～K11+650	64 d	2010/12/1	2011/2/2	5SS					
10	1.2	K11+350～K11+400	28 d	2011/2/3	2011/3/2	9					
11	1.2	K11+750～K11+875	64 d	2011/3/3	2011/5/5	10					
12	1.2	K11+005～K11+080	48 d	2011/5/6	2011/6/22	11					
13	1.2	K10+525～K10+550	24 d	2011/6/23	2011/7/16	12					
14	1.2	K12+268～K12+409	76 d	2011/7/17	2011/9/30	13					
15	1.2	K10+625～K10+650	31 d	2011/10/1	2011/10/31	14					
16	1.2	K12+920～K13+100	51 d	2011/11/11	2011/12/31	15					
17	1.2	路基填筑	181 d	2010/12/1	2011/5/30		102196	m3	102196		
18	1.2	K11+425～K11+500	57 d	2010/12/1	2011/1/26	9SS					
19	1.2	K11+320～K11+325	13 d	2011/1/27	2011/2/8	18					
20	1.2	K10+500～K10+525	44 d	2011/2/9	2011/3/24	19					
21	1.2	K10+575～K10+600	35 d	2011/3/25	2011/4/28	20					
22	1.2	K10+937～K11+000	31 d	2011/4/30	2011/5/30	21					
23	1.2	特殊路基处理	151 d	2010/12/1	2011/4/30						
24	1.2	特殊路基	151 d	2010/12/1	2011/4/30	18SS	100	m	100		
25	1.2	路基排水及防护工程	184 d	2011/7/1	2011/12/31						
26	1.2	排水及防护工程	184 d	2011/7/1	2011/12/31	24	6984/2451	m	6984/2451		
27	1.3	桥梁工程	564 d	2010/11/15	2012/5/31						郭 军
28	1.3	拌合站	41 d	2010/11/15	2010/12/25		1	座	1		刘付征
29	1.3	拌合站(K12+850右150m)	41 d	2010/11/15	2010/12/25	3SS					
30	1.3	预制场	41 d	2010/11/15	2010/12/25		2	个	2		刘付征
31	1.3	1号预制场（K11+500）	41 d	2010/11/15	2010/12/25	29SS					
32	1.3	2号预制场（K13+000）	41 d	2010/11/15	2010/12/25	31SS					
33	1.3	[redacted]中桥(k11+665.0～k11+740.0)	222 d	2010/12/1	2011/7/10						郭 军
34	1.3	桩基	62 d	2010/12/1	2011/1/31	29SS	16	根	16		
35	1.3	桩系梁	50 d	2011/1/12	2011/3/2	SS+3(	4	道	4		
36	1.3	墩柱及系梁	71 d	2011/3/21	2011/5/30	35	8/2	棵/道	8/2		
37	1.3	盖梁及耳背墙	65 d	2011/4/10	2011/6/13	SS+2(	8	片	8		
38	1.3	T梁预制	31 d	2011/4/10	2011/5/10	37SS	36	片	36		
39	1.3	T梁安装	20 d	2011/5/21	2011/6/9	38	36	片	36		
40	1.3	桥面系及附属工程	31 d	2011/6/10	2011/7/10	39	1	座	1		
41	1.3	[redacted]大桥(k11+080.0～k11+320.0)	304 d	2010/12/1	2011/9/30						郭 军
42	1.3	桩基	62 d	2010/12/1	2011/1/31	34SS	40	根	40		
43	1.3	桩系梁及承台	56 d	2011/2/1	2011/3/28	SS+3(	6/6	道/座	6/6		
44	1.3	墩柱及系梁	103 d	2011/3/21	2011/7/1	SS+2(	12/6	棵/道	12/6		
45	1.3	盖梁及耳背墙	76 d	2011/5/5	2011/7/19	SS+2(	14	片	14		
46	1.3	T梁预制	51 d	2011/5/11	2011/6/30	38	72	片	72		
47	1.3	T梁安装	31 d	2011/7/1	2011/7/31	39,4(	72	片	72		
48	1.3	桥面系及附属工程	61 d	2011/8/1	2011/9/30	40	1	座	1		
49	1.3	[redacted]大桥(k11+990.0～k12+260.0)	329 d	2011/2/1	2011/12/26	34					郭 军
50	1.3	桩基	132 d	2011/2/1	2011/6/12	34SS	52	根	52		
51	1.3	桩系梁	86 d	2011/3/25	2011/6/18	SS+3(	21	道	21		
52	1.3	墩柱及系梁	132 d	2011/4/14	2011/8/23	SS+2(	44/17	棵/道	44/17		
53	1.3	盖梁及耳背墙	94 d	2011/6/5	2011/9/6	SS+2(	26	片	26		
54	1.3	T梁预制	96 d	2011/6/22	2011/9/25	37SS	144	片	144		
55	1.3	T梁安装	84 d	2011/8/27	2011/11/18	47	144	片	144		
56	1.3	桥面系及附属工程	41 d	2011/11/16	2011/12/26	48	1	座	1		

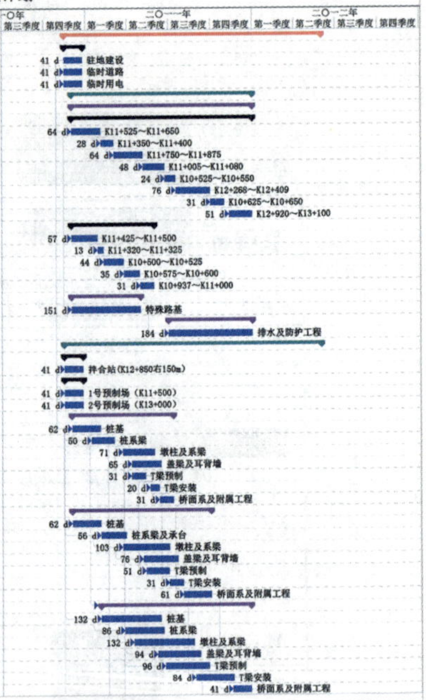

....

第4页

百靖高速公路第四标段总体施工进度计划

标识号	WBS	任务名称	工期	开始时间	完成时间	前置任务	合同数量	单位	计划数量	主管领导	责任人
57	1.3	驮呆中桥(k10+930.0～k11+005.0)	240 d	2011/6/1	2012/1/26						郭 军
58	1.3	桩基	31 d	2011/6/1	2011/7/1	34	16	根	16		
59	1.3	系梁	62 d	2011/6/16	2011/8/16	58SS	7	道	7		
60	1.3	墩柱	50 d	2011/8/6	2011/9/24	SS+2(	8	棵	8		
61	1.3	盖梁及耳背墙	71 d	2011/9/19	2011/11/28	SS+2(	8	片	8		
62	1.3	T梁预制	32 d	2011/9/26	2011/10/27	54	36	片	36		
63	1.3	T梁安装	22 d	2011/11/19	2011/12/10	55,62	36	片	36		
64	1.3	桥面系及附属工程	31 d	2011/12/27	2012/1/26	56,63	1	座	1		
65	1.3	陆现中桥(k10+656.0～k10+716.0)	221 d	2011/8/2	2012/3/9						郭 军
66	1.3	桩基	60 d	2011/8/2	2011/9/30	42	16	根	16		
67	1.3	墩柱	51 d	2011/8/14	2011/10/3	34SS	8	棵	8		
68	1.3	盖梁及耳背墙	50 d	2011/9/3	2011/10/22	SS+2(	8	片	8		
69	1.3	板梁预制	60 d	2011/10/28	2011/12/26	68	60	片	60		
70	1.3	板梁安装	11 d	2012/2/1	2012/2/11	69	60	片	60		
71	1.3	桥面系及附属工程	29 d	2012/2/10	2012/3/9	70SS	1	座	1		
72	1.3	甫孟大桥(k12+420.0～k12+900.0)	335 d	2011/7/2	2012/5/31						郭 军
73	1.3	桩基	91 d	2011/7/2	2011/9/30	34	68	根	68		
74	1.3	承台及桩系梁	111 d	2011/9/12	2011/12/31	SS+3(	8/14	座/道	8/14		
75	1.3	墩柱及系梁	113 d	2011/11/2	2012/2/22	SS+2(	36/14	棵/道	36/14		
76	1.3	盖梁及耳背墙	98 d	2011/11/22	2012/2/27	SS+2(	26	片	26		
77	1.3	T梁预制	96 d	2011/12/27	2012/3/31	37SS	156	片	156		
78	1.3	T梁安装	67 d	2012/2/18	2012/4/24	38SS	156	片	156		
79	1.3	桥面系及附属工程	37 d	2012/4/25	2012/5/31	71	1	座	1		
80	1.3	[illegible]	207 d	2011/8/2	2012/2/24						[illegible]
81	1.3	桩基	[illegible]	2011/8/2	2011/9/1	58	6	根	6		
82	1.3	墩柱	10 d	[illegible]	[illegible]	SS+3(	2	棵	2		
83	1.3	盖梁及耳背墙	28 d	2011/9/21	2011/10/18	SS+2(	4	[illegible]	[illegible]		
84	1.3	箱梁现浇	46 d	2011/11/19	2012/1/3	SS+2(	3	跨	3		
85	1.3	桥面系及附属工程	31 d	2012/1/25	2012/2/24	SS+1(	1	座	1		
86	1.4	通道涵洞工程(k11+460)	88 d	2010/11/15	2011/2/10						陈华友
87	1.4	基础及下部	47 d	2010/11/15	2010/12/31	29SS	262.6	m3	262.6		
88	1.4	构件预制、安装或浇筑	39 d	2010/12/24	2011/1/31	87SS	438.9	m3	438.9		
89	1.4	填土	10 d	2011/2/1	2011/2/10	88	4726.8	m3	4726.8		

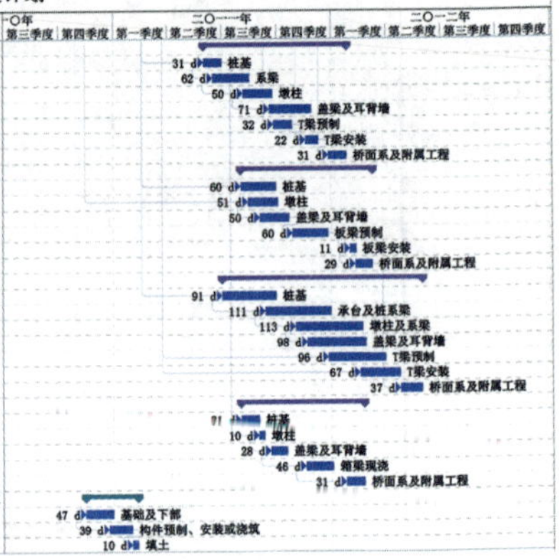

第5页

[redacted]高速公路 SJ30

总体（专项）施工组织设计报审表

承包单位：[redacted]设有限公司　　合同号：BJ-A04

监理单位：[redacted]理咨询有限公司　　编　号：

致监理工程师：[redacted] 现报上[redacted]速公路第四标段 工程施工组织设计，请予审[redacted] 附件：实施性施工组织设计 标段施工单位技术负责人：[redacted] 2011.4.10
总承包单位意见： 实施性施组合理可行 同[redacted] 总承包单位技术负责[redacted] 日期：2011.4.10
驻地专业监理工程师审查意见： 同意该方案 [redacted] 专业监理工程师：[redacted] 日期：2011.4.13
驻地高级监理工程师审核意见： 方案可行，同意报总监办审批。 驻地高级监理工程师[redacted] 日期：2011.4.18
总监办审批意见： 同意 总监理工程师（或其代表[redacted] 2011.4.

注：本表由标段施工单位填报。

第6页

第八编　工期鉴定

附件34：工期鉴定会议纪要（节选）

[redacted]与申请人碰头会会议纪要

时　　间：2016年8月4日星期四上午10:00

地　　点：北京市[redacted]

申 请 人：[redacted]有限公司

被申请人：未出席

鉴定机构：联合建管（北京）国际工程科技有限责任公司

出席人员：（详见《会议人员签到表》）

鉴定机构：请申请人简要阐述一下关于本案工期争议的主要观点和诉求点。

申请人：2010年11月第一批进场，当年12月份完成建点开始修理便道，对原便道进行拓宽，直到2011年春节前新的变更下发，导致原便道部分作废，重新开始施工准备。本项目主要问题集中在后期，项目前期比较正常。本标段施工状态还曾获得好评。项目中期主要问题是图纸变化，是边设计边施工，总包方为了节省项目成本，变更的反复耽误了时间，此外还包括征地问题、民众阻工问题，标高提高之后导致基础加深，爆破施工时出现群众反对，本可以使用大炮的地方改用小炮，进而改为人工挖孔引起环境问题。

关键的时间节点2011年6月28日桥改路。2011年2月28日新图纸路基土方减少30万立方米左右。2011年至2012年9月之间边坡设计变更涉及九个边坡中的四个。2012年9月路改半幅桥发出了未签字图纸，直到2013年才收到签字图。便道设计变更需重新征地2014年3月至6月。[redacted]大桥拆迁2013年1月30日完成。2013年5月7轴至12轴[redacted]大桥部分工程转给其他标段承担。双方承认完工日期2014年7月18日。

本标段是所有标段中第一批完工的，且工程质量获得一次性通过。

[redacted]与被申请人碰头会会议纪要

时　　间：2016年8月11日星期四上午10:00
地　　点：北京市[redacted]
申 请 人：未出席
被申请人：[redacted]有限公司
鉴定机构：联合建管（北京）国际工程科技有限责任公司
出席人员：（详见《会议人员签到表》）

鉴定机构：请被申请人简要阐述一下关于本案工期争议的主要观点和诉求点。

被申请人：对方提出工期索赔3至4千万，我方提出反请求，具体金额以反请求申请为准。工期责任的举证责任在申请人，申请人必须举证证明工期责任在被申请人，鉴定机构需要就申请人提交的资料和事由判断是否由[redacted]的责任是否成立，同时应当考虑这些事件成立的基础是否影响关键路径。基本观点有两个：第一绝大责任在[redacted]，第二[redacted]提出的请求不能成立。合同工期563天，实际工期1307天，拖延744天。双方都确认2010年12月20日开始，到2014年7月18日交工，共1307天。第一点：首先确定关键线路。整个工程包含7个桥和部分路基工程，关键线路有两条。本工程以标段中部首先开始向两侧展开，一个方向是[redacted]中桥、[redacted]大桥、[redacted]大桥，另一个方向是[redacted]大桥、[redacted]中桥、[redacted]中桥、机耕天桥。该计划得到了总包和监理的批准。本工程的每一个施工过程都会有路基压实报告和混凝土检测报告，以此为基础我们编制了实际横道图进行了提交。该资料基本反映了实际施工过程。在仲裁庭的组织下各方核实过证据原件。造成工期延误的直接原因是全线的T梁预制和安装。[redacted]大桥根据施组计划T梁预制96天，实际开始2012年1月6日，实际完成2013年1月29日，工期337天。延长241天。[redacted]大桥计划T梁预制96天，13跨，40米T梁，实际只干了9跨，其余部分后交给其他承包方。实际开始2012年10月5日，9跨的实际完成2013年8月6日，共306天，延长210天。[redacted]大桥7跨40T梁，T梁预制计划51天，实际326天，实际开始2011年11月13日，实际完成2012年10月3日，

附件 35:2 月及 4 月健壮版《总体施工进度计划》(节选第 1 – 5 页)

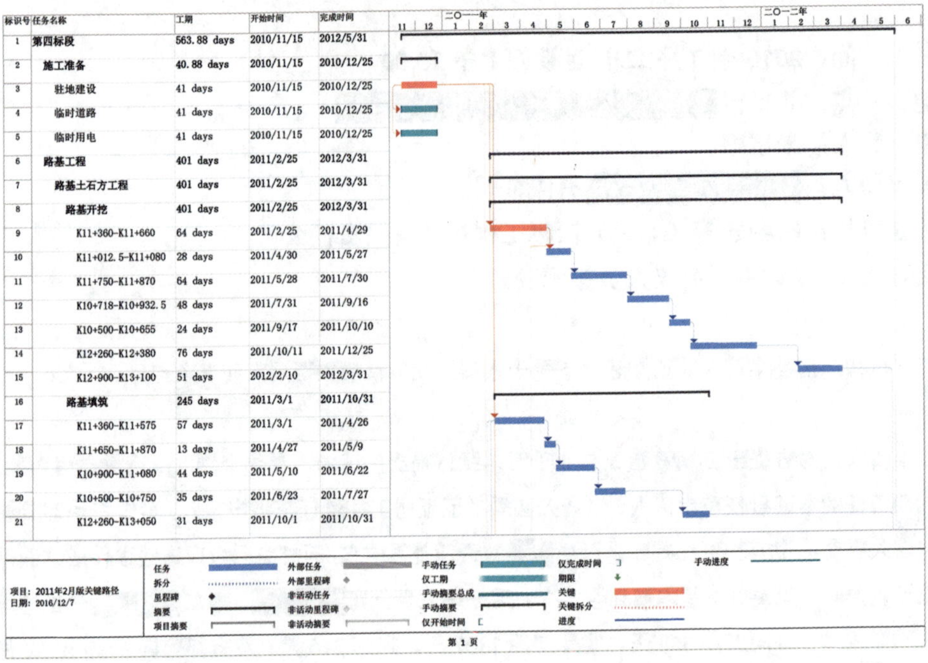

标识号	任务名称	工期	开始时间	完成时间
1	第四标段	563.88 days	2010/11/15	2012/5/31
2	施工准备	40.88 days	2010/11/15	2010/12/25
3	驻地建设	41 days	2010/11/15	2010/12/25
4	临时道路	41 days	2010/11/15	2010/12/25
5	临时用电	41 days	2010/11/15	2010/12/25
6	路基工程	401 days	2011/2/25	2012/3/31
7	路基土石方工程	401 days	2011/2/25	2012/3/31
8	路基开挖	401 days	2011/2/25	2012/3/31
9	K11+360-K11+660	64 days	2011/2/25	2011/4/29
10	K11+012.5-K11+080	28 days	2011/4/30	2011/5/27
11	K11+750-K11+870	64 days	2011/5/28	2011/7/30
12	K10+718-K10+932.5	48 days	2011/7/31	2011/9/16
13	K10+500-K10+655	24 days	2011/9/17	2011/10/10
14	K12+260-K12+380	76 days	2011/10/11	2011/12/25
15	K12+900-K13+100	51 days	2012/2/10	2012/3/31
16	路基填筑	245 days	2011/3/1	2011/10/31
17	K11+360-K11+575	57 days	2011/3/1	2011/4/26
18	K11+650-K11+870	13 days	2011/4/27	2011/5/9
19	K10+900-K11+080	44 days	2011/5/10	2011/6/22
20	K10+500-K10+750	35 days	2011/6/23	2011/7/27
21	K12+260-K13+050	31 days	2011/10/1	2011/10/31

第 1 页

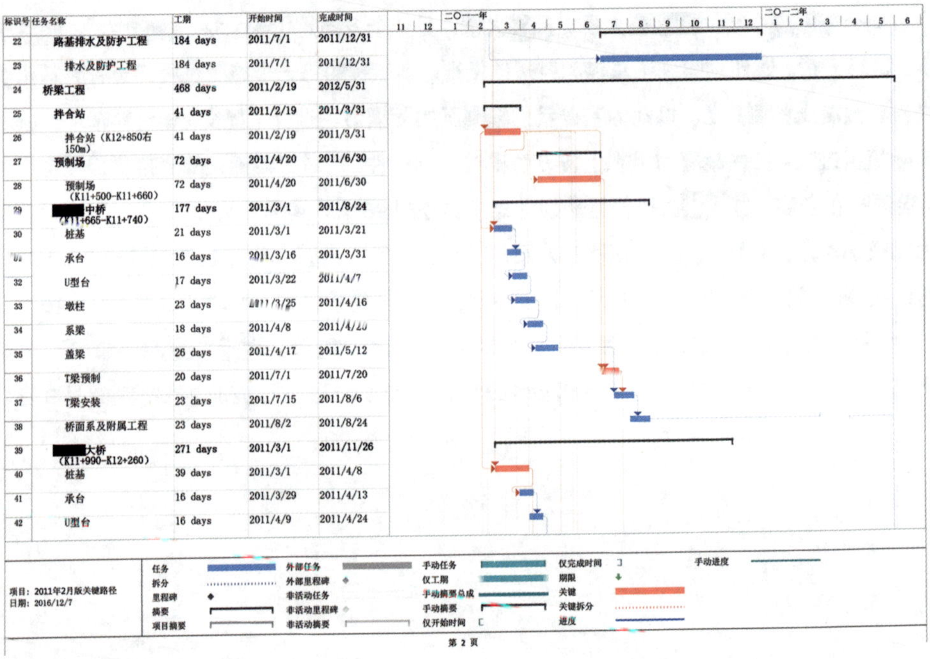

标识号	任务名称	工期	开始时间	完成时间
22	路基排水及防护工程	184 days	2011/7/1	2011/12/31
23	排水及防护工程	184 days	2011/7/1	2011/12/31
24	桥梁工程	468 days	2011/2/19	2012/5/31
25	拌合站	41 days	2011/2/19	2011/3/31
26	拌合站（K12+850右150m）	41 days	2011/2/19	2011/3/31
27	预制场	72 days	2011/4/20	2011/6/30
28	预制场（K11+500-K11+660）	72 days	2011/4/20	2011/6/30
29	[redacted]中桥（K11+665-K11+740）	177 days	2011/3/1	2011/8/24
30	桩基	21 days	2011/3/1	2011/3/21
31	承台	16 days	2011/3/16	2011/3/31
32	U型台	17 days	2011/3/22	2011/4/7
33	墩柱	23 days	2011/3/25	2011/4/16
34	系梁	18 days	2011/4/8	2011/4/2[illegible]
35	盖梁	26 days	2011/4/17	2011/5/12
36	T梁预制	20 days	2011/7/1	2011/7/20
37	T梁安装	23 days	2011/7/15	2011/8/6
38	桥面系及附属工程	23 days	2011/8/2	2011/8/24
39	[redacted]大桥（K11+990-K12+260）	271 days	2011/3/1	2011/11/26
40	桩基	39 days	2011/3/1	2011/4/8
41	承台	16 days	2011/3/29	2011/4/13
42	U型台	16 days	2011/4/9	2011/4/24

第 2 页

标识号	任务名称	工期	开始时间	完成时间
43	墩柱	62 days	2011/4/14	2011/6/14
44	系梁	23 days	2011/5/27	2011/6/18
45	盖梁	52 days	2011/6/15	2011/8/5
46	T梁预制	80 days	2011/7/21	2011/10/8
47	T梁安装	74 days	2011/8/6	2011/10/18
48	桥面系及附属工程	46 days	2011/10/12	2011/11/26
49	[redacted]大桥（K11+080-K11+320）	281 days	2011/3/22	2011/12/27
50	桩基	54 days	2011/3/22	2011/5/14
51	承台	34 days	2011/4/21	2011/5/24
52	U型台	12 days	2011/5/15	2011/5/26
53	墩柱	46 days	2011/4/18	2011/6/2
54	系梁	17 days	2011/5/27	2011/6/12
55	盖梁	30 days	2011/6/3	2011/7/2
56	T梁预制	43 days	2011/10/9	2011/11/20
57	T梁安装	22 days	2011/11/17	2011/12/8
58	桥面系及附属工程	32 days	2011/11/26	2011/12/27
59	[redacted]中桥（K10+930-K11+005）	250 days	2011/5/15	2012/1/19
60	桩基	19 days	2011/5/15	2011/6/2
61	墩柱	26 days	2011/5/24	2011/6/18
62	系梁	18 days	2011/6/13	2011/6/30
63	盖梁	20 days	2011/7/1	2011/7/20

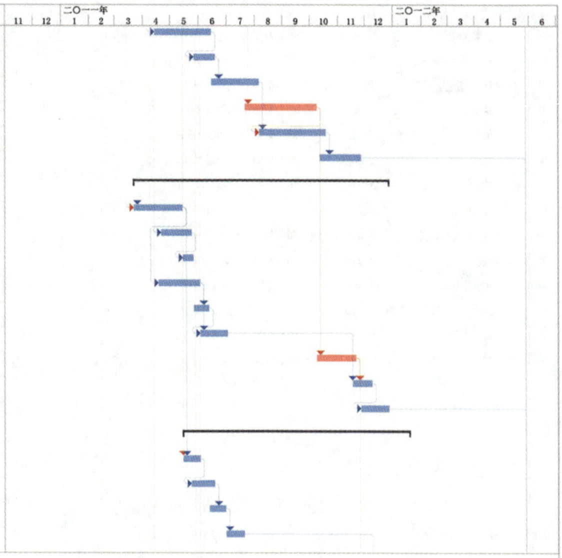

项目：2011年2月版关键路径
日期：2016/12/7

任务　拆分　里程碑　摘要　项目摘要　外部任务　外部里程碑　非活动任务　非活动里程碑　非活动摘要　手动任务　仅工期　手动摘要总成　手动摘要　仅开始时间　仅完成时间　期限　关键　关键拆分　进度　手动进度

第 3 页

第 3 页

标识号	任务名称	工期	开始时间	完成时间
64	T梁预制	20 days	2011/11/21	2011/12/10
65	T梁安装	18 days	2011/12/9	2011/12/26
66	桥面系及附属工程	31 days	2011/12/20	2012/1/19
67	[redacted]大桥（K12+420-K12+900）	419 days	2011/4/9	2012/5/31
68	桩基	50 days	2011/4/9	2011/5/28
69	承台	38 days	2011/8/24	2011/9/30
70	U型台	14 days	2011/10/1	2011/10/14
71	墩柱	84 days	2011/10/8	2011/12/30
72	系梁	42 days	2011/12/10	2012/1/20
73	盖梁	21 days	2012/1/18	2012/2/7
74	T梁预制	78 days	2011/12/11	2012/2/26
75	T梁安装	63 days	2012/2/8	2012/4/10
76	桥面系及附属工程	37 days	2012/4/25	2012/5/31
77	[redacted]中桥（K10+556-K10+715）	364 days	2011/6/3	2012/5/31
78	桩基	28 days	2011/6/3	2011/6/30
79	承台	24 days	2011/7/20	2011/8/12
80	U型台	17 days	2011/8/16	2011/9/1
81	墩柱	58 days	2011/8/25	2011/10/21
82	系梁	23 days	2011/10/18	2011/11/9
83	盖梁	27 days	2011/11/12	2011/12/8
84	板梁预制	34 days	2012/2/27	2012/3/31

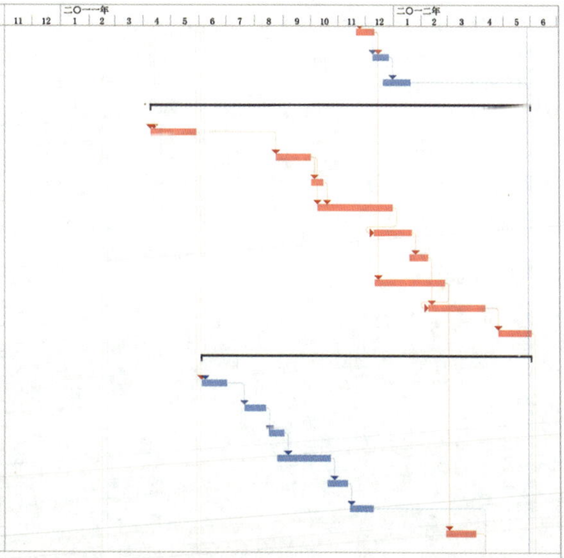

项目：2011年2月版关键路径
日期：2016/12/7

任务　拆分　里程碑　摘要　项目摘要　外部任务　外部里程碑　非活动任务　非活动里程碑　非活动摘要　手动任务　仅工期　手动摘要总成　手动摘要　仅开始时间　仅完成时间　期限　关键　关键拆分　进度　手动进度

第 4 页

第 4 页

标识号	任务名称	工期	开始时间	完成时间
85	板梁安装	37 days	2012/4/11	2012/5/17
86	桥面系及附属工程	14 days	2012/5/18	2012/5/31
87	K11+57[redacted]天桥	109 days	2011/5/29	2011/9/14
88	桩基	17 days	2011/5/29	2011/6/14
89	承台	8 days	2011/6/15	2011/6/22
90	墩柱	12 days	2011/6/23	2011/7/4
91	桥台盖梁	21 days	2011/7/5	2011/7/25
92	箱梁现浇	38 days	2011/7/26	2011/9/1
93	桥面系及附属工程	18 days	2011/8/28	2011/9/14
94	通道涵洞工程（K11+450）	96 days	2011/3/1	2011/6/4
95	基础及下部	47 days	2011/3/1	2011/4/16
96	构件预制、安装或现浇	39 days	2011/4/17	2011/5/25
97	填土	10 days	2011/5/26	2011/6/4
98	结束	0 days	2012/5/31	2012/5/31

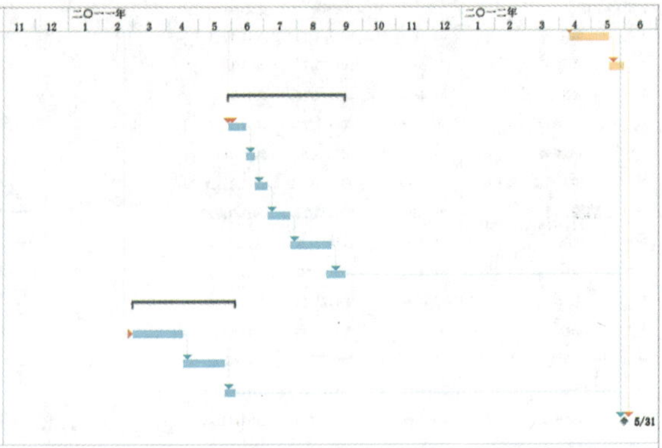

项目：2011年2月版关键路径
日期：2016/12/7

任务　外部任务　手动任务　仅完成时间　手动进度
拆分　外部里程碑　仅工期　期限
里程碑　非活动任务　手动摘要总成　关键
摘要　非活动里程碑　手动摘要　关键拆分
项目摘要　非活动摘要　仅开始时间　进度

第 5 页

第 5 页

附件 36：2 月及 4 月施组文件（节选封面）

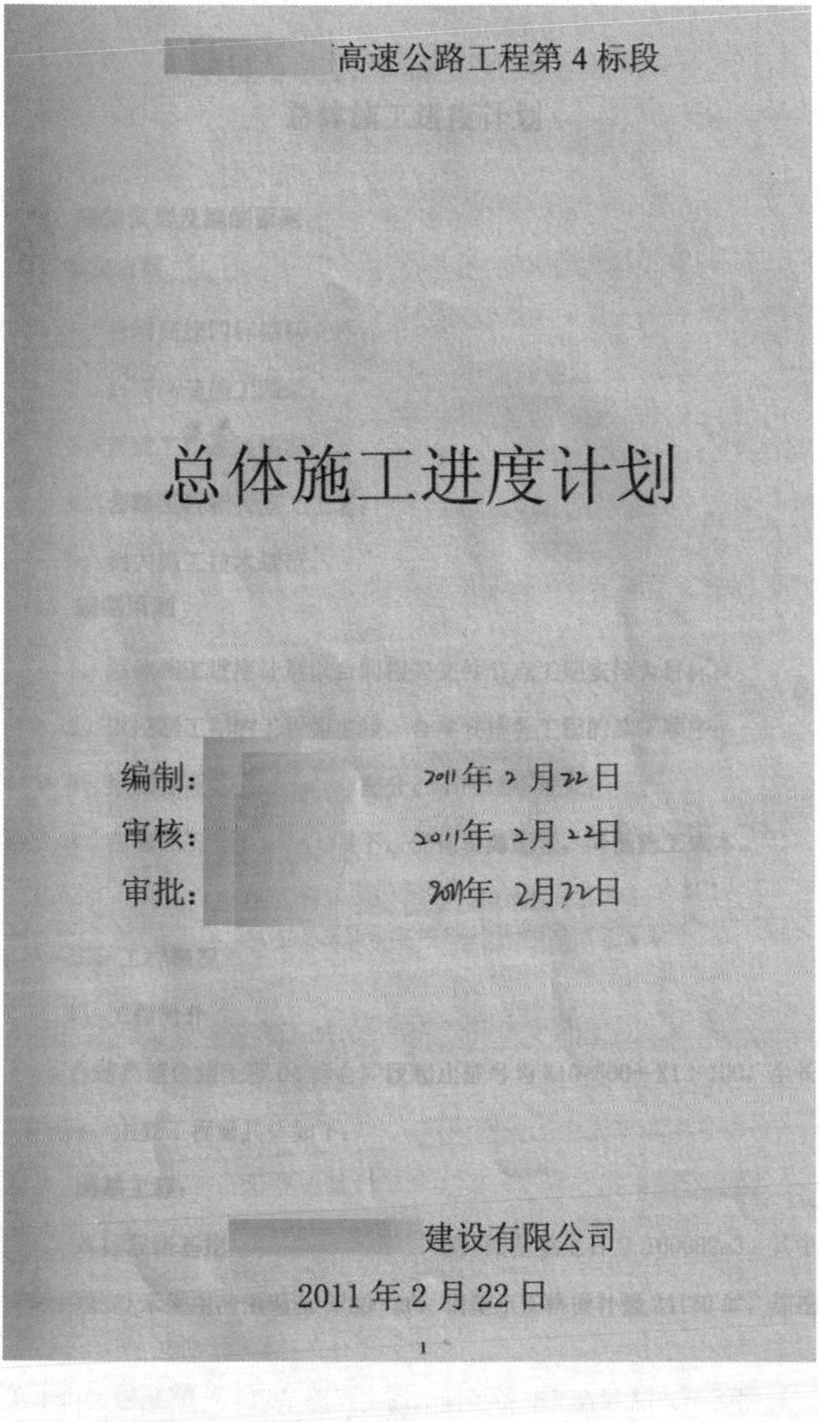

[redacted]高速公路工程第 4 标段

总体施工进度计划

编制：[redacted]　2011年2月22日

审核：[redacted]　2011年2月22日

审批：[redacted]　2011年2月22日

[redacted]建设有限公司

2011 年 2 月 22 日

1

附件37:关于工期争议的意见(节选第1-2页)

关于工期争议的意见

（[redacted]号仲裁案）

一、关于工期延误责任应由[redacted]承担

1、本案工程关键线路

（1）合同约定的关键线路

根据实施性施工组织设计（见证据19-1，第2287-2456页，第十二册）的规定，[redacted]明确本案工程的关键线路为两条主线同时交错进行：

路线一：挖方施工准备（预制场主路路基填）－[redacted]中桥T梁预制与安装－[redacted]大桥T梁预制安装－[redacted]大桥T梁预制与安装－桥面现浇段及湿接缝－桥面安全护栏安装－桥面铺装－路基排水及防护施工－交工验收。

路线二：挖方施工准备（预制场主路路基填）－[redacted]大桥T梁预制与安装－[redacted]中桥 T 梁预制与安装－[redacted]中桥空心板预制与安装－机耕天桥箱梁浇筑－桥面现浇及湿接缝－桥面安全护栏安装－桥面铺装－路基排水及防护施工－交工验收。

实施性施工组织设计第46页第3.1.3.2目规定，土方路基填筑施工顺序是主线上以[redacted]大桥和[redacted]中桥为控制点，作为关键施工线路，满足先期架设[redacted]中桥T梁和[redacted]大桥T梁时运梁通道的需要，然后分开向两侧分别施工。

据此，本案工程的关键线路为：挖方施工准备－预制场主路路基－各桥梁T梁或梁板预制和安装。

（2）实际施工中的关键线路

[redacted]根据本案工程的实际建设情况整理了工期横道图（见证据19-3，第2458-2740页，第十三册），该横道图中每一个时间节点均有混凝土浇筑记录、工程检测记录等由[redacted]、[redacted]和监理三方在施工过程中共同签字确认的证据予以证明。这些证据显示本案工程在施工过程中的实际关键线路如下：

路线一：挖方施工准备（预制场主路路基填）－[redacted]大桥T梁

第1页

预制安装—[redacted]大桥 T 梁预制与安装。

路线二：挖方施工准备（预制场主路路基填）—[redacted]大桥 T 梁预制与安装—[redacted]中桥 T 梁预制与安装—[redacted]中桥空心板预制与安装—机耕天桥箱梁浇筑—机耕天桥与机耕路连接—机耕天桥段路基整理。

需要特别指出的是：各桥梁的下部结构（桩基和墩柱、盖梁）均不在本案工程的关键线路上，各桥梁的 T 梁或梁板的预制和安装才是本案工程的关键线路。具体说明如下：

[redacted]大桥：[redacted]大桥下部结构施工完成时间为 2013 年 1 月 5 日（见证据 19-4-1，第 2741 页，第十四册），T 梁预制完成时间为 2013 年 1 月 29 日，T 梁安装完成时间为 2013 年 3 月 25 日（见证据 19-4-2，第 2742-2743 页，第十四册）。在施工组织得当的情况下，[redacted]应在下部结构施工完成时同时完成 T 梁预制，在最后一块 T 梁预制完成后 15 天内完成所有 T 梁的安装，即[redacted]**应在 2013 年 1 月 20 日前后完成 T 梁安装；但实际上，[redacted]完成 T 梁安装的时间整整延后了 65 天**。因此，[redacted]大桥 T 梁预制安装不仅在关键线路上，而且 T 梁预制和安装延误的工期。

[redacted]大桥下部结构施工完成的时间为 2013 年 7 月 5 日（见证据 19-5-1，第 2744 页，第十四册）。[redacted]大桥第八孔右幅 T 梁预制完成的时间是 2013 年 8 月 6 日，T 梁安装的完成时间为 2013 年 8 月 31 日（见证据 19-5-2，第 2745-2746 页，第十四册）。在施工组织得当的情况下，[redacted]应在下部结构施工完成时同时完成 T 梁预制，在最后一块 T 梁预制完成后 15 天内完成所有 T 梁的安装，即[redacted]应在 2013 年 7 月 20 日前后完成 T 梁安装；但实际上，[redacted]完成 T 梁安装的时间整整延后了 42 天。因此，[redacted]大桥 T 梁预制安装不仅在关键线路上，而且 T 梁预制和安装延误的工期。

[redacted]大桥下部结构施工完成的时间为 2012 年 8 月 30 日（见证据 19-6-1，第 2749 页，第十四册）。[redacted]大桥第一孔（最后一片）T 梁预制完成时间为 2012 年 10 月 3 日，T 梁安装的完成时间为 2012 年 10 月 20 日（见证据 19-6-2，第 2750-2751 页，第十四册）。在施工组织得当的情况下，[redacted]应在下部结构施工完成时同时完成 T 梁预制，在最后一块 T 梁预制完成后 15 天内完成所有 T 梁的安装，即

第 2 页

附件 38：工期拖延事件及原因（节选第 1、10、11 页及附表 2）

[redacted]高速公路工程第 4 标段
工期拖延原因

一、工期总计划安排说明（即：关键线路）

根据本标段地形地貌及山区特点，结合本标段具体工程施工状况，并依据业主应提供的施工图纸及红线内征地交付计划，我部在正式开工前精心制定了网络计划图，作为指导和督促总体施工工期依据。

本工程关键线路为两条主线交错进行。

路线一：施工准备→K11+360-K11+870 段路基挖填方→[redacted]大桥 30 米 T 梁安装→[redacted]大桥下部结构施工→[redacted]大桥 T 梁板安装→[redacted]大桥上部整体化及附属工程→清理现场→交工验收。

节点为：1→2→3→4→8→10→11→13→21→26→32→36→37。（后附网络图）

路线二：施工准备→[redacted]大桥下部结构施工→[redacted]中桥下部结构施工→[redacted]中桥下部结构施工→[redacted]中桥空心板安装及桥面系附属工程施工和 K10+560 至 K10+650 段路改桥施工→清理现场→交工验收。

节点为：1→2→9→16→23→35→36→37。（后附网络图）

双方签订的合同协议书规定的工期 563 日历天。（详见双方签订的施工合同）

在这里需要说明的是：我部编制的网络图（关键线路）是建立在我方所掌握的施工要素具备及有经验的承包商所能预见的情况之下编制的，即正常的施工条件下编制的施工进度计划，任何一项要素的变化均可导致整个工程的进度计划完成条件发生变化，从而导致整个工程计划不能顺利完成。网络图是一个动态的施工进度计划，其主要指导思想就是通过现代的管理手段抓住关键线路对整个工程的进度

第 1 页

施工（详见设计变更通知单），致使工期拖延 111 天。

根据通用合同条款第 11.3 款，总承包人应相应顺延工期或承担由此导致的工期延误责任。

事件 2：

2012 年 10 月份受 6 标、10 标爆破安全事故影响，[redacted]高速公路有限公司 2012 年 10 月 10 日下发全线实体工程暂停施工的通知（详见工程停工指令）。受此牵连，导致我部自 2012 年 10 月 10 日至 2012 年 11 月 20 日处于停工状态（详见复工指令），直接造成工期拖延 41 天。而此时正值我标段奋力大干时期，受此影响导致我部各分包劳务队部分熟练工种流失，连续高效的施工势头戛然而止。即使恢复生产后也是造成连续长时间的施工低迷。

根据通用合同条款第 11.3 款，总承包人应相应顺延工期或承担由此导致的工期延误责任。

事件 3：

2014 年 3 月 21 日因 K11+573 处机耕天桥左侧与原有道路顺接坡度太陡，无法保证村民正常出行，导致地方村民到工地阻工，致使机耕天桥施工只能暂停。后经各方现场踏勘确定方案（详见工程现场确认单），但道路征地问题直至 2014 年 6 月 20 日才得以解决（详见工程报告）。造成工期拖延 91 天。

根据通用合同条款第 11.3 款，总承包人应相应顺延工期或承担由此导致的工期延误责任。

事件 4：

因施工图纸发生重大变更后造成施工难度增加（即桩基的加深、墩柱的增高、桥台结构形式改变等等）。图纸下发滞后，挖填方工作只能进入雨季施工。造成施工的成本大幅增加。而总包部仍按照原合同图纸计量，原合同单价进行比例支付，因此在施工成本远远大于支

第 10 页

付款（或合同价）的情况下，导致我部资金周转紧张。而在缺少资金保障的情况下，造成施工队员工情绪低落，同时对施工队管理也增加了难度，最终影响施工进度。尤其是 2013 年至 2014 年度更为突出，其影响又难以量化（本案合同是总承包方建立在招标图纸和投标图纸基础上以[redacted]元人民币低价格所签。实际上双方认可被申请人已付人民币[redacted]元工程款，差距[redacted]元之大）。但又是客观存在的关键性影响工程进度的因素之一。

根据通用合同条款第 11.3 款及第 22.2 款，总承包人应相应顺延工期或承担由此导致的工期延误责任。

事件 5：

因[redacted]属于亚热带气候地区，年降雨量较大，尤其集中在 6 月～10 月间降雨量能占年降雨量的 70%。根据我部查询统计自 2010 年 12 月 20 日取得开工令开始到 2014 年 7 月 18 日明确交工日期截止，雨天多达 548 历天（见附表 1）。受当地雨天多的影响，导致我部施工期间经常是干干停停，这也是导致工期拖延的主要因素。

根据当地历史气候 20 年统计值，每年平均降雨天数是 96 天，原合同工期内下雨天数是 255 天，多出的 63 天雨天应为工期拖延时间。双方确认的工程交工时间为 2014 年 7 月 18 日，在此施工期间的 293 天雨天应为工期拖延时间。

根据通用合同条款第 11.3 款及第 11.4 款，总承包人应相应顺延工期或承担由此导致的工期延误责任。

事件 6：

按双方签订的施工合同约定，水泥、柴油、钢筋和钢绞线由总包部负责提供，但施工期间由于总包部物资供应不及时造成工期拖延 142 天（见附表 2）。

由于总包部提供的主便道狭窄，尤其拐弯处宽度不足造成大车无

第 11 页

（附表 2）

总包部物资供应延误天数统计表				
序号	物资名称	上报计划时间	实际到场时间	拖延天数
1	柴油	2011 年 4 月 24 日	2011 年 4 月 30 日	3
2	柴油	2011 年 5 月 1 日	2011 年 5 月 5 日	1
3	水泥	2011 年 5 月 15 日	2011 年 5 月 22 日	4
4	柴油	2011 年 5 月 19 日	2011 年 5 月 23 日	1
5	钢筋	2011 年 5 月 21 日	2011 年 5 月 28 日	4
6	柴油	2011 年 6 月 5 日	2011 年 6 月 9 日	1
7	水泥	2011 年 6 月 28 日	2011 年 7 月 5 日	4
8	柴油	2011 年 6 月 28 日	2011 年 7 月 2 日	1
9	钢筋	2011 年 12 月 1 日	2011 年 12 月 13 日	10
10	钢筋	2012 年 3 月 26 日	2012 年 4 月 3 日	5
11	钢筋（盘条）	2012 年 3 月 31 日	2012 年 4 月 13 日	10
12	钢绞线	2012 年 3 月 30 日	2012 年 5 月 1 日	28
13	水泥	2012 年 4 月 17 日	2012 年 5 月 29 日	39
14	钢绞线	2012 年 6 月 2 日	2012 年 6 月 21 日	16
15	水泥	2012 年 6 月 6 日	2012 年 6 月 18 日	9
16	水泥	2012 年 9 月 20 日	2012 年 9 月 29 日	6
				142
说明：1、总包部物资供应提前三天上报，三天内没有到达即为延误时间。				
2、原合同外延误的时间未统计。				

附件 39：S 省某高速公路 – Flowline 计划

（略，鉴定意见书正文已包含部分内容）

附件 40：中标通知书及开工令和开工说明（节选）

中标通知书

[redacted]路桥建设有限公司：

你方于 2010 年 10 月 22 日所递交的[redacted]高速公路 BJ-A04 标段施工投标文件已被我方接受，被确定为中标人。

中标价：[redacted]9 元）

工期：563 日历天。

工程质量：符合 合格 标准。

项目经理：[redacted]。

项目总工：[redacted]

请你方在接到本通知书后的 15 日内与我方签订施工承包合同，在此之前按招标文件第二章“投标人须知”第 7.3 款规定向我方提交履约担保。

特此通知。

招标人：[redacted]（盖单位章）

[redacted] 11 月 12 日

[redacted]速公路工程

总监理工程师办公室文件

[redacted]总〔2010〕03号

开 工 令

总承包项目经理部：

根据[redacted]速公路工程进度要求和施工准备工作情况，经研究决定本工程于 2010 年 12 月 20 日正式开工。

[redacted]管理有限公司

[redacted]总监理工程师办公室

[redacted]年十二月二十日

主题词：开工令

抄报：[redacted]高速公路有限公司

抄送：[redacted]高速第一、二、三驻地办，各施工单位

打印：[redacted]　　签发：[redacted]

工程开工日期说明

[redacted]速公路土建工程施工 BJ-A04 标段工程开工日期为 2011 年 3 月 2 日，特此说明。

[redacted]术有限公司

[redacted]月2日

附件41:仲裁庭开庭笔录(节选)

[redacted]开庭笔录

时　　间：2015年12月2日星期三下午14：00-

地　　点：北京仲裁委员会第八仲裁厅

申 请 人：[redacted]设有限公司

出庭人员：（详见《出庭人员签到表》）

被申请人：[redacted]术有限公司

出庭人员：（详见《出庭人员签到表》）

案　　由：《合同协议书》

仲裁庭组成：首席仲裁员袁华之　[redacted]

秘　　书：[redacted]

（开庭前已向双方当事人各送达了三份仲裁员声明书。）

（被申请人庭前提交变更反请求申请、针对本请求的答辩以及书面意见、新增授权书，庭前转申请人和仲裁庭。）

仲裁庭：现在开庭审理[redacted]仲裁案，核对双方当事人出庭人员身份（详见《出庭人员签到表》）。双方对对方的出庭人员身份是否有异议？

申请人：没有。

……

附件42:招标图与施工图对比节选

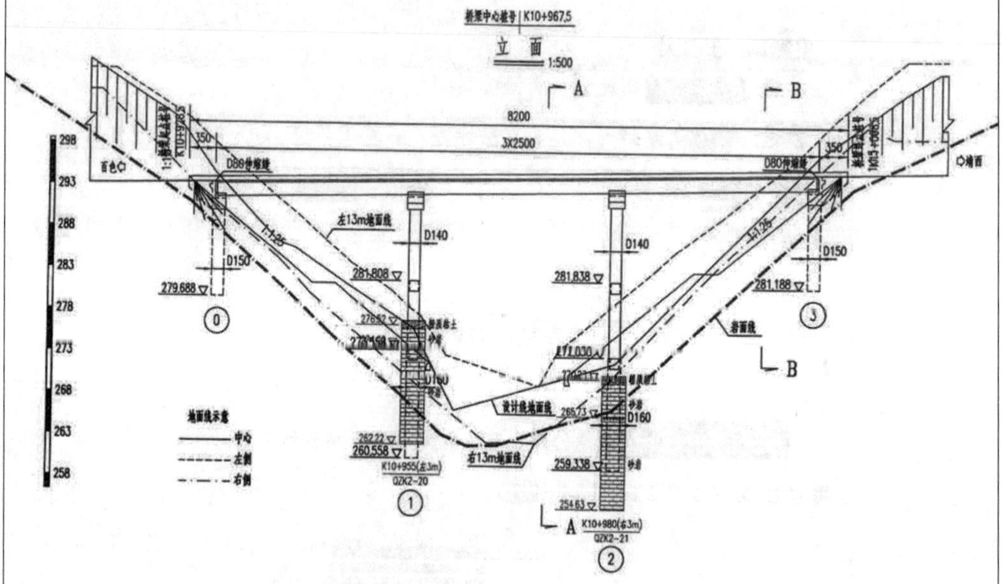

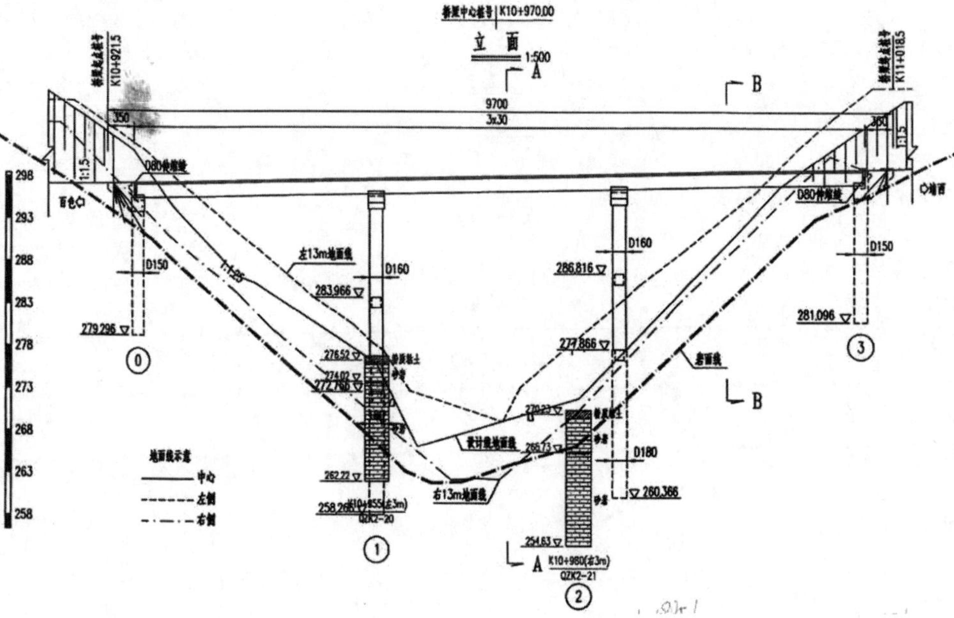

附件 43：材料供应合同（节选封面）

（[redacted]有限公司）

[redacted]高速公路

（水泥）买卖合同

买 方：[redacted]

卖 方：[redacted]易有限公司

2011年[redacted]月10日

项目经理部

第九编

工期延误专家证人

第一章

工期延误专家证人的需求

第一节　专家证人制度概述

专家证人制度源于英美法系。早在 1554 年，著名的 Saunders 大法官就在 Buckley v. Rice Thomas 一案的判决书中断言："如果我们的司法中出现有关其他科学或学术的事件，我们通常会运用这些科学或有才能的人士进行辅助。"①1782 年 Folkes v. Chadd 案中的曼斯菲尔德判决突破了意见证据规则，被视为当事人聘请专家证人的开端。随着英国对抗制诉讼的不断演进和科学技术的高速发展，涉及复杂的专业性问题的庭审案件数量逐渐上升。出于对诉讼经济和诉讼效率的考虑，庭审中的科学技术性问题更宜交由专业人士解答。在此需求的推动下，专家证人制度历经几个世纪的演进由最初的"法庭顾问"发展为今天成熟的专家证人制度。

专家证人是指具有专家资格，并被允许帮助陪审团或法庭理解某些普通人难以理解的复杂的专业性问题的证人。② 专家资格不受背景、学历、资质的限制，只要在某一领域具有专门知识、技能、经验，能够辅助裁判者发现案件事实的人选即可担任专家证人。专家证人通过阅读当事人提交的案件材料、会见访谈相关人员、进行必要的现场勘察等活动来了解案件，并根据专门知识就案件事实形成报告，即专家意见。作为一种特殊的证据，专家意见带有相当程度的主观性，因此专家证人制度被视为英美法意见证据规则中最重要的例外。③ 随着专家证人制度优越性的日渐显现，大陆法系国家结合本土法律文化或模仿学习或进行法律移植引入这一制度。原最高人民法院法官冯小光在第五巡回法庭巡回区大讲坛所作的专题为"建设工程施工合同纠纷案件法律适用问题"的讲座中就提到了日本最高法院设置"建筑诉讼专门委员会"以选择建筑专家从专业角度辅助法官整理诉讼争议

① 参见杨良宜、杨大明：《国际商务游戏规则：英美证据法》，法律出版社 2002 年版，第 444 页。

② 参见何铁军、张建：《国际建设工程争议解决中专家证据机制研究》，载《广西大学学报（哲学社会科学版）》2018 年第 3 期。

③ 参见陈光中：《证据法学》，法律出版社 2011 年版，第 266 页。

焦点、协助调解、参与涉及专业知识的调查取证、意见陈述等。①

但是关于专家证人的启动程序,两大法系差异较大。建立在职权主义诉讼模式之上的大陆法系国家普遍允许仲裁机构或法院指派专家证人,如德国、瑞士等国家的仲裁机构规定其可依当事人申请或者主动聘请专家证人;英美法系国家则更多体现了当事人主义的特点,强调原被告双方的对抗性,赋予了当事人自行委任专家证人的权利。只有少数国家同时允许两种方式并存,如荷兰。值得一提的是,国际律师协会(IBA)发布的《国际律师协会国际商事仲裁取证规则》对弥合不同法系的专家证人制度做出了有益尝试。

第二节　工期延误专家证人与其他角色的比较

一、工期延误专家证人与工期延误事实证人的比较

工期延误事实证人是对某一特定案件中发生的工期延误事件有直接了解的人。事实证人,是指对与案件有关的事件有个人了解并能就其个人观察或目击的事情作证的个人。他们不得就工期延误事实发表工期延误的技术意见,这是专家证人的职权范围。作为一个事实证人,除非有资格成为一名专家,否则只能就所目睹的工期延误事实作证。

工期延误专家证人的证词包括陈述意见。与工期延误事实证人不同,工期延误专家证人的意见有助于法官或仲裁员了解工期延误技术知识,以支持他们在案件中就工期延误作出合理裁决。虽然工期延误专家在作证时通常比事实证人有更大的回旋余地,但其证词的内容也需要由法院或仲裁庭仔细审查是否有效。

某些证人可能会发现,有时他们的证词跨越了工期延误事实和专家证人的灰色地带。例如,专家证人可能会像一个事实证人一样被询问工期延误发生的事实情况,然后被要求像专家证人一样陈述工期延误技术意见。因此,在作证之前,一定要弄清楚证人是事实证人还是专家证人。

二、当事人指定工期延误专家与仲裁庭指定工期延误专家的比较

国际仲裁中,工期延误专家证人作证有两种基本方式。第一种是由一方当事人介绍专家的证词以支持他们的案件。这种证人通常被称为"当事人指定"的专家,这一指定表明专家是由当事人指定和补偿其工作的。这一做法区别于采用专家证词的第二种方式,即仲裁庭指定的专家。顾名思义,仲裁庭指定的专家代表仲裁庭工作,并接受仲裁庭的指

---

① 参见最高人民法院民事审判第一庭编:《民事审判指导与参考》(总第75辑),人民法院出版社2018年版,第121页。

示,但不接受任何一方对其工作的直接补偿。① 如《联合国国际贸易法委员会关于组织仲裁程序的说明》第15条:“许多仲裁法和仲裁规则都规定一名或多名专家参与仲裁程序。当事人通常会提交一名或多名由其聘请的专家(称为‘当事人指定的专家’或‘专家证人’)的报告,以解决争议点。仲裁庭可以指定自己的专家(称为‘仲裁庭指定专家’)就需要专家指导的问题提出报告,或在需要专门知识或技能的事项上协助仲裁庭。”②

当事人专家与仲裁庭指定专家有一个很大的不同是二者对于独立性与证词可采性的要求不同。

(一)国际律师协会关于当事人指定专家独立性的规定

《国际律师协会国际商事仲裁取证规则》第5.1款规定:“当事人可以依赖一位当事人指定专家就特定问题作证。在仲裁庭规定的期限内,(i)每一方当事人均应指明其意欲依赖的专家以及其证言的主旨:且(ii)当事人指定专家应当提交专家报告。”

《国际律师协会国际商事仲裁取证规则》第5.2款规定:“上述专家报告应当包含:(a)当事人指定专家的姓名全称和地址,其与任何一方当事人、其法律顾问,以及与仲裁庭成员现在和过去的关系(若有),并对其背景、资格、所受培训和经历进行说明……(c)其独立于当事人及其法律顾问以及仲裁庭成员的声明……”

关于当事人指定专家的独立性,比较《国际律师协会国际商事仲裁取证规则》第6条关于仲裁庭指定专家的要求和第5条关于当事人指定专家的要求会看到不同。虽然第6.1款首先规定仲裁庭指定的专家将是独立的,但第5.1款并未指出这种先决条件。相反,第5.2款要求当事人指定的专家提供“独立于当事方、其法律顾问和仲裁法庭的声明”,并按照第5.2款(a)项披露与任何当事人或法律顾问的关系细节。这一声明将列入报告本身,表明确定当事人指定的专家是否充分独立并不是将报告记录在案的先决条件。在这方面,也可以与第6.2款形成对比,该款要求仲裁庭指定的专家在被任命之前和接受任何证词之前披露影响其独立性的任何细节。

第5条和第6条中关于独立性的不同做法可以根据两类专家所发挥的不同作用加以解释。对于仲裁庭指定的专家,缺乏独立性可能是终止其任命的理由,因为独立性是该专家在代表仲裁庭履行职责时遵守中立义务的核心。显然,如果仲裁庭指定的专家与一方当事人或其顾问有联系,而这种联系的程度足以表面上对其公正性产生怀疑,则有理由怀疑该专家是否有能力代表仲裁庭行事。在存在这种疑虑的情况下,正当程序将要求仲裁庭任命一名不同的专家。

关于当事人指定的专家,从指定之初就很明显,该专家是按照当事人的指示行事的。

① 参见邱闯:《从孙杨案看专家证人独立性与证词可采性》,载微信公众号“法务工期评论”2020年2月29日,https://mp.weixin.qq.com/s/O7PKkoM1x0yz-YUTp6S8dQ。

② See UNCITRAL Notes on Organizing Arbitral Proceedings, 2016, p. 28.

因此，仲裁庭不应该以类似于仲裁庭指定的专家的方式，考虑一方当事人指定的专家的“独立性”。对第5.2款(a)项和第5.2款(c)项的披露要求更可行的解释是，将这些条件视为与仲裁庭权衡专家报告的证明力有关，而不是作为判断专家报告是否具有可采性的依据。

在国际仲裁中，仲裁庭可以承认并重视与一方当事人有商业关系的专家提供的证词，其中包括当前或以前进行咨询的专家提供的证词。这一原则也适用于专家与对方当事人之间的联系，并在某种程度上适用于一方当事人指定的专家与仲裁庭之间的联系。在某些司法管辖区(如英国)，审查法院甚至已肯定地指出，专家与提出其证词的一方之间仅存在某种关系，并不构成排除专家证据的理由。因此，一方指定的专家与指定方的关系一般不应成为禁止这种专家报告作为证据具有可采性的依据。①

此外，在国际仲裁中，专家与一方当事人或其法律顾问的关系可以被视为评估其意见应具有的一个重要性因素，这似乎没有争议。然而，这并不意味着这种联系或缺乏这种联系将决定专家在执行其工作时是否表现出独立性。在确定专家是否真正独立时，仲裁庭可能更感兴趣的是专家进行分析时的专业精神，以及其证词的一致性。因此，第5.2条(a)款和第5.2条(c)款所要求的陈述应该只是仲裁庭在评估专家执行任务的独立性和公正性时考虑的几个因素之一。

因此依据《国际律师协会国际商事仲裁取证规则》的原则来看，作为当事人一方的一名雇员担任当事人指定专家证人时不会被否认其专家证人证据的可采性。②

(二)联合国国际贸易法委员会仲裁规则关于当事人指定专家的规定

《联合国国际贸易法委员会仲裁规则》第27条规定：

“1.每一方当事人应对其仲裁请求或答辩所依据的事实负举证责任。

2.当事人提出的就任何事实问题或专业问题向仲裁庭作证的证人，包括专家证人，可以是任何个人，无论其是否为仲裁的一方当事人或是否与一方当事人有任何关系。除非仲裁庭另有指示，证人的陈述，包括专家证人的陈述，可以书面形式呈递，并由其本人签署。

3.在仲裁程序进行期间的任何时候，仲裁庭均可要求各方当事人在应由仲裁庭决定的期限内出示文件、证物或其他证据。

4.仲裁庭应就所出示证据的可采性、关联性、实质性和证明力作出决定。”

《联合国国际贸易法委员会仲裁规则》第27条第(2)款载有一项重要规定，旨在澄清尽管证人和专家是当事人或以某种方式与当事人有关，其在多大程度上有权作证。这项

---

① 参见邱闯：《从孙杨案看专家证人独立性与证词可采性》，载微信公众号“法务工期评论”2020年2月29日，https://mp.weixin.qq.com/s/O7PKkoM1x0yz-YUTp6S8dQ。

② 参见邱闯：《从孙杨案看专家证人独立性与证词可采性》，载微信公众号“法务工期评论”2020年2月29日，https://mp.weixin.qq.com/s/O7PKkoM1x0yz-YUTp6S8dQ。

规定的重要性在于,一个人可以在他们是当事人的程序中作为该当事人的证人作证,或一个人在这些程序中与当事人有某种商业或家庭关系的情况下作证。①

(三)国际律师协会关于仲裁庭指定专家独立性的规定

《国际律师协会国际商事仲裁取证规则》第6.1款规定:

"仲裁庭经与各方当事人协商,可指定一名或数名独立的专家就仲裁庭提出的特定问题向仲裁庭汇报。仲裁庭应当在与各方当事人协商后确定专家报告的调查范围。仲裁庭应将最终确定的调查范围书送交各方当事人。"

《国际律师协会国际商事仲裁取证规则》第6.2款规定:

"接受指定前,仲裁庭指定专家应当向仲裁庭和各方当事人提交一份关于其资格的描述以及关于其独立于各方当事人、法律顾问以及仲裁庭成员的声明。在仲裁庭规定的期限内,各方当事人应当告知仲裁庭他们对仲裁庭指定专家的资格和独立性是否持有异议。仲裁庭应当立即决定是否接受该异议。当事人在仲裁庭指定专家后可就该专家的资格和独立性提出异议,但该异议的理由仅能为该方当事人在指定完成后获悉的理由。仲裁庭应及时决定应采取的措施(如有)。"

因此依据《国际律师协会国际商事仲裁取证规则》的原则来看,作为当事人一方的一名雇员,由于其独立性问题,是无法成为仲裁庭指定专家证人的。

三、工期延误专家证人与工期延误专家顾问的比较

工期延误案件可能涉及许多复杂的问题,即使是最有经验的律师也会感觉非常头痛。在工期延误案件中可能需要雇用工期延误专家顾问或工期延误专家证人。两者有什么区别?

工期延误专家顾问和工期延误专家证人的相似之处在于无论是顾问还是专家证人,都是由聘请其的当事人付费,在建设工程管理特定领域受过高级培训教育、具备经验和技能的人。专家顾问和专家证人都非常了解他们的专业领域,且都了解属于其专业领域的有关工期延误分析方法的基本动态。

工期延误专家顾问和工期延误专家证人的区别在于,工期延误专家顾问不是案件的证人,其任务是为客户所涉工期索赔案件提供顾问服务;而工期延误专家证人将在庭审中作证,并在专家的专长范围内担任法庭或仲裁庭的顾问。换句话说,专家证人不应该是当事人的拥护者,其首要责任是协助法庭或仲裁庭还原工期事实。②

无论是想使用工期延误专家作为专家顾问还是作为专家证人,在选择专家的过程中

① 参见邱闯:《从孙杨案看专家证人独立性与证词可采性》,载微信公众号"法务工期评论"2020年2月29日, https://mp.weixin.qq.com/s/O7PKkoM1x0yz-YUTp6S8dQ。

② 参见邱闯:《工期延误专家证人的职业道德责任》,载微信公众号"法务工期评论"2019年8月1日, https://mp.weixin.qq.com/s/huOda-e5Mt9E9ZAEoTL1Hg。

均需注意：工期延误专家顾问只需要是工期延误领域的专家，能够在工期延误特定的专业领域给予咨询意见，并熟练地建议律师制定相关的诉讼/和解目标，以及如何最好地实现这些目标，而不需要具备出庭作证的个性特征。而工期延误专家证人除了是工期延误分析领域的专家外，还应精通以非常清晰明确的方式作证，并能在证人席上展现工期延误专业精神和能力。专家证人独立和公正的程度将影响对专家证据的评价，故而专家证人对法庭和仲裁机构的作用和职责是至关重要的，这些职责也旨在平息那些认为专家证人只是“被雇佣的枪手”①的批评论调。

四、工期延误专家证人与专家辅助人之间的比较

我国相关法律法规并未明确“专家辅助人”的定义，从严格意义上来说，专家辅助人在我国诉讼领域被称作“具有专门知识的人”。这个概念的首次出现，要追溯到 2001 年 12 月 21 日发布并于 2002 年 4 月 1 日起施行的《民事诉讼证据规定》②第 61 条，该条被认为是对“专家辅助人”的首次正式规定。由于该条规定在审判实践适用中取得比较好的效果，且有的法院在没有委托鉴定情况下，通过将这种“具有专门知识的人”适用于对诉讼中涉及的专业性问题陈述意见，较好地实现了提高审判效率和保障当事人诉讼权利之间的平衡，于是在 2012 年《民事诉讼法》修改过程中，立法机关吸收了最高人民法院的意见，将其总结归纳后形成《民事诉讼法》第 79 条③的内容。相应地，2015 年《民事诉讼法司法解释》第 122 条、第 123 条④延续了《民事诉讼证据规定》精神，对《民事诉讼法》第 79 条的适用作出解释。我国《刑事诉讼法》中也有条款采纳了“具有专门知识的人”的表述⑤。

---

① See TIMMERBEIL, p. 168; KANTOR, A Code of Conduct, p. 325. See also KANTOR, Valuation for Arbitration, p. 294 (“If court or arbitrairules require impartiality and independence from the party – appointed experts, parties may be encouraged to seek experts who are partisan but appear impartial and independent”.)

② 《民事诉讼证据规定》2019 年 10 月 14 日最高人民法院审判委员会第 1777 次会议《关于修改〈关于民事诉讼证据的若干规定〉的决定》修正。原第 61 条：当事人可以向人民法院申请由一至二名具有专门知识的人员出庭就案件的专门性问题进行说明……现第 83 条：当事人依照民事诉讼法第七十九条和《最高人民法院关于适用〈中华人民共和国民事诉讼法〉的解释》第一百二十二条的规定，申请有专门知识的人出庭的，申请书中应当载明有专门知识的人的基本情况和申请的目的。人民法院准许当事人申请的，应当通知双方当事人。

③ 《民事诉讼法》第 79 条：当事人可以申请人民法院通知有专门知识的人出庭，就鉴定人作出的鉴定意见或者专业问题提出意见。《民事诉讼法》(2017 修正)维持了上述规定内容。

④ 2015 年《民事诉讼法司法解释》第 122 条：当事人可以依照民事诉讼法第七十九条的规定，在举证期限届满前申请一至二名具有专门知识的人出庭，代表当事人对鉴定意见进行质证，或者对案件事实所涉及的专业问题提出意见。具有专门知识的人在法庭上就专业问题提出的意见，视为当事人的陈述。人民法院准许当事人申请的，相关费用由提出申请的当事人负担。第 123 条：人民法院可以对出庭的具有专门知识的人进行询问。经法庭准许，当事人可以对出庭的具有专门知识的人进行询问，当事人各自申请的具有专门知识的人可以就案件中的有关问题进行对质。具有专门知识的人不得参与专业问题之外的法庭审理活动。《民事诉讼法司法解释》(2020 修正)维持了上述规定内容。

⑤ 《刑事诉讼法》(2018 修正)第 128 条：侦查人员对于与犯罪有关的场所、物品、人身、尸体应当进行勘验或者检查。在必要的时候，可以指派或者聘请具有专门知识的人，在侦查人员的主持下进行勘验、检查。

工期延误专家证人与专家辅助人是两种概念,其有相似与区别之处。需特别指出工期延误专家证人分为当事人委托的专家证人和法院或仲裁机构指定的专家证人,以下重点比较的是当事人指定的工期延误专家证人与专家辅助人的异同。

(一)工期延误专家证人与专家辅助人具有相似之处

1. 功能作用相似

都是为当事人的诉讼/仲裁活动提供帮助、由当事人承担其相关费用或支付报酬、在诉讼/仲裁活动中参照或者适用证人作证的规则。

2. 不可避免的偏向性

当事人指定的工期延误专家证人与专家辅助人均为当事人筛选决定的,具有当事人的主观偏向性,当事人在选择时将不可避免地选择更能体现自己观点及维护自己利益的专家作为其专家证人或专家辅助人。因此无论是工期延误专家证人还是专家辅助人,均不可避免具有一定偏向性。当然,当事人指定的工期延误专家证人与专家辅助人均由委托当事人付费。

综上所述,专家证人和专家辅助人存在一定共性,如都是基于当事人的聘请并经法庭/仲裁庭准许进入诉讼/仲裁程序之中、对当事人的诉讼/仲裁活动提供帮助、由当事人承担其相关费用或支付报酬、在诉讼/仲裁活动中参照或者适用证人作证的规则等,但专家证人与专家辅助人的相似是表面化的,二者仍存在实质性差别。

(二)专家证人与专家辅助人的不同之处

1. 启动方式不同

如前所述,工期延误专家证人的启动在大陆法系和英美法系间有区别,但存在由法院或仲裁机构主动委任的情况。而根据我国《民事诉讼法》的相关规定,专家辅助人完全是由当事人申请引入的,不存在法院或仲裁机构以职权引入专家辅助人的情形。

2. 是否对法院或仲裁机构负责不同

工期延误专家证人除了对当事人有责任外,还对法院或仲裁机构负有责任,即工期延误专家应当表现得客观公正。而我国专家辅助人则没有该要求,专家辅助人的核心功能即为利用专业知识辅助当事人。

3. 角色定位与功能不同

专家辅助人在诉讼/仲裁活动中的功能只是单纯协助当事人就有关专门性问题提出意见或者对鉴定意见进行质证,回答审判人员和当事人的询问、与对方当事人聘请的专家辅助人对质等活动也是围绕着对鉴定意见或者专业问题的意见展开的。法律、司法解释对专家辅助人活动范围、方式的规定,与解决审判实践中对鉴定意见质证困难的初衷密不可分。辅助当事人充分有效地完成诉讼/仲裁活动才是专家辅助人最主要的功能,其并不承担法官或仲裁员“专业助手”的职责。我国专家辅助人的角色类似于日本《民事诉讼法》中的诉讼辅助人，即“随同当事人、法定代理人或诉讼代理人在期日里一起出庭，进行口头陈述的人”，而其口头陈述是对当事人及代理人陈述的补充。

与此相对应，专家证人的功能则是双重的。在诉讼/仲裁活动中，专家证人既要在事实发现上为法庭或仲裁庭提供帮助，也要辅助当事人进行诉讼/仲裁。辅助法庭/仲裁庭发现事实的功能是其最主要和优先的功能。这种功能在英国《民事诉讼规则》实施前，在1993年的一个判例中，民事诉讼中专家证人的职责就已经被确定为“就其专业知识范围内的事项，以客观地无偏见的意见的方式，为法庭提供独立的帮助”和“专家证人绝不应当承担辩护律师的角色”。而英国《民事诉讼规则》第35.3条更将其明确为：“①专家的职责是就其专业知识范围内的事项为法庭提供帮助；②这种职责优先于其对聘请他或向他支付报酬的人的责任”。英美法系国家关于专家证人的这种功能与大陆法系中鉴定人的功能非常接近。[①]

4. 出具意见的性质不同

如前所述，在我国，专家辅助人与当事人之间是一种委托与被委托、服务与被服务的关系。从这一意义上讲，专家辅助人与当事人的诉讼/仲裁案件代理人的地位并无二致。在我国司法实践中，尽管专家辅助人就鉴定意见、其他专家意见或其他专业问题提出意见时，必须遵循以客观为依据、以科学为准绳的原则，但专家辅助人的意见仍然会被法院或仲裁机构视为当事人的代理意见。

尽管当事人指定的工期延误专家证人是由当事人筛选决定的，也不可避免具备一定偏向性。但当事人指定的工期延误专家证人不是当事人的代理人，如前所述，专家证人必须具有客观的专业性，必须向法院或仲裁机构负责而不仅只对指定其的当事人负责，因此当事人指定的工期延误专家证人所出具的意见常被视为证人证言的一种而不是代理意见。

五、工期延误专家证人与鉴定人之间的比较

前文已经分别对工期延误专家证人与工期延误专家顾问、专家辅助人之间进行比较，而工期延误专家证人与鉴定人之间的差异性更大。

当然工期延误专家证人与鉴定人也有很多相似之处，如独立性要求。依据前文所述，工期延误专家证人分为当事人委托的专家证人和法院或仲裁机构指定的专家证人。法院或仲裁机构指定的专家证人要求具有独立性，鉴定人亦要求必须独立于案件当事人，并适用回避制度等保证其独立公平地出具鉴定意见。但当事人指定的工期延误专家证人并不必然要求其具有独立性，而是取决于具体的仲裁规则规定[②]。

---

① 参见最高人民法院民事审判第一庭：《最高人民法院新民事诉讼证据规定理解与适用》（下册），人民法院出版社2020年版，第728页。

② 例如，《贸易法委员会仲裁规则》第27条第2款规定：“当事人提出的就任何事实问题或专业问题向仲裁庭作证的证人，包括专家证人，可以是任何个人，无论其是否为仲裁的一方当事人或是否与一方当事人有任何关系。”根据该规定，当事人一方的职员可以作为专家证人。

不过无论是工期延误专家证人还是鉴定人，都是以其专业性知识解决专门性事实问题上重要的角色，因法律文化制度的不同而导致两者存在以下差异。

1. 诉讼/仲裁地位

工期延误专家证人（expert witness）在英美法系中被视为证人的一种，其诉讼/仲裁地位与证人基本相同。但与英美法系不同，在大陆法系中鉴定人与证人具有不同的诉讼/仲裁地位，甚至鉴定人的诉讼/仲裁地位要高于证人。鉴定人相对证人也具有一些"特权"，如询问当事人等。司法实践中，法官或者仲裁机构对鉴定意见的认定也往往优先于证人证言①。

2. 启动方式

英美法系秉承尊重当事人意愿的原则，工期延误专家证人主要通过当事人意愿启动并选任。当然也不排除出现法院或仲裁机构依职权启动选任专家证人。但在大陆法系国家以及我国，鉴定的启动主要由当事人申请法院/仲裁机构批准同意启动或者法院/仲裁机构以职权主动启动。

3. 专家证言与鉴定意见的证明力

无论是工期延误专家证人作出的专家证言，还是鉴定人出具的鉴定意见都属于事实问题。因此它反映的是可信度，即该证据能否使待证事实得以验证。然而无论是英美法系还是大陆法系，并不存在工期延误专家证人与鉴定人之间证明力明确的顺位。我国由于没有法律法规明确规定专家证人制度，因此在司法实践中，法院或仲裁机构可能更倾向于鉴定人出具的鉴定意见比专家证人出具的专家证言证明力更高。

我国法院或仲裁机构对专门性问题验证采取的是鉴定制度，为使鉴定意见更为独立客观，对鉴定主体资质、程序等作出一系列要求。随着我国与国际接轨以及国际仲裁案件数量的增长，国内学者、法律实务工作者逐渐开始接受并借鉴专家证人制度。但需要说明的是，根据《最高人民法院新民事诉讼证据规定理解与适用》②中的意见，由于专家证人制度与鉴定制度同样具有在事实发现过程中辅助事实审理者对专业问题作出决定的功能，如果我国民事诉讼制度在已经遵循大陆法国家的做法确立了鉴定制度的同时，再设置专家证人制度，可能会欠缺必要性与合理性，也不符合法律规则创设的内在逻辑。所以专家证人制度可能较难在我国被广泛采纳使用，或者说还需要一定的过程。

第三节　中国引进工期延误专家证人制度的必要性

如前所述，我国民事诉讼制度下，现阶段并无专家证人较大存在空间，但工期延误专

① 参见汪建成：《专家证人模式与司法鉴定模式之比较》，载《证据科学》2010 年第 1 期。

② 参见最高人民法院民事审判第一庭：《最高人民法院新民事诉讼证据规定理解与适用》（下册），人民法院出版社 2020 年版，第 728 页。

家证人因其特殊性,仍有存在之必要性与合理性,主要表现在:第一,工期延误相关争议案件复杂,专业性强;第二,鉴定制度不能彻底解决工期延误纠纷;第三,专家证人在认定工期延误时间与责任方面具有不可比拟的优势。

当下,我国对工期争议中的责任认定技术相对粗放,难以精准地保障当事人的合法权益。例如本书第一编第二章所述,我国工期争议通常采取的三种解决方法:第一种是简单加减型,即将双方当事人各有证据支持的每个延误事件的天数进行算术累加,据此区分双方的工期责任;第二种是比例分割型,即认为双方当事人对工期延误均有责任,根据双方证据,判定主要责任、次要责任方,将责任按比例划分;第三种是各自承担型,即认为双方当事人对工期延误均有责任,现有证据无法精确计算延误时间,对双方当事人主张对方承担工期责任的请求均不予支持。① 尽管我国司法鉴定制度已施行多年,但是工期延误领域的司法实践仍不容乐观。我们在"威科先行"数据库以"工期鉴定"为关键词检索出最高人民法院目前全部或部分采纳工期鉴定意见的案件仅有 4 件 ②。

1. 工期鉴定程序启动难

从最高人民法院关于工期鉴定的司法观点可以看出,启动工期鉴定依赖于充分的证据。如在河北昌泰纸业有限公司与中天建设集团浙江安装工程有限公司、唐山国泰纸业有限公司建设工程施工合同纠纷一案 ③中,最高人民法院认为发包人未能提供存在工期延误事实以及工期延误损失的证据,无法启动司法鉴定程序;又如在青海福音房地产开发有限公司与甘肃红旗建设工程集团有限公司建设工程合同纠纷一案 ④中,最高人民法院认为工期顺延问题由各方当事人根据工程实际情况加以确认,对于非必须通过司法鉴定才能确认的事实,当事人单方委托的工期延误咨询报告不足以推翻原判决。

部分观点认为是否启动工期鉴定程序应当综合考虑以下两个因素:第一,案件事实是否存在专业性问题。我们可以通过以下五个步骤梳理工期争议事实:(1)确定工期客观上是否存在延长情形(部分进度迟延还是整个工期延误);(2)确定造成工期延长的可能原因;(3)确定各个原因点客观上导致的工期延长时间;(4)确定各个原因点的责任方;(5)有无确认或禁止具体原因点的顺延工期的约定。第二,工期争议事实问题是否必须通过鉴定予以解决。如果案涉关键事实可以凭借一般生活常识、法律法规、合同约定得出明确唯一的结论,则没有启动工期鉴定的必要。⑤

2. 工期鉴定意见采信难

尽管理论上运用鉴定意见处理工期延误争议存在可能性,但是司法实践中据此认定

---

① 参见邱闯:《工期延误难以准确区分双方过错和责任大小吗》,载微信公众号"法务工期评论"2018 年 7 月 23 日,https://mp.weixin.qq.com/s/Oi7TPN8DsBVMhJ1YuhneZg。

② 数据截至 2020 年 12 月 31 日。

③ 参见最高人民法院民事判决书,(2016)最高法民终 360 号。

④ 参见最高人民法院民事裁定书,(2016)最高法民申 2327 号。

⑤ 参见翟嘉:《由工期延误责任及工期逾期损失的司法认定谈对承包人的工期管理建议》,载健龙、王红松等主编:《中国建设工程法律评论》第 9 辑,法律出版社 2018 年版,第 152 页。

工期延期天数及责任的案件却十分罕见。究其原因,我们认为主要是影响因素过多导致最终鉴定意见的不确定性。工期鉴定除了根据合同约定外,最主要的依据是承包方和发包双方之间的施工进度计划、联系单、签证等文件以及建筑行业的施工组织设计规范(目前建筑施工行业执行的国家标准为 GB/T50502－2009,交通、水利、能源等特殊领域的建设工程执行其他标准)、建设工程定额工期规范(目前主要执行《建筑安装工程工期定额》),而且受制于鉴定人员的专业水平①、建设企业的管理水平以及案涉项目的实施难度等多重因素。以中国建筑股份有限公司与昆山市超华投资发展有限公司建设工程施工合同纠纷一案②为例,金永成公司接受委托出具《超华商贸城工期延误损失的鉴定报告》,该报告明确了以下几点:(1)虽然工期实际造成了延误,但现场未发生全面停工的现象;(2)所有资料中,工期延误未有明确的时间界限,不能准确判定工期延误时工期所处状态;(3)中国建筑股份有限公司未按合同约定履行工期索赔的程序;(4)设计变更及工程量的增加(补充协议)未明确施工工期。法院最终依据双方出示的证据和查明的案件事实确定了工期延误责任、损失。

通过上述案例,我们可以得出最高人民法院的裁判思路为:定性(确定工期延误的事实及责任)——定量(确定工期延误的天数)——定损(确定工期逾期损失)。看似简单的裁判思路背后却是错综复杂的专业性问题,比如,同期延误案件责任如何划分?进度延误是否导致整个工期延误?延误事件是否在关键线路上?而这一系列问题若想通过工期鉴定得到全面彻底解决,我们还有很长的路要走。纵观我国工程企业海外工期索赔案例,折戟沉沙者居多。而理论界关于工期延误专家证人的研究存在大片空白③,为此我们建议在我国设立专家证人制度,提高我国工程企业对这一制度的了解及驾驭水平。

① 参见翟嘉:《由工期延误责任及工期逾期损失的司法认定谈对承包人的工期管理建议》,载健龙、王红松等主编:《中国建设工程法律评论》第9辑,法律出版社2018年版,第150页。

② 参见最高人民法院民事判决书,(2014)民一终字第310号。

③ 截至目前,在中国知网搜索"工期延误""专家证人",没有专业文献,可见工期延误专家证人的需求是一项创新性研究。

第二章

工期延误专家证人的选择和聘用

第一节　工期延误专家证人的选择

在当事人聘请专家的情况下，原告/申请人和被告/被申请人可以自由选择聘请谁。从实践经验来看，出色的工期专家证人所出具工期分析报告的结论往往会成为国际仲裁庭的工期裁决结果。律师会谨慎地选择合适的工期专家证人来为他们的案件提供证据。

律师的第一个任务是先大致识别哪些工期事实需要专家证词。比如，是需要专家同时提供工期延误分析以及工期延误费用补偿量化的专家证词，还是只提供工期延误分析或者工期延误费用补偿量化的专家证词。

第二个任务就是定义"理想"专家的画像，特别是关于职业资格、教育、工期专业知识、法律知识、经验和语言技能。

律师在寻求工期专家证人的时候往往会将着重点放在工期专业知识（如工期网络计划的专业技能），这点毫无疑问是重要的。然而从实践来看，专家是否拥有比较高的法律知识同样很重要，而这点往往会被律师忽略。在建设工程领域的专家证人的需求大致可能分为三类：质量、造价和工期。一般来说，质量专家证人通常强调专业领域技能，无须过多的法律知识，造价专家证人会需要一定的合同管理知识，而工期专家证人则需要很高的法律知识。这是因为工期专家往往需要将工期科学知识与法律知识结合后才能做出更好的判断结论。如果专家只具备单一的工期科学知识结构，其所做出的工期判断结论会极易被从法律层面推翻。

例如，"一带一路"某项目的国际仲裁涉及工期延误争议。中国承包商一开始聘请的美国工期专家证人通过分析工程进度计划，对案涉项目竣工的具体日期给出了判断结论。美国工期专家证人的判断结论被中国承包商聘请的第一任美国律师事务所作为专家意见依据。

中国承包商的第二任美国律师事务所聘请邱闯先生担任该案的工期延误分析专家证人。邱闯先生分析了该案多次变动的合同文件以及历次变动的工程进度计划，得出虽然一开始本案项目有明确的竣工日期,但是由于合同进度计划的数次变动以及合同文件的屡次修改,导致本案双方当事人最终没有约定明确的竣工日期。

美国律师将邱闯的专家判断结论作为工期延误抗辩依据。在对工期专家进行交叉盘问时,东道国业主聘请的英国工期专家证人认同邱闯先生关于本案工程没有竣工日期的判断结论。最终本案工程没有竣工日期成为国际仲裁庭的重要仲裁依据之一,东道国业主对中国承包商工期延误索赔请求被全部驳回。

在该案中,如果只关注进度计划,或者只参照合同条款,均得不出本案工程没有竣工日期的判断结论。只有将进度计划和合同条款放在一起综合考虑,并基于合同相关法律的一般原理,才能得出没有竣工日期的判断结论。类似的例子还有开工日期的判断、基线进度计划的判断、同期延误的判断、延误责任归属的判断等均涉及工期科学知识和法律知识相结合的问题,甚至涉及不同法系的知识,例如,关于同期延误,大陆法系和普通法系会有不同的认定原则。

第二节　工期延误专家证人的职业道德责任

普通法制度最明显的特点之一是其对抗性的性质。与大陆法系不同的是,当事人任命专家是基于普通法的传统,即每一方就某项专业事宜都有一位专家为其作证。

许多国际仲裁规则规定了仲裁员的道德责任,最明显的是公正性和独立性的义务以及披露的相关义务。不过,与仲裁员不同的是,许多国际仲裁规则并没有涉及当事人任命的专家证人是否承担公正和客观等道德责任。①

一些法律类的行业学会制定了国际仲裁专家证人道德准则,例如,英国特许仲裁员学会颁布的《国际仲裁中当事人指定的专家证人使用指南》第 4 条规定:"(1)专家意见应中立、客观、不偏不倚,并不受来自争议解决过程本身或任何一方当事人的压力的影响;(2)委任专家的当事人就出具专家意见向该专家支付合理报酬本身不影响该专家的中立性;(3)专家在仲裁程序中出具专家意见,是为了协助仲裁庭就相关事项作出决定。"

作为建设领域的专业人士,还需要遵守其所在行业学会的专家证人道德准则,例如,英国皇家特许测量师学会颁布的《测量师作为专家证人》第 2 条规定:

"2.1　作为专家证人,您的首要职责是向法庭提供专家证据。这项责任超越于对客户的任何合同责任之上。您对法庭的责任是充分陈述事实,并提供真实、公正和独立的意见,涵盖所有相关事项,无论这些事项是否有利于您的客户。无论证据是否经宣誓或非宣誓而提供,本条均适用。

① 参见邱闯:《工期延误专家证人的职业道德责任》,载微信公众号"法务工期评论"2019 年 8 月 1 日,https://mp.weixin.qq.com/s/huOda-e5Mt9E9ZAEoTL1Hg。

2.2　必须特别注意，以确保专家证据不会偏向负责聘请或支付您费用的人。

2.3　观点不应被夸大或试图掩盖替代观点或其他学术流派，而应予以承认，并在适当的情况下予以解决。确保整个过程履行该义务。

2.4　作为专家证人，您必须能够展示您充分了解专家证人在作证时的角色职责。

2.5　您有权接受雇主的指示，并代表雇主提供专家证据。在接受此类指示之前，您必须使自己确信，您的雇主了解您在提供证据方面的主要职责是向法庭提供证据，这可能意味着您的证据可能与您的雇主对此事的看法或您的雇主希望采用的方式相冲突。

2.6　如果您正在或以前就某一事项(例如在谈判过程中)为某一方行事，而该事项要求或今后可能要求提供专家证据，则您必须在整个审议过程中决定您是否能够充分履行法庭的超越一切的义务，即提供有关事项的真实、独立、公正和完整的证据(请参阅咨询委员会的指导说明—利益冲突)。

2.7　作为专家证人，不得损害另一名专家证人的专业能力。如果您认为对另一名专家证人的能力表示怀疑是正当和必要的，以便您向法庭全面介绍情况，以及如果您认为另一名专家证人的经验、知识和专门知识缺乏、不适当或夸大其词，或者您认为证据是有偏见的，您可以提请法庭注意，并给出充分理由支持您的评论。”

第三节　工期延误专家证人的聘用

一、英国专家证人学会示范合同文本

为了帮助聘请专家证人，英国专家证人学会发布了《专家证人学会示范聘用条款和条件》。该合同条款主要基于英国民事诉讼程序规则而编制，分为概述、定义、指定人义务、专家义务、费用和支持、争议、其他等七部分。

---

1. 概述

1.1　指定人已经根据这些条款和条件聘请专家提供咨询意见或提出报告。

1.2　“1998年民事诉讼程序规则”(CPR)，包括根据CPR批准的任何规程，应优先于本文件与CPR不一致的任何部分。

2. 定义

2.1　指定人系指指示专家的一方或各方，可为律师、保险公司、政府部门、地方当局、法人团体、合伙企业或其他商号或组织，以及向专家寻求咨询意见或咨询人或专家报告的任何个人。

2.2　指示系指专家任命人要求的书面服务说明，包括有关问题的充分细节，以使专

家能够遵守1998年民事诉讼规则和法院的任何命令。

2.3 法院系指任何法院、法庭或与仲裁或争议解决过程有关的机构。

2.4 顾问系指在某个问题成为CPR诉讼事项之前,被聘请就该问题提供建议的任何专家。

2.5 当事人的专家系指被争议一方或另一方(原告或被告)指示提供建议或报告的专家。

2.6 单一联合专家(SJE)系指根据CPR第35.7款指定的、代表所有诉讼方提交特定问题专家证据的专家。

2.7 客户系指当事人、政府部门、地方当局、公司,指定人代表他们已指示专家为法院提供建议或准备报告。

2.8 建议系指专家对某个问题的意见,该问题属于专家的权限或专业领域,以协助指示律师决定是否代表客户提起诉讼。

2.9 报告系指专家根据CPR第35.10款为法院提供协助而编制的书面报告。

2.10 费用和支出系指专家执行指定人指示的专业费用,以及履行这些义务所产生的所有合理费用,如第5条所述的如相关的现金支出,包括汽车里程、火车一等座、飞机商务舱,机票费、合理茶点和酒店住宿(需要过夜住宿),以及复印、复制图表和图纸的费用以及制作报告所产生的其他类似费用。

2.11 法律援助系指法律服务委员会或可能涉及的其他政府机构资助一方进行法律诉讼的情况。

3. 指定人义务

3.1 提供明确的书面说明和所有相关文件的副本。

3.2 如果指定了单一联合专家(SJE),所有指定人应发布联合指示或同意一套指示。在收到此类指示之前,单一联合专家(SJE)不得开始工作。任何指定人可向单一联合专家(SJE)发出单独的额外指示,在这种情况下,他必须向其他指定人发送一份副本。

3.3 通知专家并确定其在所有相关法庭日期的可出庭时间。如果有多个指定人,指定人应就谁接受该义务达成一致。

3.4 在法律援助案件中,只有在法律服务委员会事先授权,或指定人是相关工作类别中权力下放的合同供应商,才可以指示专家开始工作。

3.5 及时处理专家的信息请求和/或进一步指示。

3.6 及时通知专家作出任何影响专家的法院命令,并向专家提供一份该命令的副本。

4. 专家义务

4.1 专家的首要职责是向法院履行,他在执行指示时必须客观、独立地行事。

4.2 仅接受其具有相关资格和经验的指定。

4.3 通知指定人任何利益冲突(实际的或认为的)。

4.4　在执行指示时要运用技能并且谨慎。

4.5　当被指示向法院报告时,应按照CPR的相关要求(包括实践指导和任何批准的规程)并在任何商定的期限内进行报告。

4.6　如果被要求与对方的专家会面,则应按照上文定义的CPR召开此类会议。

4.7　在法院规定的任何期限内,处理对方当事人对其报告的书面问题,这些答复构成专家报告的一部分。

4.8　在指定人同意或法院规定的任何时限内,及时处理所有其他事项。

4.9　除非另有约定,以与争议金额成比例的成本编制建议和/或报告。如有疑问,专家应向其任命者征求有关比例的建议。

如果专家意识到其成本可能超过早前给出的任何估算或报价,他必须立即通知任命者。

4.10　参加法庭听证、会议和其他会议。

4.11　保密。

4.12　保持客观公正。

4.13　在担任单一联合专家(SJE)时,应遵守公平和透明的原则。

5. 费用和支出

5.1　为免生疑问,如果付款取决于案件结果,则不得接受任何指示。如果同意延期付款条款,该事实以及适用于该聘请的利息声明或提高利率将在第1节中规定。

5.2　专家条款中规定了咨询/报告的费用基础和预计交付日期。

5.3　在可能的情况下,费用应事先商定,或向指定人提供估算,在这种情况下,详细信息将在专家条款中说明。

5.4　听证出席的收费依据(如固定费用或小时/日(半日)费率)见第1节。

5.5　如果要增加增值税(VAT),第1节将规定该事宜和适用税率。

5.6　第1节规定了提交发票的地点和授予的任何信用期限。

5.7　如果专家被任命为单一联合专家(SJE),除非另有规定,否则指定人将对专家的费用承担连带责任。

5.8　无论法院的任何评估结果如何,专家费用均应全额支付。

5.9　包括差旅费和住宿费在内的支出应按产生的费用收取。它们应包括但不限于第1.20条所列内容。

5.10　如果旅行时间是收费的,则第1节规定该事宜和小时费率。

5.11　如果收取取消费,第1节规定该事宜和收费基础。

5.12　如果根据CPR第35.6(1)(a)部分由一方(而非其指定人)向专家提出问题,提出问题的一方应承担答复所需的时间和任何费用。

5.13　如果已提交费用单,在接受任何附加指示之前,必须全额收到付款。

5.14　期中费用可在任何合理的地点收取,例如(但不限于)出具建议或报告草案。

如果专家保留要求分期付款的权利,则第1节中规定了这一事宜。

6. 争议

6.1　如发生费用争议,无争议的部分应在约定的支付期限内支付。

6.2　专家和指定人之间发生的任何争议,如未解决,应提交给专家证人学会指定的调解人。

6.3　如果调解不能解决争议,则应提交专家证人学会指定的仲裁员。仲裁员应在其裁决中处理费用。

7. 其他

7.1　专家应保留其建议和/或报告的所有知识产权。

7.2　专家应为个人姓名。

7.3　这些条款不包括根据CPR第35.15款任命专家为法院鉴定人。

二、英国技术与建设工程律师协会专家证人规程

成立技术与建设工程律师协会(The Technology and Construction Solicitors Association, TeCSA)的初衷是为使在技术与建设工程法院(TCC)以及相关仲裁机构审理案件的过程中,律师及其客户的利益能够得以更好地维护。

TeCSA委员会认为,鉴于律师和专家证人各自应向法院或其他法庭承担的责任,律师和专家证人之间的关系至关重要。编制专家证人规程的目的是协助明确沟通,并为律师和专家提供一个能够自由运作的框架,该规程并不打算以僵化的方式运作,但希望参考该规程将使专家和律师能够更快地关注重点问题。

本规程的公布源于TeCSA对1996年1月司法小组发布的专家证据问题文件的回应。TeCSA希望该规程将鼓励专家的独立性和公正性。当然,并非所有这些规程都适用于每一次指定专家证人的情形,而且不可避免地会有规程没有具体涵盖的领域。它的目的是保持本规程的审查和评论将是最被广泛接受的。TeCSA支持法律协会发布的实践准则,并承认许多机构和个人的评论是咨询过程的一部分。该规程内容如下:

A. 总则

1. 律师须向专家提供足够的资料,使专家能确认律师所指出的问题是否属于专家有资格作为专家证人的事项。专家应确信他有必要的资源来满足指定的要求,包括所需的时间表。TeCSA鼓励指定保持积极专业实践的专家。

· 利益冲突和保密

2. 律师须向专家提供一份有关各方的名单,而专家须声明他是否与名单上所指名的任何一方有任何联系,或是否须从名单中合理推断他是否与任何一方有任何联系,以使律师及专家能考虑是否存在任何利益冲突。

·信息

3. 专家通常应提供关于其专业知识、经验和适合其被考虑的角色的信息，以及其拟定的责任基础的详细信息。如果律师打算与不止一人接触，以讨论他们是否适合被指定为专家证人，他应通知每一位专家，并表明其是专家人选之一。

·专家独立性

4. 在任何甄选及委任程序中，律师应记住，未经甄选或其后终止委任的证人，可自由接受其他各方的委任。律师应尽量确保作为任何甄选程序的一部分而提供的文件及资料是经过仔细挑选的，与提供有关资料的要求相称，而且该等文件是在甄选程序或委任结束时需要取回的。同时还应提醒专家，向其提供的任何文件都应遵守有关权利的规则。

B. 任务书

5. 在指定专家后，律师应尽快以与专家独立性相称的方式解释客户的商业和法律目标，并为专家准备一份任务书，其形式应适合专家的性质和复杂性，并要求专家就其发表意见的事项。任务书通常包含以下信息：

(1) 指定方；

(2) 争议主题；

(3) 联系方式；

(4) 争议的性质；

(5) 争议解决程序中确定的时间表和当前状态；

(6) 已开展的任何诉讼/仲裁文书；

(7) 指定方任命的其他专家和其他专家的详细信息，如果已知，列明他们具有的专业知识；

(8) 在标的较大的或复杂的争议事项中，专家协调其服务的方法。如是否需要首席专家联合其他专家；

(9) 要求专家发表意见的领域；

(10) 要求专家提出建议的具体问题。在适当的情况下，律师应为专家准备一份详细的问题陈述；

(11) 要求专家准备的时间范围；

(12) 就申诉的技术问题或协助准备客户申诉案件的初步审查和建议；

(13) 起草报告，供讨论和审查简要报告；

(14) 关键文件的细节和所有相关文件的位置细节。在一个简单事宜的情况下，任务书应该与适当文件一起打包提供，但在一个复杂事宜的情况下，可能需要专家审查文件，任务书本身只包含有限的文件；

(15) 概要应概述特权和披露的原则。

6. 在接获该任务书后，律师及专家须就专家及由律师委任的任何其他专家的角色，审查该任务书的性质及范围。如果专家是在律师参与之前被任命的，那么共同制定一份任务书是很重要的。同时还应避免专家的扩散。律师需知道,可能不需要在每一相关领域中指定一名独立的专家,而一名精心挑选的专家可能能够覆盖多个领域。

7. 律师和专家应随时对任务书进行审查,并就有关问题的任何重大变化向对方提出建议。未经律师事先批准,专家不得从事任务书以外的工作。

8. 应确定专家的指定范围,并以避免浪费成本的方式指定专家。

9. 律师可与代表其他各方的人讨论需要专家意见的事项,以协助完善任务书。

· 时间期限

10. 律师和专家应商定专家工作的总时间期限和计划。如果律师或专家意识到任何可能影响该时间范围的事项,应通知另一方。准确的时间和顺序因情况而异。还应考虑专家要求出席任何听证会的程度。这些问题应尽早讨论。

· 听证日期

11. 律师应告知专家任何诉讼或仲裁中规定的时间范围或任何应遵守的时间表,以及可能作出的任何更改,包括任何听证或审判的预期期限或日期。

12. 当专家被告知他可能被要求出席或提供证据的任何听证会或审判日期时,应提供该日期,并告知律师是否有任何情形可能影响专家基于履行指定职责而预先作出的承诺。

13. 如果专家有预先作出的承诺,则律师和专家应共同努力,以便最好地为客户的利益服务。在没有首先与律师评估其职责的情况下,专家不得作出可能干扰其该项指定职责的新承诺。

C. 报告

14. 该报告通常应作为讨论草案发给律师,并应附有律师最初未向专家提供的全部文件。律师和专家应讨论报告的格式,前提是报告仍然是专家的独立产品。对于律师和专家来说,根据客户对手所主张的其他事实来检验专家的意见是可取的。

15. 专家报告定稿后,通常由律师而非专家交换。通常双方同时交换报告是适当的,但在某些情况下可能需要顺序交换。专家和律师应该在指定的早期讨论这个问题。专家报告及其版权通常归客户所有。

16. 如果基础事实发生变化或专家意见发生变化,专家和律师将需要审查报告的状态。

D. 在不影响会议的情况下

17. 通常情况下,法庭命令当事人的专家证人会面,以确定他们的证据中有争议的部分。此类会议没有标准格式。以下内容旨在作为指导。

18. 专家会议通常应在交换专家报告之前举行。TeCSA 的主要观点是,如果首先进行交流,则很可能预设"立场",不利于在会议上进行适当的讨论。

19. 如果会议由一名专家主持并事先商定议程,则会议可能最有效。专家交换希望讨论的关键标准是很有价值的,例如,分析标准或实践准则或估价方法。各方当事人的律师和他们的专家一起确定需要讨论的有争议的事项,这些事项是争议日程的事项。律师和客户不得妨碍专家会议的进行。专家会议必须讨论与程序中争议事项有关的专家证据问题。这个会议不是让律师用新理论或新文件给对方专家制造“出其不意”情形的。

20. 律师和专家之间以及专家之间需要密切联系，以便充分利用会议。通常类似学科的专家会在一起。有时，在初次会议之后召开多个学科的专家会议是合适的。例如，来自各方的建筑师、结构工程师和工料测量师可能开会讨论所需修复工程的性质和范围。

E. 无偏见会议记录

21. 专家应在会议结束后立即向律师报告，并讨论任何明显的协议或缩小问题范围。

22. 专家应与其他类似学科的专家一起，就商定的意见事项编写一份由他们各自签署的书面说明。注释应尽可能简要说明所持观点的理由。应当注意的是，事实问题是由法庭或当事人协议处理的，而不是专家之间达成协议的问题。如果不是所有专家都能就某一点达成一致，则应探讨有限的协议。

23. 如果在无偏见会议上对意见事项达成了明显一致，则最好立即记录这些内容，以确保准确性。专家在会后反思问题可能是适当的。律师不得指示专家对其他当事人的专家施加压力。

24. 专家通常无权约束客户，但律师应确保专家了解专家的权限范围，并且专家在会议记录中同意的事项可能对其专家本身具有约束力。在两名或两名以上专家明确同意之前，专家应确保会议的所有书面记录均标记为“无偏见”。

25. 律师不得妨碍专家达成协议或形成意见，但可指导专家制定说明，以反映诉讼/仲裁中争议的事项。

F. 专家的职责和报告

26. 专家应遵守任务书的要求，并对专家的专业、职业或经验的人行使合理的技能和照顾，就有关事项提供意见。专家作证，应当秉公行事，对法庭或者仲裁庭负有首要责任。

27. 专家在审议完所有有关事实问题之前，不得发表最后定论。如果任务书不完整或专家认为可能需要提供其他信息，专家将通知律师。

28. 专家应在适当的情况下，可在需要专家给出正式意见的事项之外，向律师提供一般性的建议和协助。专家报告应包含拟在法庭上提供的专家证据的实质内容，并应以清晰、简洁的方式编制。律师和专家应讨论报告的格式。专家的职责不是对有争议的事实作出裁决。如果意见取决于有争议的事实，则应明确说明。

29. 律师须在指定的整个有效期内，随时向专家提供与指定有关的资料及问题。专家在向客户和律师提供咨询和协助时，应当对任何意见进行审查，并考虑所有相关事项。交换报告后，专家和律师应考虑是否需要补充报告。

G. 费用

30. 费用条款和条件应在任命开始时明确商定。应提供适当的明细表、日费率和小时费率等。费用应为包干价，除非调查、实验室或其他费用另有明确规定。

· 费用支付

31. 专家和律师应考虑并商定律师是否指定专家并负责支付专家费用,或律师是否作为交付所有发票的客户的代理人。

· 预算

32. 专家通常应为工作中可识别的指定的各个阶段提供预算。律师和专家应确保费用与争议事项的价值或重要性成比例。

33. 应在开始时明确和商定如何定期提供费用发票,发票应包含什么信息,以及是否将发票发送给律师或客户。专家应提供支持信息,并保持准确的同期记录,足以证明所要求的费用或任何费用征税或类似程序可能要求的费用。

· 法律费用保险公司

34 如果专家费用的协议和支付须经法律费用保险公司批准,律师应始终提前通知专家,并应立即通知其专家费用上限。

· 法律援助

35. 如在律师的客户持有有效的法律援助证明的情况下指定专家,则律师必须告知专家可向法律援助基金索要期中费用的依据,以及是否根据在减少法律援助税的基础上取得专家的费用。如客户的法律援助地位有任何改变,律师须立即通知专家。

· 取消费用和承诺费用

36. 取消费用只有在指定开始时经过讨论和商定,并且专家可以确定他没有其他适当工作可承担时才适用。专家通常不应收取最低费用或承诺费。收费水平可能呈递减趋势,其目的在于补偿专家在短时间内重新整理工作记录时的中断和效率低下,而不是为取消的整个期间提供报酬。

· 支付安全

37. 当律师作为当事人的代理人指任专家,专家可要求当事人向律师或在指定账户内提交足够的款项,以就专家可能收取的费用提供合理的保证。律师和客户将考虑客户的财务状况。

三、英国皇家特许测量师学会测量师作为专家证人聘用条款

英国皇家特许测量师学会(RICS)于1997年发布了第一版《测量师担任专家证人》,之后版本不断更新,并于2014年发布了第四版,其后附上了"专家证人聘用条款"。聘用条款内容如下:

---

1. 指定陈述

1.1　指定人已指定测量师(见1.5),根据本聘用条款,就[说明财产/设施]提供以下服务。[说明指示的性质和范围、目的和可能提供的服务]

1.2　该指定是基于RICS实践声明《测量师担任专家证人》,并应要求可提供一份

副本。

1.3　指定人：

1.4　客户：

1.5　专家测量师：[同时说明任何助理的身份和资格，以及其预期参与的范围]

1.6　法庭：[说明提交专家证据的法庭名称]

2. 定义

除非双方另有约定：

2.1　“指定人”是指发布指示的人员、组织或部门。

2.2　“客户”是指专家测量师被指示代表其提供本聘请条款第1.1条所列服务的人员、组织或部门。

2.3　“专家测量师”是指1.5中指定的人员，并被指定提供本聘请条款1.1中所述的服务。

2.4　“任务”是指由指定人提交给专家测量师的事项，该事项要求提供服务，且本聘请条款适用。

2.5　“费用”是指（在没有相反的书面协议的情况下）专家测量师根据商定的小时/日费率[列出小时/日费率]收取的合理费用。旅行和等待所花费的时间可按每小时/每天的全额收费。增值税将额外征收（如适用）。

2.6　“支出”是指所有影像、图纸、图表等的打印和复制以及所有现金支出（包括差旅费、生活费和酒店住宿费）的合理费用。增值税将额外征收（如适用）。

2.7　[专家测量师]投诉处理程序（CHP）（如果该公司是RICS监管公司）不适用于本次聘请，因为专家测量师对法庭负有责任。

3. 指定人

3.1　指定人应：

（a）以书面形式提供及时、全面及清楚的指示，并提供有关文件的良好副本，包括所有可能影响拟编写的意见或报告的法庭命令及指示，以及专家测量师提供服务的时间表；在时间表发生变更时，应及时通知专家测量师。

（b）迅速处理专家测量师的每一个合理要求，以获取授权、信息或材料，并按其要求进一步指示。

（c）根据情况需要，及时更新和/或更改对专家测量师的指示。

（d）未经专家测量师许可，不得在向法庭提交前，更改或增补或准许其他人更改或增补专家测量师报告的内容，或任何支持该报告的文本、文件或材料。

（e）如有可能，应专家测量师的要求，安排进入与转让有关的财产/设施，以便专家测量师能够检查这些财产和设施并进行相关查询。

（f）确定是否有专家测量师出席需要他/她出席的开庭、会议等。

（g）就出庭、会议及任务所需的出席情况，向专家测量师发出充分的书面通知。

(h)不得将专家测量师的报告或其他工作用于任何其他目的,但与任务直接相关的除外。

4. 专家测量师

4.1　专家测量师应:

(a)只承担他或她认为有足够经验、知识、专门知识和资源的任务。

(b)在履行指示和职责时,要运用合理的技巧和谨慎。

(c)遵守适当的守则、规则及指引,包括 RICS 的。

(d)通知指定人任何可能会取消该专家测量师的资格或使该指定人不适宜继续指定的事宜。

(e)在合理的时间内回答指定人的问题或要求。

(f)在已收到充分的书面通知情形下,努力参加所有出庭、会议等。

(g)将任务的所有方面视为机密。

(h)提供所有有关资料,让指定人在任何费用评估中为专家测量师的费用或付款进行辩护。

(i)在合理的时间内迅速回应指定人的任何投诉。

(j)除另有书面协议外,保留其作品以及其所创作的与其接受指示的任务有关或与之有关的任何其他原始作品的中的所有知识产权和所有权。

5. 费用和付款

5.1　在履行过程中,专家测量师可按其认为合理的时间提交发票,每一张发票应在付款时出示。

5.2　为免生疑问,专家测量师有权在因解决争议或因任何其他原因而不是专家测量师的过错时收取费用和支出:

(a)专家测量师的时间必须预留给特定的出庭、会议、指定或其他相关的工作;

(b)已向专家测量师发出检查和报告的具体指示;

(c)不需要保留时间,因为聘用已被取消或推迟和(或)指示已经终止。

5.3　专家测量师也有权负责回答当事人一方提出的与指定有关的问题或提供任何增编报告。

5.4　指定方和[当事人名称]对专家测量师的费用和支出承担连带责任。

5.5　法庭或其他主管机构对专家测量师费用和支出的裁定的任何限制或上限,不得影响指定人支付这些费用和支出的责任。

5.6　指定人应向专家测量师支付《1998 年商业债务(利息)逾期付款法》规定的所有应付未付发票金额的相应利息(如适用),或由专家测量师自行决定,向专家测量师支付每月[…]%的单利息(或部分利息)。自发票签发之日起 30 天内的所有应付未付发票金额,自 30 天期限届满之日起计算利息,以及取得应付未付发票金额所产生的全部管理、法律和其他费用。

6. 关于费用和支出的争议

6.1 如果对专家测量师的费用和支出金额有争议，则在争议解决之前，应立即支付无争议的金额，而不考虑可能提出的任何抵消或反索赔。

6.2 与专家测量师费用和支出金额有关的任何争议应首先提交[例如，专家测量师事务所]。

6.3 关于费用或付款的任何争端，如不能由[例如，专家测量师事务所]解决，应提交[例如，由双方协议选定的调解员]。如果无法就[例如调解人]的身份达成协议，则应利用[例如，RICS 争端解决处(DRS)]的服务来任命[例如调解人]。如果任何争端不能通过[例如调解]解决，[州管辖权；例如英格兰和威尔士]的法院应对争端及其解决拥有专属管辖权。

6.4 [州法，例如英格兰和威尔士]的法律应管辖本合同条款。

第三章

工期延误证据的收集

第一节　初始信息不完整

工期延误专家证人一旦被指定，在他开始撰写报告之前，他需要确保自己有足够的信息可供使用，以便识别和理解工期延误争议中的问题。一些信息将随着其接受指定而一起被提供。专家证人接受指定时可能还会被告知还有哪些信息可以进一步提供。然而几乎可以肯定的是，工期延误专家证人是希望尽早审阅更多文件的，主要是基于以下几个原因：

(1)在指定工期延误专家证人时，当事人陈述其各自案件的文书的送达程序可能还没有完成；

(2)在当时无法终止各方披露文件；

(3)工期延误专家证人可能需要依赖的一些信息，如事实证人陈述和其他专家证人的报告，但可能当时尚未被提供；

(4)专家证人掌握的初始信息不太可能使其完全或足够详细地了解关于其所调查争议案件中可能导致工期延误的情况。

出于这些原因，工期延误专家证人在被指定开始时所收到的指示信通常只是在此阶段的临时信息。

工期延误专家证人为了得出自己的结论而需要获得的信息不仅仅局限于项目文件。他还将审查或可能希望审查其他专家证人提出的专家报告，并希望看到证人就与其专长领域有关问题所作的陈述。

此外，工期延误专家证人需要了解法律、仲裁程序和证据规则，根据这些规则，确定哪些信息可以提供给他们，从而帮助他们确立自己的专家意见。

一般来说，通常各种法律和规则都会规定当事人负有举证责任。此外，迪拜国际仲裁中心仲裁规则(DIAC规则)[①]、香港国际仲裁中心机构仲裁规则(HKIAC规则)[②]和联合国国际贸易法委员会仲裁规则(UNCITRAL规则)[③]都明确说明了这一点。在此基础上,当事人必须向工期延误专家证人提供必要的资料,以便得出他们的专家意见以及专家意见证据。提供这些信息的时间因规则而异:

(1)HKIAC规则规定诉状应附上其所依赖的文件;[④]

(2)UNCITRAL规则只规定,缔约方依赖的"应尽可能"的文件应与索赔和辩护声明一起提交。[⑤]

(3)DIAC规定,诉状应附上所依据的文件和文件清单。[⑥]

(4)斯德哥尔摩规则与HKIAC规则类似,规定诉状应附上其所依赖的文件。[⑦]

第二节　需要看到文件和希望看到文件

工期延误专家证人所有信息的主要来源将是指定人。工期延误专家证人应非常小心地注意指定人尚未提交法庭或仲裁庭的文件,例如,查看尚未披露的项目文件或尚未交换的其他专家证人的报告。这并不意味着专家证人无权审查这些文件或获得这些文件,以便在形成专家意见时加以考虑。这仅仅意味着在获取文件时需要遵循一个过程。每个人都应参与并被告知专家证人正在识别和依赖的文件。律师团队必须确保这些文件经过适当的披露或交换程序,以确保这些文件能够得到适当使用。

然后,工期延误专家证人应该告知他需要看什么文件才能形成他的意见。对于工期延误专家证人来说,区分他需要看到的文件和他希望看到的文件是很重要的。

工期延误专家证人需要看到的文件,是其专家证据成立所必须依赖的文件,如过程中的工程进度计划。专家证人希望看到的文件是指这些文件可能不一定是必须要依赖的文件,但对于工期延误专家理解工程进度计划的编制可能会很有帮助,如工程图纸等。

证人很可能希望看到交叉引用的材料,以确保他正确地审查了所有必要的内容。有时工期延误专家证人可能会认为他需要或希望看到的文件并没有全部提供给他。在这种情况下,工期延误专家证人需要向指定人律师告知。工期延误专家证人应在其专家报告中说明哪些文件被拒绝查阅,这将有效地使报告仅基于已提供的文件出具,同时还应在报告中说明已请求但未被提供的文件以及相关原因。工期延误专家证人需要这样做,以履

① 参见《迪拜国际仲裁中心仲裁规则》(2007版)第27.1款。
② 参见《香港国际仲裁中心机构仲裁规则》(2018版)第22.1款。
③ 参见《联合国国际贸易法委员会仲裁规则》(2010版)第27.1款。
④ 参见《香港国际仲裁中心机构仲裁规则》(2018版)第17.3款。
⑤ 参见《联合国国际贸易法委员会仲裁规则》(2010版)第20.4款和第21.2款。
⑥ 参见《迪拜国际仲裁中心仲裁规则》(2007版)第23.3款。
⑦ 参见《斯德哥尔摩商会仲裁院仲裁规则》(2017版)第29(1)款和第29(2)款。

行他对法庭或仲裁庭的首要义务。

当然,工期延误专家证人也会考虑他所提交文件的有效性和真实性。收到的进度计划、会议纪要或发票是否真实?是否为实际传送的文件?工期延误专家证人不能证明事实,这是法律团队需要准备的。如果工期延误专家证人对于事实有疑问,应向指示他的律师提出这一点,并从指示律师那里就存疑的"事实"作出指示。以这种方式,工期延误专家报告就可以将这些存疑的事实说为"我被指示……"

许多国家法律和仲裁规则规定,专家证人需在其报告中确定其报告所依据的文献或其他材料。因此,工期延误专家证人审查文件时,应建立自己的方式来识别和记录文件中的那些部分,以供将来参考,从而由此得出工期延误结论。专家证人应确保他正确理解文件披露和与证据有关的程序规则,并与指示律师密切合作,以确保其使用并依赖适当的文件。

第三节　聚焦延误问题

工期延误专家证人在开始审阅项目文件之前,应首先阅读诉状,然后继续了解在案件中提出的其他申诉。指示律师在向工期延误专家证人提供诉状时,应告知工期延误专家与工期延误领域有关的申诉部分,以协助工期延误专家证人集中关注工期延误领域至关重要的问题。另外,工期延误专家证人应该阅读所有的诉状,以准确地了解工期延误在案件中是如何提出的。如果工期延误专家证人不能理解诉状内容或提出索赔的依据(或辩护或反诉等),则必须向指示律师寻求澄清。

一旦工期延误专家证人阅读、审查和理解了案件中的陈述,并为自己确定了形成其工期延误分析观点所需的文件,他必须确保他了解并能够清楚地区分两种信息:

(1)通过其所看到的数据所产生的工期延误信息;

(2)通过对其所看到的数据进行分析后所产生的工期延误信息。

第四节　证据收集问题

有时,专家证人在获取工期延误信息和文件或理解如何正确使用这些信息和文件时可能会遇到困难。

第一个证据收集问题,当指定人律师没有或拒绝提供工期延误专家证人所要求的文件,指定人律师可能有正当和合法的理由时,工期延误专家证人需要理解和接受这一立场。工期延误专家证人需要与指定人律师保持非常密切的关系和高度的理解,并非常清楚地知晓有些文件将不会提供给他。然而,如果工期延误专家证人认为被拒绝提供文件的理由不正确或不适当时,他应该向指定人律师表明这一点。如果仍然不能获得这些文件,工期延误专家证人应在其专家报告中详细说明情况,解释没有这些文件会对他的调查产生的影响。如果这些意见出现在工期延误专家证人的报告中,这通常会成为主询问和交叉盘问的问题。

工期延误专家没有得到其指定人提供的所有有关资料,其危险在于可能导致他的专家意见是基于对事实的不完整或错误的理解。这可以通过与另一方专家的比较和在听证会上的询问而得到证实。无论哪种方式,结果都是专家证人的意见很可能不会被法庭或仲裁庭接受。

在 Carillion JM Ltd. 诉 Phi Group Ltd. 和 Robert West Consulting 一案中①,Akenhead 法官指出:"RWC 指定的进度计划专家显然正苦恼于客户没有向他提供所有相关信息。事实上,我拒绝在此基础上交换他的第二份报告草稿。"②

工期延误专家证人将面临的第二个证据收集问题是指定人律师让其对某些问题作出假设。工期延误专家在处理工期延误时,可能会面临某些延误事件的责任归属判断超出了其专长领域的问题,而延误责任的不同决定可能会对此后一系列工期延误判断产生一系列不同的结果。例如,就某工艺设计延误造成的原因,需要非常熟悉该工艺才能比较好判断是哪方当事人的责任。如果工期延误专家证人就两种责任结果都提出工期延误分析意见,可能后面会面对比较多的选择结果和备选方案。如果有多个类似这样的假设,就会导致非常复杂的决策引发多种工期延误责任后果排列。这样不仅会极大加重工期延误分析的工作量,同时还会导致法庭或仲裁庭决策困难。当工期延误专家证人被要求作出假设时,他需要非常仔细地加以考虑,并与指定人律师进行详细讨论,以确保这些假设是适当的,并可纳入专家证人正在采取的工期延误分析办法中。

工期延误专家证人面临的第三个困难是另一方或另一方指定的专家证人拒绝分享工期延误专家证人认为相关的文件。专家证人不能直接向另一方索要这些文件。专家证人应通知指定人律师索要文件,并向指定人律师解释他所寻求的文件为何重要。工期延误专家证人认为另一方当事人持有的某些文件对其意见是必要的,而指定人律师不愿意索要这些文件时,应当采取与指定人律师拒绝提供自身文件相同的方法。

工期延误专家证人在获取信息方面的第四个问题是指定人没有提供足够的工期延误分析所用的文件,以使其正确地形成工期延误分析观点。工期延误专家证人做的不应该是猜测。如果提供的信息不足以让工期延误专家证人结束调查,他必须确定他能够得出正确意见的点是哪些,哪些由于缺失信息可能导致的结果。然后,工期延误专家证人留由法庭或仲裁庭去判断哪一方当事人没有完成举证责任从而影响工期延误责任的判断。工期延误专家证人在这一阶段必须记住,他的义务是协助法庭或仲裁庭作出决定,而不是代替法庭或仲裁庭作出决定。

① See [2011] EWHC 1379 (TCC).

② See [2011] EWHC 1379 (TCC).

第四章

工期延误专家报告的编制

第一节　专家证人报告编写一般原则

除非另有指示，在大多数庭审过程中，工期延误专家证人通常需要以书面报告的形式提交证据，这通常被称为“专家证人报告”。

专家证人报告应始终保持专业的客观性和独立性，应考虑所有与工期延误有关的重要事实，并应是不受诉讼/仲裁压力影响的专家证人的独立产品。工期延误专家证人不应担任辩护人的角色。工期延误专家证人的作用是协助法庭或仲裁庭就其工期延误专长范围内的事项提供客观、独立的意见，并在某个问题或问题超出其专长范围或无法达成明确意见时予以澄清。

在提供提交法庭或仲裁庭的书面专家证人报告时，工期延误专家证人必须遵守提交专家证人报告的法庭或仲裁庭的任何规则、命令或指示和议定书。专家证人报告通常应提交给法庭或仲裁庭。专家证人报告的内容和范围应取决于其指示的范围、一般义务和对法庭或仲裁庭的首要责任。

专家证人的书面报告最好以有组织、简洁和引用的方式呈现，区分造成工期延误事实的事项、对这些延误事实运用法务工期分析方法进行的观察和分析以及从中得出的推论。建议工期延误专家使用通俗易懂的语言，在需要使用工期延误技术术语的地方，解释这些术语，以帮助法庭或仲裁庭理解。就专家的结论摘要而言，在某些情况下，在报告开始时作一个简短的总结，而在报告结束时作充分的总结，对法庭或仲裁庭可能是有益的。并且如果一开始就提供了报告的执行摘要，法庭或仲裁庭可能会更容易理解报告的逻辑流程。①

英国皇家特许测量师学会对专家证人报告的一般原则进行了很好的总结，其认为专

① 参见邱闯：《专家证人报告编写的一般原则》，载微信公众号“法务工期评论”2019 年 8 月 6 日，https://mp. weixin. qq. com/s/dAIwJj_z5UJjfepnLzbqtA。

家报告应做到:[①]

“(a)详细说明您的资历和相关经验、知识和专业知识(与案件的性质和复杂性相称)。建议在专家证人报告正文中列出与本案有关的具体经验,包括一般经验、背景和作为附录的广泛简历。

(b)说明所有重要委托(无论书面或口头)的内容。

(c)考虑所有与问题和争议有关的重要事项,包括对您的客户案件不利的事项,您就这些事项发表意见。

(d)当一个问题超出了您的专业知识范围时,要把该事宜清楚表述。

(e)凡已进行了科学或技术性质的试验,应说明所采用的方法、进行试验的人员和监督人员。

(f)提供您在制作专家证人报告时所依赖的任何文献或其他材料的细节,包括其他人的意见。

(g)说明是否有任何其他个人或当事方进行了您用于专家证人报告内容的任何检查、测量、测试、实验或调查;他们的相关经验、知识(knowledge)、专业知识(expertise)和资格;活动的性质、范围和方法;以及是否这项工作是在您的监督下进行的;解释证据的任何含义。

(h)清楚地陈述所有重要事实,并明确哪些陈述的事实在您自己的知识范围内,包括那些可能会减损所给意见的事实,并陈述您的意见和推理所基于的所有假设。如果您认为需要进一步的信息,或者无论出于何种原因,您认为无法表达最终的无保留意见,您必须说明意见是临时性的,以何种方式以及具体原因。

(i)区分哪些您认为是真实的事实,哪些是你假定的事实(具体说明那些你被指示假定的事实)。

(j)在处理事实和意见问题时,要保持这两个问题的独立性和谨慎性。

(k)专家证人报告所处理的事项有不同意见的:(i)总结意见的范围及其来源;(ii)提出您自己的意见。

(l)当有实质性的事实存在争议时,对所提出的每一个假设分别发表意见,除非能够证明一组事实不可能或不太可能,并充分解释推理,否则不显示任何偏好。

(m)如果您不能在没有某资格的情况下发表意见,则必须对此类资格进行识别、明确说明和解释。

(n)在专家证人报告的结尾包括结论的摘要。

(o)通过在报告末尾附上一份经签署的事实陈述,以及下文所述的声明和法庭的任何其他要求,核实您的专家证人报告。您必须在签名下方清楚地签署您的姓名,包括所有的专业职业资格和日期。

---

① See RICS, Surveyors acting as expert witnesses 4th edition.

(p)司法管辖区和法庭对事实陈述的要求可能有所不同。《1998年民事诉讼程序规则》(CPR规则)第35条实践指示中列出了一个经过反复测试过的例子。为避免英格兰和威尔士法院的重复,本实践陈述在事实陈述中包含了相同的措辞……"

第二节　专家证人报告的格式、结构和内容

如果对报告中的段落和页面进行编号,通常对法庭或仲裁庭很有帮助。此外,在专家编制的报告中列出专家所依赖的文件或支持材料,并提供充分的引注,也能够便于法庭或仲裁庭识别这些文件或支持材料。在适当的情况下,还要考虑特定法庭或仲裁庭对报告的具体要求。

一般首页显示专家证人的姓名,还需包括以下信息:案件名称、争议管辖机构、争议所适用的规则、双方当事人、指定人、报告名称与报告日期。

通常称为"报告"(report),或在适当情况下称为"补充报告"(supplemental report)、"修订报告"(amended report)或"进一步修订报告"(further amended report)。

英国皇家特许测量师学会关于专家证人报告的结构建议如下:①

"(a)介绍材料:

(i)专家证人的经验、资格和专门知识的简短简历,说明与案件的性质和复杂性相匹配。更完整的描述/简历可以作为附录。

(ii)报告中提到的人员的姓名,以及他们各自角色的简短描述。

(iii)争议性质的简要概述。

(iv)一份完整和透明的所有材料说明。

(v)专家参与案件的历史(如果存在这样的历史)和相关事件的顺序。

(vi)专家证人建议在报告中解决的问题(您可能希望对其编号)。

(vii)主要报告的执行摘要(视情况而定)。本节不发表任何意见。关于经验和资格声明/说明(包括通过随附的任何简历),请务必检查所有此类说明和文本是否准确和最新。

(b)专家证人的询问和专家证人意见所依据的事实。例如,本节(仅限于事实)可能包括对所进行的检查或调查的描述、对现有检查或调查结果的说明。这种描述通常用逐条分段的方式给出,并酌情加上副标题。

报告的这一部分还将:

(i)区分专家证人被告知假定的事实,专家证人选择假定的事实,和专家证人(或代表专家证人行事的其他人)为自己建立的事实。

① See RICS, Surveyors acting as expert witnesses 4th edition.

(ii)识别提供给专家证人的和由专家证人得出的事实和材料的各种来源。

(iii)列出专家证人在报告中所依赖的文件,并提供引注,以便于识别。

(iv)当当事人双方就某些事实陈述达成一致时,也可以借此机会强调双方不能达成一致但却十分重要的事实。

(v)当被要求作出假设时,建议专家证人视情况表明他们认为这是不合理的或不可能的(也就是说,对这一点作必要的限定)。

(c)意见和结论:

(i)专家证人报告应逐项列出从事实和有关询问中产生的问题。

(ii)专家证人报告应以公开和透明的方式探讨这些问题。

(iii)专家证人不应仅限于一种意见,但在这些问题可能导致一系列意见的情况下,专家证人应阐明这些意见。

(iv)这些意见背后的推理应该得到充分和适当的演练。"

英国皇家特许仲裁员学会(CIArb)关于专家证人报告规定如下:①

"(a)载明专家证人的全名、地址、背景、资历、培训及相关经历;

(b)说明专家证人与任何一方当事人及其律师或其他仲裁代理人、仲裁庭、其他证人和参与仲裁的任何其他个人或组织的关系;

(c)包含一项载明专家从委任的当事人处收到的任何指示以及专家报酬的计算依据的说明;

(d)仅对仲裁庭所许可的专家证据涉及的问题发表意见;

(e)说明为发表专家意见而将何种事实、事项和文件(包括任何假设性事实和其他假设事项)纳入了考虑范围;

(f)说明专家意见基于何种事实、事项和文件(包括任何假设性事实和其他假设事项)而作出;

(g)说明已经得出的意见和结论,并描述得出该等意见和结论所依据的方法、证据和信息;

(h)说明就何种事项无法发表专家意见;

(i)说明何种事项超出专家证人的专业范围;

(j)尽量详细地列出据以得出专家意见的所有文件和信息来源;

(k)包含以本指南第八条规定的形式作出的一份声明;以及

(l)由专家证人本人签字,并注明日期和地点。"

国际律师协会(IBA)关于专家证人报告规定如下:②

---

① CIArb, Protocol for the Use of Party - appointed Expert Witnesses in International Arbitration, 2017,译文来自于环中仲裁团队。

② IBA, IBA Rules on the Taking of Evidence in International Arbitration, 2010。

“第五条当事人指定的专家

……

2. 专家报告应包括：

(a)当事人指定的专家的全名和地址，关于其与任何当事人、他们的法律顾问和仲裁庭目前和过去的关系（如果有的话）的陈述，以及他或她的背景、资格、培训和经验的描述；

(b)其提供意见和结论所依据的指示；

(c)其独立于当事人、他们的法律顾问和仲裁庭的声明；

(d)其专家意见和结论所依据的事实的陈述；

(e)其专家意见和结论，包括对得出结论所用方法、证据和资料的说明。提供当事人指定的专家所依赖的尚未提交的文件；

(f)如果专家报告已翻译，则应提供一份关于最初编写该报告所用语言的声明，以及当事人指定的专家在证据听证会上预计作证所用的语言；

(g)其对专家报告所表达意见的真实确信的确认；

(h)当事人指定的专家的签名及其日期和地点；

(i)如果专家报告由多人签署，则应说明每位作者在专家报告中的贡献部分。”

斯德哥尔摩商会仲裁令关于专家证人报告规定如下：

“7. 证人陈述和专家报告

7.1 证人陈述和专家报告应当按照本程序令 2 号拟定的临时时间表来提交。这些文件的翻译应当按照本程序令 2 号第 6.3 条的规定来提供。每一份证人陈述和专家报告应当：

1)体现出证人是在就事实进行陈述还是作为专家；

2)写明证人的姓名、地址和资格；

3)写明证人与本仲裁任何一方当事人的关系；

4)包含证人的证词，其中包括对得到其结论所使用的分析方法和信息来源的描述；

5)包含所有证人在其证言中所依赖的文件，如果当事人之前并没有随申请书提交这些文件；和

6)由证人签署，并写明签字的日期和地点。”

示例

以下是邱闯先生担任国内某案件的工期延误专家证人时出具的专家报告结构：

1. 概述

1.1 委托内容与范围

1.2 编制人

1.3 声明
1.4 收到的资料及分析依据
2. 主要意见和观点
3. 项目进度状况分析的准备
4. 工期延误分析
5. 总结
附录
附件

第三节 专家证人声明

专家证人声明往往涉及专家证人如何编写报告的各个方面，它可以包括对法庭或仲裁庭的义务、公正性和独立性等方面。

许多行业学会给出了专家证人报告中的专家声明模板。英国皇家特许仲裁员学会关于专家证人声明规定如下：①

"(a)我了解，在向本次仲裁提供证据时，我的职责是协助仲裁庭对已出具专家证据的相关问题作出决定。我已经遵守并将继续遵守这项职责。

(b)我保证，本意见由我独立、中立、客观并且无偏见地作出，并未受到争议解决程序或本次仲裁的任意一方当事人的影响。

(c)我保证，我发表的意见中所针对的问题全部在我的专业范围之内。

(d)我保证，我已将我认为与我发表的意见相关的事项提交仲裁庭，并使仲裁庭注意到了我所知晓的、可能对我发表意见产生不利影响的所有事项。

(e)我保证，在提交本书面意见之时，我认为其完整、真实，并构成我的真实、专业的意见。

(f)我保证，在提交本意见之后，如我认为需要任何更正、修改或修饰，我将立即通知仲裁各方当事人以及仲裁庭。"

英国皇家特许测量师学会要求其会员作为专家证人时需要遵守下列专家证人声明：②

"1. 我确认我的报告已注意所有与我的专业意见有关并影响到我的专业意见的实质性事实。

① CIArb, Protocol for the Use of Party - appointed Expert Witnesses in International Arbitration, 2017，译文来自环中仲裁团队。

② RICS, Surveyors acting as expert witnesses 4th edition.

2. 我确认我理解并履行了我作为专家证人对[法庭名称]的责任，该责任超越于指示或支付我款项的人的任何责任之上，我已经公正客观地提供了我的证据，并且我将继续按要求履行该责任。

3. 我确认我没有接受任何有条件或其他基于胜诉的收费安排的指示。

4. 我确认我没有利益冲突。

5. 我确认我知悉并遵守[法庭名称]规则、规程和命令的要求。

6. 我确认我的报告符合皇家特许测量师学会(RICS)的要求，如RICS实践声明所述的《测量师作为专家证人》。"

第四节 指定人律师关于专家报告的评估

指定人律师必须确保报告符合其目的，这意味着其需要向专家解释并核实以下方面：

(1)专家报告无论从一个外行或律师的角度来看都是综合全面的。

(2)专家报告应该考虑到法官或仲裁员关于工期延误技术知识的成熟程度。

(3)报告必须适当地披露其所依据的事实和数据。例如，所依据的进度计划、延误事件的事实文件等，否则，整个证词在法庭或仲裁庭看来可能会变得无用。

(4)报告必须以阐述假设、推理、方法和支持性证据的方式，从逻辑和现实的角度得出专家的结论。例如，使用业界认可的法务工期分析方法，结合延误事件，回溯工期延误责任。

(5)报告必须证明专家是可信和独立的，即表明如果专家被对方当事人指定，专家将使用相同的方法并得出相同的意见。①

(6)报告应明确示明支持聘用当事人立场的要点，但不应为该当事人的案件进行公开辩护。

指定人律师应把自己放在对方当事人律师的角色上，揭露报告中可能存在的弱点，这是因为专家报告最终需要受到交叉盘问。

最后，确保专家及时提交书面报告往往是法律顾问职责的一部分，以便其在起草法律代理意见时留出足够的时间来评估专家报告的内容。

① See R. Doak Bishop, *Chapter 15: Toward a Harmonized Approach to Advocacy in International Arbitration*, in R. Doak Bishop, ed., The Art of Advocacy in International Arbitration, Huntington, 2004, p. 466.

第五章

工期延误专家报告的使用

第一节　对工期延误专家报告提出问题

专家报告送达后,对方当事人或其律师可通过指定人律师就报告内容向工期延误专家证人提出书面问题。例如,当报告的一部分不清楚或似乎包含明显的错误或遗漏之时。除此之外,有关将来在听证会上进行询问时需要考虑事项的问题也可能会被问及。

除了极少数仲裁规则,如英国土木工程师学会(ICE)仲裁规则外,一般仲裁规则中通常没有对当事人指定的专家证人提出书面问题的明确规定。在英国法院,CPR 规则第35.6款明确规定了这些规则,如下所示:

"(1)一方当事人可就专家报告向下列人员提出书面问题(必须按比例):

(a)另一方指定的专家;或

(b)根据第35.7款任命的单一联合专家。

(2)第(1)款下的书面问题:

(a)只能提一次;

(b)必须在专家报告送达后28天内提交;

(c)必须仅用于澄清报告,除非在任何情况下:(i)法院许可;或(ii)另一方当事人同意。

(3)专家对按照第(1)款提出的问题的回答应视为专家报告的一部分。

(4)当:

(a)一方当事人已向另一方当事人指定的专家提出书面问题;以及

(b)专家没有回答这个问题;

(c)法院可就指示专家的一方当事人作出以下一项或两项命令:(i)当事人不得依赖该专家的证据;或(ii)一方当事人不得向另一方当事人追回该专家的费用和开支。"

《实践指导》第35条第6段规定:

"向专家提问:

6.1　如果一方直接向专家发送第35.6款规定的一个或多个书面问题,则必须同时向另一方发送一份或多个问题的副本。

6.2　指示专家的一方或多方必须支付专家回答第35.6条所述问题所收取的任何费用。这并不影响法院关于最终承担专家费用的一方的任何决定。”

这些规定也反映在《英国民事司法委员会(CJC)规程》第16节中。其第16.2款规定:

“专家对问题的回答自动成为他们报告的一部分。它们被事实陈述所涵盖,并构成专家证据的一部分。”

虽然法院的程序为当事人向对方当事人专家证人的专家报告提出书面问题提供了广泛的明示机会,但仲裁规则中很少规定这一点。一般来说,询问专家证人的机会保留到听证会上进行质证。与一般仲裁规则不同,在ICE仲裁程序(2012年)第13.6款进行了如下规定:

“仲裁员也可以在交叉盘问前的任何时候,命令证人或专家对陈述或报告中出现的问题作出书面答复。”

国际律师协会规则和英国皇家特许仲裁员学会规则都没有这样的规定。因此,仲裁庭可以借鉴使用《民事诉讼法》中关于对专家报告提问的规定。

示例

中国国际承包商聘请的M国国际律师事务所律师在收到邱闯先生签字的《邱闯W项目项目延误评估专家报告》(2016年6月15日版)后,交给国际仲裁庭和东道国业主的R国国际律师事务所律师。

东道国业主在2016年8月15日与E国国际工程咨询公司的M先生签署专家证人合同。M先生于2016年9月9日出具了《M先生延误专家报告》。M先生得到的指示是评估《邱闯W项目项目延误评估专家报告》,主要专注在评估邱闯先生所使用的法务工期分析技术。《M先生延误专家报告》重点考虑了以下几点:

(1)有哪些法务工期分析技术可用于延误分析;

(2)邱闯先生所评估和使用的进度计划的法律地位;

(3)邱闯先生所使用的法务工期分析技术介绍;

(4)该案邱闯先生法务工期分析技术的应用;

(5)邱闯先生所使用法务工期分析技术局限性的事实证据举例。

第二节 工期延误专家证人回答问题

工期延误专家证人在收到了对方当事人特别是对方当事人专家的书面问题后,需要进行针对性地回答。

示例

邱闯先生通过M国国际律师事务所律师收到了《M先生延误专家报告》(2016年9月9日)。在认真阅读完《M先生延误专家报告》(2016年9月9日)以及中国国际承包商新的补充证据后,邱闯先生于2016年10月21日签署了《邱闯工期延误评估补充专家报告》,回应《M先生延误专家报告》(2016年9月9日)的主要观点以及根据新的证据对于《邱闯W项目项目延误评估专家报告》(2016年6月15日版)所做的一些局部修正。《邱闯工期延误评估补充专家报告》(2016年10月21日)重点考虑了以下几点:

(1)M先生关于邱闯先生所使用的法务工期分析技术的许多论断是不符合西方行业学会国际准则的;

(2)M先生关于邱闯先生所使用法务工期分析技术局限性的事实证据举例是不准确的;

(3)根据西方行业学会的国际准则进一步阐释了邱闯先生所选择使用法务工期分析技术的原因。

R国国际律师事务所律师通过M国国际律师事务所律师收到《邱闯工期延误评估补充专家报告》(2016年10月21日)后,交付于M先生。M先生于2017年5月2日出具了《直接询问陈述文本》,就《邱闯工期延误评估补充专家报告》(2016年10月21日)中的观点进行了回应。

第六章

出庭接受质询

第一节　专家证人宣誓

通常在专家证人进入国际仲裁庭落座后，仲裁员会让专家证人进行宣誓。例如在斯德哥尔摩商会管辖的某国际工程仲裁案件中，在邱闯先生落座后，仲裁员让邱闯先生进行如下宣誓：

“我清楚，我作为专家证人参与本次仲裁审理，有义务仅对我本人深刻确信的内容进行声明。”

仲裁庭也可以直接告诉专家证人应该具有的义务，让专家证人确认。如在海牙常设仲裁法院管辖的某国际工程仲裁案件中，在邱闯先生落座后，仲裁员让邱闯先生进行如下确认：

首席仲裁员：“邱先生，我知道你是一个非常有经验的专家证人，我相信你明白你来这里是为了帮助仲裁庭解决这场争议，对吗？”

邱闯：“我明白。”

第二节　主　询　问

当一名专家证人第一次出庭作证时，指定其作为专家证人一方的询问律师首先对其进行询问，一般称为主询问(examination - in - chief)，也称直接询问。专家证人应首先说明姓名和地址等个人细节。然后，询问律师会向专家证人提供一份由专家证人签字的工期延误专家报告，要求工期延误专家证人确认这是他们向法庭或仲裁庭提供的证据。工期延误专家可以在这个阶段做出任何更正工作。这也是一次机会，该次更正可以涵盖专家报告中错误漏掉的任何内容或自报告提交以后出现的新情况。①

主询问往往是对专家证人信誉的考验,因此,专家证人应注意维护自己的信誉。在很多时候,由于指示方律师提问的性质,专家的可信度会在主询问中受到损害。因为法庭或仲裁庭知道律师受雇为一方辩护,但专家证人应该是中立的。如果专家证人看起来像一把"雇佣的枪",其证词的可信度就会降低。一方面,专家会提出反映指定方观点的意见;另一方面,专家必须表现出思想的独立性,在提出这些意见时没有偏见。指定方律师必须确保专家的行为方式能够强化专家作为独立专业人士的角色,而不是让专家被视为指定方的共同律师。

在主询问过程中,指示方的律师询问其聘请工期延误专家证人所出具工期延误专家报告的详细情况,在不同的案件中有很大差异。工期延误专家报告可以作为专家的证据。如果指示方的律师认为其已充分理解和解释了工期延误专家证人的意见,可以要求专家证人对报告予以确认,然后让专家证人进行下一步的交叉盘问。在随后的复询问中,他们可以重新追问因交叉盘问而产生的问题。这是英国的通常做法,越来越多的国际法庭或仲裁庭也采用英国的这种做法。但是,如果指示方律师担心法庭尚未完全掌握工期延误责任的某一点或某一工期延误问题特别重要,或者在之前已经进行的听证过程中,某延误事宜在某一点和某一理由上与该指示方的情况不符,因而需要就此延误事宜再次论证,则指定方的律师可以选择结合工期延误专家报告进行细节上的询问。②

主询问过程也可以用来就工期延误专家报告询问工期延误专家证人一些简单的问题。这个过程只是为了让工期延误专家熟悉询问的过程和环境,使工期延误专家在进入严格的交叉盘问前安顿下来。这个过程对于专家证人的作用和影响不应被低估。

最近越来越多的指定方律师在主询问过程中,让专家证人确认其报告,然后直接进入交叉盘问。主询问过程的这种趋势引起了法庭或仲裁庭的关注。一方面,因为专家证人指示方的律师可能认为专家证人的书面证据是明确的,法庭或仲裁庭应该清楚。但另一方面,专家证人的报告可能是冗长和复杂的,例如,一份工期延误专家报告加上附件可能会超过百页。虽然当事各方及其法律代表收到专家证人报告的详细内容已长达数月之久,但法庭或仲裁庭对细节的掌握可能是有限的。在此基础上,一些法庭或仲裁庭会要求专家证人首先针对其认为重要的问题提出证据,并陈述在这些问题上专家证人与对方专家证人的分歧所在以及这种分歧的原因。这显然有利于所有人,特别是法庭或仲裁庭以及专家证人的当事人,因为专家证人得以利用这有限的时间向法庭或仲裁庭介绍他的工期延误分析证据。在此基础上,通常情况下,指定方律师会询问主询问过程是否需要这样

① 参见邱闯:《对工期延误专家证人的主询问》,载微信公众号"法务工期评论"2019年8月21日,https://mp.weixin.qq.com/s/F3dG96gq_q4882i--K73Zw。

② 参见邱闯:《对工期延误专家证人的主询问》,载微信公众号"法务工期评论"2019年8月21日,https://mp.weixin.qq.com/s/F3dG96gq_q4882i--K73Zw。

的介绍，还是直接进行交叉盘问。①

英国技术与建设工程法庭指南认为：②

"专家证据的目的是协助法院处理技术或科学问题。特别是在通过许多专家的联合声明和报告形成证据的大型和复杂案件中，专家在其证据开始时向法院提供他们对主要问题的意见摘要通常是有帮助的。这可以通过口头或 PPT 或类似演示来完成。目的不是介绍新的证据，而是解释现有的证据。"

对于缺乏国际仲裁经验的专家证人来说，最尴尬的事项就是其不知道他在接受询问时可以使用哪些信息来支持自己。

示例

在迪拜国际仲裁中心的一次仲裁听证会上，一位首次出庭的价格量化专家，在庭审过程中查阅随身携带的笔记本、档案和报告的注释副本，当另一方的律师问他"你有什么"，即要求其对所查阅的文件进行展示与说明时，他发现自己已置身于非常尴尬和不利的处境。经过适当的解释后，他被要求把这些数据源从证人席上拿走。

如英国皇家特许测量师学会对其会员所建议的那样：③

"您应该记住，如果您在作证时提及文件或说明，律师或法庭可以要求查看这些文件或说明。这包括此类文件或说明上的注释。"

在此基础上，专家证人及其委托人和律师可以选择不依赖这些文件或说明，也可以不向另一方和法庭或仲裁庭提供这些文件或说明。对于法律团队来说，这通常是一个非常简单的战略决策。

专家证人提供口头证言的准备工作的一部分必须是基于在提供证据时不能依赖其所作的小笔记和注释报告。因此，专家证人需要做好充分准备，以便在没有这些辅助资料的情况下进行作证。

第三节　交叉盘问

"旁观者可能会看到虚假的证词。我们有一个根除骗子的伟大制度。这叫作交叉盘

① 参见邱闯：《对工期延误专家证人的主询问》，载微信公众号"法务工期评论"2019 年 8 月 21 日，https://mp. weixin. qq. com/s/F3dG96gq_q4882i－－K73Zw。

② 参见《英国技术与建设工程法庭指南》第 13.8.1 项。

③ At note 11.3 of its Surveyors Acting as Expert Witnesses A Guide to Best Practice, 3rd Edition.

问。肯定有专家证人会为了钱说任何话,但这些骗子很快就会暴露出来。”①

从工期延误专家证人的角度来看,其倾向于相信一个普遍的真理或科学原理,有了这些工期延误事实,就能使情况变得可以理解。而对方的律师认为事实是相对的,这取决于站在谁的角度去看问题,而且事实在适当的角度被解释时,真相才能得以显现。通过交叉盘问,对方律师有义务改变对工期延误现实的认识。指定方律师相信同样的原则,并将在对方专家证人的交叉盘问过程中加以应用。

工期延误的原因常常不依赖于对工期延误专家证人主询问过程的指定方律师演讲,但对方律师进行交叉盘问的技巧很可能会对原因结果的判断产生很大的影响。因此,一般主询问不能确保工期延误原因论证的安全,而交叉盘问往往是工期延误原因成功对抗的关键。由对方律师进行的交叉盘问将是工期延误专家证人出庭过程中最具挑战性的部分,可能也是整个工期延误专家证人角色最具挑战性的部分。

交叉盘问的目的是质疑对方专家证人的工期延误证据,说服法庭或仲裁庭更倾向于己方专家的工期延误证据。因此,交叉盘问可能是一个非常艰辛的过程。然而,一个准备充分、诚实、专业地陈述意见的工期延误专家证人不应害怕被交叉盘问。

在准备提供口头证据时,工期延误专家证人还需要意识到,交叉盘问的律师可能会在准备问题时得到对方专家证人的协助。英国专家协会的专家声明包括:“我可能被要求出庭接受有专家协助的交叉盘问人对我的报告进行质证。”②

作为专家证人,在交叉盘问过程中,可能会面对三方面的质疑:

1. 专家可信度的质疑。

2. 专家意见所依据的事实基础的质疑。

3. 在高度主观的问题上,可能存在各种不同的意见,至少对方专家证人的另一种观点也存在可能性。

英国技术和建设工程法庭(Technology & Construction Court,TCC)发布的指南暗示了前两个问题:③

“专家证据的质量和可靠性将取决于(a)专家的经验和技术或科学资格,(b)专家用于其评估的事实材料的准确性。”

对可信度的攻击旨在证明专家证人没有资格、经验或足够的独立性。除非专家证人特别明显不适合,一般来说不适合在法庭上进行这种攻击,而通常可以探讨专家证人与指定人之间的关系。专家证人的书面意见或在交叉盘问中的回答有偏见的,也可能会构成对方律师在交叉盘问过程中攻击专家证人可信度的理由。

当对方律师认为专家证人的可信度没有疑问,可能就会转向专家证人意见的依据。

① See Mark Crane, *How do Expert Witnesses Get away with Lying*? Medical Economics, Vol. 76:1, p. 155 (1999).

② 参见《英国专家协会专家声明》第11.5款。

③ 参见《英国技术和建设工程法庭指南》第13.1.1款。

即专家证人是否有足够的时间，是否充分查阅和研究了文件，或是否遗漏证据，这些情况可能会受到质疑，或者专家证人所依据的法律、事实或其他专家证人的结论是错误的证据。尤其是在建设工程争议中，合同条款或实体法的法律争论之后，会对所发生的事情进行事实证明。这些事实证明会依赖大量的工程文献，包括其他领域专家证人的报告。由于处于争议阶段，许多事实证明尚未定性，会使得对方律师认为专家证人的意见是建立在错误假设的基础之上。

如果专家证人是可信的，并且在适当的事实和其他证据的基础之上形成，经过深入研究已经清楚地达成了意见，那么对这些证据进行交叉盘问的律师就会转到主观性质上来。在建设工程行业的所有专家证据方面，几乎总是存在主观性领域，而这些领域将产生合法可能的替代意见。例如，工期延误专家证人采用不同的法务工期分析方法，即使在相同的事实上，也可能会产生不同的结果。因此，对同一事实和信息发表独到见解的两个对立的工期延误专家证人可以得出不同的工期延误责任结论。此时交叉盘问律师的技巧是与工期延误专家证人探讨替代方案，并说服法庭或仲裁庭应优先选择其替代方案。

交叉盘问是一种竞技——但它是一种智力竞技，目的不是击败对方，而是赢得法庭或仲裁庭的支持。“当你的意见是有根据的，基于合理的原则和事实，交叉盘问提供了另一个支持该意见的机会。询问的问题也可能为专家掌握更多事实与深入理解打开大门。”①

第四节　再询问与仲裁庭询问

一、再询问

当指定专家证人的律师认为专家证人的证据在交叉盘问过程中出现了某些不利情况，再询问（re－examination）过程是给指定专家证人的一次机会。例如，如果交叉盘问的律师以某种方式提出的问题导致专家证人的回答不能完全反映其意见（特别是核心关键问题），则指定方律师需要运用其技能重新询问专家证人在交叉盘问阶段回答的问题并给予其澄清的机会。当然，由于指定方律师可能会认为应该避免过渡关注针对专家证人的问题，因此，除非指定方律师有绝对的把握，通常不会在再询问这个过程对专家证人进行更多的询问。

二、仲裁庭询问

在大陆法系法院，法官一般在证人讯问中起主导作用。历史上，英格兰和威尔士法院采用的对抗性制度认为，法官只对双方代表的陈述作出反应。然而，近几年来，英国的法

① See John P. Coniglio, *The Expert Witness: A Primer on Your Activities*, Professional Safety, Vol. 47:1, p34－39(2002).

官越来越积极主动,并主动介入询问证人所关注的问题。

英国仲裁庭则更加积极地介入到对专家证人的询问中来。根据英国1996年的《仲裁法》,仲裁员应“主动”确定事实和法律。①

伦敦国际仲裁院(LCIA)仲裁规则规定:“在仲裁庭开庭时提供口头证据的证人,可以在仲裁庭控制下接受各方询问。仲裁庭可以在其证据的任何阶段提出问题。”②

英国联合合同委员会(JCT/CIMAR)仲裁规则规定:“仲裁员可以自己主动查明事实和法律。”③

IBA规则规定:“仲裁庭可以随时向证人提问。”④

ICE仲裁规则规定:“仲裁员可以命令专家在听证会上单独或同时出现,以便他可以对他们进行询问。在仲裁员提问结束后,各方或其代表可在合理要求下,有机会向任何专家提出进一步的问题。”

CIArb规则第7条规定仲裁员有权就专家证据采取主动行动,进一步规定仲裁庭可随时与专家举行初步会议。

因此,专家证人可以预期在其提供证据时,特别是在再询问结束时,仲裁员会提出自己的问题,以给予专家证人澄清自身已提出观点的机会。如果仲裁庭由三名仲裁员组成,由每一方指定一名仲裁员(“边裁”)和一名主席组成,则边裁对于专家证人采取询问式询问的激烈程度有时可能会超过专家证人的预期,这种情形发生在国际仲裁中的可能性更大。

---

① 参见《英国仲裁法》(1996)第34(2)(g)款。

② 参见《LCIA仲裁规则》第20.5款。

③ 参见《JCT/CIMAR仲裁规则》第5.5款。

④ 参见《IBA仲裁规则》第8.3(g)款。

第七章

专家证人案例

一、案情

该案例尽管发生时间较久并且发生在英国法院，但案件中双方当事人聘请的专家证人的表现对类案处理，特别对刚刚走出去不久的中国承包商处理类似纠纷仍具教科书意义。

1. 相关方信息（如表 9－7－1 所示）

表 9－7－1　相关方信息

原告方		被告方	
大东方酒店有限责任公司（业主）		约翰·莱恩建设有限公司（建造管理经理） 莱恩建设有限责任公司（担保人）	
代理人	李察弗尼豪先生	代理人	科林·里斯先生
工期延误专家证人	法朗士先生	工期延误专家证人	察莱卡特先生
项目管理/建造管理专家证人	怀利先生	项目管理/建造管理专家证人	察莱卡特先生
事实证人	/	事实证人	克里斯约克先生 沃利斯先生 帕里先生

2. 请求

大东方酒店有限责任公司（以下简称 GEH）作为原告提起诉讼，向被告约翰·莱恩建设有限公司和担保人莱恩建设有限责任公司（以下简称莱恩）就违反双方当事人于 1998 年 4 月 30 日签署的《建造管理协议》（CMA）索赔损失。GEH 称莱恩作为施工项目管理经理对修扩建项目管理不善，导致大东方酒店工程项目延期，项目竣工迟延了 44 周。也因此导致 GEH 不能在这段时间获得收入，并且由于该延误，GEH 需要对其专业服务团队以及施工的平行承包人支付大量的额外费用。在该案中，GEH 请求赔偿由于莱恩的违约给其造成的 1700 万英镑的损失。

3. 反诉

作为反诉和答辩,莱恩称 GEH 就 CMA 有严重虚假陈述,并根据 1967 年《虚假陈述法》请求赔偿。

4. 项目

大东方酒店项目位于伦敦城的利物浦大街和盖特大街的交汇处。原酒店建于 19 世纪后期的铁路网络发展时期,是利物浦大街站的一个主要酒店。由于多年没有得到很好的维修,酒店变得破旧。

GEH 拟对既存建筑进行完全修扩建,从而使其变为满足商务需求的一流酒店。建议书包括拆除第 5、6 层以及斜坡屋顶,并保留墙角和中心塔,将其改造成为拥有 266 床的酒店,比原先共计多出 116 床。

项目一开始的预算是 3480 万英镑。该金额包括了不可预见费,以应对设计变更。项目最终费用是 6100 万英镑。

在购买了建筑物后,GEH 组织了一个专业服务团队进行再开发工作。GEH 决定聘请一名建造管理经理来管理采购过程。这样做是因为再开发工作是由多个专业平行承包人来共同完成专业合同包,这就需要由专业化的建造管理经理根据 CMA 来管理和协同各专业平行承包人。如果合适的话,GEH 还打算当设计基本完成且采购完成计划合同成本 90% 的时候,采用最大保证价合同(GMP)将 CMA 转为标准的 JCT80 施工合同。如果该转换完成,则莱恩就由建造管理经理的角色转换为总承包人,而各平行承包人则成为分包人。

但这些打算并没有付诸实践。莱恩被聘为建造管理经理,从始至终仅此而已。这也就解释了为什么莱恩派驻的人员是施工领域而不是建造管理的专业人员。

GEH 聘请了大量的专业服务团队(设计团队)来设计和计划项目。主要的专业人士是曼瑟事务所(以下简称曼瑟),建筑师;威宁谢(DLE),造价咨询人;艾伦巴克斯特事务所(ABA),结构工程师;E. C. Harris,项目管理(ECH),项目经理; Mace Ltd.,职业健康安全监理;Upton McGoougan (UMG) Mechanical and Electrical Engineers, C. D. Partnership (CDP),室内设计人;以及 C. D. S. Associates (CDS),厨房咨询人。

GEH 的建造管理经理投标邀请函于 1997 年 4 月 29 日发送给莱恩。邀请函包括了一个很长的文件。

投标期间以及投标后有许多会议。莱恩于 1997 年 5 月 8 日检查了酒店,5 月 9 日和 13 日与专业服务团队会面。1997 年 6 月 16 日和 25 日与专业人士讨论了莱恩的投标文件。此后 GEH 表达了愿意接受莱恩的投标文件。

在此之前,GEH 曾于 1997 年 5 月 9 日发给莱恩一份设计和施工计划,载明:“该计划不是最终的建议书,但它表明了设计团队的想法。”

1997 年 6 月 19 日,GEH 向莱恩签发了意向书(letter of intent),载明合同金额为 3,431,442 英镑。

1997年6月20日,莱恩接受建造管理经理的聘用。然而直到10个月后的1998年4月30日才签署了正式的CMA,莱恩手写添加了"1997年6月30日CMA签署并生效"。

莱恩希望选择按照更短的109周计划,工作开工时间为1997年6月2日,但是,协议书约定的时间为1997年6月23日。在莱恩的要求下,被延迟到1997年6月30日。

二、建造管理协议下的建设经理义务

建造管理是建筑业近年来比较新的发展,反映了总承包人不愿意承担标准总承包合同中的所有风险。作为一种概念,可以描述为一种采购模式,建造管理经理管理项目的建造,而不承担时间和费用的主要风险,这些风险留给了业主。因此建造管理经理有义务计划和组织项目以及实际施工工程的平行承包人。对于业主来说,这种模式的优点是建造责任交给能够管理风险的专业人士来管理,工程可以在全部设计完成之前施工。从业主角度来看,这种模式的缺点是业主直接与平行承包人签署合同,可能会产生时间和费用风险。从建造管理经理来看,这些风险由业主承担,建造管理经理(CM)仅获取管理建造的酬金。

如前所述,意向函于1997年6月19日发给了莱恩,但是当事人直到1998年4月30日才最终完成签署。在此期间当事人推荐了CMA条款的一些细节,并对莱恩在投标阶段接受的原始条款进行了多处修订。第23.4款的手写版就是这样的例子。

当事人一致同意该条款意味着CMA有回溯效力,而这对于莱恩的虚假陈述索赔是非常重要的。1998年4月27日,CMA的条款明显还在被讨论过程中。在这过程中,莱恩表示其会就超出投标时服务范围的额外服务索求额外费用。

附件2约定了CM的服务分为两个部分:Part I是施工前服务,Part II是施工阶段服务。

在第3.4款"与平行承包人的关系"条款中,对CM的义务约定如下:"建造经理应进一步确保各专业承包商遵守其各自专业合同下的所有义务和所有要求。"

第2.8款有类似约定:"向专业承包商提供此类管理、控制、行政和规划工作,以确保专业承包商完全遵守其各自专业合同的所有要求。检查专业承包商的工作方法和临时工程,以确保它们是充分和安全的……"

原告代理律师李察弗尼豪先生指出这些条款给CM施加了绝对义务,CM须采取各种可能的步骤来确保平行承包人遵照平行承包人合同条款。例如第3.4款的"确保合规"以及"确保各专业承包商遵守"。而关于附件2的第2.8款,李察弗尼豪律师认为"procure"意味着"策划、获得或实现",或者更通俗地说是指"为了确保事情发生",同时认为该语境下的"ensure"意味着"确定某个特殊结果的发生"。李察弗尼豪律师还引用John Mowlem & Co. the Eagle Star and others 1995 CILL. 1047来支持自己的观点。在该案中,上诉法院支持了HHJ Bowsher法官的决定。HHJ Bowsher法官初始裁决管理承包人负有义务来保障"开始该部分工程,并确保其正常和勤勉的进展,并应确保在完成日期当天或之前完成该部分工程”，这属于一项绝对义务，该义务的设置是为了保证正常和勤勉的施工进程以及按照应有日期完成竣工。

李察弗尼豪先生认为CMA应当按照相同情形，将平行承包人相关的绝对义务与根据第3.1款施加给CM的合理技能、注意和勤勉义务进行比照。

被告代理律师科林·里斯先生认为该案应与Mowlem一案区别，因为Mowlem案所涉合同是管理合同（management contract），对应的情形是一个完整的项目，而该案所涉合同是建造管理合同（construction management agreement），对应的是服务情形。他比较了不同文本的控制机制。在管理合同下，管理承包人雇佣分包人，而在建造管理合同下，平行承包人与业主签署平行合同。

科林·里斯先生认为李察弗尼豪先生的严格建造管理义务会导致CM像传统的总承包人一样承担平行承包人的履约责任后果，而实际上平行承包人直接与GEH签署合同，而不是与莱恩。

他进一步指出CMA的合同条款与传统的总承包合同或者管理合同条款有显著的不同。承包人自己实施工程，并在约定的时间完工，当某些事件发生后竣工日期可以调整。但是CMA并没有包括类似的时间调整条款。进而，所有的专业服务团队成员包括莱恩以及所有的平行承包人各自与业主签署合同，彼此没有直接的合同关系。

CMA附有模板，描述了业主和各平行承包人之间的平行合同包的格式和内容。这是合同计划的一部分。合同给予合同经理就平行合同包的一些有限权利。在签发变更、同意干扰费用或同意延期时，建造管理经理需要同时获得业主的同意以及设计团队专业人士的批准。

威尔科克斯法官拒绝了李察弗尼豪先生的看法，而接受了科林·里斯先生的看法，即给CM施加绝对义务与建造管理合同的条款主旨是不一致的。

［**评论**：本案首先需要澄清的是建造管理与管理承包的区别。在建造管理（construction management）模式下，会有许多不同的平行承包商进行施工。这些平行承包商与业主签订合同，但由建造管理经理管理。建造管理不同于管理承包（management contracting），后者是直接与工程承包人签订合同，而前者只是管理平行承包合同，合同由业主负责签订。[①]

建造管理经理有效地充当了业主的顾问，业主为平行承包商的绩效承担风险。从法律上讲，管理承包人是总承包人，而建造管理经理是代理人。

在本案中，原告代理律师李察弗尼豪先生指出合同条款给CM施加了绝对义务，即CM须采取各种可能的步骤来确保平行承包人遵照平行承包人合同条款。而被告代理律师科林·里斯先生认为合同条款与传统的总承包合同或者管理合同条款有显著的不同，

① 参见邱闯：《项目管理工期延误责任的经典案例》，载微信公众号“法务工期评论”2018年8月20日，https://mp.weixin.qq.com/s/VKg06jpXdQ8nJmuOP316WQ。

合同仅仅给予CM就平行合同包的部分权限。

当律师认为合同性质的论证是一个很复杂的问题时,有可能会通过专家证人来阐述合同性质。本案就合同性质认定方面没有专家证人,而是律师通过合同条款释义以及以前的判例进行辩论。最终法官采信了被告代理律师科林·里斯先生的观点。]

三、虚假陈述与指示性设计施工进度计划

在莱恩答辩和反索赔书的第7段和第8段,莱恩提出了虚假陈述的问题。ECH于1997年5月7日签发的指示性设计和施工计划(the Indicative Design and Construction Programme,IDCP)中的日期与一些早期发包的平行承包人的日期相关,然而这些日期是虚假的,因为它们的实现缺乏合理的预期。

在第8段,GEH通过其代理人DLE和/或ECH知道或应该知道这些日期的实现缺乏合理的预期。这样证实了GEH知道莱恩会依据这些陈述来签署CMA,而事实的确是这样的。

在修订的答辩和反索赔书第62段中,莱恩进一步提出了GEH作出的重大虚假陈述,称GEH或其代理人告知莱恩平行承包人总计42家,然而事实上有68家。修订的答辩和反索赔书第63段阐述了虚假陈述的后果,即莱恩索赔虚假陈述导致的损失。GEH在诉状中并没有识别或量化这些损失。

克里斯约克先生于1997年6月30日担任CM,在整个6月,与其团队一起在项目工作。聘用莱恩的意向函是6月19日发出的,作为合同经理的聘用生效时间为1997年6月30日,对此双方达成合意。这样的合同安排也从该日期开始。1998年4月签署正式CMA协议时,莱恩对此进行了再确认。1997年6月11日,莱恩的员工讨论了工作启动策划,其中包括了需要获取各合同包信息。1997年6月25日,克里斯约克和他的6名员工出席了项目会议。会议纪要的议题之一是讨论了承包人合同包,并在第8.16段,记录了莱恩负责编制和分发采购计划供下周批准。到目前为止,被告的答辩基于指示性设计和施工计划。证据显示这明显是一份指示性计划(indicative programme)。

在指示性计划中,"预计地点或日期"以及"预计投标返回日期"的表述与计划中的数字相关,说明这些日期是预测的将来平行合同包的可能进程。此外,指示性计划上所显示的预计日期也是预测的,其参照的是预计1997年6月1日聘请建造管理经理的日期,该日期此后调整为1997年6月30日。

指示性计划预测了许多应该在聘请CM之前就发包的合同包。

按照1997年6月25日的会议精神,莱恩于1997年7月21日发布了采购计划。该计划显示除了石棉拆除外,所有的早期合同包均在1997年6月30日开始。1997年8月15日,莱恩签发了第2版采购计划以及信息需求计划和总控合同计划(Master Contract Programme,MP/1)。所有早期合同包,除了石棉拆除以外,开始时间均在1997年8月。

法官发现,在1997年6月21日,莱恩已知道早期平行合同包的真实情况。莱恩当时对于计划状况没有提出任何异议。莱恩也没有针对早期平行合同包的发包情况调整109周的总控计划。

[**评论**:随着工程项目的不断进展,会有很多种进度计划,作为工期延误专家需要评估这些进度计划的法律地位。本案合同签约前后出现了两个重要的进度计划:签约前的IDCP和签约后的MP/1。本案中的IDCP进度计划是在莱恩签约前就有的进度计划,莱恩是知晓的,并且莱恩知道早期平行合同包的真实情况后对于计划状况没有提出任何异议。莱恩还在明知这些情况的时候编制了总控进度计划MP/1。]

据此可知,原告在事实上没有进行重大虚假陈述,被告是获悉平行合同包的真实情况的。

难点不在于此。莱恩的证人没有提供任何证据表明莱恩依赖了指示性设计施工计划或原告所称的虚假陈述。事实上,在克里斯约克先生的口头证言中坦白承认其从未看到过IDCP,更没有依赖它。此外,1999年8月8日备忘录包括下列内容:

"现就此达成如下协议:1.1客户已向建造经理支付745,001英镑(包括直接工程费用515,001英镑和额外准备费用230,000英镑),连同全部增值税以及最终结清建造经理提出的索赔和建造经理根据合同可能有权就1998年10月31日以前发生的事项提出的任何其他索赔。"

因此,任何就虚假陈述所引起的财务索赔,此时已经最终有效妥善解决了。

[**评论**:专家证人在收集工期延误资料时,需要注意哪些工期延误事件在工程进展过程中双方当事人已经达成了索赔合意。这些证据既包括了过程中的文件证据,也包括庭审期间事实证人的证词。本案莱恩的建造管理经理克里斯约克先生作为事实证人的证词以及1999年8月8日备忘录都是关于当事人就前期延误事件已达成协议的重要证据信息。]

四、项目开工后是否快马加鞭

双方当事人的共识是GEH应该在项目的早期就引入CM,这样就可以更多介入采购过程。然而由于本案时间表(包括场地的购买、规划的获批、专业服务团队的招聘以及采购路线的决策等)的限制,导致此计划无法实现。

在任命CM前,大量的工作由设计团队来完成。当莱恩接受了任务,并同时知悉需要处理现存平行合同包以及设计问题时,莱恩所应该提供的证据本应是详细的施工和采购计划,并据此迅速动员平行承包人。

克里斯约克先生对此需求描述为"马上快马加鞭开展工作"。这个任务需要高水准的组织技能以及建造管理专业性。

然而证据显示,克里斯约克先生和他的早期阶段团队并没有建造管理经验。法官认为,莱恩管理层在CM合同团队选派上是刻意的,希望将CMA转为JCT80合同,并满足最大保证价。莱恩选择克里斯约克先生作为合同经理是莱恩人员选择失误的证明。克里斯约克先生是一个非常好的人,但是他缺少担任这个角色的相关培训和经验。莱恩选派的计划人员也缺少专业经验,不能在计划方面给予很好的支持。在7月初,莱恩设想使用莱恩的设计师韦伯斯特先生来完成临时屋顶结构的设计。莱恩的帕里先生在7月1日就需要聘用韦伯斯特先生的服务写道:"我们迫切需要与约翰一起开始……"

莱恩未能让韦伯斯特先生来到项目上。律师就克里斯约克先生在1997年7月27日的书面评论,对克里斯约克先生进行了交叉盘问:

问:"韦威克在这里,一如既往地做得很好。我们即将开始拆除搭设的脚手架并启动工作包,但不是按那个顺序。我肯定需要不止一个工程师。如果我们不能找到人员,我会毫不犹豫地暂停工作,因为缺乏工程师。如有必要,请与吉姆·特雷哈恩讨论。"这是一个相当严厉的警告,是吗?

答:我就是这样,换你也这样。

[**评论**:这是对项目开工后工程进度延误事实的交叉盘问。原告想证明克里斯约克先生不是一个合格的CM。]

在被聘用后,莱恩开始编制其自己的项目详细总控计划。在1997年7月21日的采购计划之后,于1997年8月15日编制了MP/1。

酒店的再开发工作包括了上部楼层的拆除和重新建造,以及与旧酒店各部分相连接的连接体的建造。因此,第一步是采购和安装既存酒店的临时屋顶。临时屋顶安装好后才能拆除上部楼层,这样就可以免除雨水等天气对其的损害。临时屋顶的采购和拆除是莱恩计划的第一个事项。

让人不愉快的是,临时屋顶平行合同包的采购以及安装都进行得很糟糕。采购工作比莱恩计划多了三周。结果脚手架和临时屋顶承包人TRAD于1997年9月11日才到现场开始工作,比计划晚了三周。这直接导致项目迟延了三周。

屋顶安装花费了35周,而不是莱恩计划的10周。该工作于1998年5月1日完成,而不是计划的1997年10月下旬。该延误超过了6个月。双方当事人基于证据对该项延误的原因进行了充分地讨论。

双方当事人同意,延误的主要原因之一是TRAD没有投入足够的资源来设计屋顶。事实是TRAD没有或者不愿意投入足够的设计资源这一事宜,直到临时屋顶本应该完工之后的很长时间内仍没有被引起充分重视。

双方当事人接受临时屋顶是整个项目的关键,同时同意临时屋顶的采购和安装延误造成了项目严重延误。GEH专家说造成的关键延误是19周,莱恩的专家接受的关键延误甚至更多,为26.9周。无论哪种情况,对项目的影响都是重大的。从第一次的根本延误开始,延误的工期就从未被追回,此后延误便更加糟糕了。

[**评论:**通过双方当事人的专家证人分析,双方当事人均接受临时屋顶是整个项目的关键线路,同时同意临时屋顶的采购和安装延误造成了项目严重延误。]

五、专家证人的工期延误分析方法

原告主张本案延误是由于被告违约引起的。被告认可原告认为被告有严重延误的主张,但是否认莱恩应对此负责。其进而将责任指向其他当事人,将延误原因归结为同期延误。被告一方指定的工期延误专家证人为察莱卡特先生,他还同时担任被告一方的项目管理/建造管理专家证人;原告一方指定的工期延误专家证人为法朗士先生。法朗士先生受聘于梅斯公司,该公司在项目早期曾提供过专业服务。法朗士先生巧妙通过了被告代理律师科林·里斯先生关于其对法庭职责以及作为专家证人独立性的严谨交叉盘问。对于法朗士先生作为专家证人的知识能力和独立性,法官是满意的,并且认为其在帮助法庭方面尽其所能做到了客观和不偏不倚。

[**评论:**当事人指定专家证人的独立性是本案关于专家证人交锋的首要问题。专家证人的作用是特殊的,因为他对法院负有责任,他必须履行这一责任,尽管与聘请他的一方有一定利益关系。① 原告聘请的工期延误专家证人是法朗士先生。法朗士先生受聘于梅斯公司,该公司在项目早期曾提供过专业服务。那么法朗士先生的专家证词还具有可采性吗?英国法院认为利益冲突不会自动取消专家的资格,因为关键问题是他的证据是否独立。如果利益冲突是实质性的或重大的,这是由法院而不是当事人考虑是否应排除或忽略该专家证据。② 在本案中,法官显然不认为法朗士先生的公司虽然为原告在本项目提供服务而否定了他的独立性,而是通过观察认定法朗士先生作为专家证人的知识能力和独立性是令人满意的。]

法官认为法朗士先生的研究和分析具有综合性并且令人难忘。它们基于当时的原始文件,包括计算机记录以及带有时间的现场照片,刻画出拆除准备和现场施工以及这些活动之间的关系。法朗士先生的意见是对这些文件进行的客观评估和反映。

[**评论:**带有时间的现场照片通常是关于工期延误事件的很好的证据。]

察莱卡特先生归类的同期延误,有些在关键线路上,有些则不在,而法朗士先生所作的分析则可以看出这些延误对于关键线路的实际影响。察莱卡特先生同意其未能评估这些同期延误的影响。

两位专家的分析方法不同。察莱卡特先生使用实际完工计划(as built programme)来回溯各工程主要部分,进而决定关键线路以及各自期间的延误和原因。法朗士先生使用

① See Cresswell J. in National Justice Cia Naviera SA v. Prudential Assurance Co. Ltd. , The Ikarian Reefer [1993] 2 Lloyd's Rep 68.

② See Toth v. Jarman [2006] EWCA Civ 1028.

时间影响分析法按月分析项目,计量随着项目进展事件的影响。

[**评论**:二位当事人指定的专家证人采用了不同的工期延误分析方法,这正是工期延误专家证人模式优于工期鉴定模式的地方。通过对不同方法得出的工期意见比较,使法庭可以更加全面和准确地理解工期延误的真正原因。

无论是察莱卡特先生使用实际完工计划回溯,还是法朗士先生使用时间影响分析法,都是使用建模的方法,需要比较恰当地运用带有逻辑关系及用软件编制的进度计划。]

二位专家所确定的关键线路基本类似。每位专家发现的延误期间也广泛重合。察莱卡特的评估时间比法朗士先生多7周,但鉴于察莱卡特先生没有考虑到公共假期,法官对于二位专家的时间认定是满意的,二者没有大的区别。延误期间是49.5周。

[**评论**:二位专家虽然采用不同的方法,但是通过比较,还是能够发现一些共同之处,例如,所确定的关键线路基本类似。工期延误时间虽然一开始不一样,但是通过比较分析,发现察莱卡特先生没有考虑到公共假期,这样就取得了共识。]

二位专家关于延误原因的分析却不相同。其中一个重大区别是被告专家称任何延误都不是由莱恩引起的,这些延误可以被证明为是同期延误引起的,比如,设计有过错未能按时提供设计信息,同时平行承包人也有过错。

[**评论**:作为工期延误专家证人必须面对同期延误,了解同期延误的原理和判例。同时同期延误的后果是本案的核心。

在1999年的马尔梅森一案中,戴森法官总结了同期延误的评审方法,现在通常被称为"马尔梅森法"。《基廷论建设工程合同》第8版编辑总结了马尔梅森法如下:"因此,现在似乎承认,尽管承包人所主张的事项不是造成延误的主要原因,只要其与所有其他事项具有至少相等的'因果效力'延误,承包人就有权延长时间。这种做法的理由是,如果当事人双方在其合同中明确约定就某些事件所造成的延误予以延期,则当事人双方必须考虑到有可能会存在不止一个的有效延误原因(其中某一个原因可能会不符合延期规定),但是双方可通过合同条款达成一致,约定在面临这种情况时,只要有一个有效延误原因属于合同约定的延期条款时,承包人有权延期。"

此后,马尔梅森法得到英国法院系列裁决的支持,如皇家布朗普顿医院一案等。

英国工程法学会在其出版的《延误与干扰准则》中,将同期延误对工期索赔权影响归纳如下:"若承包人自身竣工延误(包括影响后果)与业主自身竣工延误同期发生,则此情况下不应减少承包人索赔的应得工期延期。"

将同期延误对延期费用索赔权的影响归纳如下:"若承包人由于受到业主延误与承包人延误共同影响而招致额外费用,则只有在承包人将业主延误招致的费用从承包人延误招致费用中识别出来的情况下,承包人才有权获得相应的补偿。若任何额外费用是由承包人延误引起的,则承包人无权获得此类额外费用的补偿。"

可见英国工程法学会关于同期延误的索赔完全采纳了马尔梅森法。①

被告专家称任何延误都是同期延误，且都不是由莱恩引起的，是平行承包人履行有过错。]

二位专家在联合声明中称法庭同意施工活动的完工日期(built dates)截至1999年4月。此后，由于缺少信息，法朗士先生不能确认察莱卡特先生在其实际完工计划(as built programme)中所依赖的日期。二位专家均同意MP/1证明了莱恩在1997年8月的计划分配活动在当时是合理的。法朗士先生对MP/1进行了改进和精练。这些并没有得到察莱卡特先生的认可，不过这些都不是特别重要的。

二位专家在他们的联合声明中同意，对于整个工程有一个单一的交付时间。实际上，工程的交付可归为以下三个类别：1999年10月19日交付“房子后部”、2000年2月14日和29日交付“房子前部”，以及房间的其他部分在多个日期的实质竣工。2000年7月6日，莱恩签发了项目的实际竣工证书。在莱恩签发的证书上，建筑师曼瑟签署的日期是2000年7月13日。该日期比原计划竣工日期1999年8月2日延长了346天。

[**评论**：当双方当事人就工期延误都聘请专家证人时，法庭可以要求二位专家证人就他们意见一致的部分出具联合专家报告。]

法官认为实际竣工日期是2000年7月13日。

TRAD的聘用和管理过程、脚手架以及临时屋顶设计和安装，说明了项目的早期以及关键阶段延误是如何对项目计划竣工日期的实现造成严重影响的。

专家们按照几个时间段来讨论确定延误问题。在审查这些证据时，法官将对每一个时间段进行审查。

六、第一阶段的工期延误责任：1997年6月30日～1997年9月7日

由莱恩设计的总控计划是一个快轨计划(fast track programme)，比GEH建议的要短。莱恩将临时屋顶和拆除工程划分为两个合同包，GEH对此没有异议。莱恩的1997年7月21日的采购计划是脚手架，以及7月14日的临时屋顶，随后是三周动员期，并于1997年8月4日现场开工。

然而MP/1显示的开始日期是1997年8月18日。

TRAD于1997年7月18日将投标文件递送给莱恩，莱恩于1997年8月13日将意向函发给TRAD。投标时间延长了一周，此后在莱恩和TRAD之间于7月18日和8月13日期间有大量的投标后澄清、重新标价，以及详细合同条款等的协商，一直持续到1997年8月12日。

---

① 参见邱闯：《国际工程同期延误索赔必须知道的三个School》，载微信公众号“联合建管国际工程科技有限公司”2016年12月23日，https://mp.weixin.qq.com/s/8bQD-36seDH35cfhSUQCNA。

莱恩于1997年8月13日发出意向函，但TRAD直到1997年9月8日才开始工作，比MP/1延误了三周。

二位专家都同意，这导致了21天的关键延误。察莱卡特先生的观点认为这是GEH的过错，因为其未能将临时屋顶和拆除工程根据指示计划打成一个合同包。法官不赞同这个解释。指示性计划是不保证的。在任何情况下，莱恩可作出拆分合同包的决定并随后实施此招标，因为莱恩有这个权利。

[**评论**：当事人双方分别指定的两位专家证人都同意，招标工作导致了21天关键延误。被告指定专家证人察莱卡特先生的观点过分依赖于指示性计划，从而认为这是GEH的过错。法官没有支持被告指定专家证人察莱卡特先生的观点。]

在早期的投标后备忘录，莱恩表达了对TRAD的看法，他们选择的脚手架和临时屋顶的设计人以及承包人证明："他们的技术分析很差，似乎不知道临时屋顶是怎么搭起来的。"

在向DLE和GEH推荐时，莱恩承认在TRAD聘用时，未对投标文件的技术方面进行评价。

莱恩造成了21天的关键延误，是由于其未能保证合同发包按照自己的过程和计划准时进行。证据显示莱恩未能采取有效步骤确保TRAD来到现场。合同经理克里斯约克认为承认TRAD开工延误是关键的，对此后的拆除和后续工作有影响。虽然如此，克里斯约克先生认为莱恩仍然可能"……设法摆脱这样的问题"。

七、第二阶段——脚手架和临时屋顶安装的工期延误责任：1997年9月8日~1999年4月20日

莱恩在MP/1的计划开始时间是8月18日，工期10周，在1997年10月24日结束。莱恩在1997年7月24日向投标人签发的合同包计划显示，利物浦大街脚手架为2周，外立面(facade)脚手架3周以及临时屋顶5周，总计10周。由此证明这些临时工程需要连续的运行。

该合同包在现场的实际期间是35周，自1997年9月11日始，到1998年5月1日止。这期间包括了1997年圣诞节和1998年复活节。这意味着临时屋顶的完工迟延了6个月。

实际安装工程分为了四块，西栋(西南和西北)和东栋(东南和东北)。这些工作按照四个独立阶段进行。第一阶段，西栋的西南部分安装用了13周。

莱恩显示临时屋顶在其总控施工计划MP/1的关键线路上，但是1997年10月/11月/12月更新的计划则显示临时屋顶不再是关键的了。在1998年1月、2月、3月、4月和5月，莱恩报告显示临时屋顶在关键线路上。实际上，临时屋顶在前述所提及的月份全部在关键线路上。

临时屋顶的设计责任由TRAD与莱恩联合承担。莱恩的义务是提供必要的设计和工作图纸。GEH的工程师AHA在投标前阶段提供图纸，展示临时屋顶的可能选择。莱恩决定在招标阶段不向 TRAD 提供这些图纸，但没有任何理由说明莱恩为什么未能提供。

倘若 TRAD 能够获得 ABA 的概念图纸的话，TRAD 的设计工作就会容易很多。毫无疑问，如果莱恩能够向 TRAD 提供一些设计输入或资源来帮助 TRAD，延误就会减少或者避免。

TRAD 的执行对于一个赶工项目来说是不能接受的和低效的。TRAD 只有将脚手架和临时屋顶的设计与安装作为一个连续作业时，才有可能在 10 周内完成。然而，其选择提供图纸和实施安装按照一步一步的顺序进行。第一阶段花费了 13 周，后面几个阶段虽然短一些，但最后的东北部分，用了 7 周才完成。

在修订答辩书附件 5 的第 52 段，莱恩承认“临时屋顶包导致项目严重延误 167 天（23.9 周）”。主要的原因是 TRAD 不能按时提供图纸。法官认为是由于缺少资源。TRAD 可能只有一个绘图人员，而且他似乎有时还在其他项目上。

关于莱恩对于此延误的承认，是基于察莱卡特先生的第一份专家报告的第 188 页：“从 1997 年 9 月 8 日到 1998 年 4 月 30 日，脚手架/临时屋顶的安装对这条关键线路至关重要，在这段时间内有 167 个日历日。导致此延迟的问题不像窗口 1 中的问题那么容易识别。”

在细化许多延误而没有说明这些延误是否在关键线路之后，察莱卡特先生在第 190 页这么总结：“我发现很难为上述每一个延误原因指定具体的持续时间，以解释这一窗口所经历的全部 167 天的严重延误，我认为，这一窗口的延误主要是以下因素综合作用的结果：

a）TRAD 缓慢的设计进度；

b）TRAD 安装进度缓慢；

c）向 TRAD 签发了附加范围；

d）其他专业承包商要求提供额外通道；

e）缺乏许可证/执照（伦敦铁路公司）；

f）石棉的发现；

g）在莱恩的任命以及 TRAD 的图纸提交和审核时间之前，ABA 没有提供一个预先同意的临时屋顶设计。”

前两个原因互相证明，没有冲突。关于额外范围，并没有证据证明，同时莱恩疏忽了向 TRAD 提供 ABA 的四个选择性概念设计，可能导致 TRAD 花费更多的时间。没有证据证明其他平行承包人导致了 TRAD 的任何延误。莱恩有管理义务来协调各平行承包人的工作。从有关管理部门获取许可也是莱恩作为合同经理的责任。在旧建筑物中发现石棉总是有困难的，但石棉调查和移走是投标前的合同包，应在早期进行，虽然有些额外的石棉此后会被发现，但法官认为石棉发现在项目的这个阶段并不处于关键线路上。

在莱恩之外的关键延误来源，察莱卡特先生识别的最后事宜是 ABA 没有提供预先同意的临时屋顶设计。察莱卡特先生的识别是完全错误的。设计临时屋顶不是 ABA 的责任。ABA实际上做了大量的解释工作，向莱恩提供了四个选择来帮助投标人。莱恩忽视了这些材料。法官认为ABA对TRAD的最终设计审核没有造成或导致任何关键延误，而首要的原因还是TRAD晚发图纸。

[**评论**：法官没有采纳被告指定专家证人察莱卡特先生的关键线路分析。]

八、第三阶段：临时屋顶相关的违约

TRAD一开始的延误原因是其过慢的设计和安装过程，但是GEH必须成功证明TRAD的失败可归责于莱恩违反CMA。

GEH关于30C段的主张与此阶段有关，其认为莱恩有采购责任，莱恩应当管理采购过程，从而使临时屋顶按计划时间，即1997年8月15日开始，采取措施使中标的标书可以更加全面、综合和从商务角度可行。如果在此期间有一位合格胜任的CM来工作，确保在合理范围内所有可以做的事情均按计划完成，使投标人能够理解计划，知道建筑物的限制因素，确信每位投标人的实施方法表明其已掌握计划的复杂性以及有充分的设计资源和施工资源来满足项目需求。

关于临时屋顶的设计和施工以及管理TRAD的步骤，原被告双方聘请的项目管理/建造管理专家证人持不同意见。怀利先生的观点如下："为了满足10周的安装期，TRAD需要按照3到4周的顺序进行设计，在此时间框架内设计屋顶的所有区域。TRAD实际上是按区域设计临时屋顶，这大大延长了进行该设计所需的时间。由于TRAD设计临时屋顶所花的时间，他最初的10周安装计划很快就陷入了困境，因为在临时屋顶本应完全安装的日期（1997年10月27日），TRAD只是完成设计西侧屋顶的一部分工作。他们没有从东边的两个区域开始。显然莱恩认为屋顶的搭建需要10周时间，我同意这一点，但考虑到TRAD在设计临时屋顶方面的进度，这是不可能的。1997年9月莱恩应该清楚地知道，TRAD没有足够快地设计临时屋顶。如果莱恩能很快地解决这个问题，临时搭建屋顶可能需要10周时间，但莱恩最初计划的10周时间并没有给这一关键线路活动造成如此大的延误。实际设计周期为31周，导致最终东北区域延迟至1998年3月11日开始安装。1997年8月11日至12日应完成的西南区域传统图纸于1997年9月4日通过莱恩提交给ABA，浪费了3周的关键时间。在这一阶段，应该清楚地或至少严重地质疑TRAD采用的是区域法（而不是单阶段法），这将对计划在一个单一阶段开展工作的后续拆迁工程产生严重影响。如果每个区域设计同时进行，这不一定是一个问题，但显然并非如此。"

怀利先生的评论基于莱恩应该按照通常的业界实践操作，他指出莱恩在1998年7月21日的会议上得出相同的结论，莱恩同意TRAD到现场时，全部屋顶应该被设计并同意。

根据CMA，莱恩的责任包括管理、合同管理、计划和协同平行承包人的工作。莱恩未能管理好这个合同包，导致安装期超过25周。莱恩应该认识到采用区域法逐区域按序实施以及设计达到设计标准并获得ABA批准的所需时间会严重拖长计划。一个胜任的CM

本应采取行动来安排各区域设计同步进行，而不是一个接一个，以及应该在1997年8月11日或12日当TRAD仅提交西南区域图纸时，就采取行动。法官接受怀利先生的证据，一个胜任的CM本应该坚持在每一区域分配额外的设计资源，作为最低要求，每一个独立设计团队应该包括一个设计人和一个审核人，每一区域设计人应与其他区域接口交流，整个过程应基于莱恩和TRAD各自管理负责人的每周监控来实施。通过底层每日会议来审核各接口的设计协同过程，并在不断推进基础上控制安装过程，这本是应该做到的。

［**评论**：当案情复杂时，如果能够聘请该领域专家证人会增加可信度。原告专家证人怀利先生（领域专家）与被告专家证人察莱卡特先生（工期延误专家）二者证词相比，法官更倾向于该领域专家意见。］

察莱卡特先生在其书面报告中就意向函下TRAD的聘用，评论如下："GEH面临的风险与所有平行承包商完全相同，他们也是以意向书为基础的。平行承包商的风险是与雇主有关的，在根据意向书被雇用后，这一风险增加了，因为莱恩对TRAD的管理作用很小。莱恩在建议根据意向书任命TRAD时，不可能设想TRAD的履约行为或商业立场。TRAD的履约行为显然是造成严重延误的原因，而莱恩对TRAD的履约行为不负责。"

认为每个意向函下的业主风险都一样的结论是天真的。这取决于合同经理关于该函的条款建议，以及以合同经理对业主的义务来减少风险，从而保护业主。

事实上平行承包合同是业主而不是CM的风险，这点在CMA的标准条款中有阐明。CMA要求平行承包人有义务接受CM的指示。因此，在平行承包人的合同中，赋予了CM权限，如对平行承包人的选择、合同包的范围以及对平行承包人的管理等，以便CM能够减少业主的风险。

察莱卡特先生的看法是TRAD花费太长的时间来设计屋顶。时间太长的一部分原因是为了避免脚手架和临时屋顶结构荷载的不均匀沉降，而采取一步一步来的方法，另一部分原因是在设计的关键阶段，TRAD更换了一位重要设计人员。这些原因导致设计期间拖延。

察莱卡特先生还假定ABA未能及时提供能够让TRAD决定新加荷载的信息，而这妨碍了设计过程。法官认为察莱卡特先生的这个观点是臆想的，本案没有任何这样的证据。在附件的第2.8款对与平行承包人相关的CM义务有这样的约定："为平行承包商的工作提供管理、控制、行政管理和规划，以确保平行承包商完全遵守各自平行承包商合同的所有要求；检查平行承包商的工作方法和临时工程，以确保这些方法是充分和安全的；确保平行承包商遵守客户在项目现场处理材料和货物的指示；确保平行承包商在任何时候都能得到关于健康和安全的任何风险和任何安全预防措施的充分信息，使他们能够忠实地进行他们的工作。协调平行承包商的工作，协调法定承包商（包括燃气，水务，排污，电力事业）与当地平行承包商的工作。根据需要视察平行承包商的房舍及其用品，无论这些是在英国还是在海外，并与平行承包商定期举行会议，以监测与最新商定方案有关的现场和场外进展的各个方面,审查所有资料要求,并向客户提供有关的每月书面报告(向建筑师和成本顾问提供副本),以确保客户充分了解每个平行承包商已完成的绩效记录。”

[**评论:**作为工期延误专家证人,必须需要熟悉合同条款规定。被告指定专家证人察莱卡特先生假定 ABA 未能及时提供能够让 TRAD 决定新加荷载的信息进而妨碍了设计过程,而没有注意看合同条款的约定,导致了其观点未被法官采纳。]

在李察弗尼豪律师交叉盘问时,察莱卡特先生在回答关于为什么 TRAD 在意向函发出时就开始工作但没有实施平行合同包或促使合同条款达成等相关事宜时表现得缺乏知识。他明显对于整个项目及其重要的关键平行合同包的作用没有进行调查。其首先断言 GEH 没有在 1997 年 8 月或 9 月实施平行合同包。这显然不是本案事实。其断言莱恩在那期间是胜任的,然而却实际上不知道莱恩在那之前到底做了什么。交叉盘问过程主要如下:

问:你有没有看到任何证据表明他们在此后为了达成意向书的条款而采取的任何行动?

答:不,我没有。

……

问:你是说他们没有采取任何行动来试图达成并签署合同的条款,并表现得很称职吗?

答:我还没有详细看,但我认为……我不认为直接停工是不称职的。因此,如果 TRAD 在合同达成之前不提供服务,我认为这是不称职的。

[**评论:**原告代理律师李察弗尼豪先生通过对被告指定专家证人察莱卡特先生交叉盘问,让法官看到察莱卡特先生对于案件的一些事实不了解,从而降低察莱卡特先生专家证言的可信度。]

关键点在于察莱卡特先生断言如果 TRAD 能够持续工作,这意味着合同经理就不应该被认为不胜任角色。

问:当然,我们都知道,不是吗,那个架子工可能是难缠的顾客?

答:他们总是很抢手。他们总是必须首先确定用他们,而且他们很少从我与他们的三、四次互动中敲定条款。

问:他们之所以是难缠的客户,一个原因是因为他们手中有很多牌,是吗?

答:这是一种说法,是的。

问:他们手中的一张牌是,一旦他们到了现场,脚手架搭好了,客户几乎不可能把它们移走并更换,是吗?

答:所有权,安全防护都有很多问题,是的。

问:因此,建筑业众所周知的事实,让我毫不怀疑地得出同样的结论,即莱恩允许客户在没有与他们达成任何形式协议的情况下,将脚手架搭在现场,从而获得这种优势是极其不明智的吗?

答:事后看来,这给了TRAD一个很好的机会。当时我不认为这是不明智的,因为我们不知道特拉德会如何表现。

问:你有合同保护自己不受其他当事人不履行合同的影响,是吗?

答:这是合同的一个方面。它也是一种支付机制。

问:莱恩花了多长时间才让TRAD在现场并开始工作?

答:我知道他们开始的日期。

问:他们实际上是在7月10日开始采购TRAD的服务的,是吗?那是第一次接触?

答:我想那是他们第一次寄资料来。

问:TRAD于9月8日开始工作。

答:我想他们是在得到批准的图纸后才开始工作的。

问:两个月?

答:好像是两个月。

问:八周?

答:是的。

问:这个平行分包商造成的延误有多长?

答:据我计算,大约20周。

……

问:事实上,你自己的图表显示,你估计TRAD导致的项目延迟大约是24周,是吗?

答:是的,20周以上,所以我试图分配前三周。

问:对不起,如果你方便的话,请看一下图表。这与前3周无关,当TRAD完成临时屋顶时对项目的拖延为26.9周,是吗?

答:是的。

问:就说27周,如果取消了前3周对TRAD采购延误,那么剩余24周的时间,是吗?

答:是这样。

[**评论**:原告代理律师李察弗尼豪先生通过对被告指定专家证人察莱卡特先生交叉盘问,确认TRAD导致的项目延迟24周。]

察莱卡特先生认为对于莱恩来说好的做法是能够建议TRAD增加设计资源,然而莱恩并没有这么做。

问:你同意这项合同因为TRAD不履行而导致开始就惨败吗?

答:我同意。

问:不仅这样,而且用一个证人的话来说,在这种情况下 TRAD 让 GEH 束手无策。

答:是的,GEH 想要 TRAD 的服务,只有一种方法可以让 TRAD 履行。

问:你说让客户处于这种境地的建造管理经理没有任何责任?

答:我说他们本可以做得更好,但每当一份合同被授予意向书时,这是一种风险。我认为这不是一个不寻常的风险。问题在于,在这种情况下,情况变得极为糟糕。

事实证明察莱卡特先生未经批判性分析就认为莱恩是一个胜任的 CM。在他的书面报告中没有反映出:莱恩存在疏忽,未能通过一个满意合同或者达成一致的条款帮助 TRAD 来加强设计过程或者严格监理和控制来确保合理的设计水平以及安装履行,从而保护业主。

[**评论**:察莱卡特先生未经批判性分析就认为莱恩是一个胜任的 CM。]

克里斯约克先生将 TRAD 于 1997 年 9 月 3 日发出的一份信函作为其证据,承认这让他非常不愉快:"……我们收到你的信了。但是,由于我们没有接受你方 8 月 13 日意向书中的合同内容,我们认为需要对我们的任命期限作出一些澄清。为免生疑问,在(1)TRAD 8 月 15 日彼得·菲利浦斯来信中所述事项得到解决并包含在合同中,以及(2)8 月 14 日发送给我们的修订附录脚手架的全部内容同样包含在合同中之前,你我公司之间没有达成一致的合同。我方提醒贵方,尽管目前我方在现场按照未达成一致的合同条款开展工作,贵方仍有义务定期向我方支付公平合理的款项。此外,我们确认我们将在现场开始我们的工作,以便您的计划得到保护……"

克里斯约克先生承认存在没有解决的合同僵局。直到 1998 年工作完成后 TRAD 才签署合同。这是因为 TRAD 称其不能做其曾声称可以做的,甚至知道现场工作开始之前还这样。其拒绝同意合同条款。且没有证据表明莱恩书面告知了 GEH 这一切。

问:我们看到 TRAD 写信给莱恩说我们什么时候签订合同,而不是说莱恩写信给 TRAD 说我们必须召开合同会议并签订合同,是吗?

答:是的。

问:请看证据 67(信)。你看这是来自 TRAD 的帕里先生,正如你所说,信上说了什么。你会看到这封信的,是吗?

答:是的。

问:"我们注意到,贵方认为延迟的责任在于 TRAD,而不是客户"等等,然后"当然,贵方知道,在双方达成全面协议之前,没有合同可以缔结。这是 Kitson Insulation v. Balfour Beatty Buildings 1989 B. L. R. 4 page 272 支持的一项原则。此外,贵方还知道,本项目目前正在按未商定的合同条款进行,为免生疑问,我方向贵方确认,在贵方所称的延误等重大事项仍有争议的情况下,本合同不会签订。我们坚持要求立即召开会议，解决所有有争议的问题，从而使合同得以签署，因为未能达成一致肯定会阻碍或阻止目前在现场的努力进展。这次会议必须有各方参加。”

问：再清楚不过了，是吗？

答：是的。

问：你做了什么？

答：我和商业经理鲍勃·帕里讨论过了，然后沿着这些往前推进。对我们来说，还没有达成一个分包合同或平行承包合同的情形并不少见。所以这不是我以前从未见过的问题。

问：但是你是否曾经遇到过这样的问题，被一个平行承包商绑架，以其自己的步伐前进？

答：是的，我以前也见过。

问：好吧，你知道危险吗？

答：我知道。

问：你怎么做才能签署合同？

答：我让每个人都知道发生了什么。大家都被告知了。大家都知道。

问：但这是你的工作，是吗？

答：怎么解决？是的，我的工作是确保问题得到解决，是的。

问：你的工作是确保为签署合同准备了正确的文件？

答：是的，但我们无法与他们达成协议，因为那时我们知道他们无法实现计划，所以他们很难做到。库珀先生是特别有契约精神的，很难对付。

问：但你直到次年4月或5月才把文件寄给他们征求意见，是吗？

答：你得向达米恩和帕里先生提出问题——我不能就此发表评论。

[**评论**：原告代理李察弗尼豪律师通过对被告事实证人克里斯约克先生的交叉盘问，成功证明了与TRAD签约延误责任在被告莱恩。]

克里斯约克先生向TRAD的办公室派驻其员工承认其没有做出任何真正的努力，来加快图纸完成过程。

法官拒绝了察莱卡特先生关于莱恩作为合同经理在第一阶段和第二阶段履行的专家意见。察莱卡特先生对于莱恩非批判性接受，证明了其对莱恩的研究缺少充分考虑以及不可靠。法官赞同怀利的证明，认为他是一个让人印象深刻和负责认真的专家证人，他履行角色的方式展现了专家的独立性。根据法官的判断，在项目的本阶段，被告明显违反了CMA第2.8、2.9、3.1、3.2（D）和3.4款。在此期间，莱恩的行为以及不作为被证明导致了严重延误。

怀利先生关于延误原因提出了自己的意见以及相应的证据。其提出了更深层次的细节。但在其书面证据中没有提及TRAD的履行。

帕里先生将延误问题划分为两个主要类别:设计变更和大量 TRAD 工作范围的变更。在交叉盘问过程中,其极不情愿地认可莱恩选择了临时屋顶设计和施工需要 10 周,以及在没有就约束性合同达成一致的时候,允许 TRAD 开始现场工作。帕里声明没有提及 TRAD 的过错,也没有提及 TRAD 的设计资源不充分。

[**评论:**专家证人的独立性以及对于工期延误事实的熟悉程度,会直接影响到专家证人意见的可靠度。本案法官拒绝了被告指定专家证人察莱卡特先生关于莱恩作为合同经理在第一阶段和第二阶段履行的专家意见,认为其对于莱恩非批判性接受,证明了莱恩的研究缺少充分考虑,导致其专家意见的不可靠。另外,法官认为原告指定专家证人怀利先生展现了专家的独立性与认真负责,因而认为其关于工期延误责任的专家证词可靠性强。]

九、第四阶段:1998 年 6 月期间

延误专家对此期间的关键线路未能达成一致。很明显在此期间没有关键延误。察莱卡特先生认为此期间关键线路为连接建筑物下的铁路线路服务保护要求。法朗士先生证据是关键线路自东北斜屋顶的拆除,到东墙拆除,然后是连接建筑上的构筑物拆除。

1998 年 6 月,沃利斯先生接替克里斯约克先生担任项目经理。

法官接受了法朗士先生的详细分析和结论意见,认为铁路线路服务迁移不构成关键线路,由于莱恩的疏忽导致了 5 周关键延误,而这是本可以避免的。驻场工程师的报告和当时的现场照片被沃利斯先生和察莱卡特先生忽略了。

察莱卡特先生在交叉盘问后,不得不修改了他关于铁路线路服务的意见。其未能考虑当时的文件和照片,其未能对莱恩没有测试过的事宜进行批判性分析就选择偏颇接受的做法,使得法官认为其结论很难有参考价值。法官认为察莱卡特先生未能尽到对于法庭的独立专家职责。

[**评论:**第四阶段与以前阶段相比有很大的不同在于,当事人双方分别指定的工期延误专家证人关于关键线路的认定发生了分歧。通过交叉盘问,明显发现被告指定的工期延误专家证人察莱卡特先生忽略了很多事实情况,对于工期延误缺乏批判性分析和专家意见的独立性,因而结论不可靠,其专家意见最终未被法庭采纳。法官接受了原告指定的工期延误专家证人法朗士先生的分析结论。]

十、第五阶段:1998 年 7 月至 12 月

法官考虑了铁路线路服务保护的关键线路问题。该工作如果在 1998 年 1 月之后的任何时间实施,都不会构成关键线路。拆除工作在 1998 年 8 月 20 日完成,比 MP/1 晚了 35 周。

察莱卡特先生同意如果能够通过恰当计划以及连接建筑的协同,至少可以挽回 6 周

关键线路的延误。

在此期间有3.5周的关键线路延误,原告不认为是莱恩的责任。主要原因是寻找石棉以及ABA的地基实验。

在此期间,莱恩未能保护铁路线路服务导致了5周关键延误,连接建筑筏板的缓慢拆除又引发了3周延误,加上寻找石棉以及地基实验导致的3.5周延误,总计约有14周关键延误。

察莱卡特先生认为此期间的关键延误有一半时间,即7.3周的延误原因是地基实验,其余的延误原因是铁路线路服务保护和其他构筑物的拆除工作。

在提供口头证言时,察莱卡特先生放弃了他的看法,主要是由于他原先的看法所依据的基础是沃利斯先生的证据,而沃利斯先生的证据被认为是不足信的。法官认为法朗士先生的分析是准确和可信的,因此法官得出在此期间的关键延误是14周。双方当事人计划专家在他们的第一次联合声明中均认可,如果应用恰当计划的话,总控计划(MP/1)上所展示的期间是合适的。1周用于连接建筑的拆除,1周用于破除地下室的混凝土筏板。实际上,这花费了11周,因为以前屋顶和铁路线路保护的延误,连接建筑的拆除在关键线路上了。当被问及连接建筑的拆除时,项目经理沃利斯先生认为是花费了11周,但并没有比实际所需时间更长。他还接受这是重要的并在关键线路上:“我不记得回到MP/1来做比较了。我相信这项工作花了相当长的时间。”

[**评论**:如果专家证人的依据不可靠,则其结论同样很难可靠。被告专家证人察莱卡特先生的依据是被告事实证人沃利斯先生的证据。但由于沃利斯先生的证据通过交叉盘问被认为是不足信的,察莱卡特先生在交叉盘问时只能放弃了他的看法。相反,法官认为法朗士先生的分析是准确和可信的,因此法官得出在此期间的关键延误是14周。]

以下是对项目经理沃利斯先生的交叉盘问:

问:你是在认真地说你知道它很重要,你知道它在关键的路径上,但你从来没有费心去找出你已经为它计划了多长时间?

答:我认为是这样的。我尽我所能把它计划到未来。

问:你看这很有意思。你的情况,沃利斯先生,你真的完全忽视了MP/1吗?

答:我想那是真的,是的。

问:你对MP/1一点信心都没有,是吗?

答:我没有使用它。

沃利斯先生被问及采取什么步骤来加快连接建筑的拆除时有如下回答:

问:你还记得你采取的其他步骤吗?

答:我们讨论的只是这11周的拆迁期?

问:是的,就这些。

答:不,我不能,因为没有机会把更重的机器或更多的劳动力带到现场。而是只能在一个拥挤的地方使用现有的劳动力。

7月发布的平行承包人计划被展示于沃利斯先生,该计划显示2000年7月13日开始拆除,8月18日结束,一共4.5周。他承认这个计划新添了2.5周延误。唯一让承包人加速的步骤是让拆除承包人加班工作。

问:沃利斯先生,我倾向于认为这是对造成工作关键延误的非常严重情况的不当反应?

答:好吧,我记得我参加这个项目的时候做了一个决定,我知道,由于我们之前讨论过的原因,填充块的地面板将被保留,这可能是整个过程延迟的原因。我曾认为这个计划可能是乐观的。

显然铁路线路服务被低估了。沃利斯先生的判断基础被证明是毫无依据的。

在电子版的进度计划中,东北斜屋顶的拆除完成与连接建筑拆除之间的逻辑,基于未能解释的原因被删除了。

建造项目管理专家怀利先生表达了意见:一个胜任的CM应当能够意识到保持斜屋顶拆除槽,卸料到连接建筑一层地板的严重后果。一个胜任的CM不能也不应无视这种情况。其本应寻找替代的方法来避免遗留连接建筑,从而避免严重的延误。

与此同时,没有充足的理由就删除逻辑连接,这不应该是一个胜任的CM所采取的行动,因为这掩盖了拆除连接建筑区域的关键重要性。

莱恩如果是一位胜任的CM,就应该使用额外的塔吊来清除斜坡屋顶拆除,从而避免或减少延误。而第二个塔吊直到1999年7月才投入。

法官接受了怀利先生的分析,莱恩未能提供铁轨路线服务保护,这是连接建筑拆除的前提,是关键线路。不胜任还体现在多处,当由于临时屋顶导致延误数月后,作为一个胜任的CM,应该确保后续各个步骤合理来避免加剧延误。

法官注意到,在1998年4月铁路线路事宜有二次事件提示莱恩,拆除方法说明需要提交,并且拆除工作需要得到预先批准。这并没有引起莱恩的任何注意,莱恩也没有注意对业主的修改报告或反映作出补救计划。

法官认为,没有任何有说服力的理由阐明为什么这些工作被延误了,事实上莱恩没有在早期做好必要安排。

法官接受了怀利先生的证据:"莱恩应该做些什么,我认为就是要看一个有能力的施工经理应该做些什么,同时考虑到莱恩最初计划于1997年12月初完成填充块的拆除工作,本应在获得拆除投标书之前编制一份建造项目管理经理关于保护这些服务的方法说明大纲,并应确保在1997年10月之前提交和批准保护现有铁路服务的详细方法说明。"

察莱卡特先生以建造项目管理专家身份,在其补充报告(阅读法朗士先生报告后)这样评价莱恩的履行:"在莱恩被任命之前未能保护或搬迁铁路轨道服务是GEH的专业团队的结果。工程完全按照 CMA 的规定进行,并期望有一名有能力的建造管理经理,利用专业小组提供的资料,尽快推进这些工程。”

察莱卡特先生在 28 日关于优秀 CM 策略的口头证言中认为,连接建筑拆除只是项目中的一点任务。虽然其认为该部分需要协同若干平行承包人,该任务被认为是现场协同最复杂的工作之一,但是不应被认为是拆除困难的部分。他同意移除两个拆除约束,即拆除电梯井和保护铁路线路服务后,最终连接拆除可以提前 6 周,以此减少同等时间的关键延误。

察莱卡特先生未能说明莱恩在此期间不能合理胜任的任何原因。

法官更愿意采信怀利先生在管理事宜的证明,因为这些证明基于牢固的研究和大量作为施工项目管理经理在与该案类似合同的实践经验。

法官认为证据证明了莱恩违反了 CMA 的义务,对此期间发生的关键延误应完全承担责任。

[**评论**:通过对原告指定的项目管理专家怀利先生交叉盘问和对被告事实专家证人沃利斯先生的交叉盘问,以及被告指定的专家证人察莱卡特先生的交叉盘问,充分证明了被告莱恩的不胜任性。这就让法官认定莱恩违反了 CMA 的义务,应对此期间发生的关键延误完全承担责任。]

十一、第六阶段:1999 年 1 月至 1999 年 8 月

自项目开始,莱恩对比 MP/1 报告进展。自 1999 年 1 月,则对比新的计划 CONSUM 3 报告进展。

双方延误专家均同意在此期间,有大约 15 周的关键延误。法朗士先生评估发现正好 15 周,察莱卡特先生认为是 15.2 周。

专家们关于本阶段的三个部分的关键线路意见不一。法朗士先生说在 1999 年 2 月,完成和纠正钢结构工作是关键线路。察莱卡特先生说关键线路是自楼板到连接建筑。在 3 月和 4 月,察莱卡特认为关键线路是屋顶,法朗士先生认为在此期间是钢结构到连接建筑。最后,专家们就应在 1999 年 8 月什么时间做防水措施未达成一致。

察莱卡特先生给出一个胜任的 CM 所应有的注意标准。其就莱恩未能在 17 日保持建筑防水,口头表达了意见,其不认为莱恩有过错。

问:如果由于他们没有提供足够的临时防水措施导致工程延误,从而导致雨水进入并损坏工程,莱恩应对此负责,是吗?

答:不,我不同意。

问:让我试着向你解释清楚,我希望合乎逻辑。你说早些时候拆除临时屋顶加上恶劣的天气是导致工程延误的原因,对吗?

答:是的。

问:是莱恩决定是否需要拆除临时屋顶,如果需要,在哪些区域,正确吗?

答:是的,但我会让你继续。

问:是莱恩要求,在拆除临时屋顶和建筑物暴露的地方,他们必须提供临时防水措施,对吗?

答:是。

法官认同临时屋顶的清除是关键活动。过早清除屋顶,莱恩应当意识到永久性屋顶计划会面对的风险以及恶劣天气的影响。临时屋顶的清除会使建筑受到严重的进水和损害风险。TRAD是屋顶承包人,其本有权在干燥环境下进行安装工作,然而却不得不在恶劣天气下工作。莱恩不应允许过早清除临时屋顶,或者在清除的情况下,确保其他的防水措施,以获得安全的临时密不漏水的环境。

莱恩也未能调查所涉及的风险以及与这么做的潜在优点之间进行平衡,然后将其发现告知业主,以便业主能够参与决定是否早期拆除屋顶。

这本应是一个胜任CM的义务。

在1998年6月和1999年9月,有大量的证据证明临时屋顶的清除在事实上引起了进水,并导致了损害和延误。在1999年8月5日,在一系列渗漏后,项目建筑师曼瑟先生给莱恩负责人埃青海德先生发函,指出该项工作缺少天气保护的预设。

沃利斯先生同意尽管对莱恩的指责不是没有道理,但是将屋顶打开也是有好处的,因为可以容易进行上部楼层的施工。

法官认为在此情况下莱恩的违约导致了关键延误1.5周。

[**评论:**在第六阶段,双方当事人指定的二位工期延误专家证人对于关键线路认定不一致。通过交叉盘问,最后法官认定是由于莱恩的违约导致了关键延误1.5周。]

十二、第七阶段:填充空间的屋面延长期

较早清除临时屋顶导致了恶劣天气下的雨水渗透,但沃利斯先生作证认为临时屋顶清除对加快进度是有必要的。在当时延误的情况下,这么做是可以理解的,这时需要足够的天气保护措施。然而,除了缺少足够的临时防水外,还缺少此期间的排水系统。屋顶产生了积水,并向下流淌。这对屋顶工程产生了严重影响。

法官接受怀利先生的证据,莱恩明显没有达到一个胜任CM的标准去协调这些事宜,并协同工作来实现合理的过程并减少损失。

法官还认为不同平行承包商进入屋顶没有得到很好的协同导致了损失和延误。没有有效或者有序的组织方法进入屋顶,这本应是一个胜任承包人所应该做的。

在此期间,法官认为正如法朗士先生提供的证据所显示的那样,延误应由莱恩负责。法官拒绝了察莱卡特先生关于此期间延误的证明和分析以及对合同经理的胜任标准分析。

[**评论**:在第七阶段,法官接受了原告指定项目管理专家证人怀利先生的证据,认定莱恩明显没有达到一个胜任 CM 的标准;同时接受了原告指定工期延误专家证人法朗士先生的证据,认定延误应由莱恩负责。法官拒绝了被告指定专家证人察莱卡特先生关于此期间延误的证明和分析。]

十三、第八阶段:Consum 3

当沃利斯先生在 1998 年 6 月接替担任 CM 时,与 MP/1 比较,法朗士认为延误是 19 周,察莱卡特先生认为延误是 26.9 周。关于竣工策划,莱恩做了两个选择计划,MP/1/Revision C,竣工时间为 1999 年 8 月 2 日,以及 Revision D,竣工时间为 1999 年 9 月 13 日,相比前一计划晚了 6 周。两个计划的成本不同,但未具体陈述。合同经理沃利斯先生认为竣工策划并未实施,莱恩面临严重的财务问题。

1998 年 12 月,莱恩提交了 Consum 3 计划,称打算追回至只有 4 周延误。沃利斯先生和莱恩报告延误为 20 周,而事实上延误为 33 周。1998 年 12 月,结构和维护工程表明新的客房需要 33 周,莱恩在 Consum 3 显示这些工程需要在 1999 年 8 月完成,比 MP/1 晚了 4 周。因此显示出莱恩拟在 9 个月的时间里追回 29 周或者几乎 7 个月的计划不可能完成。

法官不接受沃利斯先生关于失败的解释,即是由于迟到的设计信息、迟到的平行承包人的指示,或者由于建筑业的劳动力资源聚集到完成跨世纪项目中而导致的劳动力资源缺乏。

法官接受了法朗士先生关于贯穿整个项目的设计信息流影响的详细证明。这是基于完整的研究和客观分析得出的。虽然设计信息相关问题导致一些延误,但这不是关键延误。对于大型复杂项目,可以预计到设计应是逐渐完成的,一些信息会按时提供(just in time)。

法官拒绝了察莱卡特先生的证明,认为迟延设计信息引起项目关键线路延误的这种分析是不完整的,其并没有花时间完整和系统地研究本案。此外,并没有考虑项目发生的实际事件。在与原先建造计划进行比较时,对设计影响时间采用的是假设答案。因此并没有考虑事实,设计团队本应意识到相较于原始控制计划有重大施工延误,应能够通过优先设计和施工来避免。

法朗士先生在他的研究和结论中考虑了实际事件。法官认为 Consum 3 失败了,因为事实上其不可能成功。此外,该计划被不恰当管理而继续导致关键延误。

到 1999 年 8 月底,不仅未像莱恩计划的那样只有 4 周延误,而实际上是 48 周延误。Consum 3 执行的后果是在 35 周期间又新添了 15 周延误。这些延误产生于连接建筑钢结构工程延误。

因为莱恩在 Consum 3 中阐述拟将错误报告的 20 周延误缩短到 4 周,GEH 被鼓动向各平行承包人支付了赶工费用以换取实现 Consum 3。在法官看来,GEH 为实现计划产生了额外费用,而该计划根本就是完全站不住脚和不能实现的。

Consum 3 提供给 GEH 的基础是对比 MP/1 得出延误是 34 周,而不是错误的 20 周。法官认为,如果设计团队和 GEH 知道事实真相的话,是绝对不会接受 Consum 3 的。

[**评论:**在第八阶段,出现了一版新的进度计划 Consum 3。法官接受了原告指定专家证人法朗士先生关于贯穿整个项目的设计信息流影响的详细证明,并认为这是基于完整的研究和客观分析得出的。法官拒绝了被告指定专家证人察莱卡特先生的专家意见,认为他的这种分析是不完整的,因为其并没有花时间完整和系统地研究本案。]

十四、CMA 协议下的报告义务

在 CMA 附录 2 的第 2.16 款中,约定了合同经理需要协同平行承包人和其他人之间的活动,以及提供协同会议、计划和报告。合同经理是项目信息枢纽的中心。

合同经理是项目中唯一可以接触到全部信息以及各种计划的人,也是唯一能够在任何时候向业主提供准确报告的人,包括项目的当时状态以及可能的影响,包括时间和费用。第 2.6 款关于合同义务的约定为:"向业主和建筑师建议业主就任何专业合同或专业承包商采取的任何必要行动。向业主和建筑师报告与工程进度和质量有关的所有事项。与建筑师协商可能导致工程竣工延误的问题。"

业主愿意花费费用聘请建造管理经理的主要原因之一是管理项目可能会产生延误和变更,以便减少某个延误对于整个项目的影响。在这个过程中,一个胜任的建造管理经理需要知晓项目的准确状态以便确保业主完全知晓。建造管理经理能够处理产生的各种问题,并能预测潜在可能发生的问题,并有办法解决。

对于像大东方酒店这样的项目,一个胜任的建造管理经理应当知道 GEH 需要可能的竣工日期和成本此类准确信息的必要性,因为这会影响 GEH 的开业准备以及融资费用。

同样地,处于莱恩位置的一个胜任的建造管理经理本应知道任何可能的竣工日期变动以及因此的成本变动,这对于 GEH 来说都是非常重要的信息,因为 GEH 需要调整相应的运营时间。当竣工日期有可能变化时,胜任的建造管理经理有义务以周为单位,把任何与原始项目竣工日期相比的变动以及成本的影响做出准确的报告并提交业主。

莱恩的确做了定期报告。莱恩选择基于其自己的总控制计划 MP/1 作为基线进行报告。

自 1997 年 12 月,莱恩没有与基线总控计划比较,以月为单位报告项目延误,这是非常严重的。GEH 称最严重的例子就是莱恩在 1998 年 12 月对恢复计划 Consum 3 的提出。莱恩报告说有 20 周延误,但专家评估的是 34 周延误。在 1997 年 10 月到 1998 年 2 月,这 5 个月,莱恩的月报称项目只有 8 周延误。在对总控计划进行更新时,显示在此期间没有关键延误发生,但事实上,由于 TRAD 的履行,延误了临时屋顶,导致了非常严重的延误。

对于为什么会产生这种错误报告，莱恩没有给出满意的解释。莱恩的建造管理经理有一个专业计划团队，包括柯如特先生（给法官提供了证据）和总计划人帕森尼奇先生（没有给法官证据）。一般来说，工程进度计划随着项目进展而不断进化，会为项目按时竣工提供较为准确的工具。然而，莱恩在使用过程中通过对数据进行选择来掩盖延误以及其管理不胜任的事实。

法官认为包括建筑师和工程师在内的一些专业人士不时表达对于延误的关注，并且意识到发生了延误。但是，莱恩未能遵照合同义务，坦白和客观地报告其所知晓的延误程度。法官的结论是，克里斯约克先生、克鲁特先生和帕里先生，他们完全知晓提供给 GEH 和他的顾问们的是错误的延误信息。

在开工后 3.5 月后的 1997 年 10 月，莱恩的月报显示了第一份对总控计划的更新以及对工程进度的影响。计划显示“活动 80”有 8 周关键延误，包括拆除和屋顶事件等。莱恩准确地阐明了这 8 周关键延误影响，预测项目竣工时间调整为 1999 年 9 月 27 日。

从 1997 年 11 月到 1998 年 2 月再次发生了关键延误，但是莱恩并没有公布这些延误对于竣工日期所造成的真实影响。相反，莱恩继续显示预计竣工时间仍是 1999 年 9 月 27 日（8 周延误），而不顾项目继续发生的关键延误。在 1997 年 11 月到 1998 年 2 月 2 日的所有月报中，莱恩对于 MP/1 的更新进度计划一直保持着竣工日期是 1999 年 9 月 27 日的看法。

莱恩在进度报告中这样描述：“进度继续保持在落后总控主计划 8 周……”而实际上莱恩知道已经有更多的累积延误了。莱恩在更新总控进度计划时，显示关键活动拆除屋顶到地下室（活动 ID80）已经延误 3 周，现在关键延误是 11 周了。然而，工程竣工的预计时间仍然显示只有 8 周迟延，竣工日期为 1999 年 9 月 27 日。

莱恩在 1997 年 12 月发布的总控计划更新错误地显示“活动 80”（拆除屋顶到地下室）完工时间预计有 8 周迟延，但实际上是 11 周。同时，竣工日期仍然为 8 周迟延的日期，实际上应该显示的是 11 周。到 1 月，更新的进度计划显示“活动 80”有 13 周延误，而项目竣工也有相应的延误，可是显示的仍然是 8 周延误。类似地，在 2 月，当“活动 80”的延误时间达到 17 周时，仍然显示 8 周延误，并没有表明对总体竣工日期的影响。

在原始的总控进度计划中，莱恩显示在完成临时屋顶安装后，还需要 5 周来完成原有斜屋顶的拆除，并在计划中显示了这个关系。在 1997 年 11 月，莱恩改变了逻辑关系。莱恩没有显示在临时屋顶完成之后，斜屋顶拆除需要 5 周，而修改为只需要 2 周。法官认为这是不现实的，莱恩也没有对此进行解释。这个变动是不应该的，因为在临时屋顶完成后，斜屋顶拆除实际上花费了 6 周，因此莱恩减少为 2 周是不合理的。

来自原始 MP/1 计划打印的电子数据表确认在临时屋顶完工和原有斜屋顶拆除完工之间有 5 周“完成到完成”的时间间隔。1997 年 12 月的数据表显示了莱恩从 5 周减到 2 周，即在临时屋顶和斜屋顶完成之间只有 2 周。莱恩的这个改动显示了关键线路减少了 3 周，因此对于项目竣工时间的预测只是迟延 8 周，而不是 11 周。

修改更新 MP/1 中的电子数据原因很难确定。察莱卡特先生、克鲁特先生、帕里先生或克里斯约克先生均没有说明为什么这么做。这个变动不是偶然事故可以造成的，也没有任何证据对此做出解释。如果不做出这种变动，GEH 和其顾问就会很容易发现合同经理的报告不准确。

在 1997 年 12 月莱恩签发了一份对总控计划的更新，错误显示“活动 80”拆除屋顶到地下室的完成只有 8 周延误，但实际上莱恩应当显示的是 11 周延误，最早在 3 月上旬完成。原始计划显示“活动 80”计划在“活动 90”后 1 周完成，有 1 周“完成到完成”的关系，原始计划显示“活动 80”的最后一周是连接建筑的拆除，在斜屋顶拆除后发生。但这个逻辑连接被删除了。如果逻辑没有被删除的话，关键的“活动 80”就会显示比错误结果晚 3 周完成，从而整个项目就会再增加 3 周延误。莱恩因此让报告显示了只有 8 周延误而不是 11 周。

莱恩将“活动 90”和“活动 80”之间的逻辑删除还导致了进一步后果。如果不将逻辑删除，不仅可以显示“活动 80”会有 3 周延误，而且“活动 40”和“活动 90”可以被识别出关键线路。“活动 40”是临时屋顶的安装。莱恩将“活动 90”和“活动 80”之间的连接删除的直接后果是错误显示临时屋顶不是关键的了。

法官认为莱恩作为一个胜任的建造管理经理，没有任何理由应当删除逻辑连接。连接的作用在于反映直到斜屋顶拆除完成后才可以拆除连接建筑这个事实。

在相关的 3 周工作期间的 1 月中，实际上有 2 周丢失了。莱恩在 1 月的月报中对由于临时屋顶安装或斜屋顶拆除导致的关键延误没有任何提及，这与其他月报关于严重延误事件没有提及如出一辙。

仅有的关于延误的报告是未能聘用一个平行承包人以及恶劣天气。在月报中，莱恩称其迫切需要聘请 M 和 E 承包人。但是鉴于 M 和 E 承包人只是在莱恩自己更新计划的 5 月 24 日，也就是 4 个月后才到现场工作，莱恩的抱怨似乎为时过早，这明显不是当时延误的来源。莱恩称一直需要聘请基础承包人和主体结构承包人，并将其影响报告为“对工程进展是毁灭性的，已导致工程停工”，但这都不是事实。

莱恩在 1998 年 1 月更新的总控制计划显示有 5 个活动是由基础结构和主体结构承包人承担，其最早的“活动 100”直到 1998 年 2 月 9 日才开始。莱恩耸人听闻的主张是完全错误的，并掩盖了实际问题。莱恩本应明示让 GEH 和其专业团队引起注意，即“活动 40”（临时屋顶）和斜屋顶拆除是关键的并会导致关键延误，但其没有这么做，而这些才真正意义上“对工程进展是毁灭性的”。

在 2 月更新的总控进度计划中，“活动 40”临时屋顶和“活动 90”显示丢失了 3 周。两个活动之间的逻辑连接被删除了。莱恩没有报告整个项目延误 17 周，而是报告只有 8 周延误。

莱恩还改变了“活动 230”（钢斜屋顶的合同准备）和“活动 240”（斜屋顶的钢结构工程）之间的逻辑关系。在 1998 年 2 月前，莱恩的进度计划实际上显示在斜屋顶准备工作的完成和斜屋顶钢结构工程的完成之间需要7周。在2月更新时，被减少为4周。这在察莱卡特的“实际完工计划”（as built programme）证据中显示的实际差别为16周。

莱恩通过将“完成关系”从7周变为4周，可以避免或减少对真正延误的报告。尽管关于临时屋顶和斜屋顶拆除没有什么进展，莱恩在2月报告中称：“尽管有变更、迟延的信息、缺少信息、延误的合同安排以及恶劣的天气，进度仍保持比总控计划晚8周。”莱恩报告称其相信，由于信息缺少，加上平行承包人聘用迟延会对进度产生影响并导致12周延误，因此会让开业处于风险。

法官认为莱恩对关键延误的真正原因一直轻描淡写，而声称系其他原因导致延误，莱恩还持续错误报告实际发生的延误，操纵计划中的数据来掩盖准确的情况。

在三月份更新的计划中，“活动80”拆除屋顶和地下第二层被显示为完成。实际上几个月后才完成。相关的中庭中央核心拆迁工作直到5月22日，也就是两个月后才完成。

1998年4月，莱恩编制了一个进度计划，显示铁路线路服务保护应当在1998年5月和1998年上旬实施，原有连接建筑拆除在1998年6月上半月实施。将该短期进度计划与4月总控计划更新比较，显示莱恩的4月短期计划并没有包括在4月总控计划中。4月短期计划显示连接建筑拆除在6月实施，而4月更新总控计划却持续显示该工作于1998年3月完成。

建造管理专家怀利先生在其代表原告出具的报告中总结说：“……莱恩没有充分的理由说明不能准确地报告现场延误的程度和原因。莱恩在现场，他们可以自由获取所有信息。他们的工作是调查工作进展如何，整理信息并向客户提供准确的情况。如果莱恩提供的信息不正确，仅仅是因为它不明白真正的延误是在现场发生的，或者是在改变计划时犯了错误，那是非常失职的。如果事实上莱恩故意提交了关于延误和延误原因的错误信息，那么这是最严重的管理不善。”

在法官看来，怀利先生的最终结论几乎可以说是常识，毫无疑问莱恩有意提交了不正确的延误信息以及延误原因。这意味着因果关系。怀利先生认为如果莱恩能够准确报告延误、直面延误，则其在平行承包合同开始前重新组织就不会有太大困难，这样使得以根据实际项目进度来妥善协同。怀利先生认为这应该是一个施工项目管理经理管理项目的关键技能，但是莱恩未能恰当报告进展，结果导致GEH由于莱恩违约造成了延误和干扰索赔。法官赞同怀利先生的结论。

沃利斯先生非常清楚地知悉MP/1以及它的更新是高度不可靠的文件：他一定应该知道，因为他有专业计划人员，以及拥有其实际与恢复计划不一致的信息。法官对于沃利斯先生的证据不感兴趣。法官认为沃利斯先生对于其关于MP/1的掌握程度以及错误报告程度显得不坦诚。法官还认为沃利斯先生关于连接建筑的证据显示其是一个不可靠的专家证人，其管理技能很缺乏。

莱恩删除了斜屋顶拆除和连接建筑拆除之间的逻辑连接，并向GEH和设计团队隐藏了依然是关键线路的连接建筑。如果莱恩不操纵，连接建筑造成延误的关键性就会对所有人显而易见。而这一错误进度报告对后续平行承包人又产生了进一步的严重后果。

因为错误报告工程进展，一些后续平行承包人在前序工作还没有准备好之前就开始进场工作，这就导致了延期索赔以及拖期和干扰费用索赔。如果能够通报真实的进度状态，莱恩就应当与各平行承包人再协商，从而推迟他们的现场开工时间，这些协商产生的费用会相对低很多，这就可以避免以后的延期索赔和损失索赔。

[**评论：**原告指定项目管理专家证人怀利先生的报告证明了莱恩有意提交了不正确的延误信息以及延误原因，结果导致了原告由于被告莱恩违约造成了延误和干扰索赔。怀利先生的报告被法官接受了。与此同时，被告指定的项目管理专家证人沃利斯先生由于缺乏对事实的了解以及不坦诚，被法官认定其是一个不可靠的专家证人。]

十五、案例总结

本案再次表明，专家理解并遵守他对法院/仲裁庭应负的主要责任是多么重要。威尔科克斯法官明确表示，法院寻找的专家应当是这样的：他在所声称的专业领域有广泛的实践经验，他的结论是建立在可靠和彻底的研究基础上的。威尔科克斯法官认为该案建造管理经理所聘请的工期延误专家证人察莱卡特先生未能理解这一职责。对于业主所聘请的工期延误专家证人法朗士先生的知识能力和独立性，法官是满意的，并且认为其在帮助法庭方面尽其所能做到了客观和不偏不倚。

专家必须彻底研究他所能得到的所有证据。他不应该做的是不加批判地接受那些指示他作为专家证人的人提出的证据。当另一方的专家提出质疑和反驳得出相应观点的该等证据时，情况尤其如此。在这种情况下，一名专家必须根据他对法院或仲裁庭的明确职责，重新考虑他早先表达的意见。

本案业主所聘请的工期延误专家证人的表现明显优于建造管理经理所聘请的工期延误专家证人，从而导致法官一边倒地采纳了业主所聘请的工期延误专家证人的分析意见。

致 谢

最后，我想向本书编委致谢，他们按篇分工撰稿，最终由我逐字审阅历经五轮修改完成，感谢大家利用工作之余与休息时间进行写作，正是依靠大家的通力配合，才有本书的精彩呈现。另外，特别鸣谢潘伟、刘敬文、翟家琦、谢昕、李小兵、段鑫宇、戴彩霞、刘琳、丁虎明、陈顺哲、马睿翎、杨红芳、张驰、徐东升、何金丹阳、夏雄伟、房广游、胡珊珊、刘晓皓、张雪、柳博洋、李慧、陈奕霏、李佳蓉、何方、王佳林、张嘉宸、牟钟毓对本书编撰成文工作提供的帮助与作出的贡献。本书若有不足之处，欢迎斧正（邮箱：huazhi. yuan@ dentons. cn）。

袁华之

2021 年 10 月